Besonderheiten der Sportbetriebslehre

Lizenz zum Wissen.

Sichern Sie sich umfassendes Wirtschaftswissen mit Sofortzugriff auf tausende Fachbücher und Fachzeitschriften aus den Bereichen: Management, Finance & Controlling, Business IT, Marketing, Public Relations, Vertrieb und Banking.

Exklusiv für Leser von Springer-Fachbüchern: Testen Sie Springer für Professionals 30 Tage unverbindlich. Nutzen Sie dazu im Bestellverlauf Ihren persönlichen Aktionscode C0005407 auf *www.springerprofessional.de/buchkunden/*

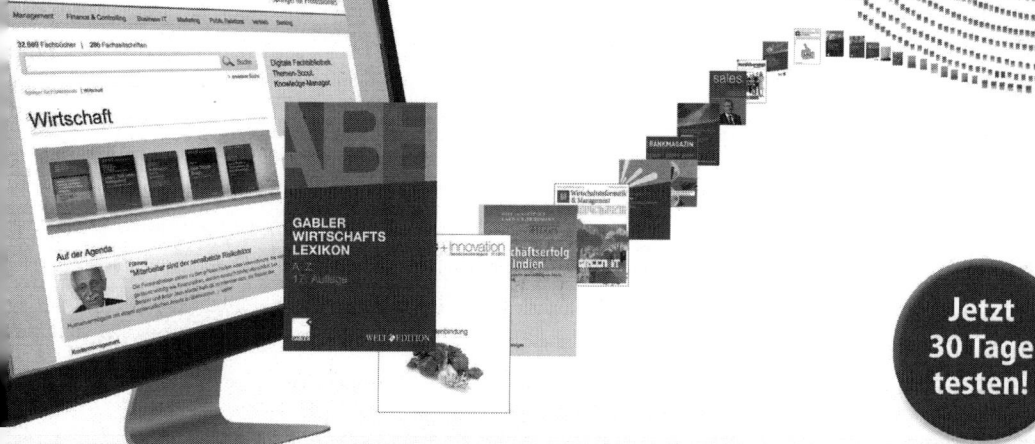

Jetzt 30 Tage testen!

Springer für Professionals.
Digitale Fachbibliothek. Themen-Scout. Knowledge-Manager.

- Zugriff auf tausende von Fachbüchern und Fachzeitschriften
- Selektion, Komprimierung und Verknüpfung relevanter Themen durch Fachredaktionen
- Tools zur persönlichen Wissensorganisation und Vernetzung

www.entschieden-intelligenter.de

Springer für Professionals Springer

Heinz-Dieter Horch • Manfred Schubert
Stefan Walzel

Besonderheiten der Sportbetriebslehre

Springer Gabler

Heinz-Dieter Horch
Institut für Sportökonomie und
Sportmanagement,
Lehrstuhl Sportökonomie/Sportmanagement
(emeritiert)
Deutsche Sporthochschule Köln
Köln
Deutschland

Stefan Walzel
Institut für Sportökonomie und
Sportmanagement
Deutsche Sporthochschule Köln
Köln
Deutschland

Manfred Schubert
Institut für Sportökonomie und
Sportmanagement
Deutsche Sporthochschule Köln
Köln
Deutschland

ISBN 978-3-662-43463-5
DOI 10.1007/978-3-662-43464-2

ISBN 978-3-662-43464-2 (eBook)

Die Deutsche Nationalbibliothek verzeichnet diese Publikation in der Deutschen Nationalbibliografie; detaillierte bibliografische Daten sind im Internet über http://dnb.d-nb.de abrufbar.

Springer Gabler
© Springer-Verlag Berlin Heidelberg 2014
Das Werk einschließlich aller seiner Teile ist urheberrechtlich geschützt. Jede Verwertung, die nicht ausdrücklich vom Urheberrechtsgesetz zugelassen ist, bedarf der vorherigen Zustimmung des Verlags. Das gilt insbesondere für Vervielfältigungen, Bearbeitungen, Übersetzungen, Mikroverfilmungen und die Einspeicherung und Verarbeitung in elektronischen Systemen.

Die Wiedergabe von Gebrauchsnamen, Handelsnamen, Warenbezeichnungen usw. in diesem Werk berechtigt auch ohne besondere Kennzeichnung nicht zu der Annahme, dass solche Namen im Sinne der Warenzeichen- und Markenschutz-Gesetzgebung als frei zu betrachten wären und daher von jedermann benutzt werden dürften.

Lektorat: Michael Bursik, Assistenz: Janina Sobolewski

Gedruckt auf säurefreiem und chlorfrei gebleichtem Papier

Springer Gabler ist eine Marke von Springer DE. Springer DE ist Teil der Fachverlagsgruppe Springer Science+Business Media
www.springer-gabler.de

Vorwort: Konzept und Gliederung

Warum haben wir dieses Lehrbuch geschrieben? Dieses Lehrbuch beschäftigt sich mit den Besonderheiten einer Sportbetriebslehre. Die Motivation hierzu resultiert aus einer gewissen Unzufriedenheit der Autoren mit den meisten der inzwischen recht zahlreichen nationalen und internationalen Lehrbüchern zur Sportbetriebslehre bzw. des Sportmanagements und Sportmarketings. Gemeinsames Kennzeichen dieser Werke ist, dass sie von den „Allgemeinen Grundlagen" dieser Fachgebiete ausgehen, sich in ihrer Struktur und den Inhalten sehr stark an ihnen orientieren und der Bezug zum Gegenstand „Sport" zumeist nur in einer illustrativen Form, d. h. anhand von praktischen Beispielen, hergestellt wird. Solche Bücher haben ohne Zweifel ihre Berechtigung, weil es sehr viele Gemeinsamkeiten des Wirtschaftens und Managens von Betrieben allgemein und von Betrieben der Sportbranche gibt. Der Nachteil dabei ist jedoch, dass auf die Frage nach etwaigen Besonderheiten von Sportprodukten und Sportbetrieben nicht oder kaum eingegangen wird. Sofern dies dennoch – häufig im Einleitungskapitel und auf wenigen Seiten – der Fall ist, unterbleibt im weiteren Verlauf in der Regel eine systematische Behandlung der Frage, welche Konsequenzen aus diesen Besonderheiten für die Betriebsführung im Sport resultieren. Wir wollen uns im Folgenden von der entgegengesetzten Seite, der des Sports, der Sportgüter und -betriebe, dem Thema nähern und das Schwergewicht auf die Herausarbeitung seiner möglichen Besonderheiten legen.

Was unterscheidet dieses Lehrbuch von anderen? Die Lehrbücher im Bereich Sportmanagement und -marketing in Deutschland bewegen sich überwiegend noch auf dem Niveau von Sammelbänden. Dabei gelingt es nicht immer sie konzeptionell so geschlossen zu gestalten, wie wir dies hier angestrebt haben. Es geht uns hingegen im Folgenden – wie gesagt – vor allem um die Herausarbeitung von Besonderheiten von Sportbetrieben. Zudem wird dabei nicht – wie sonst überwiegend üblich – nur der Bereich des professionellen Zuschauersports, sondern auch der des wirtschaftlich wesentlich bedeutenderen Bereichs des aktiven Sporttreibens behandelt. Darüber hinaus unterscheidet sich dieses Lehrbuch von anderen Lehrbüchern der Betriebswirtschaftslehre durch eine sozio-ökonomische Perspektive, ganz im Sinne des amerikanischen „Business Administration". Hierzu gehört auch eine Auseinandersetzung mit den Folgeproblemen rationalen Handelns.

- **Fokus auf Besonderheiten:** Was verstehen wir unter „Besonderheiten"? Es geht uns weniger um die Suche und eine mögliche Identifikation von Aspekten, die im Sport einmalig sind und ausschließlich ihn kennzeichnen. Davon wird es – wenn überhaupt – nur wenige geben. Bezugspunkt bilden vielmehr all jene Aspekte, die für eine erfolgreiche Führung von Sportbetrieben von Bedeutung sind, aber in den meisten Lehrbüchern zu den „Allgemeinen Grundlagen" der Betriebswirtschafts-, Management-, Marketing- oder Volkswirtschaftslehre nicht oder allenfalls am Rande behandelt werden.[1] Das gilt noch einmal verstärkt, wenn es sich um Grundlagen für Nebenfächler handelt. Die Ursache hierfür liegt darin, dass es sich bei den meisten Lehrbüchern zur „Allgemeinen Betriebswirtschaftslehre" de facto um eine „Industriebetriebslehre" handelt. Als implizites Modell für die Formulierung „Allgemeiner Grundlagen" dienen Großbetriebe des gewinnorientierten, privatwirtschaftlichen Sektors, in denen in der Form von Massenproduktion materiale Gebrauchs- und Verbrauchsgüter des täglichen Bedarfs für Privathaushalte hergestellt werden. Im Sport trifft dies jedoch allenfalls auf das Marktsegment der Sportartikelindustrie zu. Demgegenüber haben wir es im Sport häufig mit Kleinbetrieben (z. B. einer Sportmarketingagentur) zu tun, die personenbezogene Dienstleistungen bereitstellen (z. B. Fitnessstudio) oder Organisationen, die nicht für Kunden, sondern für Mitglieder (Sportverein) oder Bürger (kommunale Sportverwaltung) tätig sind und dabei nicht profitorientiert, sondern bedarfswirtschaftlich arbeiten (s. Abb. 1). Wenngleich diese Besonderheiten nicht überall im Sport anzutreffen sind und auch keine exklusiven Merkmale des Sports darstellen, so spielen sie dennoch im und für den Sport eine besonders große Rolle. Ganz unabhängig vom Branchensegment und Betriebstyp werden mit ihnen zugleich wichtige interne und/oder externe Rahmenbedingungen des beruflichen Handelns von Sportmanagern beschrieben. Über diese Bescheid zu wissen dürfte deshalb eine wichtige Voraussetzung für eine in sportlicher, wirtschaftlicher und beruflicher Hinsicht erfolgreiche Arbeit sein. Das Lehrbuch ist demnach als eine sektorale Betriebswirtschaftslehre angelegt. Es geht nicht um normative Betriebswirtschafts- und Managementtechniken. Vielmehr soll ein Verständnis für die Besonderheiten geweckt werden, welche für die Führung und das Management von Sportbetrieben von Nutzen sind. Eine vollständig ausformulierte, funktionale

---

[1] Auch die meisten Managementlehrbücher leiden unter einer „Generalmotorsitis" (Robbins 1990, S. 170), d. h. einer einseitigen Großbetriebsperspektive. Für die meisten Standardwerke zur Einführung in die Volkswirtschaftslehre gilt wiederum, dass es sich de facto ganz überwiegend um eine Marktwirtschafts-Lehre handelt. Dabei wird z. B. die finanzwissenschaftliche Perspektive – also die, die sich mit dem staatlichen Wirtschaften beschäftigt – vernachlässigt, die aufgrund des Ausmaßes staatlicher Subventionen und Privilegien im Sport von großer Bedeutung ist. Die nicht auf einen Tausch von Geld gegen Leistung angelegte Logik von Interessen-Vereinigungen wie Sportvereinen, deren Mitglieder sich zusammengeschlossen haben, um gemeinsam ihren Sport zu organisieren und die dabei kein Gewinninteresse haben (Nonprofit-Organisation), geraten gar nicht ins Blickfeld. Damit wird – wohlgemerkt – nicht behauptet, dass sich diese Wissenschaften nicht mit diesen Themen beschäftigen oder beschäftigen könnten, sondern nur, dass sie in einführenden Lehrbüchern nicht oder kaum behandelt werden.

Abb. 1 Besonderheiten vieler Sportbetriebe

Schwerpunkt der Lehrbücher der allgemeinen Betriebswirtschaftslehre	Besonderheiten vieler Sportbetriebe
For-Profit-Betriebe (Unternehmen)	Nonprofit-Betriebe
Sachgüter-Produktion	Dienstleistungs-Bereitstellung
Großbetriebe	Kleinbetriebe
für Kunden	für Mitglieder oder Bürger
= „Industriebetriebslehre"	

Sportbetriebslehre mit einer Konzentration auf normativen Gestaltungsempfehlungen steht noch aus. Im dritten Teil des Lehrbuches wird jedoch beispielhaft an vier Funktionen illustriert, welche Konsequenzen die vorangehend geschilderten Besonderheiten für das Management haben.

- **Sozio-ökonomische Perspektive:** Die deutsche Betriebswirtschaftslehre nimmt international eine Sonderstellung ein, weil sie sich von ihrer Entstehung her sehr stark an die erfolgreiche Volkswirtschaftslehre angelehnt hat. Zwar sind später auch soziologische und psychologische Perspektiven – z. B. in den Bereichen Personal, Organisation und Marketing – dazu gestoßen, es ist in Deutschland aber weniger üblich, dass an betriebswirtschaftlichen Fakultäten – wie etwa an den amerikanischen Business Schools – auch Soziologen und Psychologen arbeiten. Der Begriff „Business Economics" (Betriebswirtschaft) ist international eher ungebräuchlich. Man spricht stattdessen von „Business Administration" oder „Management". Für die Ausbildung von Studierenden, die eine berufliche Tätigkeit im Sportmanagement anstreben, scheint eine solche offenere, interdisziplinäre Herangehensweise an die Probleme vorteilhafter zu sein als eine zwar logisch-widerspruchsfreie, konsistente, aber auf eine theoretische Perspektive beschränkte Herangehensweise. Anders als in rein wirtschaftswissenschaftlichen Lehrbüchern üblich werden daher nicht nur einseitig die Stärken dieser speziellen wissenschaftlichen Perspektive, sondern auch ihre Schwächen, d. h. die Kritikpunkte aus der Sicht anderer Perspektiven angesprochen und berücksichtigt.[2] Die ökonomische Perspektive soll jedoch auch in diesem Lehrbuch im Vordergrund stehen. Die Ökonomie beschäftigt sich mit der technischen Rationalität zielgerichteten Handelns, speziell dem Problem der wirtschaftlichen Verwendung knapper Ressourcen für alternative Zwecke. Soziologen haben sich dagegen eher mit der Bedeutung unbeabsichtigter, unbewusster, negativer Folgen zielgerichteten Handelns beschäftigt (Merton 1976). Bei der Verfolgung bestimmter Ziele können so – wie durch die Nebenwirkungen von Medikamenten –

---

[2] Wir gehen z. B. nicht davon aus, dass Präferenzen von Individuen nicht messbar, einheitlich und unveränderbar sind.

andere Ziele verletzt werden. Sind schon die Konsequenzen individuellen Handelns oft nicht vorhersehbar, so erst Recht nicht die Folgen der Verstrickung des Handelns mehrerer Personen mit unterschiedlichen Interessen. Sie können zu Ergebnissen führen, die niemand gewollt hat. In diesem Sinne geht es im Folgenden u. a. darum, für mögliche Nebenwirkungen der Kommerzialisierung (s. Kap. 3.4.1 und 3.5) und der Professionalisierung (s. Kap. 3.4.2) des Sports zu sensibilisieren. Erst wenn man sich ihrer bewusst ist, kann rational entschieden werden, wie man mit diesen Folgeproblemen umgehen will (Heinemann 1995).

Wie ist das Lehrbuch gegliedert? Das Lehrbuch ist in drei Bereiche unterteilt: Einführung, besondere Betriebstypen und Managementfunktionen. Zur Einführung gehören die Kap. 1 und 2. In Kap. 1 werden Grundlagen gelegt mit Definitionsvorschlägen, einem Überblick über die Mutterdisziplinen: Volkswirtschafts-, Betriebswirtschafts- und Managementlehre, einer Erläuterung der Relevanz des Themas und dem Entwicklungsstand von Sportökonomie und Sportbetriebswirtschaftslehre. In Kap. 2 geht es um allgemeine volkswirtschaftliche Besonderheiten des Sports, die den Hintergrund für betriebswirtschaftliche Entscheidungen bilden: um Besonderheiten der Güter, der Nachfrage, des Angebots und der Märkte bzw. Institutionen im Sport. Der zweite Teil des Lehrbuches, mit den Kap. 3 bis 6 beschäftigt sich dann mit den Besonderheiten von Sport-Betrieben: Kap. 3 mit Vereinen, Kap. 4 mit staatliche Organisationen, Kap. 5 mit Kleinbetrieben und Kap. 6 mit Dienstleistungsbetrieben. Im dritten Teil wird beispielhaft an vier Funktionen illustriert, welche Konsequenzen die vorangehend geschilderten Besonderheiten für das Marketing (Kap. 7), die Personalwirtschaft (Kap. 8), den Führungsstil (Kap. 9) und das Qualitätsmanagement (Kap. 10) haben.

An wen richtet sich das Lehrbuch? Das Lehrbuch richtet sich in erster Linie an Studierende, die eine berufliche Tätigkeit in den verschiedenen Praxisfeldern des Sportmanagements anstreben. Vorkenntnisse in Ökonomie und Betriebswirtschaftslehre sind nützlich, werden aber nicht vorausgesetzt. Daher ist das Lehrbuch auch für Praktiker geeignet. Zu diesem Zweck werden im einführenden Teil die Grundideen der Volks-, Betriebs- und Managementlehre vorgestellt. Das Lehrbuch bietet didaktische Hilfestellungen. Jedes Kapitel beginnt mit Inhaltsangaben und Lernzielen und endet mit einer Zusammenfassung sowie Wiederholungsfragen zur Lernkontrolle und Prüfungsvorbereitung sowie Hinweisen zu weiterführender Literatur.[3]

Wer sind die Verfasser? Die Verfasser waren oder sind Lehrkräfte der Deutschen Sporthochschule Köln im Bereich Sportökonomie und Sportmanagement. Sie haben mehrere Jahrzehnte Erfahrung in Forschung und Lehre zu diesem und angrenzenden Themenbereichen. Heinz-Dieter Horch war z. B. der erste Universitätsprofessor für Sportökonomie in Deutschland. Die Konzeption des Lehrbuches wurde von den Autoren gemeinsam entwickelt und die Kapitel gemeinsam überarbeitet. Für die jeweiligen Erst- und Endfassun-

---

[3] Zur Verbesserung der Lesbarkeit werden Personalbezeichnungen in der männlichen Form verwendet; gemeint sind dabei in allen Fällen Frauen und Männer.

gen sind jedoch die einzelne Autoren verantwortlich: Stefan Walzel für Kap. 5, Manfred Schubert für die Kap. 6 und 7 und Heinz-Dieter Horch für die übrigen. Unser besonderer Dank gilt Katinka Kleinheinz, die die Abbildungen und Literaturverzeichnisse erstellt hat.

Deutsche Sporthochschule Köln
Univ.-Prof. Dr. Heinz-Dieter Horch (emeritiert.)
Dr. Manfred Schubert
Dr. Stefan Walzel

Literatur

Merton, R. K. (1976). The Unanticipated Consequences of Social Action. In R. K. Merton (Hrsg.), *Sociological Ambivalence and Other Essays,* (S. 145–155). New York: Free Press.

Robbins, S. R. (1990). *Organization theory. Structure, design, and application* (3. Aufl.). Englewood Cliffs: Prentice- Hall.

Inhaltsverzeichnis

1 Grundlagen einer Sportbetriebslehre 1
   1.1 Definition 2
   1.2 Sport 3
         1.2.1 Sportaktivitäten 3
         1.2.2 Sportgüter 4
   1.3 Wirtschaftswissenschaft 7
         1.3.1 Neoklassischer Ansatz 7
         1.3.2 Subjektive Nutzentheorie und Institutionenökonomik 10
         1.3.3 Verhaltensökonomie 12
         1.3.4 Lob der Ökonomik 13
         1.3.5 Wertschöpfungsmodell der Sportwirtschaft 15
   1.4 Betriebswirtschaftslehre 17
         1.4.1 Betrieb und Unternehmen 17
         1.4.2 Wirtschafts- oder sozialwissenschaftliche Perspektive 19
         1.4.3 Allgemeine und spezielle Betriebswirtschaftslehre 22
         1.4.4 Wertschöpfungskette eines Fußballclubs 24
   1.5 Managementlehre 27
         1.5.1 Managementfunktionen oder Managementrollen 27
         1.5.2 Betriebswirtschafts- und Managementlehre 33
         1.5.3 Sportmanager 34
   1.6 Relevanz 38
   1.7 Entwicklung 42
         1.7.1 Deutschland 42
         1.7.2 USA 46
         1.7.3 Entwicklungsstand 48
   1.8 Zusammenfassung 50
   1.9 Wiederholungsfragen 55
   Literatur 56

2	**Volkswirtschaftliche Besonderheiten des Sports**		63
	2.1 Besonderheiten der Sportgüter		64
		2.1.1 Öffentliche und kollektive Güter	65
		2.1.2 Meritorische Güter	68
		2.1.3 Clubgüter und Allmendegüter	69
		2.1.4 Unsicherheit	70
	2.2 Besonderheiten der Nachfrage		71
	2.3 Besonderheiten des Sportangebots		81
	2.4 Besonderheiten der Sportmärkte und -institutionen		88
		2.4.1 Märkte	88
		2.4.2 Institutionen	93
	2.5 Zusammenfassung		97
	2.6 Wiederholungsfragen		102
	Literatur		102
3	**Besonderheiten von Sportvereinen**		107
	3.1 Gemeinsamkeiten und idealtypischer Vergleich		109
	3.2 Existenz		111
	3.3 Besonderheiten		114
		3.3.1 Rollen: Identität	114
		3.3.2 Ziel: Nonprofit-Interessenvereinigung	115
		3.3.3 Güter: Eigenbedarf mit positiven externen Effekten	117
		3.3.4 Finanzen: Mitgliederressourcen	118
		3.3.5 Personal: Freiwilligenarbeit	119
		3.3.6 Entscheidungsstruktur: Demokratie	119
		3.3.7 Organisationsstruktur: Intermediär	120
		3.3.8 Distribution: Solidarität	123
		3.3.9 Umwelt: Privilegien im Vereins- und Steuerrecht	123
	3.4 Vereinsversagen, Transformationen und Folgeprobleme		124
		3.4.1 Kommerzialisierung	127
		3.4.2 Professionalisierung	131
		3.4.3 Oligarchisierung	134
	3.5 Exkurs: Folgeprobleme der Kommerzialisierung des Zuschauersports		136
		3.5.1 Leistungsorientierung und -gerechtigkeit	139
		3.5.2 Fairness	140
		3.5.3 Repräsentation	141
		3.5.4 Vorbild für aktiven Sport	141
		3.5.5 Profitlogik verdrängt Sportlogik	142
		3.5.6 Lösungsvorschläge der Sportökonomie	144
	3.6 Sportmanager in Vereinen und Verbänden		145
	3.7 Zusammenfassung		150
	3.8 Wiederholungsfragen		154
	Literatur		155

Inhaltsverzeichnis

4 Besonderheiten staatlicher Anbieter im Sport 163
    4.1 Besonderheiten 164
        4.1.1 Ziel und Hauptnutznießer: Wohlfahrt der Gesellschaft 164
        4.1.2 Güter und Distribution: Öffentliche Güter und Gerechtigkeit 164
        4.1.3 Mitgliedschaft: Bürger 166
        4.1.4 Finanzierung und Buchführung: Steuern und Kameralistik 166
        4.1.5 Steuerungsmechanismus: Demokratie 166
        4.1.6 Organisationstyp: Bürokratie und Beamte 167
    4.2 Staatsversagen 169
        4.2.1 Eigentums-, Informations- und Anreizmängel 169
        4.2.2 Bürokratiemängel 172
    4.3 New Public Management 173
    4.4 Folgeprobleme 175
    4.5 Wandel der kommunalen Sportverwaltung 177
    4.6 Institutionenvergleich 180
    4.7 Zusammenfassung 185
    4.8 Wiederholungsfragen 187
    Literatur 188

5 Besonderheiten von Kleinbetrieben im Sport 191
    5.1 Besonderheiten im Vergleich zu Großbetrieben 192
    5.2 Gemeinsamkeiten mit Vereinen 197
    5.3 Kleinbetriebe im Sport 201
    5.4 Zusammenfassung 203
    5.5 Wiederholungsfragen 203
    Literatur 204

6 Besonderheiten von Dienstleistungsbetrieben im Sport 207
    6.1 Dienstleistungen 208
        6.1.1 Besonderheiten des Gütertyps 209
        6.1.2 Untertypen 213
        6.1.3 Sportdienstleistungen 215
    6.2 Besondere Probleme von Dienstleistungsbetrieben 217
    6.3 Service-Dominant Logic 223
        6.3.1 Vergleich mit der Goods-Dominant Logic 223
        6.3.2 Wertschöpfungsmodelle 225
    6.4 Zusammenfassung 226
    6.5 Wiederholungsfragen 230
    Literatur 230

7 Besonderheiten des Marketings im Sport ... 233
- 7.1 Grundlagen des Sportmarketings ... 235
  - 7.1.1 Marketing: begrifflich-konzeptionelle Ansätze und Bedeutung ... 235
  - 7.1.2 Begriffliche und konzeptionelle Grundlagen des Sport-Marketings ... 241
  - 7.1.3 Sport-Marketing als Aufgabe und Prozess des Managements ... 253
- 7.2 Situationsanalyse ... 255
  - 7.2.1 Grundprobleme und Formen der Informationsbeschaffung ... 255
  - 7.2.2 Betriebsanalyse ... 259
  - 7.2.3 Markt- und Umfeldanalyse ... 262
- 7.3 Strategische Planung im Sport-Marketing ... 269
  - 7.3.1 Besonderheiten des Zielsystems von Sportbetrieben ... 270
  - 7.3.2 Strategische Optionen der Marktbearbeitung bei Sportbetrieben ... 275
- 7.4 Besonderheiten der Produktpolitik in Sportbetrieben ... 283
  - 7.4.1 Festlegung des Leistungsprogramms ... 283
  - 7.4.2 Die Integration des externen Faktors ... 286
  - 7.4.3 Zeitpolitische Entscheidungen im Sport ... 294
  - 7.4.4 Besonderheiten des Markenmanagements in Sportbetrieben ... 299
- 7.5 Zusammenfassung ... 306
- 7.6 Wiederholungsfragen ... 312
- Literatur ... 313

8 Besonderheiten einer Personalwirtschaft von Freiwilligenarbeitern ... 319
- 8.1 Ziele und Organisation ... 321
- 8.2 Personalbedarfsplanung ... 323
- 8.3 Personalbeschaffung ... 324
- 8.4 Personalauswahl und -einsatz ... 325
- 8.5 Personaleinbindung und -anreize ... 328
  - 8.5.1 Theorie ... 329
  - 8.5.2 Empirische Ergebnisse ... 332
  - 8.5.3 Gestaltungsvorschläge ... 334
- 8.6 Personalsozialisation und -entwicklung ... 340
- 8.7 Personalkontrolle ... 342
- 8.8 Personalfreisetzung ... 344
- 8.9 Adaptation von Individuum und Organisation ... 344
- 8.10 Zusammenfassung ... 346
- 8.11 Wiederholungsfragen ... 349
- Literatur ... 349

9 Partizipatives Management: Was Unternehmen von Sportvereinen lernen können ... 353
- 9.1 Die Japanische Firma und der Verein ... 355
- 9.2 Schattenseiten: Was kann man aus der Vereinsforschung lernen? ... 356
- 9.3 Ursachen der Übertragbarkeit dieser Organisationsmodelle ... 357
  - 9.3.1 Erklärung ... 358
  - 9.3.2 Entwicklungstendenzen ... 359
- 9.4 Grenzen der Übertragbarkeit ... 360
- 9.5 Zusammenfassung ... 361
- 9.6 Wiederholungsfragen ... 362
- Literatur ... 363

10 Besonderheiten des Qualitätsmanagements im Sport ... 365
- 10.1 Mehrperspektivität ... 369
- 10.2 Unsicherheiten ... 371
- 10.3 Nonprofit-Organisationen und die Integration des externen Faktors ... 372
- 10.4 Kosten und Dysfunktionen ... 374
- 10.5 Zusammenfassung ... 375
- 10.6 Wiederholungsfragen ... 377
- Literatur ... 377

Sachverzeichnis ... 381

Grundlagen einer Sportbetriebslehre 1

Der erste Teil des Lehrbuches besteht aus den Kap. 1 und 2 und beschäftigt sich mit den Grundlagen einer Sportbetriebslehre. Um einen Eindruck davon zu bekommen, mit welchen Fragestellungen und wissenschaftlichen Perspektiven sich eine Sportbetriebslehre beschäftigen könnte, gilt es (1.) das Gebiet zu definieren und dann auf die in ihr enthaltenen Bestandteile einzugehen und zu klären, was unter dem Begriff „Sport" (2.) und den Wissenschaftsgebieten „Wirtschaftswissenschaft" (3.), „Betriebswirtschaftslehre" (4.) und „Managementlehre" (5.) verstanden wird. Die Grundlegung schließt mit einer Begründung der Relevanz (6.) sowie einer Schilderung des Entwicklungsstandes (7.) dieses Wissensgebietes ab. Damit die Darstellungen nicht zu abstrakt geraten, enden die meisten Unterkapitel mit einer sportrelevanten Anwendung: einer Typologie der Sportgüter (Kap. 1.2.2), einem Wertschöpfungsmodell der Sportwirtschaft insgesamt (Kap. 1.3.5) und speziell für einen Fußballclub (Kap. 1.4.4), einer Beschreibung der Tätigkeiten und benötigten Kompetenzen von Sportmanagern (Kap. 1.5.3) sowie der beruflichen Situation von akademisch ausgebildeten Sportmanagern (Kap. 1.6 Pkt. 4). Im anschließenden Kap. 2 dieses ersten Teils des Lehrbuches werden die besonderen volkswirtschaftlichen Rahmenbedingungen betrachtet.

Am Ende des Kap. 1 soll der Leser gelernt haben:

- Was kann unter Sportbetriebslehre bzw. Sportmanagement und ähnlichen Forschungs- und Lehrgebieten verstanden werden?
- Mit welchen Fragestellungen beschäftigt sich die Sportbetriebslehre in Anlehnung an die Volkswirtschafts-, Betriebswirtschafts- und Managementlehre?
- Welche Stärken hat der wirtschaftswissenschaftliche Ansatz und wo kann er durch andere sozialwissenschaftliche Perspektiven ergänzt werden?
- Warum ist es zunehmend wichtiger geworden, sich mit solchen Fragen zu beschäftigen?
- Wie sieht der Entwicklungsstand dieser Wissenschaft aus?

1.1 Definition

Was kann man unter „Sportbetriebslehre" verstehen? In Lehre und Forschung werden verschiedene Begriffe verwandt, um das Gebiet zu beschreiben: Sportökonomie, Sportökonomik, Sportbetriebswirtschaftslehre, Sportbetriebslehre und Sportmanagement. Sie unterscheiden sich nach Untersuchungsgebiet, theoretischer Perspektive und nationaler Wissenschaftskultur. In Deutschland ist „Sportökonomie" am gebräuchlichsten, international „Sport Management". Horch (1994) definiert Sportökonomie als eine Wissenschaft, welche die wirtschaftlichen Aspekte des Sports untersucht. Damit sind sowohl betriebs- als auch volkswirtschaftliche Fragestellungen angesprochen, wobei die fachwissenschaftliche Perspektive der Betrachtung zunächst offen bleibt. Aus diesem Grund plädieren neuerdings einige Volkswirte für den Begriff „Sportökonomik" (engl. Sports Economics), womit zum Ausdruck gebracht wird, dass die Behandlung der Fragestellungen aus der Perspektive der ökonomischen Theorie erfolgt bzw. erfolgen soll.[1]

Der Begriff „Sportmanagement" stammt aus dem Angelsächsischen und scheint nur auf die Betriebsführung, die Managementfunktionen, wie Planen, Organisieren, Führen und Kontrollieren, abzustellen. Wie jedoch ein Blick in entsprechende Lehrbücher (z. B. Parkhouse 1991) zeigt, gehört auch hier oft Ökonomie, Buchführung, Finanzierung, Marketing und Personal dazu. Die ältere Bezeichnung „Sports Administration" macht dabei die Anlehnung an das amerikanische „Business Administration" noch deutlicher.[2]

Der Begriff „Sportbetriebswirtschaftslehre" grenzt demgegenüber das Untersuchungsgebiet (ähnlich wie Sportmanagement) auf die Betrachtung einzelwirtschaftlicher Probleme ein und betont dabei – wie Sportökonomik – die wirtschaftswissenschaftliche Perspektive. Wir plädieren in Abgrenzung dazu für die Bezeichnung „Sportbetriebslehre", mit der das Problemfeld umschrieben, aber nicht die fachwissenschaftliche Perspektive der Betrachtung festgelegt wird. Ähnlich wie oben, könnte man also formulieren: Sportbetriebslehre ist eine Wissenschaft, die sich mit den wirtschaftlichen Aspekten von Sportbetrieben beschäftigt. Dabei wollen wir im Hinblick auf die fachwissenschaftliche Perspektive auf ältere (z. B. Marktmodelle) und neuere orthodoxe Theorien der Ökonomie (z. B. die Institutionenökonomie) aber auch auf heterodoxe Ansätze, z. B. der Organisationssoziologie und Konsumpsychologie, zurückgreifen.

Diese Sportbetriebslehre kann – wie jede Wissenschaft – im Wesentlichen drei Dinge leisten: beschreiben, erklären und gestalten. Sie kann z. B. beschreiben, wie groß die Bedeutung der Sportwirtschaft ist, erklären, wovon der Erfolg eines Fitnessstudios abhängt

---

[1] Anders als im Englischen wurde im Deutschen bisher kein sprachlicher Unterschied gemacht zwischen „economy", d.h. der Wirtschaft als Untersuchungsgegenstand, und „economics", als der Wissenschaft, die sich damit beschäftigt.

[2] Auch in Deutschland hießen erste Ausbildungsgänge oder Studienschwerpunkte – wie z. B. an der Deutschen Sporthochschule Köln – „Sportverwaltung", womit allerdings im Gegensatz zu „Sports Administration" im engeren Sinne nur die Organisation des Sports in Kommunen, Vereinen und Verbänden gemeint war.

(von der Ausbildung des Eigentümers, vom Angebot, von der Marktlage, vom Startkapital) oder einen Gestaltungsvorschlag dazu machen, wie eine Marketingstrategie für eine Randsportart entwickelt werden kann. Die Königsdisziplin einer Wissenschaft ist die Erklärung von Zusammenhängen: Was ist die Ursache und was ist die Folge von etwas? Dabei bauen die drei Ziele von Wissenschaft aufeinander auf. Die präzise und differenzierte Beschreibung der Realität bildet den notwendigen Ausgangspunkt, um dann anhand von theoretischen Überlegungen und empirischen Überprüfungen, Zusammenhänge zu erklären. Erst wenn man die Ursache-Wirkungs-Zusammenhänge verstanden hat, weiß man an welchen „Rädchen" man drehen kann, damit sich etwas verändert.

1.2 Sport

Sport ist ein Alltagsbegriff, unter dem in verschiedenen Kulturen Unterschiedliches zusammengefasst wird und der einem permanenten Wandel unterliegt. Aus der Sicht der Sportwissenschaft geht es um einen spezifischen Komplex menschlicher Freizeitaktivitäten (1.) und aus der Sicht der Wirtschaftswissenschaft um die dazu notwendigen Güter (2.).

1.2.1 Sportaktivitäten

Das Wort „Sport" kommt aus dem Englischen und bedeutet ursprünglich „Vergnügung/Zerstreuung". Es bezeichnete das, womit sich z. B. Gentlemen, die nicht arbeiten mussten, ihre Freizeit vertrieben. Damit war der Sport zunächst von ökonomischen Zwängen völlig frei. Es ging um spielerische Verschwendung von Ressourcen, nicht um Verlustvermeidung oder Gewinnerzielung. In Deutschland setzte sich der Begriff Sport erst im Laufe des 20. Jahrhunderts zunächst als Konkurrenz-, später dann als Oberbegriff gegenüber anderen wie „Turnen", „Gymnastik" oder „Leibeserziehung" (physical education) durch.[3]

Aus der Sicht der Sportwissenschaft wird der Gegenstand durch folgende konstitutive Variablen beschrieben (Heinemann 1998): Es handelt sich 1. um körperliche Bewegung, die 2. nur spielerischen Charakter hat, also keine Arbeit (d. h. unproduktiv) ist, 3. auf einen Leistungsvergleich abzielt und dabei 4. bestimmten Spielregeln folgt und auf bestimmten Werten (z. B. Fairness) basiert. Im Gefolge der zunehmenden Popularisierung und Differenzierung des Sports dient der Begriff heute jedoch eher als eine Sammelbezeichnung für die unterschiedlichsten bewegungs-, spiel- oder wettkampforientierten körperlichen Freizeitaktivitäten des Menschen, wobei die Grenzen zwischen „Sport" und „Nicht-Sport" zunehmend fließend und unklar sind.[4] Neben der großen Gruppe der „traditionellen",

---

[3] In den USA bezeichnet „sport" interessanterweise meist nur den Zuschauersport, während der aktive Sport unter den Begriff „recreation" fällt.

[4] Sportpolitisch wurde in der European Sports Charter (Council of Europe, 1992 Article 2.1) definiert: „Sport embraces much more than traditional team games and competition. Sport means all forms of physical activity which, through casual or organized participation, aim at expressing or

Nicht-sportliche Aktivitäten

Nicht-physische, aber wettbewerbsartige und institutionell organisierte Aktivitäten, oft als Sport angesehen

Physische nicht-kompetitive Freizeitaktivitäten

Reine sportliche Freizeitaktivitäten

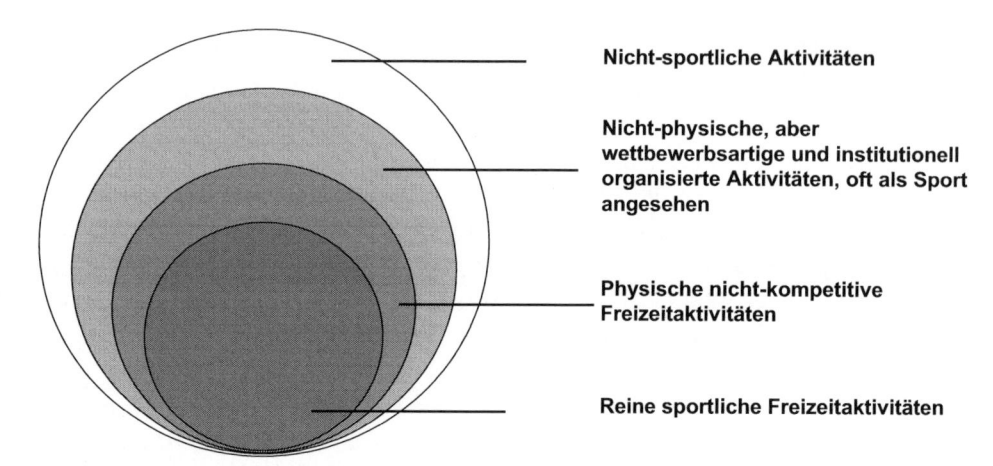

Abb. 1.1 Enger und weiter Sportbegriff nach Gratton und Taylor (1992, S. 8)

regelgeleiteten und wettkampfmäßig betriebenen Sportarten, auf welche die o. g. Merkmale zutreffen (s. Zentrum der Abb. 1.1), ist die Sportentwicklung gekennzeichnet durch die Entstehung eines „nicht-sportlichen Sports", nicht wettkampfmäßig betriebenen Sports (vgl. Dietrich und Heinemann 1989), der vielfältige Formen der Körperthematisierung und des Bewegungserlebens beinhaltet und mit denen neue Sinndeutungen und Motivstrukturen verknüpft sind (Fitness, Körperformung, Spaß, Abenteuer, Gesundheit usw.). Zudem gibt es nicht-körperliche Freizeittätigkeiten, die Wettkampfcharakter haben und zum Sport gezählt werden, wie in Deutschland z. B. das Schachspielen. Im Zuge der Professionalisierung und Kommerzialisierung wurde Sporttreiben zudem für eine steigende Zahl von Personen auch zur Arbeit und zum Beruf, mit dem ganz oder teilweise der Lebensunterhalt bestritten wird.

1.2.2 Sportgüter

Sportaktivitäten in diesem Sinne sind jedoch nicht der zentrale Gegenstand der Wirtschaftswissenschaft, sondern insbesondere jene (knappen) Güter (Sachgüter und Dienstleistungen),[5] die man zum aktiven Sporttreiben und zum passiven Sportzuschauen braucht.[6] Bei letzterem gehört dann allerdings ganz zentral auch die Aktivität des Sport-

---

improving physical fitness and mental well-being, forming social relationships or obtain results in competition at all levels."

[5] Man könnte hier auch von Waren (commodities) im Sinne von käuflichen Gütern reden.

[6] Im Sinne von Beckers (1965) Haushaltsproduktionstheorie (s. Kap. 2.2) sind Güter die nutzenstiftenden Resultate der Haushaltsproduktion, die durch den Einsatz von Waren sowie Zeit und Konsumkapital erstellt werden. In diesem abstrakteren Verständnis führt auch die Sportaktivität außerhalb des Zuschauersports zu nutzenstiftenden Resultaten, z. B. Gütern wie Gesundheitsvorsorge.

1.2 Sport

1.) Sportbezug
- 1. aktiv (Sport treiben)
- 2. passiv (zuschauen)
- 3. Folgeprodukte: Kommunikation/Sponsoring

3.) Nähe zum Sport
1. Sportgüter i. e. S.
2. Hilfsprodukte
3. Anschlussprodukte (Fahrten, Unterkunft usw.,) Lebensstilprodukte

2.) Produktart
2. Dienstleistungen (personen-, sachbezogen)
1. Sachgüter (Investitions-, Konsum-, Verbrauchs-, Gebrauchsgüter)

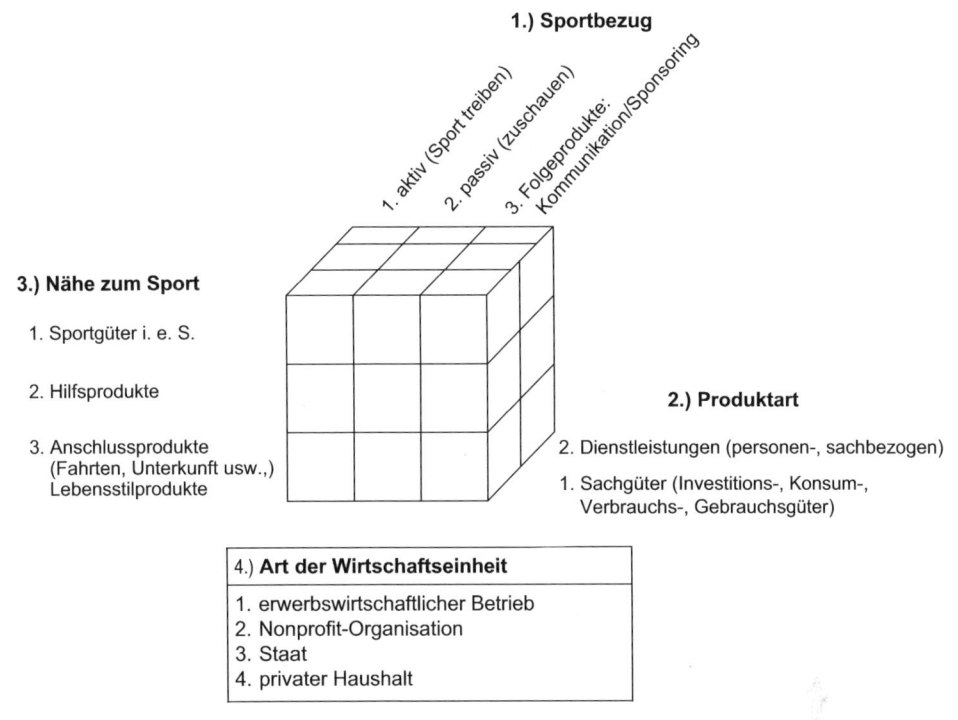

4.) Art der Wirtschaftseinheit
1. erwerbswirtschaftlicher Betrieb
2. Nonprofit-Organisation
3. Staat
4. privater Haushalt

Abb. 1.2 Typologie von gütern

lers im Sinne einer Dienstleistung für den Zuschauer dazu. Zu den Sportgütern in diesem Sinne zählt eine Vielzahl sehr unterschiedlicher Güter. In der Literatur findet sich eine Reihe von Vorschlägen zur Systematisierung und Typologisierung von Sportgütern.[7] Diese Vorschläge sollen hier nicht im Einzelnen vorgestellt werden. Vielmehr möchten wir vier Dimensionen bzw. Kriterien benennen, nach denen solche Typologien gebildet werden können (s. Abb. 1.2):

1. **Sportbezug:** Es ist sinnvoll, zwischen den Gütern des aktiven Sports, d. h. des Sporttreibens, und des passiven Sports, d. h. des Interesses an Zuschauersport, zu unterscheiden. Zu ersterem gehören z. B. Sportgeräte, Sportbekleidung, Sportanlagen, Training und Wettkämpfe, zu letzterem z. B. Sportveranstaltungen, Sportligen und Stadien. Aktives Sporttreiben ist die unabdingbare Voraussetzung des Zuschauersports. Ohne aktive Sportler könnte es logischerweise keine Zuschauer geben. Diese beiden Typen könnte man noch ergänzen um eine Gruppe von „Folgeprodukten", die an den Zuschauersport anknüpfen. Hierzu zählen z. B. Sponsoringrechte, also die Nutzung des Sports für kommunikative Zwecke (auch für Nichtsportprodukte), TV-Übertragungsrechte oder Merchandisingartikel. Güter sind ökonomisch betrachtet Nutzenbündel. Hermanns und

---

[7] z. B. Heinemann (1995), Chelladurai (1992), Pitts und Stotlar (1996), Woratschek und Beier (2001).

Riedmüller (2001) unterscheiden in diesem Sinne den Sportler-Markt, den Zuschauer-Markt und den Folge-Markt und illustrieren diese jeweils anschaulich mit einigen Nutzenaspekten, die im Kern bereitgestellt bzw. verkauft werden: Spaß, Schweiß und Gesundheit im Sportlermarkt; Spannung, Identifikation, Unterhaltung und Geselligkeit im Zuschauer-Markt sowie Kontakte, Image und Aufmerksamkeit im Folge-Markt.
2. **Produktart:** Man kann – wie in der Ökonomie üblich – grundsätzlich zwischen Sachgütern (z. B. Sportanlagen und Geräte) und Dienstleistungen (z. B. Training, Wettkämpfe, Sporttherapie) unterscheiden. Sachgüter können weiter in Investitions- (z. B. Schwimmhalle) und Konsumgüter unterteilt werden, letztere wiederum in Gebrauchs- (z. B. Tennisschläger) und Verbrauchsgüter (z. B. Skiwachs). Dienstleistungen werden üblicherweise in personenbezogene (z. B. Training) und sachbezogene (z. B. Anlagenwartung) unterteilt.
3. **Nähe zum Sport:** Die Produkte lassen sich nach ihrer Nähe zum Sport unterscheiden. Was ist das Herz des Sports, wo hört der Sportbezug auf? Das ist vor allem für die volkswirtschaftliche Fragestellung nach der wirtschaftlichen Bedeutung des Sports von Interesse. Denn je weiter man den Sportgüterbegriff fasst, desto bedeutender wird natürlich die Sportwirtschaft. Heinemann (1995) hat eine Untergliederungen vorgeschlagen, die implizit dieser Logik folgt. Er unterscheidet Sportgelegenheiten (z. B. Anlagen und Organisationen), Hilfsprodukte (wie Sportausrüstung und Dienstleistungen) und Anschlussprodukte. Von großer wirtschaftlicher Bedeutung sind dabei die Anschlussprodukte. Dabei handelt es sich um sportmittelbare Güter und Dienstleistungen, die zwar nicht in einem Produktverbund, aber in einem Nachfrage- und Konsumverbund mit Sport stehen, also z. B. ist das nicht im Reisen bereits enthalten oder geht es explizit um den Transport von Sportausrüstung, dann würde ich das präzisieren Reisen, Unterbringung und Verpflegung an Orten des Sporttreibens bzw. von Sportwettkämpfen, Sportversicherungen, sportmedizinische Produkte und Dienstleistungen. Zu guter Letzt könnte man noch Lebensstilprodukte anfügen (z. B. Schuhe, Kleidung, Autos, Uhren), die lediglich gezielt Elemente von „Sportlichkeit" in ihrer Funktion, im Design oder auch nur in der Werbung aufgreifen. Es ist allerdings sehr fraglich bzw. umstritten, ob man diese Produktkategorie noch zu „Sportprodukten" rechnen sollte.[8]
4. **Art der Wirtschaftseinheit:** Wir möchten diesen Gliederungsprinzipien von Sportgütern eine weitere Dimension hinzufügen, weil sie für unsere Thematik von zentraler Bedeutung ist, nämlich der Betriebstyp, der sportbezogene Güter und Dienstleistungen produziert bzw. bereitstellt. Hierbei können grundsätzlich vier Typen unterschieden werden: kommerzielle Betriebe, Vereine, staatliche Einrichtungen oder private Haushalte. Nun kann (mit Recht) die Frage gestellt werden: Was hat die Art bzw. der Typ

---

[8] Für die Zwecke der Wirtschaftsstatistik hat man sich in Europa auf die sog. „Vilnius Definition des Sports" geeinigt, die analog zu Heinemann drei unterschiedlich weite Produktbereiche umfasst. 1. die Branchen, die Angebote für Sportaktivitäten bereitstellen (z. B. Fitnessstudios), 2. die Unternehmen und Organisationen, welche die Faktoren produzieren, die für das aktive Sporttreiben benötigt werden (z. B. Sportartikelproduktion) und 3. diejenigen Anbieter, die Sportaktivitäten als Input für weitere, an Sport anknüpfende Angebote nutzen (z. B. Zuschauersport, Hotels, Medien, Wetten).

eines Gutes mit der institutionellen Form seiner Bereitstellung zu tun? Die Begründung liegt darin, dass es sich bei Güter um Nutzenbündel handelt, die sehr unterschiedliche Ausprägungen annehmen können und die im Fall von Sport besonders eng mit dem jeweiligen institutionellen Kontext seiner Produktion und seines Konsums zusammenhängen. Um dies an einem Beispiel zu verdeutlichen: Während das Angebot der Sportart „Badminton" in einem Verein mehr durch regelmäßiges Training mit dem Ziel der Leistungsverbesserung, der Teilnahme an Wettkämpfen, der sozialen Einbindung in eine Gruppe und der Teilnahme am „Vereinsleben" geprägt sein dürfte, bedeutet „Badminton" in einer kommerziellen Anlage zumeist nicht viel mehr als die Bereitstellung eines entsprechenden Spielfeldes. Badminton im Schulsport ist demgegenüber mit pädagogischen Zielen des Sportunterrichts verknüpft, z. B. des Erlernens von Teamwork (hier im Doppel), wohingegen Badminton in der Familie in aller Regel nur als „Federball" praktiziert wird, und dann auch nicht als „Sport" mit einem Leistungsvergleich, aus dem Gewinner und Verlierer hervorgehen, sondern eher als Geschicklichkeitsspiel, bei dem es darum geht, den Federball möglichst lange im Spiel zu halten.

1.3 Wirtschaftswissenschaft

Im Folgenden werden in knapper Form 1. die Grundideen traditioneller und 2. neuerer ökonomischer Theorien, 3. ihre Schwächen und 4. Stärken diskutiert, sowie 5. abschließend als Anwendungsbeispiel ein Wertschöpfungsmodell der Sportwirtschaft vorgestellt.

1.3.1 Neoklassischer Ansatz

In den meisten volkswirtschaftlichen Lehrbüchern wird die Mikroökonomie überwiegend in ihrer sog. neoklassischen Variante präsentiert. Demnach beschäftigt sich die Volkswirtschaftslehre (oder Ökonomik)[9] mit dem Problem des Wirtschaftens. Das Problem tritt auf, wenn Menschen verschiedene Ziele verfolgen, aber nur begrenzte Mittel zu ihrer Realisierung haben und sich daher für eine Verwendungsmöglichkeit knapper Ressourcen entscheiden müssen.[10] Ein einfaches Beispiel für eine solche Entscheidung wäre etwa die Frage, ob ein Fußballclub in den Erwerb neuer Spieler oder in die Ausbildung seiner eige-

---

[9] Im deutschen Sprachgebrauch beschäftigt sich die „Volkswirtschaftslehre" nicht nur – wie der Laie vermuten könnte – mit den gesamtgesellschaftlichen (makroökonomischen) Zusammenhängen einer Wirtschaft, sondern sie umfasst gleichzeitig den allgemeinen theoretischen (mikroökonomischen) Ansatz der Wirtschaftswissenschaft. Im Englischen heißt dieser Bereich – weniger irreführend – „Economics" (Ökonomik).

[10] „Economics is the science which studies human behavior as a relationship between ends and scarce means which have alternative uses." (Robbins 1940, S. 16) Das ist die heute vorherrschende Definition der Wirtschaftswissenschaft. Sie wird als formale Definition bezeichnet, weil sie auf das formale Wahlhandlungsproblem des Wirtschaftens abstellt, sich allerdings nicht nur auf den Bereich der „Wirtschaft" beschränkt (s. Kap. 1.3.2).

nen Jugendspieler investieren soll. Mit der Entscheidung für eine Art der Verwendung können die Ressourcen nicht mehr für die andere Art eingesetzt werden. „Wirtschaften ist demnach (auch) immer eine Entscheidung darüber, worauf man verzichten will." (Heinemann 1995, S. 44) Der entgangene Nutzen der nicht gewählten, zweitbesten Alternative wird als Opportunitätskosten bezeichnet. Dies ist der grundlegende Kostenbegriff der Ökonomik.[11] Die Wirtschaftswissenschaft versucht, das Verhalten in solchen Situationen einerseits zu erklären (positive Theorie) und andererseits Gestaltungsvorschläge zur Verbesserung entsprechender Entscheidungen zu formulieren (normative Theorie). Sie wird daher auch als Wahlhandlungstheorie (rational choice theory) bezeichnet.

Ausgangspunkt der Theorie ist das Verhaltensmodell des Homo Oeconomicus, das auf folgenden Annahmen beruht: Der Homo Oeconomicus hat klare Ziele bzw. Präferenzen, verfügt über alle notwendigen Informationen und hat eine unbegrenzte Informationsverarbeitungskapazität, d. h. er kennt alle Alternativen und die damit verbundenen Nutzenaspekte, Kosten und Risiken. Auf dieser Grundlage kann er sofort und ohne Aufwand berechnen, welche Variante den höchsten Nutzen für ihn stiftet. Er entscheidet sich objektiv rational und eigennützig für diese Alternative. Der Eigennutz geht soweit, dass zwar Schädigungen Anderer nicht angestrebt, aber in Kauf genommen werden (Opportunismus). Sein Verhalten wird dabei durch Anreize bestimmt. Diese Anreize werden einerseits durch seine als gegeben und unveränderlich angenommenen Präferenzen, andererseits durch äußere Restriktionen bestimmt. Zu Letzteren gehören u. a. sein verfügbares Einkommen, sein Vermögen, die relativen Kosten (Preise) der Alternativen und gesetzliche Beschränkungen. Das allgemeine Nachfragegesetz besagt nun: „Erhöhen sich die Kosten (der Preis) eines Gutes oder einer Aktivität im Vergleich zu anderen Gütern oder Aktivitäten (d. h. erhöht sich der relative Preis), wird vom betreffenden Gut weniger nachgefragt (konsumiert) oder die betreffende Aktivität vermindert" (Frey 1989, S. 73).

In normativer Hinsicht formuliert die Ökonomik im Sinne des Wirtschaftlichkeitsprinzips Verbesserungsvorschläge dazu, wie mit knappen Ressourcen umgegangen werden sollte, nämlich indem man entweder ein gegebenes Ziel mit einem möglichst geringen Mitteleinsatz erreicht (Minimalprinzip) oder gegebene Mittel für die Realisierung eines möglichst maximalen Nutzens einsetzt (Maximalprinzip).[12] Es geht also nicht nur – wie im Alltagsverständnis vermutet – um Sparen, sondern auch darum den Nutzen, z. B. eines

---

[11] Friedman (1975) hat es auf den Punkt gebracht: „There's no such thing as a free lunch." Es gibt Nichts umsonst. Alle Entscheidungen kosten, denn wer mehr von einem Gut verlangt, muss auf andere verzichten.

[12] Das scheint auf den ersten Blick verblüffend: Wie kann man mit der gleichen Theorie Verhalten erklären und verbessern? Wenn die Menschen schon dem Modell des Homo Oeconomicus entsprechend handeln, was gibt es dann noch zu verbessern? Die Erklärung ist, dass das Modell nur dazu dienen soll, das durchschnittliche Verhalten annäherungsweise vorherzusagen. Daher besteht immer noch Spielraum für Verbesserungen der durch das reale Wirtschaftssystem (im Unterschied zum vollkommenen Wettbewerb) vorgegebenen Restriktionen sowie des tatsächlichen Rationalitätsgrades der Entscheidungen von einzelnen Akteuren. Normativ gesehen ist ja gerade das „Unwirtschaftliche" am realen Wirtschaften das zentrale Thema.

Fitnessstudioangebotes, zu vergrößern. Die Berechnung von Grenzkosten und -nutzen, d. h. dessen, was die letzte Einheit eines Gutes kostet bzw. nützt, ermöglicht die mathematische Bestimmung des Maximal- bzw. Minimalpunktes.[13] Die Produktivität, das Verhältnis von Output zu Input, kann vor allem durch zwei Mechanismen gesteigert werden: durch Arbeitsteilung, d. h. Konzentration auf bestimmte Tätigkeiten (Spezialisierung), und durch Investitionen in z. B. Werkzeuge, Maschinen oder Ausbildung.

Das ursprüngliche Anwendungsgebiet der Ökonomik ist die Wirtschaft, also der Bereich der Produktion und Konsumtion der materiellen Dinge des Lebens.[14] Alle Gesellschaften müssen bewusst oder unbewusst die zentralen wirtschaftlichen Grundprobleme lösen, die aus den Fragen resultieren, was, wie und für wen produziert wird und wer, nach welchen Zielen und Kriterien darüber entscheiden soll. Die Frage, was produziert werden soll, bezeichnet man als Allokationsproblem. Es geht darum, für die Produktion welcher Güter die Ressourcen einer Gesellschaft eingesetzt werden sollen. Sollen also z. B. die knappen öffentlichen Mittel eher für die Förderung des Breitensports oder des Leistungssports eingesetzt werden? Die Entscheidung darüber, wie die produzierten Güter verteilt werden, also für wen produziert wird, nennt man Distributionsproblem. Soll es „Sport für Alle" geben, Sport also als ein allen Bevölkerungsschichten zugängliches Gut bereitgestellt werden oder nur für jene, welche die damit verbundenen Kosten aus eigener Tasche bezahlen können, wie dies z. B. bei einem Kinobesuch der Fall ist? Je nachdem wie diese Grundfragen geregelt sind, können verschiedene Wirtschaftssysteme unterschieden werden. In der Geschichte der Menschheit wurde dies überwiegend traditional entschieden, d. h. danach wie es von den Vorfahren überliefert wurde und sich bewährt hatte. Die Geschichte der letzten 100 Jahre war sehr stark von einem Wettstreit zwischen dem in kommunistischen Ländern vorherrschenden Modell der Planwirtschaft, in der über die Allokation, Produktion und Distribution von Gütern zentralistisch auf staatlich-politischer Ebene entschieden wurde, und dem Modell der Marktwirtschaft in den westlichen Industriegesellschaften geprägt. Die Wirtschaftswissenschaft beschäftigt sich jedoch vorwiegend mit dem Modell der Marktwirtschaft, weil sie als die effizienteste Form des Wirtschaftens angesehen wird. Ähnlich wie gesamte Volkswirtschaften kann man jedoch auch die verschiedenen Institutionen, die in unserer Gesellschaft Sportgüter produzieren, wie Sportvereine oder kommerzielle Anbieter, danach unterscheiden, wie sie diese Probleme der Allokation, Produktion und Distribution lösen (s. Kap. 4.6).

---

[13] Diese Anwendung der Differentialrechnung, das Denken in Grenzkosten und -nutzen, war Ende des 19. Jahrhunderts eine der wesentlichen Fortschritte des neoklassisch Ansatzes gegenüber dem durch Adam Smith begründeten klassischen Ansatz.

[14] „economics (…) examines that part of individual and social action which is most closely connected with the attainment and with the use of the material requisites of well-being. Thus, it is on the one side a study of wealth; and on the other, and more important side, a part of the study of man." (Marshall 1952, S. 1). Diese Definition steht mehr im Einklang mit dem Alltagsverständnis von „der Wirtschaft". Sie wird als materiale Definition bezeichnet, weil sie auf die Entscheidung über die materiellen Güter des Lebens abstellt.

Zentral für die neoklassische Ökonomik ist neben dem Homo Oeconomicus des Weiteren das Modell des vollkommenen Wettbewerbs, mit dem die Umwelt der Entscheidungen von Individuen modelliert wird. Es beruht auf einer Vielzahl von weiteren Annahmen (s. Kap. 2.4.1), vor allem der, dass es viele kleine Nachfrager und Anbieter gibt, so dass keiner Einfluss auf den Preis nehmen kann. Ein solcher Markt gilt in vielerlei Hinsicht als perfekter Koordinierungsmechanismus. Allokations-, Produktions- und Distributionsprobleme werden effizient gelöst. Auch das Marktmodell dient wiederum einerseits zur Erklärung von wirtschaftlichen Zusammenhängen, andererseits als Maßstab wirtschaftspolitischer Empfehlungen. Wie beim Homo Oeconomicus soll sich diese Theorie – trotz ihrer vielen unwahrscheinlichen Annahmen – daran bewähren, wie viel man mit ihrer Hilfe erklären kann. Mit den Modellen des Homo Oeconomicus und des vollkommenen Wettbewerbs versucht die Ökonomik zu erklären, wie Entscheidungen (Wahl) getroffen und koordiniert (Tausch) werden, um darauf basierend Verbesserungsvorschläge zu machen. Dabei wird davon ausgegangen, dass das menschliche Verhalten über Anreize bzw. Restriktionen gesteuert werden kann und Institutionen entsprechend zu gestalten sind.[15]

1.3.2 Subjektive Nutzentheorie und Institutionenökonomik

Der neoklassisch Ansatz der Ökonomik war in den letzten Jahren aufgrund der Vielzahl seiner unrealistischen Annahmen des Homo-Oeconomicus- und des Marktmodells heftiger Kritik ausgesetzt. Auf einige wesentliche Punkte der Kritik, nämlich die Annahmen der vollkommenen Rationalität, vollständigen Informationen und einer zeitlich und mental unbeschränkten Informationsverarbeitungskapazität, hat auch die Wirtschaftswissenschaft in den letzten Jahrzehnten mit neuen Theorievarianten reagiert.[16]

Die Annahme der vollkommenen Rationalität wurde ersetzt durch die einer nur begrenzte Rationalität (Simon 1957: bounded rationality). Zwar streben Menschen demnach nach Rationalität, aber aufgrund der Kosten und Grenzen der Informationsbeschaffung und -verarbeitung, beenden sie z. B. die Suche sobald sie eine zufriedenstellende Alternative (satisfyzing statt maximizing) gefunden haben. Im Anschluss daran wurde die objektive Rationalität des Homo Oeconomicus durch die subjektive Rationalität ersetzt, wie dies z. B. beim SEU-Modell (subjective expected utility) geschieht. Individuen entscheiden demnach danach, was sie subjektiv an Alternativen, Restriktionen, Kosten und Nutzen

---

[15] Mehr zu diesem Modell, den Annahmen und Konsequenzen, anderen Marktformen und Gründen für Marktversagen s. Kap. 2.4.1.

[16] Die im Folgenden angesprochenen Punkte betreffen die Mikroökonomie. In der Makroökonomie wurde das neoklassische Modell vor allem durch Keynes (1936) kritisiert, der die Annahme in Frage stellte, dass Märkte automatisch für Vollbeschäftigung sorgen und ein alternatives Modell mit weitreichenden wirtschaftspolitischen Konsequenzen entwickelt.

wahrnehmen und wie sie die Wahrscheinlichkeiten ihres Auftretens beurteilen[17] bzw. ihr Verhalten kann so erklärt werden, als ob sie dies tun. Mit dieser Als-ob-Variante werden auch unbewusste Entscheidungen eingeschlossen.[18]

Die ökonomische Theorie löste sich in den letzten Jahrzehnten zudem von ihrem ursprünglichen Gegenstand, dem wirtschaftlichen Handeln, und wurde auf alle möglichen Lebensbereiche und Fragestellungen übertragen, die ebenfalls durch Wahlhandlungs- bzw. Entscheidungsprobleme gekennzeichnet sind, also z. B. die Frage, ob Menschen Kinder bekommen (Familienökonomie), ob sie studieren (Humankapitaltheorie), warum Menschen sich gesundheitsschädigend verhalten und z. B. Drogen konsumieren (Gesundheitsökonomie) oder wie sich Politiker verhalten (Neue Politische Ökonomie). In diesem Sinne kann man auch Sportaktivitäten ökonomisch analysieren und dabei z. B. den Fragen nachgehen: Wann ist für den Radrennfahrer der optimale Zeitpunkt, den Sprint anzuziehen (Dilger 2002), oder: Wann lohnt sich Doping (Daumann 2008)?

Eine weitere zentrale Neuerung erfolgte durch die Neue Institutionenökonomik (s. Picot et al. 1999).[19] Durch die nur begrenzte Rationalität werden asymmetrische Informationsverteilungen und Transaktionskosten wichtig, die wiederum große Spielräume für opportunistisches Verhalten, also auch für Betrug, eröffnen. Wenn ein Vertragspartner über mehr Informationen als der andere verfügt, kann er dies zum Schaden des anderen ausnutzen. Wenn nicht alle Informationen kostenlos zur Verfügung stehen, fallen nicht nur Produktions-, sondern auch Transaktionskosten (Tauschkosten) an. Hierzu gehören etwa die benötigte Zeit und der Aufwand, um Alternativen zu finden (Suchkosten), Verträge auszuhandeln (Entscheidungskosten) und deren Einhaltung zu überprüfen (Kontrollkosten). Institutionen, wie Gesetze, Tausch- und Gesellschaftsverträge, aber auch soziale Normen und Werte dienen dazu (indem sie Schutz vor Übervorteilung bieten), verlässliche Kooperationen in einer arbeitsteiligen Wirtschaft zu ermöglichen.

Zur Neuen Institutionenökonomik gehören neben der Transaktionskostentheorie die Property-Rights- und die Principal-Agent-Theory (Informationsökonomik). Erst mit diesen Ansätzen wird es z. B. möglich zu erklären, warum es überhaupt Betriebe gibt (s. Kap. 1.4.2). In der Sportökonomik werden mit Hilfe solcher Theorien die außergewöhnlichen Regulierungen des Profiteamsports, wie die genossenschaftsförmige Organisationsform der US-Ligen, Umverteilungen von Einnahmen und Salary Caps (Gehaltsbegrenzungen) analysiert und Gestaltungsvorschläge entwickelt (s. Kap. 2.4.2).

---

[17] Nutzen bzw. Kosten und ihre Wahrscheinlichkeiten sind dabei multiplikativ verknüpft, d. h. hohe Werte mit geringen Wahrscheinlichkeiten ergeben als Multiplikationsprodukt das gleiche Ergebnis wie geringe Werte mit hohen Wahrscheinlichkeiten.

[18] Wie viele Probleme die menschlichen Möglichkeiten zu zukunftsbezogenem rationalem Handeln generell und speziell in Organisationen einschränken, wird ausgeklammert (s. dazu Heinemann 1995).

[19] Die alte bzw. die Institutionenökonomie, allgemein verstanden, gehört zu den mit der neoklassischen Ökonomik konkurrierenden sozio-ökonomischen (heterodoxen) Ansätzen. Im Gegensatz dazu ist die Version der sog. „Neuen Institutionenökonomik" heute weitgehend vom Mainstream der Ökonomik akzeptiert.

1.3.3 Verhaltensökonomie

Die Ökonomik ist also nicht nur durch die Fragestellung nach dem Wirtschaften und der Wirtschaft gekennzeichnet – damit beschäftigen sich z. B. auch Wirtschaftssoziologie und -psychologie – sondern vor allem durch eine bestimmte theoretische Perspektive, mit deren Hilfe versucht wird, Antworten auf ganz generelle Grundfragen des menschlichen Entscheidungsverhaltens in bestimmten Situationen zu finden. Die Annahme vollkommener Rationalität ist dabei nicht die einzige, die von einigen Ökonomen und anderen Sozialwissenschaftlern kritisiert wird. Vielmehr richtet sich die Kritik auf die grundsätzlich sehr ungewöhnliche Herangehensweise, eine Theorie auf Annahmen aufzubauen, die zwar intuitiv zumeist plausibel erscheinen, aber bekanntermaßen falsch sind. Der Ansatz der Verhaltensökonomie (behavioral economics) versucht, dies zu vermeiden und die Wirtschaftswissenschaft noch weitgehender auf bewährte psychologische und soziologische Theorien, z. B. über menschliches Entscheidungs- und Kaufverhalten, aufzubauen (Frey und Benz 2002).[20]

In Frage gestellt wird etwa auch die zweite grundlegende Annahme der Ökonomik, nämlich die eines grundsätzlich eigennützigen Verhaltens von Individuen. So wurde z. B. in Experimenten festgestellt, dass Menschen faires Verhalten belohnen und unkooperatives Verhalten bestrafen, selbst wenn damit Kosten verbunden sind.[21] Wenn also etwa der Star einer Fußballmannschaft sich unkooperativ verhält, werden ihn die anderen Mannschaftsmitglieder nicht mehr unterstützen, selbst wenn daraus dem Team und somit auch ihnen selbst Nachteile entstehen.

Der Nutzenbegriff wird als leer und damit die ökonomische Theorie als empirisch unwiderlegbar kritisiert. Im Nachhinein kann nämlich jedes Verhalten durch irgendeinen Nutzen erklärt werden, ob jemand einen Menschen ermordet oder ihn unter Einsatz seines Lebens rettet, und dieser Unterschied ist ja nicht unerheblich. Widerlegbar wird die Theorie nur, wenn im Vorhinein geklärt wird, von welcher Art von Nutzen man ausgeht. Die große Domäne der Ökonomik bleibt dabei der materielle, monetäre Nutzen. Im Sport geht es jedoch relativ häufig nicht um Geld, sondern z. B. um sportlichen Erfolg (Leistungssportler), Spaß (Freizeitsportler) oder Identität (Sportfans).

Zu guter Letzt wird auf die Gefahr negativer ethischer Konsequenzen des Menschenbildes und der daraus abgeleiteten Empfehlungen der Ökonomik hingewiesen. Die Wirtschaftswissenschaft will ausdrücklich nichts über die Ziele des Handelns oder den Sinn des

---

[20] Zu den profiliertesten Vertretern der Kritik am Modell des Homo Oeconomicus in den letzten drei Jahrzehnten gehört Kahneman, der 2002 den Nobelpreis für Ökonomie erhielt. Eine Zusammenfassung seiner wichtigsten Forschungsergebnisse, die zumeist auf Experimenten zum Entscheidungsverhalten von Menschen in bestimmten „Settings" von Anreizen, Gruppenkonstellationen und sonstigen Rahmenbedingungen beruhen, findet man in seinem Buch von 2011 „Langsames Denken, schnelles Denken".

[21] In diesem Sinne haben z. B. Ockenfels und Raub (2010) ein ERC-Modell entwickelt, das neben Wettbewerb (C-ompetition) auch Situationen berücksichtigt, in denen Gerechtigkeit (E-quity) und gegenseitige Verpflichtungen (R-eciprocity: hast du mir geholfen, so helfe ich dir) eine Rolle spielen.

Lebens aussagen. Es geht nur um die Zweckmäßigkeit nicht die Richtigkeit des Handelns, also darum, mit den knappen Mitteln möglichst rational umzugehen, um Handlungsziele – welcher Art auch immer – bestmöglich zu erreichen. Allerdings besteht dabei die Gefahr, dass sich Mittel zu Zielen verselbständigen, Effizienz und Geld zum Lebenszweck werden. Auch können betriebliche Regelungen, die Drückebergerei (shirking) befürchtend auf Kontrollen und monetäre Leistungsanreize setzen, die intrinsische Motivation der Mitarbeiter verdrängen (Verdrängungstheorie, z. B. Frey 1997).[22] Wenn man z. B. bei Menschen, die für ihre Arbeit leben, eine Stechuhr einführt, werden sie enttäuscht über dieses Misstrauen tatsächlich auf die Uhr schauen und nur noch das Nötigste tun. Damit wirkt die ökonomische Theorie als eine sich selbst erfüllende Prophezeiung (self-fulfilling-prophecy). Sie wird im Nachhinein durch ihre Anwendung bestätigt. Letztlich braucht Wirtschaft – wie auch Wissenschaft – ethische und gesetzliche Grenzen. Kinderarbeit bei der Herstellung von Fußbällen mag effizient sein, in entwickelten Gesellschaften ist man aber heute überwiegend der Meinung, dass sie nicht erlaubt sein sollte. In diesem Sinne geht es auch in der Sportökonomie nicht nur um Ökonomie, sondern auch um Sport, d. h. um die Verträglichkeit wirtschaftlicher Entscheidungen für den Sport (s. Kap. 3.4.1 und 3.5 zu möglichen Folgeproblemen der Kommerzialisierung). In diesem Sinne formuliert Heinemann (1995, S. 272): „Ökonomische Rationalität erfordert eine Bindung an Außenmoral, damit sie regulierbar, berechenbar und vertretbar bleibt. Dies kann als Aufruf verstanden werden, eine Ethik einer Wirtschaft des Sports zu entwerfen."

1.3.4 Lob der Ökonomik

Nach diesen kritischen Anmerkungen muss diese kurze Einführung jedoch mit einer Würdigung der Stärken der Ökonomik abschließen: Wirtschaftswissenschaftler arbeiten seit über 250 Jahren – länger und kontinuierlicher als jede andere Sozialwissenschaft – an der logischen Überprüfung (Formalisierung, Mathematisierung) und Verfeinerung ihres auf wenigen, einfachen, plausiblen und allgemein anerkannten Grundannahmen basierenden Ansatzes, während in anderen Sozialwissenschaften viele konkurrierende Theorien mit nur beschränktem Geltungsanspruch existieren. Dabei folgen sie dem wissenschaftstheoretischen Grundaxiom, dass einfachere Theorien bei gleicher Erklärungskraft komplexeren Theorien vorzuziehen sind.[23] Die oben kritisierte Leere des Nutzenbegriffs hat umgekehrt betrachtet den Vorteil, dass die ökonomische Theorie offen für viele Erweiterungen ist.

---

[22] Extrinsische Motivation wird durch Anreize bewirkt, die von außen kommen, wie Geld, intrinsische Motivation durch solche, die im Inneren einer Person liegen, d. h. wenn jemand etwas um der Sache oder seiner selbst Willen tut.

[23] In Anlehnung an einen Scholastiker aus dem frühen Mittelalter wird dieses Sparsamkeitskriterium „Ockhams Rasiermesser" (Occams razor) genannt.

In den letzten Jahrzehnten haben sich Wirtschaftswissenschaftler nicht nur mit der Verfeinerung ihrer Modelle, sondern auch zunehmend mit deren empirischer Überprüfung beschäftigt.[24] Dabei genießen bzw. nutzen sie den großen Vorteil der leichten Messbarkeit monetärer Größen. Wie genau sich das tatsächliche Entscheidungsverhalten von Individuen auf der Grundlage von Theorien modellieren lässt, hängt von der Fragestellung ab. Die ursprüngliche Domäne der Ökonomik sind monetäre Anreize und durchschnittliches Massenverhalten von Nachfragern und Anbietern auf anonymen Märkten. Für Marketingzwecke muss man jedoch auf realitätsnähere, komplexere Modelle, z. B. des Kaufverhaltens, zurückgreifen.

In den letzten Jahrzehnten wurde die Rational-Choice-Theorie zudem auf viele andere Verhaltensbereiche übertragen und hat zu erfrischend neuen Perspektiven geführt. Sie hat – mit entsprechenden Modifikationen – z. B. auch in der Soziologie viele Anhänger gefunden (z. B. Coleman 1990; Esser 1993). Neuere Varianten der ökonomischen Theorie, wie etwa die Neue Institutionenökonomik, haben umgekehrt Kritikpunkte anderer sozialwissenschaftlicher Disziplinen aufgegriffen und sind auf diesem Weg zu realitätsnäheren Erkenntnissen gekommen.

Die Ökonomik besitzt eine hohe Praxisrelevanz. Dies gilt insbesondere hinsichtlich des Einflusses von leicht messbaren und beeinflussbaren, externen Anreizen und Restriktionen auf das menschliche Verhalten. So würde etwa (anstelle wohlfeiler moralischer Appelle) eine Empfehlung hinsichtlich des vielkritisierten Verhaltens von Managern lauten, die (finanziellen) Anreize für Führungskräfte an längerfristige Erfolgsfaktoren eines Unternehmens zu knüpfen. Da die Sportökonomie noch am Anfang ihrer Entwicklung steht, sind von ihr in diesem Sinne noch viele nützliche Anregungen für das Management von Sportbetrieben zu erwarten.

Heinemann (1995) schlägt vor, die gängige Unterscheidung von Mikro- und Makroökonomie um eine dritte Ebene – der Mesoökonomie – zu ergänzen (s. Abb. 1.3). In der Mikroökonomie geht es um wirtschaftliches Entscheiden und Handeln der einzelnen (deshalb „mikro") Akteure. Die Makroökonomie beschäftigt sich mit den volkswirtschaftlichen Zusammenhängen der aggregierten Güter- und Geldströme zwischen den Wirtschaftssektoren und ihre Bedeutung für gesamtwirtschaftliche Größen, wie Wachstum und Beschäftigung.[25] Die Mesoökonomie – ein neuer, noch nicht allgemein etablierter Begriff – beschäftigt sich mit den verschiedenen institutionellen Arrangements (wie Markt, Verein und Staat), welche die Aktionen der Wirtschaftssubjekte koordinieren.[26]

---

[24] Die zur Auswertung dieser Daten benötigten statistischen Methoden werden als Ökonometrie bezeichnet.

[25] Heinemann (s. Abb. 1.3) fast darunter auch die Analyse gesellschaftlicher, z. B. ökologischer, Folgeprobleme.

[26] Sie ist damit eng mit der Institutionenökonomie (s. Kap. 2.4.2) verknüpft.

1.3 Wirtschaftswissenschaft

Mikroökonomie: Wirtschaftliches Entscheiden und Handeln

Entscheidungsträger
- Konsumenten
- Mitglieder im Verein
- Kommerzielle Investoren
- Abgeordnete, Regierungen und Bürokraten

Entscheidungsbereiche
- Private Ausgaben
- Verwendung von Zeit
- Finanzierung
- Private/öffentliche Investoren
- Struktur/Wirtschaftspolitik

Mesoökonomie: Institutionelle Arrangements

Organisatorische Einbindung
- Private Haushalte
- Vereine
- Kommerzielle Anbieter
- Staat

Koordinationsmechanismen
- Markt
- Demokratische Abstimmung
- Befehl

Anreizstrukturen
- Eigentumsrechte
- Steuersystem
- Rechtssicherheit

Makroökonomie: Ökonomische Bedeutung

Wirtschaftliche Lage
- Beschäftigung
- Volkseinkommen
- Wachstum
- Außenhandel

Folgeprobleme
- Umverteilung
- Siedlungs-/Infrastruktur
- Ökologie

Abb. 1.3 Themenbereiche der Sportökonomie (Heinemann 1995, S. 13)

1.3.5 Wertschöpfungsmodell der Sportwirtschaft

Im Folgenden wird als Beispiel für eine Anwendung ökonomischer Theorie das Wertschöpfungsmodell der Sportwirtschaft nach Thieme (2011) vorgestellt (s. Abb. 1.4). Mit „Wertschöpfung" wird das Ziel des Wirtschaftens beschrieben. Sie ist das Resultat einer erfolgreichen Kombination von Produktionsfaktoren bzw. Ausgangsgütern zu neuen Gütern mit einem höheren Wert. Bezogen auf einzelne Güter(typen) und Branchen kann dieser Prozess der Wertschöpfung einige Besonderheiten und Unterschiede gegenüber anderen Güter(typen) und Branchen aufweisen (s. Kap. 6.3.2). Dies gilt insbesondere für den Sport. Thiemes Modell verdeutlicht unter welchen Voraussetzungen und über welche Stufen die Wertschöpfung erfolgt.

Sein Wertschöpfungsmodell geht dabei zunächst von der sportlichen Leistung eines Individuums aus, das für sein Sporttreiben verschiedene Produktionsfaktoren (Geräte, Kleidung, Anlagen) benutzt (Wertschöpfungsstufe 1). Anschließend fokussiert es sich auf die marktorientierte Verwertung dieser sportlichen Leistung für Dritte, die dann zum Ausgangspunkt unternehmerischer Entscheidungen wird (Stufe 2). Für sportliche Wettkämpfe müssen dabei folgende Voraussetzungen gesichert werden: die Unterwerfung unter ein einheitliches, sportliches Regelwerk, die Organisation eines sportlichen Vergleichs, die Sicherung seiner Ergebnisoffenheit und – abhängig von der Sportart und der Art des Wett-

```
┌─────────────────────────────────────────────────────────────────┐
│ Stufe 1: Physisch gebundene individuelle sportliche Leistung    │
│          entstanden als …                                       │
└─────────────────────────────────────────────────────────────────┘
         ⇩                                    ⇩
┌──────────────────────────┐      ┌──────────────────────────────┐
│ … nicht zu vermeidende   │      │ Stufe 2: … Ausgangspunkt     │
│ Folge des Konsums der    │      │ einer Wertschöpfungskette    │
│ eingesetzten             │      │ infolge unternehmerischer    │
│ Verbrauchsfaktoren       │      │ Entscheidungen               │
└──────────────────────────┘      └──────────────────────────────┘
                                       ⇩                ⇩
┌──────────────────────┐  ┌──────────────────┐  ┌──────────────────┐
│ Ende der             │⇐ │ Keine Unterwerfung│  │ Voraussetzung:   │
│ Wertschöpfungskette  │  │ unter ein Regelwerk│ │ Unterwerfung unter│
└──────────────────────┘  └──────────────────┘  │ ein Regelwerk    │
                                                └──────────────────┘
                                 ⇩                       ⇩
                    ┌─────────────────────────┐  ┌──────────────┐
                    │ Stufe 3: Mannschafts-   │  │ Einzelleistung│
                    │ leistung                │  │              │
                    └─────────────────────────┘  └──────────────┘
                                 ⇩                       ⇩
                    ┌──────────────────────────────────────────┐
                    │ Stufe 4: Einbringen in einen sportlichen │
                    │ Vergleich                                │
                    └──────────────────────────────────────────┘
                                 ⇩                       ⇩
┌──────────────────────┐  ┌────────────────┐      ┌──────────┐
│ Ende der             │⇐ │ erfolgt nicht  │      │ erfolgt  │
│ Wertschöpfungskette  │  └────────────────┘      └──────────┘
└──────────────────────┘                                ⇩
                    ┌──────────────────────────────────────────┐
                    │ Stufe 5: Zusammenfassung zu Ligen oder   │
                    │ Serien                                   │
                    └──────────────────────────────────────────┘
                                 ⇩                       ⇩
┌──────────────────────┐  ┌────────────────┐      ┌──────────┐
│ Ende der             │⇐ │ erfolgt nicht  │      │ erfolgt  │
│ Wertschöpfungskette  │  └────────────────┘      └──────────┘
└──────────────────────┘
```

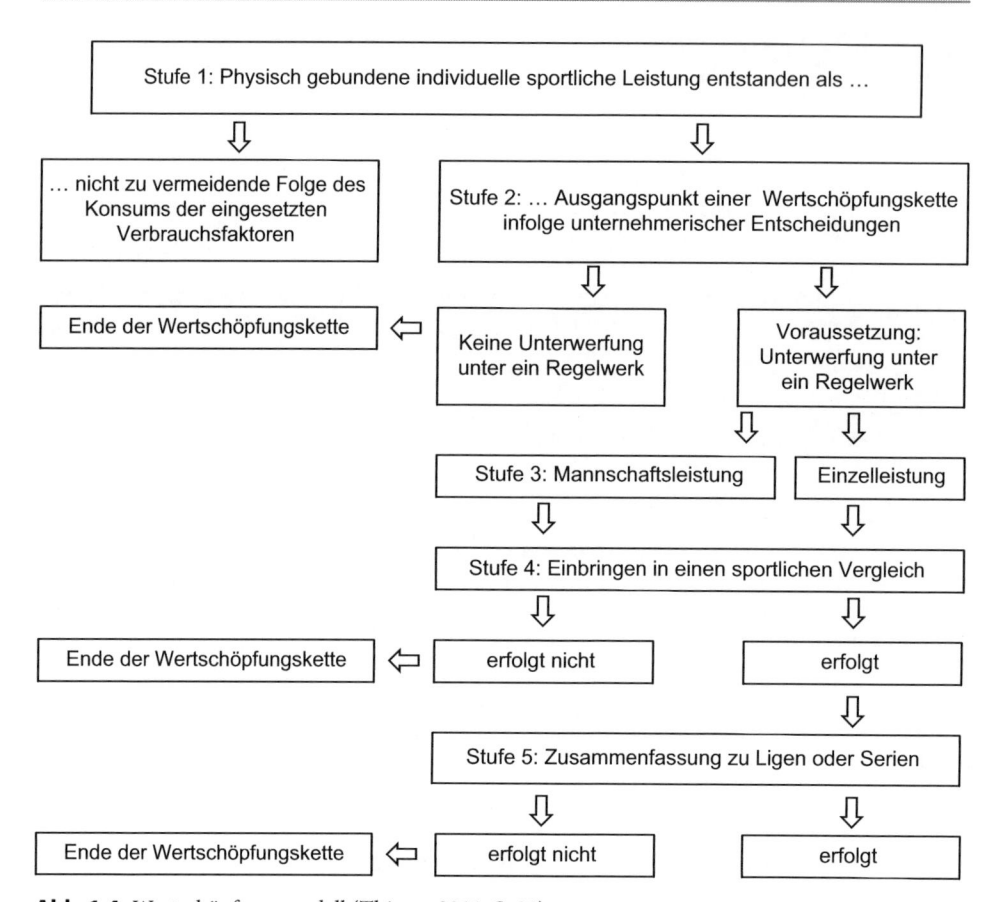

Abb. 1.4 Wertschöpfungsmodell (Thieme 2011, S. 91)

kampfes – die Zusammenfassung der Einzelleistung von Sportlern zu Mannschaftsleistungen (Stufe 3). Diese Leistung kann dann zu Sportveranstaltungen (Stufe 4) und weiter zu Ligen oder Serien kombiniert werden (Stufe 5). Dieses Modell bietet einen guten Überblick über die Zusammenhänge der Sportwirtschaft. Es zeigt einerseits, welche Voraussetzungen für die jeweils folgende Stufe notwendig sind, andererseits welche zusätzliche Wertschöpfung in der nächsten Stufe erfolgt. So sind z. B. Fußballbundesligaspiele um ein Vielfaches wertvoller als es eine Ansammlung von bilateralen Freundschaftsspielen wäre. Dann geht es nämlich nicht nur darum, wer das eine Spiel gewinnt, sondern welche Platzierung die Mannschaft am Spieltag und am Ende der Saison in Abhängigkeit von allen anderen Spielen der Liga einnimmt.

Für die Fragestellung nach den Besonderheiten einer Sportbetriebslehre legt sich der Autor allerdings unseres Erachtens zu früh und zu einseitig auf marktorientierte, erwerbswirtschaftliche Leistungen im Sport fest. Eine der zentralen Kernbesonderheiten des Sports ist, dass in vielen Arten von Sportbetrieben bedarfswirtschaftlich-sportliche Ziele im Vordergrund stehen. Mit vielen Formen des individuellen und gemeinschaftlich aktiven Sporttreibens von Privatpersonen, dem Sportangebot von Vereinen und des Staates, den meisten Varianten des leistungsorientiert betriebenen Amateursports, sowie den meisten der sog „Randsportarten" sind entweder keine oder allenfalls in kleinen Segmenten (insbesondere in der Leistungsspitze) marktbezogene Verwertungsinteressen verbunden. Selbst wo dies der Fall ist, muss wiederum danach unterschieden werden, ob dahinter das Ziel der Gewinnerzielung bzw. -maximierung eines Eigentümers als Selbstzweck steht oder Gewinne aus marktorientierten Aktivitäten nur als Mittel zum Zweck der Generierung von weiteren Ressourcen dienen, um sportliche Ziele besser verfolgen zu können (s. Kap. 3.3.2). Thiemes Modell beschreibt also vor allem den professionellen Zuschauersport, der allerdings nur ein Segment der Sportwirtschaft repräsentiert. Es verdeutlicht aber gut sowohl das, was Sport mit anderen Wirtschaftsbereichen gemeinsam hat, nämlich die Schaffung von Werten, als auch die besonderen institutionellen Rahmenbedingungen, die dazu nötig sind, wie ein Regelwerk, die Sicherung der Ergebnisoffenheit und die Zusammenfassung sportlicher Einzelleistungen zu Mannschaftsleistungen und diese wiederum zu Wettkämpfen im Rahmen von Turnieren oder Ligen (s. Kap. 2.4.2).

1.4 Betriebswirtschaftslehre

Im Folgenden geht es um die Fragen, mit welchen Untersuchungsobjekten (1.) sich die Betriebswirtschaftslehre beschäftigt, aus welcher fachwissenschaftlichen Perspektive sie dies tut (2.) und mit welchen typischen Fragestellungen sie sich beschäftigt (3.). Da auch hier in der Fachwelt verschiedene Positionen vertreten werden, muss zudem geklärt werden, welche für eine Sportbetriebslehre geeignet ist. Das Kapitel schließt mit dem Anwendungsbeispiel einer Wertschöpfungskette für Fußballclubs (4.). Dabei wird deutlich werden, dass hier einerseits Ansätze, wie sie in Lehrbüchern der allgemeinen Betriebswirtschaftslehre zu finden sind, übertragen werden können, andererseits aber auch auf Besonderheiten aufmerksam gemacht werden muss.

1.4.1 Betrieb und Unternehmen

Mit welchen Einzelwirtschaften beschäftigt sich die Betriebswirtschaftslehre? Wie kann man die Begriffe „Betrieb" und „Unternehmen" für die Zwecke einer Sportbetriebslehre auseinander halten? Definitionen können nicht wahr oder falsch sein, sondern nur – je nach Fragestellung – mehr oder weniger zweckmäßig und fruchtbar. Sie dienen dazu, sich zu verständigen und auf wichtige Unterschiede hinzuweisen. In den Wirtschafts- und Sozialwissenschaften gibt es anders als in den Naturwissenschaften häufig konkurrierende Definitionen. Das gleiche Wort bedeutet bei verschiedenen Autoren Verschiedenes oder die gleiche Bedeutung wird mit verschiedenen Begriffen belegt. Das trifft auch auf die zentralen Begriffe „Betrieb" und „Unternehmen" zu.

Nach einem der führenden deutschen Lehrbücher der Betriebswirtschaftslehre besteht „(…) Einigkeit, den Betrieb als eine planvoll organisierte Wirtschaftseinheit zu umschreiben, in der Sachgüter produziert und Dienstleistungen bereitgestellt werden." (Wöhe 2005, S. 2) Der Gegenbegriff von Betrieb ist „Haushalt". Im Betrieb wird produziert, im Haushalt konsumiert. Auch Sportvereine können demnach als Betriebe bezeichnet werden, weil sie sportliche Dienstleistungen, z. B. in Form von Training, Wettkämpfen und Veranstaltungen bereitstellen.

Für unsere Zwecke ist es nun sinnvoll, nicht – wie es auch üblich ist – alle Betriebe, sondern nur einen bestimmten Untertyp von Betrieb als „Unternehmen" zu bezeichnen, nämlich jenen, der erwerbswirtschaftliche Ziele verfolgt. Erwerbswirtschaftlich heißt, dass es sein Zweck ist, Einkommen für seine Eigentümer zu erwirtschaften. Im Englischen spricht man von „For-Profit Organizations" (FPOs). Der primäre Betriebszweck von Unternehmen besteht darin, Gewinne zu erwirtschaften, gleichgültig mit welchen Produkten. Kurz gesagt: Es geht darum, aus Geld mehr Geld zu machen. Unternehmen sind bestimmend für unsere Marktwirtschaft. Von daher ist es nicht verwunderlich, dass die Betriebswirtschaftslehre sich vor allem mit Unternehmen beschäftigt. Im Sport gibt es aber nicht nur Unternehmen, sondern auch Vereine und staatliche Anbieter, wie Schulen. Sie gehören zum Untertyp der bedarfswirtschaftlich arbeitenden Betriebe bzw. Nonprofit-Organisationen (NPOs, s. Kap. 3.3.2). Bedarfswirtschaftlich heißt: Es geht um die direkte, unmittelbare Erfüllung eines Bedarfs. So schließen sich etwa Individuen zu einem Verein zusammen, um als Mitglieder gemeinsam Sport zu treiben sowie alle dazu notwendigen Voraussetzungen zu schaffen, aber nicht, um damit Geld zu verdienen. Wenngleich Wöhe (2005) zwar im Anschluss an Gutenberg den Betriebsbegriff weit fasst, so dass auch Betriebe in zentralistische Planwirtschaften dazugehören, wird er letztendlich von ihm – wie in den meisten Lehrbüchern der Betriebswirtschaft – mit dem Begriff des markt- und gewinnorientiert arbeitenden, privatwirtschaftlichen Unternehmens gleichgesetzt. Bedarfswirtschaftliche Anbieter, wie der Staat, werden als Haushalte bezeichnet und damit aus der Betrachtung ausgeschlossen.[27] Für die Sportbetriebslehre ist es jedoch sinnvoll, den Betriebsbegriff weiter zu fassen.

In diesem Sinne kann man mit Schwarz (1979, 1984) anhand von drei weichenstellenden Fragen verschiedene Betriebstypen unterscheiden (s. Abb. 1.5).

Die erste Frage wurde bereits angesprochen: Wird überwiegend produziert oder konsumiert? Wenn konsumiert wird spricht man von „Haushalt", wenn produziert wird von „Betrieb". Die zweite Frage lautet: Für wen wird produziert? Wenn für den Eigenbedarf produziert wird, dann werden – nach diesem Definitionsvorschlag – neben dem privaten Haushalt zwei Betriebstypen unterschieden: Gemeinwirtschaft und Gruppenbedarfswirtschaft. Mit ersterem sind staatliche Organisationen gemeint.[28] Letztere produzieren – wie z. B. Sportvereine – idealtypisch (zu diesem Begriff s. Kap. 3.1) nur für ihre Mitglieder.

---

[27] Es wird hier auf die Finanzwissenschaft als zuständige Wirtschaftswissenschaft verwiesen. Nonprofit-Organisationen werden überhaupt nicht erwähnt.

[28] Die könnte man dann weiter untergliedern in einen Haushalts- und einen Betriebsbereich, d. h. in öffentliche Haushalte und staatliche Betriebe.

1.4 Betriebswirtschaftslehre

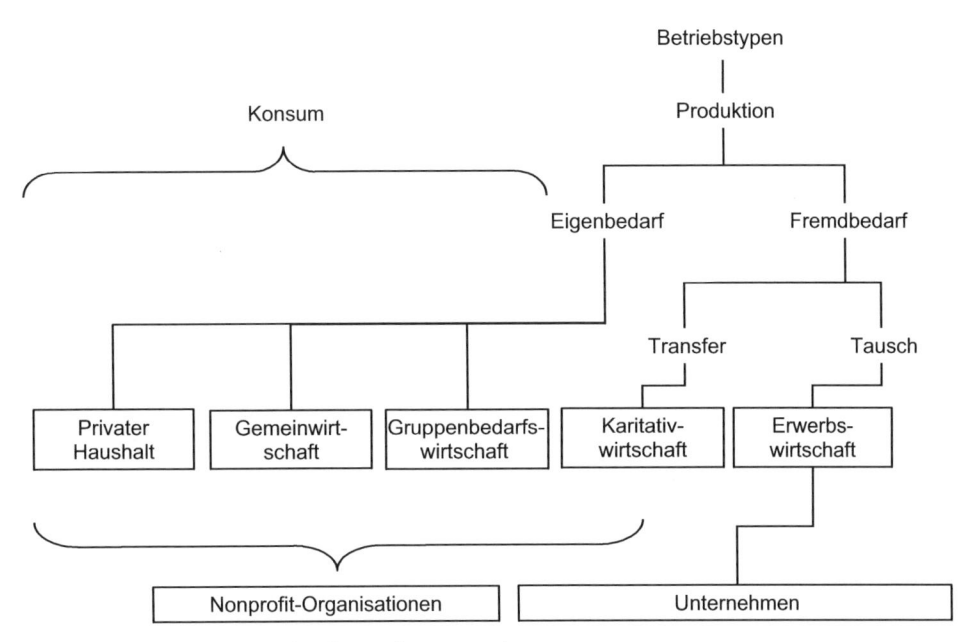

Abb. 1.5 Betriebstypen nach Schwarz (1979, 1984)

Falls für Fremde produziert wird, stellt sich die dritte Frage: Wird das Produkt verkauft (Tausch) oder verschenkt (Transfer)?[29] Letzteren Typ von Betrieb bezeichnet Schwarz (1979, 1984) als Karitativwirtschaft. Ein Beispiel sind Wohlfahrtsorganisationen, wie das Rote Kreuz und die Caritas, die idealtypisch Leistungen kostenlos für Dritte bereitstellen.[30] Betriebe, die für fremden Bedarf produzieren und ihre Produkte verkaufen, um – so müsste noch ergänzt werden – Gewinn zu erwirtschaften, nennt man Unternehmen. Diese Erweiterung des Betriebsbegriffs, der nicht nur Unternehmen, sondern auch öffentliche Betriebe, Gruppenbedarfs- und Karitativwirtschaften umfasst, ist für eine Sportbetriebslehre sinnvoll und zentral, weil in unserer Gesellschaft Sportgüter nicht nur von Unternehmen, sondern von allen Typen von Betrieben produziert werden.

1.4.2 Wirtschafts- oder sozialwissenschaftliche Perspektive

Das Untersuchungsobjekt der Betriebswirtschaftslehre ist also demnach der Betrieb. Nach Wöhe (2005, S. 4) kann das Erkenntnisobjekt – in enger Anlehnung an die Ökonomik – „(…)umschrieben werden als die Summe aller wirtschaftlichen Entscheidungen, die im Rahmen eines Betriebes erfolgen." Noch prägnanter spitzt es Kosiol (1966) zu: Themen

---

[29] Ein „Transfer" ist definiert als eine einseitige Leistung ohne direkte materielle Gegenleistung.
[30] Auch Karitativwirtschaften sind im Sport durchaus denkbar, wenn z. B. ein Sportverein Mitternachtsbasketball für jugendliche Nichtmitglieder kostenlos anbietet.

sind „(…) der zweck-mittel-bezogene, von personalen Aspekten zunächst freie Zusammenhang von Aufgaben der Unternehmung." (S. 54) „(…) und die rationalen (logischen) Zusammenhänge im Entscheidungsprozess (…)" (S. 196).

Während weitgehend Einigkeit über die Fragestellung (nach dem Wirtschaften und Managen) herrscht, stimmen nicht alle Betriebswirte darin überein, ob diese praxisbezogene Fragestellung nur aus der Perspektive der ökonomischen Theorie oder auch aus der anderer Sozialwissenschaften betrachtet werden soll.[31] Der Managementwissenschaftler Staehle (Staehle et al. 1999, S. 39 f.) kritisiert: „Eine zielwirksame Gestaltung von betrieblichen Anreizen durch die Unternehmensführung setzt aber eine Beschreibung und Erklärung menschlichen Verhaltens im Betrieb voraus, womit eine Integration sozialwissenschaftlicher Erkenntnisse in die Betriebswirtschaftslehre zu einer zwingenden Notwendigkeit wird." Schwarz (1984, S. 109) argumentiert ähnlich: „Damit geht aber die BWL in ihrem Selbstverständnis erheblich über ihren ‚Begriff' hinaus. Sie ist nicht mehr eine bloße Betriebsökonomie, die sich an rechnerischen Aufwand-Ertrags-Beziehungen orientiert (…). Eine solche Perspektive verlangt aber eindeutig ein interdisziplinäres Arbeiten, da nur so eine Problemsituation adäquat erfasst und gestaltet werden kann." Die Kritik an einer fachspezifisch (ökonomisch) verengten Sichtweise führte zum einen dazu, dass in der deutschen Betriebswirtschaftslehre in den letzten Jahrzehnten insbesondere in den Themenbereichen „Personal", „Organisation" und „Marketing" auch soziologische und psychologische Perspektiven und Erkenntnisse aufgegriffen wurden.[32] Zum anderen stehen diese Vertreter einer verstärkt interdisziplinären Sichtweise heute wiederum in Konkurrenz zu Anhängern einer reinen Ökonomik, die etwa im Rahmen der Personalökonomik und Neuen Institutionenökonomik sich strikt an den theoretischen Grundannahmen der Ökonomik orientieren.

Dabei ist insbesondere die Neue Institutionenökonomik von großer Bedeutung, weil erst aus dieser Perspektive die für die Betriebswirtschaftslehre grundlegende Frage aufgeworfen werden konnte: Warum gibt es überhaupt Betriebe? In der Modellwelt des Homo Oeconomicus und des vollkommenen Wettbewerbs müssten alle wirtschaftlichen Kooperationen über Märkte ablaufen, d. h. individuelle Tauschverträge ausgehandelt werden. Die Spieler einer Fußballmannschaft müssten diesem Modell entsprechend z. B. vor jedem Spiel untereinander und mit jedem Zuschauer Tauschverträge über die wechselseitig zu erbringenden Leistungen abschließen. Betriebe bzw. Organisationen – oder wie es

---

[31] Eigentlich ist auch die Wirtschaftswissenschaft eine Sozialwissenschaft. Es hat sich jedoch eingebürgert, sie getrennt aufzuführen.

[32] Mit dieser eher sozialwissenschaftlichen Perspektive ist auch das Stakeholder-Konzept verbunden, das versucht nicht nur die Eigentümer, sondern auch andere Gruppen, die den Betrieb beeinflussen bzw. die von seinen Entscheidungen betroffen sind, zu berücksichtigen, wie die Mitarbeiter, die Zulieferer oder die Gemeinde. Dagegen konzentriert sich das wirtschaftswissenschaftliche Konzept auf die Shareholder (ursprünglich im Unterschied zu Stakeholder die Stockholder genannt), womit die Eigentümer bzw. Anteilseigner eines Unternehmens gemeint sind. Es wird angenommen, dass die Interessen anderer Bezugsgruppen, also z. B. der Kunden oder der Zulieferer, sich weitgehend über Wahlmöglichkeiten auf Märkten durchsetzen.

1.4 Betriebswirtschaftslehre

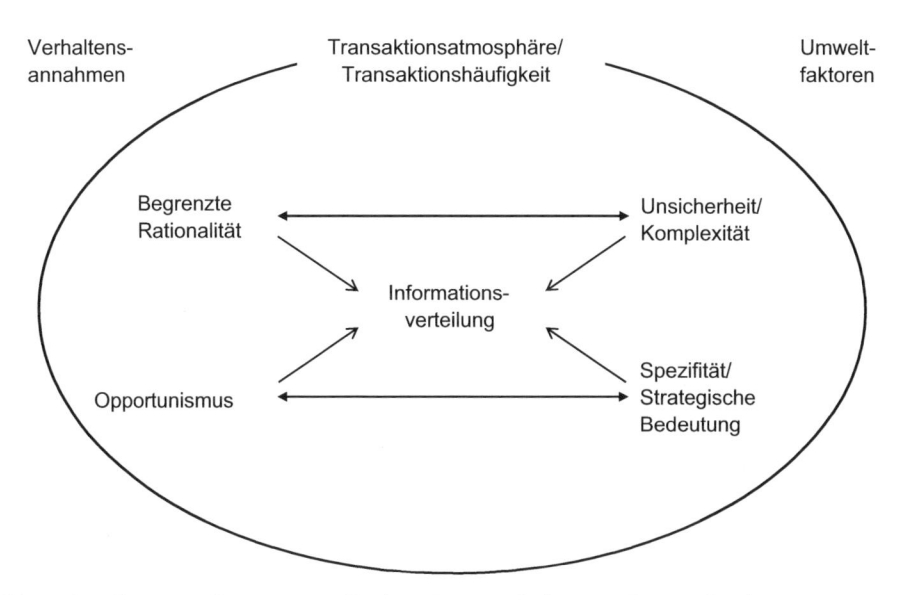

Abb. 1.6 Williamsons Organizational Failure Framework (Picot et al. 1999, S. 68)

Williamson (1975) formuliert „Hierarchien" – haben unter bestimmten Voraussetzungen gegenüber Märkten ganz offenkundig Effizienzvorteile. Ihre Grundlage basiert – dem Modell von Planwirtschaften entsprechend – auf Befehl und Gehorsam. Mit einem Arbeitsvertrag gehen die Mitarbeiter eines Betriebs die Verpflichtung ein, inhaltlich nicht oder nur sehr allgemein spezifizierte Leistungen zu erbringen und den zukünftigen, im Detail noch nicht bekannten, Anweisungen von Vorgesetzten Folge zu leisten. Aus der Perspektive der neo-klassischen Ökonomik können solche Zusammenschlüsse nur damit erklärt werden, dass es – abweichend vom vollkommenen Wettbewerb – darum geht, Marktmacht aufzubauen (Franck 1995).

Erstaunlicherweise wurde diese Frage nach der Existenz von Betrieben erst 1937 von Coase gestellt und erst in den 1970igern weiterverfolgt. Coase erklärt sie mit Transaktionskostenvorteilen, die unter bestimmten Bedingungen auftreten. Williamson (1975) hat diese Bedingungen in seinem Versagensmodell (organizational failure framework) zusammengefasst (s. Abb. 1.6). Verträge funktionieren schlecht, wenn bestimmte individuelle und Umweltbedingungen zusammentreffen. Auf individueller Ebene wird der Tatbestand der begrenzten Rationalität dann zu einem Problem, wenn die Details einer Transaktion unsicher oder zu komplex sind, wie bei der Erstellung, Sicherung und Aktualisierung eines sensiblen, betriebsinternen Computersystems. Des Weiteren eröffnet sich viel Spielraum für opportunistisches Verhalten, wenn bei dem Geschäftspartner eine hohe Spezifität der Leistung vorliegt, d. h. wenn seine Leistung in ihrer zweitbesten Verwertung deutlich weniger oder gar nichts wert ist. Eigentümer, die – wie in den USA – in einen Proficlub in einer Sportliga investiert hätten, würden z. B. erpressbar, wenn diese nicht genossenschaftlich (mit Mitspracherecht aller Clubs) organisiert wären, sondern einzig einem anderen Unternehmer gehören würden. Je spezifischer, unsicherer und strategisch bedeutender eine Transaktion ist, desto schwieriger wird es Verträge zu formulieren, die alle Details und Eventualitäten berücksichtigen, desto mehr lohnt sich eine längerfristige Verbindung über offene Arbeits- und über Gesellschaftsverträge herzustellen, also einen Betrieb.[33] In der Form eines Betriebs kann zudem leichter als bei kurzfristigen Verträgen eine günstige Atmosphäre des gegenseitigen Vertrauens entstehen und können Werte internalisiert werden, die opportunistisches Verhalten verbieten.

1.4.3 Allgemeine und spezielle Betriebswirtschaftslehre

Mit welchen Fragen und Themen beschäftigt sich nun die Betriebswirtschaftslehre im Detail? Wie kann sie untergliedert werden?

Der erste Bereich ist jener der Buchhaltung und allgemeiner betrieblicher Verfahrenstechniken. Die Buchhaltung wurde im Mittelalter entwickelt, um das Geld des Handelsbetriebes vom Geld der Eigentümer zu trennen und um den Fluss der Finanzmittel im Detail nachvollziehen zu können. Dabei ging es insbesondere darum zu ermitteln, an welchen Stellen auf der Seite der Beschaffung, der Produktion und des Vertriebs welche Kosten entstehen und mit welchen Produkten auf der Absatzseite Gewinne erwirtschaftet werden.

Der zweite Bereich ist jener der Allgemeinen Betriebswirtschaftslehre. Sie beansprucht, etwas über die grundlegenden Probleme aller Betriebe auszusagen. Ein Blick in die Lehrbücher zeigt allerdings, dass es – wie bereits im Vorwort betont wurde – primär oder ausschließlich um erwerbswirtschaftliche Betriebe (Unternehmen) geht und dabei wiederum mehr implizit als explizit als Modell das sachgüterproduzierende, größere Industrieunternehmen dient. Schwarz (1984, S. 100) hat deshalb kritisiert: „Aussagen, die der allgemeinen BWL zugeordnet werden und die deshalb für alle Betriebe Geltungsanspruch erheben, sind vielfach falsch oder unvollständig."

Drittens hat sich im Laufe der Zeit eine Reihe von speziellen Betriebswirtschaftslehren herausgebildet. Diese lassen sich in „sektorale"(nach Wirtschaftszweig bzw. nach Betriebstyp) und „funktionale" Betriebswirtschaftslehren (nach betrieblichen Aufgaben) unterscheiden.[34] Eine Gruppe der sektoralen Ansätze beschäftigt sich „(…) mit den betriebswirtschaftlichen Problemen, die durch die Besonderheiten der einzelnen Wirtschaftszweige bedingt (…) sind" (Wöhe 1981, S. 19), also z. B. die Industrie-, Handels- oder Dienstleistungsbetriebslehre (vgl. Abb. 1.7 linkes Feld). Eine andere Variante der sekto-

---

[33] Zwischen einem spontanen anonymen marktbezogenen Tausch und der Integration in einen Betrieb existieren jedoch fließende Übergänge mit verschiedenen anderen Vertrags- und Zusammenarbeitsformen (Picot et al. 1999).

[34] Größe und Alter wären weitere Unterscheidungskriterien (s. Kleinbetriebe: Kap. 5).

Betriebstypen nach Leistung	Betriebstypen nach Struktur
Industrie	Erwerbswirtschaft
	Unternehmen
Handel	
	Gemeinwirtschaft
Banken	Staatliche Organe
	Öffentliche Verwaltung
Versicherungen	Übrige Kooperationen
Landwirtschaft	Bedarfswirtschaft
	Verbände
Transport/Verkehr	Genossenschaften
	Übrige Kooperationen
Dienstleistungen i.e.S.	Karitativwirtschaft

Abb. 1.7 Sektorale spezielle Betriebswirtschaftslehren nach Schwarz (1984, S. 103)

ralen Gliederung folgt dem Kriterium des Strukturtyps der Organisation (vgl. Abb. 1.7 rechtes Feld). Danach kann – dem weiten Betriebsbegriff von Schwarz (1979) folgend (s. Kap. 1.4.1) – z. B. zwischen der Gemein-, Gruppenbedarfs-, Karitativ- und Erwerbswirtschaft unterschieden werden. Eine eindeutige Zuordnung der Sportbetriebslehre zu einer dieser beiden Formen einer sektoralen Gliederung fällt schwer. Sport repräsentiert weder eine in sich homogene Wirtschaftsbranche, noch lässt sich ein vorherrschendes Strukturprinzip der betrieblichen Form seines Angebots benennen. Ein großer Teil der überaus heterogenen und vielfältigen, sportbezogenen Sachgüter und Dienstleistungen wird in ganz unterschiedlichen Wirtschaftsbranchen produziert und verkauft (Sportartikelindustrie, Sportfachhandel, Sportversicherung, Sportwetten etc.). Ebenso existiert kein einheitlicher bzw. dominanter Strukturtyp seines Angebots.

Die funktionalen Betriebswirtschaftslehren lassen sich nach Haupt- und Querfunktionen unterteilen. Die zentralen Hauptfunktionen der Beschaffung, der Produktion und des Absatzes folgen dem Stufenmodell der Wertschöpfungskette (s. Abb. 1.8). Ressourcen müssen von einem Betrieb als Inputfaktoren beschafft, in einem betrieblichen Produktionsprozess (neu) kombiniert bzw. verändert und dann als neu geschaffenes Produkt am Ende verkauft werden. Die Querfunktionen „Finanzierung", „Personal" und „Betriebsführung" (Management) fallen übergreifend an. Finanzierung (und Investition) ist eine Querschnittsfunktion, weil es nicht nur um die Beschaffung von Geldmitteln auf der Inputseite geht; vielmehr stellt sich i.S. eines Prozess- und Ergebnis-Controllings die Aufgabe, über alle Stufen der Wertschöpfungskette hinweg die anfallenden bzw. zu erwartenden Kosten und Erträge im Auge zu behalten. Dies gilt in gleicher Weise für das in allen Funktionsbereichen eines Betriebes eingesetzte Personal im Allgemeinen und dem Management auf der Ebene der Betriebsführung im Besonderen. In diesem Sinne müsste auch eine vollständige Sportbetriebslehre intern weiter nach diesen Funktionen gegliedert sein.

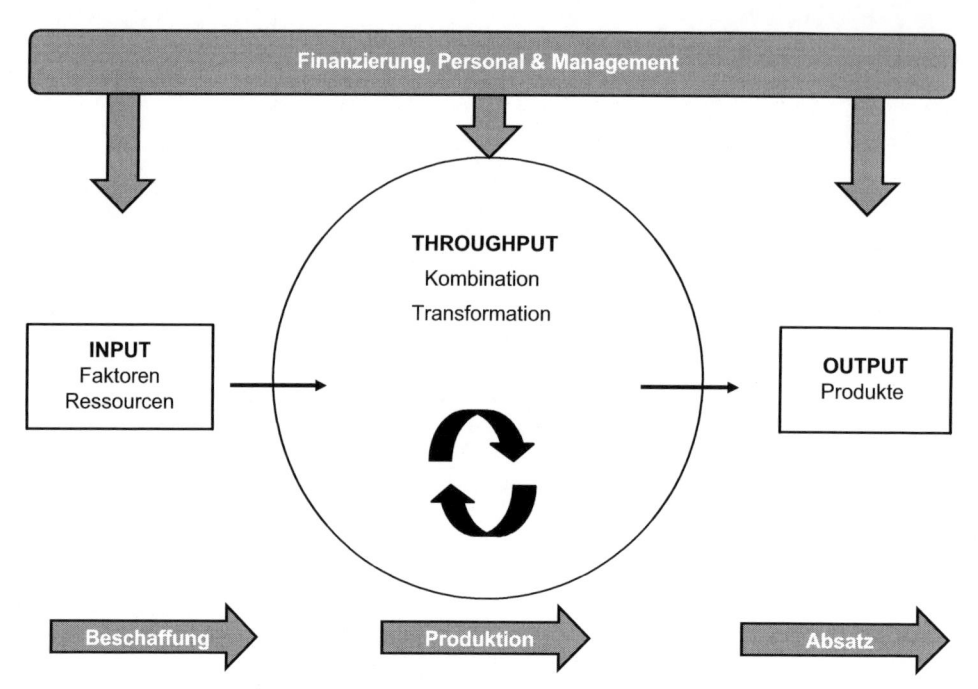

Abb. 1.8 Wertschöpfungskette mit funktional speziellen Betriebswirtschaftslehren

1.4.4 Wertschöpfungskette eines Fußballclubs

Im Folgenden soll das Modell der Wertschöpfungskette eines Fußballclubs nach Benner (1992) vorgestellt werden.[35] Es zeigt, dass Sportbetriebe im Großen und Ganzen so analysiert werden können wie alle Betriebe; es werden aber auch einige Besonderheiten erkennbar (s. Abb. 1.9).[36] Diese haben zum einen damit zu tun, dass es sich um eine Dienstleistung, nicht um ein Sachgut handelt, zum anderen aber auch mit Besonderheiten speziell des (Wettkampf-) Sports.

Nach dem System der betrieblichen Hauptfunktionen (Beschaffung, Produktion, Absatz) gibt es auch hier Produktionsfaktoren, die kombiniert und ein Produkt, das vermarktet wird. Zu den internen Produktionsfaktoren gehören z. B. das Personal, insbesondere Sportler und Trainer, Infrastruktur und Betriebsmittel (z. B. Stadion, Sport- und Trainingsgeräte, Ausrüstung), Dienstleistungen (z. B. Kartenvorverkauf, Information, Spielbetrieb) und Veranstaltungsrechte (z. B. Sponsoringrechte). Aus der Kombination der Produktionsfaktoren geht als Produkt das Fußballspiel hervor, das an Zuschauer, Medien und Sponsoren verkauft wird.

---

[35] Er benutzt übrigens den Begriff Sportunternehmen (SU) – entsprechend unserem Definitionsvorschlag – sicher noch nicht auf die Fußballvereine in Deutschland zutraf.

[36] Zu anderen Wertschöpfungsmodellen speziell für Dienstleistungen (s. Kap. 6.3.2).

1.4 Betriebswirtschaftslehre

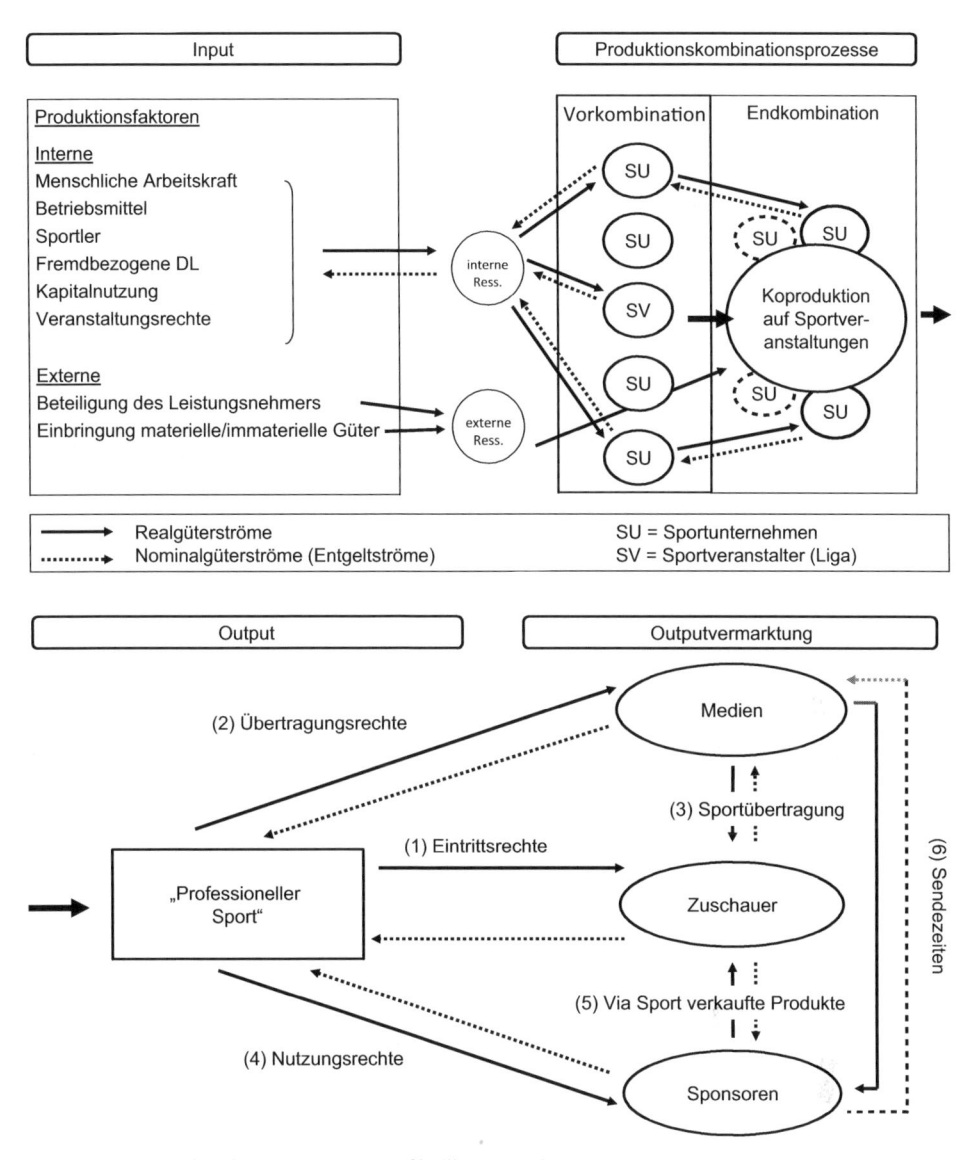

Abb. 1.9 Wertschöpfungskette eines Fußballbetriebs. (Benner 1992, S. 30)

Eine erste Besonderheit von Dienstleistungen (s. hierzu ausführlicher Kap. 6) ist, dass für den Prozess der Leistungserstellung auch externe Produktionsfaktoren benötigt werden. Sie heißen „extern", weil der Unternehmer über sie nicht in dem Maße verfügen kann, wie z. B. über seine Mitarbeiter. Bei personenbezogenen Dienstleistungen sind das vor allem die Kunden. Sie sind nicht nur Konsumenten, sondern müssen mitproduzieren, wenn die Leistung gelingen soll. Was wäre ein Fußballspiel ohne Zuschauer und die von ihnen erzeugte Stimmung? D.h. für einen nicht unerheblichen Teil des Unterhaltungsnutzens eines Spieltagbesuchs sind nicht die Leistungsanbieter (der gastgebende Verein und die beiden Mannschaften) sondern die Zuschauer verantwortlich.

Eine zweite Besonderheit von Dienstleistungen, auf die Benners Abbildung hinweist, ist die Unterscheidung in Vorkombination und Endkombination. Vorkombination bezieht sich auf alle anbieterseitig zu erbringenden (Vor-)Leistungen, mit denen zunächst ein Leistungspotential aufgebaut wird, um überhaupt eine entsprechende Dienstleistung bereitzustellen. Hierzu zählen im Falle eines Fußballclubs der Aufbau eines wettbewerbsfähigen Spielerteams durch regelmäßiges Training mit dem Ziel der individuellen und kollektiven Leistungsverbesserung, die Bereitstellung einer den aktuellen Standards entsprechenden Wettkampfstätte, Regelungen des sportlichen Wettbewerbs im Rahmen einer Liga oder eines Turniers, ein Kartenvorverkaufssystem etc. Die Endkombination erfolgt dann erst durch das Spiel selbst unter Mitarbeit des externen Faktors, des Zuschauers. Diese Unterscheidung in Vor- und Endkombination gibt es bei Sachgütern nicht. Letztere können ohne Anwesenheit und Zutun des Konsumenten auf Lager produziert bzw. dahin transportiert werden, wo eine Nachfrage existiert,[37] während der Aufwand für die Vorproduktion eines Fußballspiels verloren wäre, wenn zu der bestimmten Zeit an dem bestimmten Ort keine Zuschauer kämen.

Unter dem Punkt „Produktionsfaktorkombinationsprozess" des Modells stößt man dann auf die zentrale Besonderheit des Wettkampfsports, nämlich die Ko-Produktion.[38] Ein Wettkampf kann nur stattfinden, wenn es einen Gegner gibt. Um ein Fußballspiel zu organisieren, müssen also – anders als zur Produktion eines Sportschuhs mindestens 2 Betriebe zusammenarbeiten (im Fall des als Ligaspielbetrieb organisierten Meisterschaftskampfs sind es in der Fußball-Bundesliga sogar 18 Mannschaften). Die Clubs sind zwar formal selbständige und unabhängige Betriebe und in diesem Sinne Konkurrenten, aber dennoch wirtschaftlich aufeinander angewiesen, weil die Erstellung eines vermarktbaren Produktes unabdingbar von einer erfolgreichen Kooperation von zwei oder mehr Betrieben abhängt. Diese müssen sich z. B. über die Regeln des Wettkampfes und die Verteilung der Erlöse einigen. Zudem ist der Wettkampf vermutlich umso interessanter, je gleichwertiger die Gegner sind.[39] Dies besagt die für die Sportökonomik zentrale „Unsicherheitshypothese" (s. Kap. 2.1.4). Mit ihr wird die Vermutung geäußert, dass der besondere Reiz (und damit Nutzen) des Wettkampfsports in der Ungewissheit über dessen Verlauf und Ausgang liegt. Der Nutzen wäre demnach umso größer, je höher der Spannungsgrad

---

[37] Dies gilt zumindest für das Live-Erlebnis vor Ort. Durch die Möglichkeit der medialen Speicherung und zeitversetzten Übertragung ergibt sich ein neues Produkt. Aber auch hier wären Sportveranstaltungen ohne Zuschauer vor Ort nur in Ausnahmefällen vermarktbar.

[38] Heinemann (1984, S. 35) nennt es in Anlehnung an Lüschen (1975) „assoziative Konkurrenz". Andere Autoren sprechen von „coopetition" oder „Kooperenz" (Woratschek 2004), eine spannungsreiche Mischung aus Kooperation und Konkurrenz.

[39] Diese „uncertainty of outcome hypothesis" ist seit Rottenberg (1956) eine der Kernhypothesen der Sportökonomik. Neale (1964) hat sie auch als „Lewis-Schmeling-Paradoxon" bezeichnet. Während in jeder normalen Branche die Unternehmer davon träumen, keine Konkurrenz zu haben, wäre dies ein Albtraum für den sportlichen Wettkampf.

einer Spielpaarung ist. Gegenstand der Kooperation zwischen den teilnehmenden Teams eines Wettbewerbs (aber auch Gegenstand kontroverser Diskussionen in der Praxis des Ligamanagements und der sportökonomischen Forschung) waren und sind demnach Regelungen und Ausgleichsmechanismen (s. Kap. 2.4.2), mit denen teilnehmende Clubs bzw. die Liga versuchen, den Spannungsgrad eines sportlichen Wettbewerbs zu erhalten oder zu steigern und zu verhindern, dass z. B. bestimmte Teams jedes Jahr die Meisterschaft gewinnen.

1.5 Managementlehre

Womit beschäftigt sich die Managementlehre (1.) und in welchem Verhältnis steht die Managementlehre zur Betriebswirtschaftslehre (2.)? Mit diesen Fragen soll sich das folgende Kapitel beschäftigen. Abschließend erfolgt unter Rückgriff auf vorliegende empirische Studien ein Überblick zu der Frage, mit welchen Aufgaben sich Sportmanager beschäftigen und welche Qualifikationen sie dafür benötigen (3.).

1.5.1 Managementfunktionen oder Managementrollen

„Management" bezeichnet die Steuerungsaufgaben in einer Organisation, die dazu dienen, die Arbeiten effektiv und effizient von und mit anderen Personen erledigt zu bekommen (Robbins und De Cenzo 1998).[40] Die Tätigkeit eines Managers kann mit der eines Dirigenten verglichen werden. Der Manager „musiziert" nicht selbst, sondern versucht, die Mitarbeiter zum Zusammenspiel im Interesse der Organisation zu motivieren und den Ablauf zu organisieren.[41] Je größer eine Organisation ist, und je häufiger die Mitarbeiter wechseln, desto wichtiger werden solche Tätigkeiten. Ein Quartett funktioniert auch ohne Dirigent, ein Symphonieorchester nicht. Der Begriff „Manager" bezieht sich demnach auf jenen (kleinen) Kreis von Personen, welche die Arbeiten anderer anleiten und über die dazu erforderliche Entscheidungs- und Anordnungskompetenz verfügen.[42] Ihre Tätig-

---

[40] „Effektiv" bezieht sich auf den Zielerreichungsgrad (die richtigen Dinge tun), die Relation von Ist zu Soll. „Effizient" meint, die Dinge richtig tun im Sinne des wirtschaftlichen Umgangs mit knappen Ressourcen, bezieht sich also auf die Relation von Output zu Input (Robbins und De Cenzo 1998).

[41] Anstelle des Begriffes „Betrieb" benutzt die Managementlehre eher den aus der Soziologie übernommenen Begriff der „Organisation". Er stellt auf den Unterschied zwischen natürlich gewachsenen menschlichen Gemeinschaften, wie z. B. der Familie, und künstlich geschaffenen Zusammenschlüssen von Menschen ab, die der Erreichung spezifischer Ziele dienen.

[42] Dass die Eigentümer in vielen Fällen (z. B. in AGs) nicht mehr selber managen, sondern diese Aufgabe an angestellte Spezialisten delegieren, führt zu tiefgreifenden Veränderungen des Wirtschaftens (Berle und Means 1932). Des Weiteren ist zu berücksichtigen, dass – abhängig vom jeweils praktizierten Managementmodell – auch Mitarbeiter in mehr oder weniger großem Umfang an Managementaufgaben beteiligt sein können (siehe partizipatives Management: Kap. 9).

1. Planen (sachlich):
 	
a) Ziele setzen: Wo wollen wir hin?
b) Analysieren der Lage: Wo stehen wir?
c) Strategie wählen: Welchen Weg nehmen wir? Fit zwischen den eigenen Stärken und Schwächen und den Umwelt-Chancen und -Risiken suchen
d) Budgetieren: Wozu verwenden wir unsere Ressourcen?
	2. Organisieren (sachlich):
	
	2.1. Organisationsstruktur
	2.1.1. Aufbauorganisation (Strukturen)
	  a) funktionale Organisation: Aufgaben aufteilen, zu Stellen und Abteilungen zusammenfassen
	  b) hierarchische Organisation: Entscheidungs- und Weisungsbefugnisse
	2.1.2. Ablauforganisation (Prozesse)
	2.2. Organisationskultur

3. Führen (sozial): a) Rekrutierung, Selektion: Personal auswählen und zuordnen b) Führung: Sozialisation, Motivation, Konflikte lösen c) soziale Kontrolle: Personal beurteilen, belohnen	**4. Kontrollieren** (sachlich): a) sachliche Kontrolle: Organisationserfolg messen, Kurskorrektur b) Controlling: Verknüpfung von Planung und Kontrolle

Abb. 1.10 Managementfunktionen

keiten haben „dispositiven" Charakter im Unterschied zu den „operativen", ausführenden Tätigkeiten der Beschäftigten. Die Managementlehre beschäftigt sich damit, Management zu beschreiben, zu erklären und zu gestalten. Zur detaillierten Beschreibung der Tätigkeit von Managern und der damit verbundenen Fragestellungen der Managementlehre wurden zwei grundlegend verschiedene Ansätze entwickelt, die zum einen an den „Managementfunktionen", zum anderen an den „Managementrollen" ansetzen.

Anfang des 20. Jahrhunderts fasste Fayol (1929), der selbst Unternehmer war, die Aufgaben eines Managers in den sog. Managementfunktionen zusammen. In der einfachsten Version werden heute in der Managementlehre vier Funktionen unterschieden: 1. Planen, 2. Organisieren, 3. Führen und 4. Kontrollieren. In anderen Versionen werden diese um einige der Unterfunktionen, die im Folgenden dargestellt werden (wie Budgetieren), erweitert (s. Abb. 1.10). Die Grundidee ist einfach: Organisationen können nicht erfolgreich arbeiten, wenn sie sich in einer Art des „sich Durchwurstelns" von Problem zu Problem hangeln und diese erst dann lösen, wenn sie auftreten oder nach dem Motto agieren: „Das haben wir schon immer so gemacht". Der Aufbau und Betrieb einer effizient arbeitenden Organisation basiert vielmehr auf der logischen Abfolge folgender Arbeitsschritte: erst nachdenken (Planen), dann handeln (Organisieren) und schließlich überprüfen, inwieweit der eingeschlagene Weg erfolgreich war (Kontrollieren). Da für die Erledigung der damit jeweils verbundenen Aufgaben andere Menschen benötigt werden, zählt die Aufgabe des Führens zu den Grundfunktionen des Managements.

1. **Planen:** Die Ausgangsfrage[43] der Planungsfunktion ist: Was ist unser Ziel, wo wollen wir hin? Danach muss die Lage analysiert werden: Wo befinden wir uns zurzeit? Anschließend sollte – anhand der eigenen Stärken und Schwächen und unter Berücksichtigung der Umweltchancen und -risiken – die Strategie, ausgewählt werden: Auf welchem Weg wollen wir zum Ziel kommen? Letztlich schlägt sich der Plan im Budget nieder: Wofür soll Geld ausgegeben werden?
2. **Organisieren:** Bei der Funktion des Organisierens[44] geht es um die Umsetzung des Plans in eine Struktur,[45] die klärt, wie die Organisation aufgebaut und wie die Abläufe geregelt sind. Die Aufbauorganisation findet ihren Niederschlag z. B. in einem Organigramm, das verdeutlicht, wie die Aufgaben auf Abteilungen und Positionen aufgeteilt sind und wer gegenüber wem Anweisungsbefugnisse besitzt bzw. rechenschaftspflichtig ist (Hierarchie). Die Ablauforganisation regelt, wie bei der Erledigung bestimmter Aufgaben vorzugehen ist. Sie ist oft in Handbüchern festgehalten. Neben diesen „harten" Strukturelementen wurde – angeregt durch Forschungsergebnisse der Anthropologie und Soziologie – in den letzten Jahrzehnten die verhaltensprägende Bedeutung der Organisationskultur erkannt. Organisationskultur heißt „die Gesamtheit der im Unternehmen bewusst oder unbewusst kultivierten, symbolisch oder sprachlich tradierten Wissensvorräte und Hintergrundüberzeugungen, Denkmuster und Weltinterpretationen, Wertvorstellungen und Verhaltensnormen, die im Laufe der erfahrungsreichen Bewältigung der Anforderungen der unternehmerischen Erfolgssicherung nach außen und der sozialen Integration nach innen entwickelt worden sind und im Denken, Sprechen und Handeln der Unternehmensangehörigen regelmäßig zum Ausdruck kommen." (Ulrich 1984, S. 312)
3. **Führen:** Die Funktion der Führung macht deutlich, dass es nicht nur um die logische Organisation von Aufgaben geht, sondern zentral darum andere Menschen dazu zu bringen, diese auch fach- und sachgerecht zu erledigen. Dazu ist es erstens notwendig – wie bei einer Fußballmannschaft – die richtigen Personen auszuwählen (Selektion), sie zweitens aus- oder weiterzubilden und zu motivieren (Sozialisation), und letztlich zu prüfen (Personalkontrolle), wie gut sie ihre Arbeit erledigen und wo und wie man sie unterstützen kann.

---

[43] Beim Managementprozess handelt es sich um einen ständigen Kreislauf, um Feedbackprozesse, z. B. kann es sein, dass nach der Analyse der Ausgangssituation das Ziel umformuliert werden muss, um es realitätsnäher zu gestalten.

[44] Der Begriff „Organisation" wird also in verschiedenen Weisen gebraucht. 1. Betriebe sind eine Organisation (institutionelle Perspektive), 2. sie müssen organisiert werden (funktionaler Begriff) oder haben 3. eine Organisation(-sstruktur) (konfigurativer Begriff).

[45] Mit dem Begriff der „Organisationsstruktur" wird die innere Ordnung eines sozialen Gebildes beschrieben, die relativ bestimmte Form in der sich Handeln vollzieht. Formale, d. h. geplante, oft schriftlich fixierte, an der rationalen Erreichung eines Ziels orientierte Strukturen, die unabhängig von bestimmten Personen gelten, sind ein zentrales Definitionselement von Organisationen im Unterschied zu Familien oder Freundschaftskreisen (s. Kap. 3.3.7).

4. **Kontrollieren:** Die Kontrolle des Personals ist von der Gesamtfunktion der Kontrolle zu unterscheiden. Letzteres bezieht sich auf alle Managemententscheidungen, die im Hinblick auf ihre Wirksamkeit zu überprüfen sind, so wie ein Segler seinen Kurs fortlaufend überprüfen muss, um bei wechselnden Winden gegebenenfalls Korrekturen vornehmen zu können. Im Rahmen des sog. Controllings sollen hierfür regelmäßig und frühzeitig alle notwendigen Informationen bereitgestellt werden. Damit wird auch deutlich, dass es sich beim Managementprozess um einen ständigen Kreislauf handelt.

Die Managementfunktionen analysieren logisch und plausibel die Aufgaben, die ein Manager erfüllen sollte. Aber beschreiben sie auch in realistischer Weise den Arbeitsalltag von Managern? Dieser Fragestellung widmet sich die sog. Work-Activity-Forschung. Sie versucht mithilfe empirischer Forschungsmethoden (z. B. Beobachtung, Dokumentenanalyse, Fragebogen) den Arbeitsalltag von Managern zu erfassen und kommt dabei in wesentlichen Punkten zu anderen Ergebnissen. Ein Meilenstein dieser Forschung ist dabei das von Mintzberg (1975) entwickelte Konzept der „Managementrollen". Als Ergebnis einer jahrelangen, systematischen Beobachtung der Arbeit von Managern beschreibt er ihre Tätigkeit anhand von zehn Managementrollen, die er wiederum zu drei Gruppen zusammenfasst (s. Abb. 1.11): 1. Interpersonelle Rollen, 2. Informationsrollen und 3. Entscheidungsrollen.

1. **Interpersonelle Rollen:** Zu den interpersonellen Rollen gehören jene des Repräsentanten (figurehead), des Führers (leader) und des Netzwerkers (liaison). Der Manager repräsentiert die Organisation nach außen. Als Führer muss er das Personal einer Organisation sozialisieren und motivieren können. Aber auch die Pflege von Beziehungen außerhalb der Organisation gehört dazu.
2. **Informationsrollen:** Der Manager ist sowohl interner Sammler (monitor) und Verteiler (disseminator) von Informationen, als auch Sprecher (spokesperson), der die Organisation nach außen vertritt und verteidigt.
3. **Entscheidungsrollen:** Zu den Entscheidungsrollen gehören die des Unternehmers (entrepreneur), des Krisenmanagers (disturbance handler), des Ressourcenzuteilers (resource allocator) und des Verhandlungsführers (negotiator). Der Manager ist – auch als Angestellter – „Unternehmer" im Sinne eines Innovators, der Neues unternimmt. Von ihm werden Anregungen und Ideen erwartet. Er muss aber auch auf Krisen und Störungen reagieren, die nicht vorhersehbar waren. Er ist zudem Ressourcenverteiler (Budgetierung) und muss innerhalb und außerhalb der Organisation verhandeln und vermitteln, wenn z. B. Konflikte auftreten.

Vergleicht man den mehr aus einer Systematisierung logisch-rationalen Handelns gewonnenen Ansatz der Managementfunktionen mit dem Ansatz der empirisch-induktiv ermittelten Systematik der Managementrollen werden eine Reihe von Unterschieden aber auch Gemeinsamkeiten sichtbar. Der Rollenansatz verdeutlicht die enorme Bedeutung von sozial-kommunikativen Aufgaben des Managers (z. B. Konfliktlösung, Motivation) und zeigt, dass er nicht nur innerhalb, sondern auch außerhalb der Organisation wirken muss.

Rollen	Beschreibung
1. Interpersonelle Rollen	
• Repräsentant	repräsentiert die Organisation nach außen
• Führer	Überwachung und Motivierung von Untergebenen
• Verbinder	Aufbau und Pflege von Kontakten außerhalb der Organisation
2. Informationsrollen	
• Sammler	• sucht Informationen innerhalb und außerhalb der Organisation
• Verteiler	• verteilt Informationen an relevante Personen
• Sprecher	• vertritt Organisation nach außen und rechtfertigt die Aktivitäten dieser
3. Entscheidungsrollen	
• Unternehmer	initiiert neue Projekte
• Krisenmanager	reagiert auf Krisen und Störungen
• Ressourcenzuteiler	verteilt Ressourcen auf verschiedene Einheiten und Mitglieder
• Verhandlungsführer	vermittelt bei Konflikten

Abb. 1.11 Managementrollen

Die größten Gemeinsamkeiten zwischen beiden Betrachtungsweisen liegen im Bereich der Entscheidungsrollen. In der Tradition von Mintzberg sind viele weitere Studien zur Tätigkeit von Managern durchgeführt worden. Sie verdeutlichen, dass die klassischen Managementfunktionen nur einen Aspekt der Tätigkeit des Managers beschreiben (Schirmer 1992). Der Funktionsansatz zeichnet insgesamt ein tendenziell zu rationales, geordnetes und hierarchisches Bild von der Realität. In Wirklichkeit ist die Tätigkeit des Managers zu großen Teilen nicht planbar und überaus stark fragmentiert. Häufig muss in wenig überschaubaren Situationen unter Zeitdruck entschieden werden. Manager kommunizieren nicht nur vertikal, also innerhalb einer Hierarchielinie, sondern müssen auch Verbindungen auf horizontaler Ebene, z. B. zu anderen Abteilungen, pflegen und mit externen Akteuren kommunizieren, gegenüber denen sie keine Weisungsbefugnisse besitzen, d. h. denen sie nichts befehlen können. Das Handeln in Organisationen ist häufig konfliktbeladen und in dem Sinne „politisch", als es von Machtkämpfen zwischen verschiedenen Personen, Abteilungen und Fraktionen geprägt ist.

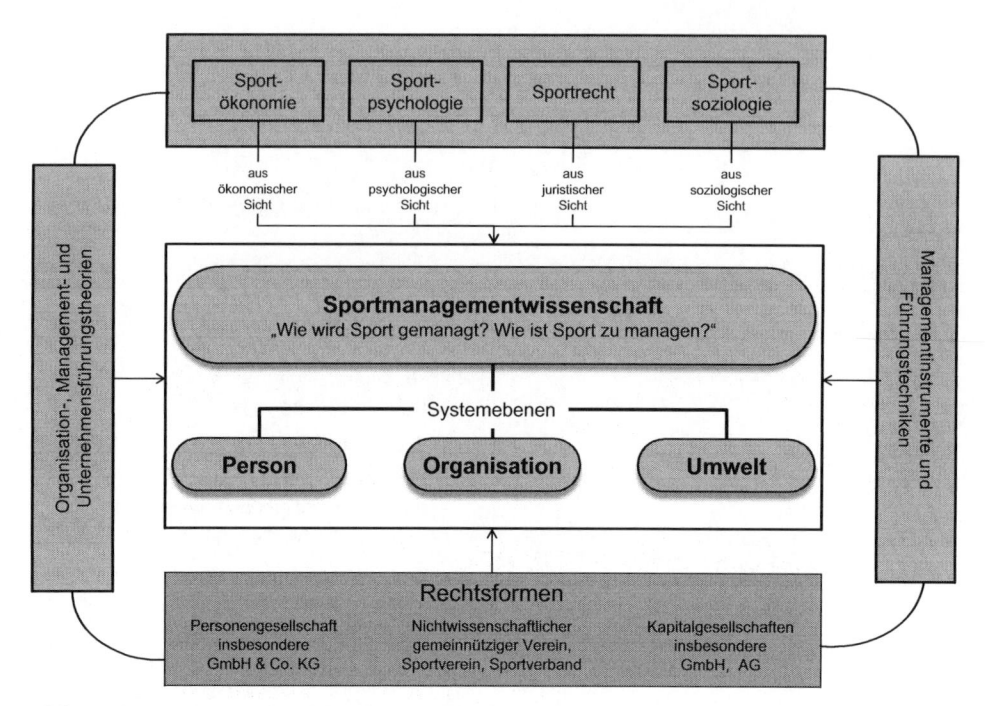

Abb. 1.12 Sportmanagementlehre nach Thiel et al. (2009, S. 17)

Wer Manager werden will, sollte sich dieser Aufgaben sowie der damit verbundenen Anforderungen und erforderlichen Fähigkeiten bewusst sein und überprüfen, ob er für eine solche Tätigkeit geeignet ist. Deshalb ist die Gegenüberstellung von Managementfunktionen und Managementrollen für die Praxis des Sportmanagements von grundlegender Bedeutung. Sie veranschaulicht noch einmal die verschiedenen Herangehensweisen der Vertreter verschiedener wissenschaftlicher Fachrichtungen an eine Fragestellung: die für viele Ökonomen lange Zeit eher typische analytische und normative (präskriptive) und die für viele andere Sozialwissenschaftler eher typische empirisch-beschreibende (deskriptive). Beide Perspektiven ergänzen sich.

Thiel et al. (2009) haben die Aufgaben und Inhalte einer Sport-Managementwissenschaft wie folgt beschrieben (s. Abb. 1.12). Den Ausgangspunkt bilden die Fragestellungen: Wie wird Sport gemanagt? Wie ist Sport zu managen? Zur Beantwortung müssen die Personen, die Organisation und ihre Umwelt berücksichtigt werden. Allgemein können verschiedene wissenschaftliche Perspektiven (Ökonomie, Psychologie, Jura, Soziologie) und speziell Organisations-, Management- und Unternehmenstheorien zur Beantwortung der Frage herangezogen (wobei nach Rechtsformen unterschieden werden muss) sowie Managementinstrumente und Führungstechniken eingesetzt werden. Eine solche vollständige Sportmanagementlehre wollen und können wir – wie in der Einleitung ausgeführt – im Folgenden nicht vorlegen.

1.5 Managementlehre

1. Inhalte

- Rechnungswesen, Beschaffung, Produktion, Absatz, Finanzierung
- Führung, Planung, Management, Organisation, Personal
- Wandel, Entwicklung

2. Wissenschaftliche Perspektive

- Ökonomische Perspektive
- Interdisziplinäre Perspektive: ökonomisch und sozialwissenschaftlich

3. Wissenschaftskultur

- Deutsche Betriebswirtschaftslehre
- Amerikanische Managementlehre (Business Administration)

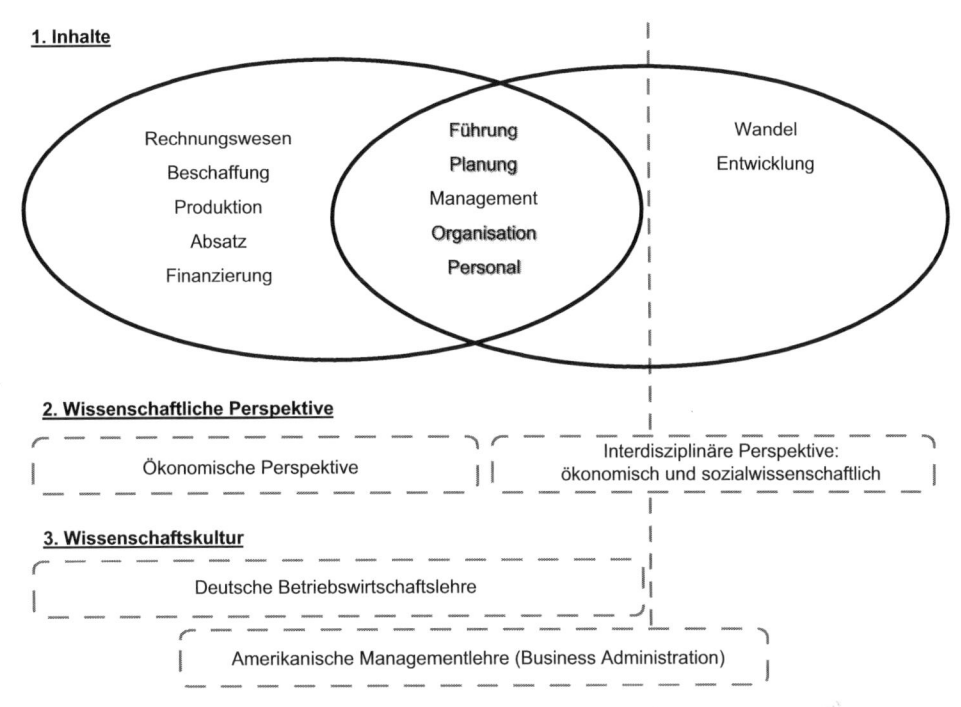

Abb. 1.13 Verhältnis von Betriebswirtschafts- und Managementlehre

1.5.2 Betriebswirtschafts- und Managementlehre

Worin unterscheiden sich Betriebswirtschaftslehre und Managementlehre? Ist das eine vielleicht jeweils ein Teil des anderen? Bestehen nur vereinzelt Überschneidungen? Oder handelt es sich vielleicht am Ende um synonyme, also bedeutungsgleiche Begriffe? Die Beantwortung dieser Frage hängt von drei Dingen ab: 1. von der Fragestellung, 2. von der wissenschaftlichen Perspektive und 3. von der Wissenschaftskultur eines Landes (s. Abb. 1.13).

1. **Fragestellung:** Ein Vergleich der Fragestellungen, mit denen sich beide Disziplinen beschäftigen, deckt eine ganze Reihe von Gemeinsamkeiten aber auch Unterschieden auf. Gemeinsame Themen beider Disziplinen sind Führung, Planung, Organisation und Personal. Weitere für die Betriebswirtschaftslehre zentrale Themen, wie Rechnungswesen, Beschaffung, Produktion, Absatz und Finanzierung, gehören dem gegenüber nicht zur Managementlehre. Von daher scheint die Betriebswirtschaftslehre übergreifender, umfassender zu sein. Allerdings werden in der Managementlehre wiederum Themen aufgegriffen, die in der Betriebswirtschaftslehre nicht behandelt werden, wie Organisa-

tionswandel, Organisationsentwicklung und Organisationskultur.[46] Das spricht für eine Überschneidung der Fragestellungen.

2. **Wissenschaftliche Perspektive:** Zentraler als der Unterschied bei den Themen und Fragestellungen ist jedoch der Unterschied in der fachwissenschaftlichen Perspektive. Im Zentrum der deutschen Betriebswirtschaftslehre steht die ökonomische Theorie (s. Kap. 1.4.2), vor allem die Angebotsseite der Mikroökonomie (auch Firmentheorie genannt). Die Managementlehre ist hingegen interdisziplinär angelegt. Sie greift sowohl auf ökonomische als auch soziologische und psychologische (verhaltenswissenschaftliche) Theorien zurück.

3. **Wissenschaftskultur:** Zu guter Letzt hängt die Antwort auf die Frage nach dem Verhältnis beider Disziplinen von der Wissenschaftskultur eines Landes ab. Ein deutscher Betriebswirt würde vermutlich den Standpunkt vertreten: Management ist ein Teil der Betriebswirtschaftslehre. Dem würden die Managementwissenschaftler aus den obigen Gründen jedoch nicht zustimmen. In den USA, wo die Betriebswirtschaftslehre „Business Administration" (und nicht „Business Economics") heißt und auch eher interdisziplinär angelegt ist, würde hingegen diese Kontroverse kaum verstanden werden. Im amerikanischen Sinne tragen die international anerkanntesten wissenschaftlichen Zeitschriften der Betriebswirtschaftslehre z. B. Titel wie „Academy of Management Review" oder „Administrative Science Quarterly".

Wie bereits im Vorwort erwähnt folgen die Autoren dieses Lehrbuches der amerikanischen Sichtweise des Business Administration. Eine so verstandene Sportbetriebslehre umfasst somit prinzipiell sowohl die Fragestellungen der Betriebswirtschafts- als auch der Managementlehre und betrachtet sie aus einer sozio-ökonomischen Perspektive.

1.5.3 Sportmanager

Was machen Sportmanager? Welche Inhalte und Schwerpunkte kennzeichnen ihre Tätigkeit und welche Kompetenzen werden dafür als notwendig erachtet?[47] Kann man, um diese Fragen zu beantworten, einfach von der Logik der Aufgabenstellung ausgehen, wie sie in allgemeinen Lehrbüchern des Managements abgehandelt wird, oder muss man dazu die bereits bestehende, vielleicht noch wenig professionelle Praxis untersuchen? Zur Beantwortung dieser Fragen kann im Folgenden auf Argumente und Formulierungen aus Horch

---

[46] Während unter „Organisationsentwicklung" Methoden der geplanten Veränderung von Organisationen gefasst werden, steht der Begriff „Organisationswandel" für geplante und ungeplante Veränderungen.

[47] Unter „Kompetenzen" fassen wir die Gesamtheit an Fähigkeiten, Fertigkeiten, Kenntnissen und Einstellungen zusammen, die benötigt werden, um eine bestimmte berufliche Tätigkeit ausüben zu können (Staehle et al. 1999). Als „Sportmanager" bezeichnen wir Manager, die in Organisationen oder Abteilungen arbeiten, die Sportgüter oder Sportdienstleistungen herstellen und/oder anbieten (DeSensi et al. 1990).

(2008) zurückgegriffen werden. Einerseits kann ohne Zweifel, wenn es um Wirtschaften und Managen geht, eine Menge aus der allgemeinen Betriebswirtschafts- und Managementlehre gelernt werden, besonders wenn es sich um Organisationen wie Sportvereine handelt, in denen bisher eher traditional als rational gehandelt wurde. Andererseits besteht die Gefahr, vom Schreibtisch aus, wie die Work-Activity-School der Managementforschung gezeigt hat, auch Mythen über Managen zum Opfer zu fallen, die nicht viel mit den tatsächlichen Tätigkeiten eines Managers gemein haben. Diese Gefahr ist vermutlich umso größer, je mehr es sich – wie im Fall von Sport – um Produkte und Organisationen handelt, mit denen sich die Betriebswirtschafts- und Managementlehre nur am Rande beschäftigt hat. Deshalb ist es sinnvoll, auf das Wissen und die Angaben von Personen zurückzugreifen, die diese Tätigkeit praktisch ausüben. Bei der Interpretation der Antworten ist allerdings zu berücksichtigen, dass es sich um höchst subjektive Eindrücke handelt, die durch den jeweiligen Wissens- und Erfahrungsstand, den individuell geprägten Lebens- und Berufsweg sowie den jeweils aktuellen Problemen und Trends beeinflusst werden.

Daher wurde vom Institut für Sportökonomie und Sportmanagement der Deutschen Sporthochschule Köln eine Vielzahl empirischer Studien zum Berufsfeld von Sportmanagern durchgeführt.[48] Dabei wurden u. a. folgende Berufsfelder untersucht: Verbände und Vereine (Horch et al. 2003), kommunale Sportverwaltungen (Horch und Schütte 2003), Eventagenturen (Hovemann et al. 2003), Sportmarketingagenturen (Lohmar 2002), Fitnessstudios (Kaiser 2006) und Spielervermittler (Raab 2007).[49] Folgende Fragen sollten dabei u. a. beantwortet werden: 1. Entsprechen die Tätigkeiten eher den Managementfunktionen oder den Managerrollen bzw. die Kompetenzen eher denen der Betriebswirtschafts- oder der Managementlehre? 2. Inwieweit ist das Aufgabenprofil von Sportmanagern durch Besonderheiten des Sports gekennzeichnet? Welche Rolle spielen z. B. sportpädagogische Tätigkeiten und sportspezifische Kompetenzen? 3. Sind die Gemeinsamkeiten der Tätigkeiten und Kompetenzen des Managements in verschiedenen Sportbranchen und Organisationstypen groß genug, um von einem einheitlichen Berufsfeld zu sprechen?

Die wichtigsten Ergebnisse zu den Inhalten und Schwerpunkten der **Tätigkeit** von Sportmanagern sind (s. Abb. 1.14):

1. **Managementfunktionen und -rollen:** Auch zur Beschreibung des Arbeitsalltags von Sportmanagern reichen die rationalen Managementfunktionen nicht aus. Interpersonelle Kommunikation, Informationsaufgaben und Außendarstellung sowie soziale Aufgaben, also Elemente der Mintzbergschen Managerrollen sind – neben Funktionen wie Organisieren, Führen und Kontrollieren – zentrale Bestandteile ihrer Tätigkeit.

---

[48] Ähnliche Studien wurden ca. ein Jahrzehnt früher in den USA durchgeführt. Diese firmierten unter dem Etikett „competency based approach to curriculum development". Einen zusammenfassenden Überblick zu den Ergebnissen bieten z. B. Lambrecht (1991) und DeSensi et al. (1990).

[49] Vergleichbar mit diesen Untersuchungen des Instituts für Sportökonomie und Sportmanagement ist die von Nichelmann (1999). Sie kommt im großen Ganzen zu ähnlichen Ergebnissen.

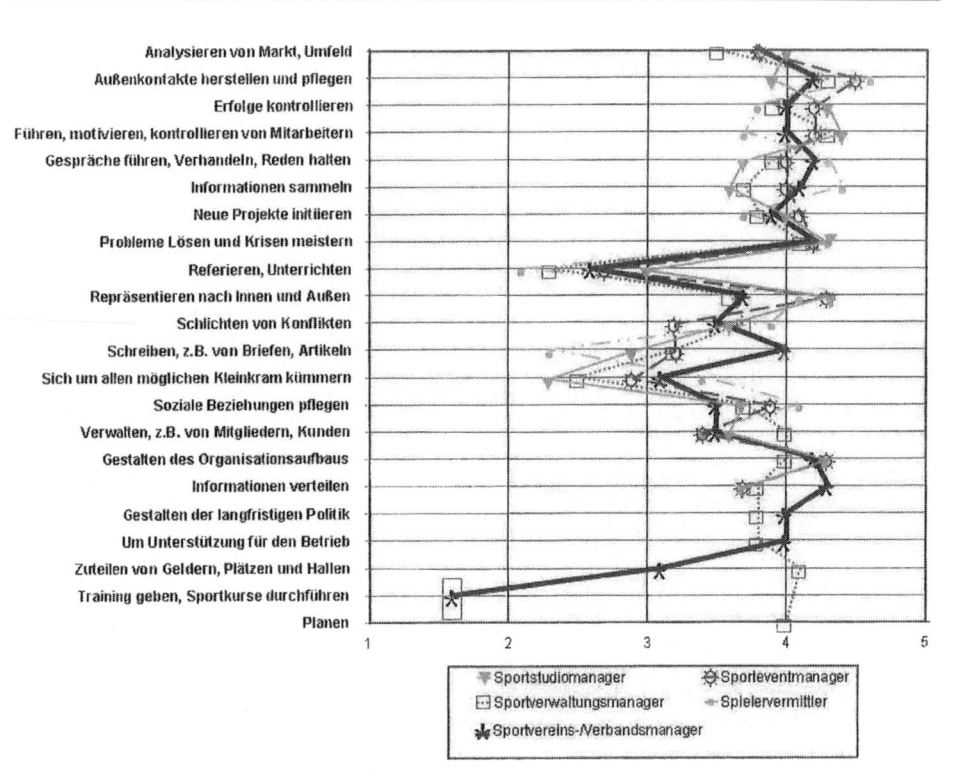

Abb. 1.14 Die Bedeutung unterschiedlicher Tätigkeitsfelder (1 = „sehr unwichtig", 5 = „sehr wichtig", kein Markierungspunkt = keine Messung)

2. **Sportbesonderheiten:** Sportmanager erfüllen vor allem Führungs- und Verwaltungsaufgaben, weniger sportpädagogische, wie „Referieren und Unterrichten" und „Training geben und Sportkurse durchführen". Letzteres gilt selbst für den Bereich der Sportvereine und -verbände. Die Tätigkeit des Managers hat sich demnach weitgehend von jener des Trainers ausdifferenziert.
3. **Unterschiede:** Über die verschiedenen Branchen hinweg zeigen sich große Gemeinsamkeiten. Einzig in den Fitnessstudios spielen „Referieren und Unterrichten" noch eine relativ große Rolle. Größere Unterschiede zeigen sich zudem zwischen den Sportstudiomanagern und den Vereins- und Verbandsmanagern bezogen auf die Tätigkeiten „Schreiben" und „Gespräche führen und Reden halten" sowie „Informationen sammeln" und „Informationen verteilen", die im Verein und Verband – vermutlich im Hinblick auf die Entlastung und Information der vielen Ehrenamtlichen – eine relativ größere Rolle spielen, während „Außenkontakt herstellen und pflegen" im Eventagenturbereich relativ am Wichtigsten ist, weil es kontinuierlich darum geht, Kunden zu akquirieren. Die Spielervermittler kommunizieren relativ am wenigsten schriftlich und müssen sich – ähnlich wie die Sportvereinsmanager – „um allen möglichen Kleinkram kümmern".

1.5 Managementlehre

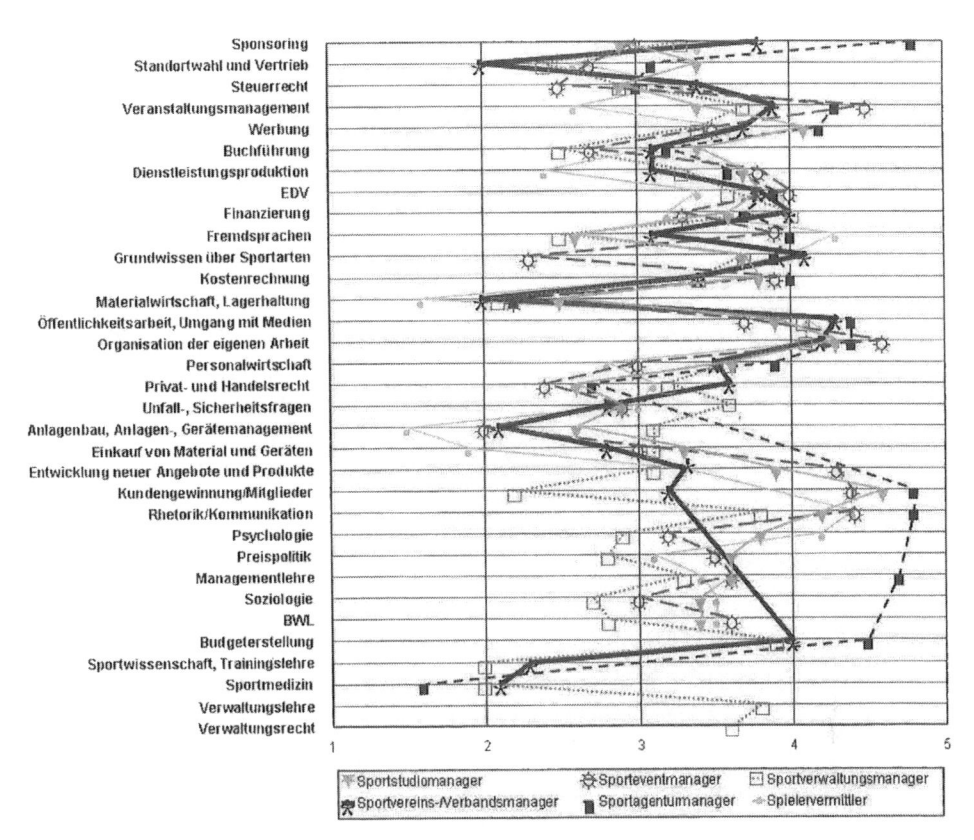

Abb. 1.15 Erforderliche Kompetenzen (1 = „sehr unwichtig", 5 = „sehr wichtig", keine Markierungspunkt = keine Messung)

Die wichtigsten Ergebnisse zur Frage der erforderlichen **Kompetenzen** sind (s. Abb. 1.15):

1. **Betriebswirtschafts- und Managementlehre:** Analog zu den Ergebnissen aus amerikanischen Untersuchungen zeigt sich, dass Kommunikationsqualifikationen im Bereich PR und Werbung von zentraler Bedeutung sind. Aus dem Kanon der Betriebswirtschaftslehre haben Kenntnisse über Finanzierung, speziell auch Sponsoring, und Budgeterstellung den höchsten Stellenwert.
2. **Sportbesonderheiten:** Sportmanager müssen zwar über Grundwissen bzgl. der Sportarten verfügen, mit denen sie es zu tun haben, darüber hinausgehendes sportwissenschaftliches Spezialwissen, wie in Sportmedizin oder Trainingswissenschaft, wird aber im Durchschnitt betrachtet kaum gebraucht.
3. **Unterschiede:** Zwischen den verschiedenen Sektoren zeigen sich zwar Unterschiede, diese fallen jedoch überraschend gering aus. Im Vergleich zu Vereinen und Verbänden sind dies vor allem folgende: In Marketingagenturen wird vergleichsweise mehr Gewicht auf „Sponsoring", „Managementlehre" und „Budgeterstellung" gelegt, was sich durch die stärkere Markt- und For-Profit-Orientierung erklären lässt. Von Sportma-

nagern in der kommunalen Sportverwaltung werden – ebenfalls nicht überraschend – Kompetenzen aus dem Bereich der Verwaltungslehre und des Verwaltungsrechts erwartet. Bei Sportmanagern in Eventagenturen wird vergleichsweise weniger Gewicht auf „Grundwissen über Sportarten", „Anlagen und Geräte", und mehr Gewicht auf „Veranstaltungsmanagement", „Entwicklung neuer Angebote und Produkte" sowie „Kundengewinnung" gelegt. Letzteres ist wiederum durch die stärkere Markt- und For-Profit-Orientierung zu erklären. Während der im Vergleich zu den anderen Sektoren niedrigste Sportbezug vermutlich damit zusammenhängt, dass es in den Eventagenturen häufig auch um die Organisation von Nicht-Sportevents geht. Von Sportmanagern in Fitnessstudios erwartet man vergleichsweise mehr Kompetenzen in den Feldern „Kundengewinnung", „Preispolitik" und „Buchführung". Auch die „Standortwahl" hat von der Natur des Angebots her hier eine relativ große Bedeutung. Spielervermittler müssen von der Sache her keine Veranstaltungen organisieren. Fremdsprachenkenntnisse sind hier noch etwas wichtiger als bei den Agenturen.

Die große Bedeutung des Sports für Sportmanager wird deutlich, wenn man sich den überwiegend starken persönlichen Sportbezug der befragten Manager ansieht. Viele von ihnen waren oder sind Leistungssportler, ehrenamtliche Vorstandsmitglieder, bezahlte oder ehrenamtliche Trainer oder zumindest Breitensportler. Aus dem Rahmen fallen hier wiederum nur die Eventagenturen. Zusammenfassend kann man daher festhalten: Der Sport verfügt über eine starke, ausschließende Kultur. Betriebswirte ohne Sportbezug haben Schwierigkeiten, Zugang zu solchen Positionen zu finden oder u. U. auch gar kein Interesse daran. Inwieweit sich dies im Zuge einer fortschreitenden Professionalisierung in den nächsten Jahrzehnten ändern wird, bleibt abzuwarten.

1.6 Relevanz

Warum ist es in den letzten Jahrzehnten wichtiger geworden, sich mit den Themen der Sportökonomie und der Sportbetriebslehre zu beschäftigen? Die theoretische Relevanz hängt mit den Besonderheiten von Sportgütern, des Sportkonsums und von Sportbetrieben zusammen, die es in dieser Ausprägung oder mit dieser Bedeutung in den übrigen Wirtschaftsbranchen nicht gibt. Die praktische Relevanz des Themas hängt 1. mit der gestiegenen quantitativen, volkswirtschaftlichen Bedeutung des Sports und 2. mit qualitativen Veränderungen des Sports zusammen. Hieraus resultieren 3. viele neue wirtschaftliche Chancen, aber auch viele neue Aufgaben und Probleme, die allerdings nur genutzt, erledigt und behoben werden können, wenn in ausreichendem Umfang fachlich qualifiziertes Personal zu Verfügung steht. Daraus enstehen 4. auch Arbeitsplätze für speziell akademisch ausgebildete Sportmanager, deren berufliche Situation anhand einer Kölner Absolventenstudie kurz beschrieben werden soll.

1. **Bedeutung:** Nach einer aktuellen Studie von Preuß et al. (2012) waren 2009 56 % der Bevölkerung zumindest ab und zu sportlich aktiv und 33 % mindestens einmal wöchent-

1.6 Relevanz

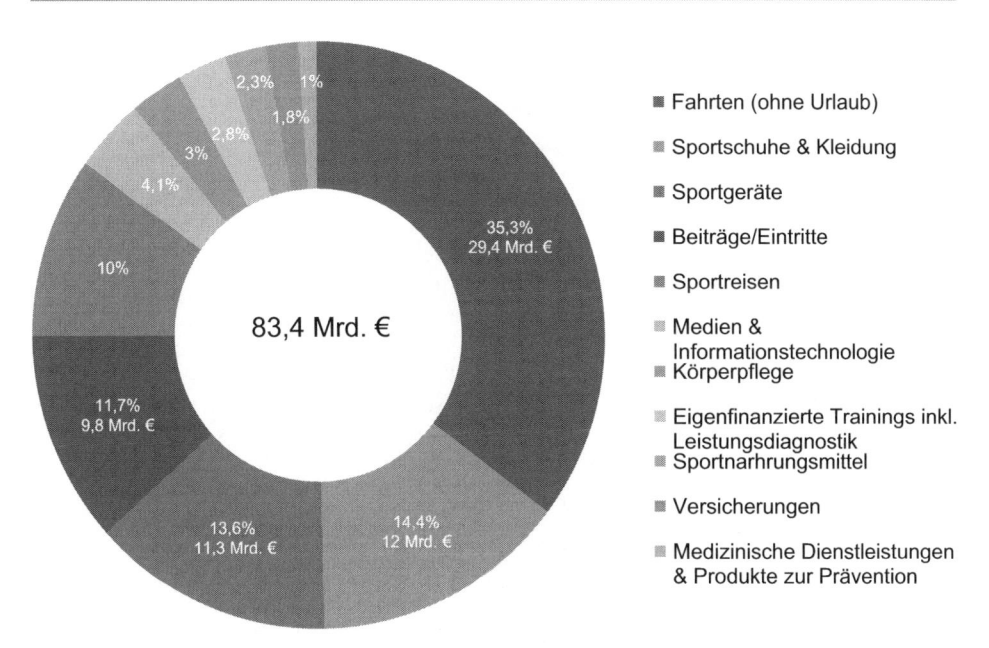

Abb. 1.16 Aktiver Sportkonsum 2010 in Deutschland (Preuß et al. 2012, S. 7)

lich. Die Sportaktivität sinkt demnach nicht durchgängig mit dem Alter, sondern nur bis zum 35. Lebensjahr. Danach bleibt sie bis zum 65. Lebensjahr konstant. Frauen treiben nicht durchweg weniger Sport, sondern dies gilt ebenfalls nur bis zum 35. Lebensjahr. Danach treiben sie sogar mehr Sport. Für das passive Sportinteresse gilt jedoch, dass es mit dem Alter sinkt und Frauen weniger interessiert sind. Die Privathaushalte gaben in Deutschland im Jahr 2010 nach einer konservativen Schätzung 103 Mrd. € für Sportgüter im weiten Sinne (z. B. einschließlich der Ausgaben für Fahrten zum Sport) aus. Das entspricht 7,2 % der gesamten Konsumausgaben. 1990/91 betrug dieser Anteil nur 2,4 % (Weber et al. 1995).[50] Dabei sind die Ausgaben für das eigene aktive Sporttreiben von wesentlich größerer Bedeutung als die Ausgaben für den passiven Sportkonsum, ganz anders als sich dies sowohl in der Presse als auch im Interesse der Ökonomen widerspiegelt, die sich fast ausschließlich mit dem Profisport beschäftigen. Die Ausgaben für den aktiven Sport liegen mit 83 Mrd. € etwa viermal höher als die für den Zuschauersport mit 20 Mrd. Wie sich diese Ausgaben im Einzelnen verteilen, ist den Abb. 1.16 und 1.17 zu entnehmen. Bei den Ausgaben der Privathaushalte für das aktive Sporttreiben entfallen ca. 85 % auf Ausgaben für Fahrten zum Sport und Sportreisen, Sportschuhe und -bekleidung, Sportgeräte, sowie Beiträge (z. B. Verein, Fitness-Studio)

---

[50] Der sportspezifische Anteil am Bruttoinlandsprodukt machte 2008 3,7 % aus (Ahlert 2013). Der Wertschöpfungsbeitrag ist damit vergleichbar mit dem des deutschen Fahrzeugbaus. 1990/1991 waren es für die alten Bundesländer nur 1,4 % am Bruttosozialprodukt (Weber et al. 1995). 4,4 % der Erwerbstätigen waren 2008 durch diese Aktivitäten beschäftigt. 1990/1991 waren es 2,4 %.

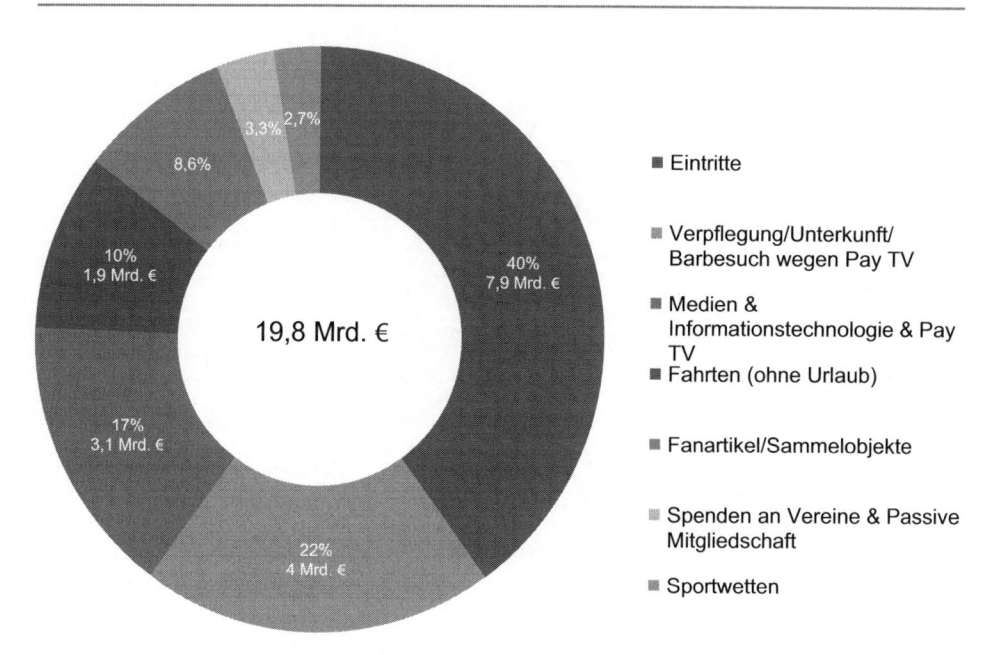

Abb. 1.17 Passiver Sportkonsum 2010 in Deutschland (Preuß et al. 2012, S. 7)

und Eintrittsgelder (z. B. Hallenbad, Tennishalle). Beim Zuschauersport stehen die Ausgaben für Eintritt, Verpflegung und Unterkunft, Medien und Fahrten im Vordergrund, sie machen ebenfalls ca. 85 % aus.

2. **Veränderungen:** Sport hat sich in den letzten Jahrzehnten zunehmend kommerzialisiert und professionalisiert. Unter „Kommerzialisierung" ist zu verstehen, dass etwas zu einem Geschäft (Kommerz) wird, d. h. dass ein Anbieter eine Leistung mit dem Ziel der Gewinnerzielung auf einem Markt anbietet. In diesem Sinne ist die Kommerzialisierung normalerweise eine Voraussetzung der Professionalisierung. Hierunter versteht man eine Zunahme des Fachwissens und der Bezahlung der Arbeit, so dass man davon seinen Lebensunterhalt bestreiten kann (s. Kap. 3.4.2).

Wie ein Blick in die Geschichte des Sports, aber auch in die Gegenwart zeigt, standen Kommerzialisierungs- und Professionalisierungsprozesse hier vor besonderen Hindernissen und Barrieren.[51] Vor ca. 50 Jahren bildete Sport noch eine Gegenwelt zum Berufs- und Geschäftsleben. Die Sportler waren Amateure und die „Manager" Ehrenamtliche. Für Diem (1949), dem damals einflussreichsten deutschen Sportwissenschaftler und Sportfunktionär, gehörten Wettkämpfe, bei denen es um Geld ging, wie Profi-Boxen, definitionsgemäß nicht zum Sport, sondern zum Schaustellergewerbe. Seitdem hat sich dies verändert, nicht nur im Zuschauersportbereich, sondern auch durch das Wachstum an erwerbswirtschaftlichen Anbietern, wie Fitnessstudios, auch im Bereich des

---

[51] s. Winkler und Karhausen (1985) zur Geschichte der Aufweichung der Werbebeschränkungen.

1.6 Relevanz

aktiven Sports. Auch manche Sportvereine haben sich vor allem im Profibereich aber auch über Kursangebote für Nichtmitglieder „kommerzialisiert" (s. Kap. 3.4.1 und 3.5).

Eine wichtige Voraussetzung der Kommerzialisierung des Sports auf der Seite der Sportnachfrage war und ist, dass die Bürger zunehmend über die beiden Ressourcen verfügen, die für den Sportkonsum benötigt werden: nämlich Geld und Zeit. Hinzukommt, dass die Bedeutung des Sports in der Gesellschaft gewachsen ist und sich gewandelt hat, so dass immer größere und neue Teile der Bevölkerung erfasst wurden. Was heute unter Sport verstanden wird, ist ein weiterer Begriff, als der von vor 40/50 Jahren. An Bedeutung gewonnen haben die instrumentellen Aspekte: Sporttreiben um gesund zu bleiben, um abzunehmen, um den Körper zu formen. Früher war Sporttreiben im Wesentlichen eine Sache von männlichen Jugendlichen. Heute sind vor allem die Frauen dazugekommen und nun auch die (neuen) „Alten".

3. **Probleme und Chancen:** Die Führung von Sportorganisationen steht heute vor einer ganzen Reihe weiterer Probleme und Herausforderungen, von denen nur auf die folgenden vier verwiesen werden soll: a) Die Finanznot der öffentlichen Hand führt dazu, dass insbesondere die Kommunen ihre traditionelle Förderung des Vereinssports in Form einer kostenlosen Bereitstellung von Sportstätten zunehmend auf den Prüfstand stellen. Eine Reihe von Sportstätten (insbesondere Bäder) wurden bereits geschlossen oder können nur durch neue Trägerschafts- und Betreibermodelle oder durch die Einführung bzw. Erhöhung von Nutzungsgebühren weiter betrieben werden. b) Neben den Herausforderungen der Sicherung der Sport-Infrastruktur sind insbesondere Vereine im Bereich des (semi-)professionell betriebenen Spitzensports mit hohen bzw. steigenden Kosten belastet, was – wie in den Sportnachrichten fast wöchentlich zu lesen ist – für viele Vereine in eine Krise und für einige in die Insolvenz führte. c) Schon lange klagen die Vereinsvorstände über eine sinkende Bereitschaft der Mitglieder, Ehrenämter zu übernehmen. d) Insgesamt stehen heute alle Anbieter des Sports – im Non- und For-Profit-Sektor – in der Situation eines verschärften Wettbewerbsdrucks. Der Verteilungswettbewerb um das für den Sportkonsum der Bevölkerung prinzipiell begrenzte Budget an Zeit und Geld wird in zunehmendem Maße durch einen Verdrängungswettbewerb überlagert. Diesen Problemen und Herausforderungen stehen allerdings auch nach wie vor attraktive Gewinnchancen auf einem hoch dynamischen Markt gegenüber. Die Bewältigung der Probleme und Herausforderungen einerseits und die Entdeckung und Nutzung vorhandener Chancen im Sportmarkt andererseits setzen allerdings – so eine der zentralen Erkenntnisse – voraus, dass die handelnden Personen an der Organisationsspitze über ein entsprechendes ‚Know-How' im Bereich des Sportmanagements verfügen.

4. **Arbeitsplätze:** Seit Mitte der 1980iger Jahre werden in Deutschland entsprechende akademische Spezialausbildungen für Sportmanagement angeboten. Eine Untersuchung aus dem Jahr 2008 (Kügler 2009) zur beruflichen Situation und zum Verbleib von Absolventen eines entsprechenden Studiengangs an der Deutschen Sporthochschule Köln ergab folgendes Bild:[52] Die Arbeitslosenquote lag ein Jahr nach Studien-

---

[52] Deutschlandweite Untersuchungen wurden bisher nicht durchgeführt.

abschluss mit 6 % ähnlich hoch wie bei anderen akademischen Berufen. Die wichtigsten Arbeitgeber waren Agenturen (20 %), Sportartikelindustrie und -handel (14 %), Vereine und Verbände (11 %) sowie Hochschulen und andere Bildungseinrichtungen (9 %). Ein positives Indiz für die Dynamik des Berufsfeldes ist die Tatsache, dass die Hälfte aller Arbeitsstellen erstmals besetzt wurde. 89 % der Befragten waren zum Zeitpunkt der Befragung hauptberuflich beschäftigt. Von diesen waren 85 % abhängig beschäftigt und 15 % selbständig bzw. freiberuflich tätig. Je 74 % der hauptberuflich Beschäftigten hatten ein unbefristetes Arbeitsverhältnis und eine Tätigkeit mit Sportbezug. Das durchschnittliche monatliche Brutto-Einkommen lag zwischen 2.001 und 2.501 €.[53] 80 % der hauptberuflich Beschäftigten waren dabei mit ihrer beruflichen Tätigkeit zufrieden oder sogar sehr zufrieden.

Durch die wachsende Anzahl an Ausbildungsstätten (s. Kap. 1.7) und Studienanfängern besteht allerdings die Gefahr, dass zu viele Sportmanager ausgebildet werden. Optimistisch stimmt jedoch die Erkenntnis, dass das Studium auch berufliche Chance außerhalb des Sports eröffnet. 26 % der obigen befragten Absolventen hatten eine Arbeitsstelle ohne Sportbezug gefunden und zwar überwiegend (zu 60 %) nicht nur notgedrungen. Die Entwicklung des Arbeitsmarktes sollte aber – auch im Hinblick darauf, wie die neuen Bachelor- und Masterabsolventen aufgenommen werden – kontinuierlich weiter beobachtet werden.

1.7 Entwicklung

Wie hat sich das Fachgebiet der Sportökonomie im Allgemeinen und speziell der Sportbetriebslehre und des Sportmanagements entwickelt, und wie stellt sich der Stand der Entwicklung in Forschung und Lehre heute dar? Hierzu soll zunächst die Situation in Deutschland dargestellt (1.) und anschließend mit jener in den USA (2.) verglichen werden. In Deutschland gab es spezielle Hindernisse, die die Entwicklung des Faches in den Anfängen gehemmt haben. Auch heute noch weist das Fach Schwächen auf, die aber auf die USA ähnlich zutreffen (3.). Um die entsprechenden Entwicklungslinien nachzuzeichnen, werden im Folgenden bei den als wegweisend oder beispielhaft angesehenen Werken die jeweiligen Erstausgaben und nicht die aktuellen Ausgaben zitiert.

1.7.1 Deutschland

Die folgende Darstellung wird unterteilt in 1. den der Stand der Forschung und Veröffentlichungen sowie 2. den der Lehre.

---

[53] Der Mittelwert des Einkommens wird zudem durch die 20 % Geringverdiener mit Einkommen unter 2.000 € nach unten gezogen, ca. 55 % der Absolventen verdienen mehr als der Durchschnitt, 12 % auch über 4.000 €.

1. **Forschung und Veröffentlichungen:** Um die Entwicklung in der Forschung zu beurteilen, kann man a) das Alter und die Schwerpunktthemen des Faches sowie b) die Existenz von wissenschaftlichen Vereinigungen, Kongressen und Zeitschriften heranziehen.

   a) Die Anfänge des Faches gehen in Deutschland bis auf die 1960iger und 70iger Jahre zurück. Die ersten Veröffentlichungen beschäftigen sich mit der Ökonomie des Fußballs (Melzer und Stäglin 1965; Gärtner und Pommerehne 1978; Büch und Schellhaaß 1978). Die Entwicklung in den 1980iger Jahren ist eng mit dem Namen Heinemann verbunden. Er veröffentliche 1984a den ersten Sammelband zur Ökonomie des Sports mit grundlegenden internationalen und nationalen Beiträgen. 1987 folgte der erste Sammelband zu betriebswirtschaftlichen Themen, speziell des Sportvereins. 1995 veröffentlichte er das erste deutschsprachige Lehrbuch zur Sportökonomie. In Analogie zum deutschen Sportsystem standen in den Anfangsjahren die Organisationstheorie von Sportvereinen und -verbänden und die Ökonomie des Fußballs im Vordergrund des Interesses. Stark beflügelt wurde die Forschung zu Sportvereinen durch die ersten umfassenden, empirischen Studien von Schlagenhauf (1977) und Timm (1979), die den Auftakt zu seitdem in regelmäßigen Abständen durchgeführten Finanz- und Strukturanalysen (heute „Sportentwicklungsberichte") bildeten. Bisher nur einmalig erfolgte eine Untersuchung der Sportverbände von Winkler und Karhausen (1985). Die Fußballbranche ist zurzeit der dominierende Untersuchungsbereich der Veröffentlichungen. Die drei Bibliografien dazu von Schiffer (2004, 2006, 2007) führen um die 400 Aufsätze und Bücher zu sportökonomischen und Sportmanagement-Aspekten auf, ca. die Hälfte davon von deutschen Autoren. Seit Ende der 1980iger Jahre wurden – ausgelöst durch die Kommerzialisierung und Mediatisierung des Profisports – auch vermehrt betriebswirtschaftliche Fragen behandelt. Im Vordergrund standen dabei Sportmarketing (Dreyer 1986) und Sportsponsoring aus der Perspektive des sponsernden Wirtschaftsunternehmens. In der Folgezeit wurden viele weitere Themen- und Fragestellungen einer Betriebswirtschafts- und Managementlehre des Sports behandelt: z. B. Risikomanagement (Benner 1992), Dienstleistungsqualität (Bezold 1996), Rechnungswesen (Galli 1997), Controlling (Dörnemann 2002), Rechnungslegung und Besteuerung (Sigloch 2003), Finanzierung (Breuer und Hovemann 2005), Marken- und Kundenbindungsmanagement (Schilhaneck 2008), Corporate Governance (Lang 2008). Im Vordergrund des Interesses steht dabei überwiegend die (modifizierte) Anwendung allgemeiner betriebswirtschaftlicher Kenntnisse auf den Profisport. Eine Ausnahme ist die Habilitationsschrift von Thieme (2011). Er versucht – neben Heinemann (s. o.) – systematisch von der Seite der Sportbesonderheiten an das Thema heranzugehen. Vor allem datengetrieben ist das Interesse der Personalökonomik am Sport. Sie beschäftigt sich mit dem Zusammenhang von Lohn und Leistung (Frick und Prinz 2005). Sport ist dabei für die Überprüfung allgemeiner ökonomischer Theorien interessant, weil – anders als in Unternehmen – viele Daten vorhanden und öffentlich zugänglich sind. Die Neue Institutionenökonomik (Franck 1995) ist von ihrer Themenstellung her an den vielen Besonderheiten der institutionellen Regulierungen des Teamsports interessiert. Weitere Themenbereiche mit relativ vielen Veröffentlichungen sind Sporttourismus (Krüger und Dreyer 1995) und Sportgroßveranstaltungen, wie Olympische Spiele (Preuß 1999), und die Analyse ihrer volkswirtschaftlichen Kosten und Nutzen (Rahmann et al. 1998). Anfang der 1990iger Jahre wurde zudem erstmals die wirtschaftliche Bedeutung des Sports untersucht (Weber et.al. 1995).

b) Wissenschaft kann man nicht alleine betreiben. Sie braucht ein System der Kommunikation, Kooperation und Kontrolle. 1997 wurde der Arbeitskreis Sportökonomie gegründet und im gleichen Jahr erstmals der Sportökonomie-Kongress in Köln abgehalten. Der Arbeitskreis hat seitdem jährlich Tagungen organisiert, deren Beiträge von wechselnden Herausgebern in bislang fünfzehn Bänden der Reihe „Sportökonomie" (erschienen im Verlag Karl Hofmann) dokumentiert sind. Während sich diese Aufsätze eher auf die Sportökonomik im obigen Sinne konzentrieren, liegt der Schwerpunkt der sieben von Horch et al. herausgegebenen Sammelbände der Kölner Kongresse mehr im Bereich der Betriebswirtschafts- und Managementlehre: Professionalisierung (1999), Finanzierung (2002), Sportevents (2004), Sportmarketing (2005), Qualitätsmanagement (2007), Medien und Kommunikation (2009) und Markenmanagement (2011). Diese und andere Tagungs- und Kongressbände erfüllten in der Anfangsphase die Funktion wissenschaftlicher Spezialzeitschriften, die es in Deutschland nicht gab. Die wachsende Bedeutung des Faches fand aber 1998 ihren Niederschlag in Spezialausgaben dreier renommierter Zeitschriften: „Sportwissenschaft", „Betriebswirtschaftliche Forschung und Praxis" und „Zeitschrift für Betriebswirtschaft". Seit 2010 gibt es die Online-Zeitschrift „Sciamus Sport und Management", die sich das Ziel gesetzt hat, wissenschaftliche Erkenntnisse auf die Praxis zu übertragen. Deutsche Wissenschaftler veröffentlichen aber auch zunehmend in den internationalen, englischsprachigen Zeitschriften (s. Abb. 1.19).

2. **Lehre:** Um die Entwicklung in der Lehre zu beschreiben, kann man a) Alter und Anzahl der Ausbildungsstätten sowie b) Alter, Art und Anzahl der Lehrbücher heranziehen.

a) Seit Anfang der 1980iger Jahre gibt es einen ersten akademischen Ausbildungsgang für Sportökonomie und zwar an der Universität Bayreuth, zuerst ab 1981 als einjähriger Aufbaustudiengang, dann ab 1985 als Diplom-Studiengang. 1989 folgte die Deutsche Sporthochschule Köln in Kooperation mit der Fern-Universität Hagen. Zu den ersten Fachhochschulen mit entsprechenden Studiengängen gehörten Braunschweig/Wolfenbüttel und Koblenz/Remagen. Die erste Universitätsprofessur für Sportökonomie wurde 1989 an der Deutschen Sporthochschule Köln ausgeschrieben. In den letzten Jahren ist – bedingt durch die hohe Nachfrage der Studierenden – die Zahl der Universitäten, Fachhochschulen und Professuren im Bereich von Sportökonomie und -management stark angestiegen, so dass es schwer fällt, noch den Überblick zu bewahren. Zurzeit gibt mehr als ein Dutzend Universitäten mit fast zwanzig Professuren und mehr als ein Dutzend Fachhochschulen mit entsprechenden Ausbildungen. In einigen Fällen handelt es sich aber nicht um vollwertige Studiengänge in Sportökonomie oder Sportmanagement, sondern um Schwerpunkte in

anderen Studiengängen. Bei den Fachhochschulen handelt es sich überwiegend um private Fachhochschulen.
b) Die Lage auf dem Markt für deutschsprachige Lehrbücher ist sehr übersichtlich. Konzeptionell geschlossene Lehrbücher zu bestimmten Themen, die auch in didaktischer Hinsicht entsprechend aufbereitet sind, bilden die große Ausnahme. Die Werke haben ganz überwiegend den Charakter von Sammelbänden.

Wenn man das Feld in Sportökonomie, Sportmanagement und Sportmarketing unterteilt, sieht die Lage wie folgt aus: Wie schon erwähnt, veröffentlicht Heinemann 1995 sein Lehrbuch zur Sportökonomie, das er als eine Mischung aus Wirtschaftstheorie, Organisationssoziologie und Wirtschaftssoziologie charakterisiert. Trosiens Lehrbuch zur Sportökonomie von 2003 legt den Schwerpunkt auf die Präsentation aktueller Daten aus den verschiedenen Branchen der Sportwirtschaft. 2011 folgt ein Lehrbuch von Daumann. Er klammert Managementaspekte aus und konzentriert sich auf die volkswirtschaftlichen (mikro- und institutionenökonomischen, sowie finanzwissenschaftlichen) Grundlagen, allerdings nur des professionellen Zuschauersports. Mit den Aufgaben und Problemen der Betriebsführung und des Managements von professionellen Fußballclubs beschäftigen sich die Sammelbände von Galli et al. (2002) sowie Schewe und Littkemann (2002). Krüger und Dreyer legen 2004 einen Sammelband „Sportmanagement" vor, in dem sehr heterogene Themen und Fragen aus ebenso heterogenen fachwissenschaftlichen Perspektiven behandelt werden. 2005 folgen Breuer und Thiel mit ihrem „Handbuch Sportmanagement", die sich als Sportmanagementwissenschaftler mit den versammelten Beiträgen eher auf das Management von Sportvereinen konzentrieren. Der Sammelband von Nufer und Bühler zum Thema Sportmanagement und -marketing aus dem Jahre 2008 nähert sich dem Thema aus einer betriebswirtschaftlichen Perspektive und konzentriert sich auf den professionellen Zuschauersport.[54] Die Habilitationsschrift von Thieme aus dem Jahr 2011 hat eher nicht den Charakter eines Lehrbuches. 2012 erscheint Fahrners Lehrbuch „Grundlagen des Sportmanagements", das sich sehr stark auf die spezifischen, organisationsinternen und -externen Rahmenbedingungen des Managementhandelns in Non-Profit-Organisationen des Sports (Vereine und Verbände) konzentriert und hier auf aktuelle Daten der soziologisch orientierten Forschung zu Sportvereinen und Sportverbänden zurückgreift. Zum Thema „Sportmarketing" legt Freyer bereits 1990 ein erstes Lehrbuch vor. Ihm folgt im Jahr 2001 die erste Ausgabe eines umfangreichen Sammelbandes („Management-Handbuch Sport-Marketing") von Hermanns und Riedmüller. Anhand zweier weiterer Werke – dem Sammelband von Schewe und Rohlmann „Sportmarketing" (2005) und der Monographie „Professionelle Vermarktung von Sportvereinen" von Riedmüller

---

[54] Mittlerweile wurde der Sammelband erheblich erweitert und auf drei Sammelbände aufgeteilt. Auch von den meisten anderen Lehrbüchern sind inzwischen neuere Auflagen erschienen. Einige der Sammelbände erfuhren erhebliche Erweiterungen und Überarbeitungen, in denen sich die Entwicklung der Fachgebiete widerspiegelt.

	Kriterien	USA	D
Lehre	Alter	seit 1966	seit 1981/85
	Ausbildungsstätten	ca. 200	ca. 20
	Lehrbücher	ca. 110	7
Forschung	Verband	NASSM seit 1985	1997 (AK Sportökonomie)
	Kongresse	seit ca. 1987	1997 (1. Kölner Sportökonomie-Kongress)
	wiss. Zeitschriften	5	1 (Online)

Abb. 1.18 Vergleich des Entwicklungsstandes von Sportökonomie/-management zwischen Deutschland und den USA

(2011) – wird noch einmal das generelle Problem der für Lehrzwecke nutzbaren Literatur deutscher Autoren sichtbar. Inhaltlich werden – entgegen den Titeln der meisten Werke – ganz überwiegend nur Fragen des Managements und Marketings im professionellen Zuschauersport oder – noch enger gefasst – des professionellen Fußballsports behandelt (Abb. 1.18).

1.7.2 USA

Die folgende Darstellung ist analog zur Darstellung des Forschungsstandes in Deutschland unterteilt in 1. den der Forschung und Veröffentlichungen und 2. den der Lehre.

1. **Forschung und Veröffentlichung:** Um die Entwicklung in der Forschung zu beurteilen, werden analog a) das Alter und die Schwerpunktthemen des Faches sowie b) die Existenz von wissenschaftlichen Vereinigungen, Kongressen und Zeitschriften herangezogen.
   a) Alter und Schwerpunktthemen: Zwar gibt es auch in den USA Sportvereine (z. B. country clubs oder athletic clubs) und weitere nicht-staatliche Non-Profit-Anbieter von Sport, wie YMCA (Young Men's Christian Association) und YWCA (Young Women's Christian Association). Diese haben aber bei weitem nicht die Bedeutung wie in Deutschland oder anderen europäischen Ländern. Der Zuschauersport konzentriert sich in den USA in hohem Maße auf die „Big Four" unter den Sportarten: Baseball, American Football, Basketball und Eishockey. Sie waren schon von ihren Anfängen her kommerziell ausgerichtet. Das aktive Sporttreiben ist demgegenüber in einem sehr viel stärkerem Maße als in Europa verschiedenen Ausbildungseinrichtungen (Schulen, Colleges und Universitäten) angegliedert oder findet in kommerziellen Fitnessclubs statt. Schon sehr früh haben sich Ökonomen mit den Besonderheiten der Teamsportligen beschäftigt. 1956 veröffentlichte Rottenberg seinen bahnbrechenden Artikel „The Baseball Players' Labor Market" im Journal

1.7 Entwicklung

seit 1987	Journal of Sport Management (USA)
seit 1992	Sport Marketing Quarterly (USA)
seit 1993	European Journal of Sport Management (EU) (ab 2001: European Sport Management Quarterly)
seit 1999	Sport Management Review (Australien)
seit 1999	International Journal of Sports Marketing and Sponsorship (UK)
seit 1999	International Journal of Sport Management (USA)
seit 2000	Journal of Sports Economics (USA)
seit 2006	International Journal of Sport Finance (USA)
seit 2006	International Journal of Sport Management and Marketing (Israel)
seit 2010	Sciamus – Sport und Management (Deutschland)
seit 2011	Sport, Business and Management: An International Journal (UK)
	5 Sportrechtzeitschriften in den USA Sport und Recht (D)

Abb. 1.19 Wissenschaftliche Zeitschriften aus dem Bereich Sportökonomie/Sportmanagement

of Political Economy, dessen Überlegungen Neale acht Jahre später (1964) wieder aufgriff und bereits in der Überschrift seines Beitrags für das Quarterly Journal of Economics von der „seltsamen Ökonomie" des Profisports sprach. Während die US-Sportökonomen davon ausgehen, dass die Clubs wie jedes Unternehmen profitmaximierend handeln, wies der Engländer Sloane 1971 darauf hin, dass diese Annahme auf europäische Clubs nicht zutreffen muss, sondern es traditionell eher um die Maximierung des Nutzens, sprich der sportlichen Siege (win maximizing) geht. Unabhängig davon entwickelte sich in den 1970igern an den Sportfakultäten vieler amerikanischer Universitäten „Sportmanagement" als Lehr- und Forschungsfeld. Treibende Kräfte waren dabei die Suche nach neuen Studierenden und praktische Probleme bei der Organisation des für das Renommee einer Ausbildungseinrichtung in den USA so wichtigen Collegesports.

b) Vereinigungen, Kongresse, Zeitschriften: 1985 wurde in der Folge der Entwicklung an den Sportfakultäten die NASSM (North American Society for Sport Management) gegründet, die 1987 ihren ersten Kongress abhielt. Im gleichen Jahr wurde die Zeitschrift „Journal of Sport Management" gegründet. Zwischen den Sportökonomen und den Sportmanagementwissenschaftlern findet in den USA – anders als noch in Deutschland – allerdings kaum eine Kommunikation statt. Erstere haben seit 2000 ihre eigene Zeitschrift (Journal of Sports Economics) und seit 2007 ihre eigene wissenschaftliche Vereinigung NAASE (North American Association of Sports Economists) gegründet. Mittlerweile gibt es neun englischsprachige Zeitschriften im Bereich von Sportmanagement und Sportökonomie, davon fünf aus den USA (s. Abb. 1.19).

2. **Lehre:** Um die Entwicklung in der Lehre zu beschreiben, werden analog a) Alter und Anzahl der Ausbildungsstätten sowie b) Alter, Art und Anzahl der Lehrbücher herangezogen.

a) Alter und Anzahl der Ausbildungsstätten: Die Ausbildung an der Ohio State University, Columbus aus dem Jahre 1966 wird meist als die älteste ihrer Art angeführt. Mittlerweile gibt es in den USA über 200 Colleges und Universitäten mit Ausbildungsangeboten im Bereich des Sportmanagements. Diese weisen – typisch für das amerikanische Universitätssystem – große Qualitätsunterschiede auf.

b) Alter, Art und Anzahl der Lehrbücher: Entsprechend der hohen Anzahl an Ausbildungsstätten und Studierenden ist die Zahl der Lehrbücher zu den Themenbereichen Sportmanagement und Sportmarketing inzwischen auf über 100 angewachsen. Die ältesten haben noch den Charakter von Sammelbänden, mit einzelnen Artikeln zu den verschiedenen Bereichen der Lehre (z. B. Haggerty und Patton 1984; Parkhouse 1991). Am meisten verkauft wurden Ende 2012 laut amazon.com die Standardwerke von Masteralexis et al. (2011) und Pedersen et al. (2011). Analog zur wachsenden Bedeutung und Binnendifferenzierung des Forschungs- und Aufgabenfeldes sind in den letzten Jahren vermehrt Lehrbücher erschienen, die sich nur ausgewählten Teilaspekten des Feldes widmen: z. B. Sportmanagement im engeren Sinne (Chelladurai 1985), Finanzierung (z. B. Howard und Crompton 1995), Managementethik (De Sensi und Rosenberg 1996), Sportorganisationen (Slack 1997), Personalmanagement (Chelladurai 1999), Sportanlagenmanagement (z. B. Amonn et al. 2003) und bereits früh Sportmarketing (z. B. Mullin et al. 1993). Übersichtlicher ist die Lage bei den Lehrbüchern zur Sportökonomie. Das älteste stammt von den Engländern Gratton und Taylor (1985) und behandelt – wie das neuere von den Engländern (und dem Niederländer) Downward et al. (2009) – nicht nur den Zuschauer-, sondern auch den aktiven Sport. Am meisten verkauft wurde Ende 2012 laut amazon.com im US-amerikanischen Markt das Werk von Fort (2003), das – wie in den USA und bei den meisten Ökonomen üblich – nur Fragen des Profisports behandelt.

1.7.3 Entwicklungsstand

Man kann also festhalten, dass die Entwicklung des Faches in den USA sowohl in der Forschung als auch in der Lehre früher begann und im Großen und Ganzen weiter fortgeschritten ist als in Deutschland. Entwicklungshindernisse in Deutschland waren einerseits die Wirtschaftsferne der Sportwissenschaft (Heinemann 1995) und andererseits die Sportferne der Wirtschaftswissenschaften. Sport hatte – wie oben bereits festgestellt wurde – sogar definitionsgemäß nichts mit Geld und Beruf zu tun. Für die Ökonomen bestand außer einem vielleicht aus privaten Bezügen zum Sport heraus stimulierten fachlichen Interesse lange kein (beruflicher, karrierefördernder) Anreiz, sich mit dieser Nische bzw. Branche mit vergleichsweise geringer wirtschaftlicher Bedeutung zu beschäftigen.

1.7 Entwicklung

Beides – der Sport selbst und das Interesse von Ökonomen am Sport – haben sich jedoch geändert. Die Kommerzialisierung und Professionalisierung des Sports ist inzwischen weit vorangeschritten. Auf dem akademischen Ausbildungsmarkt schlägt sich dies u. a. in einer großen Nachfrage nach entsprechenden Studiengängen nieder. Sport wurde zudem für Ökonomen aufgrund seiner Besonderheiten, der Verfügbarkeit von Massendaten und seiner wachsenden Bedeutung als Wirtschaftsbranche zunehmend interessant. Im Unterschied zu der Anfang der 1990er Jahre noch recht übersichtlichen fachwissenschaftlichen Literatur ist die Zahl der Publikationen mittlerweile so stark angestiegen, dass es zunehmend schwer fällt, den Überblick über die Entwicklung in allen Themenbereichen der Sportökonomie und des Sportmanagements zu behalten. Zusammenfassend kann man daher festhalten, dass bezogen auf den Entwicklungsstand im Vergleich mit anderen Themenfeldern der Wirtschaftswissenschaften und der Managementforschung nach wie vor ein erheblicher Abstand besteht, dieser sich aber insbesondere in den letzten Jahren deutlich verringert hat.

Zudem hat sich gezeigt, dass die Entwicklung des Fachgebiets stark von nationalen Besonderheiten des jeweiligen Sportsystems beeinflusst wird (Heinemann 1995). Die frühere und tiefergreifendere Kommerzialisierung und Professionalisierung des Sports in den USA erklärt vermutlich auch den dort anzutreffenden, höheren Entwicklungsstand der Wissenschaft. Die thematische Konzentration auf Sportvereine und Fußball in Deutschland bzw. Collegesport und Profiligen in den USA lässt entsprechende Lücken. Das Spektrum der sog. „Randsportarten", Individualsportarten, Freizeit- und Gesundheitssport (Daumann 2011) sowie Sportartikelindustrie und -handel sind bislang kaum Gegenstand wissenschaftlicher Forschung.[55] Die Vielfalt der unterschiedlichsten Sportprodukte und -betriebe stellt auch für die Lehre ein Problem dar. Während es in den USA bereits entsprechende funktional oder sektoral ausdifferenzierte Ausbildungen für z. B. Sportmarketing oder Golfmanagement gibt, scheinen die Arbeitsmärkte in Deutschland für solche Spezialisierungen zu klein zu sein.[56]

Ökonomen in Deutschland und in den USA interessieren sich mehr für den Zuschauersport bzw. die Ökonomie des Profi-Sports, Sportwissenschaftler eher für den bewegungsaktiven Sportkonsum. Damit hängt die in den USA grundsätzlich bestehende und auch in Europa sich mehr und mehr durchsetzende disziplinäre Trennung zwischen Sportökonomik und dem Sportmanagement zusammen, die sich u. a. in getrennten Kongressen und Zeitschriften widerspiegelt.[57] Eine solche Trennung mag für die wissenschaftliche Karriere

---

[55] Im Journal of Sport Management (JSM) werden jährlich die Reden der Preisträger des Earl Zeigler Awards veröffentlicht, die einen Überblick über den Stand des Faches Sportmanagement in den USA geben. So kam Pitts (2001, S. 4) nach einer Analyse der Beiträge des JSM zu dem Schluss: „Therefore, the concluding perception is that sport management is still nothing more than athletics administration".

[56] An Fachhochschulen werden allerdings neuerdings auch in Deutschland solche Spezialausbildungen angeboten.

[57] Nach der 1993 gegründeten European Association for Sport Management (EASM) bildete sich 2009 die European Sport Economics Association (ESEA). Bereits 1999 wurde die International Asso-

in den verschiedenen Fächern förderlich sein, aber nicht für die Lösung praktischer Probleme des Sports.

1.8 Zusammenfassung

In Lehre und Forschung werden verschiedene Begriffe verwandt, um das Gebiet zu beschreiben: Sportökonomie, Sportökonomik, Sportbetriebswirtschaftslehre, Sportbetriebslehre und Sportmanagement. Sie unterscheiden sich nach Untersuchungsgebiet, theoretischer Perspektive und nationaler Wissenschaftskultur. Wir schlagen vor, „**Sportbetriebslehre**" als eine Wissenschaft zu definieren, die sich mit den wirtschaftlichen Aspekten von Sportbetrieben beschäftigt. Wie jede Wissenschaft kann die Sportbetriebslehre dreierlei leisten: beschreiben, erklären und Gestaltungsvorschläge machen.

Aus der Sicht der Sportwissenschaft wird **Sport** durch folgende konstitutiven Variablen beschrieben (s. Abb. 1.1): Es handelt sich 1. um körperliche Bewegung, die 2. nur spielerischen Charakter hat, also keine Arbeit (d. h. unproduktiv) ist, 3. auf einen Leistungsvergleich abzielt und dabei 4. bestimmten Spielregeln folgt und auf bestimmten Werten (z. B. Fairness) basiert. In Folge der zunehmenden Popularisierung des Sports dient der Begriff heute jedoch als eine Sammelbezeichnung für die unterschiedlichsten bewegungsorientierten körperlichen Freizeitaktivitäten des Menschen, auch für solche ohne Leistungs- und Wettkampfcharakter. Sportaktivitäten in diesem Sinne sind jedoch nicht der zentrale Gegenstand der Wirtschaftswissenschaften, sondern insbesondere jene (knappen) Güter, die zum Sporttreiben und -zuschauen gebraucht werden. Bei letzterem gehören dann allerdings auch die Aktivitäten des Sportlers dazu. Zu den Sportgütern zählt eine Vielzahl sehr unterschiedlicher Güter. Diese Güter kann man nach vier Dimensionen differenzieren (s. Abb. 1.2): 1. Güter des aktiven oder passiven Sportkonsums, 2. Sachgüter oder Dienstleistungen, 3. nach der Nähe zum Sport von Sportgelegenheiten bis zu Lebensstilprodukten und 4. der Art des Betriebstyps, in dem sie produziert werden (Unternehmen, Verein, Staat, Haushalt).

Die **Volkswirtschaftslehre** (oder Ökonomik) beschäftigt sich mit dem Problem des Wirtschaftens. Das Problem tritt auf, wenn Menschen verschiedene Ziele verfolgen, aber nur begrenzte Mittel zu ihrer Realisierung haben und sich daher für eine Verwendungsmöglichkeit der Ressourcen entscheiden müssen. Die Ökonomik wird daher auch als Wahlhandlungstheorie bezeichnet. Ausgangspunkt der neoklassisch Variante ist das Verhaltensmodell des Homo Oeconomicus. Er strebt rational und eigennützig eine Maximierung seines Nutzens an. Seine Präferenzen werden als unveränderlich angenommen. Sein Verhalten wird daher mit Veränderungen der äußeren Restriktionen, des Einkommens

---

ciation of Sports Economists (IASE) gegründet, die auch relativ stark europäisch geprägt ist. Im Jahre 2012 haben sich alle kontinentalen Sport Management Vereinigungen zur Gründung der WASM (World Association for Sport Management) zusammengetan.

1.8 Zusammenfassung

und der relativen Kosten (Preise) der Alternativen, erklärt. Die Umwelt seiner Entscheidungen wird mit dem Modell des vollkommenen Wettbewerbs modelliert, bei dem kein Nachfrager oder Anbieter Einfluss auf den Preis nehmen kann. In normativer Hinsicht formuliert die Ökonomik im Sinne des Wirtschaftlichkeitsprinzips Gestaltungsvorschläge dazu, wie mit knappen Ressourcen umgegangen werden sollte. Grundlegend für das Kalkül sind die Opportunitätskosten, d. h. der entgangene Nutzen der nicht mehr realisierbaren, zweitbesten Alternative. Alle Gesellschaften müssen bewusst oder unbewusst die zentralen wirtschaftlichen Grundprobleme lösen, was, wie und für wen produziert wird und wer, nach welchen Zielen und Kriterien darüber entscheiden soll. Die Wirtschaftswissenschaft beschäftigt sich vorwiegend mit der Marktwirtschaft, weil sie als die effizienteste Form des Wirtschaftens angesehen wird. Ähnlich wie gesamte Wirtschaftssysteme kann man auch die verschiedenen Betriebstypen, die in unserer Gesellschaft Sportgüter produzieren, wie Sportvereine oder kommerzielle Anbieter, danach unterscheiden, wie sie die Probleme der Allokation, Produktion und Distribution lösen.

Der neoklassische Ansatz der Ökonomik war aufgrund der Vielzahl seiner unrealistischen Annahmen des Homo-Oeconomicus-Modells heftiger Kritik ausgesetzt. In der Folge wurde die Annahme der vollkommenen Rationalität durch die einer nur beschränkten Rationalität und die objektive Rationalität des Homo Oeconomicus durch die subjektive Rationalität, z. B. des SEU-Modells (subjective expected utility), ersetzt. Individuen entscheiden sich demnach danach, was sie in der Entscheidungssituation subjektiv an Alternativen, Restriktionen, Kosten und Nutzen wahrnehmen und wie sie die Wahrscheinlichkeiten ihres Auftretens beurteilen. Durch die nur begrenzte Rationalität werden asymmetrische Informationsverteilungen und Transaktionskosten wichtig. Daran anknüpfend wurde die Neue Institutionenökonomik entwickelt. Institutionen, wie Gesetze, Tausch- und Gesellschaftsverträge, dienen dazu, (indem sie Schutz vor Übervorteilung bieten) verlässliche Kooperationen in einer arbeitsteiligen Wirtschaft zu ermöglichen. In der Sportökonomik werden mit Hilfe solcher Theorien die außergewöhnlichen Regulierungen des Profiteamsports, wie die Umverteilungen von Einnahmen und Salary Caps, analysiert und entsprechende Gestaltungsvorschläge entwickelt (s. Kap. 2.4.2).

Die Ökonomik ist nicht nur durch die Fragestellung nach dem Wirtschaften und der Wirtschaft gekennzeichnet (damit beschäftigen sich z. B. auch die Wirtschaftssoziologie und -psychologie), sondern durch diese bestimmte theoretische Perspektive, mit deren Hilfe seit einigen Jahren auch versucht wird, Antworten auf Grundfragen des menschlichen Entscheidungsverhaltens außerhalb des Bereichs der Wirtschaft zu finden. Die Annahme vollkommener Rationalität ist dabei allerdings nicht die einzige, die von einigen Ökonomen und anderen Sozialwissenschaftlern kritisiert wird. Vielmehr richtet sich die Kritik auf die ungewöhnliche Herangehensweise, eine Theorie auf viele Annahmen aufzubauen, die zwar intuitiv zumeist plausibel erscheinen, aber bekanntermaßen teilweise falsch sind. Der alternative Ansatz der Verhaltensökonomie versucht, dies zu vermeiden und die Wirtschaftswissenschaft noch weitgehender auf bewährte psychologische und soziologische Theorien aufzubauen. Die ursprüngliche Domäne der Ökonomik sind monetäre Anreize und durchschnittliches Massenverhalten von Nachfragern und Anbietern auf anonymen Märkten. Für Marketingzwecke muss man jedoch auf realitätsnähere, komplexere Modelle, z. B. des Kaufverhaltens, zurückgreifen. Zu guter Letzt verweisen die Kritiker der Ökonomik auf die Gefahr negativer ethischer Konsequenzen des Menschenbildes und der daraus abgeleiteten Gestaltungsvorschläge, die ja nur Aussagen über die Zweckmäßigkeit (Effizienz) aber keine über die ethische Richtigkeit des Handelns machen wollen. In diesem Sinne geht es auch in der Sportökonomie nicht nur um Ökonomie, sondern auch um Sport, d. h. um die Verträglichkeit wirtschaftlicher Entscheidungen für den Sport (s. Kap. 3.4 zu möglichen Folgeprobleme der Kommerzialisierung). Nach diesen kritischen Anmerkungen muss diese kurze Einführung jedoch mit einer Würdigung der Stärken der Ökonomik abschließen: Wirtschaftswissenschaftler arbeiten seit über 250 Jahren – länger und kontinuierlicher als jede andere Sozialwissenschaft – an der logischen Überprüfung (Formalisierung, Mathematisierung) und Verfeinerung ihres auf wenigen, einfachen und plausiblen Grundannahmen basierenden Ansatzes. Die Ökonomik besitzt eine hohe Praxisrelevanz. Dies gilt insbesondere hinsichtlich des Einflusses von leicht messbaren und beeinflussbaren, externen Anreizen und Restriktionen auf das menschliche Verhalten. Da die Sportökonomik noch am Anfang ihrer Entwicklung steht, sind von ihr in diesem Sinne noch viele nützliche Anregungen für das Management von Sportbetrieben zu erwarten. Zur Strukturierung der Themen einer solchen Sportökonomik kann man die gängige Unterscheidung von Mikro- und Makroökonomie um eine dritte Ebene – der Mesoökonomie (Institutionenökonomie) – ergänzen (s. Abb. 1.3).

Die **Betriebswirtschaftslehre** beschäftigt sich mit den wirtschaftlichen Entscheidungen, die im Rahmen eines Betriebes erfolgen. Betriebe heißen die Wirtschaftseinheiten, die Güter produzieren, im Unterschied zu jenen, die konsumieren, die Haushalte genannt werden. Lehrbücher der allgemeinen Betriebswirtschaftslehre beschäftigen sich jedoch hauptsächlich mit Unternehmen, weil sie für die Marktwirtschaft von entscheidender Bedeutung sind. Für die Zwecke einer Sportbetriebslehre ist es jedoch sinnvoll, den Betriebsbegriff zu erweitern und diese beiden Begriffe deutlich zu unterscheiden. Demnach sind Unternehmen ein Untertyp von Betrieben, nämlich solche, deren Zweck es ist, Gewinn zu erwirtschaften. Für die Sportbetriebslehre ist diese Unterscheidung wichtig, weil Sportgüter nicht nur in Unternehmen, sondern auch in Vereinen und von staatlichen Organisationen, wie Schulen, produziert werden (zur Typologie von Betrieben s. Abb. 1.5). Diese gehören zu den Nonprofit-Organisationen bzw. bedarfswirtschaftlichen Betrieben. Bedarfswirtschaftlich heißt: Es geht um die direkte, unmittelbare Erfüllung eines Bedarfs. So schließen sich etwa Individuen zu einem Verein zusammen, um als Mitglieder gemeinsam Sport zu treiben sowie alle dazu notwendigen Voraussetzungen zu schaffen, aber nicht, um Geld damit zu verdienen (zur Definition von Nonprofit s. Kap. 3.3.2).

Während weitgehend Einigkeit über die Fragestellung (nach dem Wirtschaften und Managen) herrscht, stimmen nicht alle Betriebswirte darin überein, dass diese Fragestellung nur aus der Perspektive der ökonomischen Theorie betrachtet werden soll. Auch in der deutschen Betriebswirtschaftslehre wurden in den letzten Jahrzehnten insbesondere

1.8 Zusammenfassung

in den Themenbereichen „Personal", „Organisation" und „Marketing" auch soziologische und psychologische Perspektiven und Erkenntnisse aufgegriffen.

Die Fragestellungen der Betriebswirtschaftslehre werden in drei Bereiche unterteilt: Buchhaltung, allgemeine und spezielle Betriebswirtschaftslehre. Letztere können wiederum in sektorale (nach Wirtschaftszweigen bzw. strukturellen Betriebstypen) und funktionale Typen (nach betrieblichen Aufgaben) unterteilt werden. Ein zentrales Problem einer Sportbetriebslehre ist die Vielfalt der Formen. Sportbetriebe gibt es in vielen Wirtschaftsbranchen (Industrie, Dienstleistung, Versicherungen usw.) und den verschiedensten Betriebstypen (s. oben: Unternehmen, Verein, Staat). Die funktionalen Betriebswirtschaftslehren lassen sich nach Haupt- und Querfunktionen unterteilen. Die zentralen Hauptfunktionen der Beschaffung, der Produktion und des Absatzes folgen dem Stufenmodell der Wertschöpfungskette. Die Querfunktionen fallen übergreifend an: Dazu gehören Finanzierung, Personal und Betriebsführung (Management). In diesem Sinne müsste auch eine vollständige Sportbetriebslehre intern weiter nach diesen Haupt- und Querfunktionen gegliedert sein.

Die **Managementlehre** beschäftigt sich damit, Management zu beschreiben, zu erklären und zu gestalten. „Management" bezeichnet die Steuerungsaufgaben in einer Organisation, die dazu dienen, die Arbeiten effektiv und effizient von und mit anderen Personen erledigt zu bekommen. Der Begriff „Manager" bezieht sich dementsprechend auf jenen (kleinen) Kreis von Personen, die die Arbeiten anderer anleiten und über die dazu erforderliche Entscheidungs- und Anordnungskompetenz verfügen. Zur detaillierten Beschreibung der Tätigkeit von Managern und der damit verbundenen Fragestellungen der Managementlehre wurden zwei verschiedene Ansätze entwickelt, die zum einen an den „Managementfunktionen" und zum anderen an den „Managementrollen" ansetzen.

In der einfachsten Version werden vier Managementfunktionen unterschieden: 1. Planen, 2. Organisieren, 3. Führen und 4. Kontrollieren. Der Aufbau und Betrieb einer effizient arbeitenden Organisation basiert auf der logischen Abfolge der Arbeitsschritte: erst nachdenken (Planen), dann handeln (Organisieren) und schließlich überprüfen, inwieweit der eingeschlagene Weg erfolgreich war (Kontrollieren). Da für die Erledigung der damit jeweils verbundenen Aufgaben andere Menschen benötigt werden, zählt die Aufgabe des Führens zu den Grundfunktionen des Managements. Welche Unterfunktionen im Detail dazu gehören kann aus Abb. 1.10 ersehen werden.

Die Managementfunktionen analysieren logisch und plausibel die Aufgaben, die ein Manager erfüllen sollte. Aber beschreiben sie auch in realistischer Weise den Arbeitsalltag von Managern? Dieser Fragestellung widmet sich die sog. Work-Activity-Forschung. Sie versucht mithilfe empirischer Forschungsmethoden den Arbeitsalltag von Managern zu erfassen und kommt dabei in wesentlichen Punkten zu anderen Ergebnissen. Ein Meilenstein dieser Forschung ist dabei das von Mintzberg (1975) entwickelte Konzept der „Managementrollen". Er beschreibt die Arbeit von Managern anhand von zehn Managementrollen, die er wiederum zu drei Gruppen zusammenfasst (s. Abb. 1.11): 1. Interpersonelle Rollen, 2. Informationsrollen und 3. Entscheidungsrollen. Die Managementrollen verdeutlichen die Bedeutung von sozial-kommunikativen Aufgaben des Managers (z. B. Konfliktlösung, Motivation) und zeigen, dass er nicht nur innerhalb, sondern auch außerhalb der Organisation wirken muss. Der funktionale Ansatz zeichnet insgesamt ein zu rationales, geordnetes und hierarchisches Bild von der Realität. In Wirklichkeit ist die Tätigkeit des Managers z. B. zu großen Teilen nicht planbar und überaus stark fragmentiert. Wer Manager werden will, sollte sich dieser Aufgaben sowie der damit verbundenen Anforderungen und erforderlichen Fähigkeiten bewusst sein und überprüfen, ob er für eine solche Tätigkeit geeignet ist. Der Vergleich der Managementfunktionen mit den -rollen veranschaulicht noch einmal die verschiedenen Herangehensweisen der Vertreter verschiedener wissenschaftlicher Fachrichtungen an eine Fragestellung: die für viele Ökonomen lange Zeit eher typische analytische und normative (präskriptive) und die für viele andere Sozialwissenschaftler eher typische empirisch-beschreibende (deskriptive). Beide Perspektiven ergänzen sich. Zwischen Betriebswirtschafts- und Managementlehre gibt es Gemeinsamkeiten und Unterschiede in den Themen, mit denen sie sich beschäftigen. Zentraler als der Unterschied bei den Themen ist jedoch der in der fachwissenschaftlichen Perspektive. Im Zentrum der deutschen Betriebswirtschaftslehre steht die ökonomische Theorie. Die Managementlehre ist hingegen sozialwissenschaftlich interdisziplinär angelegt.

Mithilfe einer Vielzahl empirischer Studien wurde speziell für **Sportmanager** untersucht, ob nun 1. ihre Tätigkeiten eher den Managementfunktionen oder den -rollen entsprechen, 2. ob die benötigten Kompetenzen eher der Betriebswirtschafts- oder der Managementlehre zu zuordnen sind und 3. inwieweit das Aufgabenprofil von Sportmanagern durch Besonderheiten des Sports gekennzeichnet ist, welche Rolle z. B. sportpädagogische Tätigkeiten und sportspezifische Kompetenzen spielen. Es zeigte sich: 1. Auch zur Beschreibung des Arbeitsalltags von Sportmanagern reichen die rationalen Managementfunktionen nicht aus. Interpersonelle Kommunikation, Informationsaufgaben und Außendarstellung sowie soziale Aufgaben, also Elemente der Mintzbergschen Rollen, sind – neben Funktionen wie Organisieren, Führen und Kontrollieren – zentrale Bestandteile ihrer Tätigkeit. 2. Analog zu den Ergebnissen amerikanischer Untersuchungen zeigt sich, dass Kommunikationsqualifikationen im Bereich Öffentlichkeitsarbeit und Werbung von zentraler Bedeutung sind. Aus dem Kanon der Betriebswirtschaftslehre haben Kenntnisse über Finanzierung, speziell auch Sponsoring, und Budgeterstellung den höchsten Stellenwert. 3. Sportmanager erfüllen vor allem Führungs- und Verwaltungsaufgaben, weniger sportpädagogische, wie „Referieren und Unterrichten" und „Training geben und Sportkurse durchführen". Sportmanager müssen zwar über Grundwissen bzgl. der Sportarten verfügen, mit denen sie es zu tun haben, darüber hinausgehendes sportwissenschaftliches Spezialwissen, wie in der Sportmedizin oder Trainingswissenschaft, wird aber im Durchschnitt betrachtet kaum gebraucht. Die große Bedeutung des Sports für Sportmanager wird jedoch deutlich, wenn man sich den überwiegend starken persönlichen Sportbezug der befragten Manager ansieht. Viele von ihnen waren oder sind Leistungssportler, ehrenamtliche Vorstandsmitglieder, haupt- oder ehrenamtliche Trainer.

Die theoretische **Relevanz** des Themas hängt mit den Besonderheiten von Sportgütern und Sportbetrieben zusammen, die es in dieser Ausprägung oder mit dieser Bedeutung in anderen Wirtschaftsbranchen nicht gibt. Die praktische Relevanz des Themas hängt

1. mit der gestiegenen quantitativen, volkswirtschaftlichen Bedeutung des Sports und 2. mit qualitativen Veränderungen des Sports zusammen. Hieraus resultieren 3. viele neue wirtschaftliche Chancen, aber auch viele neue Aufgaben und Probleme, die allerdings nur genutzt, erledigt und behoben werden können, wenn in ausreichendem Umfang fachlich qualifiziertes Personal zur Verfügung steht.

Die **Entwicklung des Faches** begann in den USA früher und ist sowohl in der Forschung als auch in der Lehre im Großen und Ganzen weiter fortgeschritten als in Deutschland (s. Abb. 1.17). Entwicklungshindernisse in Deutschland waren einerseits die Wirtschaftsferne der Sportwissenschaft und andererseits die Sportferne der Wirtschaftswissenschaften. Beides – der Sport selbst und das Interesse von Ökonomen am Sport – haben sich jedoch verändert. Zudem hat sich gezeigt, dass die Entwicklung des Fachgebiets stark von nationalen Besonderheiten des jeweiligen Sportsystems beeinflusst wird. Die frühere und tiefergreifendere Kommerzialisierung und Professionalisierung des Sports in den USA erklärt vermutlich auch den dort anzutreffenden höheren Entwicklungsstand der Wissenschaft. Ökonomen in Deutschland und in den USA interessieren sich mehr für den Zuschauersport, Sport- und Sozialwissenschaftler eher für den bewegungsaktiven Sportkonsum.

1.9 Wiederholungsfragen

- Wenn wir von Besonderheiten von Sportbetrieben reden, wie ist das zu verstehen, was ist der Vergleichspunkt vor dem die Besonderheiten herausgearbeitet werden?
- Welche verschiedenen Definitionen für das Untersuchungsgebiet werden in der Literatur verwendet, wie unterscheiden sie sich, welche davon halten Sie aus welchen Gründen für geeignet?
- Nach welchen Dimensionen kann man die Vielfalt der Sportgüter unterscheiden?
- Erläutern Sie die Grundideen des neoklassischen Ansatzes der Ökonomik, wie wurde er in den letzten Jahrzehnten modifiziert?
- Illustrieren Sie die Bedeutung der ökonomischen Grundkonzepte „Wirtschaftlichkeitsprinzip" und „Opportunitätskosten" anhand selbstgewählter Beispiele aus dem Sportmanagement.
- Was sind die Stärken der Ökonomik, welche Kritik wird an ihr aus Sicht der Verhaltensökonomie geübt?
- Wie kann man die Begriffe „Betrieb" und „Unternehmen" unterscheiden, warum ist es für eine Sportbetriebslehre sinnvoll, diese Unterscheidung zu treffen?
- Schildern Sie das ökonomische Grundmodell des professionellen Sports nach Benner und gehen Sie dabei vor allem auf die Besonderheiten der Güter und der Produktion ein. Verdeutlichen Sie diese anhand einiger aktueller Probleme der Fußball-Bundesliga.
- Beschreiben Sie Managementfunktionen und Managementrollen und vergleichen Sie beide miteinander. Welches dieser Konzepte beschreibt die Tätigkeit von Sportmanagern besser?

- Vergleichen Sie Betriebswirtschafts- und Managementlehre. Welche Bedeutung haben Sie für die Ausbildung von Sportmanagern?
- Warum sind betriebswirtschaftliche und Management-Kompetenzen in Sportbetrieben in den letzten Jahrzehnten zunehmend wichtiger geworden?
- Vergleichen Sie die Entwicklung von Sportökonomie und Sportbetriebslehre in Deutschland mit der in den USA. Welche Hindernisse standen der Entwicklung in Deutschland entgegen?

Literatur

Ahlert, G. (2013). *Die wirtschaftliche Bedeutung des Sports in Deutschland. Abschlussbericht zum Forschungsprojekt „Satellitenkonto Sport 2008" für das Bundesinstitut für Sportwissenschaft (BISp). GWS Research Report 2013/2*. Osnabrück: Gesellschaft für Wirtschaftliche Strukturforschung mbH.

Ammon, R., Blair, D. A., & Southall, R. M. (2003). *Sport facility management: Organizing events and mitigating risks*. Morgantown: Fitness Information Technology.

Becker, G. S. (1965). A theory of the allocation of time. *The Economic Journal, 75*(299), 493–517.

Benner, G. (1992). *Risk-Management im professionellen Sport*. Bergisch Gladbach: EUL.

Berle, A. A., & Means, G. (1932). *The modern corporation and private property*. New York: Commerce Clearing house.

Bezold, T. (1996). *Zur Messung der Dienstleistungsqualität. Eine theoretische und empirische Studie zur Methodenentwicklung unter besonderer Berücksichtigung des ereignisorientierten Ansatzes*. Frankfurt a. M.: Lang.

Breuer, C., & Hovemann, G. (2005). *Finanzierung von Sportstätten – Perspektiven der Sportvereine und Kommunen*. Köln: Institut für Sportökonomie und Sportmanagement.

Breuer, C., & Thiel, A. (Hrsg.). (2005). *Handbuch Sportmanagement*. Schorndorf: Hofmann.

Büch, M.-P., & Schellhaaß, H.-M. (1978). Ökonomische Aspekte der Transferentschädigung im bezahlten Mannschaftsport. *Jahrbuch für Sozialwissenschaft, 29*(3), 255–274.

Chelladurai, P. (1985). *Sport management. Macro perspectives*. London: Sports Dynamics.

Chelladurai, P. (1992). A classification of sport and physical activity services: Implications for sport management. *Journal of Sport Management, 6*(1), 38–51.

Chelladurai, P. (1999). *Human resource management in sport and recreation*. Champaign: Human Kinetics.

Coase, R. H. (1937). The nature of the firm. *Economica, New Series, 4*(16), 386–405.

Colemann, J. S. (1990). *Foundations of social theory*. Cambridge: The Belknap Press of Harvard University Press.

Council of Europe. (1992). *European sports charta*. Strasbourg: Council of Europe.

Daumann, F. (2008). *Die Ökonomie des Dopings*. Hamburg: Merus.

Daumann, F. (2011). *Grundlagen der Sportökonomie*. Stuttgart: UTB.

DeSensi, J. T., & Rosenberg, D. (1996). *Ethics in sport management (Sport Management Library)*. Morgantown: Fitness Information Technology.

DeSensi, J. T., Kelley, D. R., Blanton, M. D., & Beitel, P. A. (1990). Sport management and curricular evaluation and needs assessment: a multifaceted approach. *Journal of Sport Management, 4*(1), 31–58.

Diem, C. (1949). *Wesen und Lehre des Sports*. Berlin: Weidemannsche.

Dietrich, K., & Heinemann, K. (Hrsg.). (1989). *Der nichtsportliche Sport. Beiträge zum Wandel im Sport.* Schorndorf: Hofmann.

Dilger, A. (2002). Zur Dynamik im Finale von Radrennen: Analyse des Windschattenfahrens. In H.-D. Horch, J. Heydel, & A. Sierau (Hrsg.), *Finanzierung des Sports: Beiträge des 2. Kölner Sportökonomie-Kongresses* (S. 214–223). Aachen: Meyer & Meyer.

Dörnemann, J. (2002). *Controlling für Profi-Sport-Organisationen.* München: Vahlen.

Downward, P., Dawson, A., & Dejonghe, T. (2009). *Sports economics: Theory, evidence and policy.* London: Routledge.

Dreyer, A. (1986). *Werbung im und mit Sport.* Göttingen: Cognos-Institut.

Esser, H. (1993). *Soziologie: Allgemeine Grundlagen.* Frankfurt a. M.: Campus.

Fahrner, M. (2012). *Grundlagen des Sportmanagements.* München: Oldenbourg.

Fayol, H. (1929). *Allgemeine und industrielle Verwaltung.* München: Oldenbourg.

Fort, R. D. (2003). *Sports economics.* Upper Saddle River: Prentice Hall.

Franck, E. (1995). *Die ökonomischen Institutionen der Teamsportindustrie.* Wiesbaden: DUV.

Frey, B. S. (1989). Möglichkeiten und Grenzen des ökonomischen Denkansatzes. In H.-B. Schäfer & K. Wehrt (Hrsg.), *Die Ökonomisierung der Sozialwissenschaften* (S. 69–102). Frankfurt a. M.: Campus.

Frey, B. S. (1997). *Markt und Motivation. Wie ökonomische Anreize die (Arbeits-)Moral verdrängen.* München: Vahlen.

Frey, B. S., & Benz, M. (2002). Ökonomie und Psychologie: eine Übersicht. In D. Frey & L. Rosenstiel (Hrsg.), *Enzyklopädie der Wirtschaftspsychologie* (S. 1–26). Göttingen: Hogrefe.

Freyer, W. (1990). *Handbuch des Sportmarketings.* Wiesbaden: Forkel.

Frick, B., & Prinz, J. (2005). *Spielerallokation und Spielerentlohnung im professionellen Teamsport. Betriebswirtschaftliche Analysen und Empfehlungen für das Vereinsmanagement.* Köln: Strauss.

Friedman, M. (1975). *There's no such thing as a free lunch.* Chicago: Open Court Publishing Company.

Galli, A. (1997). *Das Rechnungswesen im Berufsfußball: eine Analyse des Verbandsrechts des Deutschen Fußball-Bundes unter Berücksichtigung der Regelungen in England, Italien und Spanien.* Düsseldorf: IDW.

Galli, A., Elter, V., Gömmel, R., Holzhäuser, W., & Straub, W. (Hrsg.). (2002). *Sportmanagement.* München: Vahlen.

Gärtner, M., & Pommerehne, W. W. (1978). Der Fußballzuschauer – Ein homo oeconomicus? Eine theoretische und empirische Analyse. *Jahrbuch für Sozialwissenschaft: Zeitschrift für Wirtschaftswissenschaften, 29*(1), 88–107.

Gratton, C., & Taylor, P. (1985). *Sport and recreation: An economic analysis.* London: E. and F. N. Spon.

Gratton, C., & Taylor, P. (1992). *Economics of leisure services management.* Essex: Longman.

Haggerty, T., & Paton, G. (1984). *Financial management of sport related organizations.* Champaign: Stipes Publishing.

Heinemann, K. (Hrsg.). (1984). *Texte zur Ökonomie des Sports.* Schorndorf: Hofmann.

Heinemann, K. (1984a). Probleme der Ökonomie des Sports. In K. Heinemann (Hrsg.), *Texte zur Ökonomie des Sports* (S. 17–51). Schorndorf: Hofmann.

Heinemann, K. (Hrsg.). (1987). *Betriebswirtschaftliche Grundlagen des Sportvereins.* Schorndorf: Hofmann.

Heinemann, K. (1995). *Einführung in die Ökonomie des Sports.* Schorndorf: Hofmann.

Heinemann, K. (1998). *Einführung in die Soziologie des Sports.* Schorndorf: Hofmann.

Hermanns, A., & Riedmüller, F. (Hrsg., 2001). *Management-Handbuch Sport-Marketing.* München: Vahlen.

Horch, H. D. (1994). Besonderheiten einer Sport Ökonomie. *Freizeitpädagogik, 16*, 1–15.

Horch, H.-D. (2008). Der Arbeitsmarkt für Sportmanager. In G. Nufer & A. Bühler (Hrsg.), *Management und Marketing im Sport. Betriebswirtschaftliche Grundlagen und Anwendungen der Sportökonomie* (S. 507–532). Berlin: Erich Schmidt.

Horch, H.-D., & Schütte, N. (2003). *Kommunale Sportverwaltung*. Köln: Institut für Sportökonomie und Sportmanagement.

Horch, H.-D., Heydel, J., & Sierau, A. (Hrsg.). (1999). *Professionalisierung im Sportmanagement*. Aachen: Meyer & Meyer.

Horch, H.-D., Heydel, J., & Sierau, A. (Hrsg.). (2002). *Finanzierung des Sports*. Aachen: Meyer & Meyer.

Horch, H.-D., Niessen, C., & Schütte, N. (2003). *Sportmanager in Vereinen und Verbänden*. Köln: Strauss.

Horch, H.-D., Heydel, J., & Sierau, A. (Hrsg.). (2004). *Events im Sport. Marketing, Management, Finanzierung*. Köln: Institut für Sportökonomie und Sportmanagement.

Horch, H.-D., Hovemann, G., Kaiser, S., & Viebahn, K. (Hrsg.). (2005). *Perspektiven des Sportmarketing. Besonderheiten, Herausforderungen, Tendenzen*. Köln: Institut für Sportökonomie und Sportmanagement.

Horch, H.-D., Breuer, C., Hovemann, G., Kaiser, S., & Römisch, V. (Hrsg.) (2007). *Qualitätsmanagement im Sport*. Köln: Institut für Sportökonomie und Sportmanagement.

Horch, H.-D., Breuer, C., Hovemann, G., Kaiser, S., & Walzel, S. (Hrsg.) (2009). *Sport, Medien und Kommunikation. Aktuelle und managementbezogene Aspekte*. Köln: Institut für Sportökonomie und Sportmanagement.

Horch, H.-D., Römisch, V., & . Walzel, S. (Hrsg.) (2011). *Markenmanagement im Sport*. Köln: Institut für Sportökonomie und Sportmanagement.

Hovemann, G., Kaiser, S., & Schütte, N. (2003). *Der Sporteventmanager. Ergebnisse einer Berufsfeldanalyse*. Münster: IST.

Howard, D. R., & Crompton, J. L. (1995). *Financing sport*. Morgantown: Fitness Information Technology.

Kahneman, D. (2011). *Langsames Denken, schnelles Denken* (3. Aufl.). München: Siedler.

Kaiser, S. (2006). *Das Sportstudiomanagement. Anforderungen, Rekrutierung, Professionalisierung*. Saarbrücken: Akademikerverlag.

Keynes, J. M. (1936). *The General Theory of Empolyment, Interest and Money*. London: MacMillan.

Kosiol, E. (1966). *Die Unternehmung als wirtschaftliches Aktionszentrum. Einführung in die Betriebswirtschaftslehre*. Reinbek: Rowohlt.

Krüger, A., & Dreyer, A. (1995). *Sporttourismus. Management- und Marketing-Handbuch*. München: Oldenbourg.

Krüger, A., & Dreyer, A. (Hrsg.). (2004). *Sportmanagement: Eine themenbezogene Einführung*. München: Oldenbourg.

Kügler, P. (2009). *Zwischen Sportstudium und Beruf. Eine empirische Analyse der Übergangsphase und Berufsfelder der Absolventen des Diplomstudiums Sportwissenschaft mit dem Schwerpunkt ‚Ökonomie und Management' der Deutschen Sporthochschule Köln*. Unveröffentlichte Diplomarbeit, Deutsche Sporthochschule Köln.

Lambrecht, K. W. (1991). Research, theory, and practice. In B. L. Parkhouse (Hrsg.), *The management of sport* (S. 27–40). St. Louis: Mosby Year Book.

Lang, J. C. (2008). *Corporate Governance der Fußballunternehmen. Leitung, Überwachung und Interessen im Sportmanagement*. Berlin: Erich Schmidt.

Lohmar, O. (2002) *Berufsfeldanalyse von Sportmanagern. Ein Vergleich der Qualifikationen mit Managern der kommunalen Sportverwaltung und Managern in Sportvereinen/-verbänden*. Unveröffentlichte Diplomarbeit, Deutsche Sporthochschule Köln.

Lüschen, G. (1975). Kooperation und Assoziation im sportlichen Wettkampf. In K. Hammerich & K. Heinemann (Hrsg.), *Texte zur Soziologie des Sports* (S. 225-245). Schorndorf: Hofmann.

Marshall, A. (1952). *Principles of economics. An introductory volume* (8. Aufl.). London: Macmillan and Co.

Masteralexis, L. P., Barr, C. A., & Hums, M. A. (Hrsg.). (2011). *Principles and practice of sport management* (4. Aufl.). Sudbury: Jones & Bartlett.

Melzer, M., & Stäglin, R. (1965). Zur Ökonomie des Fußballs: Eine empirisch-theoretische Analyse der Bundesliga. *Konjunkturpolitik – Zeitschrift für angewandte Wirtschaftsforschung, 11*(2), 114–137.

Mintzberg, H. (1975). The manager's job: Folklore and fact. *Harvard Business Review, 53,* 49–61.

Mullin, B., Hardy, S., & Sutton, W. A. (1993). *Sport marketing.* Champain: Human Kinetics.

Neale, W. (1964). The peculiar economics of professional sports: A contribution to the theory of the firm in sporting competition and in market competition. *The Quarterly Journal of Economics, 78*(1), 1–14.

Nichelmann, C. (1999). Sportmanager heute – Eine empirische Analyse theoretischer und praktischer Anforderungen des Tätigkeitsfeldes. In H. D. Horch, J. Heydel & A. Sierau (Hrsg.), *Professionalisierung im Sportmanagement* (S. 287–307). Aachen: Meyer & Meyer.

Nufer, G., & Bühler, A. (Hrsg.). (2008). *Management und Marketing im Sport – betriebswirtschaftliche Grundlagen und Anwendungen der Sportökonomie.* Berlin: Schmidt.

Ockenfels, A., & Raub, W. (2010). Rational und fair. *Kölner Zeitschrift für Soziologie und Sozialpsychologie, 50,* 119–136 (Sonderheft).

Parkhouse, B. L. (Hrsg.) (1991). *The management of sport. Its foundation and application.* St. Louis: Mosby Year Book.

Pedersen, P. M., Parks, J. P., Quarterman, J., & Thibault, L. (2011). *Contemporary sport management* (4. Aufl.). Champaign: Human Kinetics.

Picot, A., Dietl, H., & Franck, E. (1999). *Organisation. Eine ökonomische Perspektive* (5. aktualisierte und überarb. Aufl.). Stuttgart: Schäffer-Poeschel.

Pitts, B. G. (2001). Sport management at the millennium: A defining moment. *Journal of Sport Management, 15*(1), 1–9.

Pitts, B. G., & Stotlar, D. K. (1996). *Fundamentals of sport marketing.* Morgantown: Fitness Information Technology.

Preuß, H. (1999). *Ökonomische Implikationen der Ausrichtung Olympischer Spiele von München 1972 bis Atlanta 1996.* Kassel: Agon.

Preuß, H., Alfs, C., & Ahlert, G. (2012). *Sport als Wirtschaftsbranche. Der Sportkonsum privater Haushalte in Deutschland.* Wiesbaden: Springer Gabler.

Raab, F. (2007). *Eine Berufsfeldanalyse von Spielervermittlern im deutschen Fußball.* Unveröffentlichte Diplomarbeit, Deutsche Sporthochschule Köln.

Rahmann, B., Weber, W., Groening, Y., Kurscheidt, M., Napp, H.-G., & Pauli, M. (1998). *Sozio-ökonomische Analyse der Fußball-Weltmeisterschaft 2006 in Deutschland. Gesellschaftliche Wirkungen, Kosten-Nutzen-Analyse und Finanzierungsmodelle einer Sportgroßveranstaltung.* Köln: Strauss.

Riedmüller, F. (2011). *Professionelle Vermarktung von Sportvereinen. Potenziale der Rechtevermarktung optimal nutzen.* Berlin: Erich Schmidt.

Robbins, L. (1940). *An essay on the nature and significance of economic science.* London: Macmillan and Co.

Robbins, S. P. (1990). *Organization theory.* Englewood Cliffs: Prentice-Hall.

Robbins, S. P., & DeCenzo, D. A. (1998). *Fundamentals of management. Essential concepts and applications* (2. Aufl.). Upper Saddle River: Prentice Hall.

Rottenberg, S. (1956). The baseball player's labour market. *Journal of Political Economy, 64*(3), 242–258.

Schewe, G., & Littkemann, J. (Hrsg.). (2002). *Sportmanagement.* Schorndorf: Hofmann.

Schewe, G., & Rohlmann, P. (Hrsg.). (2005). *Sportmarketing. Perspektiven und Herausforderungen vor dem Hintergrund der Fußball-WM 2006.* Schorndorf: Hofmann.

Schiffer, J. (2004). Fußball als Kulturgut: Eine kommentierte Bibliografie. Köln: Strauß.
Schiffer, J. (2006). *Fußball als Kulturgut. Eine kommentierte Bibliografie. Teil II*. Köln: Strauß.
Schiffer, J. (2007). *Fußball als Kulturgut. Eine kommentierte Bibliografie. Teil III*. Köln: Strauß.
Schilhaneck, M. (2008). *Zielorientiertes Management von Fußballunternehmen: Konzepte und Begründungen für ein erfolgreiches Marken- und Kundenbindungsmanagement*. Wiesbaden: Gabler.
Schirmer, F. (1992). *Arbeitsverhalten von Managern. Bestandsaufnahme, Kritik und Weiterentwicklung der Aktivitätsforschung*. Wiesbaden: Gabler.
Schlagenhauf, K. (1977). *Sportvereine in der Bundesrepublik Deutschland. Teil I: Strukturelemente und Verhaltensdeterminanten im organisierten Freizeitbereich*. Schorndorf: Hofmann.
Schwarz, P. (1979). *Morphologie von Kooperationen und Verbänden*. Tübingen: Mohr.
Schwarz, P. (1984). *Erfolgsorientiertes Verbandsmanagement*. St. Augustin: Asgard-Verlag.
Sigloch, J. (2003). *Rechnungslegung und Besteuerung im Sport*. Wiesbaden: Deutscher Universitäts-Verlag.
Simon, H. A. (1957). *Models of man: Social and rational*. New York: Wiley
Slack, T. (1997). *Understanding sports organizations*. Champaign: Human Kinetics.
Sloane, P. (1971). The economics of professional football: The football club as a utility maximizer. *Scottish Journal of Political Economy, 18*(2), 121–146.
Staehle, W. H., Conrad, P., & Sydow, J. (1999). *Management. Die verhaltenswissenschaftliche Perspektive* (8. überarb. Aufl., S. 126–141). München: Vahlen.
The European Sports Charter (adopted by the Committee of Ministers on 24 September 1992)
Thiehl, A., Breuer, C., & Meyer, J. (2009). Sportmanagement – Begriff und Gegenstand. In C. Breuer & A. Thiel (Hrsg.), *Handbuch Sportmanagement* (S. 8–21). Schorndorf: Hofmann.
Thieme, L. (2011). *Zur Konstitution des Sportmanagements als Betriebswirtschaftslehre des Sports. Entwicklung eines Forschungsprogramms*. Berlin: epubli.
Timm, W. (1979). *Sportvereine in der Bundesrepublik Deutschland. Teil II: Organisations-, Angebots- und Finanzstruktur*. Schorndorf: Hofmann.
Trosien, G. (2003). *Sportökonomie*. Aachen: Meyer & Meyer.
Ulrich, P. (1984). Systemsteuerung und Kulturentwicklung. Auf der Suche nach einem ganzheitlichen Paradigma der Managementlehre. *Die Unternehmung, 38*, 303–325.
Weber, W., Schneider, C., Kortlüke, N., & Horak, B. (1995). *Die wirtschaftliche Bedeutung des Sports*. Schorndorf: Hofmann.
Williamson, O. E. (1975). *Markets and Hierarchies: Analysis and Antitrust Implications. A Study in the Economics of Internal Organization*. New York: Free Press.
Winkler, J., & Karhausen, R. (1985). *Verbände im Sport: Eine empirische Analyse des Deutschen Sportbundes und ausgewählter Mitgliedsorganisationen*. Schorndorf: Hofmann.
Wöhe, G. (1981). *Einführung in die Allgemeine Betriebswirtschaftslehre* (14. überarb. Aufl.). München: Vahlen.
Wöhe, G. (2005). *Einführung in die Allgemeine Betriebswirtschaftslehre* (22. neubearb. Aufl.). München: Vahlen.
Woratschek, H. (2004). Einführung: Kooperenz im Sportmanagement – eine Konsequenz der Wertschöpfungslogik von Sportwettbewerben und Ligen. In K. Zieschang & H. Woratschek (Hrsg.), *Kooperenz im Sportmanagement* (S. 9–29). Schorndorf: Hofmann.
Woratschek, H., & Beier, K. (2001). Sportmarketing. In D. Tscheulin & B. Helmig (Hrsg.), *Branchenspezifisches Marketing, Grundlagen – Besonderheiten – Gemeinsamkeiten* (S. 205–235). Wiesbaden: Gabler.

Weiterführende Literatur

Zu Definition und Entwicklungsstand

Daumann, F. (2011). *Grundlagen der Sportökonomie* (S. 2–11). Konstanz: UVK.
Nufer, G., & Bühler, A. (2012). Betriebswirtschaftslehre und Sport. Einführung und Perspektive. In G. Nufer & A. Bühler (Hrsg.), *Management im Sport. Betriebswirtschaftliche Grundlagen und Anwendungen der modernen Sportökonomie*, 3 Aufl. (S. 3–28). Berlin: Erich Schmidt.

Zur sozioökonomischen Perspektive

Frey, B. S., & Benz, M. (2002). Ökonomie und Psychologie: eine Übersicht. In D. Frey & L. Rosenstiel (Hrsg.), *Enzyklopädie der Wirtschaftspsychologie* (S. 1–26). Göttingen: Hogrefe.
Staehle, W. H., Conrad, P., & Sydow, J. (1999). *Management. Die verhaltenswissenschaftliche Perspektive* (8. überarb. Aufl.) (S. 126–141). München: Vahlen.

Zu Einzelthemen

Chelladurai, P. (1996). Sport management: Its scope and career opportunities. In B.L. Parkhouse (Hrsg.), *The management of sport – its foundation and application* (2. Aufl., S. 13–20). St. Louis: Mosby.
Horch, H.-D. (2008). Der Arbeitsmarkt für Sportmanager. In G. Nufer & A. Bühler (Hrsg.), *Management und Marketing im Sport. Betriebswirtschaftliche Grundlagen und Anwendungen der Sportökonomie* (S. 507–532). Berlin: Erich Schmidt.
Preuß, H., Alfs, C., & Ahlert, G. (2012). *Sport als Wirtschaftsbranche. Der Sportkonsum privater Haushalte in Deutschland* (S. 1–9). Wiesbaden: Springer Gabler.

ns des
Volkswirtschaftliche Besonderheiten des Sports

Im Zentrum dieses Lehrbuches stehen die betriebswirtschaftlichen Besonderheiten des Sports. Dabei kommt man jedoch nicht umhin, sich zuvor mit den allgemeinen ökonomischen, d. h. – in der deutschen Terminologie – volkswirtschaftlichen (mikroökonomischen) Besonderheiten des Sports zu befassen, weil sie den Hintergrund für betriebswirtschaftliche Probleme und Entscheidungen bilden. Das Kapitel ist untergliedert in Besonderheiten 2. der Nachfrage, 3. des Angebots und 4. der Märkte bzw. allgemeiner der institutionellen Arrangements. Beginnen wollen wir jedoch 1. mit Besonderheiten der Güter, weil sie von grundlegender Bedeutung sind. Im Vorwort wurde bereits klargestellt, was wir unter „Besonderheiten" verstehen, nämlich das, was in allgemeinen einführenden Lehrbüchern der Volks- und Betriebswirtschaftslehre nicht bzw. unzureichend behandelt wird, aber wichtig für den Sport ist.[1] Damit vermeiden wir die Diskussion darüber, ob es sich um Besonderheiten handelt, die es nur im Sport gibt. Das ist weitgehend nicht der Fall. Was die Besonderheit ausmacht, ist aber vermutlich das Gewicht und die Kombination dieser Eigenheiten. Diese Besonderheiten treffen also erstens überwiegend nicht nur auf den Sport zu, und zweitens – was die Sachlage noch weiter verkompliziert – sie gelten meistens auch nicht für alle Sportgüter und -betriebe, jedoch für zentrale Bereiche. Eine zentrale Besonderheit ist z. B., dass viele Sportprodukte Dienstleistungen sind, aber natürlich gibt es hier auch wichtige Sachgüter. Die im Folgenden aufgeführten Besonderheiten haben ganz unterschiedlichen Charakter. Teilweise geht es nur um sportspezifische Ausprägungen von Variablen, wie Preiselastizitäten oder Kostenverläufe, teilweise um Abweichungen vom Modell des vollkommenen Wettbewerbs, wie andere Gütertypen und Marktformen, teilweise um Ausnahmen, wie inverse Nachfrage- oder Angebotskurven. Von zentraler Bedeutung sind andersartige Ziele als Profit, wie die Maximierung sportlicher Siege. Hinzu kommen neuere Ansätze, wie Beckers neue Haushaltstheorie oder die Neue Institutionenökonomie, die mittlerweile in den orthodoxen Kanon der Ökonomik

---

[1] Hier sei noch einmal daran erinnert (s. Kap. 1.2), dass wenn wir von „Sport" reden, wir im engeren wirtschaftswissenschaftlichen Sinn von Sportgütern nicht von Sportaktivitäten reden.

aufgenommen wurden. Zu guter Letzt geht es aber auch um heterodoxe – psychologische oder soziologische – Perspektiven, die Grundannahmen der Ökonomik in Frage stellen, wie den individualistischen Ansatz, die Nutzenmaximierung oder die Unerheblichkeit von Präferenzen.[2]

Die sport ökonomische Literatur hat sich überwiegend mit den Besonderheiten des passiven Sports, speziell des Profi-Teamsports, beschäftigt. Aber es gibt auch Besonderheiten des Sports insgesamt und speziell des aktiven Sports, von denen wir nachfolgend jeweils die nach unserer Einschätzung Wichtigsten aufgreifen und ihre Auswirkungen auf die Betriebswirtschaft darstellen. Dabei stützen wir uns im Wesentlichen auf folgende Quellen: Bahnbrechende Veröffentlichungen zu den Besonderheiten des Teamsports sind die bereits erwähnten Aufsätze von Rottenberg (1956) und Neale (1964). Neuere Zusammenfassungen bieten z. B. Dietl (2011) und Schellhass (2011). Erste allgemeinere, d. h. auch den aktiven Sport einbeziehende, Zusammenstellungen sportspezifischer Besonderheiten findet man bei Heinemann (1984, 1995), Gratton und Taylor (1985, 2000) und in Sportmarketinglehrbüchern, wie Mullin et al. (1993) oder Freyer (2003). Eine neuere umfangreiche Zusammenfassung bietet Thieme (2011).

Am Ende soll der Leser gelernt haben:

- Welche Gütertypen sind von Bedeutung, um Besonderheiten von Sportprodukten herauszuarbeiten?
- Was besagt die Unsicherheitshypothese?
- Welche Besonderheiten gibt es in der Sportnachfrage?
- Welche Bedeutung hat die Neue Haushaltsökonomie für die Sportnachfrage?
- Welche Ausnahmen vom 1. Gossenschen Gesetz kann man im Sport beobachten?
- Sind Zuschauersportanbieter Gewinn- oder Nutzenmaximierer?
- Sollten Monopole im Sport erlaubt sein?
- Welche besonderen institutionellen Regulierungen gibt es in der Teamsportindustrie, und wie kann man sie mit Besonderheiten des Sports begründen?
- Wie unterscheiden sich die Regulierungen amerikanischer Profiligen von jener der Fußball-Bundesliga?

2.1 Besonderheiten der Sportgüter

Die Wirtschaftswissenschaft kennt viele Kriterien, nach denen man Güter typologisieren kann, wie freie und knappe Güter, Konsum- und Investitionsgüter oder Gebrauchs- und Verbrauchsgüter.[3] Zentral sowohl für die ökonomische Theorie als auch für den Sport ist

---

[2] Ähnlich grundlegend kritisch ist der neue sog. diensteorientierte Ansatz (Service-Dominant Logic), den wir im Zusammenhang mit dem Thema Dienstleistungsbetriebe vorstellen werden (s. Kap. 6.3). Er betont u. a. die Bedeutung gemeinsamer Wertschaffung (Co-Creation), z. B. von Club, Fans und anderen Firmen (Sicherheit, Catering) bei einer Sportveranstaltung.

[3] In Kap. 1.2.2 wurde eine Typologie der Sportgüter nach vier Dimensionen vorgeschlagen: 1. aktiver oder passiver Sport, 2. Sachgüter oder Dienstleistungen, 3. Nähe zum Sportkern und 4. Institution der Erstellung.

2.1 Besonderheiten der Sportgüter

Ausschließbarkeit \ Rivalität der Nutzung	nicht gegeben	gegeben
nicht gegeben	Öffentliches Gut (nationales Prestige, lokale Identität)	Allmendegut (öffentlicher Bolzplatz)
gegeben	Clubgut (Sportanlagen eines Sportvereins)	Privates Gut (eigene Sportgeräte)

Abb. 2.1 Gütertypen mit Beispielen aus dem Sport (Daumann 2011, S. 13)

jedoch die Unterscheidung zwischen privaten Gütern und 1. öffentlichen bzw. kollektiven Gütern (einschließlich des Problems externer Effekte), 2. meritorischen Gütern und 3. Club- und Allmendegütern (s. Abb. 2.1). Diese Unterscheidung ist wichtig, weil die normalen modelltheoretischen Überlegungen der Ökonomie von privaten Gütern ausgehen, im Sport aber auch die anderen Typen von großer Bedeutung sind. Vor allem können sie eine Begründung für die staatliche Subventionierung des Sports sein. 4. Es geht um die bereits von den Gründungsvätern Rottenberg (1956) und Neale (1964) herausgearbeitete zentrale Besonderheit des Sports, nämlich die erwünschte (!) Unsicherheit des Verlaufs und Ergebnisses eines Wettkampfes. Ebenso gewichtig ist zudem die Unterscheidung zwischen Sachgütern und Dienstleistungen, auf diese werden wir in Kap. 6 eingehen. Die besonderen Gütertypen sind mit spezifischen Problemen verbunden, die betriebswirtschaftlich gelöst werden müssen. Bei solchen Vergleichen zwischen dem in den Lehrbüchern angenommenen „normalen" und dem besonderen Fall gehen Wissenschaftler oft vereinfachend „idealtypisch" vor.[4] Man entwickelt Grenzfälle, um die Unterschiede herauszuarbeiten. Dabei muss man sich aber dessen bewusst sein, dass es in der Realität immer Mischtypen gibt, fließende Übergänge zwischen öffentlichem und privatem Gut oder dem Wunsch nach einem spannenden Spiel und dem Sieg der eigenen Mannschaft.

2.1.1 Öffentliche und kollektive Güter

Im Normalfall geht die ökonomische Theorie davon aus, dass Produkte den Charakter sog. reiner privater Güter haben. „Private Güter" können anhand zweier grundlegender Eigenschaften charakterisiert werden: a) Gültigkeit des Ausschlussprinzips und b) Rivalität im Konsum. Die Eigentumsrechte (property rights) sind eindeutig geklärt: Wer nicht bezahlt, kann – zu relativ geringen Kosten – ausgeschlossen werden. Es gibt keinen Nutzen für

---

[4] Die idealtypische Methode wurde von dem Ökonomen und Soziologen Weber (1972) entwickelt, um eine Brücke zwischen historischer Einzelfallbetrachtung und ökonomischen, allgemeinen Gesetzmäßigkeiten zu schlagen. Idealtypisch meint dabei nicht, dass es darum geht, wie etwas idealerweise sein soll, sondern darum die Essenz des Typischen zu erfassen.

andere als den Käufer. Ein einfaches Beispiel dafür wäre ein Apfel, den man sich auf dem Markt kaufen kann. Wer nicht bezahlt, kann ihn nicht bekommen, und wenn der Käufer ihn aufisst, hat sonst keiner einen Nutzen davon. Beide Eigenschaften sind von zentraler Bedeutung für das volkswirtschaftlich effiziente Funktionieren von Märkten. Beide liegen 1. bei öffentlichen und 2. bei kollektiven Gütern nicht vor. Die Nicht-Gültigkeit des Ausschlussprinzips ist 3. ein Sonderfall des grundlegenderen Problems externer Effekte.

1. **Öffentliche Güter:** Das wird deutlich, wenn man sich den Gegentyp privater Güter anschaut, das sog. reine „öffentliche Gut (public good, Samuelson 1954). Hier funktioniert a) der Ausschluss nicht (non-exclusion principle) und es gibt b) keine Rivalität im Konsum (non-rivalty oder joint consumption) (s. Abb. 2.1). Als allgemeine Beispiele werden u. a. Leuchttürme, Deiche, innere und äußere Sicherheit genannt. Wenn z. B. Leuchttürme erst einmal errichtet sind, weisen sie auch solchen Schiffern den Weg, die sich an ihrer Finanzierung nicht beteiligen (Nicht-Ausschluss). Sie nutzen nicht nur einem Schiff, sondern unbegrenzt vielen (keine Rivalität im Konsum). Das Problem öffentlicher Güter ist nun, dass sich rational am Eigennutz orientierte Individuen – und das ist ja die Verhaltensannahme der Ökonomie – nicht an ihrer Finanzierung beteiligen werden, sondern darauf hoffen, dass dies andere übernehmen. Das geht sogar so weit, dass gar kein entsprechender Bedarf geäußert wird, damit man nicht in Gefahr gerät, zur Mitfinanzierung herangezogen zu werden. Durch dieses Trittbrettfahrerverhalten (free rider) ergibt sich ein Versagen auf der Angebotsseite des Marktes. Denn solche Güter können nicht erwerbswirtschaftlich angeboten werden, weil der Anbieter keine Einnahmen mit ihnen erzielen könnte. Das Trittbrettfahrerproblem kann vor allem durch den Staat gelöst werden, weil er die Bürger zwingen kann, sich z. B. über Steuern an den Kosten zu beteiligen. Im Sport gibt es viele solcher öffentlichen Güter, allerdings in einem etwas abstrakteren Sinne, nämlich als positive externe Effekte vor allem des aktiven Sports. Es geht um alle die positiven Funktionen für die Gesellschaft, die dem Sport z. B. für die Kriminalitätsprävention, Integration, Volksgesundheit oder nationale Identifikation zugeschrieben werden. Mitternachtsbasketball holt Jugendliche von der Straße. Fußballspielen integriert Zuwanderer. Von einer insgesamt gesunden Bevölkerung profitieren alle, weil es geringe Krankenstände gibt.[5] Alle können sich freuen und Fahnen schwenken, wenn Deutschland Fußballweltmeister wird. In diesem Sinne hat auch der passive Sport positive externe Effekte. Er bietet eines der wichtigsten Alltagsgesprächsthemen, das Menschen zueinander führt. Öffentliche Güter können also eine Rechtfertigung für Staatseingriffe in die Wirtschaft sein, eine Legitimation dafür dass der Staat Sport anbietet und subventioniert, was er ja tatsächlich in großem Umfang tut (s. dagegen zum Thema Staatsversagen Kap. 4.2).[6]

---

[5] Was Volksgesundheit bedeutet, kann man sich vergegenwärtigen an dem Extrembeispiel der Konsequenzen, die große Epidemien auch für das gesellschaftliche und wirtschaftliche Leben von Nicht-Infizierten haben.

[6] Hierbei muss natürlich immer noch abgewogen werden, ob die Subventionen nicht in anderen Feldern mehr Nutzen bringen.

"Öffentliches Gut" ist ein Fachbegriff der Ökonomie. Es geht den Ökonomen darum zu unterscheiden, wann Marktwirtschaft funktioniert und wann nicht (Marktversagen, s. Abschn. 2.4.1). Dieser Fachbegriff darf nicht damit verwechselt werden, was in unserer Gesellschaft der Staat tatsächlich öffentlich, kostenlos zur Verfügung stellt. Darunter sind nämlich Güter, die prinzipiell privat bereitgestellt werden könnten, weil das Ausschlussprinzip funktioniert. Ein öffentlicher Bolzplatz ist z. B. vom Charakter her kein „öffentliches", sondern ein „privates Gut". Der Ausschluss wäre leicht möglich, indem man den Platz umzäunte.[7] Das Unterscheidungskriterium für „öffentliche Güter" ist also nicht, ob ausgeschlossen wird, sondern ob ausgeschlossen werden kann.[8] Dies hängt auch von der verfügbaren Technik ab. Mit dem Pay-TV steht seit einigen Jahren eine solche Technik zur Verfügung, so dass von dem nicht-rivalisierenden Gut „Sportübertragung" ausgeschlossen werden kann. Das hat erhebliche Konsequenzen sowohl für den Sport als auch für die Medienlandschaft.

2. **Kollektive Güter:** Die Begriffe öffentliches und kollektives Gut (collective good) werden meist synonym verwandt, weil die Grundproblematik die gleiche ist. Für die Zwecke der Sportökonomie erscheint es jedoch sinnvoll, sie folgendermaßen zu unterscheiden (s. Mackscheidt und Steinhausen 1977): Öffentliche Güter kommen allen Bürgern einer Gesellschaft zu Gute, kollektive Güter nur einem Teilkollektiv. So kamen die Erfolge von Boris Becker und Steffi Graf im Tennis nicht nur ihnen selbst (privates Gut) und der Sportnation (öffentliches Gut), sondern auch der gesamten Tennisbranche zu Gute (kollektives Gut): den Tennisverbänden und -vereinen, den kommerziellen Tennishallen, der Sportartikelindustrie, den Sportmedien. Das Trittbrettfahrerproblem äußert sich nun wie folgt: Wer beteiligt sich an der Gewinnung und Ausbildung der kommenden Tennisstars? Auch wenn dies nur privat, z. B. durch die Eltern, geregelt ist, wird es Nachwuchs an Tennisspielern geben, aber möglicherweise aus gesamtgesellschaftlicher Sicht nicht genügend, weil der potentielle öffentliche und kollektive Nutzen nicht berücksichtigt wird.[9] Kollektivgutprobleme treten generell und speziell im Sport an vielen Stellen auf: Wenn es um das unterschiedliche Engagement von Mitarbeitern geht, wenn es um Teamwork z. B. in einer Fußballmannschaft geht, wenn es um die Ausgeglichenheit und damit Spannung in einer Liga oder die Integrität (wird nicht gedopt, nicht manipuliert) einer Sportart geht. Statt von Trittbrettfahrerverhalten spricht man bei Mitarbeitern von „Drückebergerei" (shirking). Auch bei Kollektivgütern kann es sinnvoll sein, seine Präferenzen zu verbergen. Denn wer z. B. in einem Verein einen Verbesserungsvorschlag macht, muss damit rechnen, dass er gleich gefragt wird: Willst du dich

---

[7] Wenn der Zugang öffentlich ist, ergibt sich ein Allmende-Problem (s. Pkt. 2.1.3).

[8] Öffentliche Güter sind auch keine freien Güter, wie Atemluft. Der Leuchtturm muss erst gebaut werden, ehe er genutzt werden kann, ist also ein knappes Gut.

[9] Dilger (2004) vertritt die Gegenposition, dass „Hyperaktivität" (s. Kap. 2.4.2) dazu führt, dass die erhofften hohen Einkommen des Profisports selbst bei privater Finanzierung zu einem Überangebot führen. Das dürfte dann aber nur für die Sportarten mit entsprechend hohen Einnahmen gelten.

nicht darum kümmern? Nach der Theorie kollektiven Handelns von Olson (1965) kann die Produktion von Kollektivgütern – selbst bei rational egoistisch handelnden Akteuren – erleichtert werden durch: kleine Gruppen, Koppelung mit zusätzlichen selektiven Anreizen mit dem Charakter privater Güter oder hohe Präferenzen Einzelner, die über eine entsprechende Ressourcenausstattung verfügen. Kleine Gruppen können Drückebergerei z. B. besser kontrollieren und sanktionieren. Fakt ist jedoch, dass es trotz der theoretischen Unwahrscheinlichkeit aus Sicht der ökonomischen Theorie empirisch eine Vielzahl von kollektiven Vereinigungen gibt. In der Realität kommen offensichtlich – entgegen den Annahmen der Ökonomik – auch Individuen mit anderen als egoistischen Verhaltensweisen und andere als selektive materielle Anreize (Knoke 1988) sowie Organisationen mit anderen Zielen als Profit ins Spiel. So gibt es zehntausende von Vereinen, die sich der Förderung des Sports verschrieben haben (s. Kap. 3 und 8).
3. **Externalitäten:** Hohe positive externe Effekte sind grundlegend für die Probleme öffentlicher bzw. kollektiver Güter. Externalitäten (spill over effects) stellen jedoch auch generell ein Problem für das effiziente Funktionieren von Märkten dar. Externe Effekte nennt man Kosten (negative externe Effekte) und Nutzen (positive externe Effekte) der Produktion oder des Konsums, die nicht auf Produzent bzw. Konsument entfallen, sondern auf Dritte. Das Problem externer Effekte ist, dass sie zu nicht optimaler Allokation von Ressourcen führen. Es wird zu viel von Gütern mit negativen, zu wenig von Gütern mit positiven externen Effekten produziert, weil Kosten bzw. Nutzen sich nicht in den Preisen niederschlagen. Beispiele für negative Effekte von Sportgroßveranstaltungen sind Umweltverschmutzung, Verkehrsstaus oder Krawalle. Beispiele für positive Effekte sind Tourismuseinnahmen für Hotels und Gaststätten oder ein gestiegenes Image des Veranstaltungsortes.

2.1.2 Meritorische Güter

Während das Problem der öffentlichen und kollektiven Güter auf der Angebotsseite liegt, liegt das Problem der meritorischen Güter (merit goods, verdienstvolle Güter: Musgrave 1969) auf der Nachfrageseite. Sie sind marktfähig, d. h. der Ausschluss funktioniert und die Rivalität ist vorhanden. Sie werden angeboten und auch nachgefragt. Aber aus verschiedenen Gründen, z. B. aufgrund bedeutender externer Effekte oder verzerrter Präferenzen, werden sie – im Vergleich zu privaten Gütern – aus gesellschaftspolitischer Sicht von den Konsumenten nicht im wünschenswerten Umfang nachgefragt. Verzerrt können Präferenzen z. B. dadurch werden, dass ihr langfristiger Nutzen unterbewertet wird oder es Selbstkontrollprobleme (Frey und Benz 2002) dabei gibt, das, was vernünftig ist, auch zu tun. So kann der langfristige Nutzen des Sporttreiben für die individuelle Gesundheit unterschätzt werden. Alle glauben zwar daran, dass Sport gesund ist, aber für Viele liegt der Nutzen im Vergleich zu den aktuell nötigen Anstrengungen in zu weiter Ferne. Das könnte eine Rechtfertigung dafür sein, warum Andere – vor allem der Staat – korrigierend mit Aufklärung, Anreizen oder gar Zwang (Schulsport) nachhelfen müssen. Gegner werten dies als paternalistischen Eingriff in die Konsumentensouveränität. Denn umso mehr die Annahmen der ökonomischen Theorie zutreffen (vollkommene Information, stabile Präferenzen), verzerren umgekehrt staatliche Eingriffe die Effizienz der Allokation (Wohlfahrtsverlust, deadweight loss).

2.1.3 Clubgüter und Allmendegüter

Wenn man die beiden Kriterien zur Unterscheidung von privaten und öffentlichen Gütern in einer Kreuztabelle zusammenfasst (s. Abb. 2.1), ergeben sich zwei weitere Gütertypen: 1. das Clubgut und 2. das Allmendegut. Während private Güter in erster Linie vom Markt und öffentliche Güter in erster Linie vom Staat angeboten werden, kommen bei diesen sog. quasi-öffentlichen Gütern verstärkt die Nonprofit-Organisationen ins Spiel.

1. **Cubgüter:** Beim „Clubgut" (toll good) funktioniert der Ausschluss, aber bis zu einer gewissen Überfüllungsgrenze gibt es keine Rivalität im Konsum. Buchanan (1965) hat es deshalb auch als unreines öffentliches Gut bezeichnet. Beispiele sind Straßen oder Brücken, für deren Benutzung ja eine Gebühr verlangt werden kann. Beispiele aus dem Sport sind Sportanlagen, unabhängig vom Besitzer (Unternehmen, Staat, Verein). Der Vorteil der Clubgüter ist, dass man sich die Produktionskosten teilen kann und mehrere sie nutzen können. Nicht jeder kann sich einen Swimmingpool leisten. Das besondere betriebswirtschaftliche Problem der Clubgüter ist die Überfüllung. Neben Menge und Preis des Angebots muss daher die Mitgliederzahl optimiert werden. Denn je mehr Mitglieder aufgenommen werden, desto geringer könnte der individuelle Beitrag sein, desto größer wird jedoch die Gefahr der Überfüllung. Fitnessstudiomitglieder kommen nicht an die Geräte, Tennisclubmitglieder kommen nicht auf den Platz, Stehplatzzuschauer können nichts sehen. Die anderen Clubmitglieder stellen aber nicht nur potentielle Kosten, sondern auch einen potentiellen Nutzen dar. Sie erschaffen zusammen die Atmosphäre des Clubs (s. zum Thema Co-Creation Kap. 6.3). Die Größe und Zusammensetzung des Publikums kann für eine Diskothek so wichtig wie die Musik sein, deshalb gibt es z. B. manchmal günstigere Angebote für Frauen. Ein volles Fußballstadion hat einen größeren Reiz als ein halbleeres. Im Sportverein findet man leichter am gleichen Sport Interessierte, gleichwertige Spielpartner und kann persönliche oder geschäftliche Beziehungen knüpfen. Das wird besonders deutlich in Prestigesportarten, wie bspw. Golf oder Segeln. Die anderen Mitglieder sind Teil des Produktes und können oder müssen daher sogar entsprechend angezogen oder ausgewählt bzw. abgeschreckt werden (Demarketing), wie die männlichen Bodybuilder, die nicht in ein Fitnessstudio passen, oder die Fans im Stadion, die nur Randale wollen. Ein einfacher Ausschlussmechanismus für Clubs ist die Höhe des Preises.
2. **Allmendegüter:** Beim „Allmendegut" (common-pool good) gibt es Rivalität im Konsum aber keinen Ausschluss. Der Begriff bezeichnete ursprünglich die Weideflächen mittelalterlicher Gemeinden, die von allen Bewohnern genutzt werden konnten. Das

Problem der Allmendegüter ist (Hardin 1968: „Tragik der Allmende"), dass sie von rational, egoistisch Handelnden übernutzt werden. Ein aktuelles Problem dieser Art ist die Überfischung der Meere. Im Sport geht es z. B. um die kollektive Nutzung von Sportanlagen, wie einem öffentlichen Bolzplatz. Ostrom (1990) hat jedoch empirisch nachgewiesen, dass Allmenden nicht nur privatisiert oder staatlich kontrolliert, sondern auch kollektiv organisiert funktionieren können, wenn bestimmte Regelungen, wie kleine lokale Gruppen, Abgrenzung, Kontrollen, Sanktionen, Selbstbestimmung und Partizipation gelten, wie sie ja u. a. typisch für Vereine sind. Zu denken wäre hier z. B. an das Problem des pfleglichen Umgangs mit Vereinsanlagen und -geräten.

2.1.4 Unsicherheit

Bereits von den Gründungsvätern der Sportökonomie Rottenberg (1956) und Neale (1964) wurde die Unsicherheit als die Kernbesonderheit des Produkts „Zuschauersport" herausgestellt (uncertainty of outcome hypothesis). Hiermit sind nicht die Unsicherheiten gemeint, die man bei Sportdienstleistungen notgedrungen in Kauf nimmt, z. B. ob das Wetter günstig ist oder kein wichtiger Spieler verletzt wird, sondern eine vom Nachfrager gewünschte Unsicherheit über den Verlauf und das Ergebnis des Wettkampfes.[10] Bei normalen Produkten wünscht der Konsument keine Unsicherheit, z. B. darüber ob der Bergschuh die Wanderung durchhält oder nicht. Ein sportlicher Wettkampf wäre hingegen uninteressant, wenn man schon vorher wüsste, wie er ausgeht. Wie viel spannender könnte die Fußball-Bundesliga sein, wie viel mehr Zuschauer würde sie anziehen und wie viel mehr Erträge könnte sie erzielen, wenn es nicht nur jede Saison darum ginge, ob Bayern München, THW Kiel oder Borussia Düsseldorf Meister in ihrer jeweiligen Liga werden oder nicht, sondern im Extremfall sogar jede teilnehmende Mannschaft Meister werden könnte? Diese erwünschte Unsicherheit macht den Unterschied zwischen Sport und Theater bzw. Zirkus aus. Beim sog. „Professionell Wrestling" steht der Sieger schon vor dem Kampf fest. Letztendlich gewinnt der Liebling der Zuschauer. Diese erwünschte Unsicherheit hat weitreichende Konsequenzen für die Erstellung des Angebots. Ein integrer Wettkampf verlangt mindestens zwei Anbieter, bei der Produktion eines Sportschuhs müssen dagegen nicht Adidas und Puma zusammenarbeiten.[11] Darüber hinaus wäre es nützlich, wenn diese Anbieter kooperieren würden, um das Kollektivgut Spannung zu sichern (Kooperenz). Während es normalerweise der Wunsch jeden Anbieters ist, ein Monopol zu erlangen, wäre es für den sportlichen Wettkampf ein Alptraum, keinen (gleichwertigen) Gegner mehr zu haben. Neale (1964) nennt dies das Louis-Schmeling-Paradoxon. Jeder

---

[10] Sepp Herberger hat es auf den Punkt gebracht: Warum gehen die Menschen zum Fußball? „Ei, weil se net wisse, wie's ausgeht."

[11] Wenn sich beide Mannschaften im Eigentum desselben Betriebes befinden – wie in der ehemaligen NFL Europe – muss der Zuschauer befürchten, dass andere Kriterien als die sportliche Leistung über den Sieg entscheiden. Am profitabelsten für eine solche Liga könnte es nämlich für den Anbieter erscheinen, die Siegwahrscheinlichkeiten nach der Größe der Anhängerschaft der Clubs zu verteilen.

möchte zwar gerne immer gewinnen, braucht aber einen starken Gegner, damit es spannend bleibt. Das könnte eine Erklärung für die vielen außergewöhnlichen Institutionen des Teamsports sein, die in anderen Branchen geradezu „unerhört" sind, wie Umverteilung von Einnahmen oder Gehaltsbeschränkungen (s. Abschn. 2.4.2). Erwünschte Unsicherheit ist ein Charakteristikum jedes Wettkampfes auch außerhalb des Sports, z. B. des Glücksspiels oder von Fernsehrateshows (Daumann 2011), aber auch des aktiven Sports. Denn normalerweise macht es mehr Spaß, mit gleichwertigen Gegnern zu spielen. Empirisch wurde die Unsicherheitshypothese jedoch nur bei einem Teil der Untersuchungen der Stadionnachfrage bestätigt.[12] Deutlicher bestätigt wurde sie für Fernsehzuschauer. Verantwortlich für die widersprüchlichen Ergebnisse beim Stadionkonsum könnten Messprobleme sein. Wenn die meisten Plätze an Dauerkarteninhaber verkauft sind oder das Stadion eh immer ausverkauft ist, gibt es keine Variationen, die man untersuchen könnte. Zudem könnte es sein, dass der kritische Schwellenwert, ab dem Zuschauer auf Unausgeglichenheit reagieren würden, empirisch noch nicht überschritten wurde (Pawlowski und Budzinski 2013).

Die Alternative zur Unsicherheits- ist die Sieghypothese. Sie besagt, dass die Nachfrage umso größer ist, je eher ein Sieg der Heimmannschaft erwartet werden kann. Empirisch konnten entsprechende Zusammenhänge mit den Wettquoten festgestellt werden. Es kann natürlich auch beides, Unsicherheits- und Sieghypothese, in unterschiedlicher Ausprägung für verschiedene Zuschauertypen (Lokalpatrioten, Clubfans, Sportfans, Unterhaltungspublikum) und je nach ihrem Mischungsverhältnis zutreffen. Zudem muss man kurz- (Spiel), mittel- (Saison) und langfristige Unsicherheit (mehrere Spielzeiten) unterscheiden. Schädlich dürfte vor allem eine längerfristige Dominanz sein. Interessanterweise hat gerade die kommerzielle „Formel 1" sich immer wieder Regeländerungen einfallen lassen, um das zu verhindern. Aus Sicht der Liga ist also Ausgeglichenheit normalerweise die gewinnmaximierende Lösung.

2.2 Besonderheiten der Nachfrage

Die Nachfragetheorie (auch Konsum- oder Haushaltstheorie) geht normalerweise von folgenden Annahmen aus: 1. Die Nachfrage entsteht in Haushalten, die vereinfacht als individuelle Aktoren gedacht werden. 2. Haushalte konsumieren. 3. Die Nachfrage beruht auf Bedürfnissen, die aus einem Mangelgefühl entstehen. Wenn der Haushalt bereit und fähig ist, für das bedürfnisstillende Gut zu zahlen, entsteht eine Nachfrage. 4. Ziel des Haushaltes ist die Nutzenmaximierung. Das Gesetz des sinkenden Grenznutzens (1. Gossensches Gesetz) besagt, dass mit jeder weiteren Einheit, die von einem Gut konsumiert wird, der Nutzen sinkt bis zu einem Sättigungspunkt, bei dem kein Nutzen mehr entsteht. Dieses

---

[12] Szymanski (2003; s. auch Borland und Macdonald 2003) hat 22 Studien ausgewertet, davon bestätigen ca. 45 % die Hypothese. Das gilt vor allem für die mittelfristige Ausgeglichenheit, also der im Laufe einer Saison, weniger für die kurzfristige, d. h. der für ein Spiel. Für die vermutlich entscheidende Frage nach der Auswirkung der langfristigen Unsicherheit (also der Frage, wie viel Abwechslung es bei den Meistern gibt) fehlen Untersuchungen.

Gesetz ist einer der Gründe dafür, dass Haushalte – ceteris paribus[13] – nur zu sinkenden Preisen mehr von einem Gut konsumieren (Nachfragekurve). Die Haushalte haben auf den Gütermärkten die Wahl zwischen verschiedenen Gütern und Mengen zu gegebenen Marktpreisen. Ihre Entscheidungen bestimmen letztlich darüber, welche Güter angeboten werden. Spiegelbildlich müssen die Haushalte auf den Faktormärkten Ressourcen, also im Regelfall Arbeit, anbieten, d. h. Freizeit gegen Einkommen tauschen. Die individuelle Nachfrage[14] hängt von folgenden Determinanten ab: 5. dem Preis des Gutes, 6. den Preisen anderer relevanter Güter, wobei Substitutions- und Komplementärgüter unterschieden werden, 7. dem Einkommen und 8. den Präferenzen. Letztere werden als relativ einheitlich und unveränderlich („wie die Rocky Mountains", Stigler und Becker 1977, S. 76) und schwer messbar angenommen und sind nicht Gegenstand der Analyse, sondern werden anderen Wissenschaften, wie Psychologie oder Soziologie, zugeordnet. „Veränderungen im menschlichen Verhalten werden (soweit wie möglich) auf beobachtete und messbare Veränderungen des durch die Einschränkungen bestimmten Möglichkeitsraums zurückgeführt und nicht (…) auf Präferenzänderungen" (Frey und Benz 2002, S. 6). Mit der Nachfragetheorie kann man grundlegend verdeutlichen, wie Restriktionen, wie die relativen Preise und das Einkommen, das individuelle Konsumverhalten beeinflussen. Anhand der acht Punkte kann man jedoch auch aufzeigen, dass im Sport teilweise andersartige Zusammenhänge oder zumindest spezielle Ausprägungen eine Rolle spielen. Das hat jeweils auch entsprechende Auswirkungen auf die betriebswirtschaftlichen Problemstellungen und Lösungen (s. Abb. 2.2).

1. **Sozialer Konsum**: Bei der Nachfrage nach Sport handelt es sich häufig um sozialen, nicht um individuellen Konsum. Sowohl aktiver als auch passiver Sportkonsum erfolgt oft in einer Gruppe. Man geht nicht alleine zum Sport, sondern mit Freunden oder der Familie. Bei derartigen Entscheidungsprozessen können andersartige als rationale Entscheidungen (z. B. emotionale Bauchentscheidungen) daraus resultieren und andersartige als egoistische (also altruistische) Verhaltensweisen ins Spiel kommen. Hier gilt z. B., dass „geteilte Freud doppelte Freud" ist. Zudem erfolgt der Konsum in Anwesenheit und unter Einfluss von weiteren Personen und Bezugsgruppen, was Auswirkungen auf die Präferenzen und positive oder negative Effekte für den Nutzen haben kann. Betriebswirtschaftlich muss dies einkalkuliert werden, indem Angebote sich nicht an einzelne Personen, sondern an Gruppen oder sog. Szenen richten, z. B. durch Familientickets, und negative Wechselwirkungen zwischen verschiedenen Gruppen gehemmt, positive gefördert werden (s. Co-Creation in Kap. 6.3).

---

[13] „Ceteris paribus" heißt, dass der Zusammenhang unter der Annahme gilt, dass alle anderen Einflussfaktoren, wie das Einkommen oder die Steuern, gleich bleiben.

[14] Die gesamte Marktnachfrage hängt zudem von der Anzahl der Nachfrager und der Einkommensverteilung ab. Fußballclubs mit großem Einzugsgebiet, z. B. München, haben somit Vorteile gegenüber solchen mit kleinem, z. B. Freiburg. Eine gleichmäßige Einkommensverteilung fördert die Nachfrage nach normalen Gütern, eine ungleiche nach superioren (Luxus-) und inferioren Gütern.

2.2 Besonderheiten der Nachfrage

	Normalfall der allgemeinen Lehrbücher	Besonderheiten
1. Aktor	Individueller Aktor: „Haushalt"	Sozialer Konsum – Gruppen – andere Konsumenten
2. Tätigkeit	Haushalte konsumieren	Haushaltsproduktion – Einkommen – Zeit – Konsumfähigkeit – Humankapital, Investition
3. Ziel	– Nutzen-Maximierung – Mangelgefühl beseitigen	– Emotionen, Identität – Stimulation „Seeking Behavior"
4. Nutzenverlauf	1. Gossensches Gesetz – sinkender Grenznutzen – Sättigung	Ausnahmen – steigender Grenznutzen – keine Sättigung
5. Determinante: Preis	Nachfrage steigt bei sinkendem Preis	– inverse Nachfragekurve, z.B. Veblen-Effekt – unelastische Nachfrage nach Eintrittskarten
6. Determinante: Preis anderer Güter	– Komplementärgüter – Substitutionsgüter	– viele Komplementärgüter, zusammengesetzter Preis – hohe Substitutionskonkurrenz bei instrumentellem und Unterhaltungssport
7. Determinante: Einkommen	Hauptrestriktion	– zusätzliche Restriktionen (s. Haushaltsproduktion) – Einkommenselastizität: häufig Luxusgüter
8. Präferenzen	– Präferenzen – einheitlich – unveränderlich – nicht messbar – homogene Güter	– Präferenzen – unterschiedlich – veränderlich, beeinflussbar – messbar – heterogene Güter – Markenbindung – persönliche Präferenzen

Abb. 2.2 Besonderheiten der Sportnachfrage

2. **Haushalts-Produktion:** Becker (1965) hat mit seiner Neuen Haushaltsökonomie herausgearbeitet, dass der bloße Kauf von Waren (commodities) oft noch keinen oder wenig Nutzen stiftet, sondern dass auch in Haushalten produziert (und in Humankapital, z. B. in Gesundheit, investiert) und nicht nur konsumiert wird. Erst durch die sog. Haushaltsproduktion werden die Waren (käufliche Güter und Dienstleistungen) unter Einsatz von Zeit und Konsumkapital in konkrete Nutzenströme (Güter) umgewandelt. Es reicht nicht, Lebensmittel zu kaufen, man muss damit ein Essen kochen. Der computergesteuerte Heimtrainer im Keller bringt wenig Nutzen, solange man ihn nicht richtig bedienen kann oder will.[15] Damit kommen zwei weitere Restriktionen ins Spiel, die die

---

[15] Auf dasselbe Problem weist die Unterscheidung von wirtschaftlichen und nicht-wirtschaftlichen Gütern von Hawrylyshyn (1977) hin. Unterscheidungsmerkmal ist das Dritte-Person-Kriterium. Nicht-wirtschaftliche Güter sind solche, die nur vom Konsumenten selbst (1. Person) oder von einer bestimmten anderen Person (2. Person) erstellt werden können, aber nicht von einer beliebigen 3. Person. Sporttreiben z. B. muss man letztlich selbst. Man kann nicht seinen Butler bitten, einmal stellvertretend für einen um den Block zu laufen. Möglicherweise macht das Training auch nur bei einem bestimmten Trainer Spaß. Wenn er ausscheidet, hört man mit dem Sport auf (s. unten: persönliche Präferenzen). Solche nicht-wirtschaftlichen Güter sind nicht marktfähig, weil sie nicht im Wettbewerb von beliebigen Dritten angeboten werden können.

Nachfrage beeinflussen, nämlich die Verfügung über a) Zeit und b) Konsumkapital. Beide sind für die Nachfrage nach Sport von großer Bedeutung.

a) Zum Sporttreiben braucht man nämlich nicht nur Geld, sondern auch Zeit. Zeitmangel, nicht Geldmangel ist das häufigste Argument dafür, dass nicht Sport getrieben wird. In der neoklassischen Freizeitökonomie (das Spiegelbild der Theorie des Arbeitskräfteangebots) entscheidet der Haushalt, wie viel er von diesem Gut „Freizeit" nachfragen will, indem er abwägt, wie viel er in der gleichen Zeit durch Arbeit verdienen könnte. Bei steigendem Stundenlohn ergeben sich demnach zwei gegenläufige Effekte. Weil die Opportunitätskosten der Freizeit steigen, wird der Einzelne sich entscheiden, weniger Freizeit zu wählen (Substitutionseffekt).[16] Weil Freizeit ein normales oder sogar superiöses Gut ist, wird er mehr Freizeit wählen (Einkommenseffekt). Bei niedrigem Einkommen dürfte der erste und bei hohem Einkommen der zweite Effekt überwiegen. Welcher Effekt im Durchschnitt stärker ist, kann nicht theoretisch, sondern nur empirisch ermittelt werden. Studien haben ergeben, dass Männer mehr Freizeit haben als Frauen sowie Personen mit höherer Bildung und höherem Einkommen mehr als solche mit niedriger Bildung und geringem Einkommen während sich die Dauer der Arbeitszeit (bei Männern) und familiäre Ansprüche (bei Frauen) negativ auswirken (Downward et al. 2009). Dabei zeigten sich nach dem zweiten Weltkrieg bemerkenswerte Unterschiede zwischen Kontinentaleuropa und den USA. Während in Europa der wachsende Wohlstand in steigende Freizeit umgewandelt wurde, bevorzugten die US-Amerikaner steigendes Einkommen. Der sog. Megatrend (Freyer 2003) zu mehr Freizeit ist also keineswegs universell, sondern von kulturellen Faktoren abhängig. Der Vorteil von Beckers alternativem Ansatz der Neuen Haushaltsökonomie ist, dass die Zeitverwendung mit der Einkommensverwendung (für den Kauf von Gütern) integriert wird.

Beide Ressourcen, Zeit und Geld, sind begrenzt substituierbar (s. ausführlich dazu Heinemann 1995). Der Sportkonsument kann entscheiden, ob er sich eine Sportart unter zur Hilfenahme eines Lehrbuches selbst beibringt, im Kreis von Vereinsmitgliedern erlernt oder einen professionellen Trainer engagiert (Make-or-Buy-Entscheidung). Zeit und Geld sind jedoch auch komplementäre Ressourcen. Denn ohne Geld dürfte Sporttreiben kaum und ohne Zeit gar nicht möglich sein. Bei instrumentell motiviertem Sport – d. h. einem Sport, der nicht um seiner selbst willen (expressiv) ausgeübt wird, sondern um anderer Ziele willen betrieben wird, wie Gesundheit oder Schönheit – dürfte es eher möglich sein, ökonomisierende zeitsparende Angebote zu kreieren. Bei vielen wettkampfmäßigen Sportarten ist die Dauer nicht variabel, sondern wird durch sportliche Regeln bestimmt. Bei einigen Zuschauersportarten hat man die Dauer in den letzten Jahren durch entsprechende Regeländerungen – wie Tie-Break im Tennis – verkleinert. Zu den Zeiten des Sport-

---

[16] Paradoxerweise vergrößert sich die subjektiv wahrgenommene Knappheit der Zeit, wie auch des Geldes mit steigendem Wohlstand einer Gesellschaft, weil die Zahl der alternativen Verwendungsmöglichkeiten zunimmt.

treibens bzw. -zuschauens kommen Anfahrts- und Wartezeiten hinzu, die ebenfalls vermindert oder angenehmer gestaltet werden können. Neben der Dauer spielt der Zeitpunkt des Angebots in Relation zur Freizeitlage und Zeitsouveränität sowie konkurrierenden Angeboten eine Rolle. Vor allem bei Teamsportarten – aber durch den sozialen Konsum auch generell – geht es dabei nicht nur um die eigene, sondern auch um die Freizeit der Partner. So zeigen sich typische Nachfrageschwankungen bei sportlichen Dienstleistungen mit Spitzenzeiten (demand peaks) nach Feierabend, an Wochenenden und zu Urlaubszeiten, auf welche die Anbieter sich einstellen und auf die sie reagieren müssen. Durch die zunehmende Flexibilisierung der Arbeitszeit werden die Freizeitlagen uneinheitlicher und die individuelle Zeitsouveränität überwiegend eingeschränkt.[17] Denn „Flexibilisierung der Arbeit" heißt in den meisten Fällen nicht – wie einmal angenommen wurde, dass man sich seine Arbeit selbst einteilen kann, sondern dass man dann arbeiten muss, wenn man gebraucht wird, nicht wenn man arbeiten möchte. Dies bevorteilt Individualsportarten und kommerzielle Angebote gegenüber Mannschaftssportarten und Vereinsangeboten.

b) Das Konsumkapital (consumption capital) ist ein weiteres neues Element des Beckerschen Ansatzes, das Stigler und er in Analogie zur Produktionsfähigkeit eines Individuums eingeführt haben (Stigler und Becker 1977). Wegen mangelnder EDV-Kenntnisse sind heute z. B. viele elektronische Geräte von älteren Leuten nicht mehr bedienbar. Konsumfähigkeiten haben sowohl im aktiven als auch im passiven Sport eine große Bedeutung. Fußball ist u. a. deshalb so populär, weil viele selbst Fußball gespielt haben oder zumindest schon lange Fußball schauen. Diese sportlichen Konsumfähigkeiten werden zu einem großen Teil in der Jugend erlernt. In diesem Sinne legen – neben der Familie – vor allem der Schul- und Vereinssport die Basis für die spätere Sportnachfrage. Wenn es stimmt, dass Kinder sich immer schlechter bewegen, z. B. nicht rückwärts laufen können, hat das Konsequenzen für die zukünftige Sportnachfrage. Schellhaaß und Enderle (1999) haben in diesem Sinne vorgeschlagen, dass Randsportarten in informative Fernsehformate investieren sollten, um beim Zuschauer Konsumkapital und für die Sportart Reputation aufzubauen. Ebenfalls von Becker (1964) wurde das Konzept des Humankapitals entwickelt, d. h. von Investitionen in – an Personen, nicht an Sachen gebundene – Produktionsfähigkeiten, die zukünftigen Nutzen stiften. In diesem Sinne können Haushalte nicht nur konsumieren und produzieren, sondern auch investieren in Produktions- und Konsumfähigkeiten. Ein Studium erhöht z. B. die zukünftigen Einkommenschancen. Aktiver Sport kann als Investition in die Gesundheit verstanden werden. Je nachdem ob ein Individuum Sport treibt, um zu konsumieren (Spaß) oder zu investieren (Gesundheit), hätte z. B. eine Steigerung des Stundenlohns unterschiedliche Auswirkungen. Im ersten Fall würde – so die Interpretation von Ökonomen – die Freizeit, d. h. der Sport eingeschränkt, weil die Opportunitätskosten, dass was man in der Zeit verdienen könnte, gestiegen sind. Im zweiten Fall würde eine Investition

---

[17] Für Berufe der Oberschicht ist dagegen typisch, dass sie zwar mit weniger Freizeit, dafür aber mit mehr Zeitsouveränität verbunden sind (Offe und Heinze 1990).

in Sport und damit Gesundheit noch lohnender, weil man noch länger, mehr Geld verdienen könnte (Gratton und Taylor 2000).
3. **Stimulation Seeking Behavior, Identität und Emotionen:** Scitovsky (1976) hat anknüpfend an das psychologisch-physiologische Konzept der Aktivierung (arousal) des zentralen Nervensystems ein alternatives Modell zu Erklärung von Bedürfnissen vorgeschlagen. Demnach streben Individuen ein optimales Niveau der Aktivierung an. Bedürfnisse entstehen nicht nur, wenn dieses Niveau überschritten ist, wie das neoklassische Konzept des Mangels es – wie bei einem starken Hungergefühl – vorsieht, sondern auch, wenn es unterschritten wird. Dann entsteht Langeweile aufgrund einer Unterforderung verbunden mit der Suche nach Anregungen (stimulation seeking behavior). Bei Freizeitaktivitäten, die nur geringe Konsumfähigkeiten verlangen, wie Fernsehen, stellt sich schnell Langeweile ein, so dass nach immer neuen Anregungen gesucht wird (variety seeking). Sporttreiben gehört aber überwiegend zu den Aktivitäten, die hohe und zudem – je besser man werden möchte – ständig wachsende Konsumfähigkeiten verlangen. Damit kann gerade hier – auf einem Anforderungsniveau, das man anders als bei der Arbeit individuell wählen kann – das erreicht werden, was Csikszentmihalyi (1975) den „Flow" (Tätigkeitsrausch) genannt hat. Flow ist eine Erfahrung, bei der man sich im Hier und Jetzt verliert, weil Anforderungen und Fähigkeiten einer Tätigkeit sich im Gleichgewicht befinden. Betriebswirtschaftlich kommt es daher darauf an, entweder Abwechslung anzubieten oder Flow-Erlebnisse auf individuell angepasstem Niveau zu ermöglichen und die Bildung von entsprechenden Konsumfähigkeiten zu fördern.

Neuerdings wird das neoklassische Konzept der Nutzenmaximierung auch von Ökonomen um das psychologisch-soziologische der Identität ergänzt (Akerlof und Kranton 2010). Menschen versuchen, für sich selbst und gegenüber Anderen eine Identität zu finden, darzustellen und zu erhalten. Als reine Nutzenmaximierer wären sie für andere unberechenbar, weil ihr subjektives Kalkül sich von jeder Minute zur nächsten nicht nachvollziehbar ändern kann.[18] Sporttreiben und die Identifikation mit Sportlern gehören, wie die Fans von Fußballclubs verdeutlichen, für Viele zu ihrer Identität. Echte FC-Köln-Fans können nicht Leverkusen-Fans werden, so schlecht der FC auch spielen mag. Damit befindet sich der Verein ihm gegenüber in der Position eines (lokalen) Monopolisten. Das könnte ein Grund dafür sein, warum Nonprofit-Organisationen wie Vereine eher das Vertrauen der Fans genießen, dass für sie der Fußball und nicht der Profit im Mittelpunkt steht. Als Beispiel kann hier der FC Barcelona, angeführt werden. Durch die 50 + 1-Regel gilt dies aber im Kern auch weiterhin für alle deutschen Fußballclubs. Entscheidend ist vermutlich jedoch nicht die Rechtsform des Clubs, sondern das tatsächliche Gebaren der Eigentümer. Neben der Identitätssicherung spielen Emotionen und Bauchentscheidungen (Intuition) generell, und speziell wenn es um Sport geht, eine Rolle. Natur- und Sozialwissenschaftler, wie Damasio (1994) und Goleman (1996),

---

[18] Für den allwissenden Homo Oeconomicus wäre das natürlich kein Problem, weil er jederzeit wüsste, um welchen Vorteils willen der Andere sein Verhalten ändern würde.

kritisieren den Descartschen Dualismus von Geist und Körper sowie von Rationalität und Emotion und betonen die Bedeutung von Emotionen und körperlichen Signalen für Entscheidungsprozesse.

4. **Steigender Grenznutzen:** Das 1. Gossensche Gesetz des abnehmenden Grenznutzens gilt für Sport in gewissen Grenzen nicht, nämlich immer dann, wenn mit dem Konsum des Sports höhere Konsumfähigkeiten erworben werden, so dass das nächste Tennisspiel mehr Spaß macht als das vorangegangene. Während Anbieter auf sinkenden Grenznutzen mit Mengenrabatt reagieren, müssten sie bei steigendem Grenznutzen – wie ein Drogendealer – mit Einsteigerrabatten bzw. Schnupperangeboten locken. Auch ob es eine Sättigungsgrenze gibt, kann bei einigen Sportnachfragen bezweifelt werden. Gesund kann man vermutlich nie genug sein und die Voraussetzungen dazu müssen immer wieder neu erarbeitet werden (Heinemann 1995), was die Anbieter von Gesundheitssport in eine komfortable Position bringt.

5. **Unelastische und inverse Nachfrage:** Die Preise der Güter sind von zentraler Bedeutung für das Funktionieren von Märkten, deshalb wird ihr Einfluss in der ökonomischen Theorie an erster Stelle untersucht. Normalerweise wird umso mehr von einem Gut nachgefragt, je niedriger der Preis ist. Die genaue quantitative Auswirkung von Veränderungen des Preises auf die Nachfrage wird durch die Preiselastizität der Nachfrage gemessen. Sie wird durch das Verhältnis von prozentualer Preisänderung (im Nenner) zu prozentualer Nachfrageänderung (im Zähler) ausgedrückt. Das gilt für einen bestimmten Ausgangspreis, d. h. wenn der Preis sich verändert, kann sich die Elastizität verändern. Bei empirischen Ermittlungen der Preiselastizität der Nachfrage nach Eintrittskarten im Profisport, ergab sich meistens eine sog. unelastische Nachfrage. Das bedeutet, dass wenn z. B. der Preis um 10 % erhöht würde, sänke zwar die Nachfrage aber unterproportional, also um weniger als 10 %. Damit wären Preiserhöhungen grundsätzlich profitabel, weil zwar Zuschauer wegblieben, dies aber durch erhöhte Einnahmen pro Person überkompensiert würde. In Ausnahmefällen kann sogar eine inverse Nachfragekurve vorliegen, d. h. dass ein hoher Preis zu hoher Nachfrage führt, wie bei Prestigesportarten. Nach dem Ökonom und Soziologen Veblen (1899) ist z. B. der Effekt benannt, dass Menschen sich durch den demonstrativen Konsum von Gütern, die sich andere nicht leisten können, von diesen abheben wollen. Die Knappheit solcher Positionsgüter ist sozial bedingt und daher auch durch ein noch so großes wirtschaftliches Wachstum nicht zu vermindern (Hirsch 1980). Wenn z. B. Golfspielen für viele erschwinglich wird, eignet es sich nicht mehr als Positionsgut. Es wäre für Anbieter sehr profitabel zu wissen, was der nächste Prestigesport wird, vielleicht Hochseesegeln, Tiefseetauchen oder Polo?

6. **Viele Komplementär- und Substitutionsgüter:** Typisch für Sport sind a) die vielen Komplementärgüter, so dass sich ein zusammengesetzter Preis ergibt, und speziell für den instrumentellen Sport b) viele Substitutionsgüter.
   a) Andere Güter sind für den Sport vor allem in Form von Komplementärgütern von Bedeutung. Mit jeder Sportart hängt nämlich die Nachfrage nach einem ganzen Güterbündel zusammen: Ausrüstung, Kleidung, Schuhe, Anlagen, Training. Hinzu

kommt, dass mit dem Sportkonsum häufig der Konsum anderer Freizeitgüter verbunden ist: das gemeinsame Essen, das Bier danach. Entsprechend ergibt sich auch ein zusammengesetzter Preis. Der Preis des Stadionbesuchs ist also nicht nur jener der Eintrittskarte, sondern hinzukommen die Kosten der Getränke, des Essens, der Fanartikel, der Anreise und gegebenenfalls der Übernachtung. Wenn man die Gesamtkosten misst, haben einige empirische Studien gezeigt (andere jedoch nicht, s. Downward et al. 2009), kann die Preisreaktion elastisch werden. Dadurch würden nun umgekehrt Preissenkungen, z. B. über Paketpreise, profitabel. Die Sportnachfrage muss also als hierarchische (ausgehend von der Entscheidung zum Sporttreiben oder -zuschauen als Kern) und zusammengesetzte Nachfrage (nach vielen verschiedenen Sachgütern und Dienstleistungen) modelliert werden. In Beckers Haushaltsproduktionsfunktion lässt sich dies gut integrieren. Sinnvoll ist es, dabei fixe und variable Kosten zu unterscheiden (Gratton und Taylor 2000). Während die fixen Kosten darüber entscheiden, ob eine bestimmte Sportart überhaupt betrieben wird, bestimmen die variablen Kosten die Häufigkeit des Sporttreibens. Das Segelboot, der Liegeplatz und der Segelschein sind fixe Kosten des Segelns, während die Kosten von Anfahrt und Verpflegung sowie die Zeitkosten die Häufigkeit beeinflussen. Wenn der Preis des Komplementärgutes sinkt, steigt die Nachfrage nach dem Gut. Sinkende Mitgliedsbeiträge für Golfclubs oder die Möglichkeit ohne Aufnahmeprüfung (Platzreife) von Spiel zu Spiel bezahlen zu können, wie in den USA, steigern z. B. die Nachfrage nach Golfausrüstungen.

b) „Im traditionellen Sport verwirklicht sich meist vieles von dem, was als mögliche Nutzenerwartung genannt wurde, zugleich, als nicht intendierte Folge der Teilnahme. Aber es schälen sich Tendenzen heraus, nach denen nicht (mehr) alles zugleich nachgefragt wird. Spezifische Effekte werden unter Vernachlässigung aller anderen bewusst erwartet." (Heinemann 1995, S. 104) Die enorme Zunahme der Sportnachfrage hängt damit zusammen, dass Sport zunehmend instrumentell – also nicht um seiner selbst willen (expressiv), sondern als Mittel zur Erreichung anderer Ziele – betrieben wird: um IN zu sein, um gesund zu bleiben, um schön, schlank oder muskulär zu werden, um sich unterhalten zu lassen. Die Kehrseite der Medaille ist jedoch, dass Sport damit auch zunehmend Konkurrenz von Substitutionsgütern erhält: elektrische Muskelstimulation, Medikamente, Operationen, Rockkonzerte. Denn je geringer die Effektkombination ist, desto größer wird die Zahl der Alternativen (Heinemann 1995). Der Sport könnte Opfer seines eigenen Erfolges werden, wenn er dabei seine Einzigartigkeit verliert. Diese Gefahr sieht Schimank (2005) durch den sog. unsportlichen Sport gegeben, dem der Leistungs-, Wettbewerbs- und Regelcharakter fehlt. Ebenso könnte der leicht substituierbare Unterhaltungscharakter den sportlichen Kern des Zuschauersports verdrängen, je mehr die Sportfans durch zahlungskräftigeres Unterhaltungspublikum ersetzt werden. Welchen Einfluss das Substitutionsgut Fernsehübertragung auf den Stadionbesuch hat ist umstritten. Als gleichwertiges oder günstigeres Substitutionsgut müsste sie die Nachfrage ver-

2.2 Besonderheiten der Nachfrage

kleinern. Sie könnte aber auch Präferenzen und Konsumkapital entwickeln und damit die Nachfrage steigern.

7. **Luxusgüter:** Die Verfügung über die Ressource Einkommen stellt die wesentliche Restriktion der Kaufentscheidung dar. Wie bereits angeführt wurde, ist es jedoch gerade bei Sportangeboten sinnvoll, die Analyse um die Restriktionen der verfügbaren Freizeit und Konsumfähigkeit zu ergänzen. Das Einkommen hat einen größeren Einfluss auf die Nachfrage als der Preis eines Gutes. Bei normalen Gütern steigt die Nachfrage bei steigendem Einkommen.[19] Nach neuesten Untersuchungen (Alfs 2013) beeinflusst die Höhe des Einkommens sowohl das Ausmaß des aktiven als auch des passiven Sports (des Sportzuschauens) sowie die Höhe der damit jeweils zusammenhängenden Ausgaben.[20] Bei sog. Luxus- oder superioren Gütern steigt sie sogar überproportional. Es wird vermutet, dass viele Sportgüter in diese Kategorie fallen (Heinemann 1995). Allgemeine Einkommenssteigerungen würden sich also stark bemerkbar machen, allerdings genauso umgekehrt Einkommensminderungen. Empirisch am meisten untersucht ist die Nachfrage nach Eintrittskarten. In diesem Fall scheint es sich, um ein normales Gut zu handeln, d. h. die Nachfrage wächst mit dem Einkommen, aber unterproportional (Downward et al. 2009).[21]

8. **Präferenzen:** Kernthema der Ökonomie ist die Analyse des Funktionierens des Preismechanismus. Menschliches Verhalten soll durch Veränderungen der Restriktionen erklärt werden, also vor allem der relativen Preise und des Einkommens, nicht durch Veränderungen der Präferenzen, von denen angenommen wird, dass sie a) stabil, b) einheitlich und c) außerdem sowieso schwer zu messen seien. Präferenzen sind Rangfolgen von subjektiven Nutzenerwartungen, die mit Gütern bzw. Güterbündeln in Verbindung gebracht werden. Im Modell des vollkommenen Wettbewerbs werden die Güter als d) homogen angenommen, d. h., dass es z. B. keine Präferenzen für bestimmte Anbieter gibt. Andere Sozialwissenschaftler vertreten in diesen Punkten – wie wir im Folgenden aufzeigen – eine andere Meinung.

    a) Die Präferenzen hängen ab von den Zielen, Wünschen und Motiven der Individuen. Sie bestimmen, was als Nutzen und was als Kosten empfunden wird. Je abstrakter man diese Wünsche formuliert, desto eher dürfte vermutlich auch deren Rang-

---

[19] Bei inferioren (minderwertigen) Gütern sinkt sie.

[20] Weitere Einflussvariablen waren Geschlecht, Alter und die subjektive Bedeutung des Sports. Das Geschlecht wirkte aber in die entgegengesetzte Richtung als erwartet: Frauen verwenden mehr Zeit für ihren Sport und geben mehr Geld sowohl für aktiven als auch passiven Sport aus, wenn sie denn Sport treiben bzw. sich dafür interessieren. Das Alter beeinflusst die obigen zu erklärenden Tatbestände meist signifikant negativ, außer beim wöchentlichen Sporttreiben und bei den Ausgaben für passiven Sport, bei denen sich kein Zusammenhang zeigte. Außerdem zeigte sich ein gegenseitiger Zusammenhang zwischen aktivem und passivem Sport (Alfs 2013).

[21] Als weitere Einflussfaktoren auf die Nachfrage nach Eintrittskarten haben sich dabei die Größe des Marktes, Qualität und Erfolg des Teams, das Wetter, lokale Rivalen, die Wichtigkeit des Spiels und traditionale Spielzeiten (Samstagnachmittags) herausgestellt. Während die Ergebnisse zum Einfluss der Unsicherheit – wie gesagt – gemischt sind.

folge stabil und einheitlich sein. Für die Zwecke der Betriebswirtschaft und speziell des Marketings ist dies jedoch wenig informativ. Vor allen Dingen ist zu erwarten, dass der vergangene Konsum die zukünftigen Präferenzen beeinflusst und zwar aus drei Gründen. Erstens, kommt es bei allen Gütern auf die positiven oder negativen Erfahrungen an, die mit der tatsächlichen Realisierung der erwarteten Nutzenströme gemacht wurden. Zweitens, haben viele Sportgüter speziell den Charakter von Erfahrungsgütern. Ohne eigene konkrete Erfahrung mit dem Sporttreiben oder auch -zuschauen ist kaum zu erwarten oder zu vermitteln, welchen Nutzen sie bringen. Drittens, kann durch den Konsum simultan das Konsumkapital vergrößert werden. Betriebswirtschaftlich sind daher Schnupperangebote sinnvoll. Ein Verkauf aller Stadionplätze an Dauerkarteninhaber ist jedoch schädlich, weil potentielle neue Zuschauer so nie die Chance bekämen, ein tieferes Interesse an der Sportart zu entwickeln. Die Nachfrage nach Sportdienstleistungen wird darüber hinaus – im Sinne des Variety-Seeking – stark von modischen Schwankungen beeinflusst. Gesellschaftliche Trends, wie Individualisierung, Differenzierung der Lebensstile oder Wertewandel (Heinemann 1995) beeinflussen die Präferenzen. Ein großer Teil des Marketings ist darauf gerichtet, Konsumenten zu beeinflussen, wenn diese stabil wären, könnte das nicht funktionieren. Auch wenn Ökonomen es sprachlich so ausdrücken, als ob vorhandene Bedürfnisse nur „geweckt" werden, ist das ja ebenfalls eine Beeinflussung. Ein Beispiel dafür ist die mangelnde Nachfrage nach Pay-TV in Deutschland, die vor allem durch exklusive Sportübertragungen befördert werden soll.

b) Die Nachfrage nach Sport ist alles andere als einheitlich. Empirische Untersuchungen des Sporttreibens haben immer wieder große Unterschiede nach Alter, Geschlecht, Bildung, nationaler Herkunft sowie den Restriktionen Einkommen und Arbeitszeit festgestellt.[22] Das Beispiel der sog. neuen „Alten" – die mehr Sport treiben als die „Alten" früherer Generationen – verdeutlicht aber, dass sich hinter manchen sozioökonomischen Variablen Variationen im Konsumkapital verbergen können. Bei den empirischen Ergebnissen zur Sportpartizipation muss bedacht werden, dass die Zahl der Nutzer, also der tatsächlich Sporttreibenden, nicht identisch mit der Zahl der Nachfrager ist (Gratton und Taylor 2000). Nachfrage ist definiert als gewünschte (nicht als realisierte) kaufkräftige Nachfrage zu einem bestimmten Preis. Nutzung ergibt sich aus dem Zusammenspiel von Nachfrage und Angebot, ist also abhängig vom Angebot, z. B. an Sportanlagen (Hallmann et al. 2012). Noch einen Schritt weitergehend kann man vermuten, dass das Angebot auch Nachfrage schaffen kann. Insgesamt beobachtet man eine zunehmende Fragmentierung und Individualisierung der Sportnachfrage (Rittner 1988).

---

[22] Das gilt für die Frage, ob Sport betrieben wird. Wenn es darum geht, wie häufig dieser Sport betrieben wird, spielen Alter, Einkommen und Krankheit keine Rolle mehr. Sie wirken als Barrieren. Wenn diese überwunden sind, kommt es auf die Freizeit an. Arbeitslose und Rentner treiben mehr Sport, wenn sie überhaupt Sport treiben (Gratton und Taylor 2000).

c) Die moderne empirische Sozialforschung hat Instrumente entwickelt, mit denen Präferenzen gemessen werden können (Opp 1989).[23] Damit bricht die Argumentationskette der Ökonomen zusammen. Sie beruht nämlich darauf, dass man beliebig über Präferenzänderungen spekulieren könnte und die Erklärung damit unwiderlegbar würde. Ein Beispiel dafür wäre die Frage: Warum treibt jemand mehr Sport? Die tautologische Antwort würde lauten: Weil sein Bedürfnis dafür gewachsen ist. Dieses Argument der Beliebigkeit der Erklärung gilt aber nur, wenn Präferenzen nicht unabhängig vom Verhalten messbar sind.
d) Die Homogenität der Güter ist in großen Bereichen des Sports nicht gegeben. Es gibt starke sachliche Präferenzen für Markenprodukte sowie persönliche Präferenzen, d. h. solche für die Person des Dienstleisters (s. Kap. 6.1.1). Bei Sportschuhen interessiert es nicht, welche Fabrikarbeiter sie hergestellt haben, bei personenbezogenen Dienstleistungen ist jedoch die Persönlichkeit des Trainers von großer Bedeutung.

Wenn Präferenzen nicht stabil sind, wird es aus betriebswirtschaftlicher Sicht sinnvoll, sich mit der Entstehung, dem Wandel bzw. der Beeinflussung von Präferenzen zu beschäftigen (s. Zusammenfassung bei Heinemann 1995). Hier kommen kulturelle (Nation, Subkultur, soziale Schicht, Werte), soziale (Bezugsgruppen, Rollen, Normen, Sozialisation, soziale Vergleiche), psychologische (Wahrnehmung, Lernen) und speziell beim Sport auch physiologische Einflussfaktoren (körperliche Konstitution, motorische Fertigkeiten, Gesundheitszustand) ins Spiel. Wenn Präferenzen nicht stabil sind und soziale Einflüsse die Wahlmöglichkeiten der Individuen einschränken, können auch staatliche Eingriffe gerechtfertigt werden.[24]

2.3 Besonderheiten des Sportangebots

Die neoklassische Angebotstheorie (auch Produktionstheorie oder Theorie der Firma) geht normalerweise von folgenden Annahmen aus: 1. Das Angebot entsteht in Firmen. 2. Sie produzieren Güter. 3. Ihr Ziel ist die Profitmaximierung. 4. Auf den Gütermärkten haben Firmen die Wahl zwischen der Produktion verschiedener Güter und Mengen zu gegebenen Marktpreisen. Auf den Faktormärkten fragen sie Ressourcen nach. Hier haben sie die Wahl zwischen verschiedenen Faktoren zu gegebenen Marktpreisen. Entschei-

---

[23] Das Problem der sozialen Erwünschtheit von Antworten kann durch geschickte Befragungstechniken gelöst werden, z. B. durch die Randomized Response Technik (Pitsch et al. 2013), welche die Anonymität der Befragten sichert.

[24] Die klassische ökonomische Theorie neigt hingegen dazu, solche Probleme durch ihre Annahmen hinweg zu definieren (Downward et al. 2009). Wenn die Präferenzen individuell fixiert und die Informationen vollständig sind, kalkulieren die Individuen auch das Handeln des Staates ein, fragen deshalb z. B. meritorische Güter noch weniger nach. Eingriffe ins Marktgeschehen führen so nur zu Verzerrungen der individuellen Entscheidungen, d. h. Wohlfahrtverlusten. Im ökonomischen Modell haben die Individuen ja zudem auch die Einkommensverteilung über freie Entscheidungen auf dem Arbeits- und Bildungsmarkt bestimmt.

dend für die Nachfrage nach Faktoren, z. B. Arbeitskräften, ist ihr sog. Wertgrenzprodukt (value of marginal product),[25] d. h. wie viel die letzte Einheit zum Umsatz beiträgt. Das bestimmt auch die maximale Höhe der Entlohnung. 5. Die Faktoren werden wertschöpfend kombiniert. 6. Das Firmenangebot hängt – neben der Orientierung an der Nachfrage – vor allem von den Kosten der Produktion ab. Das Gesetz fallender Grenzerträge (bzw. umgekehrt steigender Grenzkosten) besagt, dass wenn eine variable Ressource zu konstanten fixen Ressourcen hinzugefügt wird – bei kurzfristiger Betrachtung – ab einem bestimmten Punkt die Grenzerträge sinken (Produktionsfunktion).[26] Dieses Gesetz ist der Grund dafür, dass Firmen – ceteris paribus – im Normalfall nur zu steigenden Preisen mehr von einem Gut anbieten (Angebotskurve). Die optimale Produktionsmenge wird an dem Punkt erreicht, an dem mit der letzten produzierten Einheit noch deren Produktionskosten (Grenzkosten) erwirtschaftet werden, weil in dem Bereich steigender Grenzkosten mit allen vorangehenden Einheiten Profit gemacht wurde. Langfristig, wenn alle Faktoren variabel sind, hängen die Kosten von der Outputmenge ab. Dabei müssen Größenvorteile (economies of scale) und Größennachteile (diseconomies of scale) abgewogen werden.

Die Firma dieses Modelles entspricht überwiegend dem, was oben als Unternehmen definiert wurde (s. Kap. 1.4.1). Die sportökonomische Literatur im engeren Sinne hat sich vor allem mit den Besonderheiten des Teamsportangebots beschäftigt. Um diese darzustellen werden im Folgenden wieder die durchnummerierten sechs Punkte aufgegriffen (s. Abb. 2.3). Eine neuere Zusammenfassung zu den Besonderheiten des Teamsports bietet Dietl (2011). Mindestens ebenso wichtig ist jedoch festzustellen, dass das Kalkül, das hier für Unternehmen modelliert wird, das Verhalten von Non-Profit und staatlichen Sportorganisationen nur sehr unzureichend erfasst. Auch hier geht es zwar um Allokation, Produktion und Distribution, Wahlentscheidungen, Kosten, Nutzen und Wettbewerb, aber auf so grundsätzlich andere Art, dass diese Betriebstypen vielmehr – analog zu verschiedenen Wirtschaftssystemen – als zu Unternehmen alternative Institutionen zur Produktion von Gütern aufgefasst werden müssen. In der sportökonomischen Literatur hat dies Heinemann (1984) aufgezeigt. Sportvereine haben z. B. nicht nur andere Ziele als Profit, sondern sie beruhen zudem nicht auf einem Tausch- sondern auf einem Gesellschaftsvertrag. Die Mitglieder sind idealtypisch Eigentümer, Konsument und Produzent in einem. Die Besonderheiten von Sportvereinen sowie staatlichen Anbietern werden ausführlich in Kap. 3 und 4 behandelt, so dass an dieser Stelle nicht weiter darauf eingegangen wird.

1. **Kooperenz:** Eine der Kernbesonderheiten des Zuschauersports im Unterschied zur „normalen" Wirtschaft ist, dass eine Firma alleine das Produkt Wettkampf und erst

---

[25] Physisches Grenzprodukt multipliziert mit dem Verkaufspreis des Produktes.

[26] „Kurzfristig" wird ökonomisch definiert als der Zeitraum, indem einige Inputs nicht variiert werden können, „langfristig" als der Zeitraum, indem alles geändert werden kann: Maschinen, Technologie, Verträge. Variable Kosten variieren mit der Outputmenge, d. h. hierbei ist in kurzfristiger Betrachtung eine Entscheidung darüber möglich, wie viel ich einsetze. Fixe Kosten fallen unabhängig vom Output an, können also kurzfristig nicht variiert werden.

2.3 Besonderheiten des Sportangebots

	Normalfall der allgemeinen Lehrbücher	Besonderheiten (vor allem des Zuschauersports)
1. Aktor	– Unternehmen – Club ist Firma	– Nonprofit-Organisationen (s. Kap. 3), Staat (s. Kap. 4) – Liga ist Firma, Kooperenz
2. Tätigkeit	Produktion von Gütern	Produktverbund Finanzierungsproblem
3. Ziel	Profitmaximierung	– Nonprofit – Nutzenmaximierung – Siegmaximierung

4. Märkte	Faktormärkte	– Profi- Sportler
		   – Reserve Clause, Transferzahlung
		   – Hyperaktivität
		   – Freiwilligenarbeiter

5. Wertschöpfung	– Kombination interner Ressourcen – Wertkette	– Co-Creation von „Diensten mit externen Ressourcen von Kunden, anderen Firmen, sonstigen Stakeholdern (s. Kap. 6.3.1) – Wertnetz, Wertshop (s. Kap. 6.3.2)

6. Kosten	– kurzfristig: Gesetz fallender Grenzerträge
	– Produktivitätssteigerung
	   – Substitution von Faktoren
	   – Maximierung des Outputs
	   – Minimierung des Inputs
	– Wertgrenzprodukt
	– langfristig: Größenvor- und -nachteile
		– hohe Fixkosten
		– niedrige variable Kosten
		– durch sportliche Regeln begrenzt
		– Wertgrenzprodukt schwer zu ermitteln
		– inverse Angebotskurve bei Kleinstbetrieben
		– geringe Größenvorteile bei Dienstleistungen

Abb. 2.3 Besonderheiten des Sportangebots

Recht nicht eine Meisterschaft in einer Liga erstellen kann. Während zur Produktion eines Sportschuhs nicht Nike und Adidas kooperieren müssen, benötigt man für ein Fußballspiel 2 und für die Bundesliga sogar 18 Mannschaften. Neale (1964) kommt daher zu dem Schluss, dass nicht der jeweilige Club, sondern die Liga die eigentliche Firma ist. Die Clubs sind nur einzelne Produktionsstätten dieses Unternehmens. Diese Meinung ist umstritten. Einigkeit besteht jedoch darüber, dass die Clubs nicht nur Konkurrenten sind, sondern auch kooperieren müssen, um die Ligaspiele zu produzieren und spannend zu gestalten (s. Unsicherheitshypothese).[27] Heinemann (1984) hat dies assoziative Konkurrenz genannt, neuerdings wird auch der Begriff Kooperenz (coopetition) (Woratschek 2004) verwandt. Die Liga stellt ein Wertnetz bzw. eine Plattform dar, auf der verschiedene Firmen und Konsumenten gemeinsam (Co-Creation) Werte schaffen können (s. Kap. 6.3).

2. **Produktverbund:** Wie bereits festgestellt wurde, können Sportgüter vom Normalfall der privaten Güter abweichen, und sowohl für Konsum- als auch Investitionszwecke eingesetzt werden. Heinemann (1987) hat eine Typologie von Gütern entwickelt, bei der die Dimension des Ausschlusses und der Finanzierung mit jener der Verwendung

---

[27] Auch in anderen Wirtschaftsbereichen können Unternehmen kooperieren. Aber nur im Wettkampfsport müssen sie kooperieren (Schellhaaß 2011).

Ziele Ausschluss (Finanzierung)	Konsumtive Ziele (Konsumgüter)	Marktorientierte Ziele (Investitionsgüter)	Nicht-marktorientierte Ziele (Investitionsgüter)
Ausschluss über Preis (Private Güter)	Aktives Sporttreiben: Spaß, Geselligkeit Zuschauersport: Spannung, Unterhaltung, Abwechslung	Werbung/Sponsoring Produktion und Verkauf von Gütern und Diensten Einkommenserwerb	Mäzenatentum Individuelle Gesundheit Beziehungen Prestige
Ausschluss über Beitrag (Clubgüter)	Vereinssport Vergnügungspark	Pauschalentgelt für Leistungspakete von gewerblichen Anbietern	Soziale Integration Zusammengehörigkeitsgefühl Möglichkeiten des Engagements
Kein Ausschluss (öffentliche Güter)	Nationales Prestige lokale Identität Optionsgut	Nebenerwerbszweige im Sport Medien; Anschlussprodukte	Volks-Gesundheit; soziale Integration; Selbstdarstellung der Nation

Abb. 2.4 Produktverbund nach Heinemann (1987)

für Konsum- oder Investitionszwecke kreuztabelliert werden (s. Abb. 2.4). Ein Konsumgut ist ein Gut, das dem letzten, gegenwärtigen Verbrauch zugeführt wird, wie Brot. Ein Investitionsgut ist ein Gut, das bei der Produktion zukünftiger Güter eingesetzt wird, wie Saatgut. Um zukünftiger Erträge willen, wird auf gegenwärtigen Nutzen verzichtet. Die Investitionsgüter hat Heinemann noch einmal in Kapitalgüter (marktorientierte Ziele, monetärer Nutzen) und Potentialgüter (nicht-marktorientierte Ziele, anderer Nutzen) unterteilt. Das Besondere ist nun, dass ein Sportverein oder sogar ein einziges Sportangebot, z. B. ein Fußballspiel einer Amateurmannschaft, in diesem Sinne einen Produktverbund darstellt. Es gibt die Amateursportler des Vereins auf dem Platz und die Zuschauer, die Eintritt bezahlt haben (Clubgut). Es gibt die Lokalzeitung, die umsonst über das Spiel berichten darf und die Einwohner des Dorfes, die sich darüber mitfreuen dürfen (öffentliches Gut). Dann gibt es Werbende und Sponsoren, die für diese Rechte bezahlt haben (privates Gut). Für Vereinsmitglieder, die Sport treiben, weil es Spaß macht, ist dies ein Konsumgut, für solche, die es tun um gesund zu bleiben, ist es ein Potentialgut. Für den Sponsor des Vereins, der damit letztlich Käufer werben will, ist das Sportangebot ein Kapitalgut. Diese Vielzahl von Gütertypen macht es schwierig zu entscheiden und durchzusetzen, wer in welchem Ausmaß zur Finanzierung herangezogen werden soll. Eine weitere Besonderheit des Güterangebots ergibt sich aus der Unsicherheitshypothese. Im Wettkampfsport kann der Anbieter den Kern des Produktes, nämlich Verlauf und Ergebnis des Wettkampfes nicht beeinflussen und muss sich daher – neben der Investition in Spielstärke der eigenen Mannschaft – auf die Schaffung von Zusatzleistungen und angenehmen Rahmenbedingungen, wie Speisen und Getränke, Unterhaltungsprogramm, VIP-Logen, Parkplätze konzentrieren.

Diese können selbst oder in Kooperation mit anderen Firmen erstellt werden (s. zur Co-Creation Kap. 6.3).

3. **Siegmaximierung (win maximizing):** Ökonomische Theorien gehen von bestimmten Annahmen über menschliches Verhalten (z. B. Homo Oeconomicus) und die Umweltbedingungen (z. B. vollständiger Wettbewerb) aus, unter denen sie Entscheidungen treffen, um dann daraus in logischen, mathematischen Schritten Hypothesen abzuleiten. Je weniger die Annahmen zutreffen, desto weniger haben auch die Schlussfolgerungen Gültigkeit. Eine zentrale Annahme der Angebotstheorie ist, dass es das Ziel von Firmen ist, Profit zu maximieren. Aber trifft diese Annahme auf Proficlubs zu?[28] Die meisten amerikanischen Sportökonomen nehmen dies für die heutigen Sportclubs an.[29] Indirekte Beweise, wie der Umzug von Clubs in andere Städte oder die hohen Erlöse beim Verkauf von Clubs sprechen dafür. Zumindest für europäische Sportclubs gilt dies aber eher nicht. Wie bei Konsumenten geht es hier möglicherweise – unter Aufrechterhaltung der Zahlungsfähigkeit – um Nutzenmaximierung (utility maximizing), z. B. Prestigegewinn für die Amtsträger und vor allem um sportlichen Erfolg. Man spricht deshalb auch von Siegmaximierung. Dass man, um sportlich Erfolg zu haben, möglichst hohe Erträge braucht, verwischt nicht den grundsätzlichen Gegensatz. Entscheidend ist, wofür diese Erträge verwendet werden, für Dividenden oder Vermögenszuwächse für die Eigentümer oder für die weitere Stärkung der Mannschaft (s. Kap. 3.3.2 über For- versus Non-Profit). Die Konsequenzen für das Modell hat als erster Sloane (1971) aufgezeigt. Vor allem Kesenne (z. B. 1996) hat diesen Gedanken systematisch weiter verfolgt. So werden siegmaximierende Clubs z. B. mehr Spieler beschäftigen als profitmaximierende. Denn für letztere gilt, dass die optimale Anzahl erreicht ist, wenn der letzte Spieler gerade noch so viel Erlös (s. Grenzwertprodukt, sinkender Grenzertrag) bringt, wie sein Gehalt kostet. Siegmaximierende Clubs werden hingegen alle Erlöse wieder ausgeben und mehr Spieler engagieren und sie über ihrem Wertgrenzprodukt bezahlen.

Wie kann man ermitteln, welches Ziel Sportclubs verfolgen? Wenn man – wie Ökonomen – den Weg ausschließt, die Entscheidungsträger zu befragen, muss man versuchen, ihre Ziele aus ihrem Handeln zu erschließen. Demnach würden – neben übergroßen Spielerkadern – z. B. folgende weitere Indikatoren für Siegmaximierung sprechen: Non-Profit-Rechtsformen wie e.V., langandauernde Verluste, überhöhte Gehälter, niedrige Eintrittspreise, geringe Preisdifferenzierung oder ein zu großes Stadion. Ein Indikator für Siegmaximierung sind auch die Mäzene, die Sportclubs nicht unterstützen, um Geld zu verdienen, sondern um Geld auszugeben. Dazu gehören nicht nur die großen Mäzene, wie Abramovitch, Berlusconi und Hopp, sondern auch die Fans,

---

[28] Dass die Annahme für einfache Vereine nicht gilt, wird in Kap. 3 behandelt.
[29] Häufig wird auch argumentiert, dass dies modelltheoretisch einfacher sei (z. B. Sandy et al. 2004). Aber Einfachheit ist ein nachgeordnetes Kriterium. In erster Linie geht es um Wahrheit und Gehalt einer Theorie.

die Aktien oder Anleihen kaufen, oder die kleinen lokalen „Sponsoren". Die Ergebnisse empirischer Studien zu Zielen von Sportclubs sind jedoch widersprüchlich (Sandy et al. 2004). In der Realität sind ja immer auch Mischungen der Ziele möglich. Bei deutschen Bundesligaclubs ist, selbst nach der Umwandlung in erwerbswirtschaftliche Rechtsformen – anders als Ökonomen angenommen haben – bisher keine Verhaltensänderung zu erkennen. Daher ist es nicht gewagt zu vermuten, dass zumindest relativ gesehen, d. h. im Vergleich mit der Normalwirtschaft, nutzenmaximierende Ziele im Profisport eine große Rolle spielen. Nicht zuletzt eröffnet ja das Monopol der Ligen auch einen größeren Spielraum dazu als ein normaler wirtschaftlicher Wettbewerb.

4. **Profi-Sportler und Hyperaktivität:** Die Sportler sind die Schlüsselressource des Zuschauersports. Sie wurden daher in der Vergangenheit und werden auch noch heute außergewöhnlich behandelt. Früher durften in den USA Spieler – auch nach Ablauf des Vertrages – nicht ohne Zustimmung des alten Arbeitgebers den Betrieb wechseln (USA: reserve clause). Vor dem Bosman-Urteil musste in der Fußball-Bundesliga der neue Arbeitgeber – auch nach Ablauf des Vertrages – eine Ausgleichszahlung an den alten Verein leisten (Transferzahlung). Humankapital (Spielerpersonal) wird als Vermögen in der Bilanz erfasst (Sigloch 2005). Die Arbeiter, d. h. die Spieler verdienen – anders als in den normalen Branchen – mehr als die Manager. Die Superstars darunter verdienen wiederum ein Vielfaches der durchschnittlichen Spieler. Der Rangwettbewerb, d. h. dass der Erlös von der relativen nicht der absoluten Qualität des Produktes, nämlich der Position in einer begrenzten Tabelle abhängt, kann zu einem ruinösen Rüstungswettlauf (Hyperaktivität) bei den Gehältern führen. Dies gilt umso mehr, je ungleicher der Gewinn verteilt wird (Extrem: the winner takes all). Die kostspielige und risikoreiche Ausbildung des Personals (der Spieler) wird überwiegend von den Betrieben (den Fußballclubs) finanziert, während die Ausbildungskosten in anderen Branchen und Berufsfeldern auch vom Auszubildenden oder vom Staat übernommen werden (Schellhaaß 2011). Außerdem gibt es im Sport noch Millionen einer anderen Kategorie von ungewöhnlichen Arbeitskräften, nämlich solche, die auch im Umfeld des Profisports ohne Bezahlung arbeiten, die Freiwilligenarbeiter (s. Kap. 8).

5. **Co-Creation (gemeinsame Wertschöpfung):** Durch die Kombination und Umformung der Ressourcen findet in den Betrieben eine Wertschöpfung statt. Diese wird normalerweise als eine Wertschöpfungskette dargestellt: Input wird in Output umgewandelt und vermarktet. Bei Dienstleistungen und speziell im Profisport ist es jedoch angemessener, die Wertschöpfung als Wertnetz (Woratschek und Schafmeister 2005) oder Plattform (Dietl 2011) zu beschreiben und als Ko-Kreationsprozess vieler Beteiligter zu verstehen (s. Kap. 6.3). Die Liga bringt Sportteams zum Spiel und zum Meisterschaftsrennen zusammen und vermarktet zentral gewisse Leistungen. Das Fußballspiel bietet eine Plattform für unterschiedliche Netzwerkteilnehmer: Clubs, Zuschauer, Medien, Werbende, Sponsoren, Wettanbieter, Politiker. Es bringt die Zuschauer und speziell die VIP-Besucher miteinander und die Sponsoren bzw. die Werbetreibenden mit den Zuschauern im Stadion und vor dem Fernseher oder Internet zusammen. Sie gemeinsam produzieren das Gut „Zuschauersport". Zu den üblichen Produktionsfak-

toren (Arbeit, Boden, Kapital) müssen Ausgeglichenheit (Unsicherheit) und Integrität des Wettkampfes (keine Manipulation) hinzukommen. Dazu müssen die Clubs kooperieren und in Reputation und die Bildung von Konsumkapital investieren (Schellhaaß und Enderle 1999).

6. **Besonderheiten der Kosten:** Die Kosten der Produktion bestehen also entscheidend aus Personalkosten. Eine Steigerung der Produktivität durch Substitution von Faktoren oder Maximierung des Outputs bzw. Minimierung des Inputs ist aufgrund der sportlichen Regeln des Wettbewerbs nur begrenzt möglich (Dietl 2011). Arbeit kann nicht durch Kapital substituiert werden. Ein größeres Stadion kann nicht Spieler ersetzen. Es kann nur einen Meister geben. Eine Fußballmannschaft hat elf Spieler. Die Fixkosten der Sportanlagen – und das gilt auch für viele Anlagen des aktiven Sports – sind hoch, die variablen und die Grenzkosten dagegen niedrig. Ein Zuschauer mehr im Stadion, ein Schwimmer mehr im Hallenbad verursacht kaum zusätzliche Kosten. Von daher empfiehlt es sich, die Anlagen maximal auszulasten.[30] Das kann durch relativ niedrige Eintrittspreise oder eine Preisdifferenzierung erreicht werden bis hin zur Übernahme des sog. Einnahmemanagements (revenue management) wie es Fluglinien oder Hotels einsetzen, bei dem die Preise für die gleiche Leistung je nach Nachfrage flexibel gestaltet werden.[31] Das Kalkül wird weiter dadurch erschwert, dass es schwierig bis unmöglich ist, den Beitrag einzelner Faktoren zur Wertschöpfung (ihr Wertgrenzprodukt) zu ermitteln (Dietl 2011). Sportler, Trainer und Mediziner wirken zusammen, Mannschaftsport ist per Definition Teamwork, zum Spiel gehören zwei Mannschaften, zum Meisterschaftsrennen alle Spiele der Liga. Der sportliche Erfolg wird als Ersatzindikator herangezogen. „Dies ist ökonomisch gesehen aber falsch. Der Beitrag des Siegers an der Wertschöpfung ist nicht größer als der des Verlierers" (Dietl 2011, S. 25).

Abschließend sollen noch zwei weitere Besonderheiten des Angebots erwähnt werden, die auf Klein- und Dienstleistungsbetriebe zutreffen können. Wie es inverse Nachfragekurven gibt (s. Veblen-Effekt), so kann man sich auch inverse Angebotskurven vorstellen (Heinemann 1995), also eine Situation, in der Betriebe ihr Angebot ausweiten, wenn die Preise sinken. Das könnte u. a. dann der Fall sein, wenn das Ziel des Betriebes nicht Profitmaximierung (oder Verlustminimierung), sondern Einkommenssicherung ist. Ein solches Verhalten kann man bei Kleinstbetrieben in der Landwirtschaft oder u. U. bei inhabergeführten kleinen Fitnessstudios beobachten. Um den Einkommensverlust bei fallenden Preisen zu kompensieren, wird das Angebot ausgeweitet, d. h. mehr gearbeitet. Wenn das

---

[30] Das könnte eine Erklärung dafür sein, warum sich die Eintrittspreise im preisunelastischen Bereich der Nachfrage befinden. Zudem bringen mehr Zuschauer mehr Atmosphäre und verbessern so das Produkt. Ein niedriger Eintrittspreis und damit mehr Zuschauer ermöglichen zudem höhere Nebeneinnahmen im Bereich Essen und Trinken, Merchandising und Parkgebühren.

[31] Wie viel Spielraum für Preiserhöhungen es gibt, zeigt der Schwarzmarkt. Seit 2010 hat das Baseballteam der San Francisco Giants erstmals eine solche dynamische Preisgestaltung eingeführt. Es könnte allerdings sein, dass die Fans, wie der zurückgenommene Schritt in diese Richtung von Schalke gezeigt hat, sehr empfindlich darauf reagieren.

alle machen, entwickelt sich ein ruinöser Wettbewerb. Dienstleistungen weisen geringere Größenvorteile bei der Produktion auf als Sachgüter. Alle Sportschuhe der Welt könnten theoretisch in einer Fabrik in China produziert werden, ein einziges großes Weltfitnessstudio in Peking wäre dagegen nicht denkbar. Das Minimum des langfristigen Kostenverlaufs befindet sich bei Dienstleistungen und speziell bilateral personenbezogenen Dienstleistungen vergleichsweise im Bereich kleiner Stückzahlen, weil das Angebot örtlich, zeitlich (Uno-actu-Prinzip), sachlich (s. Individualität) und sozial (Konsument ist externer Faktor, Produzent ist Teil des Produktes) nahe beim Kunden erfolgen muss (s. Kap. 6.1.1).

2.4 Besonderheiten der Sportmärkte und -institutionen

2.4.1 Märkte

Die individuellen Entscheidungen über Nachfrage und Angebot werden ex post (im Nachhinein) über Märkte abgestimmt. „Ein Markt stellt die Zusammenfassung aller Kauf- und Verkaufsakte bestimmter Güter und Dienste innerhalb eines bestimmten Gebietes und Zeitraums dar. Er ist ein Koordinationsmechanismus von Angebot und Nachfrage, indem er über die Preise die relative Knappheit von Gütern und Diensten anzeigt und für die Abstimmung der Pläne der Konsumenten und Produzenten sorgt." (Heinemann 1995, S. 171) Sinkende Preise sind ein Anreiz für die Erhöhung der Nachfrage, steigende für die Ausweitung des Angebots. Zentral für die neoklassische Ökonomik ist neben dem Homo Oeconomicus (Rationalverhalten: Nutzen- oder Gewinnmaximierung, Egoismus, vollkommene Information) das Modell des vollkommenen Wettbewerbs (pure oder perfect competition). Es beruht auf einer Menge von weiteren Annahmen, wie Homogenität der Produkte (z. B. keine Präferenzen für bestimmte Anbieter), vollkommene Mobilität und vollkommene Teilbarkeit der Produktionsfaktoren, keine Markteintritts- und -austrittsbarrieren, klare Eigentumsrechte. Die wichtigste Annahme ist, dass es viele kleine Nachfrager und Anbieter gibt. Dadurch hat keiner Macht über den Preis, sondern kann ihn nur so akzeptieren, wie er sich im Marktgleichgewicht (im Modell ohne Zeitverzögerung) bildet.[32] Es gibt keinen Spielraum für Preispolitik. Ein solcher Markt gilt in vielerlei Hinsicht als effizienter Koordinationsmechanismus einer arbeitsteiligen Wirtschaft, er hat Steuerungs-, Anreiz- und Verteilungsfunktion und sichert Konsumenten- und Produzentenfreiheit.[33] Obwohl jeder Marktteilnehmer nur egoistisch seinen Vorteil verfolgt, wird über den Markt, wie durch eine „unsichtbare Hand" – so Adam Smiths Bild – gesellschaftliche Wohlfahrt erzeugt, weil die Produzenten, um Gewinn machen zu können, sich an der kaufkräftigen Nachfrage der

---

[32] In der Realität können Zeitverzögerungen sehr relevant werden. Zu der Hypothese, dass sich Märkte langfristig am Gleichgewichtspreis einpendeln, hat Keynes (1923, S. 65) kritisch bemerkt: „In the long run we are all dead."

[33] Der vollkommene Wettbewerb hat aber auch volkswirtschaftliche Nachteile: die Anbieter haben keine langfristige Perspektive, keine Ressourcen für Forschungszwecke, Ein- und Austritte verschwenden Ressourcen.

2.4 Besonderheiten der Sportmärkte und -institutionen

Konsumenten orientieren müssen. Übliches Kriterium für die volkswirtschaftliche Wohlfahrt ist – als sozusagen kleinster gemeinsamer Nenner eines Gerechtigkeitsmaßstabes – die Pareto-Optimalität.[34] Sie ist erreicht, wenn durch eine Veränderung des Status quo kein Individuum besser gestellt werden kann, ohne ein anderes schlechter zu stellen. Im vollkommenen Wettbewerb werden Allokations-, Produktions- und Distributionsprobleme effizient gelöst. Die knappen Ressourcen werden ihrer besten Verwendung zugeführt, weil die Marktpreise Nutzen und Kosten widerspiegeln. Es wird das produziert, was nachgefragt wird. Am Markt setzen sich die kostengünstigsten Produzenten durch. Profit wirkt als Anreiz für zusätzliche Anbieter. Dadurch werden Extraprofite, die über die Kosten des Kapitals hinausgehen, wegkonkurriert.[35] Das Einkommen wird über die Faktormärkte nach dem jeweiligen Beitrag (Grenzwertprodukt) zur Produktion verteilt, wird zur Nachfrage eingesetzt und bestimmt damit die Verteilung der Güter. Das Modell des vollkommenen Wettbewerbs dient in den Lehrbüchern der Volkswirtschaftslehre und auch der Sportökonomie einerseits zur Erklärung von wirtschaftlichen Zusammenhängen (positive Ökonomik), andererseits als Vergleichsmaßstab für wirtschaftspolitische Empfehlungen (normative Ökonomik). Es handelt sich um ein Gedankenexperiment, mit dem das Wirken eines Marktes vereinfachend analysiert werden soll. In der Wirklichkeit gibt es keinen Markt, der diesen Anforderungen genügt. Reale Marktwirtschaften funktionieren jedoch im Großen und Ganzen besser als alternative Wirtschaftssysteme. Kontroversen gibt es überwiegend nur darüber, wie weit der Staat regulierend und ausgleichend eingreifen soll. Hier interessiert, was im Sport von diesem Modell abweicht. Dazu soll auf zwei Punkte eingegangen werden: 1. andere Marktformen, 2. Gründe für Marktversagen (s. Abb. 2.5).[36]

1. **Marktformen:** Man unterscheidet je nach Anzahl der Anbieter u. a. drei verschiedene Marktformen, denen jeweils viele Nachfrager gegenüber stehen: das Polypol, das weiter unterteilt wird in einen Fall mit a) homogenen und b) einen mit heterogenen Produkten, c) das Monopol und d) das Oligopol.
    a) Das homogene Polypol ist charakterisiert durch viele kleine Anbieter und geringe Eintrittsbarrieren. Es ist die Marktform, die dem vollkommenen Wettbewerb am nächsten kommt. Es spielt im Sport kaum eine Rolle. Am ehesten findet man homogene Produkte in der Landwirtschaft und bei Rohstoffen.

---

[34] Benannt nach Vilfredo Pareto, einem italienischen Ökonom und Soziologen.

[35] Wenn das nicht gewährleistet wäre, würden die Produktionsfaktoren woanders eingesetzt. Dazu gehört auch die Entlohnung des Unternehmers in der Höhe, die er anderswo als Manager verdienen könnte.

[36] Dort wo sonstige Annahmen des Homo Oeconomicus bzw. des vollkommenen Wettbewerbs für den Sport unrealistisch schienen, wurde bereits in den vorangegangenen Kapiteln darauf hingewiesen. Bei den Gütertypen ging es um die besondere Bedeutung von öffentlichen und meritorischen Gütern, bei der Nachfrage um sozialen Konsum sowie Entstehung und Wandel von Präferenzen, beim Angebot um assoziative Konkurrenz, Co-Creation und geringe Grenzkosten. Andere Punkte könnte man noch aufgreifen, wie die Teilbarkeit der Produktionsfaktoren, die bei Sportanlagen nicht gegeben ist.

Normalfall der allgemeinen Lehrbücher	Besonderheiten

Vollkommener Wettbewerb: sehr annahmeträchtiges Gedankenexperiment Marktform:
 – homogenes Polypol
	Annahmen gelten nicht: z.B. Homogenität der Güter, Teilbarkeit der Faktoren
	
	 Andere Marktformen
	 – heterogenes Polypol, monopolistischer Wettbewerb, z.B. Vereine, Fitnessstudios
	   – differenzierte Produkte
	   – lokale Monopole
	 – Monopole, Kartelle, z.B. Verbände, Ligen
	 – Oligopole, z.B. Sportartikel

Marktfunktionen
 – Steuerung
 – Anreiz
 – Verteilung
 – „Unsichtbare Hand"
 – effiziente Allokation, Produktion, Distribution
 	
 aber auch volkswirtschaftliche Nachteile
	Marktversagen
	 Allokationsprobleme
	 – Angebotsseite
	   – öffentliche Güter, z.B. nationale Identität
	   – kollektive Güter, z.B. Nachwuchs
	   – Monopole, Kartelle, natürliche Monopole: Liga
	   – Selbstzerstörung: „unsichtbarer Fuß"
	 – Nachfrageseite
	   – meritorische Güter, z.B. Gesundheitssport
	 – Transaktion
	   – Eindimensionalität der Verrechnungseinheit Geld
	   – Transaktionskosten
	   – asymmetrische Informationen, Vertragsversagen
	 Distributionsproblem
	 – Sport für alle

Abb. 2.5 Besonderheiten der Sportmärkte

b) Das heterogene Polypol wird auch monopolistischer Wettbewerb genannt. Dabei liegt die Betonung auf „Wettbewerb", weil diese Marktform nahe am Polypol liegt, sich aber durch gewisse monopolistische Züge davon unterscheidet. Es ist durch viele kleine Anbieter, aber mit differenzierten (heterogenen) Produkten oder lokalen Monopolen charakterisiert. Die Anbieter können ihre Preise in Grenzen variieren. Große Bereiche unserer Wirtschaft entsprechen diesem Typ. Beispiele aus dem Sport sind der Sportartikelhandel, die Sportvereine und die kommerziellen Sportstudios. Sportvereine konzentrieren sich z. B. häufig auf bestimmte Sportarten und/oder haben keine örtliche Konkurrenz.

c) Das extreme Gegenmodel des vollkommenen Wettbewerbs ist das Monopol. Im Monopol gibt es nur einen Anbieter und sehr hohe Eintrittsbarrieren. Letztere können verschiedene Ursachen haben: hohe Fixkosten, Verfügung über besondere Ressourcen, wie Patente oder staatliche Lizenzen, Größenvorteile. Es lässt sich modelltheoretisch zeigen, dass dadurch Ineffizienzen entstehen. Zu Gunsten ihres Profits und zu Ungunsten der Konsumenten können Monopolisten im Vergleich zur Situation im vollkommenen Wettbewerb Quantität und Qualität des Angebots senken und Preise erhöhen. Die Effizienz der Produktion wird vermindert. Monopole sind generell eher selten, im Sport haben sie aber eine große Bedeutung. Beispiele sind Sportverbände und -ligen. Manche Ökonomen charakterisieren Sportligen allerdings nicht als Monopol der Liga, sondern als Kartell der Clubs (z. B. Downward et al. 2009; Daumann 2011), das aber ähnliche Nachteile hat wie ein Monopol.

d) Im Oligopol gibt es wenige Anbieter bzw. wenige mit großem Marktanteil und hohe Eintrittsbarrieren. Große Bereiche unserer Wirtschaft entsprechen diesem Typ. Denn es gibt nicht nur einen Anreiz, Eintrittsbarrieren zu überwinden, um in profitträchtige Märkte einzudringen, sondern einen mindestens so hohen Anreiz, Eintrittsbarrieren aufzubauen und Marktmacht zu akkumulieren, um diese Profite zu sichern und auszubauen. Etzioni (1988) stellt provokativ der „unsichtbaren Hand" den „unsichtbaren Fuß" gegenüber, mit dem die Unternehmen – wie man einen Raum mit einem Fuß voran verlässt – aus dem Wettbewerb hinaus streben. Daher wurden staatliche Kartellämter notwendig, die diese Selbstzerstörung von Märkten verhindern, den Wettbewerb überwachen und sichern sollen. In vielen Branchen, wie der Automobil-, Erdöl-, Flugzeug-, Film- oder Computerindustrie existieren mittlerweile nur noch wenige internationale Konkurrenten. Ein Beispiel aus dem Sport sind die großen Sportartikelfirmen. Beim Oligopol ist ein Wettbewerb, ein Konkurrenzkampf (engl.: „rivalry") im umgangssprachlichen Sinne möglich, weil ein Anbieter die Vorgehensweise des anderen antizipieren und auf sie reagieren kann. Daher sind spieltheoretische Ansätze zur Analyse besser geeignet als die neoklassische Theorie. Einerseits können Verdrängungswettbewerbe entstehen, andererseits sind durch die kleine Zahl an Anbietern Kartellabsprachen leichter möglich.[37]

2. **Marktversagen:** Von größerer Bedeutung sind aber die Besonderheiten, die generell und speziell im Sport das Funktionieren von Märkten erschweren bzw. sogar unmöglich machen. Man spricht hier von Marktversagen. Versagen meint, dass eine Institution nicht das gewünschte Angebot erzeugt, entweder gar nicht oder nicht in gewünschter Quantität oder Qualität.[38] Marktversagen kann die Ursache für Angebote alternativer Institutionen, wie Staat oder Nonprofit-Organisationen sein, die aber ihrerseits eigene Schwächen aufweisen (s. Kap. 3.4, 4.2, und 4.6). Marktversagen kann nach dem Ort seiner Entstehung in a) Angebots-, b) Nachfrage-, c) Transaktionsversagen unterteilt werden. Neben diesen Allokationsproblemen gibt es d) Distributionsmängel.

a) Probleme auf der Angebotsseite ergeben sich – wie bereits ausgeführt – bei 1) öffentlichen Gütern (s. Integration, Kriminalitätsprävention), 2) kollektiven Gütern (z. B. Nachwuchs), 3) externen Effekten (z. B. Wirtschaftswachstum, Imageverbesserungen durch Sportevents) und 4) Monopolen (kein Wettbewerb). Die vielen Monopole (bzw. Kartelle) sind eine der zentralen Besonderheiten des Sports. Ein Teil der Sportökonomen kritisiert diese mit den üblichen modelltheoretischen Argumenten der neoklassischen Ökonomie scharf und will sie daher verbieten lassen. Dieser Teil propagiert z. B. die Gründung von Konkurrenzligen in jeder Sportart (Quirk und Fort 1992) oder fordert das Verbot von Zentralvermarktung (Parlascsa 2006). Ein anderer Teil der Sportökonomen vertritt hingegen Neales (1964) Position, dass es sich bei einer Sportliga um ein sog. natürliches Monopol handelt. Natürliche Monopole

---

[37] In den letzten Jahren wurden Kartellabsprachen in allen möglichen Branchen aufgedeckt: Aufzüge, Waschmittel, Kaffee, Öl, Schienen, Bier.

[38] Genauer könnte man sachliches (Quantität, Qualität), zeitliches (Zeitpunkt), örtliches (Ort), soziales (Distribution) und wirtschaftliches (Effizienz) Versagen unterscheiden (Badelt 1985).

werden normalerweise durch hohe Fixkosten charakterisiert, so dass die Produktion eines zweiten Angebots volkswirtschaftlich Verschwendung wäre.[39] Beispiele sind Strom- oder Wasserleitungen, aus dem Sport vielleicht große regionale Sportanlagen, wie Fußballstadien. Das natürliche Monopol der Sportligen wird hingegen mit der Besonderheit des Produktes Wettkampf begründet, bei dem es nur einen Sieger, einen Meister geben kann. Ein Gegenbeispiel ist Boxen, bei dem es – aufgrund der Vielzahl von konkurrierenden Verbänden, die Titel vergeben – für den Laien nicht nachvollziehbar ist, ob es sich bei einem Kampf um gleichrangige Gegner handelt oder nur um sog. „Fallobst". Die Einschränkung des marktlichen Wettbewerbs dient nach Schellhaaß und Enderle (1998) dazu, den sportlichen Wettbewerb zu fördern, so wie Patentrechte dazu dienen, den Ideenwettbewerb zu schützen. 5) Der angebotsseitige Anreiz zur Konzentration und damit zur Selbstzerstörung von Märkten wurde oben mit dem Bild des „unsichtbaren Fußes" bereits angesprochen.

b) Ein Problem auf der Nachfrageseite ergibt sich – wie gesagt – bei meritorischen Gütern (verzerrte Präferenzen), wie dem Nutzen des Sporttreibens für die individuelle Gesundheit.

c) Probleme bei der Transaktion können sich erstens durch 1) die Eindimensionalität der Verrechnungseinheit Geld ergeben, die nicht geldlich bewertete Nutzenaspekte vernachlässigt. Die sog. Glücksökonomie schlägt daher z. B. einen alternativen Wohlfahrtsmaßstab vor (Layard 2005). Zweitens können sich 2) hohe Transaktionskosten (Such-, Entscheidung-, Kontrollkosten) ergeben. Bei Gütern, bei denen Zahler und Nutzer auseinanderfallen (Kindersport) oder deren Qualität schwer zu beurteilen ist (Gesundheitssport), vertrauen Konsumenten möglicherweise eher Nonprofit- als For-Profit-Anbietern (Hansmann 1980: Vertragsversagen, s. Kap. 3.2). Von besonderer Bedeutung sind dabei drittens 3) Informationsmängel (s. meritorische Güter). Ein Spezialfall wird in der Neuen Institutionenökonomik ausführlich behandelt, nämlich sog. asymmetrische Informationen (s. Kap. 6.2). Sie liegen vor, wenn ein Vertragspartner über mehr Informationen verfügt als der andere. Dieser kann dies opportunistisch zu seinen Gunsten ausnutzen oder die Transaktion kommt gar nicht erst zu Stande, weil man dies befürchtet. Falls Letzteres der Fall ist, wird damit auf die Vorteile einer Arbeitsteilung verzichtet. Die typische genossenschaftliche Organisation der USA-Teamsportligen mit demokratischen Entscheidungen, die bei wichtigen Entscheidungen hohe Mehrheiten verlangt, schützt die Clubs davor, mit ihren hochspezifischen Investitionen in Sportmannschaften von der Liga mit einseitigen Vertragsänderungen erpresst zu werden (Franck 1995).

d) Neben diesen Allokationsproblemen können auch Distributionsmängel Auslöser für Eingriffe in Sportmärkte sein. Denn selbst, wenn die Verteilung der Einkommen über die Faktormärkte in dem Sinne effizient erfolgt, dass jeder entsprechend seiner Leistung bezahlt wird, kann das Ergebnis akzeptierten Gerechtigkeitsmaßstäben widersprechen. „Sport für alle" gehört in unserer Gesellschaft zu den gesellschaftli-

---

[39] Die Nachfrage befindet sich dadurch im Bereich sinkender Durchschnittskosten.

chen Mindeststandards des Lebens, ähnlich wie der Zugang zu Nahrung, Wohnung, Bildung und Gesundheit. Das Ziel ist kaum umstritten, Kontroversen gibt es über die Wahl der Mittel (s. Kap. 4.1.2). Zurzeit wird der Zugang zum aktiven Sport vor allem über die Subventionierung der Sportvereine gefördert, der Zugang zum passiven Sport über die Sicherung von Sportübertragungen im öffentlich-rechtlichen und im Free-TV.

2.4.2 Institutionen

„Institutionen sind sanktionierbare Erwartungen, die sich auf die Verhaltensweisen eines oder mehrerer Individuen beziehen" (Picot et al. 1999, S. 11). Sie dienen dazu, Verhalten – unter der Bedingung beschränkter Rationalität – erwartbar zu machen und verlässliche Kooperationen in einer arbeitsteiligen Wirtschaft zu ermöglichen. Dazu gehören u. a. Gesetze, Verträge und korporative Gebilde wie Unternehmen, Vereine und Staat. Auch Märkte beruhen einerseits auf Institutionen, wie Geld, Privateigentum, Vertragsfreiheit und Handelsbräuchen, andererseits stellt der Wettbewerb ein Substitut für Institutionen dar, das Handlungen bei Strafe des Konkurses erzwingt. In den Kap. 3 und 4 werden die Institutionen Verein und Staat ausführlicher mit Unternehmen und Markt verglichen. Im Folgenden soll es um die vielen außergewöhnlichen Regulierungen des Profiteamsports gehen, die ein zentrales Thema der Sportökonomik sind.

Im Sport gelten viele, in anderen Branchen geradezu unerhörte Regeln: staatlich erlaubte Monopole (bzw. Kartelle), Umverteilung der Einnahmen zwischen den Betrieben, Verbot des Standortwechsels, festgeschriebener Einfluss bestimmter Eigentümer (50 + 1-Regel), Beschränkung der Freizügigkeit des Personals, Abstieg in eine untergeordnete Liga. Das ist als ob: der Staat den Automobilherstellern die Bildung eines Kartells erlaubte, zwischen BMW, Mercedes und VW die Erlöse umverteilt würden, BMW nur in München produzieren dürfte, historisch gewachsene Eigentumsverhältnisse für immer festgeschrieben wären, also bei BMW für immer die Familie Quandt das Sagen hätte, Hochschulabsolventen per Los den verschiedenen Firmen zwangsweise zugeteilt würden und VW in eine zweite Liga absteigen könnte, in der es nur noch Kleinwagen produzieren dürfte.

Diese Sonderregeln werden daher von einem Teil der Ökonomen als Instrumente zur Erlangung von Marktmacht zu Ungunsten der Konsumenten und der Arbeitnehmer, der Sportler, kritisiert (z. B. Quirk und Fort 1992; Parlasca 1993).[40] Andere sehen jedoch darin zum großen Teil auch geschickte institutionelle Vorkehrungen, mit denen auf die Besonderheiten des Produktes „Wettkampfsport" reagiert wird (Franck 1995; Dietl 2011; Schellhaaß 2011). Im Folgenden werden die Besonderheiten – wie in Abb. 2.6 – von 1 bis 6 und parallel dazu die zugeordneten institutionellen Vorkehrungen von I bis X durchnumme-

---

[40] Nicht umstritten sind die Regeln des sportlichen Wettkampfs (z. B. Dauer, Erlaubtes/Unerlaubtes) und der Struktur des Angebots der Liga (z. B. Anzahl der Teams, Umfang des Wettbewerbs) (Heinemann 1995). Sie dienen der Definition des Produktes.

1. Assoziative Konkurrenz (Kooperenz)
   I) Verteilung der Rechte zwischen den Clubs sowie Clubs und Liga

2. Natürliches Monopol
   II) Staatliche Ausnahmeerlaubnis

3. Unsicherheit (Spannung)
   III) Verteilung der Sportler
   IV) Verteilung der Einnahmen
   V) Reservierungs- oder Transfersystem

4. Rangwettbewerb (Hyperaktivität, Rüstungswettlauf)
   (Verteilung der Einnahmen, s. IV)
   VI) Ausgabendeckelung (Dämpfung)
   VII) Beschränkung des Spielerkaders

5. Kollektivgüter (z.B. Meisterschaftsrennen, Image, Nachwuchs)
   VIII) Zentralvermarktung (Ausbildungsanreize, s. Transferzahlung)

6. Integrität des Wettkampfes
   IX) genossenschaftliche Organisation der Liga
   X) Commissioner

Abb. 2.6 Besonderheiten des Wettkampfsports und Kooperationsregeln

riert. 1. Die Kooperenz verlangt nach einer Regelung I) der Aufteilung der Eigentumsrechte zwischen den Clubs sowie den Clubs und der Liga. 2. Beim Wettkampfsport handelt es sich vom Produkt her um ein natürliches Monopol, das nach einem eindeutigen Sieger verlangt. Natürliche Monopole können II) staatlich erlaubt sein. 3. Die Unsicherheit des Wettkampfes wird gefördert durch III) die Verteilung der Einnahmen (revenue sharing), IV) die Verteilung der Sportler (draft) oder V) das Reservierungssystem (reserve clause) oder das Transfersystem in der Bundesliga vor dem Bosman-Urteil.[41] 4. Es handelt sich um einen Rangwettbewerb, d. h. der Erfolg ist relativ, hängt immer davon ab, wie gut die Gegner sind. Wenn sich z. B. eine Mannschaft verstärkt, schwächt das alle anderen (negative Externalität). Je ungleicher die Gewinne verteilt werden, desto größer wird der Anreiz zu einem ruinösen Rüstungswettlauf. Die Spielergehälter steigen und steigen. Nennenswerte Gewinne können so – zumindest bei siegmaximierenden Clubs – nicht gemacht werden (Schellhaaß 2011). Ökonomen sprechen von Hyperaktivität (oder Rattenrennen: Akerlof 1976). Diese führt volkswirtschaftlich betrachtet zu einer Verschwendung von Ressourcen, weil die Qualität des Produktes nicht mit den zunehmenden Kosten steigt. Ist z. B. ein Fußballspiel heute um so viel spannender oder besser, wie die Gehälter der Spieler in den

---

[41] Die jahrzehntelang in den USA geltende Reservierungsklausel, nach der ein Spieler nur mit Zustimmung des alten Clubs wechseln durfte, wurde zunehmend aufgeweicht und gilt heute nur noch für Nachwuchsspieler (rookies).

2.4 Besonderheiten der Sportmärkte und -institutionen

	NFL	Fußball-Bundesliga
1. Relative Stärke	starke Liga	starke Clubs (und Verband)
2. Einnahmeverteilung	gleiche Verteilung	ungleiche Verteilung
3. Verteilung von Nachwuchsspielern (draft)	ja	nein
4. Eintrittsbarrieren	wirtschaftliche	sportliche
5. Regionales Monopol	ja	nein
6. Ausgabendeckelung (salary cap)	ja	nein
7. Örtliche Verlagerung	erlaubt	nicht erlaubt

Abb. 2.7 Regulierungsunterschiede zwischen NFL und Fußball-Bundesliga

letzten fünfzig Jahren explodiert sind? Eine gleichmäßigere Verteilung der Gewinne (s. Punkt III) verhindert, dass das Problem der Hyperaktivität auftaucht, eine VI) Deckelung der Ausgaben durch eine Gehaltsbeschränkung (salary cap oder alternativ luxury tax) oder eine VII) Beschränkung des Spielerkaders (rooster restriction) kann das Rattenrennen dämpfen. 5. Vieles in einer Liga hat den Charakter eines Kollektivguts: die Ausgeglichenheit der Teams, die Qualität des Nachwuchses, das Image der Liga und der Sportart. VIII) Kollektivgüter können durch kollektives Eigentum, wie eine Zentralvermarktung gesichert werden. Das Transfersystem schaffte Anreize für die Vereine zur Ausbildung von Nachwuchsspielern (s. Punkt V). 6. Wichtig für das Produkt und die Spannung ist die Integrität des Wettkampfes. Der Zuschauer muss darauf vertrauen können, dass das Ergebnis regelgerecht zu Stande kommt und nicht durch Doping oder Absprachen manipuliert wird. In den US-Profiligen wird dies gesichert durch IX) die genossenschaftliche Organisation der Liga, die u. a. ermöglicht, dass ein Club, der gegen die Regeln verstößt, per Mehrheitsbeschluss ausgeschlossen werden kann und den X) „Commissioner", der als von den Eigentümern eingesetzter Aufpasser die Einhaltung der Regeln überwacht und Clubs und Spieler bei Verstößen sanktionieren kann (Franck 2000).

Bezüglich des Einsatzes dieser Institutionen gibt es jedoch erhebliche Unterschiede zwischen z. B. der US-amerikanischen NFL (National Football League) – der wirtschaftlich erfolgreichsten Liga der Welt – und der deutschen Fußball-Bundesliga (s. Abb. 2.7). 1. In den USA ist die Liga relativ stark, hier die Clubs. Hinzu kommt als Dritter in Europa noch der Verband. 2. Dort werden fast alle Einnahmen (Eintritt, Fernsehen, Merchandising, insgesamt ca. 85 %) gleichmäßig umverteilt, hier nur die Fernseheinnahmen und das zunehmend ungleicher. Das führt zu relativ geringen Unterschieden bei den Einnahmen. Der reichste Club verfügt über das 1,7 fache der Einnahmen des schwächsten. In der Fußball-Bundesliga ist es mehr als das 10fache (Dietl 2011). 3. Die besten Nachwuchsspieler werden dort, an die schwächsten Clubs verteilt, in Deutschland entscheidet nur die Kaufkraft der Clubs. 4. Dort gibt es Gehaltsbeschränkungen (auf 64 % der Einnahmen), hier noch nicht.[42] Hinzu kommen andere Regulierungen: 5. In der NFL gibt es wirtschaftliche

---

[42] Die UEFA Financial Fair-Play Regularien, deren Inkrafttreten von 2013/2014 auf 2015 verschoben wurde, sehen einen Richtwert von max. 70 % Personalausgaben von den Gesamteinnahmen vor. Wird diese Grenze überschritten, kann die UEFA weitere Informationen anfordern, um zu prüfen,

(Einkauf in die Liga) in der Bundesliga sportliche Eintrittsbarrieren (Aufstieg).[43] 6. Den Clubs werden in der NFL regionale Monopole zugesichert, in der Bundesliga ist es grundsätzlich möglich, dass – wie geschehen – z. B. drei Münchener Clubs (Bayern, 1860, Unterhaching) vertreten sein können. 7. Clubs dürfen in der NFL ihren Standort frei wählen, in der Bundesliga darf z. B. Leverkusen nicht in die Großstadt Essen umziehen.[44]

Wie kann man diese Unterschiede erklären? Erstens, haben die USA ein ganz anderes historisch gewachsenes Sportsystem als europäische Länder. Die Profimannschaften waren von den Anfängen des sog. Brainstormings an, wo sie übers Land fuhren, um gegen örtliche Amateurteams anzutreten (wie später noch die Harlem Globetrotters), kommerziell ausgerichtet. In Europa liegt der Ursprung im nicht-kommerziellen Vereinswesen, das auch heute noch den Unterbau bildet. Zweitens, die zentrale Erklärung für die Unterschiede dürfte also in den unterschiedlichen Zielsetzungen liegen: eher Profitmaximierung dort, eher Siegmaximierung hier (Heinemann 1995). Bei den letzten drei Punkten: wirtschaftliche Eintrittsbarrieren, regionale Monopole, erlaubter Standortwechsel ist dies offensichtlich. Auch Gehaltsbeschränkungen dienen nicht zuletzt dazu, höhere Profite zu ermöglichen. Aber auch die anderen Institutionen, die der Ausgeglichenheit des Wettkampfes und der Begrenzung des Rüstungswettlaufs dienen sollen, führen vermutlich zu höheren Profiten, zwar nicht für einzelne Clubs in den Metropolen, aber für die Liga insgesamt. Diese aufgeklärte Kommerzialisierung ergab sich jedoch nicht von selbst, sondern setzte sich erst nach dramatischen Krisen durch und verlangte herausragende Unternehmerpersönlichkeiten, wie den NFL-Commissioner Pete Rozelle, der die Chancen der TV-Vermarktung erkannte, die sich Anfang der 1970iger Jahre eröffneten. Die Regulierungen der US-Ligen sind zudem nicht ohne weiteres auf das europäische Sportsystem übertragbar, vor allem weil die Ligen durch das Pyramidensystem des Auf- und Abstiegs sowie die europäischen Wettbewerbe weder nach unten noch nach oben abgeschlossen sind. Im Arnaut-Report der EU (2006) werden jedoch Gehaltsbegrenzungen vorgeschlagen, die aber nur wirken könnten, wenn sie für jede Sportebene, also auch die Europaligen, gälten.[45]

---

ob die Finanzierung des betreffenden Clubs im Einklang mit dem Gesamtkonzept des Financial Fair-Plays ist (UEFA 2012).

[43] Das Lizensierungsverfahren der Bundesliga hat eine andere Funktion. Hier geht es darum, dass kein Verein in einer laufenden Saison aufgrund wirtschaftlicher Schwierigkeiten ausscheiden muss und dadurch den Wettbewerb verzerrt. In den USA geht es darum, ob ein zusätzlicher Club den Profit für die Liga erhöht.

[44] In anderen Sportarten, wie Basketball und Eishockey, ist das jedoch auch in Deutschland schon üblich.

[45] Daneben sollen die Zentralvermarktung unter der Bedingung, dass mehrere Fernsehsender teilhaben, und Transferzahlungen für Nachwuchsspieler nach EU-Richtlinien erlaubt bleiben. Ansonsten aber soll vor allem das europäische Sportsystem durch verschiedene Maßnahmen gesichert werden, wie Erhaltung der Pyramidenstruktur und traditioneller Eigentumsstrukturen sowie eine Mindestzahl an inländischen Spielern, um die Nationalmannschaften zu stärken. (s. zu dem Thema auch Fußnote 41 zu Financial Fair-Play)

Ob diese Institutionen die gewünschte Wirkung haben, die Ausgeglichenheit der Liga zu fördern und ob sie dazu überhaupt notwendig sind, ist jedoch unter Sportökonomen umstritten. Die Gegner, wie Quirk und Fort (1992), stellen 1. empirisch fest, dass der Wettbewerb in den US-Teamsportligen nicht dem Ideal der vollkommenen Ausgeglichenheit (competitive balance) entspricht.[46] Die NFL ist allerdings – verglichen mit Baseball, Basketball und Eishockey – die relativ ausgeglichenste Liga. Sie erklären die Unausgeglichenheit mit der unterschiedlichen Größe der regionalen Märkte, die ja die Höhe der nicht umverteilten Einnahmen der Teams bestimmt. Zudem vertreten sie 2. Rottenbergs (1956) modelltheoretische Position, dass diese Regulierungen auch nicht nötig seien, weil auch ein freier Markt zu einer gleichmäßigen Verteilung der Spielerqualitäten führen würde. Diese sog. „Invarianzthese" fußt auf dem Gesetz der fallenden Grenzerträge und argumentiert, dass es für Clubs unwirtschaftlich wäre, z. B. noch den fünften Superstürmer oder den dritten Supertorwart zu engagieren. Diese Spieler wären dann frei für konkurrierende Teams. Das Modell gilt jedoch wieder nur unter der Annahme der Profitmaximierung. Für siegmaximierende Teams mag solch ein Verhalten durchaus sinnvoll sein, selbst wenn es nur darum geht, den Gegner zu schwächen. Beispiele dazu, wie Berlusconis AC Milan fallen einem leicht ein. Downward et al. (2009) fassen das Ergebnis der modelltheoretischen Überlegungen wie folgt zusammen: Reservierungsklausel (Transfersystem) und Draft haben keinen Einfluss auf die Ausgeglichenheit. Gehaltsbeschränkungen sind nützlich unabhängig vom Ziel der Eigentümer, aber leicht zu umgehen. Finanzielle Umverteilungen wirken bei siegmaximierenden Clubs. Diese Hypothesen der Modelle müssten letztlich empirisch überprüft werden. Aber das ist schwierig, wie schon die Überprüfung der grundlegenden Unsicherheitshypothese gezeigt hat (s. Kap. 2.1.4), deren Gültigkeit ja die Voraussetzung für die Notwendigkeit der Ausgeglichenheit ist. Es ist also wichtig festzuhalten, dass auch Sportökonomen sich in vielen Dingen nicht einig sind. Das Thema dieses Lehrbuches lässt erahnen, dass die Autoren eher der Partei zuneigen, die die Besonderheiten des Sports betonen und damit die Funktion der institutionellen Sonderregelungen erklären.

2.5 Zusammenfassung

Im Zentrum dieses Lehrbuches stehen die betriebswirtschaftlichen Besonderheiten des Sports. Dabei kommt man jedoch nicht umhin, sich zuvor mit den allgemeinen volkswirtschaftlichen Besonderheiten zu befassen, weil sie den Hintergrund für betriebswirtschaftliche Probleme und Entscheidungen bilden. Das Kapitel ist untergliedert in Besonderheiten 1. der Güter, 2. der Nachfrage, 3. des Angebots und 4. der Märkte und Institutionen. Die im Folgenden aufgeführten Besonderheiten reichen von bloßen sportspezifischen

---

[46] Die Ausgeglichenheit der fünf großen europäischen Fußballligen sinkt – mit Ausnahme der französischen – seit der Jahrtausendwende. Es werden nur 30 (Italien) bis 50 % (Frankreich) der maximal möglichen Ausgeglichenheit erreicht (Pawlowski et al. 2009).

Ausprägungen ökonomischer Variablen über die Anwendung neuer ökonomischer Theorien bis zu Perspektiven anderer Sozialwissenschaften, die Grundannahmen der Ökonomik in Frage stellen.

Besonderheiten der Güter: Zentral sowohl für die ökonomische Theorie als auch für den Sport ist die Unterscheidung zwischen privaten Gütern und 1. öffentlichen bzw. kollektiven Gütern (einschließlich des Problems externer Effekte), 2. meritorischen Gütern und 3. Club- und Allmendegütern (s. Abb. 2.1). Die ersten beiden Typen können eine Begründung für die staatlich Subventionierung des Sports sein. 4. Es geht um die zentrale Besonderheit des Wettkampfsports, nämlich die erwünschte (!) Unsicherheit. Ebenso gewichtig ist die Unterscheidung zwischen Sachgütern und Dienstleistungen, die in Kap. 6 behandelt wird.

1. Bei **öffentlichen Gütern** funktioniert der Ausschluss nicht, und es gibt keine Rivalität im Konsum. Das Problem öffentlicher Güter ist, dass sich rational am Eigennutz orientierte Individuen nicht an ihrer Finanzierung beteiligen werden (Trittbrettfahrerverhalten). Das Problem kann vor allem durch den Staat gelöst werden, weil er die Bürger zwingen kann, sich z. B. über Steuern an den Kosten der Produktion solcher Güter zu beteiligen. Im Sport gibt es viele öffentliche Güter, allerdings in einem abstrakteren Sinne, nämlich als positive externe Effekte, z. B. für die Kriminalitätsprävention, Integration, Volksgesundheit oder nationale Identifikation. Von **kollektiven Gütern** kann man sprechen, wenn nicht die gesamte Gesellschaft, sondern nur ein Teilkollektiv von dem Gut profitieren kann, wie die Tennisbranche von den Erfolgen Boris Beckers. Kosten und Nutzen, die nicht auf Produzent bzw. Konsument entfallen, sondern auf Dritte nennt man **externe Effekte**. Sie führen zu einer nicht optimalen Allokation von Ressourcen. Beispiele für positive externe Effekte von Sportgroßveranstaltungen sind Tourismuseinnahmen für Hotels und Gaststätten.
2. **Meritorische Güter** werden z. B. aufgrund verzerrter Präferenzen aus gesellschaftspolitischer Sicht von den Konsumenten nicht im wünschenswerten Umfang nachgefragt. So kann der langfristige Nutzen des Sporttreibens für die individuelle Gesundheit unterschätzt werden. Das könnte eine Rechtfertigung dafür sein, warum der Staat korrigierend mit Aufklärung oder Anreizen nachhelfen muss.
3. Beim **Clubgut** funktioniert der Ausschluss, aber bis zu einer gewissen Überfüllungsgrenze gibt es keine Rivalität im Konsum. Neben Menge und Preis des Angebots muss daher die Mitgliederzahl optimiert werden. Beim **Allmendegut** gibt es Rivalität im Konsum aber keinen Ausschluss. Im Sport geht es z. B. um das Problem des pfleglichen Umgangs mit Vereinsanlagen und -geräten. Während private Güter in erster Linie vom Markt und öffentliche Güter in erster Linie vom Staat angeboten werden, kommen bei diesen sog. quasi-öffentlichen Gütern verstärkt die Non-Profit-Organisationen ins Spiel.
4. Bereits von den Gründungsvätern der Sportökonomie wurde die vom Nachfrager gewünschte **Unsicherheit** über den Verlauf und das Ergebnis des Wettkampfes als die Kernbesonderheit des Produkts Zuschauersport herausgestellt. Diese erwünschte Unsi-

cherheit hat weitreichende Konsequenzen für die Erstellung des Angebots. Ein integer Wettkampf verlangt mindestens zwei Anbieter. Darüber hinaus wäre es nützlich, wenn diese Anbieter kooperieren würden, um das Kollektivgut Spannung zu sichern.

Anhand von acht Punkten wurden **Besonderheiten der Sportnachfrage** herausgestellt. Sie haben jeweils Auswirkungen auf die betriebswirtschaftlichen Problemstellungen und Lösungen (s. Abb. 2.2).

1. **Sozialer Konsum**: Bei der Nachfrage nach Sport handelt es sich häufig um sozialen, nicht um individuellen Konsum. Sowohl aktiver als auch passiver Sport erfolgt oft in einer Gruppe oder zumindest in Anwesenheit und unter Einfluss von weiteren Personen.
2. **Haushaltsproduktion**: Becker (1965) hat mit seiner Neuen Haushaltsökonomie herausgearbeitet, dass der bloße Kauf von Gütern oft noch keinen oder wenig Nutzen stiftet, sondern dass auch in Haushalten produziert und nicht nur konsumiert wird. Damit kommen zwei weitere Restriktionen ins Spiel, welche die Nachfrage beeinflussen, nämlich die Verfügung über Zeit und Konsumkapital (Konsumfähigkeiten). Beide sind für die Nachfrage nach Sport von großer Bedeutung.
3. **Stimulation Seeking Behavior**: Bedürfnisse entstehen nicht nur, wenn das Erregungsniveau eines Menschen überschritten ist, wie das neoklassische Konzept des Mangels es – wie bei einem starken Hungergefühl – annimmt, sondern auch, wenn es unterschritten wird. Dann entsteht Langeweile verbunden mit der Suche nach Anregungen und Abwechslung, wie es im Sport zu beobachten ist.
4. **Steigender Grenznutzen**: Das 1. Gossensche Gesetz des abnehmenden Grenznutzens gilt für Sport in gewissen Grenzen nicht, nämlich immer dann, wenn mit dem Konsum des Sports höhere Konsumfähigkeiten erworben werden, so dass das nächste Tennisspiel mehr Spaß macht als das vorangegangene. Während Anbieter auf sinkenden Grenznutzen mit Mengenrabatt reagieren, müssten sie bei steigendem Grenznutzen mit Einsteigerrabatten bzw. Schnupperangeboten locken.
5. **Unelastische und inverse Nachfrage**: Normalerweise wird umso mehr von einem Gut nachgefragt, je niedriger der Preis ist. Bei empirischen Ermittlungen der Preiselastizität der Nachfrage nach Eintrittskarten zum Profisport, ergab sich meistens eine sog. unelastische Nachfrage, also eine unterproportionale Reaktion auf Preissteigerungen. Es gibt sogar Ausnahmefälle, in denen ein hoher Preis zu hoher Nachfrage führt, wie bei Prestigesportarten. Man spricht hier z. B. vom Veblen-Effekt.
6. **Viele Komplementär- und Substitutionsgüter**: Typisch für Sport sind die vielen Komplementärgüter, so dass sich ein zusammengesetzter Preis ergibt, und speziell für den instrumentellen Sport viele Substitutionsgüter. Mit jeder Sportart hängt die Nachfrage nach einem ganzen Güterbündel zusammen: Ausrüstung, Kleidung, Schuhe, Anlagen, Training. Die enorme Zunahme der Sportnachfrage ergibt sich daraus, dass Sport zunehmend instrumentell – also nicht um seiner selbst willen (expressiv), sondern als Mittel zur Erreichung anderer Ziele – betrieben wird: um gesund zu bleiben oder schlank zu werden, um sich unterhalten zu lassen. Die Kehrseite der Medaille ist jedoch,

dass Sport damit auch zunehmend Konkurrenz von Substitutionsgütern erhält: elektrische Muskelstimulation, Medikamente, Operationen, Rockkonzerte.

7. **Luxusgüter**: Normalerweise steigt die Nachfrage bei steigendem Einkommen. Bei sog. Luxus- oder superioren Gütern steigt sie sogar überproportional. Es wird vermutet, dass viele Sportgüter in diese Kategorie fallen (Heinemann 1995). Empirisch am meisten untersucht ist die Nachfrage nach Eintrittskarten. In diesem Fall scheint es sich, um ein normales Gut zu handeln, d. h. die Nachfrage wächst mit dem Einkommen, aber unterproportional.
8. **Präferenzen**: Kernthema der Ökonomie ist die Analyse des Funktionierens des Preismechanismus. Menschliches Verhalten soll durch Veränderungen der Restriktionen, also vor allem der relativen Preise und des Einkommens erklärt werden, nicht durch Veränderungen der Präferenzen, von denen angenommen wird, dass sie stabil, einheitlich und außerdem sowieso schwer zu beeinflussen und zu messen seien. Je abstrakter man die Motive von Menschen formuliert, desto eher dürfte dies zutreffen. Für die Zwecke der Betriebswirtschaft und speziell des Marketings ist dies jedoch wenig informativ. Hingegen scheint es realistischer zu sein, dass Präferenzen veränderlich, beeinflussbar und unterschiedlich sind. Zudem können sie durch entsprechende Instrumentarien sehr wohl gemessen werden. Die Annahme des Modells des vollkommenen Wettbewerbs, dass die Güter homogen sind, ist in großen Bereichen des Sports nicht gegeben. Es gibt hingegen starke sachliche Präferenzen für Markenprodukte sowie persönliche Präferenzen, d. h. solche für eine bestimmte Person oder Club als Dienstleister.

Die sportökonomische Literatur hat sich mit den **Besonderheiten vor allem des Teamsportangebots** beschäftigt (s. Abb. 2.3).

1. **Kooperenz**: Eine der Kernbesonderheiten des Zuschauersports ist, dass eine Firma alleine das Produkt „Wettkampf" nicht erstellen kann. Die Fußballclubs z. B. sind nicht nur Konkurrenten, sondern müssen auch kooperieren, um die Ligaspiele zu produzieren und spannend zu gestalten (s. Unsicherheitshypothese). Das könnte der Grund für vielfältige besondere Institutionen des Profisports sein.
2. **Produktverbund**: Ein einziges Sportangebot, z. B. ein Fußballspiel einer Amateurmannschaft, stellt einen Produktverbund von verschiedenartigen Gütertypen dar, die von unterschiedlichen Gruppen zu Konsum- oder Investitionszwecken eingesetzt werden (s. Abb. 2.4). Dies macht es schwierig zu entscheiden und durchzusetzen, wer in welchem Ausmaß zur Finanzierung herangezogen werden soll oder kann.
3. **Siegmaximierung**: Eine zentrale Annahme der Angebotstheorie ist, dass es das Ziel von Firmen ist, Profit zu maximieren. Zumindest für europäische Sportclubs gilt dies aber eher nicht. Ihr Ziel ist Maximierung sportlicher Siege. Daher werden sie z. B. mehr Spieler beschäftigen als profitmaximierende Clubs.
4. **Profi-Sportler und Hyperaktivität**: Die Sportler sind die Schlüsselressource des Zuschauersports. Sie wurden daher in der Vergangenheit und werden auch noch heute außergewöhnlich behandelt (s. Reserve Clause und Transferzahlung). Der Rangwett-

2.5 Zusammenfassung

bewerb kann zu einem ruinösen Rüstungswettlauf (Hyperaktivität) bei den Gehältern führen.

5. **Co-Creation**: Die Wertschöpfung wird normalerweise als eine Kette dargestellt: Interne Ressourcen werden in Output umgewandelt und vermarktet. Im Profisport ist es jedoch angemessener, die Wertschöpfung als Wertnetz zu beschreiben und als Ko-Kreationsprozess vieler Beteiligter zu verstehen (s. Kap. 6.3). Ein Fußballspiel bietet z. B. eine Plattform für unterschiedliche Netzwerkteilnehmer: Clubs, Zuschauer, Medien, Werbende, Sponsoren, Wettanbieter, Politiker.
6. **Besonderheiten der Kosten**: Es kann viele Besonderheiten bei den Kosten geben, wie niedrige Grenzkosten, schwierige Ermittlung des Wertgrenzproduktes, geringe Größenvorteile, inverse Angebotskurven. Eine Steigerung der Produktivität durch Substitution von Faktoren oder Maximierung des Outputs bzw. Minimierung des Inputs ist aufgrund der sportlichen Regeln des Wettbewerbs nur begrenzt möglich.

Auch im Sport ist die dem Gedankenexperiment des vollkommenen Wettbewerbs am nächsten kommende **Marktform**, das homogene Polypol, in der Realität eher unbedeutend (s. Abb. 2.5). Es gibt Beispiele für das heterogene Polypol (Fitnessstudios) und für Oligopole (Sportartikel). Die größte Besonderheit sind jedoch die vielen **Monopole** bzw. Kartelle. Beispiele hierfür sind die Sportverbände und Sportligen. Unter Sportökonomen ist umstritten, ob diese verboten werden sollen oder mit den Besonderheiten des Wettkampfsports begründet werden können. Es wird z. B. argumentiert, dass es sich bei den Sportligen um sog. natürliche Monopole handelt. Die Ursache dafür liegt in der Besonderheit des Produktes „Wettkampf" begründet, bei dem es nur einen Sieger, einen Meister geben kann.

Von großer Bedeutung sind jene Besonderheiten, die generell und speziell im Sport das Funktionieren von Märkten erschweren bzw. sogar unmöglich machen. Man spricht hier von **Marktversagen**. Versagen meint, dass eine Institution nicht das gewünschte Angebot erzeugt. Probleme auf der Angebotsseite ergeben sich – wie bereits ausgeführt – bei öffentlichen und kollektiven Gütern, externen Effekten und Monopolen. Ein Problem auf der Nachfrageseite ergibt sich bei meritorischen Gütern. Probleme bei der Transaktion können sich durch die Eindimensionalität der Verrechnungseinheit Geld, hohe Transaktionskosten und Informationsmängel ergeben. Neben diesen Allokationsproblemen können auch Distributionsmängel Auslöser für Eingriffe in Sportmärkte sein.

Im Sport gelten viele, in anderen Branchen geradezu unerhörte Regeln, wie staatlich erlaubte Monopole, Umverteilung der Einnahmen zwischen den Clubs, Verbot des Standortwechsels. Diese können als **Institutionen** verstanden werden (s. Abb. 2.6), mit denen auf die Besonderheiten des Produktes „Wettkampfsport" reagiert wird. Die Unsicherheit des Wettkampfes kann z. B. durch die Verteilung der Einnahmen, die Verteilung der Sportler oder das Transfersystem in der Bundesliga vor dem Bosman-Urteil gefördert werden. Eine gleichmäßigere Verteilung der Gewinne verhindert, dass das Problem der Hyperaktivität entsteht, eine Deckelung der Ausgaben durch eine Gehaltsbeschränkung oder eine Beschränkung des Spielerkaders kann die Hyperaktivität dämpfen. Bezüglich des Einsatzes dieser Institutionen gibt es jedoch erhebliche Unterschiede z. B. zwischen der US-amerikanischen NFL und der deutschen Fußball-Bundesliga (s. Abb. 2.7). Eine Erklärung für diese Unterschiede dürfte in den unterschiedlichen Zielsetzungen liegen: eher Profitmaximierung dort, eher Siegmaximierung hier. Ob diese Institutionen die gewünschte Wirkung haben, z. B. die Ausgeglichenheit der Liga zu fördern und ob sie dazu überhaupt notwendig sind, ist jedoch unter Sportökonomen umstritten.

2.6 Wiederholungsfragen

- Welche Gütertypen sind von Bedeutung, um Besonderheiten von Sportprodukten herauszuarbeiten? Welche Probleme sind mit den besonderen Gütertypen verbunden? Illustrieren Sie dies mit Beispielen aus dem Sport.
- Was sind externe Effekte und welche Probleme sind damit verbunden? Illustrieren Sie dies mit Beispielen aus dem Sport.
- Was besagt die Unsicherheitshypothese?
- Welche Besonderheiten der Sportnachfrage gibt es?
- Was besagt die neue Haushaltsökonomie?
- Welche Ausnahmen vom 1. Gossenschen Gesetz kann man im Sport beobachten, und welche Konsequenzen haben sie für die betriebswirtschaftliche Praxis?
- Welche Bedeutung haben Präferenzen für die Erklärung der Nachfrage?
- Sind Zuschauersportanbieter Gewinn- oder Nutzenmaximierer? Welche Konsequenzen hat dies für ihr Verhalten?
- Welche Marktformen kann man unterscheiden? Nennen Sie Beispiele aus dem Sport.
- Sollten Monopole, Kartelle und Zentralvermarktung im Sport erlaubt sein?
- Welche besonderen institutionellen Regulierungen gibt es in der Teamsportindustrie? Wie kann man sie u. U. mit Besonderheiten des Sports begründen?
- Wie unterscheiden sich die Regulierungen amerikanischer Profiligen von jener der Fußball-Bundesliga? Wie könnte man diese Unterschiede erklären?

Literatur

Akerlof, G. A. (1976). The economics of caste and the rat race and other woeful tales. *Quarterly Journal of Economics, 90*(4), 599–617.

Akerlof, A., & Kranton, R. E. (2010). *Identity economics. How our identities shape our work, wages, and well-being.* Princeton: University Press.

Alfs, C. (2013). *Sportkonsum in Deutschland. Sportaktivität, Sportinteresse und damit verbundene Ausgaben der Deutschen Privathaushalte.* Dissertation. Mainz: Johannes Gutenberg-Universität Mainz.

Arnaut, J. L. (2006). *Independent European sport review.* http://www.independentfootballreview.com/doc/A3619.pdf. Zugegriffen: 23. Mai 2011.

Badelt, C. (1985). *Politische Ökonomie der Freiwilligenarbeit. Theoretische Grundlegung und Anwendungen in der Sozialpolitik.* Frankfurt a. M.: Campus.

Becker, G. S. (1964). *Human capital: A theoretical and empirical analysis, with special reference to education* (3. Aufl.). Chicago: University of Chicago Press.

Becker, G. S. (1965). A theory of the allocation of time. *The Economic Journal, 75*(299), 493–517.

Borland, J., & MacDonald, R. (2003). Demand for sport. *Oxford Review of Economics Policy, 19*(4), 478–502.

Buchanan, J. M. (1965). An economic theory of clubs. *Economica, 32*(2), 1–14.

Csikszentmihalyi, M. (1975). *Beyond boredom and anxiety: Experiencing flow in work and play*. San Francisco: Jossey-Bass.

Damasio, A. R. (1994). *Descartes' error: Emotion, reason, and the human brain*. New York: G. P. Putnam.

Daumann, F. (2011). *Grundlagen der Sportökonomie*. Konstanz: UVK.

Dietl, H. (2011). Besonderheiten des Sports – Was rechtfertigt eine „eigene Ökonomik"? In E. Emrich, C. Pierdzioch, & M.-P. Büch (Hrsg.), *Europäische Sportmodelle: Gemeinsamkeiten und Differenzen in international vergleichender Perspektive* (S. 17–36). Schorndorf: Hofmann.

Dilger, A. (2004). Makroanalyse von Transferzahlungen und Investitionen im Sport. In K. Zieschang, H. Woratschek, & K. Beier (Hrsg.), *Kooperenz im Sportmanagement (Sportökonomie, 6)* (S. 153–162). Schorndorf: Hofmann.

Downward, P., Dawson, A., & Dejonghe, T. (2009). *Sports economics: Theory, evidence and policy*. London: Routledge.

Emrich, E., Pierdzioch, C., & Balter, J. (2013). Motive ehrenamtlichen Engagements im Fußball. Eine sozio-ökonomische Analyse und das Problem sozialer Erwünschtheit. In H. Kempf, S. Nagel, & H. Dietl (Hrsg.), *Im Schatten der Sportwirtschaft* (S. 129–148). Schorndorf: Hofmann.

Etzioni, A. (1988). *The moral dimension: Toward a new economics*. New York: Free Press.

Franck, E. (1995). *Die ökonomischen Institutionen der Teamsportindustrie*. Wiesbaden: DUV.

Franck, E. (2000). Sportlicher Wettbewerb – ökonomisch analysiert am Beispiel des Teamsports. In M.-P. Büch (Hrsg.), *Beiträge der Sportökonomik zur Beratung der Sportpolitik* (S. 47–58). Köln: Strauß.

Frey, B. S., & Benz, M. (2002). Ökonomie und Psychologie: eine Übersicht. In D. Frey & L. v. Rosenstiel (Hrsg.), *Enzyklopädie der Wirtschaftspsychologie* (S. 1–26). Göttingen: Hogrefe.

Freyer, W. (1990). *Handbuch des Sportmarketings*. Wiesbaden: Forkel.

Freyer, W. (2003). *Sport-Marketing: Handbuch für marktorientiertes Management im Sport*. Dresden: FIT.

Goleman, D. (1996). *Emotional intelligence: Why it can matter more than IQ*. New York: Bantam Books.

Gratton, C., & Taylor, P. (1985). *Sport and recreation: An economic analysis*. London: E. and F. N. Spon.

Gratton, P., & Taylor, P. (2000). *The economics of sport and recreation: An economic analysis*. London: E. & F.N. Spon.

Hallmann, K., Wicker, P., Breuer, C., & Schönherr, L. (2012). Understanding the importance of sport infrastructure for participation in different sports. Findings from multi-level modeling. *European Sport Management Quarterly, 12*(5), 525–544.

Hansmann, H. B. (1980). The role of nonprofit enterprise. *Yale Law Journal, 89*(5), 835–901.

Hardin, G. (1968). The tragedy of the commons. *Science, 162*(3859), 1243–1248.

Hawrylyshyn, O. (1977). Towards a definition of non-market activities. *The Review of Income and Wealth, 23*(1), 79–96.

Heinemann, K. (1984). Probleme der Ökonomie des Sports. In K. Heinemann (Hrsg.), *Texte zur Ökonomie des Sports* (S. 17–51). Schorndorf: Hofmann.

Heinemann, K. (Hrsg.). (1987). *Betriebswirtschaftliche Grundlagen des Sportvereins*. Schorndorf: Hofmann.

Heinemann, K. (1995). *Einführung in die Ökonomie des Sports*. Schorndorf: Hofmann.

Hirsch, F. (1980). *Die sozialen Grenzen des Wachstums. Eine ökonomische Analyse der Wachstumskrise*. Reinbek: Rowohlt.

Kesenne, S. L. J. (1996). League management in professional team sports with win maximizing clubs. *European Journal for Sport Management, 2*(2), 14–22.

Keynes, J. M. (1923). *A tract on monetary reform*. London: Macmillan.

Knoke, D. (1988). Incentives in collective action organizations. *American Sociological Review, 53*, 311–329.

Layard, R. (2005). *Die glückliche Gesellschaft. Kurswechsel für Politik und Wirtschaft*. Frankfurt a. M.: Campus.

Mackscheidt, K., & Steinhausen, J. (1977). *Finanzpolitik II. Grundfragen versorgungspolitischer Eingriffe*. Tübingen: Mohr.

Mullin, B., Hardy, S., & Sutton, W. A. (1993). *Sport marketing*. Champaign: Human Kinetics.

Musgrave, R. (1969). *Finanztheorie*. Tübingen: Mohr.

Neale, W. (1964). The peculiar economics of professional sports: A contribution to the theory of the firm in sporting competition and in market competition. *The Quarterly Journal of Economics, 78*(1), 1–14.

Offe, C. & Heinz, R. G. (1990). *Organisierte Eigenarbeit. Das Modell des Kooperationsring*. Frankfurt: Campus.

Olson, M. (1965). *The logic of collective action: Public goods and the theory of groups*. Cambridge: Harvard University Press.

Opp, K.-D. (1989). Ökonomie und Soziologie. Die gemeinsamen Grundlagen beider Fachdisziplinen. In H.-B. Schäfer & K. Wehrt (Hrsg.), *Die Ökonomisierung der Sozialwissenschaften* (S. 103–128). Frankfurt a. M.: Campus-Verlag.

Ostrom, E. (1990). *Governing the commons: The evolution of institutions for collective action*. Cambridge: University Press.

Parlasca, S. (1993). *Kartelle im Profisport: Die wettbewerbspolitische Problematik der Mannschaftssportligen Major League Baseball, National Football League und Fußball-Bundesliga*. Ludwigsburg: Wissenschaft & Praxis.

Pawlowski, T., & Budzinski, O. (2013). The (monetary) value of competitive balance for sport consumers. A stated preference approach to European professional football. *International Journal of Sport Finance, 8*(2), 112–123.

Pawlowski, T., Breuer, C., & Hovemann, A. (2009). Die Entwicklung der Wettbewerbsintensität in den UEFA Top-5-Ligen. In H.-D. Horch, C. Breuer, G. Hovemann, S. Kaiser, & S. Walzel (Hrsg.), *Sport, Medien, Kommunikation* (S. 169–184). Köln: Institut für Sportökonomie und Sportmanagement.

Picot, A., Dietl, H., & Franck, E. (1999). *Organisation. Eine ökonomische Perspektive* (5. aktualisierte und überarb. Aufl.). Stuttgart: Schäffer-Poeschel.

Pitsch, W., Emrich, E., & Pierdzioch, C. (2013). Match Fixing im deutschen Fußball. Eine Validierung der Randomized-Response-Technik mit Total-Cheater-Detection mittels multinominaler Verarbeitungsbäume. In H. Kampf, S. Nagel, & H. Dietl (Hrsg.), *Im Schatten der Sportwirtschaft* (S. 111–126). Schorndorf: Hofmann.

Quirk, J., & Fort, R. D. (1992). *Pay dirt: The business of professional team sports*. Princeton: University Press.

Rittner, V. (1988). Sport als ökonomisches Interessenobjekt. In H. Digel (Hrsg.), *Sport im Verein und im Verband: Historische, politische und soziologische Aspekte* (S. 158–187). Schorndorf: Hofmann.

Rottenberg, S. (1956). The baseball player's labour market. *Journal of Political Economy, 64*(3), 242–258.

Samuelson, P. A. (1954). The pure theory of public expenditure. *Review of Economics and Statistics, 36*(4), 387–389.

Sandy, R., Sloane, P. J., & Rosentraub, M. S. (2004). *The economics of sport: An international perspective*. Basingstoke: Palgrave Macmillan.

Schellhaaß, H.-M. (2011). Ist die europäische Sportökonomie auf dem richtigen Weg? In I. E. Emrich, C. Pierdzioch, & M.-P. Büch (Hrsg.), *Europäische Sportmodelle: Gemeinsamkeiten und Differenzen in international vergleichender Perspektive* (S. 49–72). Schorndorf: Hofmann.

Schellhaaß, H. M., & Enderle, G. (1998). *Sportlicher versus ökonomischer Wettbewerb. Zum Verbot der zentralen Vermarktung von Europa-Pokalspielen im Fußball (Arbeitspapiere des Instituts für Rundfunkökonomie an der Universität zu Köln, Heft 95)*. Köln: Institut für Rundfunkökonomie.

Schellhaaß, H. M., & Enderle, G. (1999). *Wirtschaftliche Organisation von Sportligen in der Bundesrepublik Deutschland*. Köln: Strauß.

Schimank, U. (2005). The autonomy of modern sport: Dangerous and endangered. *European Journal for Sport and Society, 2*, 13–23.

Scitovsky, T. (1976). *The joyless economy. An inquiry into human satisfaction and consumer dissatisfaction*. New York: Oxford University Press.

Sigloch, J. (2005). Rechnungslegung. In C. Breuer & A. Thiel (Hrsg.), *Handbuch Sportmanagement* (S. 195–215). Schorndorf: Hofmann.

Sloane, P. (1971). The economics of professional football: The football club as a utility maximizer. *Scottish Journal of Political Economy, 18*(2), 121–146.

Stigler, G., & Becker, G. (1977). De Gustibus Non Est Disputandum. *The American Economic Review, 67*(2), 76–90.

Szymanski, S. (2003). The economic design of sporting contests. *Journal of Economic Literature, 41*(4), 1137–1187.

Thieme, L. (2011). *Zur Konstitution des Sportmanagements als Betriebswirtschaftslehre des Sports. Entwicklung eines Forschungsprogramms*. Berlin: epubli.

Veblen, T. (1899). *Theory of the leisure class. An economic study in the evolution of institutions*. New York: Macmillan.

Weber, M. (1972). *Wirtschaft und Gesellschaft* (5. revid. Aufl.). Tübingen: Mohr.

Woratschek, H. (2004). Einführung: Kooperenz im Sportmanagement – eine Konsequenz der Wertschöpfungslogik von Sportwettbewerben und Ligen. In K. Zieschang & H. Woratschek (Hrsg.), *Kooperenz im Sportmanagement* (S. 9–29). Schorndorf: Hofmann.

Woratschek, H., & Schafmeister, G. (2005). Ist das Management von Sportbetrieben ein besonderes Business? Eine Analyse der Besonderheiten in der Wertschöpfung von Sportbetrieben. In W. Brehm, P. Heermann, & H. Woratschek (Hrsg.), *Sportökonomie: Das Bayreuther Konzept in zehn exemplarischen Lektionen* (S. 29–49). Bayreuth: Sportökonomie Uni Bayreuth e. V.

Weiterführende Literatur

Zum Marktmodell:

Daumann, F. (2011). *Grundlagen der Sportökonomie* (S. 25–40). Konstanz: UVK.

Zu Besonderheiten des Teamsports:

Dietl, H. (2011). Besonderheiten des Sports – Was rechtfertigt eine „eigene Ökonomik"? In E. Emrich, C. Pierdzioch, & M.-P. Büch (Hrsg.), *Europäische Sportmodelle: Gemeinsamkeiten und Differenzen in international vergleichender Perspektive* (S. 17–36). Schorndorf: Hofmann.

Franck, E. (1995). *Die ökonomischen Institutionen der Teamsportindustrie. Eine Organisationsbetrachtung* (S. 124–139). Wiesbaden: DUV.

Schellhaaß, H.-M. (2011). Ist die europäische Sportökonomie auf dem richtigen Weg? In E. Emrich, Chr. Pierdzioch, & M.-P. Büch (Hrsg.), *Europäische Sportmodelle: Gemeinsamkeiten und Differenzen in international vergleichender Perspektive* (S. 49–72). Schorndorf: Hofmann.

3 Besonderheiten von Sportvereinen

Sportgüter werden nicht nur von großen Unternehmen produziert, die Sachgüter für Kunden anbieten, um Profit für ihre Eigentümer zu erwirtschaften, sondern auch von kleinen Betrieben sowie von solchen, die keinen Profit erwirtschaften wollen, wie Vereinen und staatlichen Anbietern, die direkt den Bedarf für Mitglieder oder Bürger befriedigen wollen. Zudem handelt es sich oft nicht um Sachgüter, sondern um Dienstleistungen. Über diese Betriebstypen erfährt man in den Lehrbüchern der allgemeinen Betriebswirtschaftslehre kaum etwas. Für den Sport sind sie aber von großer Bedeutung. Kenntnisse darüber sind für Sportmanager von Interesse, weil sie entweder hier Arbeit finden können oder diese als Konkurrenten oder Kooperationspartner wichtig für ihre Tätigkeit sind. Der folgende zweite Teil dieses Lehrbuches beschäftigt sich mit den Besonderheiten dieser Betriebstypen im Vergleich zu großen sachgüterproduzierenden Unternehmen: Kap. 3 mit Vereinen, Kap. 4 mit staatlichen Organisationen, Kap. 5 mit Kleinbetrieben und Kap. 6 mit Dienstleistungsbetrieben. Unterkapitel 4.6 enthält einen zusammenfassenden Institutionenvergleich von Verein und Staat/Verwaltung mit Markt/Unternehmen. Um kein schiefes Bild entstehen zu lassen, gilt es jedoch einführend in Unterkapitel 3.1 – bevor wir zum Thema „Vereine" kommen – noch einmal 1. zu betonen, dass es auch viele Gemeinsamkeiten zwischen den verschiedenen Betriebstypen gibt, die eine Übertragung von Erkenntnissen aus der allgemeinen Betriebswirtschafts- und Managementlehre ermöglichen, und 2., dass es sich bei solchen Vergleichen nur um idealtypische Betrachtungen handeln kann. In der Realität gibt es immer fließende Übergänge. Die Führung von Unternehmen wurde gerade in den letzten Jahrzehnten als beispielhaft für alle anderen Betriebstypen empfohlen. Die Kommerzialisierung von Vereinen oder das Konzept des sog. New Public Management für staatliche Organisationen sind Beispiele dafür. Daher werden sich die folgenden Unterkapitel auch mit diesen Anpassungstendenzen (Transformationen) und ihren Vor- und Nachteilen (Folgeproblemen) beschäftigen (s. Kap. 3.4).

Vereine sind im deutschen Sportsystem von zentraler Bedeutung. In Deutschland gibt es ca. 91.000 Sportvereine mit ca. 28 Mio. Mitgliedschaften. Sportvereine weisen die größten Unterschiede zu Unternehmen auf. Daher ist es sinnvoll, mit ihrer Charakterisierung zu beginnen und diese etwas ausführlicher zu gestalten. Das ist auch für jene interessant, die nicht in Vereinen arbeiten oder arbeiten wollen. Zum Beispiel haben Unternehmer häufig falsche Vorstellungen von Verbänden und Vereinen als Sponsoring-Partner. Sie denken, dass diese genauso zentralistisch aufgebaut sind wie Unternehmen, so dass Entscheidungen von den Verbänden durchgesetzt und allgemeinverbindlich gemacht werden könnten. Das ist aber nicht der Fall, die Entscheidungsstruktur ist demokratisch und jeder Verein ist autonom. Im Folgenden geht es um die idealtypischen Besonderheiten im Vergleich zu Unternehmen (Kap. 3.3) und um Vereinigungsversagen, Transformationen und Folgeprobleme (Kap. 3.4). Zu Beginn muss jedoch geklärt werden, warum es in einer Marktwirtschaft überhaupt Sportvereine gibt (Kap. 3.2). Abschließend werden zwei Transformationstendenzen gesondert aufgegriffen, die für das Sportmanagement von Bedeutung sind: Folgeprobleme der Kommerzialisierung des Zuschauersports (Kap. 3.5) und der Professionalisierung des Sportmanagements in Vereinen und Verbänden (Kap. 3.6). Auf eine Beschreibung von Sportvereinen soll verzichtet werden, weil dazu umfangreiche und aktuelle Studien vorliegen (z. B. Breuer 2007 sowie die weiteren regelmäßigen folgenden Sportentwicklungsberichte vom gleichen Herausgeber).

Literatur zur Charakterisierung von Sportvereinen (z. B. Lenk 1972; Heinemann und Horch 1981; Heinemann und Schubert 1994; Emrich et al. 2001) findet man auch in übergeordneten Forschungsgebieten, die in den letzten Jahrzehnten unter verschiedenen Labeln firmierten: Freiwillige Vereinigungen (z. B. Weber 1911; Glaser und Sills 1966; Smith et al. 1972; Knoke 1990), Nonprofit-Organisationen (z. B. Powell 1987; Weisbrod 1977a, b; Anheier 2004) und ihr Management (z. B. Schwarz 1984; Badelt 2002), Dritter Sektor (z. B. Evers und Laville 2004) und Zivilgesellschaft (z. B. Putnam 2000), je nachdem ob das Feld vornehmlich von Soziologen, Ökonomen, Betriebswirten oder Politologen betrachtet wurde. Zudem ist Colemans (1979) und Vanbergs (1982) Konzept der Korporation von Bedeutung, das übergeordnet Vereine wie auch Unternehmen im Unterschied zum Markttausch charakterisiert. Die Autoren stützen sich im Folgenden vor allem auf entsprechende Veröffentlichungen von Horch (s. Literaturverzeichnis).

Am Ende soll der Leser gelernt haben:

- Welche Gemeinsamkeiten gibt es zwischen Unternehmen und den anderen Betriebstypen, die eine Anwendung allgemeiner betriebswirtschaftlicher Erkenntnisse ermöglichen?
- Was ist ein idealtypischer Vergleich, und welche Stärken und Schwächen hat er?
- Warum gibt es in einer Marktwirtschaft nicht nur Unternehmen, sondern auch Nonprofit-Organisationen wie Sportvereine?
- Welche idealtypischen Besonderheiten unterscheiden Vereine von Unternehmen?
- Welche Stärken und Schwächen weist der Organisationstyp „Verein" auf?
- Wie kann man damit die Transformationstendenzen von Vereinen erklären?

- Welche Folgeprobleme können mit den Transformationen verbunden sein?
- Welche Folgeprobleme können speziell mit der Kommerzialisierung des Zuschauersports verbunden sein?
- Wie schreitet die Verberuflichung (Professionalisierung) des Sportmanagements in Sportvereinen und -verbänden voran?

3.1 Gemeinsamkeiten und idealtypischer Vergleich

1. **Gemeinsamkeiten:** Auch die in diesem und in den folgenden Kapiteln behandelten Anbietertypen sind a) Betriebe bzw. Organisationen und müssen daher gemanagt werden. Mit Ausnahme des Staates - der auch Zwang einsetzen darf - haben sie zudem mit Unternehmen b) gemein, dass Mitglieder, Kunden, Arbeitgeber und Arbeitnehmer sich hier freiwillig, zusammengefunden haben.

    a) Betriebe wurden eingangs als planvolle, wirtschaftliche Einheiten definiert, die Güter produzieren. Sie müssen dazu Produktionsfaktoren wirtschaftlich kombinieren und liquide bleiben. Der etwas weiter geschnittene institutionelle Begriff der Organisation stellt darauf ab, dass es sich um von Menschen zur Verfolgung spezifischer Ziele künstlich geschaffene Sozialsysteme (griech.: organon = Werkzeug) mit eindeutig bestimmbaren Mitgliedern und einer planvollen auf die Erreichung des Ziels ausgerichteten formalen Struktur handelt. Schwarz et al. (1995, S. 28) haben in einer Übersicht (s. Abb. 3.1) daher z. B. auch Nonprofit-Organisationen, wie Vereine und Verbände, als zielgerichtete, produktive, soziale Systeme charakterisiert. Daher müssen auch hier die Managementfunktionen des Planens, Organisierens, Führens und Kontrollierens erfüllt werden, ohne dass damit allerdings gesagt ist, wer diese Funktionen wie erfüllt.

    b) Es ist ein zentrales Merkmal moderner demokratischer Gesellschaften, dass Bürger sich freiwillig, ohne Zwang und unabhängig von staatlicher Einflussnahme zur Verfolgung spezifischer selbst gesetzter Ziele zusammentun können.[1] Gründung, Mitgliedschaft, Zielsetzung und -verfolgung sowie die Auflösung erfolgen autonom, ohne staatlichen Zwang. Das gilt für Betriebe mit erwerbswirtschaftlichen Zielen in einer Marktwirtschaft im Unterschied zu Betrieben in einer Planwirtschaft, aber auch für bedarfswirtschaftliche Betriebe mit politischen, sozialen, kulturellen und eben auch sportlichen Zielen, wie Sportvereine.[2]

---

[1] Im Unterschied dazu wurden die Individuen in vormodernen Gesellschaften überwiegend in Korporationen mit allumfassenden, diffusen (!) Zielen, wie die Kirche, hineingeboren (!) bzw. die Mitgliedschaft wurde ihnen, z. B. per Beruf, zugeschrieben (!), wie in den mittelalterlichen Zünften.

[2] Unter „freiwillig" wird im Zusammenhang mit freiwilligen Vereinigungen häufig zusätzlich verstanden, dass die Mitgliedschaft nicht bezahlt und nicht - wie bei Arbeitnehmern - notwendig zum Lebensunterhalt ist (Sills 1968; Knoke und Wood 1981). Da es bei Selbsthilfevereinigungen, wie Sportvereinen, aber auch um die Nutzungsmöglichkeiten von Vereinsangeboten geht, also eine geldwerte Gegenleistung, ist dieses Kriterium hier nicht so trennscharf, selbst wenn diese Nutzungs-

Gemeinsame Eigenschaften	
Erwerbswirtschaft, Unternehmung	Nonprofit-Organisation

Zielgerichtete Systeme	Produktive Systeme	Soziale Systeme
Sinnhaftes, zweckorientiertes Handeln Ausrichtung der Organisation auf bestimmte Ziele Erfolg durch Zielerreichung	Beschaffung und Verwaltung knapper Produktionsfaktoren (Finanzen, Arbeit) Kombination (planmäßiger Einsatz) der Faktoren zu Leistungen Abgabe der Leistungen an Mitglieder und Dritte	Menschliche Zusammenarbeit als Hauptfaktor Motivation zur Mitarbeit und Leistungserbringung Entwicklung des Fähigkeitspotentials Gruppendynamische und Führungsprozesse

Gemeinsame Probleme	
Erwerbswirtschaft, Unternehmung	Nonprofit-Organisation

Management
Effiziente Erfüllung von Führungsfunktionen: Ziele setzen, planen, Prozesse in Gang setzen, motivieren, kontrollieren, koordinieren

Abb. 3.1 Gemeinsamkeiten von Unternehmen und Nonprofit-Organisationen (Schwarz et al. 1995, S. 28)

2. **Idealtypischer Vergleich:** Wenn man Besonderheiten von Betriebstypen herausarbeiten will, kann das erstens nur abstrakt, vereinfachend, idealtypisch und zweitens nur relativ, d. h. vor dem Hintergrund eines Vergleichs mit dem „normalen" Fall geschehen. Denn in Wirklichkeit gibt es ja z. B. nicht den Sportverein, sondern ganz unterschiedliche, vom Kegelclub bis zum FC Bayern München. Aber das gilt natürlich ebenso, wenn die Betriebswirtschaftslehre von „Unternehmen" spricht (s. Kleinbetriebe: Kap. 5). Die idealtypische Methode wurde von Weber (1972), einem Ökonom und Soziologen entwickelt, um zwischen der Geschichtswissenschaft, die sich mit Einzelfällen beschäftigt, und der Ökonomie, deren Theorie Allgemeingültigkeit beansprucht eine Brücke zu schlagen. Mit Hilfe des Ideal-Typus (archetyp) kann man einen Schritt weg von den Einzelfällen hin zu allgemeineren Erkenntnissen kommen. Das Wort „ideal" ist allerdings irreführend. Denn es geht nicht darum, wie z. B. Vereine idealerweise sein sollten, sondern wie sie im Kern typischerweise sind. Eine weitere Gefahr dieser Methode ist die Übervereinfachung. Der idealtypische Grenztypus bildet daher im Folgenden den

---

möglichkeiten ja nicht im Einzelnen vertraglich gesichert sind (s. Abschn. 3.3.4). Durch die staatliche Gewährung eines Vertretungsmonopols für Sportverbände (eine Sportart ein Verband) ergeben sich bei Sportvereinen zudem gewisse Zwangselemente. Wer z. B. an sportlichen Wettkämpfen teilnehmen will, ist diesem Monopol unterworfen.

Ausgangspunkt, um auch über Transformationstendenzen, z. B. Kommerzialisierung, d. h. Angleichungen an den Unternehmungstyp, zu sprechen. Aber man kann erst über verschiedene Grautöne reden, nachdem man schwarz von weiß unterschieden hat. Dem Leser sollte also klar sein, dass z. B. der idealtypische Grenztyp „Verein" am ehesten auf neue und kleine Vereine zutrifft, auch den Durchschnittssportverein noch gut beschreibt, aber immer weniger den großen Fußballprofiverein.

3.2 Existenz

Da Ökonomen davon ausgehen, dass Unternehmen in einem Markt die effizienteste Form des Wirtschaftens darstellen, bedarf es besonderer Erklärungen, warum es überhaupt staatliche und vereinliche Anbieter gibt. Die wirtschaftlichen Aktivtäten des Staates werden aus dieser Sicht mit Marktversagen (s. Kap. 2.4.1) und die Existenz von Vereinen mit kombiniertem Markt – und Staatsversagen erklärt. Um eine ausgewogene Beurteilung zu ermöglichen, muss dieses Bild um die Probleme der Vereinigungen, d. h. des Vereinigungsversagens (s. Kap. 3.4), ergänzt werden. In der Literatur zu Nonprofit-Organisationen wurden von Ökonomen verschiedene Theorien entwickelt, warum in marktwirtschaftlichen, demokratischen Systemen Nonprofit-Organisationen existieren. Es bleibt aber zu überprüfen, inwieweit diese auf den Spezialfall „Sportverein" übertragen werden können. Denn das Feld der Nonprofit-Organisationen ist sehr groß und heterogen. Es umfasst alle nicht-staatlichen (non-governmental) Organisationen, die finanzielle Überschüsse nicht als Profit verteilen, sondern wieder für die Erreichung ihres Ziels einsetzen, wie Selbsthilfegruppen, Interessenverbände, Parteien, Gewerkschaften, Freizeitvereine sowie Wohlfahrtsverbände und Kirchen einschließlich der von diesen betriebenen Krankenhäusern, Kindergärten u. ä. Zudem wurden diese Theorien im US-amerikanischen Kontext entwickelt, d. h. sie beziehen sich implizit vor allem auf Wohlfahrtsverbände, also solche die Dienstleistungen für Dritte bereitstellen, und auf den wirtschaftsliberalen Kontext des amerikanischen politischen Systems. Selbsthilfevereinigungen, die wie Sportvereine in erster Linie Dienstleistungen für Mitglieder erstellen, wurden in der Nonprofit-Literatur kaum berücksichtigt.[3] Die Existenz solcher Organisationen in Wohlfahrtsstaaten, wie Deutschland, in denen der Staat wesentlich mehr Aufgaben übernommen hat als in den USA, können damit möglicherweise nicht so gut erklärt werden. Ökonomische Theorien, die ja Allgemeingültigkeit beanspruchen, können z. B. nicht erklären, warum Sportvereine in Deutschland eine wesentlich größere Rolle spielen als in den USA. Sie bedürfen dazu der Ergänzung durch soziologische, politologische und historische Erklärungen.

1. **Weisbrod** (1975a, b) erklärt die Existenz von Nonprofit-Organisationen mit Staatsversagen beim Angebot von öffentlichen Gütern. Aufgrund des demokratischen Wahlsystems orientieren sich Politiker am Durchschnittswähler (median voter). Interessen

---

[3] Pierdzioch et al. (2013) haben in diesem Sinne eine Typologie von Clubs vorgeschlagen, die zwischen mehr oder weniger egoistischer bzw. altruistischer Zielsetzung unterscheidet. Sportvereine fallen demnach je nach Untertyp in verschiedene mittlere Kategorien.

von Minderheiten werden vernachlässigt. Dies wird umso bedeutender, je heterogener eine Gesellschaft zusammengesetzt ist. Um diese quantitativ oder qualitativ abweichenden Interessen, z. B. an alternativen pädagogischen Konzepten, zu fördern, bilden sich Vereinigungen, die Waldorf- und Montessori- oder katholische Schulen unterstützen. Diese Erklärung könnte mit Einschränkungen wegen seiner positiven externen Effekte auch auf den Sport zutreffen. So war und ist das Angebot an Sportarten im Schulsport eher begrenzt. Zudem bilden sich immer wieder neue Sportvereine zur Unterstützung von Sportarten, die in den traditionellen Vereinen nicht berücksichtigt werden.

2. **Hansmann** (1980) erklärt die Existenz von Nonprofit-Organisationen mit einer spezifischen Form von Marktversagen, dem Vertragsversagen. Hierbei geht es im Unterschied zu den eher öffentlichen Gütern der Weisbrodschen Theorie um quasi-öffentliche Güter (Club- oder Allmendegüter, s. Kap. 2.1.3), die auch marktwirtschaftlich angeboten werden können. Seine Theorie geht aus von zwei Typen asymmetrischer Informationsverteilung. Der erste ergibt sich, wenn Zahler und Empfänger einer Leistung auseinanderfallen, der zweite, wenn die Qualität der Leistung schwer beurteilbar ist. In solchen Situationen vertrauen Individuen eher Nonprofit-Organisationen, weil durch diese Rechtsform signalisiert wird, dass ein Interesse der Verantwortlichen an individuellen Profiten eher ausgeschlossen ist (s. Nichtverteilungsbeschränkung: Kap. 3.3.2). Ein Beispiel für den ersten Fall wäre eine Spende für Hungernde in Afrika. Da der Spender kaum kontrollieren kann, ob und wie viel von seiner Spende bei den Betroffenen ankommt, vertraut er lieber dem Roten Kreuz als einer Afrika GmbH & Co. KG. Ein Beispiel für den zweiten Fall sind medizinische Dienstleistungen. Können diese Argumente auf den Sport übertragen werden? Kindersport ist vielleicht ein Beispiel. Eltern zahlen, Kinder empfangen und können die Qualität schwer einschätzen. Allerdings lässt die Qualität der Betreuung durch ehrenamtliche Laien in Sportvereinen häufig zu wünschen übrig. Aber das schließt nicht aus, dass im Rahmen von Sportvereinen auch professionelle Angebote, wie die sog. Kinder- und Jugendsportschulen, Platz finden können (Cachay et al. 2001). Tatsächlich ist es in Deutschland so, dass kommerzielle Anbieter bisher kaum Sportangebote für Kinder machen.

3. **James** (1987) fiel auf, dass viele Nonprofit-Organisationen in der Welt – wie auch Caritas, Johanniter, Diakonie, Arbeiterwohlfahrt usw. in Deutschland – religiöse oder ideologische Hintergründe haben. Sie verdanken ihre Existenz sog. sozialen Unternehmern, die ähnlich wie wirtschaftliche Unternehmer etwas Neues wagen, allerdings nicht um wirtschaftliche Werte zu schaffen, sondern soziale. Eigentliches Ziel ist die Gewinnung von Gläubigen, Anhängern, Mitgliedern. Die sozialen Dienste sind Mittel zu diesem Zweck. Kann diese Erklärung auf Sportvereine übertragen werden? Ja, sogar erstaunlich gut. Man muss sich nur vergegenwärtigen, dass auch die Sportvereine in Deutschland vor der Zwangsvereinigung durch die Nationalsozialisten aufgesplittert waren in katholische, jüdische und Arbeitersportvereine usw.

3.2 Existenz

Insgesamt kann festgehalten werden, dass sich die obigen Theorien nicht widersprechen, sondern ergänzen. Sie können allerdings nicht erklären, – wie schon angedeutet – warum Sportvereine in Deutschland eine dominierende Rolle spielen, in den USA jedoch nicht. Deshalb kann man nicht darauf verzichten, sich die historische Entwicklung der Sportvereine und das gesellschaftliche und politische Umfeld anzuschauen, in welche sie eingebettet waren und sind (Salamon und Anheier 1989: Pfadabhängigkeit der Entwicklung). Anders als Ökonomen, die ihre Erklärungen mit dem Marktmodell als effizienten Vergleichspunkt beginnen, trifft historisch für den Sport eher der umgekehrte Ablauf zu. Zuerst kamen die Turnvereine, dann der Staat und dann der Markt. Der Staat führte den Sport zu Zwecken militärischer Ertüchtigung in den Schulen ein. Kommerzielle Angebote wurden im großen Stil erst möglich mit wachsendem Durchschnittseinkommen der Bevölkerung. Die Sportvereine wurden zunehmend staatlich unterstützt und damit ihre dominierende Position gesichert. Diese Entwicklung entspricht eher Salamons (1987) Theorie des sog. Third-Party Government. Demnach werden neue Nachfragen nach öffentlichen und quasi-öffentlichen Gütern häufig zuerst von Nonprofit-Organisationen aufgegriffen, weil die Transaktionskosten hier geringer sind als für die Durchsetzung allgemeiner staatlicher Lösungen. Die Vereinigungen verfügen jedoch nicht über genügend Ressourcen, um quantitativ und qualitativ das Angebot gesellschaftsweit zu sichern (s. Vereinigungsversagen, Kap. 3.4). Die Vereinigungsschwächen können durch eine Zusammenarbeit von Vereinigungen mit dem Staat ausgeglichen werden, in welcher der Staat Finanzhilfen bereitstellt, aber dafür Leistungsstandards setzt. Gleichzeitig werden in dieser Kooperation Schwächen des Staates durch die Vereinigungen ausgeglichen, weil diese über nähere Informationen über die Interessen der Mitglieder verfügen als der Staat.[4] In der deutschsprachigen Diskussion spielen – mit Ähnlichkeit zum Third-Party-Government – vor allem der sog. Neokorporatismus und das Subsidiaritätsprinzip eine Rolle.[5] Letztlich dürften immer auch die Präferenzen der Bürger und die relative Stärke verschiedener gesellschaftlicher Schichten dafür entscheidend sein, welche institutionelle Form als Anbieter für quasi-öffentliche Güter bevorzugt wird. So ist der Staat z. B. in Schweden, aber auch Deutschland für weit mehr

---

[4] Andere, wie Seibel (1992) in „Der funktionale Dilettantismus" beurteilen diese Kooperation jedoch genau umgekehrt. Demnach werden nicht die Stärken dieser beiden Systeme, sondern ihre Schwächen kombiniert. Der Staat drückt sich mit dem Hinweis auf die Unterstützung von amateurhaft agierenden Vereinigungen nur davor, Aufgaben verantwortlich selbst zu übernehmen.

[5] Korporatismus bezeichnet die zwangsweise Einbindung von Ständen und Verbänden, Neokorporatismus die freiwillige Symbiose von Verbänden und Staat, in der die Verbände staatlich unterstützt werden und dafür im Gegenzug staatliche Aufgaben übernehmen (Meier 1988). Das „Subsidiaritätsprinzip" (subsidium lat.: Hilfe, Beistand) ist ein Zuständigkeits- und Unterstützungsprinzip der katholischen Soziallehre. Nach diesem Prinzip soll die Zuständigkeit (Recht und Pflicht) für eine Aufgabe bei der kleinsten sozialen Einheit liegen, die zu ihrer Erfüllung in der Lage ist, weil diese lebensnäher ist und mehr unmittelbare Mitwirkung erlaubt als größere, übergeordnete soziale Einheiten. Die größere Einheit soll die Vorleistungen erbringen, welche die kleinere Einheit zur Entfaltung ihrer Kräfte braucht, und Hilfe zur Selbsthilfe geben, wenn die Kräfte nicht reichen (Nell-Breuning 1957), sollen aber – anders als beim Neokorporatismus und Third-Party-Government – nicht in die Autonomie der Vereine eingreifen.

Dinge verantwortlich als in den USA. In der Realität gibt es nicht die logische Dominanz einer institutionellen Anbieterform, den die ökonomischen Theorien nahelegen, sondern Mischungen, Kooperationen und einen pluralistischen Wettbewerb der Institutionen. So gibt es innerhalb unserer Gesellschaft – wie bei Krankenhäusern, Kindergärten und Altenheimen – Nonprofit- und For-Profit- und staatliche Anbieter von Sport neben-, mit- und gegeneinander.

3.3 Besonderheiten

Vereine weisen idealtypisch viele Besonderheiten im Vergleich zu Unternehmen auf. Diese Besonderheiten sind einerseits der Grund dafür, warum sie unter bestimmten Bedingungen gut funktionieren, was alleine durch die hohe Anzahl an Sportvereinen bewiesen wird. Andererseits sind damit aber auch Nachteile verbunden, die möglicherweise ein Grund für die Transformationstendenzen sind, die im nachfolgenden Unterabschnitt 3.4 behandelt werden. Die Besonderheiten werden im Folgenden anhand von neun Punkten herausgearbeitet (s. Abb. 3.2): 1. Rollen, 2. Ziel, 3. Güter, 4. Finanzen, 5. Personal, 6. Entscheidungsstruktur, 7. Distribution, 8. Organisationstruktur, 9. Umwelt.

3.3.1 Rollen: Identität

Wenn Sportvereine mit Unternehmen verglichen werden, muss von Anfang an darauf geachtet werden, an welche wirtschaftlichen Rollen gedacht wird. Denn das Mitglied eines Vereins ist – im Unterschied zu dem „Mitglied" eines Fitnessstudios – idealtypisch nicht identisch mit dem Kunden eines Unternehmens. Obwohl es sich im Zuge von Transformationen sowohl nach eigenem als auch dem Selbstverständnis der Vereinsführung dahin entwickeln kann. Idealtypisch sind die Mitglieder vielmehr Konsumenten und Produzenten, Eigentümer und Manager in einem. Sportvereine sind Selbsthilfevereine, in denen die Mitglieder in erster Linie ehrenamtlich Trainingsgelegenheiten und Wettkämpfe für den eigenen Bedarf organisieren. Im Unternehmensbereich haben sich diese vier Rollen hingegen zunehmend ausdifferenziert. Im Zuge der fortschreitenden Arbeitsteilung sind die Konsumenten immer seltener die Produzenten ihrer Güter. Im Zuge der Industrialisierung sind die Produzenten – anders als noch in kleinen Handwerksbetrieben – nicht mehr die Eigentümer der Produktionsmittel. Diese gehören vielmehr den Kapitalgebern. Zu guter Letzt sind in den großen Kapitalgesellschaften die Eigentümer (z. B. Aktionäre) nicht mehr die Manager, sondern delegieren diese Aufgabe an Fachleute. Rollenidentität (Eschenburg 1971) statt Rollentrennung ist eine grundlegende idealtypische Besonderheit von Selbsthilfevereinen im Vergleich zu Unternehmen. Inwieweit dies im konkreten Fall noch zutrifft, kann man leicht daran erkennen, wie Mitglieder auf Probleme reagieren. Fragen sie sich, was sie tun können, um das Problem zu beheben, oder beschweren sie sich nur, weil sie nicht genug für ihr Geld bekommen.

3.3 Besonderheiten

	Verein	Unternehmen (Markt)
1. Rollen	Identität: Konsument, Produzent, Eigentümer, Manager	Trennung
2. Ziel	a) wie für Eigentümer von Unternehmen: Interessen-Vereinigung (Korporation) – Interessenidentität – Gesellschaftsvertrag – Ressourcenzusammenlegung b) Nonprofit bedarfswirtschaftliche Rationalität	a) für Kunden und Angestellte: Interessen-Tausch (Markt) – Interessengegensatz – Tauschvertrag – Ressourcentausch b) For-Profit erwerbswirtschaftliche Rationalität
3. Güter	a) positive externe Effekte (öffentliche, meritorische Güter) b) Eigenbedarf (Haushalt) c) Dienstleistungen Integration des externen Faktors	a) keine externen Effekte (private Güter) b) Fremdbedarf c) Sachgüter (Normalfall der Lehrbücher)
4. Finanzen	a) Mitgliederressourcen: Beiträge, Spenden Autonomie von Nichtmitgliedern b) Beitrag – Pooling – kein Rechtsanspruch – keine Äquivalenz	a) Nichtmitgliederressourcen: Verkaufserlöse Abhängigkeit von Nichtmitgliedern b) Preis – Tausch – Rechtsanspruch – Äquivalenz
5. Personal	freiwillig (Arbeitsspende) unbezahlt direkte Anreize	bezahlt indirekter Anreiz
6. Entscheidungsstruktur	Demokratie – kollektiv – gleichverteilt (one man one vote) – Abwanderung, Widerspruch (wie bei Eigentümern) und Loyalität	Monokratie, Hierarchie, (Oligarchie) – individuell (Kunden, Angestellte) – kollektiv, abhängig vom Beitrag (Eigentümer) – Abwanderung (Kunden, Angestellte)
7. Organisationsstruktur	a) zwischen Gruppe und Organisation – Dezentralisierung, Führung – Interaktionsverfestigung – Personalisierung – Ambivalenz b) klein	a) Organisation, Bürokratie – Zentralisierung – Formalisierung – Spezialisierung – Standardisierung b) groß
8. Distribution	Solidarität Umverteilungen wie beim Staat	Kaufkraft
9. Umwelt	a) Vereinsrecht: Idealverein b) Steuerrecht: Gemeinnützigkeit	a) Zusammenschlüsse mit erwerbswirtschaftlichen Zielen b) Eigennützigkeit

Abb. 3.2 Besonderheiten von Vereinen im Vergleich zu Unternehmen

3.3.2 Ziel: Nonprofit-Interessenvereinigung

Weber (1972) hat den Interessen-Tausch grundlegend von der **Interessen-Vereinigung** unterschieden. Coleman (1979) und Vanberg (1982) haben die Prinzipien von Vereinigungen – sie sprechen von Korporationen – im Vergleich zu einem Markttausch weiter herausgearbeitet. Bei einem Tausch kommen Individuen mit unterschiedlichen Interessen zusammen. Der eine will Gewinn machen, der andere ein Fitnessangebot nutzen. Sie schließen einen Tauschvertrag, mit dem Leistung und Gegenleistung festgelegt werden. Bei einer Vereinigung schließen sich hingegen Individuen mit gleichen Interessen zusammen (Blau und Scott 1963; Sills 1968). Sie wollen gemeinsam Sport treiben. Bei Neugründungen von Vereinen ist das noch offensichtlich. Um dieses Ziel zu erreichen, legen sie Ressourcen, Geld, Arbeitskraft und Wissen, zusammen (Pooling). Dadurch können sie – nach dem Motto „gemeinsam sind wir stark" – dieses Ziel besser erreichen als alleine. Das ist der Vorteil der Vereinigung. Sie schließen einen Gesellschaftsvertrag, der Rechte und Pflichten klärt. Als Mitglied bekommt man die Rechte eines Miteigentümers. Das sind – im Falle eines Sportvereins – Mitentscheidungsrechte und einen Anspruch auf Teile der Leistungen, falls der Vereine erfolgreich war, indem er z. B. entsprechende Zeiten in einer Schulsporthalle zugeteilt bekommen hat.[6] Darüber, wozu die gemeinsamen Ressourcen verwendet werden und wie die Ergebnisse z. B. auf Leistungs- und Hobbysportler verteilt werden, muss kollektiv entschieden werden. Der Nachteil der Ressourcenzusammenlegung ist, dass man nicht mehr individuell über die Verwendung seiner Ressourcen entscheiden kann. In diesem Sinne sind auch Unternehmen, wie AGs und GmbHs, für die Gruppe der Eigentümer Vereinigungen.

Anders als bei diesen geht es jedoch bei Vereinen nicht um die Erwirtschaftung eines Gewinns. Vereine sind vielmehr **Nonprofit-Organisationen**, oder treffender Not-For-Profit-Organisationen. Im Vergleich zu Unternehmen kehrt sich das Verhältnis von Ziel und Mittel um. Bei Unternehmen geht es darum, aus Geld mehr Geld zu machen. Als Mittel zu diesem Zweck müssen Güter produziert werden, die auf eine Nachfrage treffen. Welche Güter das sind, ist gleichgültig. Mannesmann hat z. B. ursprünglich Röhren produziert und dann Telekommunikationsdienste (heute Vodafone) verkauft. Sportvereine haben bedarfswirtschaftliche Ziele, wie Training und Wettkämpfe organisieren und sportliche Siege erringen. Auch sie brauchen Ressourcen, um ihre Ziele zu erreichen. Dazu kann es sinnvoll sein, mit bestimmten Angeboten Überschüsse zu erwirtschaften. Diese sind jedoch nicht dazu da, um an eine kleine Gruppe von Eigentümern verteilt zu werden, sondern werden wieder eingesetzt, um das Ziel des Vereins zu erreichen. Der Unterschied zwischen For- und Nonprofit-Organisationen liegt also nicht in der Gewinn-Erzielung, sondern bei der Gewinn-Verwendung. Um das nicht zu verwechseln, sollte bei Vereinen besser von „Überschüssen" gesprochen werden. Hansmann (1980) hat in diesem Sinne vorgeschlagen, Nonprofit-Organisationen durch die Nichtverteilungsbeschränkung (non-distribution constraint) zu charakterisieren. So darf z. B. in Deutschland das Vermögen eines gemeinnützigen Vereins selbst im Falle der Auflösung nicht an seine Mitglieder verteilt werden, sondern muss anderen gemeinnützigen Vereinen übertragen werden.[7] Ohne Profit fehlt den Vereinen der idealtypische Anreiz – sozusagen der Motor – der Marktwirtschaft. Sie müssen vielmehr auf die Motivationskraft gemeinsamer Werte und Ziele

---

[6] Letzteres entspricht einem Residualeinkommen, wie dem Profitanteil für Eigentümer. Anders als das Kontrakteinkommen eines Angestellten ist jedoch der Umfang der Leistungen nicht genau festgelegt.

[7] In der Realität kann natürlich auf vielfältige Art und Weise gegen diese Norm verstoßen werden. Man kann z. B. überhöhte Gehälter oder Aufwandsentschädigungen zahlen oder sich Vereinsaufträge zuschanzen.

sowie die Kontrollmöglichkeiten kleiner homogener Gruppen setzen. Viele halten daher die Vereinsform für den Profisport, wo es um viel Geld geht, nicht mehr für die geeignete institutionelle Form (z. B. Franck 1995). In letzter Zeit haben daher viele Sportvereine ihre Profimannschaften in Unternehmen, in der Rechtsform von AGs oder GmbH & Co. KGs, ausgegliedert. Dafür dass diese jetzt aber tatsächlich das Ziel verfolgen, Gewinn für Eigentümer zu erwirtschaften, gibt es bisher kaum Anzeichen. Über die 50 + 1 Regel im Fußball wird ja auch angestrebt, dass der Verein weiterhin die zentrale Kontrolle behält. Die deutschen Begriffe für den Unterschied zwischen For-Profit und Nonprofit sind erwerbswirtschaftlich und bedarfswirtschaftlich (Weber 1972). Bei erwerbswirtschaftlichen Betrieben geht es um den Erwerb von Einkommen, bei bedarfswirtschaftlichen um die Deckung eines Bedarfs. Auch in Bedarfswirtschaften sollte der Umgang mit knappen Ressourcen wirtschaftlich erfolgen. Aber hier ist dies schwieriger zu befolgen, weil nicht alles in Zahlen zu fassen und erst Recht nicht in Geld auszudrücken ist. Wie kann z. B. das Ziel „Förderung der Jugendarbeit" gemessen werden? Man könnte versuchen, dies an der Anzahl der jugendlichen Mitglieder festzumachen, aber dies wäre nur ein sehr indirektes quantitatives Maß.[8] Letztlich kommt nach Weber (1972) das Prinzip der Wirtschaftlichkeit erst zur vollen Blüte in erwerbswirtschaftlichen Betrieben (Unternehmen) in einem marktwirtschaftlichen System, weil es hier um das Ziel Profitmaximierung geht, alles in Marktpreisen, in Geld, gemessen werden kann, der Wettbewerb wirtschaftliches Handeln erzwingt und alle sozialen Beziehungen anonymisiert sind.[9] So rückt (Kosten-) Effizienz in den Vordergrund, damit Profit erwirtschaftet werden kann. Bei Bedarfswirtschaften geht es dagegen in erster Linie um Effektivität, möglichst gute Deckung des Bedarfs, z. B. Meister werden, nicht absteigen, koste es, was es wolle. Zwischen beiden Zielen, Effektivität und Effizienz besteht eine widersprüchliche (Trade-Off) Beziehung. Denn beides kann nicht gleichzeitig maximiert werden. Je besser man ein Ziel erreichen will, desto teurer wird es. Mit der Herausarbeitung dieser Unterschiede zwischen erwerbs- und bedarfswirtschaftlicher Rationalität soll auf Schwierigkeiten und Besonderheiten hingewiesen werden. Dieses Argument kann jedoch nicht als Entschuldigung für unwirtschaftliches Verhalten herangezogen werden. Hier gibt es im Normalfall noch genügend Spielraum für die Verbesserungen des Managements von Sportvereinen.

3.3.3 Güter: Eigenbedarf mit positiven externen Effekten

Zuvor (s. Kap. 2.1) wurde festgestellt, dass Sportvereine in erster Linie Clubgüter für den Eigenbedarf der Mitglieder produzieren, aber solche mit gewissen positiven exter-

---

[8] Den Erfolg in Geld auszudrücken, ist allenfalls in dem kleinen Bereich des Profisports möglich, indem es Marktpreise für Spieler gibt, die aber natürlich auch nicht die volle Bedeutung des Zieles „Förderung der Jugend" erfassen können.

[9] Es scheint, als ob wir gerade in den letzten Jahren durch die Globalisierung des Wettbewerbs und das Management großer Finanzfonds noch einmal einen kräftigen Schritt weiter in diese Richtung gekommen wären.

nen Effekten im Sinne von öffentlichen, kollektiven und meritorischen Gütern. Letztere werden gefördert durch die im Normalfall zumindest formal und finanziell geringen Eintrittsbarrieren. Bei Unternehmen geht de ökonomische Theorie davon aus, dass es sich um private Güter, um Güter ohne externe Effekte handelt. Zudem geht es bei Sportvereinen um Dienstleistungen, nicht um Sachgüter (s. Kap. 6). Eine zentrale Besonderheit von Dienstleistungen ist das Problem der Integration des externen Faktors. Dieses Problem ist in Selbsthilfevereinigungen, wie Sportvereinen, durch die institutionelle Integration des externen Faktors - durch Mitgliedschaft und Rollenidentität - gelöst (Parsons 1970).

3.3.4 Finanzen: Mitgliederressourcen

Vereine finanzieren sich idealtypisch über Ressourcen von Mitgliedern, während Unternehmen sich langfristig über Erlöse von Verkäufen an Nichtmitglieder (Kunden) finanzieren. Im Verein gibt es kein Beteiligungskapital, hinzu kommen jedoch zwei Typen von Einnahmen, über die Unternehmen nicht verfügen, nämlich Spenden und Mitgliedsbeiträge (Sigloch 1987). Die Abhängigkeit von Mitgliederressourcen sichert die Interessenidentität zwischen Verein und Mitgliedern sowie die Autonomie von Nichtmitgliedern, seien es Kunden oder der Staat.

Vereinsbeiträge nehmen eine Zwischenstellung zwischen Freiwilligkeit und Verpflichtung sowie zwischen Beteiligungskapital und Kaufpreis ein.[10] Man wird freiwillig Mitglied, als solches ist man aber verpflichtet, Beitrag zu zahlen. Mit der Zahlung des Beitrags wird man zu aller erst Miteigentümer und kann – wie ein Aktionär – mitbestimmen. Diese Mitbestimmungsrechte sind aber nicht nach der Höhe des Beitrags gestaffelt, sondern nach dem demokratischen Prinzip „one wo-man one vote" gleichverteilt.[11] Zweitens stehen Mitgliedern aber auch – wie durch die Zahlung eines Preises – gewisse Rechte an der Nutzung des Vereinsangebots zu. Anders als bei einem Tauschvertrag erwerben sie mit diesem Gesellschaftsvertrag aber keinen Rechtsanspruch auf eine genau definierte Leistung. Die Gegenleistung ist vielmehr unsicher, nicht einklagbar und nicht äquivalent. Sie hängt ab vom Erfolg des Vereins und den internen Verteilungsregeln. Wie viel Zeiten in Sporthallen konnten erworben werden und wie werden sie zwischen Leistungs- und Breitensportlern verteilt?

---

[10] Ein Fitnessstudiobeitrag heißt zwar auch „Beitrag", hat aber den Charakter eines Preises, ist sozusagen eine Flatrate für Studiobesuche. Mit dem Mitgliedschaftsbeitrag hat er gemeinsam, dass er unabhängig von der Inanspruchnahme der Leistung bezahlt werden muss.
[11] Zudem sind Mitgliedschaften im Unterschied zu Aktien kündbar, aber an Personen gebunden und nicht übertragbar.

3.3.5 Personal: Freiwilligenarbeit

Das Personal in Vereinen wird im Unterschied zu Unternehmen idealtypisch nicht bezahlt. Allenfalls werden Aufwandsentschädigungen gewährt. Da die finanziellen Mittel zur Erreichung des Ziels meist nicht reichen, ist die Freiwilligenarbeit (volunteering) von größerer Bedeutung als die Beiträge.[12] Anders als die Beitragszahlung ist jedoch die Mitarbeit für Mitglieder meist nicht verpflichtend, sondern selbst wieder freiwillig. Es handelt sich sozusagen um eine Arbeitsspende. Daraus erwächst die Gefahr von Trittbrettfahrerverhalten (s. Kap. 2.1.1: Kollektivgut), weil der, der nicht mitarbeitet, nicht deswegen ausgeschlossen werden kann.

Da Zwang und Bezahlung als Anreize also kaum zur Verfügung stehen, stellt sich die Frage, warum trotzdem so viele bereit sind, freiwillig mitzuarbeiten. Typischerweise spielen solche Anreize eine große Rolle, die direkt etwas mit a) den Zielen, b) der Arbeit und c) den Menschen der Vereinigung zu tun haben, nicht solche, die wie Zwang und Geld beliebig indirekt hinzugefügt werden können (mehr dazu in Kap. 8.5). a) Der primäre Anreiz ist – gemäß der Logik der Interessenvereinigung – das Ziel der Organisation, um derentwillen die Mitglieder zusammengekommen sind. Für manche ist Mitarbeit daher selbstverständlich. Die Erreichung des Ziels bzw. die Förderung gemeinsamer Werte ist jedoch ein Kollektivgut, so dass häufig sekundäre selektive Anreize hinzutreten müssen, also solche, von denen nur der, der mitarbeitet, profitiert. b) Die Arbeit kann Freude machen, weil sie größere Handlungs- und Entfaltungsspielräume als im Berufsleben bietet, so dass es gar keiner zusätzlichen Anreize bedarf. Zudem kann man hier Fähigkeiten und Wissen erwerben, das überall von Nutzen sein kann (Humankapital). c) Wer sich engagiert wird von den anderen Mitgliedern mit Anerkennung, Achtung und Einfluss (Macht) belohnt. Formale Ehrungen können hinzutreten. Die gewonnene Reputation sowie die sozialen Beziehungen, die bei der Arbeit geknüpft werden, können auch außerhalb des Vereins nützlich sein (Sozialkapital).

3.3.6 Entscheidungsstruktur: Demokratie

In Korporationen wird kollektiv über die Verwendung der gepoolten Ressourcen sowie die Verteilung der Güter entschieden. Der Kunde von Unternehmen entscheidet hingegen individuell darüber, für was er sein Geld ausgeben will. Alleine eine Einstimmigkeitsregel oder ein Vetorecht könnten das Mitglied davor schützen, dass Entscheidungen gegen seinen Willen getroffen werden. Dann besteht aber die Gefahr, dass die Organisation handlungsunfähig wird. Daher werden normalerweise je nach Bedeutung der Entscheidung erstens nur verschiedene Mehrheiten (50 % oder 2/3) verlangt und zweitens die meisten Entscheidungen an gewählte Vertreter delegiert.

---

[12] Weil nicht alle ein Amt haben, die mitarbeiten, ziehen wir hier den umfassenderen Begriff Freiwilligenarbeiter dem der Ehrenamtlichen vor.

Die Mitbestimmungsrechte speziell in Vereinen sind darüber hinaus anders als bei wirtschaftlichen Gesellschaften, z. B. AGs, nicht nach der Höhe des Beitrags gestaffelt, sondern demokratisch nach dem Prinzip „one man one vote" gleichverteilt. Die Stimme eines Mitglieds, dass einen hohen Beitrag zahlt, ehrenamtlich engagiert ist und seit 30 Jahren Mitglied ist, zählt formal genau so viel, wie die jedes gerade neu Eingetretenen. In Unternehmen entscheiden nur die Eigentümer. Angestellte und Kunden haben idealtypisch keine Mitbestimmungsrechte. Die Eigentümer können Entscheidungsrechte – von oben nach unten – an Manager oder einzelne Mitarbeiter delegieren. In der Demokratie wird umgekehrt von unten nach oben delegiert. Die Entscheidungsstruktur von Unternehmen kann daher im Unterschied zur Demokratie als Monokratie oder Hierarchie bezeichnet werden.

Der Ökonom und Soziologe Hirschmann (1974) hat herausgearbeitet, dass die Mechanismen, über die Individuen Organisationen beeinflussen können, sich zwischen dem politischen und wirtschaftlichen Bereich unterscheiden. Im wirtschaftlichen Bereich ist der wichtigste Einflussmechanismus die Abwanderung (exit). Wenn einem ein Geschäft nicht gefällt, geht man in ein anders, während in der Politik in Demokratien der Widerspruch (voice) der zentrale Einflussmechanismus ist. Der Bürger kann u. a. protestieren und wählen. Aber der Einfluss der Individuen ist am stärksten dort, wo sie über beide Einflussmechanismen gleichzeitig verfügen. Genau das ist konstitutiv für freiwillige Vereinigungen. Man kann austreten (Freiwilligkeit) und zur Mitgliederversammlung gehen, mitentscheiden, wählen und gewählt werden (Demokratie), und man hat darüber hinausgehend die Möglichkeit direkt bei der Produktion des Gutes mitzuwirken (Freiwilligenarbeit). Eine wichtige Rolle spielt dabei die Loyalität der Mitglieder, die Bindung an die Organisation. Denn loyale Mitglieder werden nicht einfach stillschweigend abwandern, wenn sie unzufrieden sind, sondern sich erst einmal äußern und versuchen, etwas zu verändern. Die Bindung von Sportvereinsmitgliedern ist typischerweise immer noch deutlich höher als die von Kunden von Unternehmen (Nagel 2006), obwohl auch diese ihre Bedeutung erkannt haben (s. Kap. 10). Für die Organisation stellen die Einflussmechanismen der Individuen umgekehrt wichtige Feedbackmechanismen dar.

3.3.7 Organisationsstruktur: Intermediär

Organisationsstruktur heißt die innere Ordnung, die relativ bestimmte Form, in der sich Handeln vollzieht. Es werden informale und formale Strukturen unterschieden. Informale Strukturen sind unbewusst, aus der Interaktion erwachsen, an den Bedürfnissen der Individuen ausgerichtet und sind abhängig von bestimmten Personen. Solche Strukturen gibt es in allen Lebensbereichen, in Organisationen aber auch in Familien und in Freundesgruppen. Formale Strukturen sind dagegen geplant, oft schriftlich fixiert, an der rationalen Erreichung des Organisationsziels orientiert. Sie gelten unabhängig von bestimmten Personen und sind ein zentrales Definitionskriterium von Organisationen. Sie schlagen sich z. B. nieder in Stellen, Abteilungen, Organigrammen und Handbüchern. Große Unternehmen sind bürokratisch (s. Kap. 4.1.6) organisiert, d. h. hoch zentralisiert, formalisiert, spezialisiert und standardisiert. Auch Vereine sind Organisationen. Sie haben Ziele, Regeln, Arbeitsteilungen, Mitgliedschaftsanforderungen. Aber alle dies ist schwächer ausgeprägt. Die Ziele sind oft unklar. Vieles ist nicht oder nicht schriftlich geregelt, muss improvisiert werden. Die Arbeitsteilung ist eher gering, die Mitgliedschaftsanforderungen sind relativ niedrig.

Wie kann man das erklären? Einerseits könnte hier im Regelfall noch manches besser organisiert werden. Andererseits gibt es jedoch auch gute Gründe dafür, warum Vereine ihre Arbeit nicht auf die gleiche Art regeln können und müssen (!) wie Unternehmen (Horch 1983). Darum geht es in diesem Lehrbuch. Die Besonderheiten der Organisationsstruktur hängen vor allem mit der Freiwilligenarbeit aber auch mit der Demokratie und mit der Kleinheit der Organisation zusammen. Die Hierarchie wird z. B. erheblich gestört, wenn Amtsträger nicht eingesetzt, sondern gewählt werden. Der Abteilungsvorstand hat seine eigene Machtbasis unabhängig vom Vereinsvorstand. Potentielle Nachfolger einzuarbeiten, kann sich als nutzlos herausstellen, weil nicht sicher ist, ob sie überhaupt gewählt werden. Aber vor allen Dingen kann Freiwilligenarbeit nicht so organisiert werden wie bezahlte. Mit einem Arbeitsvertrag verpflichten sich Angestellte den Anordnungen der Vorgesetzten Folge zu leisten. Ein solches Arbeiten nach Befehl und Gehorsam ist mit Freiwilligen nicht machbar. Sie muss man, wie ein Sportvereinsvorsitzender es auf den Punkt brachte, „wie rohe Eier" behandeln. Wenn die Freiwilligenarbeiter durch das gemeinsame Ziel motiviert werden, muss ein Zusammenhang erkennbar sein zwischen dem, was sie tun und den Zielen der Organisation. Deshalb kann die Arbeit nicht so zerstückelt werden wie an einem Fließband und nicht so eingeengt werden wie in einer Bürokratie. Wenn die Arbeit Spaß machen soll, dann sollte sie Handlungs- und Entscheidungsspielräume gewähren. Mit einer Arbeit, bei der alles haarklein vorgeschrieben ist, werden sich nur wenige identifizieren können. Wenn Anreize aus der Gruppe erwachsen sollen, wie Anerkennung und Achtung, dann setzt das kleine dezentrale Gruppen voraus, in denen man sich noch persönlich kennt und einschätzen kann. Im Folgenden (s. Kap. 5) wird sich zeigen, das kleine Unternehmen – trotz der Bezahlung der Angestellten – ähnliche Strukturbesonderheiten aufweisen wie Vereine, u. a. weil es auch hier vergleichsweise stark um leibhaftige einmalige Menschen und nicht nur um austauschbare Rollenträger geht. Diese Kleinheit verstärkt die Strukturbesonderheiten. Denn gemessen an der Anzahl der Mitarbeiter, sind alle Sportvereine kleine Betriebe.

Horch (1983) hat die Strukturbesonderheiten freiwilliger Vereinigungen u. a. wie folgt typisiert: a) Dezentralisierung und Führung statt Zentralisierung, b) Interaktionsverfestigung statt Formalisierung, c) Personalisierung statt Spezialisierung und d) Ambivalenz statt Standardisierung. a) Zentralisierung bezeichnet die Verteilung der Entscheidungsbefugnis entlang einer Amtshierarchie. Dezentralisierung, d. h. Verteilung der Entscheidungsbefugnis an die Basis, erfolgt in Vereinen überwiegend nicht über eine funktionale, sondern eine segmentäre Differenzierung nach Abteilungen und Mannschaften (oder in Verbänden föderal in regionalen Untergruppen). Führung (leadership) ist an persönliche

Eigenschaften, nicht an Ämter gebunden. b) Formalisierung bezeichnet den Grad, zu dem Dinge (schriftlich) organisatorisch geregelt sind und Vorgänge schriftlich, aktenmäßig festgehalten werden. Interaktionsverfestigung steht dafür, dass dagegen die Art und Weise wie Dinge organisiert werden, durch informelle soziale Prozesse (Interaktionen) gesteuert werden, sich einspielen nach dem Motto „Das haben wir schon immer so gemacht". c) Spezialisierung bezeichnet den Grad zu dem Arbeiten in der Organisation arbeitsteilig zerlegt und auf unterschiedliche Stellen bzw. Abteilungen verteilt sind. Personalisierung meint, dass dagegen die Aufgabenverteilung von den Interessen und Fähigkeiten konkreter Personen abhängt. Es gibt dann z. B. kein Amt für Sponsoring, sondern man hat zufällig jemanden, der gute Kontakte und Kenntnisse hat, der kann gleichzeitig der Kassierer oder der Vorsitzende sein. d) Standardisierung bezeichnet den Grad, zu dem Arbeitsabläufe von (schriftlich) festgelegten Routineverfahren bestimmt werden. In einem Handbuch ist z. B. genau geregelt, wer was wie wann machen muss. Ambivalenz meint dagegen, dass bei der Organisation des Sportfestes nicht ganz klar ist, welche Aufgaben von wem wie erledigt werden sollen, so dass der einzelne nicht genau weiß, was von ihm erwartet wird. Je mehr Mitarbeiter durch gemeinsame Ziele motiviert sind, desto weniger muss auch geregelt werden. Es kann nützlich sein, wenn Mitarbeiter gezwungen sind, an Vieles mitzudenken. Diese Art der auf den ersten Blick laienhaften Organisationsstruktur hat also nicht nur Nachteile, sondern auch Vorteile. Letzteres hängt z. B. ab von der Aufgabenstellung (Komplexität, Häufigkeit) und dem Personal (Motivation, Qualifikation).

Man kann die Besonderheiten und Probleme der Organisationsstruktur von Vereinen auf den Punkt bringen, dass sie eine intermediäre Stellung zwischen Organisation und Kleingruppe einnimmt (Weber 1911). Einerseits sind Vereine formale Organisationen, die ein Ziel haben, das sie möglichst effektiv und effizient erreichen wollen. Andererseits haben sie auch den Charakter von Kleingruppen, von Freundeskreisen. „Insofern lassen sich die Systemprobleme freiwilliger Organisationen sämtlich auf das Problem der *Integration von untereinander unverträglichen Strukturformen* in ein und dieselbe soziale Einheit zurückzuführen bzw. *der Erfüllung widersprüchlicher Funktionen vermittels ein und derselben Struktur* zurückführen." (Streeck 1981, S. 40) So passen z. B. Ehren- und Hauptamt nicht ohne weiteres zusammen. Die einen arbeiten für Geld, die anderen umsonst. Die einen werden eingestellt, die anderen gewählt. So hat z. B. eine Vorstandssitzung im Sportverein nicht nur eine sachliche instrumentelle Funktion, sondern auch eine expressiv diffuse, dient auch dazu, dass sich die Leute, die da freiwillig mitarbeiten, wohl fühlen. Merton (1976) hat daher die Führung freiwilliger Vereinigungen mit einem Drahtseilakt verglichen. Es muss ständig darauf geachtet werden, die Balance zwischen diesen widersprüchlichen Anforderungen zu halten: der Zielerreichung und der besonderen Art der Einbindung der Freiwilligenarbeiter. Deshalb ist das Management von Vereinen nicht einfacher, sondern wesentlich komplexer und anspruchsvoller als das von Unternehmen vergleichbarer Größe, wo alles einem klaren Ziel untergeordnet ist: Gewinnerwirtschaftung.

3.3.8 Distribution: Solidarität

Auf dem Markt werden Güter nicht nach Bedürfnissen, sondern nach dem Bedarf, der kaufkräftigen Nachfrage verteilt. Im Verein gelten typischerweise andere Prinzipien. Die Sportmöglichkeiten können nach Sportarten, Leistungsklassen, Altersgruppen oder einfach nach Nutzung verteilt werden. Wer das Bedürfnis hat, mehr Sport zu treiben, kann das ohne Aufpreis tun. Vor allem aber spielen typischerweise Gerechtigkeit und Gleichheit (equity), Solidarität mit Schwächeren eine Rolle. Vereine sind Umverteilungsmechanismen wie Staaten. Manche Mitgliedergruppen müssen weniger zahlen, dieselben oder andere nutzen mehr Leistungen. Kinder, Familien, Arbeitslose u. ä. müssen weniger Beitrag zahlen. Passive – und das sind im Durchschnitt die Hälfte der Mitglieder (Heinemann und Schubert 1994) – nutzen kein Sportangebot, aber zahlen trotzdem. Kinder und Jugendliche zahlen weniger, nutzen aber häufiger und werden besser betreut als Erwachsene. Ähnlich sieht es bei Leistungs- und Breitensportlern aus. Die Turndamen aus den Gymnastikgruppen finanzieren sozusagen die Handballmannschaft in der Landesliga. Ehrenamtlich Engagierte leisten mehr als Mitglieder, die nur Beitrag zahlen. Äquivalenz von Leistung und Gegenleistung wird nicht nur nicht gesichert, sondern wird auch nicht angestrebt.

3.3.9 Umwelt: Privilegien im Vereins- und Steuerrecht

Vereine in Deutschland agieren in einem besonderen, einem privilegierten rechtlichen Umfeld. Das betrifft vor allem das Steuerrecht aber auch die Vereinsparagraphen im BGB. Ehren- und hauptamtliche Manager von Sportvereinen müssen sich darin gut auskennen. Zu diesen Themen, wie Gemeinnützigkeit, Tätigkeitsbereiche, Absetzbarkeit von Spenden, Besteuerung der Arbeitnehmer gibt es gute Informationsbroschüren, z. B. die des Landes Rheinland-Pfalz (s. auch Jäck 2008), so dass wir hier auf die Details nicht näher eingehen müssen. Für Manager reicht es aber nicht aus, diese Regeln zu kennen, sondern sie sollten darüber hinaus in der Lage sein, den Sinn und gegebenenfalls Unsinn dieser Regeln beurteilen zu können. Denn diese Privilegien sind keinesfalls unumstritten.

Vereine bieten einen geringeren Gläubigerschutz als Unternehmen. Es gibt keine Publizitätspflicht, und keine Pflichtprüfung. Die Hauptbegründung für diese Sonderregelung ist der Nonprofit-Charakter, die nicht-wirtschaftliche, sondern ideelle Zielsetzung des Vereins. Damit wird es aber für Vereine schwer, Kredite zu bekommen. Eine andere Begründung für Sonderregelungen ist die Kleinheit. So treffen auf kleine Vereine Regeln zu, die generell für Kleinbetriebe gelten, wie eine vereinfachte Buchführung. Überraschenderweise gilt für Vereine sogar ein geringerer Mitgliederschutz als für die Gesellschafter von Unternehmen. Minderheiten haben keine besonderen Rechte wie in einer AG. Es gibt kein individuelles Auskunftsrecht. Noch nicht einmal die Rechte der Mitgliederversammlung sind rechtlich festgeschrieben. Offensichtlich will der Gesetzgeber möglichst wenig in die Gestaltungfreiheiten von Vereinen eingreifen. Daher konnten Fußball-Bundesligavereine in den letzten Jahren die Mitgliederversammlung entmachten, indem sie das Recht, den

Vorstand zu wählen, auf einen Aufsichtsrat verlagert haben. Die Begründung dafür ist, dass die Interessen der Mitglieder von Vereinen im Wesentlichen durch die Freiwilligkeit der Mitgliedschaft geschützt werden. Wer nicht einverstanden ist, kann leicht, d. h. ohne große Konsequenzen für ihn, austreten.

Warum müssen Sportvereine für bestimmte Aktivitäten keine Steuern zahlen, für andere wiederum doch? Die steuerrechtlichen Privilegien gelten für gemeinnützige Vereine, die selbstlos und mit Vermögensbindung den Sport und die Allgemeinheit fördern. Dies stellt offensichtlich ab auf die positiven externen Effekte des Sports im Sinne von öffentlichen und meritorischen Gütern (Förderung des Sports) sowie ein Distributionsversagen erwerbswirtschaftlicher Angebote (Förderung der Allgemeinheit; s. Kap. 2.4.1) und den Nonprofit-Charakter von Vereinen (Selbstlosigkeit; s. Kap. 3.3.2). Bei der Vermögensbindung handelt es sich um einen Spezialfall der Nichtverteilungsbeschränkung. Warum Sportvereine für Tätigkeiten im ideellen Bereich, der Vermögensverwaltung und dem Zweckbetrieb keine Ertragssteuern bezahlen müssen, wird also mit zentralen Besonderheiten von Sportvereinen begründet. Sobald sie aber mit wirtschaftlichen Aktivitäten, wie Sportveranstaltungen größeren Ausmaßes oder selbstbetriebenen Vereinsgaststätten in Konkurrenz zu Unternehmen treten, müssen sie wie diese Steuern zahlen. Diese Steuerprivilegien sind jedoch alles andere als unumstritten. Wenn man in den USA erzählt, dass in Deutschland Sportvereine steuerbegünstigt sind, dann wird man erstaunt angeschaut. Zwar gibt es auch dort Steuerprivilegien für Nonprofit-Organisationen, aber nur für karitative, für solche, die etwas für Nicht-Mitglieder tun, nicht für solche, die in erster Linie Dienstleistungen für ihre Mitglieder erbringen. Auch in Deutschland sind diese Privilegien umstritten. So ist z. B. in den 1960iger Jahren eine vom damaligen Finanzminister Stoltenberg eingesetzte Wissenschaftlerkommission zu dem Schluss gekommen, dass Sportvereine nicht steuerlich begünstigt werden sollten. Fitnessstudios beklagen einen unfairen Wettbewerb, weil auch sie Sport anbieten. Dagegen muss allerdings eingewendet werden, dass auch die Vereinsform an sich positive Funktionen für Individuum und Gesellschaft haben kann (Heinemann und Horch 1981), wie Identitätsbildung (Selbstverwirklichung), Sozialisation (Förderung des Gemeinsinns) und soziale Integration und Bildung von Sozialkapital (Putnam 2000), d. h. von Netzwerken, die auch volkswirtschaftlich vorteilhaft sind. Förderlich war bisher, dass die seit dem Ende des Zweiten Weltkriegs überparteilichen Sportverbände in Deutschland mit allen Parteien gut vernetzt sind.

3.4 Vereinsversagen, Transformationen und Folgeprobleme

Nachdem charakterisiert wurde, wie Vereine im Unterschied zu Unternehmen idealtypisch funktionieren, geht es nun darum aufzuzeigen, welche Schwächen sie haben. In Analogie zum Marktversagen kann man hier von Vereinigungsversagen sprechen. Diese Schwächen standen in der Forschung von Anfang an mehr im Vordergrund als die Stärken von Vereinen (Oppenheimer 1896; Weber 1911; Michels 1912). Bereits seit mindestens einem halben Jahrhundert wird der Niedergang des Vereins (Cron 1959) oder die Krise des Ehrenamtes vorhergesagt (Lenk 1966). In der Realität hat sich jedoch die Zahl der Sportvereine in diesem Zeitraum von 30.000 auf über 90.000 verdreifacht, und damit ist auch die Zahl ehrenamtlich Engagierter entsprechend gestiegen. Es mag schwer sein, genügend und/oder geeignete Freiwilligenarbeiter zu gewinnen, aber das war vermutlich schon immer so.[13] Es scheint aber geradezu einer der zentralen Besonderheiten von freiwilligen Vereinigungen zu sein, dass sie sich, wenn sie älter und größer werden und die Mitgliedschaft heterogener wird, an Unternehmen (Kommerzialisierung) oder halbstaatliche Organisationen (Politisierung) angleichen.[14] Für diese Transformationen gibt es sowohl solche internen (Alter, Größe, Heterogenität) als auch externe Ursachen (bspw. Individualisierung, Wertewandel, kommerzielle Konkurrenz, Kooperation mit staatlichen Organisationen). Nach der ökonomischen Institutional-Choice-Theorie (Williamson 1975) wandeln sich Organisationen, weil sie ineffizient geworden sind. Im Gegensatz dazu betont der soziologische Ansatz des „New Institutionalism in Organizational Analysis" (DiMaggio und Powell 1983), dass Anpassungsprozesse wirken, die Organisationen ähnlicher machen, ohne sie unbedingt effizienter zu machen. Zwangsweise (coercive) Anpassungen sind mit staatlichen Anforderungen verbunden. So sind in vielen Ländern, z. B. in Großbritannien, staatliche Subventionen für Sportvereine mit Auflagen, z. B. eine zwangsweise wettbewerbliche Vergabe (compulsory competitive tendering) von Aufträgen für den Betrieb von öffentlichen Sportanlagen (Collins 1997; Nichols 1996), verbunden, die eine Kommerzialisierung und Professionalisierung erzwingen. In Deutschland sind Sportvereine jedoch durch die Anerkennung des Subsidiaritätsprinzips geschützt. Es besagt, dass der Staat Hilfe zur Selbsthilfe geben, aber nicht in die Belange der Basisorganisationen eingreifen soll. Unsicherheiten über Ziele und Techniken werden vermindert, indem man erfolgreiche oder angesehene andere Organisationen nachahmt (mimetisch). Ähnlich wirken normative Anpassungsprozesse. Berufsgruppen, wie Betriebswirte, versuchen ihre Arbeit aus der Perspektive und mit den Instrumenten ihrer Wissenschaft zu definieren und damit ihre Position zu sichern. Theorien, wie der in den letzten Jahrzehnten vorherrschende neoliberale Ansatz der Ökonomie, haben verhaltensprägende Kraft. Wir wollen uns jedoch im Folgenden auf die Vereinigungsschwächen als mögliche Ursachen konzentrieren. Bezogen auf freiwillige Vereinigungen fällt es nicht schwer anknüpfend an ihre Besonderheiten eine ganze Reihe von Effizienzproblemen, wie Anreizmangel, Entscheidungskosten und Verteilungsprobleme, Amateurismus, Insuffizienz, Partikularismus und Paternalismus aufzuzählen (Salamon 1987).

Alle Güter- und Organisationstypen haben jedoch auch ihre eigenen Stärken. Wenn also Transformationen vorgenommen werden, um Schwächen des alten Typs zu vermei-

---

[13] Einige Untersuchungen ergaben allerdings für die letzten Jahre Anzeichen dafür, dass die Anzahl der Ehrenamtlichen bzw. Freiwilligenarbeiter sinkt (s. Breuer und Wicker 2009; Braun 2011). Andere Untersuchungen bestätigen dies jedoch nicht (Emrich et al. (2013) mit Hinweis auf Anthes 2009 sowie Schlesinger und Nagel 2011).

[14] Von diesem Wandel einzelner Sportvereine muss die Verfassung des Sportvereinssystems als Ganzes unterschieden werden (Flatau et al. 2012). Durch Neugründungen und Abspaltungen wird dort vermutlich die Bedeutung der Besonderheiten immer wieder gestärkt.

den, handelt man sich unter Umständen Schwächen des neuen Typs ein (Trade-Off). Diese Folgeprobleme können mit den Nebenwirkungen eines Medikamentes verglichen werden. Man muss sie kennen, um sie rational einkalkulieren zu können. Dann kann entschieden werden, ob man sie in Kauf nimmt oder auf die Einnahme des Medikaments verzichtet bzw. nach Alternativen mit geringeren Nebenwirkungen sucht oder Mittel gegen die Nebenwirkungen einplant. Daher soll im Folgenden auch auf diese Folgeprobleme, nämlich den Verlust von Stärken hingewiesen und angedeutet werden, welche Alternativen und Gegenmittel es gibt.

Was ist so schlimm an den Transformationen? Es geht hier nicht um eine Bewertung dieser Entwicklung, sondern darum auf die Folgeprobleme hinzuweisen und diese rational einzukalkulieren. Man kann nicht beides haben: Mitglieder wie Kunden behandeln und sich dann darüber beschweren, dass sie sich nicht wie Mitglieder engagieren. Durch eine unreflektierte Kommerzialisierung verlieren Vereine einen strukturellen Vorteil, dessen Bedeutung kommerzielle Anbieter gerade erkannt haben, nämlich Mitgliederbindung. In diesem Sinne hat einer der Gründungsväter des Marketings Kotler (1978, S. 53) sinngemäß formuliert: Der Zweck des Marketings ist es, aus Kunden Mitglieder zu machen. Durch die Kommerzialisierung gehen Sportvereine genau den umgekehrten Weg. Sie machen ihre Mitglieder zu Kunden.[15] Falls Vereine zu guter Letzt nur dasselbe, auf die gleiche Art tun, wie kommerzielle Anbieter, verlieren sie zudem die Legitimation für die staatliche Unterstützung. Man kann durchaus der Meinung sein, dass Kommerzialisierung und Professionalisierung wünschenswert sind, z. B. im Profisport, wo es um viel Geld geht, oder zur Verbesserung der Qualität der Angebote an Kinder und Jugendliche (Cachay 1994: Kindersportschulen), zur Orientierung an den gewandelten Sportbedürfnissen der Bevölkerung oder um bezahlte Arbeitsplätze zu schaffen. Um dieser Ziele willen können die Folgeprobleme bewusst in Kauf genommen werden.

Vielleicht muss aber umgekehrt ein gewisser Grad an Ineffizienz und Amateurismus von Vereinen in Kauf genommen werden, um die Motivation zur Freiwilligenarbeit nicht zu zerstören und den Vereinstyp funktionsfähig zu halten (Heinemann und Horch 1981; Downward et al. 2009). Zu guter Letzt gilt vielleicht sogar, dass Unternehmen etwas von Vereinen lernen können, z. B. was die Motivation und das Engagement von Mitarbeitern anbetrifft (s. Kap. 9). Zudem muss bedacht werden, dass Vereine und Freiwilligenarbeit neben der Bereitstellung von Dienstleistungen weitere Funktionen für Gesellschaft und Individuum erfüllen, wie Integration, ziviles Engagement, Demokratie erlernen, Selbstbestätigung finden, Bildung sozialen Kapitals (Heinemann und Horch 1981; Breuer und Rittner 2004). Kommerzialisierung ist nicht der einzige Weg zu mehr Rationalität und Professionalität (s. Abb. 3.3). Auch Nonprofit-Organisationen können rationaler gestaltet

---

[15] Anlässlich des Deutschen Sportökonomie-Kongresses 2006 zum Thema „Qualitätsmanagement im Sport" formulierte ein Referent des Freiburger Kreises im Zusammenhang mit Kursangeboten: „Wir wollen keine Bindung". Die Sportvereine laufen also u. U. nicht nur unpassenden, sondern auch noch veralteten Modellen aus der Privatwirtschaft hinterher. Denn Kundenbindung ist ja gerade das Ziel des Qualitätsmanagements. Die Vereine geben einen Vorteil auf, um den sie beneidet werden.

3.4 Vereinsversagen, Transformationen und Folgeprobleme

	traditional	rational
NPO		
FPO		

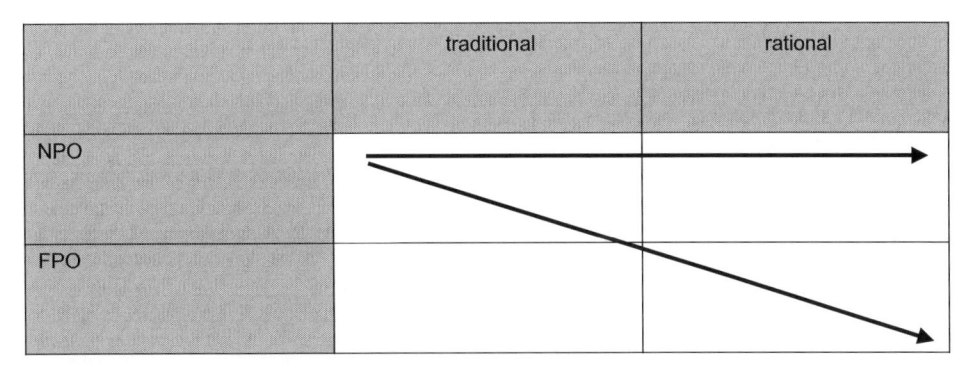

Abb. 3.3 Zwei Wege der Rationalisierung

werden, z. B. indem die Gewinnung, Haltung und Ausbildung von Freiwilligenarbeitern nicht traditionell urwüchsig erfolgt, sondern planmäßig (s. Kap. 8 zur Personalwirtschaft von Freiwilligenarbeitern).

Man könnte im Folgenden alle neun Punkte der obigen Charakterisierung aufgreifen, um diese Schwächen, Transformationen und Folgeprobleme zu beschreiben. Wir wollen uns hier aber exemplarisch auf drei zentrale Transformationen beschränken: 1. Kommerzialisierung, 2. Professionalisierung und 3. Oligarchisierung.

3.4.1 Kommerzialisierung

Kommerzialisierung meint, dass etwas zu einer Ware (commodity) wird (commodification: Polanyi 1957). Externe Kommerzialisierung kann man den Verkauf von Leistungen an Nichtmitglieder, wie Zuschauer oder Kursteilnehmer nennen. Interne Kommerzialisierung meint entsprechend, dass individuelle Leistungen, wie Platznutzung oder Training an Mitglieder verkauft werden, vor allem aber dass die Mitglieder sich zunehmend wie Kunden fühlen und verhalten oder so von der Vereinsführung behandelt werden.[16] Kommerzialisierung betrifft alle neun Dimensionen der Vereinsbesonderheiten (s. Abb. 3.2) und geht in der Regel einher mit Professionalisierung, Oligarchisierung und Bürokratisierung. Die entsprechenden Punkte 5 bis 7 aus Abb. 3.2 werden in der folgenden Betrachtung ausgeklammert (s. Abb. 3.4), weil sie direkt anschließend bzw. später (s. Kap. 4.2.2) gesondert betrachtet werden.

1. **Rollen:** Durch die Rollenidentität gehen die Vorteile der Arbeitsteilung zwischen Produzent und Konsument oder Eigentümer und Manager verloren. Zudem ergeben sich widersprüchliche Anforderungen. Während das Mitglied als Konsument an guten, kostengünstigen Leistungen interessiert ist, mag ihm als Freiwilligenarbeiter mehr an einer interessanten, erfüllenden Tätigkeit gelegen sein, was kein Widerspruch sein muss,

---

[16] zu weitergehenden Definitionselementen s. Kap. 3.5

	Problem Schwäche	Transformation	Folge Stärke, die verloren geht	Alternative	Gegenmittel
1. Rollen	- keine Arbeitsteilung - Widersprüche	Rollentrennung	Integration des externen Faktors	- klein und mitgliederbezogen bleiben	- Kursangebote deutlich abgrenzen
2. Ziel	- Entscheidungskosten - mangelnde Markt- und Gesellschaftsorientierung - Partikularismus - Anreizmangel - bedarfswirtschaftliche Rationalität - Effizienzproblem	Tausch For-Profit	Interessenidentität Identifikation: hohe, verinnerlichte Einbindung Effektivität	-segmentäre Differenzierung - Mitgliedermanagement z.B. höher Mitgliedschaftsanforderungen -Ziele operationalisieren	-Kurse zur Gewinnung von Mitgliedern nutzen - Qualitätsmanagement - Marketing Befragungen Beschwerdesysteme
3. Güter	- Finanzierung positiver externer Effekte - Insuffizienz	private Güter Fremdbedarf	- positive externe Effekte - Information		
4. Finanzen	-Insuffizienz - Beitrag kein Rechtsanspruch keine Äquivalenz	- Heteronomie - Preis Verkaufserlöse	- Autonomie Autarkie - Solidarität geringere kalkulierende Haltung	- andere Finanzierung Mitglieder gewinnen	Politisierung - Vielzahl von Finanzquellen ausbalancieren
5. bis 7. wurden ausgespart					
8. Distribution	Verteilungsproblem Umverteilungen Ausbeutung des Vereins	Kaufkraft	Solidarität Equity	- gutes, verlässliches Leistungsangebot	- Fundraising (Spenden)
9. Rechtsform	- Eigentumsverdünnung - Kapitalschwäche	wirtschaftliche Rechtsform	- Vertrauen - Privilegien	Wertbindung Kleinheit Einfachheit	

Abb. 3.4 Kommerzialisierung

aber sein kann. Diese widersprüchlichen Anforderungen können ein Grund dafür sein, warum sich die Rollen zunehmend ausdifferenzieren. Immer weniger arbeiten freiwillig mit, Mitarbeiter werden bezahlt und Entscheidungen nur von einer Minderheit getroffen. Damit geht jedoch die Stärke verloren, dass in Vereinen idealtypisch der externe Faktor integriert ist und die Mitglieder die Qualität der Dienstleistung über viele Mechanismen beeinflussen können (s. Abwanderung, Demokratie, Partizipation).

2. **Ziel:** Mit Vereinigungen sind relativ hohe Kosten für die kollektive Entscheidungsfindung verbunden. Vereinigungen orientieren sich zudem vor allem an den Interessen der Mitglieder. Ein Vorwurf gegenüber Sportvereinen lautet daher, dass sie zu wenig auf die gewandelten Sportinteressen der Bevölkerung, also auf den Markt der potentiellen Mitglieder oder auf gesamtgesellschaftliche Probleme eingingen, sondern nur Teilinter-

essen verträten, dass also Fußballvereine nur Fußball und nicht Yoga oder Inlineskating anböten. Durch diesen Partikularismus, d. h. durch Begrenzung des Angebots z. B. auf bestimmte Schichten oder Sportarten, können sowohl Lücken als auch Dopplungen im Angebot entstehen. Bei Tauschverträgen fallen hingegen für den Kunden keine kollektiven Entscheidungskosten an, und es müssen, um den Gewinn zu steigern, die Interessen dieser aktuellen und potentiellen externen Kunden berücksichtigt werden. In der Folge einer solchen Kommerzialisierung kann jedoch die Interessenidentität zwischen Mitgliedern und Verein und damit die Identifikation der Mitglieder, d. h. ihre starke und verinnerlichte Einbindung leiden, weil zunehmend Interessen von Nichtmitgliedern berücksichtigt werden müssen oder sie durch eine schwache, berechnende Kundeneinstellung ersetzt wird. Theoretischer Hintergrund für diese Vermutung ist Etzionis (1975) Einbindungstheorie, nach der sich eine Kongruenz zwischen der Art der Anreize der Organisation und der Einstellung der Mitglieder einspielt. Mit seiner Neutralisierungshypothese (ebenda) vermutet er zudem, dass materielle Anreize ab einer bestimmten Schwelle die Wirksamkeit normativer Anreize verdrängen (s. auch Verdrängungstheorie: Frey 1997). Nonprofit-Organisationen fehlt der Profit als Anreiz für effizientes Handeln und bedarfswirtschaftliche Kosten-Nutzen-Relationen sind schwerer zu operationalisieren. Im Zuge einer Kommerzialisierung können Formalziele, wie Profit oder Mitgliederzahlen, die Sachziele, wie Förderung der Jugendarbeit, verdrängen. Wegen des Trade-Offs zwischen Effizienz und Effektivität könnte zudem die Zielerreichung, z. B. die Qualität der Dienstleistung oder der sportliche Erfolg beeinträchtigt werden.

3. **Güter:** Die private Finanzierung positiver externer Effekte kostet Ressourcen der Mitglieder. Sie kann zu einem entsprechenden Unterangebot führen. In Deutschland wird dies jedoch durch die staatliche Privilegierung und Subventionierung (z. B. freie Nutzung von Sportanlagen) von Sportvereinen ausgeglichen. Bei rein privaten Gütern, wie dem Verkauf von Sportartikeln im Verein, tritt dieses Problem gar nicht erst auf. Ein typisches Hauptproblem freiwilliger Vereinigungen ist der Mangel an Ressourcen (Insuffizienz). Hieraus ergibt sich ein Anreiz, private Güter an Nichtmitglieder, also für Fremdbedarf zu verkaufen. Im Vergleich zum Eigenbedarf tritt hierbei jedoch ein größeres Informationsproblem auf.
4. **Finanzen:** Das Problem der Insuffizienz wurde bereits angesprochen. Hinzu kommt, dass mit der freiwilligen Mitgliedschaft und der Beitragszahlung kein Rechtsanspruch auf eine materielle Leistung verbunden ist. Die Leistungen des Vereins sind unsicher und zudem nicht äquivalent. Diese Unsicherheit gibt es für Kunden nicht. Wenn man jedoch Mitglieder zu Kunden macht, muss man sich nicht wundern, wenn sie sich auch wie Kunden verhalten. Identifikation und Loyalität und das damit verbundene Engagement gehen verloren. Durch die mit einer externen Kommerzialisierung verbundene Abhängigkeit von Ressourcen von Nichtmitgliedern wird die Autonomie des Vereins eingeschränkt. Mit dem Leistungs-Gegenleistungsprinzip kommt eine kalkulierende Haltung ins Spiel.
5. **Distribution:** Über die Verteilung der Güter muss – wie über die Verteilung der Ressourcen (Allokation) – bei Poolfinanzierung kollektiv entschieden werden. Typisch für Sportvereine ist dabei, dass Gleichheits- und Gerechtigkeitserwägungen (equity) eine

Rolle spielen. Die daraus resultierenden Umverteilungen werden möglicherweise von einigen oder vielen Mitgliedern nicht fraglos hingenommen. Zunehmend wird daher auf die Förderung des Hochleistungssports verzichtet bzw. werden die Beiträge stärker nach den Kosten der Sportarten differenziert. Die Leistungsbereitschaft der Starken und die Solidarität mit den Schwachen gehen verloren.

6. **Rechtsform:** Nonprofit-Orientierung und demokratische Verfassung führen zu einer starken Eigentumsverdünnung. Jene, die über die Verwendung der Ressourcen entscheiden, müssen für die negativen Konsequenzen, z. B. den Konkurs eines Vereins, nicht einstehen bzw. werden bei positiven Konsequenzen nicht mit Profit belohnt. Franck (1995) hält daher Vereine für die schlechtest mögliche Rechtsform für den Profisport. Aufgrund der demokratischen Entscheidungsstruktur und des geringen Gläubigerschutzes können Vereine schwer an zusätzliches Kapital oder Kredite kommen. Daher wurden auch in Deutschland viele Profisportabteilungen in wirtschaftliche Rechtsformen, wie AGs und GmbHs, ausgegliedert. In der Folge können jedoch Vertrauen der Fans in den Club verloren gehen und die Gewährung staatlicher Privilegien und Subventionen, wie staatlich finanzierte Stadien und Polizeieinsätze, stärker hinterfragt werden.

Welche **Alternativen** gibt es, um die Schwächen von Vereinen zu mindern, ohne die Nebenwirkungen des Medikaments „Kommerzialisierung" in Kauf nehmen zu müssen? Grundsätzlich kann man sich natürlich dafür entscheiden, klein und mitgliederbezogen zu bleiben. Damit verschwinden viele Probleme und Schwächen des Organisationstyps. Tatsächlich ist die Mehrheit der Sportvereine in Deutschland klein. Durch Neugründungen und Abspaltungen wird diese Eigenschaft immer wieder gestärkt. Aber auch größere Sportvereine nutzen typischerweise die Vorteile einer geringen Mitgliederzahl, nämlich durch die starke segmentäre Differenzierung und Dezentralisierung in Abteilungen und Mannschaften. Kleinheit fördert Selektion sowie Sozialisation und führt damit zu größerer Homogenität, stärkerer Identifikation, höherem Engagement, leichteren Kontrollmöglichkeiten und geringeren Entscheidungskosten. Gemeinsame Werte und einfache übersichtliche Verhältnisse ersetzen klare Eigentumsverhältnisse, wirken als Eigentumssurrogat (Franck 1995). Selektion und Sozialisation können aber – außer durch diese quasi naturmäßigen Wirkungen der Kleinheit (s. Kap. 5) – auch durch rational geplante Maßnahmen eines Mitgliedermanagements, das auf Qualität statt auf Quantität zielt, gefördert werden. Ein einfaches Mittel dazu wäre eine Erhöhung der Mitgliedschaftsanforderungen, wie die Verankerung einer Mitarbeitspflicht. Das ist gar nicht so selten. In einer Studie Hamburger Sportvereine zeigte sich, dass bei 18 % der Vereine regelmäßige und bei 10 % zumindest gelegentliche Mitarbeit in der Satzung festgeschrieben war (Horch 1992). Auch bedarfswirtschaftliche Ziele, wie Förderung der Jugendarbeit, lassen sich operationalisieren, z. B. durch den Prozentanteil Jugendlicher an den Mitgliedern. Ergänzt durch eine Kostenrechnung – was allerdings noch aufwendiger wäre – ließe sich auch die Effizienz von Maßnahmen ermitteln. Ein gutes, verlässliches Leistungsangebot reduziert die Unsicherheit, die mit dem Beitrag verbunden ist.

Bei den **Gegenmitteln** geht es darum, die Folgeprobleme der Kommerzialisierung zu mindern. Diese hängen erstens sicherlich vom Ausmaß der Kommerzialisierung ab. Sie können zweitens durch eine deutliche Trennung zwischen Vereins- und kommerziellen Angeboten verringert werden. Letztere könnten sogar geradezu als Schnupperangebote zur Gewinnung von Mitgliedern eingesetzt werden. Letztendlich können die gleichen Managementtechniken zum Einsatz kommen, mit denen Unternehmen Kunden binden wollen, wie Qualitätsmanagement, Marketing, Befragungen, Beschwerdesysteme. Solidarische Einstellungen könnten über Fundraising (Spendensammelaktionen) angesprochen werden.

Um die Insuffizienz der Mittel zu vermindern, gibt es neben der Kommerzialisierung den Weg der **Politisierung,** der alternativ oder ausgleichend begangen werden kann. „Als Politisierung soll hier der Prozess – und das Ergebnis jenes Prozesses – bezeichnet werden, der einsetzt, wenn Vereinigungen durch staatliche Ressourcen und Privilegien getragen werden." (Horch 1987, S. 228) Durch staatliche Auflagen können Partikularismus der Ziele und Amateurismus der Arbeit verhindert werden (Salamon 1987). In der Folge müssen im Austausch für die Unterstützung jedoch staatliche Aufgaben neben den Mitgliederinteressen erfüllt werden. Vielfältige Sportangebote für die Allgemeinheit, Integration von Ausländern oder Betreuung von gefährdeten Jugendlichen sind keine originären Interessen von Sportvereinsmitgliedern. Ressourcen von Nichtmitgliedern gefährden die Demokratie, denn sie machen die Vereinsführung unabhängig von den Mitgliedern. Traxler (1986) spricht von einer Autonomisierung der Vereinigung von ihren Mitgliedern. Mitgliedschaftszwang entsteht, wenn der Staat Verbänden ein Monopol zubilligt.

3.4.2 Professionalisierung

Der Begriff „Professionalisierung" hat viele Bedeutungen (Emrich et al. 2001). Er soll hier im weiten Sinne von „Verberuflichung" verstanden werden. Denn im Zusammenhang mit Vereinen geht es darum, wie freiwillige unbezahlte Arbeit durch bezahlte und wie Freizeitarbeit und nebenberufliche Tätigkeit durch hauptberufliche Arbeit ergänzt oder ersetzt wird, mit der dauerhaft der Lebensunterhalt verdient werden kann (Weber 1972; Streeck 1981). Die weitere Konsolidierung von Berufen im engeren Verständnis von Professionalisierung,[17] wie bei Ärzten, spielt im Sport allenfalls bei Sportlehrern eine Rolle. Bezahlung und Fachwissen sind zwar unabhängig voneinander. Es gibt bezahlte Laien und unbezahlte Fachkräfte. In der Regel sind diese Dimensionen aber hoch korreliert. Die Verberuflichung kann viele Ursachen haben, wie gestiegene Anforderungen der Mitglieder, kommerzielle Konkurrenz, Anforderungen kommerzieller und staatlicher Kooperationspartner, knapper werdende Ressourcen aber auch Ergreifung von Chancen, wie neuer Finanzierungs-

---

[17] Zu einem professionellen Beruf gehören eine lange, formalisierte (wissenschaftliche) Ausbildung sowie Qualifikations- und Zulassungskontrollen sowie festgelegte Karrieremuster, die Organisation in einem Berufsverband, ein besonderes Berufsethos sowie hohes Prestige und Einkommen.

möglichkeiten. Wir wollen uns aber hier als mögliche Ursache wieder nur auf die Schwächen der Freiwilligenarbeit im Unterschied zur Berufsarbeit konzentrieren.

Mit der Freiwilligenarbeit sind **Anreiz- und Qualifikationsprobleme** verbunden (s. Kap. 8). Zwei mächtige indirekte Anreize fallen definitionsgemäß aus, nämlich Zwang und Bezahlung. Da die Freiwilligenarbeiter ihren Lebensunterhalt woanders verdienen müssen, sind sie zu normalen Arbeitszeiten unabkömmlich (Weber 1972). Freiwilligenarbeit kann nur abends und an Wochenenden stattfinden. Dann sind aber Partner aus Behörden und Unternehmen nicht mehr zu erreichen. Freiwilligenarbeiter sind kaum zu sanktionieren, höchstens mit Abwahldrohungen, müssen „wie rohe Eier" behandelt werden. Ihr Engagement ist daher unsicherer. Weitere Probleme sind mit den direkten Anreizen aus Ziel, Arbeit und Gruppe verbunden, welche die indirekten ersetzen. Anders als Geld sind diese Anreize kaum von der Organisation beeinflussbar. Diese kann nur günstige Rahmenbedingungen schaffen, damit sie sich entfalten können. Das Ziel ist ein Kollektivgut, es gibt viele Trittbrettfahrer. Durch Ziele Motivierte sind inflexibel (Weber spricht von Immobilität). Veränderungen der Ziele werden möglicherweise nicht mitgetragen. Sie sind nicht flexibel einsetzbar. Man kann den Kassierer der Fußballabteilung schwer dazu motivieren, Kassierer der Tischtennisabteilung zu werden. Wenn die Art der Arbeit motivieren soll, kann die Organisationsstruktur nicht so stark zentralisiert, formalisiert, zergliedert, spezialisiert und standardisiert sein, wie in einer Bürokratie. Mit der intermediären Struktur von Vereinen sind viele Nachteile verbunden: Traditionalismus (geringe Innovationsbereitschaft), optimale Arbeitsweisen werden nicht schriftlich festgehalten, chaotische Arbeitsabläufe (geringe Effizienz), Abhängigkeit von Personen, Überlastung und Stress. Das Nebeneinander von Sachlichem und Persönlichem, wie es sich aus den Gruppenanreizen ergibt, kann zu zähen persönlichen Auseinandersetzungen führen. Tucholsky (1975, S. 340) hat daher formuliert: „Die Seele des Vereins ist der Knatsch." Die Qualifikation der Ehrenamtlichen ist ungewiss, weil sie nur aus dem Kreis der Mitglieder gewonnen werden können und weil bei ihrer Wahl häufig nichtfachliche Kriterien den Ausschlag geben.

Durch eine Bezahlung und **Verberuflichung** können diese Probleme gelöst werden. Man handelt sich aber Folgeprobleme ein. Bezahlung belastet vor allem die knappen Finanzen der Vereine. Sie kann zudem intrinsische Motivation verdrängen und die Identifikation mit dem Verein beeinträchtigen. Eine empirische Analyse aus der Perspektive der Selbstbestimmungstheorie von Deci und Ryan (1985) hat am Beispiel der Übungsleiter ergeben, dass ersteres so generell nicht zutrifft, wohl aber letzteres (Coskun 2014).[18] Verbleibende Freiwilligenarbeiter könnten sich zudem fragen, warum ihre Arbeit nicht bezahlt wird, oder ihr Engagement reduzieren, weil es ja jetzt die bezahlte Kraft gibt. Die Steuerungs- und Informationsmechanismen der Freiwilligenarbeit gehen verloren. Freiwilligenarbeiter bringen nicht nur ihre Arbeit, sondern darüber hinaus Beziehungen und

---

[18] Die Höhe der Bezahlung wirkt vielmehr über gesteigertes Kompetenzerleben sogar verstärkend auf die tätigkeits- und gemeinwohlorientierte intrinsische Motivation. Beeinträchtigt wird allerdings über das Zugehörigkeitsgefühl die Vereinsbindung, die vereinsorientierte intrinsische Motivation. Zudem zeigte sich, dass mit der Höhe der Bezahlung die Bereitschaft sinkt, in einer Notsituation des Vereins auf sie zu verzichten.

eigene Ressourcen, wie Telefon, Auto, Büro mit ein. Amts- und Fachwissen der Hauptamtlichen dominieren die Entscheidungen. Fachleute neigen zu begrenzten Sichtweisen auf Probleme. Wenn bezahlte Kräfte anstelle von Freiwilligenarbeitern eingesetzt werden, geht die Integration des externen Faktors verloren. Neben den Folgeproblemen für die Organisation, muss auch der Verlust der Funktionen der Freiwilligenarbeit für Individuum und Gesellschaft bedacht werden.

Als **Alternative** zur Professionalisierung gibt es grundsätzlich wieder die Möglichkeit, klein, segmentär dezentralisiert und einfach strukturiert zu bleiben. In Analogie zu Webers (1972) Kriterien des Funktionierens einer direkten Demokratie kann man sagen, dass Freiwilligenarbeit umso besser funktioniert, je jünger und kleiner die Organisation ist, je lokal begrenzter sie operiert, je homogener die Interessen und die Fähigkeiten der Mitglieder sind und je weniger Fachwissen die Aufgaben verlangen. Das Einbindungsproblem könnte dadurch gemildert werden, dass die Mitarbeit nicht freiwillig ist, sondern wie der finanzielle Beitrag für die Mitglieder verpflichtend gemacht wird. Es kann auch erwogen werden, die demokratische Entscheidungsstruktur aufzuweichen, indem als zusätzlicher Anreiz den Ehrenamtlichen ein größeres Stimmrecht zugebilligt wird. Da dies aber bereits faktisch informal der Fall ist (s. Oligarchisierung), muss bezweifelt werden, ob es so wirkungsvoll wäre, dass dafür das demokratische Prinzip aufgegeben werden sollte. Um das Qualifikationsproblem zu lösen, gibt es die Alternative der besseren Auswahl und Ausbildung der Freiwilligenarbeiter. Beides würde jedoch vermutlich den Kreis der potentiellen Freiwilligenarbeiter unterdem Strich eher verkleinern, selbst wenn man die Anreizwirkung der Steigerung des Humankapitals, d. h. des Erlernens allgemein nützlicher Fähigkeiten und Kenntnisse berücksichtigt. Insgesamt könnte und müsste das Personalmanagement für Freiwilligenarbeiter jedoch deutlich rationaler gestaltet werden (s. Kap. 8). Auswahl, Anreize, Sozialisation und Ausbildung der wichtigsten Ressource der Vereine würden damit nicht dem Zufall überlassen. Wadsack (2004) hat z. B. vorgeschlagen, eine spezielle Vorstandsposition für diese Aufgabe zu schaffen (Abb. 3.5).

Die Folgeprobleme der Professionalisierung hängen sicherlich wieder einfach vom Ausmaß der Verberuflichung ab. Zwar ist die Zahl bezahlter Arbeiten und Stellen in Sportvereinen in den letzten Jahrzehnten angewachsen, im Verhältnis zu den Freiwilligenarbeitern – und zu anderen freiwilligen Vereinigungen, wie Wohlfahrtsverbänden, Parteien, Gewerkschaften – ist deren Bedeutung jedoch quantitativ weiterhin gering. Ein rationales Personalmanagement könnte auch als **Gegenmittel** wirken, indem es das Ehrenamt gegenüber dem Hauptamt stärkt. An der Vereinsspitze könnten die Aufgaben und Kompetenzen – wie nun zunehmend in Sportverbänden – zwischen Haupt- und Ehrenamtlichen nach dem AG(Aktiengesellschafts)-Modell klarer definiert und getrennt werden. Die Hauptamtlichen bilden den Vorstand und leiten die Organisation. Die Ehrenamtlichen sitzen im Aufsichtsrat, bestimmen die Politik und kontrollieren den Vorstand. Letztlich könnte der externe Faktor, könnten die Mitglieder durch Selektions- und Sozialisationsmaßnahmen wie bei Kunden von Dienstleistungsbetrieben eingebunden werden (s. Kap. 6.2).

Dass die oft beschworenen Folgeprobleme der Professionalisierung von Sportvereinen bisher nicht eingetreten sind, liegt aber vermutlich vor allem daran, dass die Hauptamtlichen typischerweise eine hohe Identifikation und Vertrautheit mit ihrem Verein aufweisen.

	Problem Schwäche	Transformation	Folge Stärke, die verloren geht	Alternative	Gegenmittel
Personal	Anreizproblem - kein Zwang unbezahlt Abkömmlichkeit Sanktionierbarkeit: „rohe Eier" Unsicherheit direkte Anreize - Verein kann nur günstige Rahmenbedingungen schaffen - Ziel: Trittbrettfahrer Inflexibilität Immobilität - Arbeit: intermediäre Struktur „Chaos" - Gruppe: „Knatsch"	Bezahlung	unbezahlt Motivation Steuerung Information Ressourcen: Beziehungen private Ress. Demokratie versus Amts- und Fachwissen Funktionen für Individuum Gesellschaft	klein und einfach strukturiert bleiben segmentäre Dezentralisierung Mitarbeitspflicht Stimmgewichtung nach Engagement rationales Personalmanagement von Freiwilligenarbeitern Selektion Anreize Sozialisation	rationales Personalmanagement von Freiwilligenarbeitern Arbeitsteilung nach AG-Modell Dienstleistungsmanagement Selektion Sozialisation der Kunden Bezahlte mit Vereinsidentifikation sind halbe Freiwilligenarbeiter
	Qualifikationsproblem Amateurismus	Fachwissen	Holismus Integration des externen Faktors	Ausbildung	spezifische Ausbildung zu Sportmanagern

Abb. 3.5 Professionalisierung

Viele sind bereit, für eine verglichen mit anderen Branchen geringe Bezahlung zu arbeiten, ohne auf die Uhr zuschauen. Das macht sie quasi selbst zu halben Freiwilligenarbeitern und schafft eine Brücke zwischen beiden Welten (Heinemann 1995). Bei der Aus- oder Weiterbildung von Sportmanagern allgemein und speziell für Vereine und Verbände müssen die Besonderheiten von Vereinen im Unterschied zu Unternehmen, ihre Transformationstendenzen und deren Folgeprobleme ein zentraler Gegenstand der Ausbildung sein. Es werden professionelle Sportmanager gebraucht, aber richtige, d. h. solche die nicht nur etwas von der allgemeinen Volkswirtschafts-, Betriebswirtschafts- und Managementlehre verstehen, sondern auch von den Besonderheiten der Sportprodukte, -institutionen und -betriebe. Dieses Lehrbuch soll dazu einen Beitrag leisten.

3.4.3 Oligarchisierung

Unter Oligarchisierung versteht man, dass die Herrschaft Aller durch die Herrschaft Weniger verdrängt wird. An dieser Stelle sollen nicht die verschiedenen Demokratiemodelle vorgestellt werden (s. Horch 1983), sondern von dem üblichen Fall ausgegangen werden, dass einige wichtige Entscheidungen mit einfacher Mehrheit der anwesenden Mitglieder in der Versammlung getroffen werden, die meisten aber an den gewählten Vorstand delegiert werden. Oligarchisierung bedeutet, dass den besonders Engagierten erst als Anerkennung, später aus Gewohnheit (Weber 1972) Ämter und Einfluss zugestanden werden. Michels (1989) ehernes Gesetz der Oligarchie besagt, dass formal demokratisch organisierte Vereinigungen eine Tendenz entwickeln, sich faktisch in Oligarchien zu verwandeln (Horch 1988, 1992). Weede (1986) vertritt die These, dass Kollektivgüter nur im Austausch gegen Positionsgüter produziert werden. Denn Einfluss ist naturgemäß ein knappes Positionsgut. Wenn alle gleichen Einfluss, gleiche Macht haben, verliert Einfluss seine Anreizwirkung.

Demokratische Entscheidungen haben drei **Probleme:** Kollektivität, Zeitaufwand und Gleichverteilung. Man entscheidet nicht individuell. Die kollektive Entscheidungsfindung kostet mehr Zeit als eine individuelle. Durch die Eigentumsverdünnung besteht nur eine geringe Neigung, Verantwortung für neue Wege zu übernehmen. Das erste Problem wird durch eine Kommerzialisierung, die beiden anderen durch eine Oligarchisierung vermindert.

Folgende **Folgeprobleme** können sich ergeben. Kollektive Entscheidung bedeutet aber nicht nur, dass nicht individuell entschieden wird, sondern auch, dass man nicht nur für sich entscheidet, sondern für eine Gruppe, setzt also im Idealfall Solidarität voraus und erzeugt sie, so wie bei Entscheidungen in einer Familie. Die Qualität von Gruppenentscheidungen kann aufgrund von mehr Informationen und abgewogener Entscheidungsfindung auch höher sein, als die von individuellen Entscheidungen. Oligarchisierung bedeutet, dass individuelle Interessen in den Vordergrund rücken. Es entwickelt sich Paternalismus, das heißt, dass jene, die ihr Geld und ihre Zeit investieren, das Angebot nach ihren Interessen und nicht nach denen der Mitglieder gestalten und verteilen. Selbst bei gutem Willen kennen sie möglicherweise die Wünsche der Mitglieder nicht. Sie entscheiden so, wie sie als wohlwollender „Familienvater" glauben, dass es gut für die Mitglieder ist, ohne dass sie aber über genügend Informationen darüber verfügen, was z. B. eigentlich die jungen Sportvereinsmitglieder wünschen. Die Steuerungs- und Informationsfunktion der Demokratie wird beschädigt. In der Folge können die Identifikation der Mitglieder mit dem Verein und die Motivation zur Freiwilligenarbeit sinken, wenn Engagierte merken, dass sie zwar als „Wasserträger" gerne gesehen werden, aber nicht wirklich mitentscheiden können.

Als **Alternative** zur Oligarchisierung gibt es grundsätzlich wieder die Möglichkeit, klein und homogen zu bleiben. Demokratie funktioniert umso besser, je jünger und kleiner die Organisation ist, je lokaler begrenzter sie operiert, je homogener die Interessen und die Fähigkeiten der Mitglieder sind und je weniger Fachwissen die Aufgaben verlangen (Weber 1972). Die Entscheidungskosten werden in Sportvereinen typischerweise durch die segmentäre Dezentralisierung, durch geringe Mehrheitsanforderungen (nur 50 % und nur der Anwesenden) und durch die Delegation von Entscheidungen an den Vorstand gemildert. Die Kehrseite dieser Medaille ist natürlich, dass Minderheitspositionen wenig Gewicht haben. Mögliche formale Mittel gegen die Oligarchisierung sind eine Begrenzung der Amtszeit oder eine Rotation, wie man sie bei wissenschaftlichen Vereinigungen findet.

	Problem Schwäche	Transformation	Folge Stärke, die verloren geht	Alternative	Gegenmittel
Entscheidungs-struktur	- Kollektivität Eigentumsverdünnung -Zeitaufwand	Oligarchisierung Paternalismus	- Solidarität - Steuerung Information - Identifikation Motivation	- Kleinheit - Homogenität - Dezentralisierung - geringe Mehrheitsanforderungen Delegation - Begrenzung der Amtszeit Rotation Ehrenposten	- Marketing Befragung Beschwerde
	- Gleichverteilung			- Stimmengewichtung	

Abb. 3.6 Oligarchisierung

Kontinuität wird hierbei durch eine Dreierspitze gewährt, die neben dem jetzigen, aus dem alten und dem schon gewählten nächsten Vorsitzenden besteht. Rotation setzt allerdings voraus, dass es genügend motivierte, qualifizierte Mitglieder gibt. Die Befürchtung, dass bestimmte Personen unersetzbar sind, bewahrheitet sich nur selten. Im Gegenteil gilt vermutlich, dass sich neue Kräfte erst entfalten können, wenn alte Platz machen. Ehrenpositionen dienen nicht nur dazu, bewährten Kräften zu danken, sondern auch Positionen neu besetzen zu können. Das Problem der Gleichverteilung könnte zwar theoretisch durch eine formale Stimmengewichtung nach Höhe des monetären und arbeitsmäßigen Beitrags behoben werden. Damit würde aber ein wichtiges Strukturmerkmal mit seinerseits wichtigen Funktionen für die Steuerung der Organisation, die Identifikation und Motivation der Mitglieder und die gesellschaftliche Legitimation beschädigt werden. Aufgrund der sowieso starken Kräfte, die zu Gunsten einer Oligarchie der Aktiven wirken, scheint dies auch nicht notwendig.

Als **Gegenmittel** um die Folgeprobleme einer Oligarchisierung zu mindern, bleiben dann wieder die Managementtechniken von Unternehmen übrig, um Informationen über die Wünsche der Mitglieder zu erhalten, wie Marketing, Qualitätsmanagement, Befragungen und Beschwerdesysteme.

3.5 Exkurs: Folgeprobleme der Kommerzialisierung des Zuschauersports

Am weitesten fortgeschritten ist die Kommerzialisierung von Sportvereinen im Bereich des Profisports. Hier ist sie auch am sinnvollsten (Franck 1995). Jedoch gibt es auch hier möglicherweise Folgeprobleme, die bedacht und wenn möglich vermieden oder doch gemindert werden sollten. Der folgende Exkurs soll für diese Problemstellung sensibilisieren.

3.5 Exkurs: Folgeprobleme der Kommerzialisierung des Zuschauersports

Es handelt sich im Folgenden um einen überarbeiteten Text, der bereits in einem Kongresssammelband erschienen ist (Horch 2011).

Kommerzialisierung kann es logischerweise nur dort geben, wo Zuschauersport ursprünglich nicht kommerziell war. Sie ist also vor allem für das europäische Sportsystem von Bedeutung.[19] Einer der wenigen Ökonomen, der sich wiederholt explizit mit diesem Thema beschäftigt hat, ist der Franzose Andreff (z. B. 2000, 2001, 2009). Am systematischsten haben sich jedoch bisher Sport-Soziologen, wie Bette (1984) oder Sport-Philosophen, wie Walsh und Guilianotti (2007), mit dem Thema auseinandergesetzt. Letztere unterscheiden vier Typen von Folgeproblemen: 1. die Verdrängung der intrinsischen Motive und der Ideale (venality), 2. die Benutzung von Sportlern als bloßes Mittel (objectification), 3. Verteilungsungerechtigkeiten (distributive justice) und 4. die Zerstörung des kommerziellen Wertes der Ware selbst (pragmatic pathology). Was die Beurteilung schwierig macht, ist, dass nicht jede Kommerzialisierung an sich, sondern erst ihre Übertreibung bzw. Fehlleitung (hyper-commodification) zu Problemen führt. Wir wollen uns im Folgenden nur auf den handfesten Typ 4, die Zerstörung des kommerziellen Wertes der Ware (pragmatic pathology) konzentrieren, weil sie nicht nur Sport und Gesellschaft, sondern auch die wirtschaftliche Verwertbarkeit des Sports betrifft. Die Frage lautet: Verändert sich der Sport durch die Kommerzialisierung so, dass er am Ende für wirtschaftliche Verwertungen weniger oder gar uninteressant wird?

Um keine Missverständnisse aufkommen zu lassen, müssen vorweg drei Dinge geklärt werden. 1. Es gibt ohne Zweifel positive Konsequenzen der Kommerzialisierung. Hier können die bedeutenden Vorzüge marktwirtschaftlicher Systeme ins Feld geführt werden, wie Steigerung der Effektivität und Kundenorientierung sowie der Effizienz durch den Wettbewerb. Erst der Zufluss weiterer Ressourcen ermöglichte ja die Professionalisierung. Denn nur so können sich auch andere als reiche Gentlemen auf den Sport konzentrieren. Davon profitiert der Sport, weil Leistungsniveau und -dichte steigen. 2. Ziel kann daher auch nicht die Rückkehr in eine ideale Welt des Amateurismus sein, die es ja sowieso nie gegeben hat. 3. Probleme werden nicht nur und alleine durch die Kommerzialisierung verursacht. Bekanntlich hat auch die Politisierung des Sports – u. a. durch den Kommunismus – ähnlich negative Folgen gehabt. Die Probleme werden zudem zu einem guten Teil durch die unersättliche Leistungssteigerungslogik des Sports selbst erzeugt. Diese systemimmanenten Probleme werden durch den externen Ressourcenzufluss nur entfesselt (Bette und Schimank 2006). Eine Schlüsselrolle spielen dabei die Massenmedien. Erst durch die Vervielfältigung der Zuschauerzahlen, z. B. durch TV-Übertragungen, wird Sport für weitere Bereiche der Wirtschaft interessant.

Wenn man über die Folgen der Kommerzialisierung reden will, ist es nützlich, Definitionselemente der Kommerzialisierung zu sammeln, die Auslöser für Folgeprobleme sein könnten, und sie – in Anlehnung an Schimank und Volkmann (2008) – in eine aufsteigende Rangordnung zunehmender Kommerzialisierung zu bringen (s. Abb. 3.7). Histori-

---

[19] Sowohl in den US-amerikanischen als den englischen Lehrbüchern der Sportökonomie sucht man das Stichwort „commercialisation" im Index meist vergeblich.

```
                    Kommerzialisierungsgrad ↗

                                    ┌─────────────────────────────────┐
                                    │ Stufe 3 Gewinnerzielung         │
                                    │   3.2 als Muss-Erwartung        │
                                    │   3.1 als Soll-Erwartung        │
                          ┌─────────┴─────────────────────────────────┤
                          │ Stufe 2 Verlustvermeidung                 │
                          │   2.2 als Muss-Erwartung                  │
                          │   2.1 als Soll-Erwartung                  │
                ┌─────────┴───────────────────────────────────────────┤
                │ Stufe 1 Ressourcen-Beschaffung (Kommodifizierung)   │
      ┌─────────┴───────────────────────────────────────────────────┬─┘
      │ Stufe 0 Ressourcen-Verschwendung („Sport": Zeitvertreib für Gentlemen) │
      └─────────────────────────────────────────────────────────────┘
```

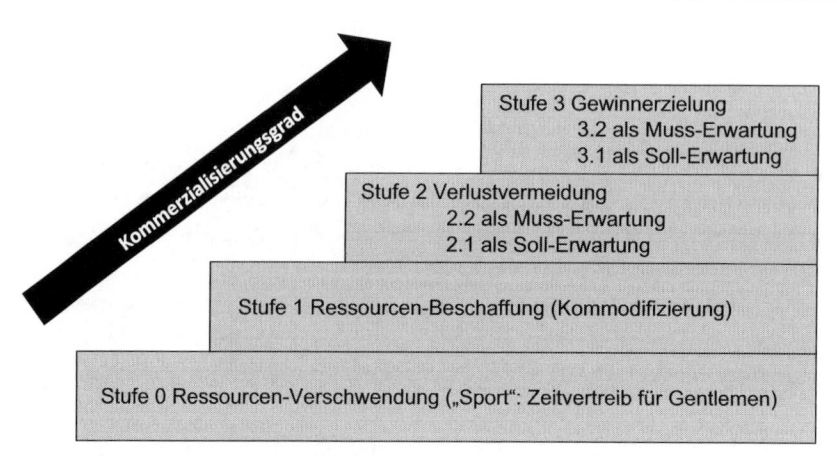

Abb. 3.7 Stufen der Kommerzialisierung

scher Ausgangspunkt war der von ökonomischen Zwängen zunächst völlig freie „Sport", im wahrsten Sinne des Wortes, nämlich als eines Zeitvertreibs. Hier ging es um spielerische Verschwendung von Ressourcen, nicht um Verlustvermeidung oder Gewinnerzielung (Stufe 0). Die Rückkehr der großen Mäzene, wie Abramovitch oder Hopp zeigt, dass dies auch weiterhin von großer Bedeutung ist. Hier geht es – wie im Sport überhaupt – eher um Status als um Profit. Vom Wortbegriff her meint Kommerzialisierung nun erstens, dass etwas zu einer Ware wird (Stufe 1). Zuschauersport wurde zur Ware durch den ersten Ausschluss der Zuschauer von den Wettkämpfen, als diese aus den öffentlichen Parks in umzäunte Stadien verlegt wurden, mit dem Ziel, zusätzliche Ressourcen für den Sport zu generieren. In diesem Sinne kann man auch von Kommodifizierung sprechen, was bedeutet dass etwas einen ökonomischen Wert bekommt und auf Märkten gehandelt wird, für das das vorher nicht galt (Polanyi 1957). Im weiteren Sinne von „Ökonomisierung" kann dann – ausgelöst durch steigenden Kostendruck – das Ziel der Verlustvermeidung – als Soll- oder Muss-Erwartung – hinzukommen (Stufe 2), z. B. um durch Lizenzierungsverfahren zu sichern, dass Clubs eine Saison zu Ende spielen können. Auf Stufe 3 tritt abschließend die Gewinnerzielung in neuen Geschäftsfeldern – als Soll- oder Musserwartung – hinzu.

Um nun entscheiden zu können, was negative Konsequenzen sein könnten, kann man sich an den Funktionen für die Gesellschaft orientieren, die dem Sport zugeschrieben werden (die allerdings längst nicht alle empirisch bewiesen sind). Das sind für den Zuschauer-Sport deutlich weniger als für den aktiven Sport. Häufig genannt werden: 1. Leistungsorientierung und -gerechtigkeit, 2. Fairness, 3. Repräsentation von Gemeinde und Nation und 4. Vorbildfunktion für den aktiven Sport. Bevor wir uns diesen Punkten im Einzelnen widmen können, muss noch geklärt werden, was in diesem Zusammenhang unter „Wirtschaft" verstanden werden kann und welche Funktionen des Sports für die Wirtschaft durch die Kommerzialisierung betroffen sein können. Erst einmal geht es dabei um die mögliche erwerbswirtschaftliche Verwertung des Zuschauersports selbst. Zweitens kommen die Folgemärkte, d. h. die Branchen der sonstigen Wirtschaft, hinzu, die vom Zuschauersport profitieren: die Medien, die Sportartikelindustrie und die Branchen, die mit Sport werben. Zu Letzt geht es in einem abstrakteren Sinne auch um die Legitimation des marktwirtschaftlichen Systems insgesamt. Was der Sport für die Folgemärkte leistet und was durch eine Kommerzialisierung des Sports gefährdet sein könnte, sind 1. Kontakte, 2. Aufmerksamkeit und 3. Image. 1. Sport wirkt als Plattform für vielfältige Kontakte zu Konsumenten: über Werbung, über Sponsoring, über Hospitality (Woratschek und Schafmeister 2005; Dietl 2011). 2. Was hier verkauft wird, ist – laut Rittner (1988) – knappe Aufmerksamkeit. Während sonst abgeschaltet wird, hier schaut man hin. 3. Es werden knappe Symbole vermarktet (ebd.). Während Religion und Nation an Bedeutung verloren haben, verbleibt Sport eines der erfolgreichsten der Symbolsysteme moderner Gesellschaften. So wurde die calvinistische Einordnung der Menschheit in Auserwählte und Verdammte (Weber 1969) sportlich gewendet in die Unterscheidung von Winnern und Loosern. Dabei kann Sport für Vieles (auch Widersprüchliches) stehen: Abenteuer, Spannung, Gesundheit, Geselligkeit, Modernität. Die Wirtschaft nutzt dies, um das Image ihrer Produkte durch Assoziationen mit Sport emotional aufzuladen. Die Kernelemente Wettbewerb, Leistung und Fairness stehen darüber hinaus als Symbol für das marktwirtschaftliche System und dienen seiner Legitimation. Im Folgenden sollen nun entlang der vier Funktionen des Zuschauersports für die Gesellschaft sowie 5. für den Fall, dass die Profit- die Sportlogik verdrängt, exemplarisch mögliche Folgeprobleme der Kommerzialisierung für das Image des Sports und damit auch für seine Verwendung für (Marketing-) Kommunikationsziele aufgezeigt werden. Diese Beispiele sind bekannt. Hier geht es darum herauszuarbeiten, wie diese auch die wirtschaftliche Verwertung beeinträchtigen können (s. Abb. 3.8). Abschließend wird 6. aufgezeigt, welche Vorschläge die Sportökonomie entwickelt hat, um diese Folgeprobleme zu vermeiden bzw. zu mindern.

3.5.1 Leistungsorientierung und -gerechtigkeit

Der Sport ist wie die Marktwirtschaft durch Wettbewerb und Leistung geprägt. Anders als in der Wirtschaft sind im Sport die Verhältnisse jedoch noch relativ konkret einsehbar und die Leistungen zurechenbar und sofort überprüfbar (Bette und Schimank 2006). Sport steht damit nicht nur für Leistungs-Orientierung, sondern auch für Leistungs-Gerechtigkeit. Hier kann es der Einzelne noch, durch harte ehrliche Arbeit zu etwas bringen. Der Ausgang des Wettbewerbs ist offen. Es zählt nicht Herkunft oder Vermögen, sondern nur die Leistung. Je mehr Ressourcen jedoch ins Spiel kommen und je ungleicher sie verteilt sind, desto weniger stimmt die Realität noch mit diesem Idealbild überein. Geld schießt Tore (Frick 2005). Die meisten Fußballfans haben die Hoffnung aufgegeben, dass ihr Club jemals Meister werden könnte. Ein weiteres Beispiel für dieses Problem ist das Vordringen konzerngestützter, finanzstarker „Retorten-Clubs" wie Leverkusen, Wolfsburg, Hoffenheim und Leipzig. Wenn aber Sport auch bloß vom Geld regiert wird, ist nicht nur das Herz des Sports, die Spannung des Wettkampfes, bedroht, sondern auch die

Gesellschaftliche Funktionen	Sport	Auswirkungen der Kommerzialisierung	Folgeprobleme für Wirtschaft
1. Leistung	überprüfbar, nicht bestimmt durch Herkunft, Vermögen	Geld schießt Tore	Spannung Symbole Legitimation
2. Fairness	internalisierte Begrenzung des Eigennutzes	Leistungs- und Ergebnismanipulationen	Image s. Radsport
3. Repräsentation	steht für Orte, Nationen Identifikation	Ortswechsel Legionäre	Kontakte Image Deutsche Helden
4. Vorbild	Teil des gesamten Sportsystems	Verwertungsegoismen	Corporate Social Responsibility Pay-TV S20

Abb. 3.8 Selbstzerstörung durch Kommodifizierung

Verwertbarkeit der zentralen Symbole Wettbewerb, Leistung und Gerechtigkeit für Wirtschaftsprodukte oder die Legitimation des Marktwirtschaftssystems insgesamt.

3.5.2 Fairness

Zum Gerechtigkeitsimage des Sports gehört zentral das Prinzip des Fair-Plays. Der Erfolg wird nicht nur durch harte, sondern vor allem auch ehrliche Arbeit errungen. Die Verinnerlichung der Fairness soll der Verfolgung des Eigennutzes Grenzen setzen und sichern, dass alle zu den gleichen Bedingungen antreten. Unsportliche, d. h. nicht regelkonforme Mittel, sind nicht erlaubt. Lenk und Pilz (1989) unterscheiden formale und informale Fairness. Ersteres sind die sanktionierten Regeln, letzteres der darüber hinausgehende Geist der Sportlichkeit, der den Konkurrenten als Mitmenschen achtet. Der Sport verdeutlicht, dass das Prinzip Eigennutz unvollständig ist, ohne eine stützende Moral, die den Eigennutz einschränkt (Hirsch 1980). Mit der Kommerzialisierung setzen drei Gegenbewegungen ein. 1. Der Ressourcenzufluss totalisiert die Sportlerrolle (Heinilä 1982), setzt die unbegrenzte Leistungslogik des Sports frei. Um Leistung zu steigern und Siege zu erringen, werden Doping und andere Manipulationen eingesetzt. Viele Hochleistungssportler sind bereit, dem sportlichen Erfolg ihre Gesundheit und Jahre ihres Lebens zu opfern. 2. Sport ist nicht mehr Spiel, sondern ein Beruf, der den Lebensunterhalt sichern soll. Nur noch Siege und Rekorde zählen, weil nur sie sich bezahlt machen. 3. Die Freisetzung des Gewinnmotivs kann dann die Sportethik noch weiter gefährden, wenn es nicht mehr nur um manipulierte Siege, sondern auch um vorgetäuschte Niederlagen geht. Der Ausstieg der deutschen Sponsoren aus dem Radsport verdeutlicht, dass die Wirtschaft gegenüber solchen Manipulationen im Sport empfindlicher zu sein scheint, als der Sport selbst.

3.5.3 Repräsentation

Sportliche Erfolge stehen für Nation und Gemeinde. Viele Fans sind in erster Linie Lokalpatrioten. Sie identifizieren sich mit den Siegen „ihrer" Sportler und Mannschaften. Fußballclubs gehören zu den wenigen Organisationen, die in Zeiten globaler Mobilität noch Orte symbolisieren. Eishockey- und Basketballclubs zieht es jedoch zunehmend in die Großstadtmärkte, und auch im Fußball wird die Identifikation mit den Sportlern durch ständig wechselnde „Legionäre" erschwert. Wenn es schlecht läuft, gellt denen schon mal entgegen: „Wir sind Kölner, ihr nicht." Im Radsport wurden Nationalmannschaften schon lange durch kommerzielle Teams abgelöst. Im Eishockey wird im dichtgedrängten Terminkalender kaum noch Rücksicht auf internationale Wettkämpfe genommen. Für die Wirtschaft können dadurch sowohl Aufmerksamkeit von Zuschauern als auch Imageaspekte und emotionale Identifikation verloren gehen. Werksteams wie Telekom und Mercedes setzen daher auf deutsche Helden.

3.5.4 Vorbild für aktiven Sport

Die meisten und die wichtigsten dem Sport zugeschriebenen Funktionen für die Gesellschaft, wie Gesundheit, Sozialisation und Integration, hängen mit dem aktiven Sporttreiben zusammen. Der Zuschauersport kann an dieser hohen gesellschaftlichen Wertschätzung nur teilhaben, soweit er im Bewusstsein der Bevölkerung Teil des gesamten Sportsystems, einschließlich der sog. Randsportarten, bleibt (Andreff 2009; Neidhardt 2007). Leistungssport braucht Breitensport, nicht umgekehrt, zur Rekrutierung, Sozialisation, Kreuzsubventionierung und Legitimation (Schimank 2005a). „Der kommerzialisierte Leistungssport profitiert von dem Nimbus einer Sportlichkeit, den er selber allein nicht herstellen kann" (Neidhardt 2007, S. 13). Diese Verbindungen zum Breitensport werden jedoch im Zuge der Kommerzialisierung zunehmend gekappt. Geld setzt Verwertungsegoismen frei (Rittner 1988), welche die Einheit des Sports auflösen. Sportarten, wie Fußball, Ligen wie im Eishockey spalten sich ab. Spitzenvereine, wie im Falle der angedachten europäischen Fußball-Superliga, drohen damit. Die Medien schaffen sich eigene Sportligen, wie die Super (Rugby) League in Australien. Überall setzt die Orientierung am Shareholder-Value die Quersubventionierungen unter Druck (Schimank und Volkmann 2008). Ein aktuelles Indiz für die Kommerzialisierung sind – unserer Meinung nach – die Corporate Social Responsibility-Maßnahmen von Fußballclubs. In Europa waren Sportvereine von der Intention ihrer Gründer her sozial engagiert, nämlich im Jugend- und Breitensportbereich, und nur insoweit eben diese Verbindung verloren geht, wird es notwendig, sie über CSR künstlich zurückzugewinnen. Die Breitenwirkung von Sportarten wird vor allem durch die zweite große Kommodifizierung bedroht, den Ausschluss von Zuschauern durch Pay-TV (Gerrard 2004). Was durch die Kommerzialisierung an Image verlorengeht, ist genau das, was Sport für CSR-Maßnahmen der Wirtschaft interessant machen könnte, nämlich der Bezug zur Basis, zum Breiten- und Jugendsport. Der Ausschluss von Zuschauern durch Pay-TV ist gut für die Medien, aber schlecht für die werbende Wirtschaft. Dass die Sponsoren dies erkannt haben, verdeutlicht ihr Zusammenschluss zur Interessengemeinschaft S 20[20].

Dem Sport wurde oft vorgeworfen, sich nicht in die Profitlogik der Partner, der Sponsoren hineinzudenken, mittlerweile mangelt es aber vielleicht eher umgekehrt am nötigen Selbst-Bewusstsein. Die Organisationen des Sports und ihre Vertreter müssen sich mehr des Eigenwertes des Produktes, der Identität des Sports bewusst werden. Worauf Schimank (2005b) für den aktiven Sport hingewiesen hat: die Gefahren des nichtsportlichen Sports für die Identität des Sports, kann analog auf den Zuschauersport übertragen werden. Er ist gefährdet, Opfer seines Erfolges zu werden. Denn als bloßes Unterhaltungsprodukt wird er leicht substituierbar.

3.5.5 Profitlogik verdrängt Sportlogik

In den bisher geschilderten Fällen ergaben sich die Folgeprobleme vor allem durch die Kommerzialisierung der Stufe 1, den unersättlichen Ressourcenbedarf des Sports, der über die Kommodifizierung von Leistungen gedeckt wird. Verschärft werden sie, sobald Einkommens- oder Gewinninteressen hinzutreten. Letztendlich gefährlich wird es für die Autonomie des Sports jedoch erst, wenn aus Profitinteressen in das Herz des Sports, die Entscheidung über Sieg und Niederlage, eingegriffen wird. Für Schimank und Volkmann (2008) bedeutet diese letzte Muss-Stufe (3.2) der Ökonomisierung gleichzeitig, dass die Profitlogik die Sportlogik verdrängt, dass es nur noch darum geht, soviel Gewinn zu machen wie möglich. Das muss aber nicht notwendigerweise so sein, wie im Folgenden anhand der amerikanischen Profiligen verdeutlicht werden soll. Antreiber solcher Entwicklungen sind wieder die kommerziellen Medien. Sie brauchen Zuschauer, um Werbezeiten oder Pay-TV verkaufen zu können. Um die Zuschauerquote zu erhöhen, muss Sport mit Unterhaltungselementen angereichert werden. Auch Orte, Zeiten, Dauer und Regeln des Wettkampfes werden entsprechend angepasst. Solange jedoch nicht in die Entscheidung über Sieg und Niederlage eingegriffen wird, bleibt der Sport autonom. Wirtschaftliche Eingriffe in die Bestimmung des Siegers gibt es kaum. Anders sieht das mit der Verhinderung von Niederlagen aus. Die Abschaffung von Auf- und Abstieg im Eishockey oder die Um-

---

[20] Hinter der Organisation „S 20– The Sponsors' Voice" haben sich namhafte deutsche Sportsponsoren zusammengeschlossen, um gemeinsam ihre Interessen gegenüber der Politik, den Sportverbänden und den Medien zu vertreten (www.s20.eu).

3.5 Exkurs: Folgeprobleme der Kommerzialisierung des Zuschauersports

stellung der Champions-League vom KO- auf das Spielgruppensystem dienen dazu, Niederlagen - in diesem Falle das Ausscheiden aus dem Wettbewerb - zu verhindern. Noch weitergehender sind Vorschläge, die Fernsehgelder oder die Siege nach der Anzahl der Fans zu verteilen. Dann würde – je nach Ziel der Clubs – entweder der Wettbewerb eingefroren oder letztendlich der Profit über den Sieg entscheiden. Als Beispiel für eine vollständige Verdrängung der Sportlogik kann „Professional Wrestling" angeführt werden. Hier gibt es nur noch die Fiktionen einer Offenheit des Wettkampfausgangs. Die Sympathie der Zuschauer entscheidet letztendlich darüber, wer gewinnt. Spannung wird durch theater- und zirkustypische Maßnahmen erzeugt. Auch „Professional Wrestling" zieht Zuschauer an, für Imagezwecke ist es aber kaum noch zu gebrauchen.

Diese letzte Konsequenz ist – wie die US-Profiligen zeigen – nicht notwendigerweise mit der Umwandlung von Vereinen in erwerbswirtschaftliche Rechtsformen verbunden. For-Profit-Organisationen sind aber grundsätzlich verdächtiger, die sportliche Integrität verletzen zu wollen, weil sportliche Ziele nicht mehr an erster Stelle stehen. Hansmann (1980) hat allgemein die Hypothese aufgestellt, dass Konsumenten in Situationen erheblichen Marktversagens Non-Profit-Organisationen vorziehen, weil sie ihnen mehr vertrauen, dass die Ressourcen im Interesse der Sache eingesetzt werden (s. Kap. 3.2). Für viele Fans liegt solch ein Marktversagen vor. Denn für sie gibt es keine Alternative zu ihrem Verein (Dilger 2009). Non-Profit-Organisationen, wie die deutschen Clubs, genießen eher das Vertrauen der Fans, dass für sie der Fußball im Mittelpunkt steht. Als Beispiel wird hier immer wieder einer der erfolgreichsten Fußballclubs Europas, der FC Barcelona, angeführt (Boyle 2010). Durch die 50+1-Regel gilt dies aber im Kern auch weiterhin für alle deutschen Fußballclubs. Entscheidend ist vermutlich jedoch nicht die Rechtsform des Clubs, sondern das tatsächlich Gebaren der Eigentümer. In England sind die Fußballclubs schon seit ca. 100 Jahren in erwerbswirtschaftlicher Rechtsform organisiert, aber erst in letzter Zeit haben die Fans das Gefühl, dass einige sportfremde Eigentümer Clubs „ausschlachten" oder nur zur Befriedigung vorübergehender Prestigebedürfnisse nutzen wollen. Bei Manchester United formierte sich daher starker Widerstand gegen den US-Investor Glazer. Fünf wohlhabende Einwohner aus Manchester haben angeboten, den Club zurückzukaufen, ohne damit Gewinn erwirtschaften zu wollen. Überall in England haben sich in den letzten Jahren sog. Supporter Trusts gebildet, die den Sport wieder in den Mittelpunkt rücken wollen. Konflikte mit Fans können auch für die Sponsoren schädlich werden. Sie können sowohl die Plattform für Kontakte verkleinern als auch die Akzeptanz der Botschaften gefährden.

Praxis	Theorie
US-Profi-Ligen	Europäische Sportökonomen
	(z.B. Dietl, 2011; Franck, 2000, Kesenne, 2006; Schellhaaß & Enderle, 1999)
Weitgehende Zentralvermarktung	erleichtert Finanzierung von Kollektivgütern
Gleichmäßige (!) Umverteilung	sichert Spannung
Demokratisch-genossenschaftliche Liga	sichert Integrität des Wettkampfes
Commissioner	fungiert als Monitor
Gehaltsbeschränkungen	begrenzen Rüstungswettlauf

Abb. 3.9 Lösungsvorschläge der Sportökonomie

3.5.6 Lösungsvorschläge der Sportökonomie

Die Sportökonomie hat sich sowohl in der Praxis als auch in der Theorie implizit viel mit solchen Problemen beschäftigt (s. Abb. 3.9). [21] Aus der Praxis sind es gerade die am weitestgehend kommerzialisierten Sportligen der Welt, nämlich die US-Profiligen, die durch eine Vielzahl in anderen Wirtschaftsbereichen geradezu „unerhörten", von ihren Kritikern als „sozialistisch" oder „kommunistisch" geschmähten Sonderregeln, auffallen (s. Kap. 2.4.2), wie: a) Zentralvermarktung von Medien- und Merchandising-Einnahmen und b) ihre gleichmäßige (!) Umverteilung, c) genossenschaftlich-demokratische Ligen und d) Gehaltsbegrenzungen (salary caps).

In der Beurteilung dieser Maßnahmen sind die Meinungen der Ökonomen jedoch gespalten. Für US-Sportökonomen ist Sport ein Geschäft wie jedes andere. Die Sonderregelungen haben nur den Zweck, den Profit der Eigentümer zu vergrößern, auf Kosten der Konsumenten, der Steuerzahler sowie der Sportler. Sie sollten daher abgeschafft werden und das Monopol der Ligen durch konkurrierende Ligen gebrochen werden (Quirk und Fort 1999; Rosentraub 2004). Das Problem ist aus ihrer Sicht nicht eine zu hohe, sondern eine zu geringe Kommerzialisierung. Für europäische Sportökonomen sind viele dieser Sonderregelungen jedoch geradezu Musterbeispiele dafür, wie institutionell auf die besonderen Probleme des Wettkampfsports reagiert werden kann (s. Kap. 2.4.2). Zentralver-

---

[21] Im Kongressbeitrag (Horch 2011) werden zusätzlich Lösungsvorschläge, die das Problem aus anderen theoretischen Perspektiven betrachten, vorgestellt, nämlich als Aufklärungs-, Kollektivgut- und Integrationsproblem.

marktung erleichtert die Finanzierung von Kollektivgütern (Schellhaaß und Enderle 1999). Umverteilungen dienen dazu, die Spannung des Wettkampfs zu sichern (Kesenne 2006). Die kleinen, demokratisch-genossenschaftlich organisierten Ligen sowie der Commissioner dienen dazu, die Integrität des Wettkampfes zu sichern (Franck 2000).[22] Salary Caps sollen den sportinherenten Rüstungswettlauf begrenzen (ebd.; s. Akerlof 1976 zu Hyperaktivität).

Dies, die unersättliche Leistungslogik des Sports, ist vermutlich das grundlegendste Problem. Immer mehr Aufwand ist nötig, um immer kleiner werdende Leistungssteigerungen zu erreichen (Bette 1989). Das ist der Hauptmotor der Kommerzialisierung. In diesem Sinne könnte die Verlustvermeidung, also Stufe 2 der Kommerzialisierung geradezu heilsam wirken. Anders als Frick und Wagner (1996) vermuten, ergibt sich diese aufgeklärte Kommerzialisierung jedoch nicht von selbst, sondern erfolgt – wie die US-Ligen zeigen – erst nach dramatischen Krisen und schmerzhaften Lernprozessen und verlangt herausragende Unternehmerpersönlichkeiten. Diese Regulierungen sind zudem nicht ohne weiteres auf das europäische Sportsystem übertragbar, vor allem weil die Ligen durch das Pyramidensystem des Auf- und Abstiegs sowie die europäischen Wettbewerbe weder nach unten noch nach oben abgeschlossen sind. Im Arnaut-Report der EU (2006) werden jedoch analoge Lösungen angedacht, die allerdings nur wirken können, wenn sie für jede Sportebene, also auch die Europaligen, gelten. Ein diskussionswürdiger Ansatz dazu ist das 2010 von der UEFA verabschiedete Konzept des finanziellen Fair-Plays (UEFA 2012).

3.6 Sportmanager in Vereinen und Verbänden

Die Diskussion über die Professionalisierung in Sportvereinen steht seit längerem vor einem Rätsel, nämlich dem Widerspruch zwischen der theoretischen Wahrscheinlichkeit einerseits und der empirischen Unerheblichkeit der Verberuflichung von Tätigkeiten in Sportvereinen andererseits. So formulierten z. B. Heinemann und Schubert (1994, S. 22) einerseits im theoretischen Teil ihrer Arbeit: „Vor allem in größeren Vereinen wachsen die Aufgaben in einem Umfang, der durch freiwillige Mitarbeit nicht mehr allein bewältigt werden kann (…): es werden in zunehmendem Maße eine Fachkompetenz erforderlich und ein zeitliches Engagement nötig, die aus dem Kreis der Mitglieder nicht mehr ohne weiteres zu gewinnen (…) sind." Andererseits fassen sie dann ihre empirischen Ergebnisse wie folgt zusammen: „Weniger bedeutsam ist demgegenüber die Beschäftigung festangestellter Mitarbeiter, und es ist kaum zu erwarten, dass die Zahl der Vereine, die Mitarbeiter einstellen und bezahlen können, steigen wird" (Heinemann und Schubert 1994, S. 256).[23] Für Sportmanagementstudierende sind folgende Fragen von Interesse: 1. Wie viel Arbeits-

---

[22] Der Commissioner der Liga dient als von den Eigentümern eingesetzter Aufpasser dazu die Einhaltung der Regeln zu überwachen und Clubs und Spieler bei Verstößen zu sanktionieren.
[23] s. ähnlich auch wieder Cachay et al. (2001, S. 19 versus S. 181).

plätze für Sportmanager gibt es in Sportvereinen und -verbänden? 2. Wird deren Zahl wachsen? 3. Was charakterisiert ihre Tätigkeit?

Mit dem Thema beschäftigt haben sich bisher a) die verschiedenen Studien, die Erwerbsarbeit als Strukturmerkmal von Verbänden (Winkler und Karhausen 1985) oder Vereinen (Timm 1979; Heinemann und Schubert 1994; Emrich et al. 2001; Horch et al. 2007) beschrieben haben. b) Absolventenstudien, die nach dem Verbleib von Sportlehrern fragten (z. B. Heinemann et al. 1990). c) Am ausführlichsten wurde die Fragestellung bisher in Heinemanns und Schuberts (1992) Arbeit über die Beschäftigung von ABM-Kräften in Sportvereinen sowie in der Studie von Cachay et al. (2001a) über das Erwerbsarbeitspotenzial in Verbänden und Großvereinen Nordrhein-Westfalens behandelt. International gibt es viele Veröffentlichungen über die Verbesserung (Professionalisierung) der Freiwilligenarbeit in Sportvereinen (z. B. Cuskelly et al. 2006) oder den Druck zu einer Verberuflichung der Arbeit (Nichols et al. 1998, 2005). Kanadische Studien haben sich mit den Folgen der Verberuflichung des Managements in Sportverbänden beschäftigt (z. B. Thibault et al. 1991; Kikulis et al. 1992). Für dieses Kapitel konnten vor allem Daten, Argumente und Formulierungen aus Horch und Schütte (2003), Horch et al. (2007) sowie Horch (2008) übernommen werden.

1. **Wie viele Arbeitsplätze für Sportmanager gibt es in Sportvereinen und -verbänden?**
Die Gesamtzahl bezahlter Kräfte ist in Deutschland vor allem im Bereich des Profisports angestiegen. In der Saison 2012/13 arbeiteten laut Deutscher Fußball Liga (DFL) in direkt in den Clubs der 1. und 2. Liga 4146 Vollzeit- und 1461 Teilzeit-Angestellte, im Schnitt 115 bzw. 40 pro Club. Dazu gehören die Profispieler, deren Zahl aber relativ konstant ist. Neue Arbeitsplätze wurden vor allem in den Geschäftsstellen, Fanshops und Stadien geschaffen (Bundesligareport 2014). Verglichen mit den USA ist jedoch der Grad der Professionalisierung in Deutschland gering. Speziell im Management- und Verwaltungsbereich der Profliclubs im Fußball waren 2005 im Durchschnitt 29 Personen beschäftigt, im Handball waren es 6, im Eishockey 9, im Basketball 7 (Lohmar 2008). Dagegen waren bei den Miami Heat, ein Team in der NBA, z. B. 1993 im Management 40 Personen beschäftigt, die Philadelphia Sixers hatten 2004 bereits 132 Angestellte (Masteralexis 2004). Allerdings muss man bei einem Vergleich berücksichtigen, dass ein Teil der Managementaufgaben im deutschen Fußball an Marketingagenturen ausgelagert ist. In den Sportverbänden ist die Zahl bezahlter Mitarbeiter eher stagnierend, aber befindet sich relativ, im Vergleich zu den Ehrenamtlichen, auf einem deutlich höheren Niveau als in den Sportvereinen (Cachay et al. 2001). Sportverbände haben insgesamt ungefähr 6000 bezahlte Mitarbeiter (Weber 1996). Die Anzahl bezahlter Kräfte in den Sportvereinen wächst zwar, aber nur langsam und von einem sehr niedrigen Ausgangs-

niveau ausgehend. Ungefähr 38 % der Vereine hatten 2005/2006 bezahlte Kräfte, 20 % Teil- oder Vollzeitstellen und 5 % einen Geschäftsführer (Horch et al. 2007).[24] Wenn man die bezahlten Mitarbeiter unterscheidet nach Honorar-, Teilzeit- und Vollzeitstellen und den Bereichen Führung und Verwaltung, Sport- und Trainingsbetrieb sowie Wartung zeigt sich, dass es sich meistens nur um Honorarkräfte (80 % der Stellen) und vor allem um Stellen im Sportbereich handelt (87 % der Stellen). Absolut gesehen gibt es also die meisten bezahlten Stellen im Sportbereich, relativ gesehen zur Zahl der engagierten Ehrenamtlichen ist ihr Anteil jedoch im Managementbereich höher, dieser also stärker verberuflicht. 14 % der Vereine verfügten über bezahlte Kräfte im hier interessierenden Bereich Führung und Verwaltung, überwiegend handelte es sich dabei um Teilzeitstellen (57 % der Stellen), nur 3,5 % der Vereine hatten Vollzeitstellen (23 % der Stellen). Die meisten Stellen gibt es in den Großvereinen mit einer mittleren Beitragshöhe. Von diesen verfügen 20 % über einen Geschäftsführer. Rechnet man die Zahl der Stellen hoch auf alle Sportvereine, kommt man auf ca. 4000 Geschäftsführer.[25]

2. **Wird deren Zahl wachsen?** Wie groß ist der Druck zu einer weiteren Verberuflichung des Managements in Vereinen und Verbänden, welche Hindernisse stehen dem entgegen? Horch et al. (2003) haben das anhand einer großen Auswahl von Organisationen untersucht, die schon Hauptamtliche im Management beschäftigten bzw. von denen man dies erwarten konnte (Verbände, Groß-, Profi- und Prestigesportvereine). Erstaunlicherweise stimmten die Befragten dem Statement „Wir brauchen mehr bezahlte Mitarbeiter in Führung, Organisation und Verwaltung" im Durchschnitt nur "teils/teils" (d. h. mit 3,1 auf einer Fünfer-Skala) zu, und dies obwohl ja nur der Wunsch nach mehr bezahlten Managern erfragt wurde und nicht die Absicht bzw. Möglichkeit, diesen auch umsetzen zu können.[26] Am niedrigsten war der Wunsch in den Breitensportvereinen ausgeprägt. Nun könnte dies damit zusammenhängen, dass Organisationen ausgewählt wurden, die schon über genügend viele hauptamtliche Manager verfügten. Das zweite überraschende Ergebnis war jedoch, dass das Bedürfnis nicht mit dem Ausmaß der erreichten Verberuflichung sank, sondern stieg. Es sieht also so aus, als ob sich die Verberuflichung des Managements in Verbänden und Vereinen als eine Erfolgsstory erweist. Einmal in Gang gesetzt, erweckt sie ein Bedürfnis nach Fortsetzung. Eine Kernerkenntnis der Untersuchung war daher, dass die Verberuflichung des Managements

---

[24] Gleichzeitig hatten aber ca. 70 % der Vereine Personalausgaben. Eine Erklärung für die Differenz könnte sein, dass hier bezahlte Sportler und Aufwandsentschädigungen dazu kommen. 2007/2008 hatten überraschenderweise nur noch 32 % der Vereine bezahlte Kräfte (Breuer und Wicker 2009). Da es keine plausible Erklärung für dieses Einbrechen in einem so kurzen Zeitraum gibt, muss man dies vielleicht als Hinweis auf Messungenauigkeiten nehmen.

[25] Arbeitsmarktpolitisch ist interessant, dass demnach die ca. 90.000 Sportvereine ungefähr genauso viele vollzeitäquivalente Stellen in allen Bereichen anboten wie die Fitnessstudios, nämlich ca. 40.000.

[26] Diese Information wird bestätigt durch eine repräsentative Umfrage unter Sportvereinsmitgliedern. Braun (2003) fand heraus, dass sie den Druck, mehr bezahlte Kräfte einzustellen, nur mit 2 auf einer Skala von 1 bis 4 bewerteten.

von Sportvereinen und – verbänden weniger – wie oft vermutet – durch das Vorhandensein der traditionellen Ehrenamtlichkeitskultur, als durch das Nicht-Vorhandensein einer Hauptamtlichkeitskultur behindert wird. Als Gründe für das Bedürfnis nach mehr hauptamtlichen Kräften wurden fast alle Argumente genannt, die aus den obigen Überlegungen zu den Schwächen der Freiwilligenarbeit und einem wachsenden Bedürfnis nach mehr Professionalität im Management bekannt sind (s. Kap. 3.4.2), wie gesunkene Bereitschaft zur ehrenamtlichen Mitarbeit, neue Aufgaben, gestiegene Anforderungen. Im Unterschied dazu gab es nur ein wesentliches Hindernis: mangelnde Finanzen. Zusammenfassend kann man festhalten, dass es in weiten Bereichen des Sports – anders als bei anderen freiwilligen Vereinigungen, wie Gewerkschaften, Parteien, Wohlfahrtsverbänden – keinen Verberuflichungsdruck, im Sinne einer akuten Bedrohung der Organisation, sondern nur eine Verberuflichungschance gibt. Viele Sportvereine können auch ohne Verberuflichung des Managements weiterleben, selbst wenn dies mit Stagnation oder sogar einer Verkleinerung des Vereins verbunden ist. Mit Qualitätsauflagen verbundene Subventionen könnten das verändern. Dies gilt seit die Olympischen Spiele für 1972 nach München vergeben wurden für den Bereich der Verbände, anders als in anderen Ländern jedoch nicht für die Vereine. Eine staatliche Anschubfinanzierung könnte ebenfalls die Verberuflichung fördern. Dies zeigt eine Studie aus Hamburg (Heinemann und Schubert 1992), wo Ende der 1980iger Jahre vom Arbeitsamt über Arbeitsbeschaffungsmaßnahmen für Hamburger Sportvereine 100 bezahlte Kräfte bewilligt wurden, von denen anschließend die Hälfte übernommen wurde. Erfolgreich waren jene ABM-Kräfte, die qualitativ hochwertige Aufgaben übernommen hatten, für welche die Zeit und Qualifikation der Ehrenamtlichen nicht ausreichten. Nicht erfolgreich waren jene, die als „Mädchen für Alles" eingesetzt wurden, aber auch jene, die Projekte wie neue Sportangebote entwickelt hatten, die dann leicht von Ehrenamtlichen übernommen werden konnten.

3. **Was charakterisiert ihre Tätigkeit?** Über die Tätigkeitsschwerpunkte und die benötigten Qualifikationen von Sportmanagern in Vereinen und Verbänden im Vergleich mit anderen Sportbranchen sowie die Strukturbesonderheiten von Vereinen wurde bereits in anderen Kapiteln (1.5.3 und 3.3.7) berichtet. Daher soll hier nur noch auf ein spezielles Problem eingegangen werden, nämlich die strukturellen und kulturellen Spannungen und Konflikte, die sich aus dem Miteinander von Haupt- und Ehrenamt ergeben. Einerseits gibt es hier viele strukturell angelegte Konflikte (Winkler 1983; Schulz 2005), andererseits funktioniert sie aber trotz alledem meist sehr gut. Die tatsächliche Tätigkeit des Hauptamts beinhaltet neben Ausführung auch Planung und Entscheidung, ohne dass dies formal abgesichert und legitimiert ist. Denn die Entscheidungsbefugnis von Hauptamtlichen bleibt durch das Primat der Ehrenamtlichkeit beschränkt. Die Hauptamtlichen verfügen aber normalerweise über mehr Fach- und Amtswissen, weil sie sich kontinuierlicher mit den Problemen beschäftigen. Die Koordination der beiden schon aufgrund des Zeitbudgets unterschiedlichen Systeme bindet viel Arbeitszeit. Hinzukommen oft gegenseitige negative Stereotype, wie die (Hauptamtlichen) arbeiten ja nur für Geld oder umgekehrt die (Ehrenamtlichen) sind ja nur prestigesüchtig. Dennoch wird

3.6 Sportmanager in Vereinen und Verbänden

		Zeitbudget der Ehrenamtlichen	
		niedrig	hoch
Fach-kompetenz der Ehren-amtlichen	niedrig	TYP 3 Präsident ist Repräsentant Geschäftsführer ist Führungskraft	
	hoch	TYP 2 Pr: Repräsentant & Führungskraft Gf: Zuarbeiter, Vermittler zw. den Ehrenamtlichen	TYP 1 Pr : Repräsentant & Führungskraft Gf: Zuarbeiter bzw. nicht erforderlich

Abb. 3.10 Kompetenzverteilung zwischen Ehren- und Hauptamt

die Zusammenarbeit meist als gut eingeschätzt. Das gemeinsame Interesse am Sport und am Verein verbindet. Viele Hauptamtliche sind in Wirklichkeit halbe Ehrenamtliche. Sie arbeiten ohne auf die Uhr zu schauen für eine verglichen mit anderen Branchen geringe Bezahlung. Zudem spielt sich die Zusammenarbeit zwischen Präsident und Geschäftsführer entweder ein oder nicht ein. Was man empirisch normalerweise beobachtet, sind daher überwiegend die funktionierenden Kooperationen, weil die anderen nur für kurze Zeit existieren. Da aber die Kompetenzbereiche nicht strukturell geregelt sind, müssen sie bei jedem personellen Wechsel erneut persönlich abgestimmt werden. Wie die Kompetenzen faktisch verteilt sind, hängt vor allem von der Zeit und den Kompetenzen des ehrenamtlichen Präsidenten ab. So ergeben sich drei Typen (s. Abb. 3.10). Typ 1: Wenn der Ehrenamtliche viel Zeit und viel Kompetenz hat, dann braucht er keinen Geschäftsführer, und wenn einer beschäftigt wird, dann hat er eher die Aufgaben eines bloßen Zuarbeiters. Typ 3: Wenn umgekehrt der Ehrenamtliche über wenig Zeit und Kompetenz verfügt, hat der Hauptamtliche als sog. „graue Eminenz" in Wirklichkeit die Fäden in der Hand. Ähnlich sieht es aus, wenn der Ehrenamtliche zwar Zeit hat, aber wenig Kompetenzen. Typ 2: Falls der Präsident wenig Zeit, aber viel Kompetenz hat, wird der Geschäftsführer Zuarbeiter sein und die zeitraubende Arbeit des Vermittlers zu den vielen anderen Ehrenamtlichen aus den Abteilungen bzw. Mannschaften übernehmen. Die oben angesprochenen ABM-Kräfte aus Hamburg stießen auf viele Einarbeitungsprobleme, die sich einerseits aus dem kurzen Vergabezeitraum ergaben, andererseits aber auch typisch für Vereine sind weil sie mit den oben angesprochenen strukturellen Besonderheiten zusammenhängen (s. Kap. 3.3.7). So war die Arbeitssituation häufig sehr unstrukturiert. Es gab keine Arbeitsbeschreibung, keinen Computer oder noch nicht einmal einen Sitzplatz. Es gab Niemanden, der die Arbeit kontrollierte, der einem sagte, was man zu tun hatte. Hier war die Fähigkeit gefragt, sich seine Arbeit selbst schaffen und organisieren zu können. Die ABM-Kräfte mussten ihre Arbeit mit Vielen abstimmen und das überwiegend abends und an Wochenenden, wenn die Ehrenamtlichen Zeit hatten. Je weniger Erfahrung die ABM-Kräfte mit der Vereinsarbeit hatten, desto schwerer ist ihnen die Einarbeitung gefallen.

3.7 Zusammenfassung

Sportgüter werden nicht nur von großen Industrieunternehmen produziert. Der zweite Teil dieses Lehrbuches beschäftigt sich mit den Besonderheiten dieser anderen **Betriebstypen**: Vereine (Kap. 3), staatliche Organisationen (Kap. 4), Kleinbetriebe (Kap. 5) und Dienstleistungsbetriebe (Kap. 6). Um kein schiefes Bild entstehen zu lassen, haben wir jedoch einführend noch einmal zu betont, dass es auch große Gemeinsamkeiten zwischen den verschiedenen Betriebstypen gibt. Sie alle sind zielgerichtete, produktive, soziale Systeme. Dies ermöglicht eine Übertragung von Erkenntnissen aus der allgemeinen Betriebswirtschafts- und Managementlehre. In diesem Lehrbuch geht es aber nicht um diese Gemeinsamkeiten, sondern um die Unterschiede. Ein solcher Vergleich von großen Industrieunternehmen mit anderen Betriebstypen kann jedoch nur idealtypischen Charakter haben, weil es in der Realität immer fließende Übergänge gibt.

Sportvereine sind im deutschen Sportsystem von zentraler Bedeutung. In Deutschland gibt es ca. 91.000 Sportvereine mit ca. 28 Mio. Mitgliedschaften. Da Ökonomen davon ausgehen, dass Unternehmen in einem Markt die effizienteste Form des Wirtschaftens darstellen, bedarf es besonderer Erklärungen, warum es überhaupt staatliche und vereinliche Anbieter gibt. Die wirtschaftlichen Aktivitäten des Staates werden aus dieser Sicht mit Marktversagen (s. Kap. 2.4.1) und die **Existenz von Vereinen** mit kombiniertem Markt – und Staatsversagen (s. Kap. 3.2) erklärt. Um eine ausgewogene Beurteilung zu ermöglichen, muss dieses Bild um die Probleme der Vereinigungen, d. h. des Vereinigungsversagens (s. Kap. 3.4) ergänzt werden. In der Literatur zu Nonprofit-Organisationen wurden von Ökonomen verschiedene Theorien entwickelt, warum in marktwirtschaftlichen, demokratischen Systemen Nonprofit-Organisationen existieren. Es bleibt aber zu überprüfen, inwieweit diese auf den Spezialfall Sportvereine übertragen werden können. Weisbrod (1975a) erklärt die Existenz von Nonprofit-Organisationen mit Staatsversagen beim Angebot von öffentlichen Gütern. Aufgrund des demokratischen Wahlsystems orientieren sich Politiker am Durchschnittswähler (median voter). Interessen von Minderheiten werden vernachlässigt. Hansmann (1980) erklärt die Existenz von Nonprofit-Organisationen mit einer spezifischen Form von Marktversagen, dem Vertragsversagen. Seine Theorie geht aus von zwei Typen asymmetrischer Informationsverteilung. Der erste ergibt sich, wenn Zahler und Empfänger einer Leistung auseinanderfallen, der zweite, wenn die Qualität der Leistung schwer beurteilbar ist. In solchen Situation vertrauen Individuen eher Nonprofit-Organisationen. James (1987) fiel auf, dass viele Nonprofit-Organisationen in der Welt religiöse oder ideologische Hintergründe haben. Alle diese Theorien können auch etwas zur Erklärung speziell der Existenz von Sportvereinen beitragen, auch letztere, wenn man bedenkt, dass die Sportvereine ursprünglich in z. B. katholische, jüdische und Arbeiter-

3.7 Zusammenfassung

sportvereine aufgeteilt waren. Diese ökonomischen Theorien können allerdings – wegen ihrer Allgemeingültigkeit – nicht erklären warum z. B. Sportvereine in Deutschland eine dominierende Rolle spielen, in den USA jedoch nicht. Deshalb kann man nicht darauf verzichten, sich die historische Entwicklung der Sportvereine und das gesellschaftliche und politische Umfeld anzuschauen, in welche diese eingebettet sind. Von zentraler Bedeutung ist dabei die Unterstützung der Vereine durch den des Staat (s. Third-Party-Government oder Subsidiarität). In der Realität gibt es letztlich nicht die Dominanz einer institutionellen Anbieterform, wie die ökonomischen Theorien nahelegen, sondern Mischungen, Kooperationen und einen pluralistischen Wettbewerb der Institutionen.

Die **Besonderheiten** von Vereinen kann man anhand von neun Punkten herausarbeiten 1. Rollenidentität, 2. Nonprofit-Vereinigung, 3. Güter für den Eigenbedarf mit positiven externen Effekten, 4. Finanzierung durch die Mitglieder, 5. Freiwilligenarbeit, 6. Demokratie, 7. intermediäre Organisationsstruktur, 8. solidarische Distribution und 9. Umweltprivilegien. (s. Abb. 3.2). Im folgenden soll exemplarisch auf die Beutendsten eingegangen werden.

1. **Rollenidentität:** Das Mitglied eines Vereins ist idealtypisch nicht identisch mit dem Kunden eines Unternehmens. Obwohl es sich im Zuge von Transformationen sowohl nach eigenem als dem Selbstverständnis der Vereinsführung dahin entwickeln kann. Idealtypisch sind die Mitglieder vielmehr in Rollenidentität Konsument, Produzent, Eigentümer und Manager in einem. Bei kleinen und neuen Vereinen ist dies noch sehr deutlich.
2. **Nonprofit-Vereinigung:** Vereinen liegt eine Interessen-Vereinigung (Gesellschaftsvertrag), kein Interessen-Tausch (Tauschvertrag) zu Grunde. Bei einem Tausch kommen Individuen mit unterschiedlichen Interessen zusammen. Der eine will Gewinn machen, der andere ein Fitnessangebot nutzen. Sie schließen einen Tauschvertrag, mit dem Leistung und Gegenleistung festgelegt werden. Bei einer Vereinigung schließen sich hingegen Individuen mit gleichen Interessen zusammen. Sie wollen gemeinsam Sport treiben. Um dieses Ziel zu erreichen, legen sie Ressourcen: Geld, Arbeitskraft und Wissen zusammen (Pooling). Im Vergleich zu Unternehmen kehrt sich in Nonprofit-Organisationen das Verhältnis von Ziel und Mittel um. Bei Unternehmen geht es darum, aus Geld mehr Geld zu machen. Als Mittel zu diesem Zweck müssen Güter produziert werden, die auf eine Nachfrage treffen. Sportvereine haben bedarfswirtschaftliche Ziele, wie Training und Wettkämpfe organisieren und sportliche Siege erringen. Um ihre Ziele zu erreichen, brauchen auch sie Ressourcen. Dazu kann es sinnvoll sein, mit bestimmten Angeboten Überschüsse zu erwirtschaften. Diese sind jedoch nicht dazu da, um an eine kleine Gruppe von Eigentümern verteilt zu werden (Hansmann: non-distribution constraint), sondern werden wieder eingesetzt, um das Ziel des Vereins zu erreichen. Der Unterschied zwischen For- und Nonprofit-Organisationen liegt also nicht in der Gewinn-Erzielung, sondern in der Gewinn-Verwendung.
3. **Freiwilligenarbeit:** Das Personal in Vereinen wird im Unterschied zu Unternehmen idealtypisch nicht bezahlt. Die Freiwilligenarbeit ist für Vereine von größerer Bedeu-

tung als die Beiträge. Anders als die Beitragszahlung ist jedoch die Mitarbeit für die Mitglieder meist nicht verpflichtend. Da Zwang und Bezahlung als Anreize also kaum zur Verfügung stehen, stellt sich die Frage, warum trotzdem so viele bereit sind, freiwillig mitzuarbeiten. Typischerweise spielen solche Anreize eine große Rolle, die direkt etwas mit den Zielen, der Arbeit und den Menschen der Vereinigung zu tun haben, nicht solche, die wie Zwang und Geld beliebig indirekt hinzugefügt werden können (mehr dazu in Kap. 8).
4. **Demokratie:** In Korporationen wird kollektiv über die Verwendung der gepoolten Ressourcen sowie die Verteilung der Güter entschieden. Der Kunde von Unternehmen entscheidet hingegen individuell darüber, für was er sein Geld ausgeben will. Die Mitbestimmungsrechte sind darüber hinaus anders als z. B. in AGs, nicht nach der Höhe des Beitrags gestaffelt, sondern demokratisch nach dem Prinzip „one man one vote" gleichverteilt. Im wirtschaftlichen Bereich ist der wichtigste Einflussmechanismus die Abwanderung (exit), in der Politik der Widerspruch (voice). Der Einfluss der Individuen auf Organisationen ist jedoch am stärksten dort, wo sie über beide Einflussmechanismen verfügen. Genau das ist konstitutiv für freiwillige Vereinigungen.

Nachdem charakterisiert wurde, wie Vereine im Unterschied zu Unternehmen idealtypisch funktionieren, ging es darum aufzuzeigen, welche Schwächen sie haben. In Analogie zum Marktversagen kann man hier von **Vereinigungsversagen** sprechen. Es scheint geradezu einer der zentralen Besonderheiten von freiwilligen Vereinigungen zu sein, dass sie sich, wenn sie älter und größer werden und die Mitgliedschaft heterogener wird, an Unternehmen (Kommerzialisierung) oder halbstaatliche Organisationen (Politisierung) angleichen. Für diese **Transformationen** gibt es sowohl solche interne (Alter, Größe, Heterogenität) als auch externe Ursachen (bspw. Individualisierung, Wertewandel, kommerzielle Konkurrenz, Kooperation mit staatlichen Organisationen). Wir wollen uns jedoch im Folgenden auf die Vereinigungsschwächen als mögliche Ursachen konzentrieren. Nach der ökonomischen Institutional-Choice-Theorie wandeln sich Organisationen, weil sie ineffizient geworden sind. Im Gegensatz dazu betont der soziologische Ansatz des „New Institutionalism in Organizational Analysis", dass auch andere Anpassungsprozesse wirken, die Organisationen ähnlicher machen, ohne sie unbedingt effizienter zu machen. Wenn also Transformationen vorgenommen werden, um Schwächen des alten Typs zu vermeiden, handelt man sich unter Umständen Schwächen des neuen Typs ein (Trade-Off). Diese **Folgeprobleme** können mit den Nebenwirkungen eines Medikamentes verglichen werden. Man muss sie kennen, um sie rational einkalkulieren zu können. Daher soll im Folgenden auch auf diese Folgeprobleme, nämlich den Verlust von Stärken hingewiesen und angedeutet werden, welche Alternativen und Gegenmittel es möglicherweise gibt. Man kann nicht Beides haben: Mitglieder wie Kunden behandeln und sich dann darüber beschweren, dass sie sich wie Kunden verhalten. Durch eine unreflektierte Kommerzialisierung verlieren Vereine einen strukturellen Vorteil, dessen Bedeutung kommerzielle Anbieter gerade erkannt haben, nämlich Mitgliederbindung. Vielleicht muss ein gewisser Grad an Ineffizienz und Amateurismus von Vereinen in Kauf genommen werden, um die

3.7 Zusammenfassung

Motivation zur Freiwilligenarbeit nicht zu zerstören und den Vereinstyp funktionsfähig zu halten. Man könnte im Folgenden alle zehn Punkte der obigen Charakterisierung aufgreifen, um diese Schwächen, Transformationen und Folgeprobleme zu beschreiben. Wir haben uns hier aber auf drei zentrale Transformationen beschränkt: 1. Kommerzialisierung, 2. Professionalisierung und 3. Oligarchisierung, und wollen in dieser Zusammenfassung nur auf den ersten Punkt exemplarisch etwas ausführlicher eingehen.

Kommerzialisierung meint, dass etwas zu einer Ware wird. Diese Transformation betrifft alle zehn Dimensionen der Vereinsbesonderheiten (s. Abb. 3.4) und geht in der Regel einher mit Professionalisierung, Oligarchisierung und Bürokratisierung. Ein Schwäche von Vereinigungen sind z. B. die relativ hohen Kosten, mit denen die kollektive Entscheidungsfindung verbunden ist. Zudem orientieren sich Vereinigungen idealtypisch nur an den Interessen der Mitglieder. Ein Vorwurf gegenüber Sportvereinen ist daher, dass sie zu wenig auf die gewandelten Sportinteressen der Bevölkerung, also auf den Markt der potentiellen Mitglieder oder auf gesamtgesellschaftliche Probleme eingingen, sondern nur Teilinteressen verträten. Durch diesen Partikularismus, d. h. durch Begrenzung des Angebots z. B. auf bestimmte Schichten oder Sportarten, können sowohl Lücken als auch Dopplungen im Angebot entstehen. Bei Tauschverträgen (Kommerzialisierung) fallen hingegen für den Kunden keine kollektiven Entscheidungskosten an, und es müssen, wenn der Gewinn maximiert werden soll, auch die Interessen von externen und potentiellen Kunden berücksichtigt werden. In der Folge einer solchen Kommerzialisierung kann jedoch die Interessenidentität zwischen Mitgliedern und Verein und damit die Identifikation der Mitglieder, d. h. ihre starke und verinnerlichte Einbindung leiden, weil zunehmend Interessen von Nichtmitgliedern berücksichtig werden müssen oder sie durch eine schwache, berechnende Kundeneinstellung ersetzt wird. Welche Alternativen gibt es, um die Schwächen von Vereinen zu mindern, ohne die Nebenwirkungen des Medikaments „Kommerzialisierung" in Kauf nehmen zu müssen? Grundsätzlich kann man sich natürlich dafür entscheiden, klein und mitgliederbezogen zu bleiben. Damit verschwinden viele Probleme und Schwächen des Organisationstyps. Tatsächlich ist die Mehrheit der Sportvereine in Deutschland klein. Durch Neugründungen und Abspaltungen wird diese Eigenschaft – für die Sportvereine insgesamt betrachtet – immer wieder gestärkt. Aber auch größere Sportvereine nutzen typischerweise die Vorteile einer geringen Mitgliederzahl, nämlich durch die starke segmentäre Differenzierung und Dezentralisierung in Sportarten und Mannschaften. Welche Gegenmittel gibt es, um die Folgeprobleme einer Kommerzialisierung zu mindern? Sie können vielleicht durch eine deutliche Trennung zwischen Vereins- und kommerziellen Angeboten verringert werden. Letztere könnten auch geradezu als Schnupperangebote zur Gewinnung von Mitgliedern eingesetzt werden. Zu guter Letzt können natürlich die gleichen Managementtechniken zum Einsatz kommen, mit denen Unternehmen Kunden binden wollen, wie Qualitätsmanagement, Marketing, Befragungen und Beschwerdesysteme.

Am weitesten fortgeschritten ist die **Kommerzialisierung** von Sportvereinen im Bereich **des Profisports**. In dem Bereich ist sie auch am sinnvollsten. Jedoch gibt es auch hier möglicherweise Folgeprobleme die bedacht und wenn möglich vermieden oder doch gemindert werden sollten. Das größte Kommerzialisierungsproblem scheint die Unersätlichkeit des Leistungssportsystems selbst zu sein. In diesem Sinne könnte die Verlustvermeidung, also Stufe 2 der Kommerzialisierung, im Sinne einer Dämpfung der Rüstungsspirale geradezu heilsam wirken. Die Organisationen des Sports müssen sich des Eigenwertes des Produktes, der Identität des Sports, bewusst werden. Sonst könnte der Zuschauersport Opfer seines eigenen Erfolges werden. Denn als bloßes Unterhaltungsprodukt ist er leicht substituierbar.

Wie viele Arbeitsplätze für **Sportmanager** gibt es **in Sportvereinen und -verbänden**? Die Gesamtzahl bezahlter Kräfte ist in Deutschland vor allem im Bereich des Profisports angestiegen. Verglichen mit den USA ist jedoch der Grad der Professionalisierung in Deutschland gering. In den Sportverbänden ist die Zahl bezahlter Mitarbeiter eher stagnierend, aber befindet sich relativ, im Vergleich zu den Ehrenamtlichen, auf einem deutlich höheren Niveau als in den Sportvereinen. In den Verbänden gibt es ungefähr 6000 bezahlte Mitarbeiter. Die Anzahl bezahlter Kräfte in den Sportvereinen wächst zwar, aber nur langsam und von einem sehr niedrigen Ausgangsniveau ausgehend. Rechnet man die Zahl der Stellen hoch auf alle Sportvereine, kommt man auf ca. 4000 Geschäftsführer.

3.8 Wiederholungsfragen

- Wie versuchen Ökonomen die Existenz von Nonprofit-Organisationen zu erklären? Inwieweit kann man diese allgemeinen Erklärungen auf Sportvereine übertragen? Welche anderen Argumente sind von Bedeutung, um zu erklären, warum in Deutschland Sport überwiegend in Sportvereinen betrieben wird?
- Was sind die Gemeinsamkeiten und was die Besonderheiten von Vereinen im Vergleich zu Unternehmen?
- Was unterscheidet eine Interessenvereinigung von einem Interessentausch?
- Was ist der Unterschied zwischen Nonprofit- und For-Profit-Organisationen?
- Was sind die idealtypischen Besonderheiten eines Vereins-Beitrages? Wie unterscheidet sich dieser von einem Kaufpreis und einer Aktie?
- Welche Mechanismen gibt es, mit denen Individuen das Verhalten von Vereinen und Unternehmen beeinflussen können?
- Wie kann man die Besonderheiten der Organisationsstruktur freiwilliger Vereinigungen erklären?
- Wie sind die Aussagen von Streeck und Merton zu den Besonderheiten der Organisationsstruktur freiwilliger Vereinigungen zu interpretieren, und mit welchen Beispielen kann dies illustriert werden?
- Welche Vor- und Nachteile haben die typischen Transformationstendenzen, die man häufig beobachtet, wenn Vereine älter und größer werden?
- Welche möglichen Folgeprobleme der Kommerzialisierung des Zuschauersport gibt es, und wie könnte man ihnen begegnen?

- Wie viele Arbeitsplätze für Sportmanager gibt es in Vereinen und Verbänden? Welchen Druck und welche Hindernisse gibt es, diese Zahl zu vergrößern?
- Welche Konflikte gibt es zwischen Haupt- und Ehrenamt, und warum funktioniert die Zusammenarbeit trotzdem normalerweise gut?

Literatur

Akerlof, G. A. (1976). The economics of caste and the rat race and other woeful tales. *Quarterly Journal of Economics, 90*(4), 599–617.

Andreff, W. (2000). Financing sport in the face of sporting ethic. *European Journal of Sport Management, 7*(1), 5–30.

Andreff, W. (2001). The correlation between economic underdevelopment and sport. *European Sport Management Quarterly, 1*(4), 251–270.

Andreff, W. (2009). Sport and financing. In W. Andreff & S. Szymanski (Hrsg.), *Handbook on the economics of sport* (S. 271–281). Cheltenham: Elgar.

Anheier, H. K. (2004). *Nonprofit organization: Theory, management, policy*. London: Routledge.

Anthes, E. (2009). *Strukturelle Entwicklungen von Sportvereinen. Eine empirische Analyse im Sportbund Pfalz*. Göttingen: Cuvillier.

Arnaut, J. L. (2006). Independent European sport review. http://www.independentfootballreview.com/doc/A3619.pdf. Zugegriffen: 23. Mai 2011.

Badelt, C. (1985). *Politische Ökonomie der Freiwilligenarbeit. Theoretische Grundlegung und Anwendung in der Sozialpolitik*. Frankfurt a. M.: Campus.

Badelt, C. (Hrsg.). (2002). *Handbuch der Nonprofit Organisation. Strukturen und Management*. Stuttgart: Schäffer-Poeschel.

Bette, K.-H. (1984). Zum Verhältnis von Spitzensport und Wirtschaft in modernen Industriegesellschaften – das Beispiel der Sponsorenschaft. In K. Heinemann (Hrsg.), *Texte zur Ökonomie des Sports* (S. 72–90). Schorndorf: Hofmann.

Bette, K.-H. (1989). *Körperspuren. Zur Semantik und Paradoxie moderner Körperlichkeit*. Berlin: De Gruyter.

Bette, K.-H., & Schimank, U. (2006). *Die Dopingfalle. Soziologische Betrachtungen*. Bielefeld: transcript.

Blau, P. M., & Scott, W. R. (1963). *Formal organizations: A comparative approach*. London: Routledge & Kegan Paul.

Boyle, D. (2010). *Barca: Fan ownership and the future of football. Supporters Direct*. http://www.uk.coop/system/files/sites/default/files/Insight3_Bara.pdf. Zugegriffen: 30. Aug. 2010.

Braun, S. (2003). Leistungserstellung in freiwilligen Vereinigungen. Über „Gemeinschaftsarbeit" und die „Krise des Ehrenamtes". In J. Baur & S. Braun (Hrsg.), *Integrationsleistungen von Sportvereinen als Freiwilligenorganisation* (S. 191–241). Aachen: Meyer & Meyer.

Braun, S. (2011). *Ehrenamtliches und freiwilliges Engagement im Sport. Sportbezogene Sonderauswertung der Freiwilligensurveys von 1999, 2004 und 2009*. Köln: Sportverlag Strauß.

Breuer, C. (Hrsg.). (2007). *Sportentwicklungsbericht 2005/2006. Analyse zur Situation der Sportvereine*. Köln: Sport und Buch Strauß.

Breuer, C., & Rittner, V. (2004). *Gemeinwohlorientierung und soziale Bedeutung des Sports* (2. Aktual. und erw. Auf.). Köln: Sport und Buch Strauß.

Breuer, C., & Wicker, P. (2009). Sportvereine in Deutschland – ein Überblick. In C. Breuer (Hrsg.), *Sportentwicklungsbericht 2007/2008. Analyse zur Situation der Sportvereine in Deutschland* (S. 26–48). Köln: Sport und Buch Strauß.

Bundesligareport 2014. Die wirtschaftliche Situation im Lizenzfußball. Frankfurt: DFL.

Cachay, K. (1994). Kindersportschulen-ein neues Organisationsmodell im Sportverein. In K. Bös, A. Woll, L. Bösing, & G. Huber (Hrsg.), *Gesundheitsförderung in der Gemeinde* (S. 179–184). Schorndorf: Hofmann.

Cachay, K., Thiel, A., & Meier, H. (2001a). *Der organisierte Sport als Arbeitsmarkt. Eine Studie zu Erwerbsarbeitspotenzialen in Sportvereinen und Sportverbänden*. Schorndorf: Hofmann.

Cachay, K., Thiel, A., & Olderdissen, H. (2001b). *Jugendsport als Dienstleistung: eine Fallstudie zur Entwicklung von Jugendsportschulen*. Schorndorf: Hofmann.

Colemann, J. S. (1979). *Macht und Gesellschaftstruktur*. Tübingen: Mohr.

Collins, M. F. (1997). Does a new philosophy change the structures? Compulsory competitive tendering and local authority leisure services in midland England. *Managing Leisure, 2*(4), 204–216.

Coskun, S. (2014). *Auswirkungen monetärer Belohnungen auf die intrinsische Motivation von (ehrenamtlichen) Übungsleitern*. Köln: Deutsche Sporthochschule Köln.

Cron, H. (1959). *Niedergang des Vereins*. Stuttgart: Deutsche Verlags-Anstalt.

Cuskelly, G., Hoye, R. S., & Auld, C. J. (2006). *Working with volunteers in sport: Theory and practice*. London: Routledge.

Deci, E. L., & Ryan, R. M. (1985). *Intrinsic motivation and self-determination in human behavior*. New York: Plenum Press.

Dietl, H. (2011). Besonderheiten des Sports – Was rechtfertigt eine „eigene Ökonomik"? In E. Emrich, C. Pierdzioch, & M.-P. Büch (Hrsg.), *Europäische Sportmodelle: Gemeinsamkeiten und Differenzen in international vergleichender Perspektive* (S. 17–36). Schorndorf: Hofmann.

Dilger, A. (2009). Im Verein ist es am schönsten. Warum Vereine Kapitalgesellschaften im Sport überlegen sind. *Sportwissenschaft, 39*(2), 137–142.

DiMaggio, P. J., & Powell, W. W. (1983). The iron cage revisited: Institutional isomorphism and collective rationality in organization fields. *American Sociological Review, 48*(2), 147–160.

Downward, P., Dawson, A., & Dejonghe, T. (2009). *Sports economics: Theory, evidence and policy*. London: Routledge.

Emrich, E., Pitsch, W., & Papathanassiou, V. (2001). *Die Sportvereine. Ein Versuch auf empirischer Grundlage*. Schorndorf: Hofmann.

Emrich, E., Pierdzioch, C., & Balter, J. (2013). Motive ehrenamtlichen Engagements im Fußball. Eine sozio-ökonomische Analyse und das Problem sozialer Erwünschtheit. In H. Kempf, S. Nagel, & H. Dietl (Hrsg.), *Im Schatten der Sportwirtschaft* (S. 129–148). Schorndorf: Hofmann.

Eschenburg, R. (1971). *Ökonomische Theorie der genossenschaftlichen Zusammenarbeit*. Tübingen: Mohr.

Etzioni, A. (1975). *A comparative analysis of complex organizations: On power, involvement and their correlates*. New York: The Free Press.

Evers, A., & Laville, J. L. (2004). *The third sector in Europe*. Northampton: Edward Elgar Publishing.

Flatau, J., Pitsch, W., & Emrich, E. (2012). Zum Wandel von Sportvereinen und seinen Ursachen – Befunde einer Mehrebenen-Untersuchung. *Sport und Gesellschaft, 9*(1), 63–92.

Franck, E. (1995). *Die ökonomischen Institutionen der Teamsportindustrie*. Wiesbaden: DUV.

Franck, E. (2000). Sportlicher Wettbewerb – ökonomisch analysiert am Beispiel des Teamsports. In M.-P. Büch (Hrsg.), *Beiträge der Sportökonomik zur Beratung der Sportpolitik* (S. 47–58). Köln: Sport & Buch Strauß.

Frey, B. S. (1997). *Markt und Motivation. Wie ökonomische Anreize die (Arbeits-) Moral verdrängen*. München: Vahlen.

Frick, B. (2005). ...und Geld schießt eben doch Tore: Die Voraussetzungen sportlichen und wirtschaftlichen Erfolges in der Fußball-Bundesliga. *Sportwissenschaft, 35*(3), 250–270.

Frick, B., & Wagner, G. (1996). Bosman und die Folgen: Das Fußball-Urteil des Europäischen Gerichtshofes aus ökonomischer Sicht. *Wirtschaftswissenschaftliches Studium, 25,* 611–615.

Gerrard, B. (2004). Media ownership of teams: The latest stage in the commercialisation of team sports. In T. Slack (Hrsg.), *The commercialisation of sport* (S. 247–268). Abington: Routledge.

Glaser, W. A., & Sills, D. L. (Hrsg.). (1966). *The government of associations: Selections from the behavioral sciences.* Totowa: Bedminster Press.

Hansmann, H. B. (1980). The role of nonprofit enterprise. *Yale Law Journal, 89*(5), 835–901.

Heinemann, K. (1988). Zum Problem ehrenamtlicher und hauptamtlicher Mitarbeiter im Verein. In H. Digel (Hrsg.), *Sport im Verein und im Verband. Historische, politische und soziologische Aspekte* (S. 123–137). Schorndorf: Hofmann.

Heinemann, K. (1995). *Einführung in die Ökonomie des Sports. Ein Handbuch.* Schorndorf: Hofmann.

Heinemann, K., & Horch, H.-D. (1981). Soziologie der Sportorganisation. *Sportwissenschaft, 11*(2), 123–150.

Heinemann, K., & Schubert, M. (1992). *Ehrenamtlichkeit und Hauptamtlichkeit im Sportverein. Eine empirische Studie zur Professionalisierung am Beispiel eines ABM-Programms.* Schorndorf: Hofmann.

Heinemann, K., & Schubert, M. (1994). *Der Sportverein. Ergebnisse einer repräsentativen Untersuchung.* Schorndorf: Hofmann.

Heinemann, K., Dietrich, K., & Schubert, M. (1990). *Akademikerarbeitslosigkeit und neue Formen des Erwerbsverhaltens. Dargestellt am Beispiel arbeitsloser Sportlehrer.* Weinheim: Dt. Studien-Verlag.

Heinilä, K. (1982). The totalization process in international sport. *Sportwissenschaft, 12*(3), 235–252.

Hirsch, F. (1980). *Die sozialen Grenzen des Wachstums: Eine ökonomische Analyse der Wachstumskrise.* Reinbek: Rowohlt.

Hirschmann, A. O. (1974). *Abwanderung und Widerspruch. Reaktionen auf Leistungsabfall bei Unternehmungen, Organisationen und Staaten.* Tübingen: Mohr.

Horch, H.-D. (1983). *Strukturbesonderheiten freiwilliger Vereinigungen. Analyse und Untersuchung einer alternativen Form menschlichen Zusammenarbeitens.* Frankfurt a. M.: Campus.

Horch, H.-D. (1987). Kommerzialisierung und Politisierung. Finanzsoziologische Aspekte freiwilliger Vereinigungen. In K. Heinemann (Hrsg.), *Soziologie wirtschaftlichen Verhaltens. Sonderheft der Kölner Zeitschrift für Soziologie und Sozialpsychologie 28* (S. 216–233). Opladen: Westdeutscher Verlag.

Horch, H.-D. (1988). Ressourcenzusammensetzung und Oligarchisierung freiwilliger Vereinigungen. *Kölner Zeitschrift für Soziologie und Sozialpsychologie, 40,* 527–550.

Horch, H.-D. (1992). *Geld, Macht und Engagement in freiwilligen Vereinigungen. Grundlagen einer Wirtschaftssoziologie von Non Profit Organisationen.* Berlin: Duncker & Humblot.

Horch, H.-D. (2008). Der Arbeitsmarkt für Sportmanager. In G. Nufer & A. Bühler (Hrsg.), *Management und Marketing im Sport. Betriebswirtschaftliche Grundlagen und Anwendungen der Sportökonomie* (S. 507–532). Berlin: E. Schmidt.

Horch, H.-D. (2011). Folgeprobleme der Kommerzialisierung des Zuschauersports. In H.-D. Horch, V. Römisch, & S. Walzel (Hrsg.), *Markenmanagement im Sport* (S. 15–26). Köln: Inst. für Sportökonomie und Sportmanagement.

Horch, H.-D., Niessen, C., & Schütte, N. (2003). *Sportmanager in Vereinen und Verbänden.* Köln: Strauß.

Horch, H.-D., & Schütte, N. (2003). Competencies of Sport Managers in German Sport Clubs and Federations. *Managing Leisure, 8*(2), 70–84.

Horch, H.-D., Hovemann, G., & Schubert, M. (2007). Bezahlte Mitarbeit im Sportverein. In C. Breuer (Hrsg.), *Sportentwicklungsbericht (2005/2006). Analyse zur Situation der Sportvereine in Deutschland* (S. 166–195). Köln: Sport und Buch Strauß.

Jäck, S. (2008). Ertragssteuern im Sport. In G. Nufer & A. Bühler (Hrsg.), *Management und Marketing im Sport. Betriebswirtschaftliche Grundlagen und Anwendungen der Sportökonomie* (S. 293–324). Berlin: ESV.

James, E. (1987). The nonprofit sector in comparative perspective. In W. Powell (Hrsg.), *The nonprofit sector: A research book* (S. 397–415). New Haven: Yale University Press.

Kesenne, S. (2006). Competitive balance in team sport and the impact of revenue sharing. *Journal of Sport Management, 20*(1), 39–51.

Kikulis, L. M., Slack, T., & Hinings, B. (1992). Institutionally specific design archetypes: A framework for understanding change in national sport organizations. *International Review for the Sociology of Sport, 27*(4), 343–370.

Knoke, D. (1990). *Organizing for collective action. The political economies of associations*. Hawthorne: Aldine de Gruyter.

Knoke, D., & Wood, J. R. (1981). *Organized for Action: Commitment in Voluntary Associations*. New Brunswick: Rutgers University Press.

Kotler, P. (1978). *Marketing für Nonprofit-Organisationen*. Stuttgart: Poeschel.

Lenk, H. (1966). Total or partial engagement? Changes regarding the personal ties with the sport club. *International Review of Sport Sociology, 1*(1), 85–107.

Lenk, H. (1972). Zur Soziologie des Sportvereins. In Hamburger Turnerschaft von 1816 (Hrsg.), *Der Verein. Standort, Aufgabe, Funktion in Sport und Gesellschaft* (S. 253–314). Schorndorf: Hofmann.

Lenk, H., & Pilz, G. A. (1989). *Das Prinzip Fairness*. Zürich: Edition Interfrom.

Lohmar, O. (2008). *Personalmanagement im Profisport. Maßnahmen, Prozesse und Best-Practice-Beispiele deutscher Proficlubs*. Saarbrücken: VDM Verlag Müller.

Masteralexis, L. P. (2004). The professional sports industry. In L. P. Masteralexis, C. A. Barr, & M. A. Hums (Hrsg.), *Principles and practice of sport management* (2. Aufl., S. 195–220). Sudbury: Jones and Bartlett.

Merton, R. K. (1976). The unanticipated consequences of social action. In K. Merton, *Sociological ambivalence and other essays* (S. 145–155). New York: Free Press.

Meier, R. (1988). Neo-Corporatist structures in the relationship between sport and government. The case of the federal republic of Germany. *International Review for the Sociology of Sport, 23*(1), 15–30.

Michels, R. (1989 zuerst 1912). *Zur Soziologie des Parteienwesens in der modernen Demokratie: Untersuchungen über die oligarchischen Tendenzen des Gruppenlebens*. Stuttgart: Kröner.

Nagel, S. (2006). *Sportvereine im Wandel: Akteurtheoretische Analysen zur Entwicklung von Sportvereinen*. Schorndorf: Hofmann.

Neidhardt, F. (2007). Sport und Medien. In Deutsche Sporthochschule Köln (Hrsg.), *Universitätsreden 13* (S. 1–18). Köln: Deutsche Sporthochschule Köln.

Nell-Breuning, O. v. (1957). Solidarität und Subsidiarität im Raum von Sozialpolitik und Sozialreform. In E. Boettcher (Hrsg.), *Sozialpolitik und Sozialreform* (S. 213–226). Tübingen: Mohr.

Nichols, G. (1996). The impact of compulsory competitive tendering on planning in leisure departments. *Managing Leisure, 1*(2), 105–114.

Nichols, G., Shibli, S., & Taylor, P. (1998). Pressures that contribute to a change in the nature of the voluntary sector in British sport. *Vrijetijdstudies, 16*(2), 34–46.

Nichols, G., Taylor, P., James, M., Holmes, K., King, L., & Garrett, R. (2005). Pressures on the UK sports sector. *Voluntas, 16*(1), 33–50.

Oppenheimer, F. (1896). *Die Siedlungsgenossenschaft. Versuch einer positiven Überwindung des Kommunismus durch Lösung des Genossenschaftsproblems und der Agrarfrage*. Berlin: Dt- Verlagshaus.

Parsons, T. (1970). How are clients integrated into service organizations? In W. R. Rosengren & M. Lefton (Hrsg.), *Organizations and clients: Essays in the sociology of esrvice* (S. 1–16). Columbus: Merrill.

Pawlowski, T., Breuer, C., Wicker, P., & Poupaux, S. (2009). Travel time spending behavior in recreational sports: An econometric approach with management implications. *European Sport Management Quarterly, 9*(3), 215–242.

Pierdzioch, C., Emrich, E., & Balter, J. (2013). Ehrenamt im Sportverein und optimale Klubgröße – eine kurze Skizze. In H. Kempf, S. Nagel, & H. Dietl (Hrsg.), *Im Schatten der Sportwirtschaft* (S. 181–190). Schorndorf: Hofmann.

Polanyi, K. (1957). *The Great Transformation. Politische und ökonomische Ursprünge von Gesellschaften und Wirtschaftssystemen.* Wien: Europaverlag.

Powell, W. (Hrsg.). (1987). *The nonprofit sector: A research handbook.* New Haven: Yale University Press.

Putnam, Robert D. (2000). *Bowling alone: The collapse and revival of American Community.* New York: Simon & Schuster.

Quirk, J., & Fort, R. (1999). *Hard ball: The abuse of power in pro team sports.* Princeton: Princeton University Press.

Rittner, V. (1988). Sport als ökonomisches Interessenobjekt. In H. Digel (Hrsg.), *Sport im Verein und Verband* (S. 158–187). Schorndorf: Hofmann.

Rosentraub, M. (2004). Private control of a civic asset: The winners and losers from North America's experience with four major leagues for professional team sport. In T. Slack (Hrsg.), *The commercialisation of sport* (S. 101–118). Abington: Routledge.

Salamon, L. M. (1987). Of market failure, voluntary failure, and third party government: Toward a theory of government-nonprofit relations in the modern welfare state. *Nonprofit and Voluntary Sector Quarterly, 16*(1–2), 29–49.

Schellhaaß, H. M., & Enderle, G. (1999). *Wirtschaftliche Organisation von Sportligen in der Bundesrepublik Deutschland.* Köln: Sport und Buch Strauß.

Schimank U. (2005a). *Differenzierung und Integration in der modernen Gesellschaft. Beiträge zur akteurzentrierten Differenzierungstheorie 1.* Wiesbaden: VS Verlag für Sozialwissenschaften.

Schimank, U. (2005b). The autonomy of modern sport: Dangerous and endangered. *European Journal for Sport and Society, 2,* 13–23.

Schimank, U., & Volkmann, U. (2008). Ökonomisierung der Gesellschaft. In A. Maurer (Hrsg.), *Handbuch der Wirtschaftssoziologie* (S. 382–393). Wiesbaden: VS Verlag für Sozialwissenschaften.

Schlesinger, T., & Nagel, S. (2011). „Freiwilliges Engagement im Sportverein ist Ehrensache!" – Ein Modell zur Analyse der Mitarbeitsentscheidungen in Sportvereinen. *Sport und Gesellschaft – Sport and Society, 8,* 3–27.

Schulz, J. (2005). Paid staff in voluntary sporting organisations: Do they help or hinder? In G. Nichols & M. Collins (Hrsg.), *Volunteers in sports clubs* (S. 35–56). Eastbourne: LSA.

Schwarz, P. (1984). *Erfolgsorientiertes Verbandsmanagement.* St. Augustin: Asgard-Verlag.

Schwarz, P., Purtschert, R., & Giroud, C. (1995). *Das Freiburger Managementmodell für Nonprofit-Organisatioenen (NPO).* Bern: Verlag Paul Haupt.

Seibel, W. (1992). *Funktionaler Dilettantismus. Erfolgreich scheiternde Organisationen im, Dritten Sektor' zwischen Markt und Staat.* Baden-Baden: Nomos.

Sigloch, J. (1987). Das Rechnungswesen im Sportverein. In K. Heinemann (Hrsg.), *Betriebswirtschaftliche Grundlagen des Sportvereins* (S. 86–100). Schorndorf: Hofmann.

Sigloch, J. (2003). *Rechnungslegung und Besteuerung im Sport.* Wiesbaden: Deutscher Universitäts-Verlag.

Sills, D. L. (1968). Voluntary Associations. Sociological Aspects. In D. L. Sills (Hrsg.) *International encyclopedia of the social sciences* (Bd. 16, S. 362–379). New York: Macmillan Company & The Free Press.

Smith, D. H., Reddy, R. D., & Baldwin, B. R. (Hrsg.). (1972). *Voluntary action research.* Lexington: D. C. Heath.

Streeck, W. (1981). *Gewerkschaftliche Organisationsprobleme in der sozialstaatlichen Demokratie.* Königstein: Athenäum.
Timm, W. (1979). *Sportvereine in der Bundesrepublik Deutschland. Teil II: Organisations-, Angebots- und Finanzstruktur.* Schorndorf: Hofmann.
Thibault, L., Slack, T., & Hinings, B. (1991). Professionalism, structures and systems: The impact of professional staff on voluntary sport organizations. *International Review for the Sociology of Sport,* 26(2), 83–97.
Tucholsky, K. (1975). Die Opposition. In T. Tucholsky (Hrsg.) *Gesammelte Werke* (Bd. 8, S. 27–30). Reinbek: Rowohlt.
Traxler, F. (1986). *Interessenverbände der Unternehmer. Konstitutionsbedingungen und Steuerungskapazitäten, analysiert am Beispiel Österreichs.* Frankfurt a. M.: Campus-Verlag.
UEFA (Hrsg.). (2012). UEFA-Reglement zur Klubfinanzierung und zum finanziellen Fairplay, Nyon. Ausgabe 2012. (http://de.uefa.com/MultimediaFiles/Download/Tech/uefaorg/General/01/80/54/12/1805412_DOWNLOAD.pdf). Zugegriffen: 27. März 2014.
Vanberg, V. (1982). *Markt und Organisation. Individualistische Sozialtheorie und das Problem korporativen Handelns.* Tübingen: Mohr.
Wadsack, R. (2004). Mitarbeitermanagement. In A. Krüger & A. Dreyer (Hrsg.), *Sportmanagement. Eine themenbezogene Einführung* (S. 113–140). München: Oldenbourg.
Walsh, A., & Guilianotti, R. (2007). *Ethics, money and sport: This sporting mammon.* London: Routledge.
Weber, M. (1911). Geschäftsbericht. In Deutsche Gesellschaft für Soziologie (Hrsg.), *Verhandlungen des ersten deutschen Soziologentages vom 19.–22. Oktober 1910 in Frankfurt am Main.* Reden und Vorträge von G. Simmel, F. Tönnies, M. Weber, W. Sombart, A. Ploetz, E. Troeltsch, E. Gothein, A. Voigt, H. Kantorowicz und Debatten (S. 36–62). Tübingen: Mohr.
Weber, M. (1969). *Die protestantische Ethik I.* München: Siebenstern.
Weber, M. (1972). *Wirtschaft und Gesellschaft* (5. revid. Aufl.). Tübingen: Mohr.
Weber, W. (1996). Sportnachfrage und Arbeitsmarkt Sport. In H.-D. Horch, F. Kreiß, & S. Laflör (Hrsg.), *Arbeitsmarkt Sport* (S. 6–16). Düsseldorf: Ministerium für Stadtentwicklung, Kultur und Sport des Landes Nordrhein-Westfalen.
Weede, E. (1986). *Konfliktforschung. Einführung und Überblick.* Opladen: Westdeutscher Verlag.
Weisbrod, B. A. (1977a). Not for profit organizations as provides of collective goods. In B. A. Weisbrod (Hrsg.), *The voluntary nonprofit sector* (S. 1–10). Lexington: Lexington Books.
Weisbrod, B. A. (1977b). Toward a theory of the voluntary non profit sector in a three sector economy. In B. A. Weisbrod (Hrsg.), *The voluntary nonprofit sector* (S. 51–76). Lexington: Lexington Books.
Williamson, O. E. (1975). *Markets and hierarchies: Analysis and antitrust implications: A study in the economics of internal organization.* New York: Free Press.
Winkler, J. (1983). Hauptamtliche Tätigkeit in Sportverbänden – Arbeit ohne Verantwortung? In Führungs- und Verwaltungsakademie des Deutschen Sportbundes (Hrsg.), *Hauptberufliche Tätigkeit im Sport* (S. 12–28). Akademieschrift Nr. 14 Berlin.
Winkler, J., & Karhausen, R. (1985). *Verbände im Sport: eine empirische Analyse des Deutschen Sportbundes und ausgewählter Mitgliedsorganisationen.* Schorndorf: Hofmann.
Woratschek, H., & Schafmeister, G. (2005). Ist das Management von Sportbetrieben ein besonderes Business? – Eine Analyse der Besonderheiten in der Wertschöpfung von Sportbetrieben. In W. Brehm, P. W. Heermann, & H. Woratschek (Hrsg.), *Sportökonomie – Das Bayreuther Konzept in zehn exemplarischen Lektionen* (S. 29–52). Bayreuth: Sportökonomie Uni Bayreuth.

Weiterführende Literatur

Anheier, H. K. (2004). Nonprofit organizations: Theory, management, policy (S. 113–138). London: Routledge.

Heinemann, K., & Horch, H.-D. (1981). Soziologie der Sportorganisation. *Sportwissenschaft, 11*(2), 123–150.

Hirschmann, A. O. (1974). Abwanderung und Widerspruch: Reaktionen auf Leistungsabfall bei Unternehmungen, Organisationen und Staaten. Tübingen: Mohr.

Horch, H.-D., & Schütte, N. (2009). Pressure and obstacles to the employment of paid managers in voluntary sport clubs and federations in Germany. *European Journal for Sport and Society, 6*(2), 101–120

Sills, D. L. (1968). Voluntary associations: Sociological aspects. In D. L. Sills (Hrsg.), *International encyclopedia of the social sciences* (Bd. 16, S. 362–379). New York: Macmillan Company & The Free Press.

Vanberg, V. (1979). Colemans Konzeption des korporativen Akteurs: Grundlegung einer Theorie sozialer Verbände. In J. S. Coleman (Hrsg.), *Macht und Gesellschaftsstruktur* (S. 93–123). Tübingen: Mohr.

Walsh, A., & Guilianotti, R. (2007). *Ethics, money and sport: This sporting mammon* (S. 107–131). Abingdon: Routledge.

Besonderheiten staatlicher Anbieter im Sport

4

Sportangebote, wie Unterricht oder Anlagen, werden auch von staatlichen Organisationen, wie Schulen und Sportverwaltungen, bereitgestellt. Die Steuerungsmechanismen des Staates sowie die Organisation seiner Verwaltungen[1] unterscheiden sich – bei allen Gemeinsamkeiten (s. Kap. 3.1) – grundlegend von der des Marktes und des Unternehmens. Im Folgenden sollen 1. diese Besonderheiten des Staates herausgearbeitet werden, 2. ihre Schwächen, die Aspekte und Ursachen des Staatsversagens sowie 3. die vom sog. „New Public Management" gemachten Reformvorschläge vorgestellt werden, die aus dem Unternehmenssektor entlehnt sind, also zu einer Transformation in Richtung Markt und Unternehmen führen. 4. Sollen – unserer üblichen Systematik folgend – mögliche Folgeprobleme einer solchen Ökonomisierung andiskutiert werden. Abschließend werden diese Reformen 5. am Beispiel der kommunalen Sportverwaltungen konkretisiert. Im Folgenden wird auf Informationen und Formulierungen aus dem Projekt „Kommunale Sportverwaltung" (Horch und Schütte 2003) zurückgegriffen. Im Sinne einer Zusammenfassung der Kap. 2 bis 4 werden (6.) die Funktionsweisen und das Versagen der Institutionen „Verein" und „Staat" mit der von Markt und Unternehmen verglichen.

Im Ende soll der Leser gelernt haben:

- Welche idealtypischen Besonderheiten unterscheiden den Staat und seine Organisationen von Markt und Unternehmen?
- Welche Vor- und Nachteile haben bürokratische Organisationen?
- Welche Gründe sprechen dafür, dass sich öffentliche Verwaltungen ändern sollen?
- Welche drei Ebenen der Reform öffentlicher Verwaltungen kann man unterscheiden?
- Wie ist der Stand der Reform der Sportverwaltungen in Deutschland?

---

[1] Man kann darüber hinaus drei Typen von öffentlichen Betrieben unterscheiden: 1. Regiebetriebe stehen im Haushaltsplan und werden von Beamten geführt. 2. Eigenbetriebe stehen nur mit dem geschätzten Reinertrag im Haushaltsplan. 3. Betriebe, deren Eigentum zwar mehrheitlich in öffentlicher Hand ist, die aber eine privatrechtliche Verfassung haben.

- Wie funktionieren die Institutionen Markt/Unternehmen, Staat/Verwaltung und Verein? Wann und warum versagen sie?
- Welche Verschiebungen der Erstellung von Sportangeboten haben sich zwischen diesen Institutionen ergeben bzw. welche werden diskutiert?

4.1 Besonderheiten

Demokratische Staaten und öffentliche Verwaltungen unterscheiden sich idealtypisch (s. Kap. 3.1) grundlegend von Markt und Unternehmen (Streeck und Schmitter 1985). Sie unterscheiden sich u. a. nach: 1. Ziel und Hauptnutznießer, 2. Güter und Distribution, 3. Mitgliedschaft, 4. Finanzierung und Buchführung, 5. Steuerungsmechanismus sowie 6. Organisationstyp und Personal (Abb. 4.1). Hieraus ergeben sich besondere Stärken und Schwächen sowie besondere Probleme, mit denen die Manager öffentlicher Betriebe ebenso vertraut sein müssen, wie mit allgemeinen Managementaufgaben.

4.1.1 Ziel und Hauptnutznießer: Wohlfahrt der Gesellschaft

Ziel ist nicht die betriebswirtschaftliche Profitmaximierung der Eigentümer – die indirekt über die unsichtbare Hand auch der Gesellschaft zu Gute kommen soll – sondern direkt bedarfswirtschaftlich die Optimierung der volkswirtschaftlichen oder gesellschaftlichen Wohlfahrt der Allgemeinheit. Öffentliche Verwaltungen sind also im Sinne des Wortes auch Nonprofit-Organisationen.[2] Auch sie müssen wirtschaftlich mit ihren Ressourcen umgehen. Dies ist hier aber, wie bei Vereinen, nur eine Restriktion, nicht das Ziel. Effektivität (Zielerreichung) hat Vorrang vor Effizienz (Wirtschaftlichkeit).

4.1.2 Güter und Distribution: Öffentliche Güter und Gerechtigkeit

Anstelle privater Güter für den Fremdbedarf sollen öffentliche oder meritorische Güter (s. Kap. 2.1) – also solche, bei denen der Markt versagt – für den Eigenbedarf der Bevölkerung produziert werden. Man spricht deshalb auch vom öffentlichen Haushalt. Bei den Gütern handelt es sich zudem überwiegend um Dienstleistungen. Zur Korrektur von Marktversagen verfügt der Staat über verschiedene Instrumente. Er kann nicht nur direkt die Güter produzieren und gegebenenfalls bestimmen, dass sie zwangsweise konsumiert werden müssen, wie im Falle des Schulsports, sondern auch ihre Produktion oder ihren Konsum indirekt fördern durch Finanzierung oder Anreize auf der Angebotsseite, wie Subventionen und Steuervorteile für Vereine, oder durch Aufklärung, z. B. über den gesundheitlichen Nutzens des Sporttreibens. Anstelle einer Unterstützung auf der Ange-

---

[2] Üblicherweise werden aber nur Non-Governmental-Organizations so bezeichnet (s. Kap. 3.3.2).

4.1 Besonderheiten

	Staat, demokratischer Öffentliche Verwaltung	Markt Unternehmen
1. Ziel	gesellschaftliche, volkswirtschaftliche Wohlfahrt Bedarfswirtschaft Hauptnutznießer: Allgemeinheit	Profit Erwerbswirtschaft Hauptnutznießer: Eigentümer
2. Güter	öffentliche, meritorische Güter Eigenbedarf (Haushalt) direkt durch Zwang oder Produktion oder indirekt durch Finanzierung, Anreize oder Aufklärung Distribution: Gerechtigkeit, Gleichheit (equity)	private Güter Fremdbedarf Kaufkraft
3. Mitgliedschaft	Bürger Nationalität (zugeschrieben, freiwillig) Wohnort (zwangsweise, freiwillig) Abwanderung möglich, aber kostenträchtig	Kunde freiwillig
4. Finanzierung, Buchführung	Zwangsbeiträge: Steuern – Transfer – keine Äquivalenz Schulden, Geldentwertung (dagegen: unabhängige Bundesbank) Kameralistik Nutzen-Kosten-Analyse	freiwillig Verkaufserlöse, Preis – Tausch – Äquivalenz doppelte Buchführung Investitionsrechnung
5. Steuerungsmechanismus	Wahl, Demokratie, Plan (ex ante) – kollektiv – gleichverteilt (one man one vote) – Widerspruch Gewaltenteilung: Legislative, Exekutive, Judikative, Bundesbank, Föderalismus, Pressefreiheit	Markt (ex post) – individuell – Kaufkraft, Einkommen – Abwanderung
6. Organisations-Typ, Personal	Bürokratie Beamte	Bürokratie (kontrolliert durch Markt) Angestellte

Abb. 4.1 Besonderheiten von öffentlicher Verwaltungen und Staat im Vergleich zu Unternehmen und Markt

botsseite befürworten Ökonomen eher eine auf der Nachfrageseite durch steuerliche Absetzbarkeit des Sporttreibens oder einen Gutschein dafür (voucher). Dadurch ergeben sich Freiheitsspielräume auf der Seite des Konsumenten und Wettbewerb auf der Anbieterseite, weil der Konsument entscheiden kann, wo er den Gutschein einlöst, bei welchem Verein oder welchem Fitnessstudio (Hockenjos 1995). Damit würden allerdings nur die externen Effekte des Sports, nicht die des Vereins gefördert. Bei staatlichen Aktivitäten geht es nicht nur um Effektivität und Effizienz, sondern auch um Gerechtigkeit und Gleichheit (equity). Die Gleichheit der Lebensqualitäten oder zumindest der Lebenschancen soll die Verteilung der Güter mitbestimmen, anders als auf dem Markt, wo die Distribution nach Kaufkraft erfolgt.

4.1.3 Mitgliedschaft: Bürger

Die Angehörigen des Staates heißen Bürger. Das sind in erster Linie jene, welche die entsprechende Nationalität haben. Aber auch jene Einwohner mit anderer Staatsbürgerschaft, die im Staatsgebiet wohnen, profitieren von den staatlichen Leistungen und sind staatlichen Regeln unterworfen. Die Staatsbürgerschaft wird per Geburt oder per Antrag erworben. Sie ist in dem Sinne freiwillig, dass sie abgelegt werden kann. Ein Wechsel der Staatsbürgerschaft und/oder des Wohnorts, z. B. durch Auswanderung, ist möglich, aber teuer. Von daher ist die Position eines Bürgers nicht so freiwillig wie die eines Kunden, dafür ist sie aber mit mehr Rechten ausgestattet (s. Demokratie).

4.1.4 Finanzierung und Buchführung: Steuern und Kameralistik

Anders als Unternehmen verfügt der Staat über die Möglichkeit, sich durch Zwangseinnahmen zu finanzieren, damit kann das Trittbrettfahrerproblem öffentlicher Güter vermieden werden.[3] Steuern sind Transferzahlungen, d. h. anders als bei Kaufpreisen steht ihnen keine direkte materielle äquivalente Gegenleistung gegenüber. Steuern werden nach dem Leistungsfähigkeitsprinzip erhoben, d. h. wer mehr leisten kann, soll mehr zum Allgemeinwohl beitragen. Die Bürger profitieren als Gesamtheit von den öffentlichen Gütern. So kann der Staat jene rechtlichen, kulturellen, materiellen und sozialen Rahmenbedingungen schaffen, auf deren Grundlage eine Privatwirtschaft florieren kann.

Die typische Methode der öffentlichen Buchführung ist die Kameralistik. Kammer hieß die für den fürstlichen Haushalt zuständige Behörde. Die Kameralistik stellt historisch einen bedeutenden Fortschritt gegenüber feudaler Pfründe- und absolutistischer Fondswirtschaft dar. Verglichen mit einer einfachen Buchführung erfüllt die kameralistische nicht nur die Funktionen der Ordnung und Kontrolle der Finanzen, sondern auch der Planung (Soll-Ist-Vergleich von Ein- und Ausgaben). Im Vergleich zur doppelten Buchführung weist sie aber Mängel auf (s. Staatsversagen). Zur Beurteilung volkswirtschaftlicher Maßnahmen wurden die Nutzen-Kosten-Analysen entwickelt (z. B. cost benefit analysis). Im Unterschied zur betriebswirtschaftlichen Investitionsrechnung geht es um eine volkswirtschaftliche Beurteilung alternativer Maßnahmen. Damit kommen andersartige Ziele als Profit ins Spiel, und es werden auch externe, indirekte und intangible, nicht monetäre Effekte berücksichtigt.

4.1.5 Steuerungsmechanismus: Demokratie

Der zentrale Unterschied zwischen Markt und Staat liegt in den verschiedenen Steuerungsmechanismen begründet, über den Individuen das System beeinflussen können. An die

---

[3] Darüber hinaus hat der Staat die Möglichkeit, sich über Verschuldung, Inflation und Staatsbankrott zu finanzieren. Um dies zu verhindern, wurden von der Politik unabhängige Notenbanken eingeführt.

Stelle der ex post Koordination über den Markt, der ja bei öffentlichen Gütern versagt, tritt hier im Wesentlichen die Wahl als ex ante Mechanismus. Dabei entscheidet der Einzelne nicht individuell, sondern kollektiv, der Einfluss ist nicht nach Kaufkraft unterschieden, sondern nach dem demokratischen Prinzip „one man one vote" gleichverteilt. Demokratie bedeutet Herrschaft des Volkes. Da aber eine direkte Demokratie nur bei sehr kleinen Gruppen funktionieren kann (s. Kap. 3.4.3), handelt es sich in Wirklichkeit – abgesehen von Volksabstimmungen – um eine repräsentative Demokratie, in der das Volk Delegierte wählt. Der Ökonom Schumpeter (1972, S. 428) hat Demokratie daher wie folgt charakterisiert: „die demokratische Methode ist diejenige Ordnung der Institutionen zur Erreichung politischer Entscheidungen, bei welcher einzelne die Entscheidungsbefugnis vermittels eines Konkurrenzkampfes um die Stimmen des Volkes erwerben". Die sog. Neue Politische Ökonomie (public choice theory; Downs 1957) hat im Gefolge Schumpeters die Demokratie in Analogie zum Markt – bei der sich Unternehmen mit verschiedenen Produkten um Kunden bewerben, um Profit zu erwirtschaften – als ein System charakterisiert, bei dem Politiker mit verschiedenen Programmen sich um die Stimmen der Wähler bewerben, um Ämter und Macht zu gewinnen. Der entscheidende Vorteil gegenüber einer absoluten Monarchie oder einer Diktatur ist, dass schlechte Regierungen abgewählt werden können. Zudem ist ihre Macht durch die Gewaltenteilung zwischen Legislative (Parlament), Exekutive (Regierung), Judikative (Verfassungsgericht) und auch Bundesbank und Presse sowie den Föderalismus (den Wettbewerb der unabhängigen Länder) eingeschränkt.

4.1.6 Organisationstyp: Bürokratie und Beamte

Sowohl öffentliche Verwaltungen als auch große Unternehmen gehören überwiegend zum Organisationstyp der Bürokratie, auch wenn es im Unternehmensbereich zuletzt einige Reformen gab (s. New Public Management). Bürokratie ist im wissenschaftlichen Sprachgebrauch kein Schimpfwort für ineffiziente staatliche Verwaltungen, sondern bezeichnet nach Weber (1972) – geradezu umgekehrt – den Idealtypus rational legitimierter Herrschaft (Abb. 4.2). Sie erreicht im Vergleich zum historischen Vorläufer der patriarchalischen Herrschaft, der wie Feudalismus und Absolutismus durch Laien- und Günstlingswirtschaft, Chaos, Willkür und Bestechung gekennzeichnet war, höchste Effizienz für Großbetriebe aller Art, d. h. nicht nur für den Staat, sondern auch für die Wirtschaft. Hier wird sie allerdings zusätzlich durch die Kräfte des Marktes kontrolliert. Bürokratie ist nach Weber an Leistung, Präzision, Stetigkeit, Verlässlichkeit und Rechtsstaatlichkeit unübertroffen. Zu ihr gibt es – bei allen Nachteilen, die sie auch hat – nach Weber (er spricht von einem eisernen Käfig) in modernen Gesellschaften keine Alternative. Die Bürokratie hat ihren Namen vom Büro, dem Arbeitsplatz, der im Vergleich zu historischen Vorläufern vom Wohnort getrennt liegt und nicht Eigentum des Personals ist. Die Bürokratie ist strukturell gekennzeichnet durch eine hohe Zentralisierung, Formalisierung, Spezialisierung und Standardisierung. Hinzu kommt die hohe Schriftlichkeit (Aktenmäßigkeit) der Kommunikation. Die Bürokratie ist arbeitsteilig – nach der Zweck-Mittel-Hierarchie rationalen

1. Effizienz
– in der wissenschaftlichen Verwendung anders als im Alltagsgebrauch kein Schimpfwort für ineffiziente staatliche Verwaltung
– im Vergleich zu historischen Vorläufern, wie Laien- und Günstlingswirtschaft: nicht geprägt durch Chaos, Willkür und Bestechung, sondern durch hohe Effizienz, Leistung, Präzision, Stetigkeit, Verlässlichkeit, Rechtsstaatlichkeit, Gleichheit
– effizienteste Form für beliebige Massenverwaltungen auf allen Gebieten: Staat, Kirche und auch für erwerbswirtschaftliche Organisationen (aber hier kontrolliert durch Markt, je nach Marktform)
– in modernen Gesellschaften – nach Max Weber – unentrinnbar: "eiserner Käfig"
2. Strukturmerkmale
– hohe **Spezialisierung**   Arbeitsteilung = Maschinenmodell: Zweck-Mittel-Hierarchie   – hohe **Formalisierung**   Regelhaftigkeit, schriftliche Festlegung   – hohe **Standardisierung** der Aufgaben   – hohe **Zentralisierung**   Koordination und Herrschaft über feste Amtshierarchie = Befehlsmodell, Militär   – Schriftlichkeit: Aktenmäßigkeit der Kommunikation
3. Personal

– der **Beamte**
  – Fachmann statt Laie
  – Beruf statt Ehrenamt
  – Laufbahn nach objektiven Kriterien (wie Alter, Ausbildung oder Leistung) statt Günstlingswirtschaft, keine Vererbung des Amtes

– das **Büro**, der vom Wohnort getrennte Arbeitsplatz, ist Eigentum des Betriebes, nicht des Arbeiters

Abb. 4.2 Bürokratie

Handelns – wie eine Maschine aufgebaut (Spezialisierung). Viele Arbeitsstrukturen und -abläufe sind geregelt, meist sogar schriftlich (Formalisierung und Standardisierung). Die Koordination erfolgt über eine feste Amtshierarchie nach dem militärischen Modell von Befehl und Gehorsam. Das Personal, die Beamten, sind Fachleute (Professionalisierung) keine Laien und sie üben ihr Amt im Hauptberuf (nicht als Ehrenamt) aus. Ihre Karriere erfolgt nach objektiven Kriterien anstelle der früher üblichen Günstlingswirtschaft. Das Amt kann auch nicht vererbt werden. Beamte von öffentlichen Verwaltungen sind durch einen Eid an den Staat gebunden. Sie genießen eine relativ hohe Arbeitsplatzsicherheit. Ihre Besoldung richtet sich nach der Ausbildung (Professionalisierung) und nach dem Senioritätsprinzip (Erfahrung, Bindung). Sie soll einen standesgemäßen Lebenswandel erlauben. Das hat Vorteile, wie Fachwissen, dauerhafte Bindung an den Staat, relative Unabhängigkeit von Korruptionsversuchungen, setzt aber eine verinnerlichte Motivation (Pflichtbewusstsein) voraus. Unabhängig von allen Wandlungsprozessen – mit denen sich die folgenden Unterkapitel beschäftigen – ist nicht zu leugnen, dass diese Art von Organisation auch heute noch nicht nur die staatliche, sondern auch die Verwaltung von Wirtschaftsbetrieben in den großen Bereichen, in denen es um die Produktion von Massengütern geht, mit geringen Variationen dominiert.

4.2 Staatsversagen

Während die traditionelle Form öffentlicher Sportverwaltung und -förderung durch Aspekte des Marktversagens legitimiert wird (s. Kap. 2.4.1), knüpft die neuere Kritik an der Sportverwaltung, wie der Verwaltung allgemein an Aspekte des Staatsversagens an. Verglichen mit der Benchmark von Ökonomen, also mit Markt und Unternehmen, weisen Staat und öffentliche Verwaltung viele Nachteile auf. Das hängt vor allem 1. mit dem Steuerungsmechanismus der Wahl, aber auch der kameralistischen Buchführung sowie 2. der bürokratischen Organisationstruktur zusammen. Diese Kritik wurde allerdings erst virulent als sich zu diesen Problemen die Finanzkrise des Staates gesellte.[4]

4.2.1 Eigentums-, Informations- und Anreizmängel

Das Staatsversagen wird institutionenökonomisch mit 1. Eigentumsverdünnung-, Informations- und Anreizmängeln begründet. Kritisiert werden generell 2. die mangelnde Effektivität staatlicher Maßnahmen speziell auch ihre mangelnde Flexibilität und Bürgernähe und 3. ihre mangelnde Effizienz. Am Beispiel der Sportverwaltung kann man dies illustrieren (s. Abb. 4.3).

1. **Eigentumsverdünnung-, Informations- und Anreizmängel:** Das Staatsversagen wird aus der Sicht der ökonomischen Theorie mit Eigentumsverdünnung, Informations- und Anreizmängeln begründet. Neben diesen allgemeinen institutionenökonomischen Ansätzen ist speziell die Public-Choice-Theorie von Bedeutung (Downs 1957; Niskanen 1971; Tullock 1965). Normalerweise ist es nicht vorteilhaft, wenn Eigentumsrechte verdünnt sind, d. h. wenn jene, die das Sagen haben, nicht die positiven oder negativen Konsequenzen ihrer Handlungen tragen. Eigentumsverdünnung entsteht durch Aufteilung der Rechtstypen auf verschiedene Gruppen oder Teilung der Rechte mit Anderen. Der Wahlmechanismus stellt eine Alternative zum Marktmechanismus dar. Die Möglichkeiten der Einflussnahme der Bürger über Wahlen sind aber im Vergleich dazu zu selten, zu unspezifisch und zu gering (Gewicht einer Stimme) und genügen nicht den Ansprüchen individualistischer Prinzipien, wie sie bei einem Markt gegeben sind (Arrow 1951). Zur Wahl stehen bei einer repräsentativen Demokratie allenfalls politische Gesamtprogramme, keine Einzelmaßnahmen, wie der Bau eines Fußballstadions. Bedürfnisse von Minderheiten finden bei Mehrheitsentscheidungen keine Berücksichtigung (Medianwähler: Weisbrod 1977). Die alternative Einflussnahme durch Auswanderung (Abwanderung: Hirschmann 1974) ist sehr kostspielig. Die Prinzipal-Agenten-Theorie (Jensen und Meckling 1976) bezieht sich auf

---

[4] Sie ist u. a. verursacht durch strukturelle Wirtschaftsprobleme, die Globalisierung sowie die Finanzkrise 2007 und die dadurch verschärfte Schuldenkrise. Hinzu kamen für Deutschland speziell die Kosten der Wiedervereinigung.

I. Aspekte des Staatsversagens
1. Mangelnde Effektivität
   - falsche Ziele (Aufgabenkritik), unklare Ziele
   - undifferenzierte Förderung: statt bestimmte Bevölkerungsgruppen (Arme, Jugendliche, Ausländer), bestimmte Sportarten (Team), bestimmte Organisationen (mit viel Ehrenamt)
   - Übernutzung staatlich subventionierter Güter, Nutzung durch die „Falschen"
2. Mangelnde Flexibilität und Bürgernähe
   - traditionale, vereinssportorientierte Ziele
   - keine Reaktion auf Wandel
     - der Sportnachfrage: neue Sportarten, Sportmotive, gestiegenes Einkommen
     - des Sportangebots: kommerzielle, selbstorganisierte Angebote
3. Mangelnde Effizienz: unwirtschaftlich, zu teuer
4. Kritik der Kameralistik
   - keine leistungs- und kostenmäßig abgrenzbaren Einheiten
   - keine Leistungsinformation: Erfolgsrechnung
   - keine Kosteninformation: keine vollständige Erfassung, Systematik
   - keine Ergebnisverantwortung

II. Ursachen des Staatsversagens
1. Eigentumsverdünnung (Property-Rights-Theorie)
   - viele Wähler, geringer Einfluss des Einzelnen
   - Einflussnahme über Wahlen im Vergleich zum Markt
     - nur indirekt über Agenten
     - zu selten
     - zu unspezifisch
     - mit unklarer Repräsentanz (Medianwähler)
   - teure Abwanderungsmöglichkeit
2. Informationsmängel (Principal-Agent-Theorie)
   - Bürger - Politiker
   - Politiker - Beamter
3. Anreizmängel
   - kein Gewinnaneignungsrecht (Profit)
   - keine leistungsabhängige Entlohnung
   - Unkündbarkeit
   - besondere Finanzierungsmöglichkeiten: Zwangseinnahmen, Verschuldung, Geldentwertung, keine Staatspleite
4. Opportunismus
   - Agenten verfolgen eigene Ziele: Macht, Müßiggang, Pomp

Abb. 4.3 Staatsversagen

Auftraggeber-Auftragnehmer-Beziehungen, wie zwischen Wählern und Politikern sowie Politikern und Beamten. In solchen Beziehungen entstehen Probleme, wenn die Informationen ungleich verteilt sind (asymmetrische Information). Die Politiker verstehen mehr von den Sachfragen als die Bürger, und die Beamten wiederum mehr als die Politiker, obwohl die Ersteren jeweils nur die ausführenden Agenten der Letzteren sein sollten. Anreizmängel ergeben sich daraus, dass Politiker und Beamte kein Gewinnaneignungsrecht haben und keine leistungsabhängige Entlohnung beziehen. Beamte sind außerdem unkündbar. Politiker und Beamte werden nicht wie die Eigentümer eines erwerbswirtschaftlichen Betriebes als Anreiz für Effektivität und Effizienz mit dem Profit belohnt. Arbeitsverträge sind unvollständige Verträge, sie beinhalten ein Leistungsversprechen, keine konkret formulierte Dienstleistung. Generell stellt sich hier folgendes Anreizproblem: Wie kann gesichert werden, dass sich das Personal mit seinen privaten Interessen dauerhaft für die Lösung organisationaler Aufgaben einsetzt. In erwerbswirtschaftlichen Betrieben wird dies traditionell primär durch eine äußere Anpassung der Individuen erreicht: durch materielle Anreize und die Angst vor Arbeitslosigkeit. Beamte und Angestellte von öffentlichen Verwaltungen genießen dagegen eine relativ hohe Arbeitsplatzsicherheit und ihre Besoldung richtet sich nicht nach der Leistung, sondern nach der Ausbildung und nach dem Senioritätsprinzip. Eigentumsverdünnung, Informations- und Anreizmängel eröffnen Spielraum für Opportunismus. Hierunter versteht man ein egoistisches Verhalten, bei dem auch die Schädigung Anderer in Kauf genommen wird. Die Agenten, die Politiker und Beamten, können eigene Ziele verfolgen wie Machterhalt, Müßiggang, Pomp, Vetternwirtschaft, Korruption und Verfolgung eigener Präferenzen. Dies führt zu Wohlfahrtsverlusten beim Prinzipal, dem Bürger.

2. **Mangelnde Effektivität:** Mängel bei der Zielbestimmung führen zu falschen oder unklaren Zielen. Speziell wird die undifferenzierte Förderung jeglicher Art von Sport in jeglicher Art von Verein kritisiert, statt nur gezielt bestimmte Bevölkerungsgruppen, wie Einkommensschwache, Jugendliche oder Ausländer, bestimmte Sportarten, wie Teamsport, und bestimmte Organisationen, z. B. solche mit einem hohen Anteil an ehrenamtlicher Arbeit, zu fördern. Traditionelle, vereinssportorientierte Ziele dominieren. Es erfolgt keine oder nur eine ungenügende Reaktion auf den erheblichen Wandel der Sportnachfrage und des Sportangebotes in den letzten Jahrzehnten. Das Wachstum des Sports wird ja zum erheblichen Teil durch neue Sportarten, differenzierte, flexible Sportmotive und vor allem durch ein deutlich gewachsenes Einkommen getragen, das kommerzielle Angebote ermöglicht. Ebenso stieg der Anteil des selbstorganisierten Sports. Hauptkritikpunkt ist jedoch die mangelnde Erfolgskontrolle, also die fehlende Messung des Zielerreichungsgrades. Die traditionelle, kameralistisch gesteuerte Verwaltung ist budget-, d. h. input- statt outputorientiert. Die Kameralistik erzeugt keine Leistungs- und Kosteninformationen. Damit ergibt sich keine Ergebnisverantwortung. Die Argumente für die öffentliche – und das heißt ja, was man sich immer vor Augen halten muss, durch Gelder der Steuerzahler finanzierte – Unterstützung des Sports und der Sportvereine sind zwar plausibel. In vielen Fällen mangelt es aber bisher an wissenschaftlich gesicherten Beweisen der behaupteten vielfältigen positiven Funktionen des Sports und der Vereine (s. z. B. die Ergebnisse der Studie von Brettschneider und Kleine 2002; sowie Gerlach und Brettschneider 2013).[5] Auf der Nachfrageseite können die Übernutzung teilweiser oder ganz steuerlich finanzierter Güter sowie die Fehlnutzung durch die falschen Gruppen zu einer ineffizienten Verteilung von Ressourcen bzw. einer ungerechten Verteilung von Gütern führen. Unentgeltlich zur Verfügung gestellte Güter werden mehr genutzt, als sie die Konsumenten zum Marktpreis nachfragen würden. Ein Vorwurf speziell gegen die Subventionierung von Sportvereinen ist, dass sie mehr der Mittelschicht als der Unterschicht zu Gute kommt, die eigentlich gefördert werden soll.

---

[5] Solche Studien sind allerding sehr aufwendig, weil sie Längsschnittanalysen mit Vergleichsgruppen verlangen.

1. Kritik am Zweck-Mittel-Schema
– Zwecke sind nicht instruktiv, vage, dienen der Legitimation der Organisation – Zielwidersprüche – Organisationen müssen auch noch andere Aufgaben als Zielerreichung erfüllen, wie Anpassung, Ressourcensicherung, Konfliktlösung
2. Schwächen der Über-Spezialisierung
– Bezug zum Ziel geht verloren, Überblick geht verloren, Zersplitterung von Verantwortung – Entfremdung, Verdrängung intrinsischer Motivation – hoher Koordinationsbedarf
3. Schwächen der Über-Zentralisierung
– Untergebenensachverstand, Amts- und Fachautorität fallen auseinander – Überlastung der Führung – Problemferne, Distanz zum Bürger – Verdrängung intrinsischer Motivation
4. Schwächen der Über-Formalisierung, -Standardisierung
– Mittel werden zu Zielen (s. „Dienst nach Vorschrift") – unterdrückt Kreativität, Flexibilität – keine Einzelfallbetrachtung – Verdrängung intrinsischer Motivation

Abb. 4.4 Kritik der Bürokratie

3. **Mangelnde Effizienz:** Der zweite zentrale Vorwurf gegen die öffentliche Verwaltung richtet sich gegen ihre mangelnde Effizienz. Sie resultiert aus den Anreizmängeln, den Mängeln des kameralistischen Rechnungswesens und der besonderen Art der Finanzierungsmöglichkeiten des Staates durch Zwangseinnahmen, Verschuldung und Geldentwertung. All dies führt zu einem relativ gering entwickelten Kostenbewusstsein, weil zudem unterentwickelte Instrumente des Rechnungswesens und bürokratische Organisationsstrukturen, die Verantwortlichkeiten verschleiern.

4.2.2 Bürokratiemängel

Im Laufe des letzten Jahrhunderts wurden die Schwächen einer Bürokratie unübersehbar (Bosetzky 1971). Es wurden – empirisch oder normativ begründet – extreme Gegenmodelle entwickelt, wie Burns und Stalkers (1961) organischer Typ, Mintzbergs (1989) Adhocratie oder McGregors (1960) Theorie Y. Mit dem Wandel von relevanten Umweltbedingungen, wie der Globalisierung des Wettbewerbs, dem Wandel von Verkäufer- zu Käufermärkten, der gestiegenen Nachfrage nach differenzierten Spezialprodukten und nach Dienstleistungen, der Automatisierung der Produktion sowie der Digitalisierung, gewannen diese Gegenmodelle in der Wirtschaft und der allgemeinen Managementlehre an Einfluss. Die Bürokratiekritik (s. Abb. 4.4) verweist u. a. darauf, dass mit der Spezialisierung der Bezug zum Ziel verloren geht und Verantwortung in Fach-, Personal- und Finanzkompetenz zersplittert wird und somit keine leistungs- und kostenmäßig abgrenzbaren Einheiten entstehen. Die Mittel sind nicht immer logisch aus den Zielen abzuleiten, weil diese zu vage oder widersprüchlich sind. Das Befehlsmodell scheitert, wenn Amts- und Fachautorität auseinanderfallen, d. h. der Untergegebene mehr von der Sache versteht als der Vorgesetzte. Zentralisierung überlastet die Führung und vergrößert die Problemferne. Durch Formalisierung und Standardisierung können sich Mittel zu Zielen verselbständigen – wie die Streikform „Dienst nach Vorschrift" offenbart – und wird Inflexibilität gegenüber Wandel und konkreten Einzelfallbedingungen erzeugt. Diese Nachteile überwiegen die Vorteile jedoch vermutlich erst ab einem bestimmten Ausmaß der Bürokratisierung. Wo der Optimalpunkt liegt, hängt u. a. von der Aufgabenstellung und vom Personal ab. Zu solchen Über-Bürokratisierungen (Türk 1976) dürfte es in staatlichen und wirtschaftlichen Großorganisationen eher kommen als in Kleinbetrieben und Vereinen. Im wirtschaftlichen Bereich wurden – ausgelöst durch den Erfolg der japanischen Konkurrenz – Reformbewegungen angeregt. In der Managementlehre spricht man von Lean Management, Qualitätsmanagement, Reengineering oder partizipativem Management (s. Kap. 9).

4.3 New Public Management

Mit Verzögerung griff diese Kritik der Bürokratie und der Entwicklung alternativer Managementmodelle auch auf die Verwaltungslehre über. Als Sammelbezeichnung dafür wurde der Begriff „New Public Management" (Budäus et al. 1998) geprägt. Theoretisch handelt es sich dabei um eine Verbindung von Public-Choice-Theorie mit diesen neueren Elementen der allgemeinen Managementlehre. In Deutschland ist das New Public Management vor allem von der Kommunalen Gemeinschaftsstelle für Verwaltungsmanagement (KGSt 1993) als Neues Steuerungsmodell bekannt gemacht worden. Im Anschluss an die Good-Practice-Berichte der niederländischen Stadt Tilburg wurde hier die deutsche Verwaltungspraxis fundamental kritisiert und ein neues Management vorgeschlagen.

Budäus et al. (1998) unterscheidet drei Ebenen der Reform (s. Abb. 4.6): 1. Kritik des Wohlfahrtstaates, 2. Schaffung marktwirtschaftsanaloger Rahmenbedingungen und 3. Binnenreform der Verwaltung.

1. **Kritik des Wohlfahrtsstaates:** Die erste und grundsätzlichste Ebene der Reform ist die der Kritik der in Wohlfahrtsstaaten zunehmend gewachsenen Aufgaben des Staates. Privatisierung im schärfsten Sinne des Wortes, d. h. Abgabe sowohl der Bereitstellung von Produkten als auch ihrer Finanzierung lautet hier die Empfehlung. Privatisierung meint, dass Aufgaben, die bisher staatlich erfüllt wurden, ganz oder teilweise an Private abgetreten werden. Das können nicht nur Unternehmen, sondern auch Nonprofit-Organisationen, wie Sportvereine, sein. Der Begriff Privatisierung kann für Verschiedenes stehen. Das kann man sich anhand einer Kreuztabellierung der jeweils drei möglichen Institutionen, die einerseits Güter produzieren und andererseits finanzieren können, verdeutlichen (s. Abb. 4.5). Denn diese beiden Aspekte müssen nicht zusammenfallen. Bei einer Privatisierung im engeren Sinne zieht sich der Staat ganz zurück, bei einer im weiteren

	Öffentliche Zahlungen	Gemeinschaftliche Zahlungen	Individuelle Zahlungen
Öffentliche Hand liefert Güter und Dienstleistungen		Privatisierung im weiteren Sinne Kommerzialisierung	
Nonprofit-Sektor liefert Güter und Dienstleistungen		Privatisierung im weiteren Sinne (Öffentliche Gewährleistung)	Privatisierung im engeren Sinne
Privater Anbieter liefert Güter und Dienstleistungen			

Abb. 4.5 Privatisierung im engeren und weiteren Sinne nach Schuster (1997, S. 278)

1. Kritik des Wohlfahrtstaates	2. Schaffung von marktwirtschafts-analogen Rahmenbedingungen	3. Binnenreform

- neues Funktionsverständnis von Staat und Verwaltung
- Begrenzung der Aufgaben des Staates
- **Privatisierung i.e.S.**
  d.h. Abgabe sowohl der Finanzierung als auch der Bereitstellung von Produkten an den
  - erwerbswirtschaftlichen Sektor
  - Non-Profit-Sektor (Verein, Verband)
- **Volksabstimmung**
  über öffentliche Programme und deren Finanzierung, z.B. über die Subventionierung einer großen Sportanlage
- **Public-Privat-Partnership**
	- **Bürgerbeteiligung**
	- **Gewährleistungsstaat**
	  Privatisierung i.w.S. (Out-Sourcing)
	- **Kommerzialisierung**
	  (nutzerbezogene Finanzierung) d.h. preisähnliche Gestaltung von Gebühren
	- **Auslagerung in Eigenbetrieb**
	- **Wettbewerb**
	  Wahlmöglichkeiten der Nutzer: Gutschein; bei Aufträgen: Ausschreibung, Pluralisierung der Wohlfahrtsproduktion
	- **Benchmarking**
	  d.h. Vergleich der Leistungen verschiedener Verwaltungen
		- **1. Neue Verfahren**
		  - **Strategisches Management**
		    Ziel- und Produktdefinition: von der Input- zur Outputsteuerung
		  - **Marketing**
		    Kundenorientierung, Bürgernähe
		  - **Controlling**
		    Erfolgskontrolle, Leistungsinformation
		  - **Rechnungswesen**
		    Kosteninformation
		  - **Globale Budgetierung:**
		    Zusammenlegung von Fach- und Ressourcenverantwortung, Übertragbarkeit von Finanzen
		- **2. Neue Strukturen**
		  - **Dezentralisierung**
		    (statt Über-Zentralisierung): leistungs- und kostenmäßig abgrenzbare Einheiten, nahe beim Kunden
		  - **Ganzheitlichkeit**
		    (statt Über-Spezialisierung)
		  - **Einzelfallbetrachtung**
		    (statt Über-Formalisierung, Über-Standardisierung, Vorschriftenvollzug)
		- **3. Neue Techniken**
		  - Vernetzung
		- **4. Neues Personal**
		  - Management-Qualifikation
		  - Leistungsanreize, Verantwortung
		  - Angestellte statt Beamte

Abb. 4.6 Drei Ebenen der Reform staatlicher Verwaltung

Sinne finanziert er noch, lagert die Produktion aber aus an Private, oder er produziert noch, verlangt aber Marktpreise. Letzteres könnte man als Kommerzialisierung bezeichnen. Auf der ersten Ebene der Reform wären auch Public-Private-Partnerships und Volksabstimmungen über öffentliche Programme gekoppelt mit Vorschlägen zu deren Finanzierung denkbar, z. B. über den Bau einer großen Zuschauersportanlage, wie es in den USA üblich ist.
2. **Schaffung von marktwirtschaftsanalogen Rahmenbedingungen:** Durch die zweite Reformebene sollen marktwirtschaftsähnliche Rahmenbedingungen geschaffen werden. Dazu gehören vor allem Maßnahmen wie Auslagerung (contracting-out, outsourcing) an den kommerziellen oder Vereins-Sektor, d. h. der Staat gewährleistet (d. h. finanziert) nur noch, produziert aber nicht mehr selbst; nutzerbezogene Finanzierung durch Kommerzialisierung (preisähnliche Gestaltung von Gebühren), z. B. über Auslagerung in Eigenbetriebe; Schaffung von Wettbewerb durch Vergabe von Gutscheinen (voucher), die bei verschiedenen Anbietern eingelöst werden können; Ausschreibung von Aufträgen sowie Benchmarking, d. h. Vergleich der Leistungen verschiedener Verwaltungen.
3. **Binnenreform:** Die dritte Ebene ist die der Binnenreform der Verwaltung durch die Einführung neuer 1) Verfahren, 2) Strukturen, 3) Techniken und 4) neuen Personals. 1) Zu den Verfahren, die aus der allgemeinen Betriebswirtschafts- und Managementlehre übernommen werden sollen, gehören strategisches Management: Ziel- und Produktdefinition orientiert am Kunden; Marketing, Kundenorientierung; Erfolgskontrolle durch Controlling; doppelte Buchführung, Kosten- und Investitionsrechnung sowie globale Budgetierung, d. h. Zusammenlegung von Fach- und Ressourcenverantwortung. 2) Dezentralisierung in leistungs- und kostenmäßig abgrenzbare Einheiten heißt die zentrale strukturelle Reform. Damit soll Bürgernähe sowie eine stärker ganzheitliche Einzelfallbetrachtung erreicht werden. 3) Flankiert soll das Ganze werden durch die Nutzung moderner Informations- und Kommunikationstechnologien. 4) Ohne neues Personal wären jedoch alle diese Maßnahmen wirkungslos. Deshalb soll die individuelle Verantwortung durch Leistungsanreize gestärkt werden. Ein Grundsatzproblem dabei bleibt die relative Unkündbarkeit des Personals. Zusätzlich zu den Verwaltungsqualifikationen müssen allgemeine Managementqualifikationen verlangt bzw. vermittelt werden, zu Bereichen wie Strategie, Marketing, Kostenrechnung, Preisgestaltung, Überwachung von Verträgen.

4.4 Folgeprobleme

Durch Transformationsprozesse, wie die durch das New Public Management ausgelöste Privatisierung, Ökonomisierung und Kommerzialisierung können Stärken der ursprünglichen Institutionen: Staat, Wahl, Demokratie und Bürokratie verloren gehen. Diese Folgeprobleme sollten rational einkalkuliert werden. Sie sind Gegenstand vieler wissenschaftlicher und politischer Kontroversen zwischen den Befürwortern von mehr Markt oder mehr Staat. Hier sollen nur einige mögliche Probleme angesprochen werden, die 1. den Steuerungsmechanismus und 2. den Organisationstyp betreffen.

1. **Steuerungsmechanismus:** Die Stärken des Staates liegen ja grundsätzlich darin, dass andersartige Ziele erreicht werden können, die Markt und Unternehmen aufgrund von Marktversagen nicht erreichen können. Durch eine Privatisierung im engeren Sinne können also öffentliche Güter gefährdet sein, wie die möglichen positiven externen Effekte des Sports. Es besteht die Gefahr, dass Managementreformen als Deckmantel für eine bloße Sparpolitik genutzt werden. Wenn hingegen z. B. durch Outsourcing die gleichen Zwecke effizienter bewirkt werden sollen, müssen die Verträge so gestaltet werden, dass überprüft und gesichert werden kann, dass die politischen Ziele, zum Beispiel „Sport für Alle", weiterhin erreicht werden. Privatisierung von staatlichen Monopolen, auch regionalen Monopolen, macht Sinn, wenn dadurch der Wettbewerb gefördert wird. In der Telekommunikations- und Postbranche wurde dies erreicht. Für den Energiesektor – also die Frage der Privatisierung kommunaler Stromanbieter – kann man dies z. B. bezweifeln. Die Rolle eines Kunden ist nicht immer die bestmögliche Position eines Individuums. Prinzipal-Agenten-Probleme und asymmetrische Informationen kann es auch hier geben, zwischen Verkäufer und Kunde, zwischen Eigentümer und Manager. Bürger sind anders als Kunden auch Miteigentümer. Zudem sind ihre Rechte nicht nach Einkommen unterschieden, sondern demokratisch gleichverteilt. Direkte über das Wahlrecht hinausgehende Beteiligungsmöglichkeiten könnten der Eigentumsverdünnung entgegenwirken, wie sie ja u. a. auch im Konzept des New Public Managements als eine Variante vorgesehen ist. Bei Dienstleistungen würde so auch der externe Faktor stärker integriert als dies in der klassischen Kundenrolle geschieht. Haben z. B. Studierende als Kunden oder als Mitglieder ihrer Universität mit der früher üblichen akademischen Selbstverwaltung mehr Einfluss und mehr Anreize, sich eigenverantwortlich im Lernprozess zu engagieren?
2. **Organisationstyp:** Ein Vorteil der Bürokratie ist die vergleichsweise geringe Bestechlichkeit der Beamten. Ein Nachteil von Privat-Public-Partnership könnte sein, dass sich durch die gestiegene Anzahl der Kontakte zwischen Behörden und Unternehmen mehr Versuchungen zur Korruption ergeben (Chang 2008). Neuere psychologisch-ökonomische Theorien greifen eine der Grundsäulen der neoklassischen Ökonomie, nämlich die auf monetären Belohnungen beruhenden Leistungsanreize, an. Während die Losung des New Public Management entsprechend lautet: „Beamte müssen wie Manager bezahlt werden", wird aus der Sicht der sog. Verdrängungstheorie die Formel geradezu umgekehrt. „Yes, managers should be paid like bureaucrats", lautet der Titel eines Aufsatzes von Frey und Osterloh (2005). Ausgangspunkt für diese Theorie ist die Beobachtung, die man schon bei Kindern machen kann, dass monetäre Anreize gekoppelt mit externen Kontrollen intrinsische Motivation verdrängen. Durch Festgehälter, wie bei Beamten, wird anders als durch leistungsabhängige Bezahlung eine Identifikation mit der Organisation erreicht. Die praktische Bedeutung der Verdrängungstheorie wird durch den Inhalt von E-Mails zwischen Managern illustriert, wie sie im Zuge der

Finanzkrise bekannt wurden, mit etwa dem Wortlaut: „Hoffentlich haben wir unsere Schäfchen im Trockenen, bevor der Laden zusammenbricht."

4.5 Wandel der kommunalen Sportverwaltung

Eine 1999 durchgeführte schriftliche Befragung von 425 großen und mittelgroßen Sportverwaltungen der Bundesrepublik (Rücklauf 67 %), also solcher Verwaltungen, die von der Größe her vor allem für Reformen in Frage kamen, ergab u. a. folgende Informationen (Horch und Schütte 2003): Zu den Kernaufgaben der Sportverwaltungen gehören finanzielle Sportförderung, Betreibung von Sportanlagen, Beratung von Vereinen, Sportlern und Sportinteressierten, Sportentwicklungsplanung, Planung von Sportanlagen und -veranstaltungen und Beschaffung von Sportgeräten. Folgende Fragen wurden untersucht: 1. Welche Reformen wurden durchgeführt? 2. Was waren die Gründe für die Reformen? 3. Welchen Erfolg hatten sie? 4. Welche Arbeitsplatzchancen für Sportmanager gab es in dem Bereich?

1. **Welche Reformen wurden durchgeführt?** Wenn man zusammenfasst, welche Reformen damals bereits durchgeführt oder geplant waren, ergibt sich folgende Rangfolge (s. Abb. 4.7): Deutlich an 1. Stelle liegt die Vollvernetzung der Verwaltung. Sie wurde in fast allen, nämlich in 85,7 % der Fälle durchgeführt. Mit Abstand folgen dann an 2. bis 5. Stelle Maßnahmen aus dem Katalog der an der dritten Reformebene des New Public Managements anknüpfenden sog. Neuen Steuerung, wie Kostenleistungsrechnung, Controlling, globale Budgetierung und Produktdefinition mit 59,6 bis 55,7 %. An 6. und 7. Stelle liegt mit 47,9 bzw. 47,3 % die Vermietung, Verpachtung oder der Verkauf von Sportstätten an Vereine sowie die Ausstattung mit unvernetzten Einzelplatz-PC's. In einem Drittel der Fälle wurden 8. bis 10. Nutzungsentgelte von Sportvereinen (35,0 %) verlangt, wurde Marketing eingesetzt (32,8 %) oder wurden Ämter in wenige Dezernate zusammengelegt (34,2 %). 11. bis 13.: Nur bei einem Fünftel der Fälle wurden weitergehende Maßnahmen eingeführt, wie die Übertragung von Aufgaben an den Stadtsportbund (18,6 %), die Auslagerung von Teilen in einen Eigenbetrieb (22,3 %) oder die Auflösung der eigenständigen Sportverwaltung (19,6 %). Am seltensten kamen 14. bis 15. die Übertragung von Aufgaben an kommerzielle Firmen mit 11,3 % oder die Transformation der gesamten Sportverwaltung in einen Eigenbetrieb mit 4,5 % vor. Zusammenfassend kann man sagen: Die Verwaltungsreformbewegung in Deutschland hatte auch die Sportverwaltungen in erheblichem Maße erreicht und verändert. Je radikaler allerdings die Maßnahmen waren, desto weniger wurden sie angewandt, also eher Maßnahmen der dritten als der beiden ersten Reformebenen des New Public Managements. Eine herausragende Stellung nahmen – neben technischen Maßnahmen wie die Vollvernetzung – die Elemente der neuen Steuerung sowie die Verlagerung der Betreuung von Sportanlagen an die Vereine ein.

Rang	Maßnahmen	%
1	Vollvernetzung der Verwaltung (EDV)	86
2	Kostenleistungsrechnung	60
3	Controlling	57
4	Produktdefinition	56
4	Globale Budgetierung	56
5	Vermietung / Verpachtung / Verkauf von Sportstätten an Sportvereine	48
6	Unvernetzte Einzelplatz-PC`s	47
7	Erhebung von Nutzungsentgelten	35
8	Zusammenlegung von Dezernaten	34
9	Marketing	33
10	Auslagerungen von Teilen in einen Eigenbetrieb	22
11	Auflösung der eigenständigen Sportverwaltung	20
12	Übertragung von Aufgaben an den Stadtsportbund	19
13	Übertragung von Aufgaben an kommerzielle Firmen	11
14	Transformation in einen Eigenbetrieb	5

Abb. 4.7 Realisierter und geplanter Wandel

2. **Was waren die Gründe für die Reformen?** Viele Sportverwaltungen in Deutschland wandelten sich, aber es wandelten sich nicht alle und nicht in gleichem Ausmaß. Wie lässt sich dies erklären? Ging es z. B. um die Verbesserung der Bürgernähe oder war letztlich die Finanzkrise entscheidend? Die empirische Analyse zeigte, dass folgende drei Einflussvariablen am einflussreichsten waren: die Größe, die Finanznot der Gemeinde und die mangelnde Befürchtung des Verlustes von Staatsaufgaben durch den Wandel. Für die Art des Wandels war darüber hinaus die Zugehörigkeit der Gemeinde zu den neuen oder alten Bundesländern von Bedeutung. Die radikaleren Modelle der „Auflösung und Ausgliederung" und der „Outsourcing und Kommerzialisierung" wurden im Osten bevorzugt, die gemäßigteren des „neuen Steuerungsmodells" und der „Vollvernetzung" im Westen.

3. **Welchen Erfolg hatten sie?** Der Erfolg der Reformen der Sportverwaltungen konnte im Rahmen des Projektes nicht an harten Indikatoren gemessen werden. Das dafür benötigte Zahlenwerk war nicht vorhanden, sondern sollte ja gerade erst im Rahmen der Verwaltungsreformen erhoben werden. Daher muss man erstens auf subjektive Einschätzungen der Befragten ausweichen. Hierbei zeigte sich, dass sie mit den Ergebnissen der Reform überwiegend zufrieden oder zumindest teilweise zufrieden waren. Fast 40 % äußerten ihre Zufriedenheit (37,2 %) bzw. große Zufriedenheit (2,5 %). Die Hälfte (50,4 %) war teilweise zufrieden, teilweise unzufrieden. Sehr unzufrieden (1,7 %)

4.5 Wandel der kommunalen Sportverwaltung

Korrelationen	Ausmaß der Reform		
Korreliert mit der Steigerung von:	Tau b	Sign. 2seitig	N
Erfolg der Sportverwaltung	,22**	,00	277
Flexibilität	,15**	,00	276
Wirtschaftlichkeit (Effizienz)	,21**	,00	275
Grad der Zielerreichung (Effektivität)	,21**	,00	275
Kreativität	,15**	,00	276
Transparenz des Mitteleinsatzes	,13**	,01	276
Dienstleistungsorientierung	,04	,40	274
Einsatzfreude der Mitarbeiter	,12**	,02	273
Anzahl der formellen Regelungen	-,06	,25	277

Abb. 4.8 Erfolg der Reformen (2 Sterne, grau unterlegt = hochsignifikant)

bzw. unzufrieden (8,3 %) waren 10 % der Befragten. Diese Einschätzung mag aber durch das Interesse der Befragten an einer guten Selbstdarstellung ihrer Arbeit verzerrt sein. Aussagekräftiger war es daher, nach der Veränderung einer Reihe von Erfolgsindikatoren der Sportverwaltung seit 1990 – also in dem Zeitraum, in den die Reformen fielen – zu fragen und dann den Zusammenhang zwischen diesen und den in dieser Zeit eingeführten Reformen zu ermitteln. Dabei ließ sich nachweisen, dass die Steigerung des generellen Erfolgs zusammenhing mit der Anzahl eingeführter Reformelemente (Korrelationswert: 0.22). Auch im Detail zeigten sich überwiegend signifikante Zusammenhänge zu den Erfolgsindikatoren Flexibilität, Effizienz, Effektivität, Kreativität, Transparenz und Einsatzfreude (s. Abb. 4.8). Keinen signifikanten Zusammenhang gab es nur zur Dienstleistungsorientierung und zur Anzahl formeller Regelungen. Wenn man die Untertypen der Reform betrachtet, stellte sich heraus, dass vor allem die Reformelemente der Neuen Steuerung (3. Reformebenen des New Public Managements) aber auch die des „Outsourcing und der Kommerzialisierung" zu Erfolg führten, während sich mit „Auflösung und Ausgliederung" und der technischen Maßnahme der Vollvernetzung keine Zusammenhänge zeigten.

4. **Welche Arbeitsplatzchancen für Sportmanager gab es in dem Bereich?** Auch kommunale Sportverwaltungen sind ein potentielles Arbeitsfeld für Sportmanager. Für die durchschnittliche Kommune ergab sich in dieser Untersuchung folgende Personalstruktur: Ihr Leiter verfügte über eine halbe Referentenstelle und über fast drei Sachbearbeiter. Ihm standen eine halbe Sekretärinnenstelle und 15 Platzwarte/Bademeister/ Handwerker zur Verfügung. Zudem konnte er auf fünf und eine halbe Stelle sonstiges Personal zurückgreifen. Beim Personal wurde häufiger von Kürzungen berichtet als von Ausbau, das betraf besonders das technische Personal. In 50 % der Fälle fanden in den letzten zehn Jahren Personaleinsparungen statt. Der Fragebogen wurde ganz überwie-

gend von den Leitern der Sportverwaltung ausgefüllt (87 %). Sie waren im Mittel in Besoldungsgruppe A12 bzw. BAT III eingestuft. Im Durchschnitt waren sie 49 Jahre alt. 88 % waren Männer. 30 % hatten als höchsten Abschluss einen Universitätsabschluss und 55 % einen Fachhochschulabschluss. Eindeutig im Vordergrund stand eine verwaltungswissenschaftliche Ausbildung. 23 % der Befragten hatten eine Verwaltungslehre, 45 % ein Fachhochschul- und 8 % ein entsprechendes Universitäts-Studium absolviert. Dies ist wohl überwiegend eine Voraussetzung für eine Karriere im öffentlichen Dienst. Immerhin 15 % hatten jedoch eine Sportlehrerausbildung. Dagegen hatten damals nur 9 % ein betriebswirtschaftliches Studium bzw. eine kaufmännische Lehre absolviert, verfügten also von ihrer Mutterdisziplin her über jene Qualifikationen, die für das New Public Management zunehmend gebraucht werden. Nahezu alle hier befragten Sportmanager (92 %) hatten einen Sportbezug, waren ehrenamtliche Vorstandsmitglieder (40 %), Leistungssportler (32 %), ehrenamtliche Trainer (26 %), bezahlte Trainer (17 %), hauptamtliche Vereins- oder Verbandsmanager (11 %). Der Sportbezug war also auch in diesem Bereich des Sportmanagements ganz entscheidend. Über die Tätigkeitsschwerpunkte und die ihrer Meinung nach in Zukunft benötigten Qualifikationen wurde in Kap. 1.5.3 berichtet.

4.6 Institutionenvergleich

Die Darstellung des Vereins (Kap. 3) und staatlicher Anbieter (Kap. 4) soll an dieser Stelle noch einmal zusammenfassend mit der von Markt und Unternehmen (s. Kap. 2) verglichen werden. Das leistet eine kritische Weiterentwicklung der Theorien des Markt- und Staatsversagens die sog. Institutionenwahltheorie (institutional choice) (Badelt 1985). Bei ersteren wurde und wird häufig noch der Fehler gemacht, den Idealtyp der einen Institution mit dem Realtyp der anderen zu vergleichen. Dabei schneidet die Realität immer schlecht ab. Aus dem Versagen einer Institution kann zudem nicht auf die Vorteile einer anderen geschlossen werden, noch darauf, dass, wenn welche vorliegen, diese unter dem Strich größer sind als die Nachteile. Es kann auch passieren, dass sehr schlechte Institutionen durch noch schlechtere ersetzt werden. Aus der Sicht eines repräsentativen Individuums und unter der Annahme, dass die Produktionskosten gleich sind, kann mit Hilfe der Institutionenwahltheorie z. B. durchdacht werden, inwieweit die wachsende Bedeutung von Fitnessstudios mit Transaktionskostenvorteilen gegenüber Sportvereinen erklärt werden kann (Horch 1990). Im Folgenden sollen jedoch nur die Kernerkenntnisse über Funktionsweisen und Versagen der drei alternativen Betriebsformen und Institutionen: a) Unternehmen/Markt, b) Verwaltung/Staat und c) Verein noch einmal zusammengefasst werden (s. ausführlicher bei Heinemann 1995, S. 65–85).

Die Kenntnis darüber ist für Sportmanager von großer Bedeutung. Denn Sportgüter werden in unserer Gesellschaft in allen drei Institutionen produziert. Dabei fanden und finden immer wieder Verschiebungen statt, oder es wird kontrovers darüber diskutiert, ob sie angestrebt werden sollen. Sportmanager sollten die Argumente kennen, um sich im gesellschaftlichen (volkswirtschaftlichen) oder betriebswirtschaftlichen Interesse daran

4.6 Institutionenvergleich

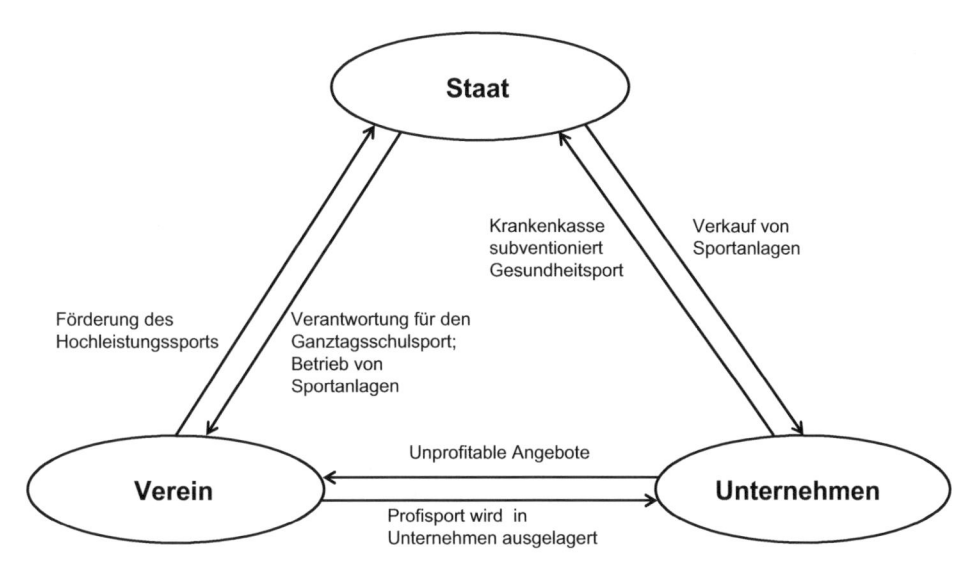

Abb. 4.9 Verschiebungen von Sportangeboten zwischen den Institutionen

beteiligen zu können. Denn die Legitimation des Betriebes ist eine bedeutende Managementaufgabe (s. Managerrollen: Kap. 1.5.1). Was spricht z. B. dafür oder dagegen, Sportvereine gegenüber kommerziellen Anbietern durch Subventionen und Steuerprivilegien zu bevorteilen? Sollen der Staat oder die Vereine Sport in den Schulen anbieten? Wer soll die Fußballstadien finanzieren oder für die Sicherheit in den Stadien sorgen, die Clubs oder der Staat? Wenn man die Institutionen als Eckpunkte eines Dreiecks aufzeichnet (s. Abb. 4.9), fallen einem leicht tatsächliche und mögliche Verschiebungen ein.[6]

1. **Staat und Verein:** Die Verantwortung für die Förderung des Hochleistungssports wurde zunehmend von den Vereinen auf den Staat verlagert. International gilt hier die ehemalige DDR als Vorbild. Umgekehrt entledigt sich der Staat bei den Ganztagsschulangeboten der Verantwortung für den Schulsport, weil diese ja nicht mehr von Schulsportlehrern angeboten werden, oder überträgt den Betrieb von Sportanlagen auf Vereine.
2. **Staat und Unternehmen:** Ebenso werden Sportanlagen, wie Schwimmbäder, für 1 € an kommerzielle Anbieter verkauft. Umgekehrt bieten halbstaatliche Organisationen (sog. Parafisci), wie bspw. Krankenkassen, Gesundheitssport an oder subventionieren ihn.
3. **Verein und Unternehmen:** Fußballclubs lagern ihre Profiabteilungen in Unternehmen aus. Angebote, die sich kommerziell nicht tragen, werden in Vereinsform umgewandelt.

---

[6] Das Bild kann zudem noch um den privaten Haushalt erweitert werden. Sport wird ja zunehmend statt in Vereinen oder Fitnessstudios auch privat betrieben, was durch den Kauf von Sportgeräten und Ausrüstung belegt wird.

	Markt Unternehmen	Staat Öffentliche Verwaltung	Verein
I. Allokation 1. Koordinations- mechanismus	Markt Preis	Wahl	Vereinigung Demokratie Mitarbeit
2. Entscheidung 2.1. Träger	Individuum Kunde	Kollektiv Wähler	Kollektiv Mitglieder
2.2. Ziel	Erwerb: Profit indirekt: Bedarf	Bedarf: Wohlfahrt	Bedarf: Sport
2.3. Kriterium	rational: Effizienz	rational: Effektivität wertrational: Equity	rational: Effektivität wertrational: Equity
II. Produktion (Betriebsebene) 1. Koordination	Hierarchie	Hierarchie	Selbstabstimmung Führung
2. Motivation	Eigentümer: Profit Angestellte: Gehalt	Politiker: Amt, Macht Beamte: Amt Zwang (Steuer, Wehrpflicht)	Ehrenamtliche: primär: Ziel, sekundär: selektive Anreize
3. Lösung des Kollektivgut- problems	Eigentümer kontrollieren, werden mit Profit belohnt	Dauerbeschäftigung Pflichtbewusstsein	Interessenidentität gemeinsame Werte Überschaubarkeit (durch Freiwilligkeit größeres Problem)
III. Distribution	Kaufkraft	Gleichheit, Gerechtigkeit (Equity)	Solidarität (Equity)

Abb. 4.10 Institutionenvergleich

Bei der vergleichenden Beschreibung der Institutionen kann man sich an den Problemen eines Wirtschaftssystems orientieren (s. Abb. 4.10). Alle Wirtschaftssysteme müssen irgendwie regeln, was mit den knappen Ressourcen produziert wird, wie produziert wird und wie die Güter verteilt werden und wer mit welchen Zielen und nach welchen Kriterien darüber entscheiden soll. In arbeitsteiligen Wirtschaftssystemen ergibt sich zudem ein Informations- und ein Motivationsproblem: Woher wissen die Anbieter was, wann, wo gewünscht wird und wie kann man sie motivieren, sich an der Produktion zu beteiligen (Picot et al. 1999)? Diese Probleme gibt es sowohl auf der volkswirtschaftlichen als auch auf der betriebswirtschaftlichen Ebene. Da der Erfolg einer Organisation Kollektivgutcharakter hat und Arbeitsverträge offene Verträge mit einem nichtspezifizierten Arbeitsversprechen sind, ergibt sich betriebsintern ein „Drückebergerproblem".

1. **Markt/Unternehmen:** Im Unternehmensbereich wirkt der Markt als Koordinations- bzw. Steuerungsmechanismus. Preise signalisieren, ob die Nachfrage steigt oder fällt, darauf können die Anbieter reagieren. Das Individuum entscheidet als Kunde allein darüber, für was es sein Einkommen ausgeben will. Der Motor der Marktwirtschaft ist der Profit. Über die sog. unsichtbare Hand des Marktes wird ex post im Gleichgewicht indirekt der Bedarf der Konsumenten gedeckt, also Nutzen geschaffen. Das zentrale Kriterium ist die Effizienz, die wirtschaftliche Verwendung (Allokation) der

knappen Ressourcen. Das Modell des vollkommenen Wettbewerbs dient Ökonomen als Vergleichsmaßstab zur Beurteilung der Effizienz alternativer Institutionen. Unternehmen sind im Prinzip hierarchisch organisiert. Die Angestellten folgen den Anordnungen der Vorgesetzten. Sie sind im Wesentlichen durch die Zahlung ihres Gehaltes motiviert. In Betrieben entsteht aber durch die Unvollständigkeit der Arbeitsverträge, das Kollektivgutproblem, dass auch Drückeberger von der Arbeit der anderen profitieren. Dieses Problem wird – nach der Eigentumsrechtetheorie (Alchian und Demsetz 1973) – in Unternehmen dadurch gelöst, dass die Eigentümer (Manager) die Aufgabe und die Rechte der Kontrolle und Sanktionierung der Arbeitnehmer übernehmen und dafür mit dem Gewinn belohnt werden (zur Kritik daran s. Kap. 9). Die Güter werden nach der Kaufkraft der Konsumenten verteilt (Distribution).

2. **Staat/Verwaltung:** Der Steuerungsmechanismus des Staates ist die Wahl. Hierbei entscheiden die Individuen als Wähler jedoch kollektiv. Das Ziel ist direkt die Sicherung eines gesellschaftlichen Bedarfs, abstrakt als Wohlfahrt bezeichnet. Auch hierbei ist Effizienz wichtig, Effektivität z. B. der Gesundheitsvorsorge hat aber Vorrang. Daneben tritt als Entscheidungskriterium Gerechtigkeit und Gleichheit der Lebensbedingungen auf (wertrational: equity). Equity steht wie Effektivität in einem Spannungsverhältnis (trade off) zur Effizienz. Auch staatliche Betriebe sind hierarchisch (bürokratisch) organisiert. Die Politiker, die in einer repräsentativen Demokratie stellvertretend für ihre Wähler entscheiden, sind möglicherweise durch gemeinsame Werte, vermutlich aber auch durch das Amt und die damit verbundene Macht, motiviert. Für die Beamten, die wesentlich wiederum die Entscheidungen der Politiker beeinflussen, spielt die Arbeitsplatzgarantie eine vergleichsweise bedeutende Rolle. Außerdem hat der Staat als einziger auch die Möglichkeit, nicht nur Zwangsabgaben (Steuern) zu erheben, sondern auch zur Zwangsarbeit zu verpflichten (Wehrpflicht). Dauerbeschäftigung, standesgemäße Entlohnung und eine sorgfältige Auswahl fördern das Pflichtbewusstsein der Beamten und können auf diese Art das Kollektivgutproblem lösen. Die Verteilung der Güter erfolgt nicht nach Kaufkraft, sondern nach dem Gleichheitskriterium.

3. **Verein:** Mitglieder von Vereinigungen verfügen über eine Vielzahl von Steuerungsmechanismen: sowohl über Abwanderung, die typisch für den Markt ist, als auch über Widerspruch, der typisch für die Politik ist (Hirschmann 1974), und zusätzlich dadurch, dass sie direkt mitarbeiten können. Wie beim Staat entscheidet nicht das Individuum alleine, sondern im Kollektiv und für das Kollektiv der Mitglieder über die Verwendung der Ressourcen und die Verteilung der Güter. Ziel ist die Bedarfsdeckung mit Sportangeboten bzw. sportlicher Erfolg. Wie beim Staat gelten nicht nur rationale (Effektivität und Effizienz), sondern auch wertrationale Entscheidungskriterien, wie Gleichheit. Wegen der Freiwilligenarbeit und der geringen Bürokratisierung ersetzen Selbstabstimmung unter den Beteiligten und Führung durch charismatische Persönlichkeiten die Hierarchie (Befehl und Gehorsam) als Koordinationsinstrument (Horch 1983). Die Freiwilligenarbeiter sind primär durch das gemeinsame Ziel und sekundär durch weitere selektive Anreize, die direkt etwas mit der Arbeit oder der Gruppe zu tun haben, motiviert (s. Kap. 8.5). Durch die Freiwilligkeit und Unentgeltlichkeit der Mitarbeit ist das Kollektivgutproblem hier stärker ausgeprägt. Im Idealfall wird Drü-

Marktversagen Unternehmen	Staatsversagen Öffentliche Verwaltung	Vereinigungsversagen
Angebotsseite: - Kartelle - öffentliche Güter Nachfrageseite: - Informationsmängel - meritorische Güter Transaktion: - Transaktionskosten - asymmetrische Informationen Distributionsmängel	- Eigentumsverdünnung - Informationsmängel - Anreizmängel - Überbürokratisierung - Kameralistik	- Insuffizienz - Amateurismus - Partikularismus - Paternalismus - Entscheidungskosten - Verteilungsprobleme - Anreizmängel - Eigentumsverdünnung

Abb. 4.11 Markt-, Staats- und Vereinigungsversagen

ckebergerei durch die Identität mit den Zielen des Vereins, gemeinsame Werte und die Überschaubarkeit der Verhältnisse verhindert. Wer nicht mithilft, fällt auf. Bei der Distribution gibt es ähnlich große Umverteilungen wie beim Staat. Es gibt Mitgliedergruppen, die weniger Beitrag zahlen müssen, wie Kinder, und solche, die mehr nutzen, wie Leistungssportler.

In Abb. 4.11 sind noch einmal stichwortartig die Hauptgründe für Markt-, Staats- und Vereinigungsversagen zusammengefasst. Marktversagen (s. Kap. 2.4.1) kann auf der Angebots- (Monopole, Kartelle, öffentliche Güter) oder Nachfrageseite (Informationsmängel, meritorische Güter) und bei der Transaktion (Kosten, asymmetrische Information) entstehen. Staatsversagen (s. Kap. 4.2) liegt begründet in der Eigentumsverdünnung, Informations- und Anreizmängeln, einer Überbürokratisierung und der kameralistischen Buchführung. Salamon (1987) hat die Aspekte des Vereinigungsversagen in vier Schlagworten zusammengefasst: Insuffizienz, Amateurismus, Partikularismus und Paternalismus. In der obigen detaillierten Betrachtung (s. Kap. 3.4) zeigten sich noch viele weitere Punkte, z. B. hohe Entscheidungskosten, Verteilungsprobleme, Anreizmängel und Eigentumsverdünnung.

Welche Institution im Einzelfall die Geeignetste ist, darüber gehen die Meinungen häufig auseinander. Generell würden wohl die Meisten die Formel „So viel Markt wie möglich, so viel Staat wie nötig" unterschreiben. Was das aber im konkreten Fall bedeuten soll, kann nicht ein für alle Mal ideologisch entschieden werden, sondern muss von Fall zu Fall, von Situation zu Situation neu durchdacht und ausprobiert werden. Nach dreißig Jahren, in denen das Staatsversagen im Vordergrund stand, scheint das Pendel nun – seit der Finanzkrise – zurückzuschlagen und wieder den Aspekten des Marktversagens mehr Aufmerksamkeit geschenkt zu werden. Der Kunde ist nicht immer und nicht automatisch König, sondern allzu oft auch der Betrogene. Bezogen auf die Demokratie hat es Churchill (1947, Rede vor dem Unterhaus am 11. November 1947, Sitzungsprotokoll, Zeile 207) auf den Punkt gebracht als er formulierte: „(…) democracy is the worst form of government except all those other forms that have been tried from time to time." Gleiches könnte man auch über die Marktwirtschaft sagen. Zu guter Letzt ist es auch eine Frage der Präferenzen, welche Form man vorzieht. Das hat sich in verschiedenen politischen Systemen niedergeschlagen, mit unterschiedlich großem Gewicht von Markt (USA) oder Staat (Schweden) und Nonprofit-Bereich. Es geht jedoch nicht nur um ein entweder oder, sondern es gibt – wie im Fall des Sports – in der Realität auch viele Mischungen (hybride Formen, s. Transformationen) und innerhalb unserer Gesellschaft und – vor allem bei den quasi-öffentlichen Gütern – einen fortdauernden Wettbewerb zwischen den Systemen (Institutionenpluralismus).

4.7 Zusammenfassung

Sportangebote, wie Unterricht oder Anlagen, werden auch von staatlichen Organisationen, wie Schulen und Sportverwaltungen bereitgestellt. Die Steuerungsmechanismen des Staates sowie die seiner Organisationen unterscheiden sich – bei allen Gemeinsamkeiten (s. Kap. 3.1) – grundlegend von der des Marktes und des Unternehmens. Diese **Besonderheiten** wurden zu sechs Punkten zusammengefasst, die für die Zwecke dieser Zusammenfassung teilweise nur stichwortartig aufgeführt werden (s. Abb. 4.1):

1. **Ziel und Hauptnutznießer**: Zweck ist nicht die betriebswirtschaftliche Profitmaximierung der Eigentümer – die indirekt über die unsichtbare Hand auch der Gesellschaft zu Gute kommt – sondern direkt bedarfswirtschaftlich die Optimierung der volkswirtschaftlichen Wohlfahrt der Allgemeinheit.
2. **Güter und Distribution**: Anstelle privater Güter für den Fremdbedarf sollen öffentliche oder meritorische Güter (s. Kap. 2.1) – also solche, bei denen der Markt versagt – für den Eigenbedarf der Bevölkerung produziert werden. Man spricht deshalb auch vom öffentlichen Haushalt. Zur Korrektur von Marktversagen verfügt der Staat über verschiedene Instrumente: Produktion, Finanzierung, Setzen von Anreizen und Aufklärung. Bei staatlichen Aktivitäten geht es nicht nur um Effektivität und Effizienz von Allokation und Produktion, sondern auch um Gerechtigkeit und Gleichheit der Distribution, z. B. bei der Forderung nach „Sport für Alle".
3. Die **Mitglieder** einer Gesellschaft sind die Bürger.
4. **Finanzierung und Buchführung:** Anders als Unternehmen verfügt der Staat über die Möglichkeit, sich durch Zwangseinnahmen zu finanzieren. Damit kann das Trittbrettfahrerproblem öffentlicher Güter vermieden werden. Die typische Methode der öffentlichen Buchführung ist die Kameralistik.
5. **Steuerungsmechanismus**: Der zentrale Unterschied zwischen Markt und Staat liegt in den verschiedenen Steuerungsmechanismen begründet, über den Individuen das System beeinflussen können. An die Stelle der ex-post Koordination über den Markt, der ja bei öffentlichen Gütern versagt, tritt hier im Wesentlichen die Wahl als ex-ante Mechanismus.

6. **Organisationstyp**: Staatliche Organisationen entsprechen überwiegend dem Typ Bürokratie. Bürokratie ist im wissenschaftlichen Sprachgebrauch kein Schimpfwort für ineffiziente staatliche Verwaltungen, sondern ist nach Weber (1972) – geradezu umgekehrt – an Leistung, Präzision, Stetigkeit, Verlässlichkeit und Rechtsstaatlichkeit allen anderen Typen überlegen. Sie ist gekennzeichnet durch eine hohe Zentralisierung, Formalisierung, Spezialisierung und Standardisierung.

Während die traditionelle Form öffentlicher Sportverwaltung und -förderung durch Aspekte des Marktversagens legitimiert wird (s. Kap. 2.4.1), knüpft die neuere Kritik an der Sportverwaltung, wie der Verwaltung allgemein, an Aspekte des **Staatsversagens** an. Verglichen mit der Benchmark von Ökonomen, also mit Markt und Unternehmen, weisen Staat und öffentliche Verwaltung viele Nachteile auf. Das hängt vor allem 1. mit dem Steuerungsmechanismus der Wahl, aber auch der kameralistischen Buchführung sowie 2. der bürokratischen Organisationstruktur zusammen. Das Staatsversagen wird institutionenökonomisch mit Eigentums-, Informations- und Anreizmängeln begründet. Kritisiert werden generell die mangelnde Effektivität staatlicher Maßnahmen speziell auch ihre mangelnde Flexibilität und Bürgernähe und ihre mangelnde Effizienz. Mit dem Staatsversagen hat sich speziell die sog. Public Choice Theorie beschäftigt. Eigentumstheoretisch wird kritisiert, dass die Einflussnahme der Bürger über Wahlen zu verdünnt, d. h. zu selten, zu unspezifisch und zu gering ausgeprägt ist. Zwischen Wählern und Politikern sowie Politikern und Beamten bestehen asymmetrische Informationen, die zu Prinzipal-Agenten-Probleme führen. Anreizmängel ergeben sich daraus, dass Politiker und Beamte kein Gewinnaneignungsrecht haben und keine leistungsabhängige Entlohnung beziehen.

Im Laufe des letzten Jahrhunderts wurden die Schwächen einer Bürokratie unübersehbar. Die **Bürokratiekritik** (s. Abb. 4.4) verweist u. a. darauf, dass z. B. mit der Spezialisierung der Bezug zum Ziel verloren geht. Zentralisierung scheitert, wenn Amts- und Fachautorität auseinanderfallen, d. h. der Untergegebene mehr von der Sache versteht als der Vorgesetzte

Mit Verzögerung griff diese Kritik der Bürokratie auch auf die Verwaltungslehre über. Als Sammelbezeichnung dafür wurde der Begriff „**New Public Management**" geprägt. Theoretisch handelt es sich dabei um eine Verbindung von Public-Choice-Theorie mit neueren Elementen der allgemeinen Managementlehre, wie Lean Management, Qualitätsmanagement (s. Kap. 10), Reengineering oder partizipativem Management (s. Kap. 9). Budäus (1998) unterscheidet drei Ebenen der Reform (s. Abb. 4.6). 1. Die erste und grundsätzlichste Ebene der Reform ist jene der Kritik der in Wohlfahrtsstaaten zunehmend gewachsenen Aufgaben des Staates. Privatisierung (s. Abb. 4.5) im Sinne eines vollständigen Rückzuges des Staates lautet hier eine der Empfehlungen. 2. Durch die zweite Reformebene sollen marktwirtschafts-analoge Rahmenbedingungen geschaffen werden. Dazu gehören vor allem Maßnahmen wie Auslagerung der Produktion an den kommerziellen oder vereinlichen Sektor. 3. Die dritte Ebene ist die der Binnenreform der Verwaltung durch die Einführung neuer Verfahren, Strukturen, Techniken und neuen Personals.

Durch Transformationsprozesse, wie die durch das New Public Management ausgelöste Privatisierung, Ökonomisierung und Kommerzialisierung, können Stärken der ursprünglichen Institutionen (Staat, Wahl, Bürokratie) verloren gehen. Diese **Folgeprobleme** sind Gegenstand wissenschaftlicher und politischer Kontroversen zwischen den Befürwortern von mehr Markt oder mehr Staat. Durch eine Privatisierung im engeren Sinne können z. B. öffentliche Güter gefährdet sein, wie die möglichen positiven externen Effekte des Sports. Es besteht die Gefahr, dass Managementreformen als Deckmantel für eine bloße Sparpolitik genutzt werden. Neuere psychologisch-ökonomische Theorien, wie die Verdrängungstheorie, greifen eine der Grundsäulen der neoklassischen Ökonomie an, nämlich die auf monetären Belohnungen beruhenden Leistungsanreize.

Die Verwaltungsreformbewegung hat um die Jahrtausendwende auch die **kommunalen Sportverwaltungen** in Deutschland erreicht und verändert. Je radikaler allerdings die Maßnahmen waren, desto seltener wurden sie angewandt, also weniger die Maßnahmen der beiden ersten Reformebenen des New Public Managements als der dritten Ebene. Eine herausragende Stellung nahmen Elemente der Binnenreform sowie die Verlagerung der Betreuung von Sportanlagen an die Vereine ein. Die empirische Analyse zeigte, dass folgende drei Einflussvariablen das Ausmaß der Reformen beeinflusst haben: 1. die Größe, 2. die Finanznot der Gemeinde und 3. die mangelnde Befürchtung des Verlustes von Staatsaufgaben durch den Wandel. Dabei ließ sich nachweisen, dass die wahrgenommene Steigerung des generellen Erfolgs der Sportverwaltung in den 1990iger Jahren zusammenhing mit der Anzahl eingeführter Reformelemente.

Im Sinne einer Zusammenfassung der Kap. 3 und 4 wurden in Kap. 4.6 die Funktionsweisen und das Versagen der Institutionen Verein und Staat mit der von Markt und Unternehmen verglichen und die Bedeutung dieses **Institutionenvergleichs** anhand der Verschiebungen der Erstellung von Sportangeboten, die sich zwischen diesen Institutionen ergeben haben bzw. diskutiert werden, verdeutlicht.

4.8 Wiederholungsfragen

- Welche Besonderheiten kennzeichnen den Staat und seine Organisationen im Vergleich zu Markt und Unternehmen?
- Welche Formen des Staatsversagens werden kritisiert, was sind die Gründe für das Staatsversagen?
- Welche Vor- und Nachteile haben bürokratische Organisationen?
- Welche drei Ebenen der Reform öffentlicher Verwaltungen kann man unterscheiden? Welche Managementkompetenzen werden dazu gebraucht?
- Wie ist der Stand der Reform der Sportverwaltungen in Deutschland? Welche Ursachen und Wirkungen haben diese Reformen nach den Ergebnissen der Kölner Studie?

Literatur

Alchian, A., & Demsetz, H. (1973). The property rights paradigm. *Journal of Economic History, 33*(1), 16–27.
Badelt, C. (1985). *Politische Ökonomie der Freiwilligenarbeit. Theoretische Grundlegung und Anwendung in der Sozialpolitik*. Frankfurt a. M.: Campus.
Bosetzky, H. (1971). Bürokratische Organisationsformen in Behörden und Industrieverwaltungen. In R. Mayntz (Hrsg.), *Bürokratische Organisation* (S. 179–288). Köln: Kiepenheuer & Witsch.
Brettschneider, W.-D., & Kleine, T. (2002). *Jugendarbeit in Sportvereinen: Anspruch und Wirklichkeit*. Schorndorf: Hofmann.
Budäus, D. (1998). Von der bürokratischen Steuerung zum New Public Management. In D. Budäus, P. Conrad, & G. Schreyögg (Hrsg.), *New Public Management* (S. 1–10). Berlin: de Gruyter.
Budäus, D., Conrad, P., & Schreyögg, G. (Hrsg.). (1998). *New public management*. Berlin: de Gruyter.
Burns, T., & Stalker, G. N. (1961). *The management of innovation*. London: Tavistock.
Chang, H.-J. (2008). *Bad Samaritans: The myth of free trade and the secret history of capitalism*. New York: Bloomsbury.
Churchill, W. (1947). *Rede vor dem Unterhaus am 11. November 1947, Sitzungsprotokoll*.
Downs, A. (1957). *An economic theory of democracy*. New York: Harper & Row.
Frey, B. S., & Osterloh, M. (2005). Yes, managers should be paid like bureaucrats. *Journal of Management Inquiry, 14*(1), 96–111.
Gerlach, E., & Brettschneider, W.-D. (2013). *Aufwachsen mit Sport. Befunde einer 10-jährigen Längsschnittstudie zwischen Kindheit und Adoleszenz*. Aachen: Meyer & Meyer.
Heinemann, K. (1995). *Einführung in die Ökonomie des Sports. Ein Handbuch*. Schorndorf: Hofmann.
Hirschmann, A. O. (1974). *Abwanderung und Widerspruch. Reaktionen auf Leistungsabfall bei Unternehmungen, Organisationen und Staaten*. Tübingen: Mohr.
Hockenjos, C. (1995). *Öffentliche Sportförderung in der Bundesrepublik Deutschland. Darstellung und finanztheoretische Analyse*. Frankfurt a. M.: Lang.
Horch, H.-D. (1983). *Strukturbesonderheiten freiwilliger Vereinigungen. Analyse und Untersuchung einer alternativen Form menschlichen Zusammenarbeitens*. Frankfurt a. M.: Campus.
Horch, H.-D. (1990). Vereinigungsversagen. Ein Institutional-Choice-Vergleich zwischen Sportverein und kommerzieller Sportorganisation. *Sportwissenschaft, 20*, 162–181.
Horch, H.-D., & Schütte, N. (2003). *Kommunale Sportverwaltung*. Köln: Institut für Sportökonomie und Sportmanagement.
Jensen, M., & Meckling, W. (1976). Theory of the firm. Managerial behavior, agency costs and ownership structure. *Journal of Financial Economics, 3*(4), 305–360.
KGSt. (1993). *Das neue Steuerungsmodell. Begründung, Konturen, Umsetzung*. Köln: KGSt.
McGregor, D. (1960). *The human side of Enterprise*. New York: McGraw-Hill.
Mintzberg, H. (1989). *Mintzberg on Management. Inside our strange world of organizations*. New York: The Free Press.
Niskanen, W. J. Jr. (1971). *Bureaucracy and representative government*. Chicago: Aldine Atherton.
Picot, A., Dietl, H., & Franck, E. (1999). *Organisation. Eine ökonomische Perspektive* (5., aktualisierte und überarb. Aufl). Stuttgart: Schäffer-Poeschel.
Salamon, L. M. (1987). Of market failure, voluntary failure, and third party government: Toward a theory of government-nonprofit relations in the modern welfare state. *Nonprofit and Voluntary Sector Quarterly, 16*(1–2), 29–49.
Schumpeter, J. A. (1972). *Kapitalismus, Sozialismus und Demokratie*. München: Francke.

Schuster, J. M. (1997). Deconstructing a tower of babel: Privatisation, decentralisation and devolution as ideas in good currency in cultural policy. *Voluntas. International Journal of Voluntary and Nonprofit Organizations, 8*(3), 261–282.

Streeck, W., & Schmitter, P. C. (1985). Community, market, state and associations? The prospective contribution of interest governance to social order. *European Sociological Review, 1*(2), 119–138.

Tullock, G. (1965). *The politics of bureaucracy*. Washington, DC: Public Affairs.

Türk, K. (1976). *Grundlagen einer Pathologie der Organisation*. Stuttgart: Enke.

Weber, M. (1972). *Wirtschaft und Gesellschaft* (5. revid. Aufl.). Tübingen: Mohr.

Weisbrod, B. A. (1977). Not for profit organizations as providers of collective goods. In B. A. Weisbrod (Hrsg.), *The voluntary nonprofit sector* (S. 1–10). Lexington: Lexington Books.

Weiterführende Literatur

Horch, H. D., & Schütte, N. (2007). Change in community sport departments in Germany. *European Journal for Sport and Society, 4*(1), 23–38.

Besonderheiten von Kleinbetrieben im Sport

Sowohl die Betriebswirtschafts- als auch die Managementlehre beschäftigt sich implizit mit Großbetrieben. Viele Sportbetriebe sind jedoch eher klein. Erst seit den 1970iger Jahren sind Kleinbetriebe verstärkt Gegenstand der Betriebswirtschaftslehre. Internationale Aufmerksamkeit erlangte das Thema durch die Publikationen von Schumacher (1973) mit dem Titel „Small is beautiful" und Birch (1979) „The Job Generation Process". Seit dem ist zwar die Zahl der Veröffentlichungen gewachsen, Kleinbetriebe sind aber in der Betriebswirtschaftslehre bisher immer noch vergleichsweise wenig erforscht (Julien 1993; Brock und Avans 1989; Behringer 2009). Es gibt nur wenige zusammenfassende Darstellungen.

Dieser geringe Forschungsstand steht im Widerspruch zur ökonomischen Bedeutung von Kleinbetrieben. Sowohl in der Sportindustrie als auch in anderen Branchen erfahren die Großunternehmen auch in der öffentlichen Wahrnehmung eine stärkere Aufmerksamkeit als die kleinen und mittleren Unternehmen (KMU).[1] Allgemein sind es jedoch die Klein- und Mittelbetriebe, die volkswirtschaftlich betrachtet in vielerlei Hinsicht eine dominierende Rolle einnehmen. KMUs machen in modernen Volkswirtschaften 90–98 % aller Unternehmen aus und beschäftigen mehr als 80 % der arbeitenden Bevölkerung (Hamer 1982, 1987, 1988; OECD 2005; Pleitner 1993). 85 % aller Auszubildenden erlernen ihren Beruf in KMUs (Hamer 2006). Im Vergleich zu vielen Großunternehmen erfolgt die Gründung und Ansiedlung von KMUs meist ohne Subventionen (Albach 1983; Hamer 2006) und auch aus steuerlichen Gesichtspunkten müsste den Klein- und Mittelbetrieben eine höhere Bedeutung beigemessen werden. Großunternehmen in Deutschland wiesen 1982 eine relative Steuerlastquote[2] von 9,1 % auf (Hamer 1982). Im Vergleich dazu kamen mittlere Unternehmen auf 17,8 % und Kleinbetriebe auf 40,8 % relative Steuerlastquote (Hamer 1982).

---

[1] In der englischsprachigen Literatur hat sich die Abkürzung SME (small- to medium-sized enterprises) etabliert.

[2] Die (betriebswirtschaftliche) Steuerlastquote gibt den prozentualen Anteil an abzuführenden Steuern eines Unternehmens im Verhältnis zum Jahresüberschuss vor Steuern an (Peffekoven 1993, 2004).

Makroökonomisch betrachtet übernehmen KMUs drei wichtige Funktionen in Volkswirtschaften[3] (Albach 1983; Bussiek 1994; Wörwag 1996): Erstens, werden viele Produkte und Dienstleistungen ausschließlich von Kleinbetrieben erzeugt und ergänzen so das Angebot auf den Märkten. Sie übernehmen somit eine wichtige Angebotsfunktion. Zweitens, entspricht der Markt, auf dem Kleinbetriebe agieren, dem Ideal eines vollkommenen Wettbewerbs wo hingegen Großbetriebe eher einen Oligopol-Markt bilden. Ferner sind durch die Vielzahl der KMUs Wettbewerbsabsprachen eher unwahrscheinlich, was die Wettbewerbsintensität stärkt und unter marktwirtschaftlichen Gesichtspunkten zu einer besseren Ressourcenallokation führt. KMUs übernehmen daher auch eine wichtige Wirtschaftsordnungsfunktion. Und drittens, aufgrund der hohen Bindung zwischen Arbeitgeber und Arbeitnehmer in KMUs wird im Falle von Konjunkturschwankungen eine relativ hohe Beschäftigungskontinuität gewährleistet. Angesichts der hohen Beschäftigungsquote in KMUs ist dies makroökonomisch von großer Bedeutung. Großunternehmen tendieren in wirtschaftlich schwierigen Zeiten eher zu Entlassungen als KMUs. Daher kann KMUs volkswirtschaftlich betrachtet auch eine wichtige konjunkturpolitische Funktion zugeschrieben werden.[4]

Im Folgenden sollen (1.) die idealtypischen Besonderheiten von Kleinbetrieben im Vergleich zu Großbetrieben herausgearbeitet werden, (2.) auf verblüffende Gemeinsamkeiten mit Vereinen hingewiesen und (3.) auf die empirische Bedeutung von Kleinbetriebe speziell im Sport eingegangen werden sowie kurz der Forschungsstand dazu referiert werden.

Am Ende soll der Leser gelernt haben:

- Anhand welcher Charakteristika unterscheiden sich Kleinbetriebe von Großbetrieben?
- Welche Vor- und Nachteile weisen Kleinbetriebe auf?
- Warum haben Kleinbetriebe und freiwillige Vereinigungen viele Gemeinsamkeiten?
- Welche Bedeutung haben Kleinbetriebe für die weitere Entwicklung der Sportbranche?

5.1 Besonderheiten im Vergleich zu Großbetrieben

Es ist leicht einzusehen, dass die Besonderheiten umso größer sind, je kleiner die Betriebe sind, und entsprechend an Bedeutung verlieren, je größer sie sind. Dazu muss zunächst einmal geklärt werden, was man unter „klein" versteht. Für die Bestimmung der Größe eines Unternehmens kann eine Vielzahl von qualitativen und quantitativen Größen heran-

---

[3] Eines der besten Beispiele dafür liefert der indische Wirtschaftsprofessor Muhammed Yunus. Zunächst privat später als Leiter der von ihm gegründeten Grameen Bank gab er sogenannte Mikrokredite an arme Inder aus, damit diese sich selbständig eine Existenz als Kleinunternehmer aufbauen konnten und so einen Weg aus der Armut finden. Der Ansatz ist nach wie vor überaus erfolgreich und findet auch in Europa und den USA Anwendung. Yunus erhielt dafür 2006 den Friedensnobelpreises (http://www.nobelprize.org/nobel_prizes/peace/laureates/2006/press.html).

[4] Schmidt (1996) hat diesbezüglich Zweifel, kann diese Einwände jedoch nicht empirisch belegen.

5.1 Besonderheiten im Vergleich zu Großbetrieben

Kleinstbetrieb
- bis 9 Beschäftigte
- Jahresumsatz und Bilanzsumme bis 2 Mio. €

Kleinbetrieb
- 10 bis 49 Beschäftigte
- Jahresumsatz und Bilanzsumme von >2 bis 10 Mio. €

Mittelgroßer Betrieb
- 50 bis 249 Beschäftigte
- Jahresumsatz >10 bis 50 Mio. €
- Bilanzsumme >10 bis 43 Mio. €

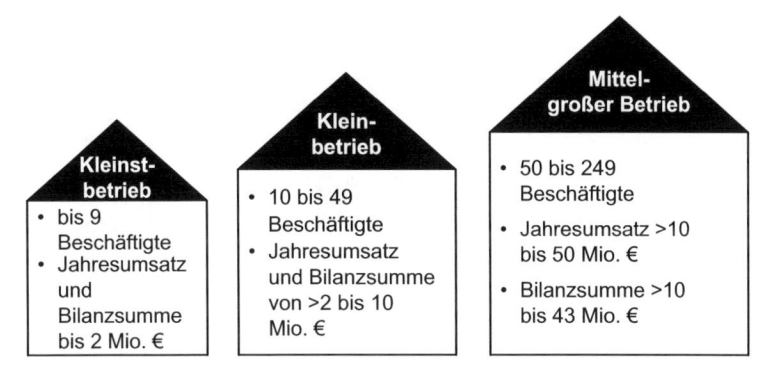

Abb. 5.1 Unternehmensgrößenklassifikation gemäß der Europäischen Kommission (2003)

gezogen werden (vgl. Pfohl 2006a). Quantitative Größen wie bspw. der Kapitaleinsatz oder der Umsatz eignen sich sehr gut zur Unterscheidung von Unternehmensgrößen innerhalb einer Branche, können jedoch bei einer branchen- oder länderübergreifenden Betrachtung zu falschen Schlussfolgerungen führen (Bayer 1963; Pfohl 2006a; Pleitner 1995). Alternativ können qualitative Merkmale herangezogen werden, die zum Großteil quantifizierbar sind. In Betracht käme hier bspw. die Arbeitsintensität (Verhältnis von Personal- zu Kapitalkosten), die Stellung auf dem Absatz- bzw. Beschaffungsmarkt in Form des relativen Marktanteils oder die Bildungsstruktur des Personals ausgedrückt in der prozentualen Verteilung einzelner Bildungsgruppen an der Gesamtbelegschaft eines Unternehmens (Pfohl 2006a). Zu den nicht quantifizierbaren qualitativen Merkmalen zählen zum Beispiel folgende: Vorhandensein eines Eigentümer-Unternehmers, Führungsstil, Organisationsstruktur und Besitzverhältnisse (Familienbesitz vs. gestreuter Besitz) (Gelinas und Birgas 2004).

Normalerweise wird jedoch die Anzahl der Mitarbeiter als Definitionskriterium herangezogen. Gemäß dem Ansatz der Europäischen Kommission (2003) können vier Unternehmensgrößen unterschieden werden (vgl. Abb. 5.1). Kleinstunternehmen haben ein bis neun Beschäftigte und einen Jahresumsatz von bis zu zwei Millionen € sowie eine Bilanzsumme bis zwei Millionen €. Für Kleinunternehmen sind folgende Grenzwerte definiert worden: 10–49 Beschäftigte, Umsatz und Bilanzsumme von mehr als zwei Millionen aber maximal zehn Millionen €. In mittelgroßen Unternehmen arbeiten zwischen 50 und 249 Beschäftigte, die einen Umsatz von bis zu 50 Mio. € generieren und eine Bilanzsumme von mehr als zehn und bis zu 43 Mio. € aufweisen. In allen anderen Fällen handelt es sich um Großunternehmen.

Kleinbetriebe[5] unterscheiden sich von Großbetrieben aber vor allem anhand qualitativer Merkmale.[6] Bei Pfohl (2006a) findet sich eine zusammenfassende Übersicht inwiefern sich Klein- von Großbetrieben in den einzelnen Bereichen unterscheiden. Die Ergebnisse dieser Metaanalyse sind teilweise empirisch belegt und teils mittels plausibler Annahmen abgeleitet. Nachfolgend werden die Unterschiede folgender betriebswirtschaftlicher Funktionen diskutiert: 1. Unternehmensführung, 2. Personal, 3. Organisation, 4. Produktion und Absatz, 5. Beschaffung und Finanzierung sowie 6. Forschung und Entwicklung (s. Abb. 5.2).

1. **Unternehmensführung:** In der Unternehmensführung unterscheiden sich Kleinbetriebe von Großbetrieben maßgeblich in der Herkunft des Führungspersonals. Kleinbetriebe werden in der Regel von einem oder mehreren Eigentümern geführt, während Großunternehmen für die Führung des Betriebes Manager mit fundierten Kenntnissen der Unternehmensführung unter Vertrag nehmen. Der Eigentümer-Unternehmer verfügt in der Regel über geringere Unternehmensführungskompetenz kann dafür aber meist ein gutes technisches Wissen aufweisen, was in Großbetrieben eher in den Fachabteilungen oder Stäben vorhanden ist. Dieses Wissen ist meist nur tazit (unbewusst) vorhanden und wird selten auf weitere Personen übertragen und somit in explizites Wissen umgewandelt. Dies kann einerseits damit erklärt werden, dass dieses Wissen Grundlage für die Existenz ist und im Falle einer Weitergabe die Gefahr der Entstehung von Konkurrenz bzw. der Verlust des Wettbewerbsvorteils besteht. Andererseits belegt das Beispiel des Geigenbauers „Stradivari", dass im Falle der Nichtweitergabe von taziten Wissen (hier die Techniken und Methoden für die Herstellung der besonderen Klangqualität einer Stradivari-Geige), dieses verloren geht (Freiling 2001) und somit oft auch der Fortbestand des Unternehmens unsicher ist. Die Führung von Kleinbetrieben erfolgt meist patriarchalisch, intuitiv und aufgrund häufig fehlender Planung oft improvisatorisch (Pfohl 2006a). Die Unternehmensführung und -kultur in Kleinbetrieben ist ferner stark von der Persönlichkeit des Unternehmers geprägt (Pfohl 2006b). Empirische Untersuchungen zu den Insolvenzursachen von Kleinbetrieben belegen den Zusammenhang zwischen Unternehmerpersönlichkeit sowie dessen Fähigkeiten und dem Fortbestand bzw. der Insolvenz des Unternehmens (Lück 2000). Ferner kennzeichnet den Eigentümer-Unternehmer, dass seine persönlichen Ziele stark mit den Unter-

---

[5] Viele der nachfolgend aufgeführten Besonderheiten von Kleinbetrieben gelten auch für mittelgroße Unternehmen. Wie bereits schon einführend dargestellt und im Weiteren noch belegt wird, sind im Sport überwiegend Kleinbetriebe vorzufinden. Daher bilden diese den Fokus der Betrachtung.

[6] Franchise-Betriebe, wie Sie im Sport-/Fitnessbereich zu finden sind, erweisen sich in der Einordnung als problematisch. Formal gesehen, gehören sie zu den Kleinbetrieben, sind aber so stark in einen Verbund eingebettet, dass eine starke vertragliche Abhängigkeit zum Franchisegeber besteht und fraglich ist, ob alle Franchiseunternehmen nicht zusammen als Großunternehmen zu betrachten sind (Scarborough 2012; Schmidt 2012). Franchisesysteme versuchen sozusagen die Vorteile von Klein- mit denen von Großbetrieben zu vereinigen.

5.1 Besonderheiten im Vergleich zu Großbetrieben

	Kleinbetrieb	Großbetrieb
Unternehmensführung	Eigentümergeführt; gutes technisches Wissen der Eigentümer; häufig patriarchalische, intuitive und improvisatorische Führung; Persönlichkeit des Eigentümers prägt Unternehmenskultur stark; Unternehmenserfolg und -fortbestand stark von Führung des Eigentümers abhängig; hohe Übereinstimmung von persönlichen und Unternehmenszielen	Managergeführt; hohe Führungskompetenz; (technisches) Fachwissen in Abteilungen und Stäben
Personal	kaum ungelernte bzw. angelernte Arbeitskräfte; hohe Motivation und Identifikation der Mitarbeiter mit Betrieb	verstärkt Akademiker und Spezialisten
Organisation	Ausrichtung der Strukturen auf Eigentümer; keine Abteilungen; Häufungen von Funktionen auf eine Person	komplexe; personenunabhängige Organisationsstruktur; hohe Formalisierung
Produktion & Absatz	spezifische Sachgüter und Dienstleistungen in kleinem Umfang; auftragsbezogene Produktion; hohe Kundennähe positiv für Absatz; Dominanz von Beziehungsmarketing	Produktion auf Vorrat, Nutzung von Größenvorteilen; Einsatz von Spezialmaschinen
Beschaffung & Finanzierung	kein Zugang zum anonymen Kapitalmarkt; auftragsbezogene Beschaffung schwächt Einkaufsposition	starke Position auf Beschaffungs- sowie Kapitalmarkt
Forschung & Entwicklung	kurzfristige und intuitive Reaktion auf Marktveränderungen	institutionalisierte Forschungs- und Entwicklungsabteilungen; Grundlagenforschung; hohe Innovationsfähigkeit

Abb. 5.2 Besonderheiten von Kleinbetrieben

nehmenszielen übereinstimmen (Bamberger und Pleitner 1988).[7] Die Arbeitsteilung in Großbetrieben erfolgt im Vergleich eher sach- anstatt personenbezogen, wodurch Funktionshäufungen und daraus resultierende Überlastung reduziert werden. Die beiden größten und ggf. existenzbedrohenden Nachteile von Kleinbetrieben sind die stark begrenzten Ausgleichsmöglichkeiten im Falle von unternehmerischen Fehlentscheidungen sowie die fehlende Austauschbarkeit des Führungspersonals (Pfohl 2006a).

2. **Personal:** Die Unterscheidung nach Unternehmensgrößen ist eng mit der Anzahl des beschäftigten Personals verbunden. Im Vergleich zu Großbetrieben weisen Kleinbetriebe jedoch nicht nur einen quantitativen Unterschied auf. Auch in qualitativer Hinsicht gibt es Abweichungen. Ungelernte bzw. angelernte Arbeitskräfte sind in Kleinbetrieben selten zu finden, dafür aber auch weniger Akademiker und Spezialisten als in Großbetrieben (Pfohl 2006a). Aufgrund der starken persönlichen Beziehungen zwi-

---

[7] Durch leistungsbezogene Anreize versuchen Eigentümer von Großunternehmen ihre Manager dazu zu motivieren, die Unternehmensziele stärker mit den persönlichen Zielen der Manager in Einklang zu bringen. Dies stellt eine klassische Form der Lösung des Prinzipal-Agenten-Problems dar (vgl. Jensen und Meckling 1976). Zu den Nachteilen leitungsbezogener Bezahlung s. Frey und Osterloh (2012).

schen den Mitarbeitern in Kleinbetrieben ist die Motivation und Identifikation mit dem Betrieb größer, was sich auch in einer höheren Arbeitszufriedenheit widerspiegelt und letztendlich Garant für die hohe Leistungsfähigkeit und Qualität der Produkte bzw. Dienstleistungen ist (Pfohl 2006a; Simon und Huber 2006).

3. **Organisation:** Bedingt dadurch, dass in Kleinbetrieben häufig die Eigentümer auch die Unternehmensführung innehaben, ergeben sich Konsequenzen für die Organisation. Im Vergleich zu Großbetrieben, die eine komplexe und personenunabhängige Organisationsstruktur aufweisen, sind Kleinbetriebe dadurch gekennzeichnet, dass die Strukturen auf den Unternehmer ausgerichtet und einlinienförmig sind (Pfohl 2006a). Abteilungen gibt es in Kleinbetrieben kaum und Häufungen von Funktionen auf eine Person sind allgegenwärtig (O'Beirne 2004). Aus organisationstheoretischer Sicht weisen Kleinbetriebe einige Charakteristika auf, die ihnen im Vergleich zu Großbetrieben wesentliche Vorteile verschaffen: Informationen werden auf kurzem und direktem Wege übermittelt, zwischen den Mitarbeitern bestehen starke persönliche Bindungen, Weisungs- und Kontrollbeziehungen sind persönlicher Natur, Koordinationsprobleme treten äußerst selten auf, der Formalisierungsgrad ist schwach ausgeprägt, und es herrscht eine hohe Flexibilität (Pfohl 2006a).

4. **Produktion und Absatz:** Die Produktion und der Absatz in Kleinbetrieben beschränken sich weitestgehend auf spezifische Sachgüter und/oder Dienstleistungen, die nicht in großem Umfang benötigt werden. Die Herstellung erfolgt fast ausschließlich auftragsbezogen während hingegen Großbetriebe oft auf Vorrat produzieren. Die Herstellung der Güter ist daher eher arbeits- als kapitalintensiv. D. h., in Kleinbetrieben sind die Mitarbeiter der dominierende Produktionsfaktor. Großunternehmen können häufig Güter aufgrund hoher Arbeitsteilung sowie der Anschaffung von Spezial- anstatt Universalmaschinen Kostendegressionseffekte erzielen und somit kostengünstiger produzieren als Kleinbetriebe (Hamer 2006; Pfohl 2006a). Die hohe Kundennähe und die starken Kundenbeziehungen sind für Kleinbetriebe eine der wesentlichsten Erfolgsfaktoren im Vergleich zu Großbetrieben. Dies wirkt sich u. a. positiv auf den Absatz aus. In Konsequenz bedeutet dies für Kleinbetriebe auch eine stärkere Ausrichtung auf das Beziehungs- anstatt das Produktmarketing (Mann 2005; Simon und Huber 2006).

5. **Beschaffung und Finanzierung:** In den Bereichen Beschaffung und Finanzierung weisen Kleinbetriebe wesentliche Nachteile gegenüber Großunternehmen auf. Auf dem Beschaffungsmarkt haben sie meist eine schwache Position. Die notwendigen Materialien werden in der Regel auftragsbezogen geordert. In Kombination mit den Produktionsbesonderheiten können so kaum Größeneffekte (bspw. Mengenrabatte) auf dem Beschaffungsmarkt erzielt werden. Ähnlich verhält es sich auf dem Kapitalmarkt. Da die Anteile an Kleinbetrieben meist im Familienbesitz sind, gibt es keinen Zugang zum anonymen Kapitalmarkt. Im Falle einer Unternehmenskrise sind staatliche Fördermaßnahmen wie bei Großunternehmen, z. B. Opel oder Philip Holzmann, kaum zu erwarten (Pfohl 2006a).

6. **Forschung und Entwicklung:** Der Bereich Forschung und Entwicklung (FuE) stellt eine der wichtigsten Säule für den langfristigen Fortbestand von Betrieben dar, egal welcher Größe. Die wissenschaftlichen Ergebnisse hierzu in Bezug auf Kleinbetriebe sind nicht eindeutig. Einerseits nimmt das Tagesgeschäft in Kleinbetrieben eine so dominierende Rolle ein, dass es meist keine institutionalisierte Forschungs- und Entwicklungsabteilung gibt. Grundlagenforschung findet fast ausschließlich in großen Betrieben statt (Pfohl 2006a). Andererseits reagieren Kleinbetriebe oft kurzfristig und intuitiv auf Marktänderungen, was u. a. auf die Nähe zu Kunden, Zulieferern und Händlern zurückzuführen ist (Lasagni 2012). Die entwickelten Lösungen sind so vorwiegend bedarfsorientiert, werden dafür aber im Vergleich zu Großbetrieben schnell umgesetzt und angeboten, wodurch eine höhere Innovationseffizienz gegeben ist (Pfohl 2006a; Zeitel 1990). Des Weiteren war – ex-post betrachtet – die Innovationskraft Garant für das Wachstum von Kleinbetrieben zu mittleren bzw. großen Betrieben. Vor allem technisch-orientierte Kleinbetriebe verdanken ihr Wachstum ihrer Innovationsstärke (Simon und Huber 2006). Häufig sind sie Großunternehmen sogar in der Entwicklung und Umsetzung von Innovationen überlegen (Bussiek 1994; Meyer 2006). Die widersprüchlichen Befunde sind unter Berücksichtigung der betreffenden Branche und der Unternehmensgröße zu erklären. Zum einen beziehen sich die positiven Erkenntnisse auf KMUs allgemein und lassen keine genaueren Schlussfolgerungen zu, ob dies auch für Kleinbetriebe gilt und ob bei den Untersuchungen die gleichen Größenkriterien herangezogen worden sind. Behringer (2009, S. 48) weist zurecht darauf hin, dass hinterfragt werden muss, ob einzelne kleinere Unternehmen „aufgrund ihrer Struktur überhaupt innovationsfähig sind"? Als möglichen Lösungsansatz empfiehlt Mieke (2007), mit anderen Unternehmen ähnlicher Größenordnung zu kooperieren, um gemeinsam mehr zu erreichen. Denn „KMU mit dauerhaft verankerter FuE sind signifikant erfolgreicher am Markt mit neuen Angeboten als KMU ohne Forschungsanstrengungen" (Spielkamp und Rammer 2007, S. 316).

5.2 Gemeinsamkeiten mit Vereinen

Wenn man sich die Besonderheiten von Kleinbetrieben anschaut, werden die vielen Ähnlichkeiten zu den zuvor ausführlicher geschilderten Besonderheiten von Vereinen (s. Kap. 3.3) offensichtlich, z. B. Ähnlichkeiten beim Personal und in der Organisationsstruktur sowie bei den Stärken und Schwächen. Wie kann man das erklären? Letztere wurden ja vor allem mit der unbezahlten Arbeit, aber auch mit der demokratischen Entscheidungsstruktur, dem Vereinigungscharakter und der Non-Profit-Orientierung erklärt. Diese Eigenschaften treffen aber auf kleine Unternehmen so alle nicht zu. Sie produzieren mithilfe bezahlter Mitarbeiter Waren für den Austausch mit Kunden, um Gewinn für die Eigentümer zu erwirtschaften. Einerseits kann es sein, dass teilweise gewisse Ähnlichkeiten mit Vereinen vorliegen, z. B. dass monetäre Anreize für Eigentümer und Mitarbeiter nicht so dominant sind wie in Großbetrieben oder dass zwar kein demokratischer aber ein

5 Besonderheiten von Kleinbetrieben im Sport

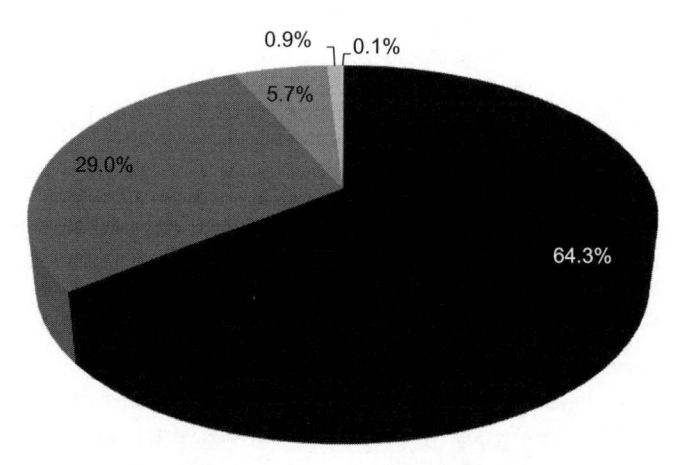

- Sportvereine ohne Beschäftigte
- Sportvereine mit 10-49 Beschäftigten (entspricht Kleinbetrieb)
- Sportvereine mit 1-9 Beschäftigten (entspricht Kleinstbetrieb)
- Sportvereine mit 50-249 Beschäftigten (entspricht mittelgroßem Betrieb)
- Sportvereine mit 250 Beschäftigten und mehr (entspricht Großbetrieb)

Abb. 5.3 Betriebsgrößen von Sportvereinen. (Breuer et al. 2013)

partizipativer Führungsstil (s. Kap. 9) gepflegt wird. Andererseits erscheint aber plausibler, dass die Ähnlichkeiten umgekehrt damit zusammenhängen, dass Vereine idealtypisch auch Kleinbetriebe sind und dieser Einflussfaktor zusätzlich zu den obigen zu einer Verstärkung der Besonderheiten von Vereinen und zu den Ähnlichkeiten mit kleinen Unternehmen führt.[8] So weisen 64 % der deutschen Sportvereine keinen einzigen sozialversicherungspflichtig Beschäftigten auf (Breuer und Wicker 2009, S. 37). 29 % würden nach diesem Kriterium mit 1-9 Beschäftigten in die Kategorie Kleinstbetriebe, 6 % in die der Klein- und 1 % in die der mittelgroßen Betriebe fallen (s. Abb. 5.3). Nur 0,1 % der Sportvereine hat über 250 Beschäftigte und wäre nach dieser Definition ein Großbetrieb. Auch wenn man anstelle der bezahlten die ehrenamtlichen Mitarbeiter als Kriterium heranzieht, sind die meisten Sportvereine mit im Durchschnitt 23 Personen, die sich ehrenamtlich engagieren, Kleinbetriebe, wobei zusätzlich zu beachten ist, dass diese einen durchschnittlichen Arbeitsumfang von 17,6 h pro Monat aufweisen (Breuer und Wicker 2009, S. 35).

Geser (1980) hat die idealtypischen Gemeinsamkeiten aller kleinen Systemen – also unabhängig davon, ob es sich um Unternehmen oder Vereine handelt – auf folgende drei Punkte gebracht: 1. Geringe Ausdifferenzierung von System und Person, 2. Hohe Interaktion zwischen den Mitgliedern und 3. Ressourcenmangel (s. Abb. 5.4).

---

[8] Aus ähnlichen Gründen gibt es Ähnlichkeiten zwischen Kleinbetrieben und Dienstleistungsbetrieben. Denn auch diese sind wegen der notwendigen Kundennähe häufig relativ klein.

5.2 Gemeinsamkeiten mit Vereinen

Kriterium \ Charakteristika	Geringe Ausdifferenzierung von System und Person	Hohe Interaktion zwischen den Mitgliedern	Ressourcenmangel
Dimensionen	– geringe Formalisierung (Interaktionsverfestigung) – geringe Spezialisierung (Personalisierung) – geringe Standardisierung (Ambivalenz)	– vorwiegend persönliche und mündliche Kommunikation – kurze Informationswege und informelle Regelungen – entweder patriarchalische oder partizipative Autoritätsstruktur	– wenig Mitarbeiter – geringe Ausstattung mit sonstige Ressourcen – schwache Position auf allen Märkten
Stärken	– Personal mit vielfältigen Fähigkeiten (personale Polyvalenz) – Überschaubarkeit und Einflussmöglichkeiten für die Mitarbeiter	– größere Kompliziertheit, Wechselhaftigkeit, Unsicherheit verkraftbar – höhere Flexibilität und Anpassungsfähigkeit – internalisierte und gegenseitige Kontrolle – soziale Polyvalenz (der sozialen Beziehungen)	– Mitarbeiter mit vielfältig einsetzbarer Qualifikation (kulturelle Polyvalenz) – Nutzung von Universal- statt Spezialmaschinen (technologische Polyvalenz)
Schwächen	– geringe Planbarkeit, Rollenprofessionalisierung und organisatorische Kontrolle – Abhängigkeit von Personen – Überlastung und Ambivalenz für die Mitarbeiter	– keine klare Trennung zwischen Arbeit und Freizeit (soziale Polyvalenz) – persönliche gefärbte Konflikte können belasten – fachliche Qualifikationen zu Gunsten der Homogenität der Gruppe vernachlässigt	– geringe Reserven – schwache Position auf Beschaffungs- und Absatzmarkt – kein Zugang zum anonymen Kapitalmarkt – kaum staatliche Unterstützung

Abb. 5.4 Besonderheiten kleiner Systeme nach Geser (1980)

1. **Geringe Ausdifferenzierung:** Geringe Ausdifferenzierung von System und Person bedeutet, dass die Organisation noch von leibhaftigen Menschen abhängt. Diese sind nicht wie in großen, alten Organisationen, wie z. B. der katholischen Kirche, beliebig austauschbar. Die Strukturen können daher nicht unabhängig von ihnen gestaltet werden. Der Grad der Formalisierung, Spezialisierung und Standardisierung ist geringer. Interaktionsverfestigungen, Personalisierung und Ambivalenz (s. Kap. 3.3.7) treten an ihre Stelle. Daraus ergibt sich eine Schwäche an Organisationskapazitäten, d. h. eine geringe Planbarkeit und Rollenprofessionalisierung. Kleine Systeme können sich nicht einen Spezialisten für Marketing, einen für Qualitätsmanagement und einen für Finanzierung leisten. Vieles ist nicht organisatorisch kontrollierbar. Das System ist abhängig von Personen. Für die Mitarbeiter können die Überschaubarkeit und die Einflussmög-

lichkeiten reizvoll sein. Die Kehrseite der Medaille ist allerdings, dass die starke persönliche Einbindung in die Organisation auch schnell zu einer Überlastung führen kann. Was an Ausdifferenzierung nicht möglich ist, versuchen kleine System durch Mehrwertigkeiten, wie den Einsatz von Personal mit vielfältigen Fähigkeiten (personale Polyvalenz) auszugleichen.

2. **Hohe Interaktion:** Die geringe Anzahl an Mitarbeitern ermöglicht es, dass noch jeder mit jedem persönlich kommunizieren kann. Es gibt kurze Informationswege. Vieles kann mündlich geregelt werden. Es gibt keine Amtswege, die eingehalten und Formulare, die in dreifacher Ausfertigung ausgefüllt werden müssen. Für die Autoritätsstruktur ergeben sich daraus zwei extrem unterschiedliche Möglichkeiten: eine patriarchalische oder eine partizipative. Der ökonomische oder soziale Unternehmer, der häufig die Organisation noch selbst gegründet hat, kann Alles in seiner Hand behalten. Jede Kleinigkeit soll über seinen Tisch gehen. Aufgrund der Kleinheit können aber auch Alle in die Entscheidungen einbezogen werden, zumindest gehört und überzeugt werden (s. Kap. 9). Aus den Besonderheiten der Kommunikations- und Autoritätsstruktur ergeben sich Stärken und Schwächen. Kleine Systeme können komplizierte, wechselhafte und unübersichtliche Aufgaben leichter lösen. Sie haben eine höhere Flexibilität und schnellere Reaktionsfähigkeit als große Systeme. Hinzu kommen Kontrollvorteile. Es kann auf verinnerlichte oder gegenseitige Kontrolle vertraut und auf zentralisierte, formalisierte Kontrolle verzichtet werden. Arbeit und Freizeit vermischen sich (soziale Polyvalenz), d. h. dass Arbeitsprobleme u. U. auch noch nach Feierabend bei einem Bier gelöst werden können. Die intensive und persönliche Kommunikation kann aber auch Nachteile haben, wie schon für die Vereine aufgezeigt wurde: Langsamkeit, Knatsch, unsachliche Rekrutierung. Mündliche und umfassende Partizipation dauert. Persönlich gefärbte Konflikte werden in die Arbeit hineingetragen. Man bevorzugt Mitarbeiter, die in die Gruppe passen, und vernachlässigt fachliche Qualifikationen.
3. **Ressourcenmangel:** Kleinheit bedeutet nicht nur wenig Mitarbeiter, sondern meist auch geringe sonstige Ressourcenausstattung. Kleine Systeme haben geringe Reserven, wenn Probleme auftreten. Sie haben auf allen Märkten eine schwache Position: gegenüber Nachfragern, Anbietern, Kreditgebern und der Politik. Nach Geser (1980) versuchen kleine Systeme das durch kulturelle und technologische Polyvalenz auszugleichen. Ersteres meint, dass Mitarbeiter mit Ausbildungen gesucht werden, die vielfältig einsetzbar sind. Letzteres meint, dass keine Spezialtechniken und -maschinen eingesetzt werden, sondern solche, die vielfältig nutzbar sind.

Neben diesen gewissen Ähnlichkeiten zwischen kleinen Sportunternehmen und -vereinen, die sich aus der geringen Mitarbeiterzahl resultieren, ergeben sich natürlich allein aus der For-Profit-Orientierung der kleinen Unternehmen, gewichtige Unterschiede. Diese wird letztlich – unabhängig von der Intention der Eigentümer – durch den Wettbewerb auf Märkten bei Strafe des Bankrotts erzwungen.

Abb. 5.5 Größenanalyse der Sportmarketingagenturen in Deutschland ($n=213$)

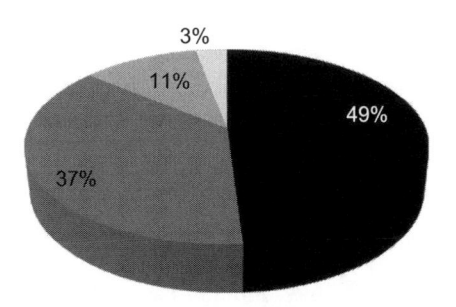

- Kleinste Sportmarketingagenturen (bis 9 Beschäftigte)
- Kleine Sportmarketingagenturen (10 bis 49 Beschäftigte)
- Mittelgroße Sportmarketingagenturen (50 bis 249 Beschäftigte)
- Groß-Sportmarketingagenturen (250 und mehr Beschäftigte)

5.3 Kleinbetriebe im Sport

Bei einer Betrachtung der verschiedenen vorhandenen Unternehmen im Sport wird schnell offensichtlich, dass es eine große Heterogenität gibt und die Abgrenzung schwer fällt. Die Bandbreite reicht von kleinen und großen Sportartikelproduzenten und -händlern, über Fitnessstudios, die oft als Franchiseunternehmen geführt werden, Personal-Trainern, privaten Sportstättenbetreibern bis hin zu Anbietern für passiven Sportkonsum, wie bspw. professionelle Fußballvereine. Gerade die KMUs im Sport sind diejenigen Unternehmen, die maßgeblich zum starken Wachstum der Sportbranche in den Industrieländern beigetragen haben (Berrett et al. 1993; O'Beirne 2004). Der Großteil der an der Produktion des Outputs „Sport" und deren Outputvermarktung beteiligten Unternehmen gehört zu den Kleinst- bzw. Kleinunternehmen. Auf Basis der Daten des SPONSORs Agentur Reports (2010) wurde exemplarisch eine Unternehmensgrößenverteilung der Sportmarketingagenturen in Deutschland anhand der Beschäftigtenzahl vorgenommen. 86 % der gelisteten Agenturen im Sport weisen weniger als 50 Beschäftigte auf (vgl. Abb. 5.5.) und sind somit Kleinunternehmen. Lediglich einzelne Unternehmen in dieser Branche erfüllen das Kriterium für Großunternehmen.

Während sich die allgemeine Betriebswirtschaftslehre in den letzten zwei Jahrzehnten verstärkt dem Thema Kleinbetriebe gewidmet hat, besteht im Sport noch ein großer Nachholbedarf. Krüger (1972a, b) setzte sich erstmalig mit dem Thema Kleinunternehmertum im Sport auseinander, beschränkte sich dabei jedoch auf den Leistungssportler als Kleinunternehmer. In der Zwischenzeit hat sich der Sport in vielen Bereichen grundlegend geändert. Eine Vielzahl von Sportlern verdient mit der sportlichen Betätigung ihren Lebensunterhalt. Insbesondere in den Individualsportarten können die Athleten als Kleinunternehmer betrachtet werden, während bei den Mannschaftssportlern häufig eher ein Angestelltenverhältnis vorliegt. Gleichzeitig hat sich der Sport in den letzten Jahrzehnten zu einem wichtigen Teil der Unterhaltungsindustrie entwickelt, der vielen weiteren Personen (u. a. Trainern, Managern, Journalisten) Arbeit und Einkommen sichert. Diese Personen arbeiten oft als Selbständige bzw. freiberuflich Tätige oder aber sie finden in kleineren Unternehmen eine Anstellung.

Die größte Anzahl an wissenschaftlichen Publikationen gibt es zum Thema Sportsponsoring von Kleinunternehmen, vor allem zu den Motiven und Zielen sowie Wirkungen (u. a. Gardner und Shuman 1988; Mack 1999; Polonsky et al. 1996; Zinger und O'Reilly 2010). In den Publikationen wird deutlich, dass Kleinunternehmen Sportsponsoring eher aus altruistischen Motiven (also als Mäzen) betreiben, um der „Gemeinde etwas zurück zu geben". Dementsprechend unterscheiden sich auch die Ziele des Sportsponsorings von denen der Großunternehmen. Kleinunternehmen engagieren sich im Sport eher aus „Goodwill" und verfolgen in erster Linie nicht-ökonomische Ziele mit Sportsponsoring. Des Weiteren wurden Studien zur Bedeutung des Sponsoringengagements von Kleinunternehmen für die Durchführung von Sportevents (u. a. Gardner und Shuman 1988; Lamont und Dowell 2008; Webb und Carter 2001) sowie für die Finanzierung von Sportclubs (Polonsky et al. 1996; Heiden et al. 2012) durchgeführt. Ohne das Sponsoringengagement der Kleinunternehmen sind viele lokale und regionale Sportevents nicht durchführbar. Darüber hinaus tragen die Kleinunternehmen zu einem erheblichen Teil zur Finanzierung von sowohl Amateur- als auch Profisportclubs bei.

Gilmore et al. (2011) beschäftigen sich in ihrem Beitrag mit der Führung von kleinen Sportvereinen. Aufgrund beschränkter finanzieller Ressourcen, Zeitmangel und geringer Marketingexpertise haben es kleine Sportvereine oft schwer, ihre eigentlichen Aufgaben sowie ihre gesellschaftliche Funktion zu erfüllen. Unternehmer aus Klein- und Mittelbetrieben können zur Lösung des Problems beitragen. Sie verfügen über das Wissen und die Erfahrung sowie über die Kontakte und Netzwerke, um kleine Sportvereine am Leben zu erhalten. Die Autoren legen eine sehr weite Definition von Unternehmensführung zu Grunde, die auch eine soziale Komponente („Social entrepreneurship") beinhaltet und von Unternehmern eine Verantwortung für die Beteiligung an der Lösung gesellschaftlicher Probleme, wie bspw. der Führung von Sportvereinen, einschließt. Byers und Slack (2001) konnten in Übereinstimmung mit früheren Arbeiten aus der allgemeinen Betriebswirtschaftslehre für KMUs feststellen, dass auch in kleinen Sportunternehmen die Entscheidungsfähigkeit der Kleinunternehmen durch begrenzte zeitliche Ressourcen, durch das Streben nach Aufrechterhaltung der Kontrolle und durch fehlende strategische Planung eingeschränkt sind. 95 % der interviewten kleinen Sportunternehmer gaben an, dass sie ihr Hobby zum Beruf gemacht haben, worin Byers und Slack einen weiteren Grund sehen. Der Wunsch, ihr Hobby weiter beruflich auszuführen, schränkt ihr rationales Handeln ein. Entscheidungen sind daher eher emotionsgetrieben und an der Sicherung des Lebensunterhalts als rational einseitig am Profit orientiert. Eine Generalisierung der Untersuchungsergebnisse ist angesichts der geringen Fallzahl und der Homogenität der Befragten nicht möglich und erfordert weiteren Forschungsbedarf.

5.4 Zusammenfassung

„Small is beautiful." Kleinbetriebe im Sport sind einerseits wesentliche Treiber für die Weiterentwicklung und das Wachstum der Sportbranche. Andererseits unterscheiden sie sich aus verschiedensten Gründen von Großbetrieben, so dass die Vielzahl der Konzepte und Ansätze der allgemeinen Betriebswirtschaftslehre auf Kleinbetriebe nicht anwendbar ist. Erschwerend kommt hinzu, dass Kleinbetriebe im Sport sehr heterogen sind. Eine differenzierte Betrachtung der betreffenden Organisation ist daher unerlässlich. Folgende Charakteristika gelten grundsätzlich für Kleinbetriebe auch im Sport (s. Abb. 5.2): a) Kleinbetriebe sind als inhabergeführt zu charakterisieren, deren Führung über ein gutes Fachwissen jedoch über wenig Unternehmensführungskompetenz verfügt. b) Prozesse, Abläufe und Rollen sind in Kleinbetrieben wenig formalisiert und differenziert. c) Die hohe Interaktion in Kleinbetrieben steigert nicht nur die Motivation der Mitarbeiter sowie ehrenamtlich tätigen Mitglieder, sondern senkt auch Informationskosten und -defizite. Zusätzlich wird dadurch die Nähe zum Kunden bzw. Mitglied gefördert. d) Kleinbetriebe sind eng mit einem Mangel an Ressourcen verbunden. e) Kleinbetriebe können aufgrund ihrer Kunden- bzw. Mitgliedernähe und Kleinheit schneller auf Bedarfs- und Marktänderungen reagieren.

Wenn man sich die Besonderheiten von Kleinbetrieben anschaut, werden die vielen Ähnlichkeiten zu den zuvor ausführlicher geschilderten Besonderheiten von Vereinen offensichtlich. Diese Ähnlichkeiten hängen damit zusammen, dass Vereine überwiegend auch Kleinbetriebe sind. Die idealtypischen Gemeinsamkeiten aller kleinen Systeme kann man in drei Punkten zusammenfassen: 1. geringe Ausdifferenzierung von System und Person, 2. hohe Interaktion zwischen den Mitgliedern und 3. Ressourcenmangel (s. Abb. 5.4).

Es wurde jedoch auch aufgezeigt, dass einige Charakteristika für Kleinunternehmen im Sport nicht auf Nonprofit-Organisationen im Sport zutreffen und umgekehrt. Trotz vorhandener Gemeinsamkeiten unterscheiden sie sich in puncto: Profitorientierung, Besitzverhältnisse und Marktorientierung. Gerade diese Besonderheiten gilt es zu kennen und zu berücksichtigen bei betriebswirtschaftlichen Problemstellungen, denn die Heterogenität der Kleinbetriebe im Sport ist groß. Der Forschungsstand ist noch sehr gering und beschränkt sich weitestgehend auf Untersuchungen zum Sportsponsoring.

Insgesamt betrachtet, werden die Kleinbetriebe auch zukünftig der Motor für die weitere Entwicklung im Sport sein. Inwieweit sich Nonprofit-Sportorganisationen an Strukturen und Verhaltensweisen in Kleinunternehmen anpassen, bleibt abzuwarten. Tendenzen in diese Richtung sind erkennbar, bergen jedoch auch Gefahren, was zum Beispiel den Verlust ehrenamtlichen Engagements bei zunehmender Professionalisierung betrifft.

5.5 Wiederholungsfragen

- Welche Stärken und Schwächen weisen Kleinbetriebe gegenüber Großbetrieben auf?
- Welche Gemeinsamkeiten und Unterschiede gibt es zwischen Kleinbetrieben und freiwilligen Vereinigungen im Sport?

- Welche qualitativen und quantitativen Kriterien können zur Unterscheidung von Klein- und Großbetrieben herangezogen werden?

Literatur

Albach, H. (1983). Die Bedeutung mittelständischer Unternehmen in der Marktwirtschaft. In *Zeitschrift für Betriebswirtschaft, 53*(9), 870–888.
Bamberger, I., & Pleitner, H. J. (1988). *Strategische Ausrichtung kleiner und mittlerer Unternehmen.* Berlin: Duncker & Humblot.
Bayer, H. (1963). *Das mittlere personengeprägte Unternehmen als Wirtschaftsstabilisator.* Köln: Westdeutscher Verlag.
Behringer, S. (2009). *Unternehmensbewertung der Mittel- und Kleinbetriebe. Betriebswirtschaftliche Verfahrensweisen.* Berlin: Erich Schmidt.
Berret, T., Burton, T. L., & Slack, T. (1993). Quality products, quality service: Factors leading to entrepreneurial success in the sport and leisure industry. *Leisure Studies, 12*(2), 93–106.
Birch, D.L. (1979). *The Job Generation Process.* Cambridge: MIT.
Breuer, C., & Wicker, P. (2009). Sportvereine in Deutschland – ein Überblick. In C. Breuer (Hrsg.), *Sportentwicklungsbericht 2009/2010 – Analyse zur Situation der Sportvereine in Deutschland* (S. 26–38). Köln: Strauß.
Breuer, C., Wicker, P., & Feiler, S. (2013). *Sportentwicklungsbericht für Deutschland 2009/2010. Sonderauswertung bezahlte Mitarbeiter/innen im Sportverein. Unveröffentlichter Projektbericht.* Köln: Deutsche Sporthochschule, Institut für Sportökonomie und Sportmanagement.
Brock, W.A. & Avans, D.S. (1989). Small Business Economics. In *Small Business Economics 1*(1), 7–20.
Bussiek, J. (1994). *Anwendungsorientierte Betriebswirtschaftslehre für Klein- und Mittelunternehmen.* München: Oldenbourg.
Byers, T., & Slack, T. (2001). Strategic decision-making in small businesses within the leisure industry. *Journal of Leisure Research, 33*(2), 121–136.
Europäische Kommission (2003). *Observatory of European SMEs 2003.* Brussels.
Freiling, J. (2001). *Ressource-based view und ökonomische Theorie.* Wiesbaden: Gabler.
Frey, B. S., & Osterloh, M. (2012). Stop tying pay to performance. The evidence is overwhelming: It doesn't work. *Harvard Business Review*, 1403–1404 (January-February 2012).
Gardner, M. P., & Shuman, P. (1988). Sponsorship and small business. *Journal of Small Business Management, 26*(4), 44–52.
Gelinas, R., & Birgas, Y. (2004). The characteristics and features of SMEs: Favorable or unfavorable to logistics integration. *Journal of Small Business Management, 42*(3), 263–278.
Geser, H. (1980). Kleine Sozialsysteme: Strukturmerkmale und Leistungskapazitäten - Versuch einer theoretischen Integration. *Kölner Zeitschrift für Soziologie und Sozialpsychologie, 32*(2), 205–239.
Gilmore, A., Gallagher, D., & O'Dwyer, M. (2011). Is social entrepreneurship an untapped marketing resource? A commentary on its potential for small sports clubs. *Journal of Small Business and Entrepreneurship, 24*(1), 11–15.
Hamer, E. (1982). *Wer finanziert den Staat? Die Belastungsverteilung und Umverteilung in der Bundesrepublik Deutschland*, Schriftenreihe des Mittelstandsinstituts Niedersachsen e. V. Minden: Albrecht Philler.
Hamer, E. (1987). *Das mittelständische Unternehmen: Eigenarten, Bedeutung, Risiken und Chancen.* Stuttgart: Poller.
Hamer, E. (1988). *Beiträge zur Mittelstands- und Verwaltungsökonomie.* Minden: Philler.

Hamer, E. (2006). Volkswirtschaftliche Bedeutung von Klein- und Mittelbetrieben. In H.-C. Pfohl (Hrsg.), *Betriebswirtschaftslehre der Mittel- und Kleinbetriebe. Größenspezifische Probleme und Möglichkeiten zu ihrer Lösung* (4. Aufl., S. 25–49). Berlin: Erich Schmidt.

an der Heiden, I., Meyrahn, F., Ahlert, G. et al. (2012). Bedeutung des Spitzen- und Breitensports im Bereich Werbung, Sponsoring und Medienrechte. http://www.2hm.eu/documents/BMWi-46-10-WerbungSponsoringMedienrechte-Forschungsbericht-20120117-fin.pdf. Zugegriffen: 14. Jan. 2014.

Jensen, M. C., & Meckling, W. H. (1976). Theory of the Firm: Managerial behaviour, agency costs and ownership structure. *Journal of Financial Economics, 3*(4), 305–360.

Julien, P.A. (1993). Small Business As a Research Subject: Some Reflections on Knowledge of Small Business and Ist Effects on Economic Theory. In *Small Business Economics, 5*(2), 157–166.

Krüger, A. (1972a). Der Leistungssportler als Kleinunternehmer. Eine sozio-ökonomische Interpretation von Sport und Arbeit. *Leistungssport, 2*(3), 211–216.

Krüger, A. (1972b). Von Unternehmertum und Leistungssport. *Leistungssport, 2*(5), 386–390.

Lamont, M., & Dowell, R. (2008). A process model of small and medium enterprise sponsorship of regional sport tourism events. *Journal of Vacation Marketing, 14*(3), 253–266.

Lasagni, A. (2012). How can external relationships enhance innovation in SMEs? New evidence for Europe. *Journal of Small Business Management, 50*(2), 310–339.

Lück, W. (2000). Managementrisiken im Risikomanagementsystem. *Der Betrieb, 53*(30), 1473–1477.

Mack, R. W. (1999). Event sponsorship: An exploratory study of small business objectives, practices, and perceptions. *Journal of Small Business Management, 37*(3), 25–30.

Mann, A. (2005). Customer Knowledge Management als Erfolgsfaktor in kleinen und mittelständischen Unternehmen. In J.-A. Meyer (Hrsg.), *Wissens- und Informationsmanagement in kleinen und mittleren Unternehmen* (S. 263–279). Lohmar: Eul.

Meyer, K.-A. (2006). Innovationsmanagement. In H.-C. Pfohl (Hrsg.), *Betriebswirtschaftslehre der Mittel- und Kleinbetriebe – Größenspezifische Probleme und Möglichkeiten zu ihrer Lösung* (4. Aufl., S. 209–232). Berlin: Erich Schmidt.

Mieke, C. (2007). Netzwerke zur Stärkung der Innovationskraft. In P. Letmathe, J. Eigler, F. Welter, D. Kathan & T. Heupel (Hrsg.), *Management kleiner und mittlerer Unternehmen – Stand und Perspektiven der KMU-Forschung* (S. 337–354). Wiesbaden: DUV.

O'Beirne, C. (2004). Managing small and not-for-profit sport organisations. In J. Beech & S. Chadwick (Hrsg.), *The business of sport management* (S. 191–212). Harlow: Pearson.

OECD (2005). *OECD SME and EntrepreneurshipOutlook 2005*. Paris: OECD.

Pfohl, H.-C. (2006a). Abgrenzung der Klein- und Mittelbetriebe von Großbetrieben. In H.-C. Pfohl (Hrsg.), *Betriebswirtschaftslehre der Mittel- und Kleinbetriebe. Größenspezifische Probleme und Möglichkeiten zu ihrer Lösung* (4. Aufl., S. 1–24). Berlin: Erich Schmidt.

Pfohl, H.-C. (2006b). Unternehmensführung. In H.-C. Pfohl (Hrsg.), *Betriebswirtschaftslehre der Mittel- und Kleinbetriebe. Größenspezifische Probleme und Möglichkeiten zu ihrer Lösung* (4. Aufl., S. 79–111). Berlin: Erich Schmidt.

Pleitner, H.-J. (1993). *Klein- und Mittelunternehmen in Forschung und Praxis*. St. Gallen: IGW.

Pleitner, H. J. (1995). *Klein- und Mittelunternehmen in einer dynamischen Wirtschaft*. Berlin: Duncker & Humblot.

Polonsky, M., Sandler, D., Casey, M., Murphy, S., Portelli, K., & Velzen, Y. van (1996). Small business and sport sponsorship: The Australian experience. *Journal of Promotion Management, 3*(1/2), 121–139.

Scarborough, N. M. (2012). *Effective Small Business Management* (10. Aufl.). Upper Saddle River: Pearson.

Schmidt, A. G. (1996). Der überproportionale Beitrag kleiner und mittlerer Unternehmen zur Beschäftigungsdynamik: Realität oder Fehlinterpretation von Statistiken? *Zeitschrift für Betriebswirtschaft, 66*(5), 537–557.

Schumacher, E. F. (1973). *Small is beautiful: economics as if people mattered*. New York: Harper & Row.
Simon, H., & Huber, F. (2006). Hidden champions: Der Weg zur Weltmarktführerschaft. In H.-C. Pfohl (Hrsg.), *Betriebswirtschaftslehre der Mittel- und Kleinbetriebe. Größenspezifische Probleme und Möglichkeiten zu ihrer Lösung* (4. Aufl., S. 51–78). Berlin: Erich Schmidt.
Spielkamp, A., & Rammer, C. (2007). Chancen FuE: Erfolgskritische Faktoren im Innovationsmanagement von KMU. In P. Letmathe, J. Eigler, F. Welter, D. Kathan, & T. Heupel (Hrsg.), *Management kleiner und mittlerer Unternehmen – Stand und Perspektiven der KMU-Forschung* (S. 301–317). Wiesbaden: DUV.
SPONSORs Verlags GmbH. (2010). *SPONSORs Agentur-Report 2010*. Hamburg: SPONSORs Verlags GmbH.
Webb, J., & Carter, S. (2001). Sponsorship activities and the small firms sector. *Managing Leisure, 6*(3), 168–179.
Wörwag, S. (1996). *Entwicklung und Umsetzung von Servicestrategien in Klein- und Mittelunternehmen*. Bamberg: Difo.
Zeitel, G. (1990). Volkswirtschaftliche Bedeutung von Klein- und Mittelbetrieben. In H. C. Pfohl (Hrsg.), *Betriebswirtschaftslehre der Mittel- und Kleinbetriebe: Größenspezifische Probleme und Möglichkeiten zu ihrer Lösung* (2. Aufl., S. 24–42). Berlin: Erich Schmidt.
Zinger, J. T., & O'Reilly, N. (2010). An examination of sports sponsorship from a small business perspective. *International Journal of Sports Marketing & Sponsorship, 11*(4), 283–301.

Weiterführende Literatur

Byers, T., & Slack, T. (2001). Strategic decision-making in small businesses within the leisure industry. *Journal of Leisure Research, 33*(2), 121–136.
Carvalho. P. G., de, Nunes, P. M., & Serrasqueiro, Z. (2013). Growth determinants of small- and medium-sized fitness enterprises: Empirical evidence from Portugal. *European Sport Management Quarterly, 13*(4), 428–449.
O'Beirne, C. (2013). Managing small and not-for-profit sports organizations. In J. Beech & S. Chadwick (Hrsg.), *The business of sport management* (S. 230–247). Pearson: Harlow.
Pfohl, H.-C. (2006). Unternehmensführung. In H.-C. Pfohl (Hrsg.). *Betriebswirtschaftslehre der Mittel- und Kleinbetriebe – Größenspezifische Probleme und Möglichkeiten zu ihrer Lösung* (S. 79–111), Berlin: Erich Schmidt.

Links

http://www.ifgh.ac.at/
http://www.kmu.unisg.ch/org/kmu/web.nsf/wwwPubhomepage/webhomepageger?opendocument
http://www.uni-siegen.de/smi/
http://www.inmit.de/start/index.html
http://www.ifm.uni-mannheim.de/
http://www.hs-bremen.de/internet/de/einrichtungen/fakultaeten/f1/forschung/kmu/
http://www.ifh.wiwi.uni-goettingen.de/content/kmu-forschung
http://www.leuphana.de/institute/imf.html
http://www.ifm-bonn.org/
http://www.ifhkoeln.de/
http://www.iai-bochum.de/
http://www.wu.ac.at/kmu

Besonderheiten von Dienstleistungsbetrieben im Sport

6

Bei vielen Sportgütern handelt es sich um Dienstleistungen oder noch spezieller um bilateral personenbezogene Dienstleistungen, wie Training. Die Sportökonomie ist also zu einem großen Teil eine Dienstleistungsökonomie. Diese hat aber bisher kaum Eingang in einführende Lehrbücher gefunden. Dienstleistungen (services) weisen viele Besonderheiten im Vergleich zu Sachgütern auf. Obwohl es in der Realität viele Mischformen und fließende Übergänge gibt, muss man sich 1. idealtypisch diese Unterschiede vergegenwärtigen. Denn man kann erst über verschiedene Grautöne reden, nachdem man schwarz von weiß unterschieden hat. Diese Besonderheiten haben 2. vielfältige Konsequenzen für die Betriebsführung. 3. haben Vargo und Lusch 2004 sogar die These vertreten, dass die Dienstleistungsökonomie vom Rand der Ökonomie zum führenden, neue Ideen einbringenden Gebiet mit genereller Bedeutung vorgerückt sei. Sie sprechen von einem notwendigen Paradigmenwechsel von der „Goods-Dominant Logic" (Güterperspektive) der neoklassischen Ökonomie und der sog. allgemeinen (Industrie-)Betriebswirtschaftslehre zur „Service-Dominant Logic" (Dienstperspektive). In der Sportökonomie haben sich vor allem Woratschek und Mitarbeiter (s. Literaturliste) mit der Problematik und den Besonderheiten von Dienstleistungen beschäftigt.

Am Ende soll der Leser gelernt haben:

- Was sind die konstitutiven Merkmale von Dienstleistungen?
- Welche Probleme erwachsen hieraus für die Betriebsführung, und wie kann man sie lösen?
- Welche Produkttransformationen bzw. -substitutionen kann man beobachten, die dazu dienen, die Probleme professioneller, personell erstellter personenbezogener Dienstleistungen zu umgehen?
- Wie unterscheidet sich die Service-Dominant von der Goods-Dominant Logic, und welchen Nutzen bringt diese neue Perspektive für das Sportmanagement?
- Welche besonderen Wertschöpfungskonfigurationen kann man unterscheiden, die für Dienstleistungen typisch sind?

6.1 Dienstleistungen

Dienstleistungen haben in entwickelten Gesellschaften eine immer größer werdende Bedeutung. Schon Mitte des vorigen Jahrhunderts prognostizierte der Ökonom Fourastié (1954), dass der tertiäre, der Dienstleistungs-Sektor, an Bedeutung gewinnen und den sekundären Sektor, den des verarbeitenden Gewerbes (der Industrie), überflügeln würde, so wie dieser Ende des 19. Jahrhunderts den primären Sektor, der Agrarwirtschaft und Rohstoffgewinnung, übertroffen hat. Er erklärte dies u. a. mit den vergleichsweise begrenzten Technologisierungs- und damit Rationalisierungsmöglichkeiten von Dienstleistungen.[1] Diese Prognose hat sich im Großen und Ganzen bestätigt. In Deutschland waren z. B. 2009 ca. 70 % der Erwerbstätigen in diesem Bereich beschäftigt (Niebel 2010). Ähnlich hoch ist der Anteil an der Wertschöpfung (ebd.). Auch viele Sportgüter sind Dienstleistungen. Aktuelle Analysen zum Sport als Wirtschaftsfaktor (Pawlowski und Breuer 2012; Preuß et al. 2012) belegen die starke Dominanz von sportbezogenen Angebots- und Konsumformen, die im weitesten Sinne als personenbezogene Dienstleistungen betrachtet werden können. Wenngleich aufgrund von Unterschieden in den methodischen Ansätzen, den jeweils zugrunde gelegten Branchenabgrenzungen und der (zumeist hoch aggregierten) Kategorienbildung eine exakte Benennung des Anteils von Sportdienstleistungen an der Gesamtwertschöpfung in der Sportbranche nicht möglich ist, so kann dennoch annäherungsweise davon ausgegangen werden, dass im Bereich des aktiven Sporttreibens ca. 2/3 der Ausgaben von Privathaushalten auf den Konsum von Dienstleistungen (Mitgliedsbeiträge, Kursgebühren, Trainerstunden, Mieten etc.) entfallen und 1/3 auf Sachgüter (Sportschuhe, -bekleidung, -geräte). Noch deutlich höher – nämlich bei rd. 90 % – liegt der Anteil der Ausgaben für Dienstleistungen bei den Formen des passiven Sportkonsums (Eintrittsgelder für Sportveranstaltungen, Fahrten/Reisen zu Sportevents, Sportwetten, etc.) (Pawlowski und Breuer 2012; Preuß et al. 2012).

Ökonomen haben sich erst seit den 1980iger Jahren vermehrt mit der Dienstleistungsökonomie (service economics) beschäftigt.[2] Wegen der Vielfalt unterschiedlicher Typen, der fließenden Übergänge und Mischformen können allgemeingültige Aussagen im Sinne einer Theorie nur schwer getroffen werden. Mittlerweile ist das Forschungsfeld jedoch etabliert.

Im Folgenden sollen 1. die Besonderheiten und 2. Untertypen von Dienstleistungen vorgestellt werden und 3. erörtert werden, ob es weitere Besonderheiten speziell von Sportdienstleistungen gibt.

---

[1] Zudem sind Dienstleistungen aufgrund des Uno-Actu-Prinzips (s. Kap. 6.1.1 Pkt. 2) schwerer importierbar.

[2] Wenn man bedenkt, dass die Grundlagen der Ökonomie über 200, der neoklassische Ansatz über 100 Jahre und auch die der Betriebswirtschaftslehre fast 100 Jahre alt sind, handelt es sich hier um ein relativ junges Teilgebiet der Ökonomie.

6.1.1 Besonderheiten des Gütertyps

Die Besonderheiten von Dienstleistungen im Vergleich zu Sachgütern werden anhand einer Reihe von konstitutiven Variablen charakterisiert, die in verschiedenen Ausprägungen und Kombinationen vorliegen und systemtheoretisch der Potential-, Prozess- oder Ergebnisphase der Wertschöpfungskette zugeordnet werden können. Sieben Eigenschaften werden im Folgenden herausgestellt: 1. Verderblichkeit, 2. Kontraktgut, 3. Uno-Actu-Prinzip, 4. Integrativität, 5. Individualität, 6. Immaterialität. Im Abschnitt über Untertypen wird 7. speziell für personell erstellte Dienstleistungen angefügt, dass hierbei die Produzenten Teil des Produktes sind. Diese Besonderheiten führen vor allem zu Verhaltensunsicherheiten sowohl auf der Nachfrager- als auch auf der Anbieterseite (s. Kap. 6.2).

1. **Bereitstellung (inventory) und Verderblichkeit (perishablility):** In der Potentialphase muss als Vorleistung seitens des Anbieters zunächst ein Leistungspotential aufgebaut und bereitgestellt werden (Phase 1). Dabei werden materielle (z. B. Gebäude, Gegenstände und Sachtechnologien) und immaterielle Faktoren (z. B. Qualifikation, Motivation und Handlungsbereitschaft von Mitarbeitern, Informationen, Rechte) miteinander kombiniert. Sie repräsentieren als „Angebot" zunächst nur eine prinzipiell vorhandene Fähigkeit und Bereitschaft zur Leistungserbringung. Elemente des Leistungspotentials wären also im Falle des Angebots von Zuschauersport eine entsprechende Infrastruktur (z. B. Halle bzw. Stadion, Geräte, Beleuchtung, Beschallung, Sitzplatzkomfort, Parkplätze etc.), wettbewerbsfähige Sportler bzw. Teams, die von Trainern und Betreuern entsprechend trainiert und vorbereitet wurden, ein attraktiver Wettkampfmodus, die Bereitstellung von Möglichkeiten der Berichterstattung für Medien und der Werbung für Sponsoren, vielfältige Dienstleistungen zur Sicherstellung von Ordnung und Sicherheit, der Ver- und Entsorgung, des Ticketverkaufs und der Einlasskontrolle, Pausenprogramm. Potentialfaktoren im Falle eines Fitnesstrainings wären etwa entsprechende Räumlichkeiten, Geräte, qualifiziertes Personal, Öffnungszeiten, Angebotsbeschreibungen. In dieser Phase unterscheidet sich eine Dienstleistung aber noch nicht von der Produktion eines Sachgutes. Der Unterschied ergibt sich erst dadurch, dass diese Potentialphase deutlich von der Prozessphase getrennt ist. Das hängt damit zusammen, dass der Produktionsprozess erst beginnen kann, wenn externe Produktionsfaktoren dazu kommen, d. h. solche über die die Firma nicht verfügen kann (s. Pkt. 3 und 4). Sportschuhe können auch in Abwesenheit des Konsumenten produziert werden, Sporttraining kann ohne Kunden nicht stattfinden und auch ein Fußballspiel ist ohne die durch die Zuschauer erzeugte Atmosphäre weniger wert. In diesem Sinne spricht man ja auch nicht davon, dass Dienstleistungen „produziert", sondern dass sie „bereitgestellt" werden. Aus dieser Besonderheit der bloßen Bereitstellung ohne autonome Produktionsmöglichkeit ergibt sich für den Anbieter von Dienstleistungen ein im Vergleich zu Sachgütern größeres Problem, dass Ressourcen nicht genutzt werden, d. h. verderben. Der Taxifahrer steht vor dem Hauptbahnhof, er hat einen Taxiführerschein, ist ausgeschlafen und das Auto ist fahrbereit. Das ist die Bereitstellung. Aber erst wenn ein

Fahrgast einsteigt, kann die Dienstleistung erbracht werden. Ein Sportschuhproduzent muss dagegen nicht darauf warten, dass ein Kunde dazu kommt, sondern kann jederzeit produzieren. Die Vorleistungen des Taxifahrers sind verderblich, denn während der Wartezeit auf den nächsten Fahrgast kann er kein Geld verdienen. Er kann nicht wie der Sportschuhproduzent Schuhe, Taxifahrten auf Lager produzieren und im Bedarfsfall abrufen. Der Nutzen der Vorleistungen ist verloren, verdorben.

2. **Kontraktgüter:** Aus der Sicht des Nachfragers ergibt sich aus diesem Bruch zwischen Bereitstellung und Produktion ein Informationsproblem, das auch der Anbieter versuchen sollte zu lösen (s. Kap. 6.2). Denn die Leistung ist zum Zeitpunkt des Vertragsabschlusses noch nicht erstellt und kann daher nicht im Vorhinein beurteilt werden wie ein Sachgut, das man betrachten und untersuchen kann. Dienstleistungen sind Kontraktgüter. Aus der spezifischen Logik des Erstellungsprozesses von Dienstleistungen folgt eine Umkehrung von Herstellung und Absatz. Der Verkauf (auf den Grundlagen von Werbung, Kontaktanbahnung, Kaufentscheidung, Vertragsabschluss und – häufig auch – der Bezahlung) erfolgt vor der Produktion. Sportinteressierte treten z. B. einem Verein bei, kaufen eine Eintrittskarte für eine Sportveranstaltung oder buchen eine Skireise ohne zu wissen, ob die später erfahrene Leistungsqualität und das Leistungsergebnis den versprochenen bzw. erwarteten entspricht. In der Terminologie des informationsökonomischen Ansatzes gesprochen: Während Sachgüter als „Inspektionsgüter" einen hohen Anteil von Sucheigenschaften aufweisen, d. h. Leistungsmerkmale, die (zumindest teilweise) vor dem Kauf begutachtet, geprüft, u. U. sogar getestet und verglichen werden können, weisen Dienstleistungen vor allem Erfahrungs- und Vertrauenseigenschaften auf. Dies bedeutet, Aussagen zur Qualität können erst nach dem Konsum auf der Grundlage gesammelter Erfahrungen getroffen werden, sind zum Teil aber auch gar nicht möglich, weil der Konsument nicht über entsprechendes Wissen verfügt und/ oder ihm entsprechende Informationen zu den Motiven, Kompetenzen und Handlungsweisen des Anbieters nicht zugänglich sind. Genauso wie der Besucher eines Restaurants die geschmackliche Qualität eines Essens erst nach dem Verzehr beurteilen kann (Erfahrungsgut), er aber bzgl. der Frage, ob keine schadstoffbelasteten Lebensmittel und Zutaten verwendet wurden, auf die Angaben des Restaurantbetreibers bzw. Kochs vertrauen muss (Vertrauenseigenschaft), so bildet sich ein Stadionbesucher auf dem Weg nach Hause aufgrund des Gesehenen und Erlebten zwar ein Urteil über die Qualität des Spiels; auf die dabei gewahrte Integrität des sportlichen Wettbewerbs (Verzicht der Sportler auf den Einsatz von Doping, keine manipulativen Absprachen über den Verlauf und Ausgangs des Spiels usw.) kann er jedoch nur vertrauen.

3. **Uno-actu Prinzip (inseparability):** Das anbieterseitig aufgebaute Leistungspotential mündet im Falle einer manifesten Nachfrage in einen Leistungsprozess (Phase 2). Den Kern von Dienstleistungen bildet dabei der Vollzug von Verrichtungen und Tätigkeiten (bei Veranstaltungsbesuch, Fußballtraining, Englischunterricht, Rechtsberatung etc.). Konstitutiv dafür ist die unabdingbar notwendige Integration des externen Faktors. Der Konsument ist – bei personenbezogenen Dienstleistungen als Leistungsnehmer im Unterschied zur autonom erfolgenden Sachgüterproduktion – an der Leistungserstel-

lung aktiv beteiligt und übernimmt damit die Funktion eines „externen", d. h. außerhalb der Verfügungsgewalt des Anbieters stehenden und von ihm nicht auf Beschaffungsmärkten zu beziehenden Produktionsfaktors und bringt dabei spezifische Ressourcen in den Erstellungsprozess ein (Maleri 1997; Corsten und Gössinger 2007). Das bedeutet, dass die Leistung nur erbracht werden kann, wenn Leistungsgeber und -nehmer (zumindest phasenweise) am gleichen Ort und zur gleichen Zeit zusammentreffen. Diese Besonderheit wird als „Uno-Actu-Prinzip" bezeichnet. In Form eines zeitlich und räumlich synchronen Kontakts von Leistungsanbieter und -nachfrager wird eine Dienstleistung (z. B. eine Bundesligabegegnung oder ein Fitnesskurs) produziert und zugleich konsumiert. Wenn z. B. der Taxifahrer am Hauptbahnhof steht, die Fahrgäste aber im Moment am Flughafen warten, kommt keine Dienstleistung zu Stande. Leistungen sind nicht wie Sachgüter transportierbar. Alle Sportschuhe dieser Welt könnten in einer Fabrik in China produziert werden. Ein riesiges Fitnessstudio in China könnte aber nicht alle Nachfrage abdecken. Das „Uno-Actu-Prinzip" stellt Anforderungen an Nachfrager und Anbieter. Der Nachfrager muss sich selbst oder seine Sache zum Dienstleister bringen und Zeit mitbringen. Der Anbieter ist abhängig von Zeit und Ort der Nachfrager, muss in der Nähe angesiedelt sein oder zum Konsumenten fahren. Das hat zur Konsequenz, dass eine große Zahl lokal begrenzter kleiner Anbieter nötig ist. Fitnessstudios siedeln sich daher z. B. entweder am Wohn-, Arbeits- oder Urlaubsort der Konsumenten an.

4. **Integration des externen Faktors (involvement):** Extern heißen jene Faktoren, über die der Anbieter nicht bestimmen kann, intern jene, über die er verfügen kann. Externe Faktoren können Sachgüter sein, die dem Kunden gehören – wie das Auto, das repariert werden soll – oder bei personenbezogenen Dienstleistungen auch der Kunde selbst. Der Anbieter kann z. B. seinen Mitarbeitern etwas befehlen, nicht aber seinen Kunden. Daher geht es hierbei um die Integration des Konsumenten als externen Produktionsfaktor. Am Beispiel einer Taxifahrt wird das noch nicht so deutlich. Aber der Fahrgast darf auch hier z. B. nicht volltrunken sein und dem Fahrer laufend ins Steuer greifen. Ausgeprägter ist dieser Sachverhalt beim Sporttraining. Ein Trainer kann noch so gut sein, bei Kunden, die nicht mitmachen wollen oder können, wird er wenig erreichen. Der Konsument übernimmt in dieser Phase der Leistungserstellung die handlungsaktive Rolle eines „Co-Producers", d. h. eines „Quasi-Mitarbeiters". Deswegen ist auch die übliche Wertschöpfungskette nicht geeignet, solche Prozesse hinreichend zu beschreiben (s. Kap. 6.3.2). Ein Sportarzt ist z. B. für eine Diagnose auf eine korrekte Beschreibung der Beschwerden durch seine Patienten und für eine erfolgreiche Therapie auf deren aktive Mitarbeit im Rahmen des Behandlungsplans angewiesen. Dies bedeutet: Sowohl die Produktion als auch Produktivität und die wahrgenommene Qualität einer Dienstleistung hängen ganz entscheidend von den Qualitäten des Leistungsnehmers, d. h. dessen Wollen, Wissen und Können, ab. Typische von Sportnachfragern einzubringende Ressourcen wären z. B. die Person selbst mit einem bestimmten Aktivierungsgrad und einer bestimmten körperlichen Verfassung sowie bestimmten „Konsumfähigkeiten" (s. Becker 1965 Haushaltsproduktionstheorie: Kap. 3.2) oder hier doch besser „Produktionsfähigkeiten".

5. **Individualität:** Neben dem Uno-Actu-Prinzip und der Integration des externen Faktors wird so häufig auch eine hohe Individualität der Leistung verlangt, weil bei Dienstleistungen nicht nur die unterschiedlichen Präferenzen der Individuen, sondern auch ihre unterschiedlichen Kompetenzen von entscheidender Bedeutung sind. Hinzu kommt die durch die Immaterialität der Leistungen erhöhte Subjektivität der Wahrnehmung der Leistungsqualität. Der Fußballtrainer muss z. B. auf jeden Spieler individuell eingehen, wenn er ein Maximum an Leistung erreichen will. Auch bei dem (in missverständlicher Weise) als „passiven Sportkonsum" bezeichneten Zuschauersport ist das Publikum in durchaus aktiver und entscheidender Weise in den Produktionsprozess involviert. Die nutzenstiftenden Funktionen, insbesondere die Erlebnisqualität, hängen nicht nur vom Spannungsgrad und dem spielerischen Niveau eines Wettkampfs ab, sondern auch vom Ausmaß des Fachwissens über die Feinheiten der Sportart und der Form emotionalen und handlungsaktiven Involvements der Zuschauer. Bei extrem unattraktiven Spielen kann es z.B. im Rheinland soweit gehen, dass sich so die Zuschauer mit ihren Gesängen sozusagen nur noch selbst unterhalten.
6. **Immaterialität (intangibility):** Dienstleistungen erfüllen wie Sachgüter eine nutzenstiftende Funktion. Insofern ist mit ihnen ein Leistungsergebnis (Phase 3) verbunden. Dieses hat jedoch einen überwiegend immateriellen Charakter. Sportschuhe kann man anfassen, das Ergebnis einer Trainingsstunde nicht. Die Leistung ist also von wenigen Ausnahmefällen abgesehen (z. B. Haarschnitt, Gewichtsabnahme, Muskelzuwachs) nicht direkt und dauerhaft sichtbar, greifbar oder beobachtbar. Viele Ergebnisse treten nur in einer „inkorporierten" Form auf. Sie sind bei sachbezogenen Dienstleistungen in der Sache (Reparatur) oder bei personenbezogenen in der Physis, der Psyche, dem Wissen und dem Erleben (Spaß, Freude, Wohlbefinden) verankert. Mit dem Erwerb einer immateriellen Leistung findet keine Übertragung von Eigentumsrechten statt. Es besteht auch keine Möglichkeit der Leistungsrückgabe bzw. des Umtauschs (Haller 2005). Eine weitere Folge der Immaterialität ist, dass gleichnamige Dienstleistungen sehr heterogen (inconsistency) sein können und ihre Beurteilung sehr subjektiv ausfallen kann. Dem einen gefällt das Fußballspiel, weil es spannend war, dem anderen, weil seine Mannschaft gewonnen hat, dem Dritten, weil er mit Freunden da war und die Sonne schien.

Ein Problem der Dienstleistungsökonomie ist die große Heterogenität von Dienstleistungen und die Vermischung mit materiellen Komponenten und Teilleistungen. Als Ergebnis einer rd. drei Jahrzehnte andauernden, kontroversen Diskussion um eine definitorische Bestimmung des Gütertyps „Dienstleistung" in Abgrenzung zu Sachgütern zeichnet sich in den letzten Jahren eine gewisse Konvergenz dahingegen ab (vgl. zusammenfassend Meffert und Bruhn 2009; Corsten und Gössinger 2007), dass eine rein merkmalsbezogene Definition und eindeutige Abgrenzung von Sachgütern und Dienstleistungen auf der Basis von Kriterien weder möglich noch ergiebig ist, sondern nur einige konstitutive Merkmale benannt werden können, die allerdings i. S. von dimensionalen Variablen im

6.1 Dienstleistungen

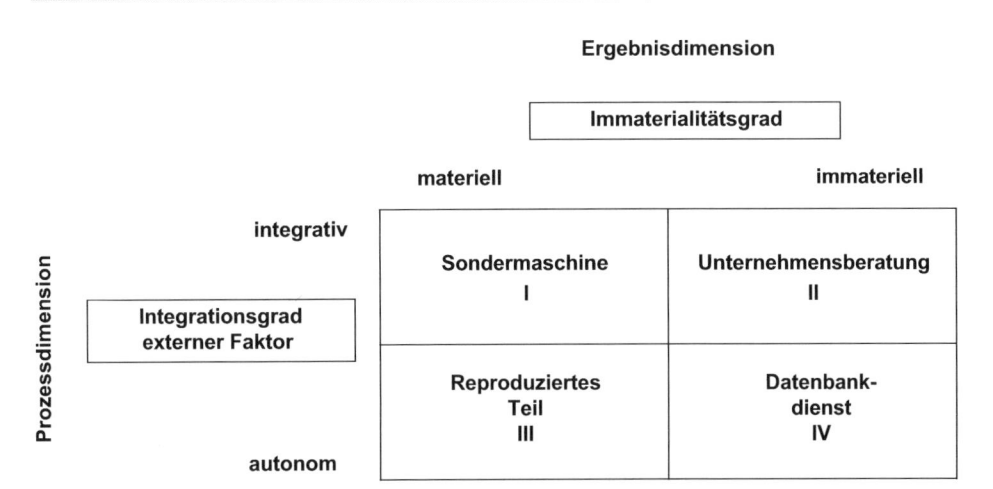

Abb. 6.1 Mischungen von Dienstleistungen und Sachgütern (Engelhardt et al. 1992, S. 35)

[Figure: Kreuztabelle mit Achsen "Ergebnisdimension" (Immaterialitätsgrad: materiell/immateriell) und "Prozessdimension" (Integrationsgrad externer Faktor: integrativ/autonom). Vier Quadranten: I Sondermaschine (materiell/integrativ), II Unternehmensberatung (immateriell/integrativ), III Reproduziertes Teil (materiell/autonom), IV Datenbankdienst (immateriell/autonom).]

Einzelfall ganz unterschiedliche Ausprägungen annehmen und in unterschiedlicher Kombination auftreten können.[3] Engelhardt et al. (1992) haben dies am Beispiel einer Kreuztabelle der beiden Dimensionen Integrativität und Individualität verdeutlicht (s. Abb. 6.1). Rechts oben und links unten befinden sich die eindeutigen Kombinationen. Dem Feld rechts oben können reine Dienstleistungen zugeordnet werden. Sie sind wie eine Unternehmensberatung immateriell und integrativ. Links unten befinden sich reine Sachgüter wie ein vorproduziertes Teil. Es ist materiell und kann autonom, d. h. ohne Beteiligung des Kunden (also eines externen Faktors), erstellt werden. In der Realität gibt es aber auch die beiden anderen Mischtypen. Links oben wird am Beispiel einer Sondermaschine deutlich, dass es auch Sachgüter gibt, die integrativ, d. h. unter intensiver Beteiligung des Kunden, erstellt werden, damit sie seinen Spezialbedürfnissen entsprechen. Rechts unten befinden sich immaterielle Güter, wie eine Datenbank, die aber relativ autonom, d. h. standardisiert, bereitgestellt werden können.

6.1.2 Untertypen

Um die Heterogenität zu systematisieren wurden nach verschiedenen Kriterien Dienstleistungstypologien vorgeschlagen, wie originäre und produktbegleitende, Pre-Sales und After-Sales Dienstleistungen. Hier sollen einige vorgestellt werden, die für den Sport von Bedeutung sind: 1. personen- und sachbezogene, 2. personell und maschinell erstellte, 3. professionelle und einfache Dienstleistungen sowie 4. eine Typologie nach den obigen Wertschöpfungsphasen. Besondere Managementprobleme (s. Kap. 6.2) ergeben sich vor

---

[3] Als richtungsweisend für diesen Ansatz können dabei die grundlegenden Beiträge von Engelhardt et al. (1993) und Hilke (1989) angesehen werden.

allem bei professionellen bilateral personenbezogenen Dienstleistungen, also solchen die von Personen an Personen vollzogen werden.

1. Sachbezogene Dienstleistungen werden an Sachen vollzogen, personenbezogene an Personen. Ein Beispiel für ersteres sind Reparaturen von Geräten oder Pflege von Anlagen, für zweiteres Training. In beiden Fällen kommen externe Faktoren dazu, im ersten Fall die Sache, die dem Kunden gehört, im zweiten der Mensch. Die Probleme der Integrativität und Individualität sind bei letzteren größer, weil Menschen – anders als Sachen – eigenwillig sind.
2. Auch personenbezogene Dienstleistungen können von Maschinen erbracht werden. Man denke an eine Ballmaschine beim Tennistraining oder Trainingsmaschinen in einem Fitnessstudio. Typischer für den Sport sind jedoch personell erbrachte Dienstleistungen, wie die durch einen Golf- oder Segellehrer. In diesem Fall ergibt sich – ergänzend zu den obigen 6 - eine 7. weitreichende Besonderheit für die Führung von Dienstleistungsbetrieben, nämlich die dass der Produzent Teil des Produktes ist. Während es bei Sachgütern gleichgültig ist, von welchen Personen sie produziert werden,[4] sind die Produzenten, ihre Eigenschaften und ihr Verhalten bei personell erstellten Dienstleistungen von teilweise entscheidender Bedeutung. Die sachliche Qualität eines Trainings von zwei verschiedenen Trainern mag gleich sein, deren Art der Ansprache der Teilnehmer sowie Art und Weise der Ausführung kann jedoch zu unterschiedlichen Präferenzen bzgl. des Trainers führen. Ökonomische Beziehungen werden somit mit sozialen vermischt.
3. Professionelle Dienstleistungen sind durch zwei Kriterien definiert: hohes Fachwissen und geringe Standardisierung. Bei einfachen Dienstleistungen sind entsprechend umgekehrt das Fachwissen gering und die Standardisierung hoch. Beispiele hierfür sind das Fünf-Sterne-Restaurant im Vergleich zu einer Fast-Food-Kette oder individuelles Training durch einen Diplom-Sportlehrer im Vergleich zum Discount-Fitnessstudio.
4. Dienstleistungen basieren grundsätzlich auf einer Kombination und Integration von Leistungspotentialen, Leistungsprozessen und Leistungsergebnissen. Gleichwohl lassen sich (Sport-)Dienstleistungen u. a. danach klassifizieren, welche der damit erfüllten Funktionen jeweils im Vordergrund stehen: a) Eine ausgeprägte Potentialdominanz kennzeichnet demnach Leistungsangebote, bei denen Einrichtungen der Sportinfrastruktur und/oder Geräte gegen Entgelt als „Optionsgüter" zur freien, selbstorganisierten Nutzung bereit gestellt werden (z. B. Schwimmbad, Kletterhalle, Skilift, Bootsverleih, Fitness-Studio im Discount-Segment). Im Kern handelt es sich um eine Vermietung von Sachgütern. Der Integrativitätsgrad, d. h. das Ausmaß der Kommunikation und Kooperation zwischen Leistungsnehmer und -geber bei der Leistungserstellung, ist in

---

[4] Dies ist eine der zentralen Annahmen des Modells des vollkommen Wettbewerbs (s. Kap. 2.4.1), dass es keine sog. personellen persönlichen Präferenzen für einen bestimmten Produzenten, sondern nur sachliche Präferenzen für das Produkt gibt. Denn durch persönliche Präferenzen wird der Wettbewerb eingeschränkt.

diesem Fall eher schwach ausgeprägt und beschränkt sich z. B. auf die Vorgänge der Buchung, Zahlung, Einlasskontrolle und kurzen Dialogen (Fragen, Anweisungen) mit dem Dienstpersonal. b) Typisches Beispiel einer prozessdominanten Dienstleistung ist demgegenüber der Zuschauersport, dessen Kernnutzen in der Teilnahme am Prozess der Leistungserstellung, also dem Leistungserlebnis während des Wettkampfes, besteht. Aber auch weite Bereiche des Breiten- und Freizeitsports, bei denen expressiv der Spaß am Sporttreiben selbst im Mittelpunkt steht, fallen darunter. Leistungsergebnisse, die über das Leistungserlebnis hinausgehen, sind von nachrangiger Bedeutung und haben einen ausgesprochen subjektiven und flüchtigen Charakter, z. B. in Form einer zeitlich begrenzten Freude über einen Sieg oder die (zumeist rasch verblassende) Erinnerung, ein paar schöne Stunden erlebt zu haben.[5] c) Zu ergebnisdominanten Sport-Dienstleistungen zählen demgegenüber alle Angebote, die primär als ein Mittel zum Zweck konzipiert, also instrumentell angeboten und mit deren Hilfe (möglichst) sicht-, spür- und messbare, nachhaltige Resultate angestrebt werden (z. B. Fitness- und Gesundheitssport, Rehabilitationssport, Selbstverteidigungskurs, Segelscheinkurs).

6.1.3 Sportdienstleistungen

Speziell beim Untertyp Sport-Dienstleistungen können weitere Besonderheiten vorliegen, die wegen ihrer Bedeutung auch in anderen Kapiteln aufgegriffen wurden bzw. werden: 1. Unsicherheit (s. Kap. 2.1.4), 2. Produktverbund (s. Kap. 2.3), 3. Vereinsbesonderheiten (s. Kap. 3.3), und 4. Dienstleistungsnetzwerke (s. Kap. 6.3).

1. **Unsicherheit:** Aufgrund des quasi sportimmanenten Merkmals der Verhaltens- und Ergebnisunsicherheit können Anbieter von Sport-Dienstleistungen praktisch keinerlei Garantie für eine bestimmte Leistungsqualität gewähren, zumindest was das Leistungsergebnis, häufig aber auch den Leistungsprozess anbelangt. Von konstitutiver Bedeutung ist die gewollte Unsicherheit für den Leistungs- und Wettkampfsport. Sie macht einen Großteil seines Reizes aus. Kehrseite der Medaille ist jedoch, dass aus dem positionalen Wettbewerb um das knappe Gut „Turniersieg" bzw. „Meisterschaft" immer nur ein (oder wenige) Gewinner, aber viele Verlierer hervorgehen, Erwartungsenttäuschungen für Leistungsanbieter und -nachfrager damit keine Ausnahme, sondern eher den Normalfall darstellen. Fan sein heißt daher vor allem auch leiden (s. Hornby 1997 in seinem Roman „Fever Pitch"). Doch auch bei sportaktiven Bewegungsangeboten sind verbindliche Leistungsversprechen und Qualitätserwartungen (z. B. in Bezug auf Gewichtsabnahme, Leistungssteigerung, Geselligkeit und soziale Kontakte) stark risi-

---

[5] Legt man den traditionellen Sportbegriff zugrunde, handelt es sich bei Sport (wie bei vielen anderen Dienstleistungen im Umfeld von Kultur und Unterhaltung) um prozessdominante Dienstleistungen, da sie Selbstzweckcharakter aufweisen. D. h. es handelt sich um ein zweckfreies Tun, dessen Sinn nur im Handlungsvollzug, d. h. dem Sporttreiben selbst, liegt und mit dem keine außerhalb dessen liegenden Interessen und Ziele verfolgt werden.

kobelastet, da deren Erfüllung von Faktoren abhängen, auf die der Sportanbieter kaum Einfluss hat (z. B. Ernährungsgewohnheiten, Lebensstil, Talent, Gruppendynamik, Tagesform, Zufall etc.). Bei Sport handelt es sich deshalb um Dienstleistungsangebote, die einen hohen Grad an Enttäuschungsanfälligkeit aufweisen.

2. **Produktverbund:** Die Frage, wer eigentlich „Leistungsnehmer" bzw. „Konsument" bei Sport-Dienstleistungen ist, kann aufgrund der sporttypischen, multiplen Stakeholder-Beziehungen nicht immer eindeutig beantwortet werden. Neben Leistungen für Individuen und Gruppen als „Endverbraucher" (Sporttreibende, Zuschauer) werden im Produktverbund auch Leistungen für andere Kunden(gruppen) erbracht, wie Werbeleistungen für Unternehmen, Informationsleistungen für Medienbetriebe, Betreuungsleistungen für Eltern. Da diese als Ressourcengeber zumeist wichtige Beiträge zur Finanzierung des Sports leisten, müssen deren Interessen bei der Konzeption eines Leistungsangebots und bei der Leistungserstellung mit berücksichtigt werden.

3. **Vereinsbesonderheiten:** Das dienstleistungstypische Merkmal einer partiellen Aufhebung der Rollentrennung von Leistungsproduzent und Leistungskonsument erfährt im Falle des Organisationstyps „Verein" eine ganz besondere Ausprägung, da zu deren konstitutiven Merkmalen das freiwillige, ehrenamtliche Engagement seiner Mitglieder zählt, d. h. die Konsumenten – zumindest bei idealtypischer Betrachtung – zugleich die Produzenten sind, damit der externe Faktor strukturell integriert ist und ein Leistungstausch im ökonomischen Sinne gar nicht stattfindet.

4. **Dienstleistungsnetzwerke** (s. Ko-Kreation in Kap. 6.3): Viele Sport-Dienstleistungen werden in einem „Dienstleistungsnetzwerk" erbracht. Dies ist im Falle von sportlichen Wettkämpfen, bei denen sportliche und wirtschaftliche Konkurrenten miteinander kooperieren, um das Produkt zu erstellen, von konstitutiver Bedeutung. Für ein Fußballspiel braucht man zwei Mannschaften für die Bundesliga achtzehn. Allerdings erstreckt sich die Verbundproduktion in Netzwerken in den meisten Sportorganisationen auch auf andere Aufgabenfelder. So wird von diesen im Rahmen von „make-or-buy-Entscheidungen" in der Regel eine mehr oder weniger große Anzahl von Teilleistungen im Zuge eines Outsourcings an andere Leistungsanbieter abgetreten. Aufgaben und Probleme der Integration „externer Produktionsfaktoren" stellen sich damit nicht nur auf der Ebene der Leistungsnehmer, sondern auch auf der Ebene der (Teil-)Leistungsanbieter ein. Die daraus resultierenden, komplexen Koordinationserfordernisse werden in starkem Ausmaß davon beeinflusst, ob es sich um komplementäre Leistungen einzelner Anbieter handelt (z. B. Spezialdienstleister für Sicherheit, Reinigung, Fahrdienste, Zeitmessung, Platzpflege), diese in einem direkten substitutiven Verhältnis zueinander stehen (z. B. mehrere Anbieter von Speisen, Getränken, Merchandisingartikeln in einem Stadion) oder diese allgemein um die Konsumausgaben von Sportlern bzw. Sportinteressierten konkurrieren (z. B. die Aussteller auf einer Sportfachmesse im Rahmenprogramm eines Stadtmarathons).

6.2 Besondere Probleme von Dienstleistungsbetrieben

Wir haben sechs konstitutive Variablen von Dienstleistungen im Vergleich zu Sachgütern herausgearbeitet: Verderblichkeit, Kontraktgut, Uno-Actu-Prinzip, Integrativität, Individualität, Immaterialität. Speziell bei bilateral personenbezogenen Dienstleistungen kam siebtens hinzu, dass der Produzent Teil des Produktes ist. In diesem Zusammenhang wurden auch bereits die damit zusammenhängenden Probleme angesprochen. Sie verkomplizieren die Betriebsführung von Betrieben, die Dienstleistungen bereitstellen, im Vergleich zu solchen, die Sachgüter produzieren. Im konkreten Fall treffen sie umso mehr zu, je mehr es sich bei dem entsprechenden Güterbündel um Dienstleistungen handelt und je stärker dabei die obigen Besonderheiten ausgeprägt sind. Im Folgenden soll aufgezeigt werden, welche betrieblichen Lösungen es zur Verminderung der sich aus den Besonderheiten ergebenden Probleme gibt.

Diese besonderen betrieblichen Probleme sind zum großen Teil auf Verhaltensunsicherheiten auf der Anbieter- oder Nachfragerseite zurückzuführen. Auch auf letztere sollte der Anbieter vorausschauend reagieren. Lösungsvorschläge für diese Probleme lassen sich sowohl in der allgemeinen informationsökonomischen Literatur (z. B. Picot et al. 1999) als auch speziell in der Dienstleistungsliteratur sowie auch im Marketing (z. B. Kotler und Bliemel 1992) finden. Im Folgenden sollen 1. die Unsicherheiten auf der Konsumentenseite, 2. die auf der Anbieterseite und 3. sonstige Anbieterprobleme behandelt werden.

1. **Nachfrageseitige Unsicherheiten:** Die Unsicherheiten auf der Nachfragerseite hängen a) mit dem Kontraktgutcharakter und b) der Immaterialität zusammen (s. Abb. 6.2).

    a) Dienstleistungen sind Kontraktgüter, d. h. sie können anders als Sachgüter, die Austauschgüter sind, vor dem Abschluss des Vertrages nicht betrachtet, getestet und verglichen werden. Während Sachgüter also Suchgüter sind, kann man Dienstleistungen nur im Nachhinein (Erfahrungsgut) oder im schlechtesten Fall auch dann nicht beurteilen, weil einem die Informationen fehlen oder man sie aufgrund mangelnden Fachwissens nicht beurteilen kann (Vertrauensgüter). Mit solchen Problemen beschäftigt sich die Informationsökonomik,[6] ein Zweig der neuen Institutionenökonomik. Die Neue Institutionenökonomik geht anders als die neoklassische Ökonomie realistischer Weise davon aus, dass Akteure nur beschränkt rational handeln, weil sie u. a. nicht über vollkommene Informationen und Verarbeitungskapazitäten verfügen (s. Kap. 1.3.2). Die Informationsökonomik beschäftigt sich mit Situationen, in denen ein Marktpartner über mehr Informationen verfügt als der andere, mit sog. asymmetrischen Informationen

    Dies kann im Extremfall zu vollkommenem Marktversagen führen. Es geht um sog. Prinzipal-Agenten-Probleme, die sich ergeben, wenn eine Leistung nicht selbst erstellt, sondern ein Anderer dazu beauftragt wird (Jensen und Meckling 1976). Wenn der Prinzipal nicht über den Agenten und sein Handeln informiert

---

[6] Akerlof, Spence und Stiglitz haben für die Entwicklung dieser Theorie den Nobelpreis erhalten.

Besonderheiten	Probleme	Lösungen
Kontraktgut	asymmetrische Informationen - Erfahrungsgut: hidden intention, hold up - Vertrauensgut: hidden action bzw. information, moral hazard	- (Nachfrager: screening) - Signaling: z.B. Bilanzen, Zeugnisse, Qualitätssiegel - Interessenausgleich: Garantien, z.B. Geld-Zurück - Reputationsaufbau - unabhängiges Monitoring
Immaterialität	- Fassbarkeit - Subjektivität	Materialisierung: z.B. Zeugnisse, Ambiente, Broschüren, Kleidung
	- Heterogenität gleichnamiger Leistungen, Qualitätsunsicherheit	Qualitätsmanagement

Abb. 6.2 Lösungen der Verhaltensunsicherheiten auf der Nachfragerseite

ist, kann letzterer dies opportunistisch ausnutzen. Ein wichtiger Anwendungsfall für dieses Problem ist die Beziehung zwischen Käufer (als Prinzipal) und Verkäufer (als Agent). Hier werden entsprechend der oben angesprochenen drei Produkttypen drei unterschiedlich schwerwiegende Probleme unterschieden: 1) Verborgene Eigenschaften (hidden characteristics) sind unveränderliche Eigenschaften des Produktes bzw. des Agenten, die im Nachhinein (ex post), aber nicht im Vorhinein (ex ante) erkannt werden. Sie können auch bei Sachgütern, z. B. bei Gebrauchtwagen, vorkommen, obwohl diese als sog. Suchgüter im Vorhinein betrachtet werden können. Daraus kann sich das Problem der „adverse selection" ergeben, d. h. dass der Markt nicht die schlechten, sondern die guten, ehrlichen Anbieter aussortiert, weil die schlechten Gebrauchtwagen billiger sind. 2) Verborgene Absichten (hidden intention) des Verkäufers, sind zwar im Nachhinein (ex post) erkennbar, dann aber nicht mehr zu verhindern. Hier ergibt sich das Problem der Zurückhaltung von versprochenen Leistungen (hold up), wie bei der schlampigen Arbeitsweise eines Handwerkers. Diese Güter nennt man Erfahrungsgüter. 3) Das größte Problem machen verborgene Handlungen bzw. verborgene Informationen der Anbieter (hidden action/information). Diese sind auch im Nachhinein nicht bekannt bzw. nicht zu beurteilen, so dass man dem Dienstleistungsanbieter, z. B. dem Arzt, vertrauen muss. Hier spricht man von Vertrauensgütern. Bei ihnen ist die moralische Versuchung (moral hazard) am Größten, diesen Vorteil zum Schaden des Kunden auszunutzen.

Dienstleistungen sind also Erfahrungs- oder Vertrauensgüter, weil sie im Vorhinein nicht betrachtet werden können. Die Informationsökonomie schlägt nun verschiedene Maßnahmen vor, wie die Probleme, die sich daraus ergeben, gelöst werden können (s. Abb. 6.2). Screening und Signaling sind die Wichtigsten. Der Nachfrager kann sich Informationen über den Anbieter besorgen und überprüfen (Screening).

Der Anbieter kann dies erleichtern, indem er entsprechende Informationen, wie Bilanzen, Zeugnisse und Gütesiegel, zur Verfügung stellt, also signalisiert, dass er eine gute Dienstleistung anbietet (Signaling). Drittens könnte z. B. durch Garantien bis hin zu einer Geld-Zurück-Garantie ein Interessenausgleich zwischen Prinzipal und Agent erreicht werden. Ein solcher ergibt sich auch dadurch, dass der Anbieter, wenn er dauerhaft erfolgreich sein will, selbst daran interessiert ist, sich durch gute Leistungen eine Reputation aufzubauen. Die Informationsasymmetrie könnte auch durch unabhängige Monitoringagenturen (z. B. Stiftung Warentest) gemindert werden, die durch die Anbieter oder die Nachfrager oder den Staat finanziert werden.

b) Durch die Immaterialität der Leistung werden die Informationsprobleme verschärft. Für die Nachfrager ergibt sich eine zusätzliche Qualitätsunsicherheit, weil die Leistungen nicht fassbar sind. Während materielle Güter wie Autos in der Werbung mit immateriellen Eigenschaften wie Emotionen aufgeladen werden, muss bei immateriellen Gütern umgekehrt versucht werden, sie durch Symbole zu materialisieren. Dazu gehört neben Zeugnissen und Gütesiegeln auch das räumliche Ambiente, die Aufmachung von Informationsbroschüren und die Art der Kleidung der Mitarbeiter, die leistungsgerechte Professionalität ausstrahlen soll, wie der weiße Kittel des Arztes.

2. **Anbieterseitige Unsicherheiten:** Mit Dienstleistungen sind aber auch gewichtige Informationsprobleme und daraus resultierende Verhaltensunsicherheiten auf der Anbieterseite verbunden. Es handelt sich sowohl um quantitative Informationen, was bspw. die Höhe der Nachfrage betrifft (a: Verderblichkeit), als auch um qualitative, was die Art der externen Ressourcen (b: Integrativität) und den Inhalt der Nachfrage (c: Individualität) angeht.

a) Eine Besonderheit von Dienstleistungen ist die Verderblichkeit der Vorleistungen, weil Dienstleistungen nicht auf Lager produziert und dann an den Ort der Nachfrage transportiert werden können. Die Nachfrage nach Dienstleistungen ist häufig nicht kontinuierlich gleich hoch, sondern weist im Zeitablauf große Schwankungen auf, die nicht vorhersehbar sein können. Spitzenzeiten (demand peak) in Fitnessstudios sind z. B. Abende und Wochenenden, zur Ferienzeit bricht die Nachfrage dagegen erfahrungsgemäß ein. Wie können Anbieter dieses Problem lösen? Es gibt im Prinzip drei Möglichkeiten: Vorausschau, Beeinflussung der Nachfrage und Beeinflussung des Angebots. Günstig ist es, wenn Informationen über den Nachfrageverlauf vorliegen, wie im Fall der Fitnessstudios. Solche Informationen können auch durch Vorverkauf und Anmeldungen ermittelt werden. Man kann versuchen, die Nachfrage durch Preis- und Produktvariationen zu beeinflussen. Fitnessstudios versuchen durch Rabatte, Kunden in die Nebenzeiten zu locken oder könnten alternativ eine bessere Betreuung oder zusätzliche Leistungen anbieten. In Bars gibt es häufiger entsprechend die sog. „Happy Hour". Über Wartelisten oder Warteschlangen kann das Problem auf den Kunden verlagert werden. Vor allem aber kann versucht werden, das Angebot durch quantitative, intensitätsmäßige und qualitative Variationen den Schwankungen anzupassen. Mitarbeiterzahlen werden im Tages-,

Wochen- oder Monatsablauf angepasst oder ganz flexibilisiert. Auch kann die Intensität oder die Qualität der Arbeit variiert werden bis hin zur Verlagerung auf den Kunden (Externalisierung). In Restaurants muss zur Mittagszeit schneller gearbeitet werden, es kann auch von der Bedienung zur Selbstbedienung umgeschaltet werden.

b) Die Integration des externen Faktors stellt vor allem bei personenbezogenen Dienstleistungen das zentrale Problem dar. Bei diesem Problem können wir den Anbieter als Prinzipal und den Kunde als Agenten betrachten. Der Anbieter weiß nicht im Vorhinein wie motiviert und fähig der Kunde ist (asymmetrische Information, Verhaltensunsicherheit). Er kann ihm nichts befehlen (externer Faktor). Zur Lösung des Problems hat er die Alternativen der Selektion oder Sozialisation der Konsumenten. Er kann durch die Gestaltung des Angebots, des Preises oder Art und Ort der Werbung seine Kunden auswählen oder umgekehrt nicht erwünschte Kunden abschrecken (De-Marketing). So können das Ambiente und die Ausstattung eines Fitnessstudios schon deutlich machen, dass Bodybuilder nicht erwünscht sind. Durch Sozialisation können Präferenzen gebildet und Konsumfähigkeiten erworben werden. So können sich z. B. niedrige Eintrittspreise ins Stadion für Jugendliche langfristig für den Anbieter lohnen. Bindungsprogramme sichern den Verbleib von Kunden eines gewissen Leistungsniveaus. Durch Mitsprachemöglichkeiten der Kunden über Ziele und Mittel der Dienstleistung kann die Passfähigkeit erhöht werden. Eine Schlüsselstellung nimmt der Teil des Personals ein, der direkten Kontakt zu den Kunden hat.

c) Da nicht nur die Nachfrage – wie auch bei Sachgütern – individuell verschieden sein kann, sondern auch die eingebrachten Fähigkeiten der Kunden sowie die Subjektivität der Wahrnehmung der immateriellen Leistung wird eine vergleichsweise höhere Individualität der Leistungen verlangt. Das erhöht den Aufwand. Durch die unterschiedlichen Kombinationen standardisierter Module kann eine Zwischenlösung gefunden werden (Abb. 6.3).

3. **Sonstige anbieterseitige Probleme:** Auch a) das Uno-Actu-Prinzip und b) dass der Produzent bei personell erstellten personenbezogenen Dienstleistungen Teil des Produktes ist, stellt die Anbieter verglichen mit der Produktion reiner Sachgüter vor besondere Probleme (s. Abb. 6.4).

a) Das Uno-Actu-Prinzip besagt, dass Anbieter und Nachfrager (bzw. seine Sache) aufgrund der notwendigen Beteiligung des externen Faktors bei der Erstellung der Dienstleistung zur gleichen Zeit am gleichen Ort zusammenkommen müssen. Für den Konsumenten bedeutet dies, dass neben dem Kaufpreis Zeit- und Fahrtkosten eine bedeutende Rolle spielen. Die Anbieter müssen daher speziell bei instrumentellen Sportangeboten bemüht sein, nicht nur die Anfahrtskosten, sondern auch die Anlern- und Verbleibszeiten möglichst niedrig zu halten. Dienstleistungen verlangen eine hohe Distributionsdichte. Die Betriebe müssen in der Nähe der Kunden liegen oder die Anbieter müssen zum Kunden fahren. Fitnessstudios liegen daher in der Nähe des Arbeitsplatzes oder des Wohnortes und sollten verkehrsgünstig zu erreichen sein (Pawlowski et al. 2009). Der „Personal Trainer" bietet seine Leistung

6.2 Besondere Probleme von Dienstleistungsbetrieben

Besonderheiten	Probleme	Lösungen
Verderblichkeit (Bereitstellung)	Quantitative Verhaltensunsicherheit: Ungewissheit der Nutzung Spitzenbedarf Vorleistung nicht verkäuflich	Vorausschau, Vorverkauf, Anmeldung Nachfrage beeinflussen: Preisvariation: „Happy Hour" Produktvariation: bessere Betreuung Warteliste, Warteschlange Angebot (Arbeit) kontrollieren: quantitative, intensitätsmäßige, zeitliche, qualitative Anpassung, Flexibilisierung, Externalisierung, Automation
Integrativität	Externer Faktor: - Nachfrager ist Co-Produzent - extern = nicht unter Kontrolle des Anbieters qualitative Verhaltensunsicherheit asymmetrische Info	Selektion: Auswahl, Signaling, De-Marketing Sozialisation: Nutzen erfahren Konsumfähigkeiten erwerben langfristige Kooperation, Bindungsprogrammen Anreize: Zeugnisse Mitsprache
Individualität	- der Nachfragepräferenzen - der Fähigkeiten des externen Faktors - Subjektivität der Beurteilung der immateriellen Leistung Arbeit mit Einzelfällen erschwert Standardisierung erhöht die Kosten	standardisierte Module

Abb. 6.3 Lösungen der Verhaltensunsicherheiten auf der Anbieterseite

Besonderheiten	Probleme	Lösungen
Uno-Actu-Prinzip	für Nachfrager: Zeitkosten Anfahrtskosten Anbieter: abhängig von Zeit und Ort des Konsumenten (bzw. des Sachgutes) hohe Distributionsdichte, Kleinbetriebe keine Größenvorteile Ressourcenmangel: z.B. Fachpersonal, Forschung	Minimieren: z.B. Hingehen oder Abholen Verbände Ketten Franchisesysteme
Produzent ist Teil des Produktes (besonders bei Professionellen Dienstleistungen)	persönliche Präferenzen soziale Beziehungen hohe Personalkosten	Personalpolitik (human resource management) - Selektion - Sozialisation: - Anreize: Zeugnisse - Dezentralisierung

Abb. 6.4 Lösungen sonstiger Probleme auf der Anbieterseite

beim Kunden an. Bei instrumentellem Sport, z. B. für die Gesundheit oder Schönheit, sollte der Effekt mit möglichst wenig Zeitaufwand zu erzielen sein und möglichst geringe Anforderungen an die Fähigkeiten des Konsumenten stellen. Bei expressivem Sport ist dies anders, weil der Prozess an sich, das Sporttreiben an sich und die damit verbrachte Zeit Nutzen stiftet und dieser mit den eigenen Fähigkeiten wächst. Dienstleistungsanbieter sind, weil sie nahe beim Kunden sein müssen, meist lokal begrenzt und klein. Kleinbetriebe (s. Kap. 5) haben im Vergleich zu Großbetrieben Vorteile, aber auch viele Nachteile. Sie können keine Größenvorteile nutzen, keine Spezialisten (z. B. für Marketing) beschäftigen und keine Forschung betreiben. Zur Lösung dieser Probleme können sie sich in Verbänden organisieren oder zu Ketten zusammenschließen. Ebenso können durch Franchisesysteme im gewissen Sinne die Vorteil von Kleinbetrieben, wie ein gewinnorientierter Eigentümer nahe beim Kunden, mit den Vorteilen von Großbetrieben, wie übergeordnete Markenpolitik und gemeinsames Qualitätsmanagement, verbunden werden. Beides, Filialsystem und Franchisesysteme, findet man daher auch in der Fitnessstudiobranche.

b) Bei personell erstellten Dienstleistungen ist die Person des Produzenten nicht wie bei Sachgütern irrelevant, sondern kann – vor allem bei professionellen Dienstleistungen – zentraler Teil des Produktes sein. So entwickeln sich soziale Beziehungen, die die ökonomischen unterstützen aber auch stören können.[7] Bei schwerwiegenden Erkrankungen geht man nicht zu irgendeinem Arzt, sondern sucht einen, dem man vertrauen kann. Ähnlich sieht es selbst schon bei Trainern im Freizeitsport und erst Recht im Leistungssport aus. Wenn der Trainer wechselt, scheiden auch manche Sportler aus. Damit kommt der Personalpolitik (s. Kap. 8 und 9) und speziell der Personalselektion und -sozialisation sowie den Anreizen zur Mitarbeit eine zentrale Bedeutung zu. Da die Dienstleistung im Kontakt mit dem Kunden erstellt wird, empfiehlt es sich, möglichst viel Entscheidungskompetenz in der Hierarchie nach unten zu verlagern (Dezentralisierung).

Anbieter können versuchen, den besonderen Problemen professioneller, personell erstellter personenbezogener Dienstleistungen durch Produkttransformationen bzw. -alternativen auszuweichen. Das Problem professioneller Dienstleistungen sind die hohen Personalkosten. Im Fitnessstudio können daher z. B. professionelle durch einfache Dienstleistungen ersetzt werden, wie Diplom-Sportlehrer durch angelernte Kräfte. Die Dienstleistung kann externalisiert werden, indem erfahrene Kunden Anfänger z. B. in die Benutzung von Trainingsgeräten einführen. Personell erstellte können durch maschinell erstellte Dienstleitungen substituiert werden, wie Trainer durch Trainingsmaschinen. Zu guter Letzt können Dienstleistungen durch Sachgüter ersetzt (bzw. zumindest ergänzt) werden, wie Body-Building-Training durch Anabolika. Ähnlich wie im Falle der Kommerzialisierung von Vereinen (s. Kap. 3.4.1 und 3.5) oder des Ersatzes öffentlicher durch private Güter (private Wachdienste ersetzen staatliche Polizei) führt all dies zu Nutzen-

---

[7] Preiserhöhungen sind z. B. unter „Freunden" schwerer durchzusetzen.

und damit Produktveränderungen. Der Nutzen einer Schönheitsoperation, wie „Fett absaugen", ist z. B. ein anderer als der eines sportlichen Trainings.

6.3 Service-Dominant Logic

Die Service-Dominant Logic (Dienst-Perspektive) von Vargo und Lusch (2004) unterscheidet sich systematisch von der üblichen Goods-Dominat Logic (Güter-Perspektive) und stellt damit eine weitere grundlegende Kritik am ökonomischen Denkansatz dar (s. Kap. 1.3.3). Sie soll zu einer besseren Analyse und angemesseneren Managementstrategien führen. Im Folgenden werden 1. die Unterschiede beider Ansätze verdeutlicht und 2. mit dem kompatiblen Ansatz von Stabell und Fjeldstad (1998) ergänzt, die vorschlagen, die Wertschöpfungsprozesse von Dienstleistungsbetrieben mit Hilfe anderer Modelle zu erfassen als mit der üblichen aus der Sachgüterproduktion bekannten Wertschöpfungskette. In der Sportökonomie werden diese Ansätze von Woratschek und seinen Mitarbeitern verfolgt (z. B. Woratschek und Schafmeister 2005). 2014 erschien in diesem Sinne ein von Woratschek, Horbel und Popp herausgegebene Sonderausgabe der Zeitschrift European Sport Management Quarterly zum Thema Value Co-Creation in Sport.

6.3.1 Vergleich mit der Goods-Dominant Logic

Vargo und Lusch (2004) und Woratschek et al. (2014) vergleichen die Service-Dominant Logic u. a. anhand der folgenden Punkte mit der Goods-Dominant Logic (s. Abb. 6.5):

1. **Ziel:** Es geht nicht um einen Tausch von Werten zwischen Produzent und Konsument, sondern immer um eine gemeinsame Wertschöpfung (co-creation). Ähnlich hat Becker (1965) mit seiner neuen Haushaltsökonomie argumentiert, dass der Kauf von Gü-

	Goods-dominant Logic	Service-dominant Logic
1. Ziel	• Wertetausch • Profitmaximierung	• gemeinsame Wertschöpfung (co-creation) • finanzielle Ergebnisse sind Lernanreiz
2. Objekt	Güter (Sachgüter und Dienstleistungen)	„Dienst" (service) = Wissen Sachgüter sind eingefrorenes Wissen
3. Produzenten	• Firma kombiniert interne Ressourcen, d.h. produziert und verkauft • Kunde kauft und konsumiert (vernichtet) Werte	• Netzwerk von Firma, Konsumenten, anderen Firmen, sonstigen Stakeholdern, z.B. Politik • Kunden sind immer Co-Creator • Firma macht nur Wertvorschlag (value proposition)
4. Werte	• Tauschwert (value in exchange) • homogene Güter	• Gebrauchswert (value in use) • Wert (Nutzen) ist kontextabhängig, individuell heterogen
5. Manager	kontrollieren den Produktionsprozess und Verkauf	müssen auch Strategien für diese Kooperationen entwickeln

Abb. 6.5 Service-Dominant Logic

tern alleine häufig noch keinen Wert schafft (s. Kap. 2.2). Wettbewerb und Profit haben die Funktion von Wissens-, Entdeckungs- und Beurteilungsprozessen. Finanzielle Ergebnisse sind in diesem Sinne nicht etwas, was maximiert werden muss, sondern wovon man lernen soll.

2. **Objekt:** In der Ökonomie geht es immer (!) um die zur Bereitstellung von Wissen (Dienste) nicht um Sachen (Güter). Das wird wieder deutlich durch den Wandel von der Landwirtschafts-, Rohstoff- und Industrie-Gesellschaft zur Dienstleistungs- und Informations-Gesellschaft. Wissen ist die entscheidende Quelle für Wettbewerbsvorteile (s. Kap. 9.3: Resource Based View of the Firm). Der Begriff „Service" (Dienst) wird also in diesem weiten Sinne verstanden.[8] Dienste sind Anwendungen von Kompetenzen zum Nutzen des Konsumenten. Sachen sind nicht von Natur aus wertvoll, sondern sie werden wertvoll durch ihre Verwendung. Güter sind nur Vertriebsformen von Diensten (eingefrorenes Wissen). So entsteht z. B. der Nutzen eines Fitnesstrainingsgerätes aus dem Zusammenwirken der Kompetenzen des Herstellers und gegebenenfalls des Vermieters (Fitnessstudio) und des Konsumenten, wie der einer Ritterrüstung – so Vargo und Luschs (2004) Beispiel – aus dem Zusammenwirken von Schmied und Ritter.

3. **Produzenten:** Wert (value) entsteht damit nicht nur durch die Kombination vorwiegend interner Ressourcen einer Firma. Produzent ist nicht nur der Anbieter, sondern auch der Konsument und in vielen Fällen auch andere Firmen – ganze Firmennetzwerke – und weitere Stakeholder. Dies ist auch gerade im Sport von Bedeutung. Für die Kreation z. B. einer Sportveranstaltung müssen mindestens zwei Anbieter (Sportler, Teams) kooperieren (s. Kooperenz, Kap. 2.3). Im Umfeld sind häufig andere Firmen z. B. für die Sicherheit und das Catering verantwortlich. Sponsoren nutzen das Image des Sports und suchen die Aufmerksamkeit der Zuschauer. Politiker sorgen dafür, dass Stadien finanziert werden oder die Polizei zur Verfügung gestellt wird und nutzen Sportereignisse für ihre eigene Profilierung. Hinzu kommt auch im Profisport das Engagement vieler freiwilliger Helfer. Der Nutzen des Mountain Biking – so eines von Woratscheks et.al. (2014) Beispielen – hängt nicht nur vom Fahrrad ab, sondern auch von den Absichten und Fähigkeiten des Konsumenten, von öffentlichen Ressourcen, wie entsprechend präparierten und ausgewiesenen Strecken, und den geografischen Gegebenheiten einer Landschaft. Der Kunde wird nicht als bloßer „Wertevernichter" (Konsument), sondern als Mitproduzent von Werten angesehen. Die Firma kann nur einen Wertvorschlag machen, der von den Konsumenten und den anderen Netzwerkteilnehmern individuell aufgegriffen, abgelehnt oder verändert werden kann, wie das unterschiedliche Verhalten der Fans vor, während und nach einem Fußballspiel zeigt. Zu den Netzwerkteilnehmern gehören auch andere Konsumenten, wie Bezugs- und Fangruppen oder Brand Communities.

4. **Werte:** Der Nutzen wird dadurch kontextabhängig, z. B. vom Verhalten anderer Konsumenten und Gruppen (s. Kap. 2.2), und heterogen. Die Perspektive des Konsumen-

---

[8] Engl: services = Dienstleistungen; service = Dienst im Sinne der Service-Dominant Logic.

ten, nicht die des Produzenten steht im Vordergrund. Wert entsteht beim individuellen Gebrauch, nicht beim Tausch.

5. **Manager:** Dieser Perspektivwechsel hat weitreichende praktische Konsequenzen dafür wie Tauschprozesse, Märkte und Kunden betrachtet werden und welche Aufgaben sich daraus für das Management ergeben. Die Manager müssen sich bewusst sein, dass sie keine volle Kontrolle über den Ko-Produktionsprozess haben, sondern abhängig von Anderen sind. Sie müssen nicht nur den internen Produktionsprozess und Verkauf organisieren, sondern auch Strategien für diesen Ko-Kreationsprozess entwickeln. Fanprojekte von Fußballclubs sind demnach z. B. keine Sozialarbeit, sondern zentraler Bestandteil des Produktionsprozesses.

6.3.2 Wertschöpfungsmodelle

Wertschöpfung ist das Ziel der Produktion. Sie ist das Resultat der Kombination der Produktionsfaktoren zu neuen Gütern mit einem höheren Wert. Anhand des Modells von Thieme (2011; s. Kap. 1.3.5) wurde demonstriert, wie voraussetzungsvoll die Wertschöpfung im Zuschauersport ist. So schafft z. B. erst die Gründung einer Liga einen erheblichen Wertzuwachs gegenüber Freundschaftsspielen. Üblicherweise werden Wertschöpfungsprozesse anhand der Porterschen (1985) Wertschöpfungskette (value chain) verdeutlicht. Sie ist besonders geeignet um hintereinander gelagerte Prozesse bei der Produktion von Sachgütern zu verdeutlichen. Porter unterscheidet die primären Stufen: Eingangslogistik, Operationen, Ausgangslogistik, Marketing/Vertrieb und Kundendienst. Wie Benner (1992; s. Kap. 1.4.4) gezeigt hat, kann man dieses Modell auch auf den Zuschauersport übertragen, wenn man zusätzlich berücksichtigt, dass mehrere Betriebe kooperieren müssen. Um die Besonderheiten von Dienstleistungen zu verdeutlichen, sind jedoch zwei ganz andere Modelle besser geeignet (Stabell und Fjeldstad 1998): 1. der Wertshop und 2. das Wertnetz. Darauf haben für den Sport Woratschek und seine Mitarbeiter hingewiesen (z. B. Woratschek und Schafmeister 2005). Hierbei werden nicht Güter produziert, sondern Probleme gelöst bzw. Plattformen für andere Marktteilnehmer geschaffen.

1. **Wertshop:** Bei einer Dienstleistung wie einem Trainingscamp für Ausdauersportler geht es um ein Problem (die erwünschte Leistungssteigerung), das nicht linear, sondern wiederholt, kreisförmig über mehrere Stufen verlaufend und nur zusammen mit dem Konsumenten (externer Faktor, Co-Kreation) gelöst werden kann. Dieser Vorgang wird durch die Wertkonfiguration des Wertshops verdeutlicht (s. Abb. 6.6). Die Reputation des Anbieters führt zu einer Akquise eines Kunden, mit dem zusammen das Problem gefunden, Lösungsalternativen ins Auge gefasst und entschieden werden muss, welche davon verfolgt werden soll. Nach der Ausführung wird der Erfolg evaluiert, um dann abzuwägen, wie erfolgreich der eingeschlagene Weg war und ob und wie er ggf. verändert werden muss.

Abb. 6.6 Wertshop nach Woratschek und Schafmeister 2005, S. 36)

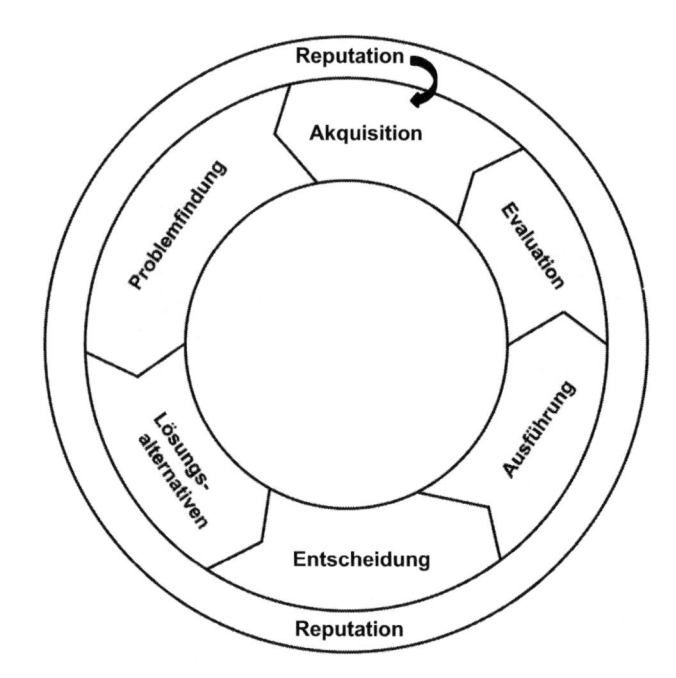

[Abbildung: Kreisdiagramm mit den Elementen Reputation, Akquisition, Evaluation, Ausführung, Entscheidung, Lösungsalternativen, Problemfindung, Reputation]

2. **Wertnetz:** Für die Verdeutlichung von Besonderheiten des Zuschauersports ist die Wertkonfiguration des Wertnetzes geeignet. Ein Fußballspiel bildet z. B. (neben der Unterhaltungsleistung für Zuschauer) eine Plattform (Dietl 2011), die verschiedene Nachfrager und Anbieter zusammenführt (Kontaktanbahnung): Clubs, Zuschauer sowie Medien, Werber, Sponsoren, Wettanbieter und Politiker mit ihren potentiellen Kunden. Es bringt z. B. die Zuschauer und speziell die VIP-Besucher untereinander, die Sponsoren bzw. die Werbetreibenden mit den Zuschauern im Stadion und vor dem Fernseher oder Internet zusammen (s. Abb. 6.7). Auch die Liga kann als Wertnetz verstanden werden. Sie bringt Sportteams zum Meisterschaftsrennen zusammen (Kontraktvermittlung) und vermarktet zentral gewisse Leistungen, wie TV-Auftritte (Vertriebsübernahme). Die gleichzeitig auszuführenden primären Aktivitäten des Wertnetzanbieters sind die Netzwerkpromotion, der Netzwerkservice und die Netzwerkinfrastruktur. Zur Promotion gehört z. B. die Auswahl von Teilnehmern, z. B. der Clubs einer Liga, zum Service die Anbahnung und Pflege von Kontakten, wie die Aufstellung von Spielplänen, und zur Infrastruktur das Regelwerk der Kooperation.

6.4 Zusammenfassung

Bei vielen Sportgütern handelt es sich um Dienstleistungen oder noch spezieller um bilateral personenbezogene Dienstleistungen, wie Training. Die Sportökonomie ist also zu einem großen Teil Dienstleistungsökonomie. Diese hat aber bisher kaum Eingang in ein-

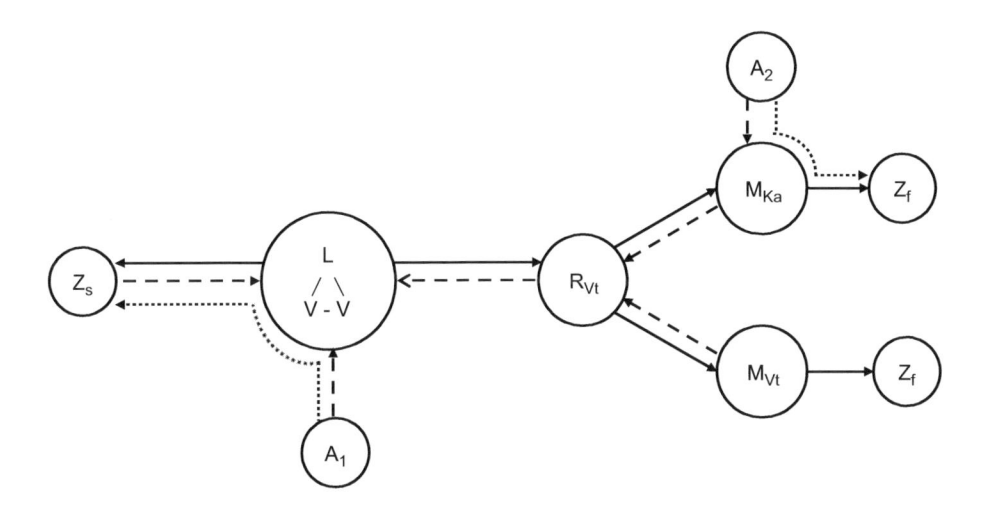

Abb. 6.7 Direkte und indirekte, wertnetzartige Tauschbeziehungen im Zuschauersport (Woratschek 2004, S. 18)

V = Sportvereine	R_{VT} = Rechtehändler-Direktvertrieb	⟶ Leistungsstrom
L = Liga	M_{KA} = Free-TV	---⟶ Geldstrom
A = Anbieter	M_{Vt} = Pay-TV	·····⟶ Werbung
Z_s = Stadionzuschauer	Z Fernsehzuschauer	

führende Lehrbücher gefunden. Dienstleistungen weisen viele Besonderheiten im Vergleich zu Sachgütern auf: 1. Es geht darum sich – trotz aller Vermischungen und fließenden Übergänge – diese idealtypischen (s. Kap. 3.1) Unterschiede zu vergegenwärtigen. 2. Diese Besonderheiten haben vielfältige Konsequenzen für die Betriebsführung. Mit der Service-Dominant Logic (Vargo und Lusch 2004) erwächst hieraus 3. auch eine neue zur üblichen Ökonomie grundsätzlich konkurrierende Perspektive.

Sieben **Besonderheite**n von Dienstleistungen werden herausgestellt: 1. Verderblichkeit, 2. Kontraktgut, 3. Uno-Actu-Prinzip, 4. Integrativität, 5. Individualität, 6. Immaterialität. Im Abschnitt über Untertypen wird 7. speziell für personell erstellten Dienstleistungen angefügt, dass die Produzenten Teil des Produktes sind.

1. **Verderblichkeit**: In der Potentialphase muss als Vorleistung seitens des Anbieters zunächst ein Leistungspotential bereitgestellt werden. Der Unterschied zur Sachgüterproduktion liegt darin begründet, dass der Produktionsprozess aber erst beginnen kann, wenn externe Produktionsfaktoren dazu kommen. Extern heißen jene Faktoren, über die der Anbieter nicht bestimmen kann. Sportschuhe können z. B. auch in Abwesenheit des Konsumenten produziert werden, Sporttraining kann ohne Kunden jedoch nicht stattfinden. Daraus ergibt sich für den Anbieter von Dienstleistungen ein im Ver-

gleich zu Sachgütern größeres Problem, dass Ressourcen nicht genutzt werden, d. h. verderben.
2. **Kontraktgut**: Aus der Sicht des Nachfragers ergibt sich aus diesem Bruch zwischen Bereitstellung und Produktion ein Informationsproblem. Denn die Leistung ist zum Zeitpunkt des Kaufvertrages noch nicht erstellt und kann daher nicht im Vorhinein beurteilt werden wie ein Sachgut. Dienstleistungen weisen daher vor allem Erfahrungs- und Vertrauenseigenschaften auf.
3. **Uno-actu Prinzip**: Das anbieterseitig aufgebaute Leistungspotential mündet im Falle einer manifesten Nachfrage in einen Leistungsprozess. Konstitutiv dafür ist die unabdingbar notwendige Integration des externen Faktors. Das bedeutet, dass die Leistung nur erbracht werden kann, wenn Leistungsgeber und -nehmer am gleichen Ort und zur gleichen Zeit zusammentreffen.
4. **Integration**: Externe Faktoren können Sachgüter sein, die dem Kunden gehören – wie das Auto, das repariert werden soll – oder – bei personenbezogenen Dienstleistungen – auch der Kunde selbst. Daher geht es hierbei um die Integration des Konsumenten als externen Produktionsfaktor. Ein Trainer kann noch so gut sein, bei Kunden, die nicht mitmachen wollen oder können, wird er wenig erreichen.
5. **Individualität**: Dadurch wird häufig auch eine hohe Individualität der Leistung verlangt, weil z. B. bei personenbezogenen Dienstleistungen nicht nur die unterschiedlichen Präferenzen der Individuen, sondern auch ihre unterschiedlichen Kompetenzen von entscheidender Bedeutung sind.
6. **Immaterialität**: Das Ergebnis einer Dienstleistung hat einen überwiegend immateriellen Charakter. Sportschuhe kann man anfassen, das Ergebnis einer Trainingsstunde nicht.
7. **Produzent als Teil des Produktes**: Bei bilateral personenbezogenen Dienstleistungen, also solchen die von Personen an Personen erbracht werden, ist der Produzent Teil des Produktes. Während es bei Sachgütern gleichgültig ist, von welchen Personen sie produziert werden, sind die Produzenten, ihre Eigenschaften und ihr Verhalten bei personell erstellten Dienstleistungen von teilweise entscheidender Bedeutung. Ökonomische Beziehungen werden somit mit sozialen vermischt.

Die besonderen **betrieblichen Probleme** sind zum großen Teil auf Verhaltensunsicherheiten auf der Anbieter- oder Nachfragerseite zurückzuführen.

1. Die **Unsicherheiten auf der Nachfragerseite** hängen mit dem Kontraktgutcharakter und der Immaterialität zusammen (s. Abb. 6.2). Mit solchen Problemen beschäftigt sich die Informationsökonomik. Screening und Signaling sind die wichtigsten Lösungen für dieses Problem. Der Nachfrager kann Informationen über den Anbieter besorgen und überprüfen. Der Anbieter kann dies erleichtern, indem er entsprechende Informationen, wie Bilanzen, Zeugnisse und Gütesiegel, zur Verfügung stellt.
2. Mit Dienstleistungen sind aber auch gewichtige Informationsprobleme und daraus resultierende **Unsicherheiten auf der Anbieterseite** verbunden. Es handelt sich sowohl

um quantitative Informationen, was bspw. die Höhe der Nachfrage betrifft (Verderblichkeit), als auch um qualitative, was die Art der externen Ressourcen (Integrativität) und den Inhalt der Nachfrage (Individualität) angeht (s. Abb. 6.3). Es gibt im Prinzip drei Möglichkeiten das Verderblichkeitsproblem zu minimieren: Vorausschau, Beeinflussung der Nachfrage und Beeinflussung des Angebots. Zur Lösung des Problems der Integration des externen Faktors hat der Anbieter bei personenbezogenen Dienstleistungen im Wesentlichen die Alternativen der Selektion und Sozialisation der Kunden. Durch unterschiedliche Kombinationen standardisierter Module kann eine Zwischenlösung zwischen Standardisierung und Individualisierung von Angeboten gefunden werden.
3. Dienstleistungen verlangen wegen des **Uno-Actu-Prinzips** eine hohe Distributionsdichte, d. h. die Anbieter müssen nahe beim Konsumenten angesiedelt sein. Die Anbieter müssen bei instrumentellen Sportangeboten darüber hinaus bemüht sein, nicht nur die Anfahrtskosten, sondern auch die Anlern- und Verbleibszeiten möglichst niedrig zu halten. Dadurch dass die **Produzenten** bei bilateral personenbezogenen Dienstleistungen **Teil des Produktes** sind, kommt der Personalpolitik (s. Kap. 8 und 9) und speziell der Personalselektion und -sozialisation sowie den Anreizen zur Mitarbeit eine zentrale Bedeutung zu (s. Abb. 6.4).

2004 haben Vargo und Lusch die These vertreten, dass die Dienstleistungsökonomie vom Rand der Ökonomie zum führenden, neue Ideen einbringenden Gebiet mit genereller Bedeutung vorgerückt sei. Sie sprechen von einem notwendigen Paradigmenwechsel von der „Goods-Dominant Logic" der neoklassischen Ökonomie und der sog. allgemeinen (Industrie-)Betriebswirtschaftslehre zur „**Service-Dominant Logic**". Sie betonen u. a. die Bedeutung von Wissen (Dienste) als zentrale wertschaffende Quelle und die Co-Creation von Werten zusammen mit dem Konsumenten und in Firmennetzwerken (s. Abb. 6.5). Diese Sichtweise hat eine hohe Bedeutung sowohl für den passiven als auch den aktiven Sport. Sportveranstaltungen, Sportligen, Skifahren oder Mountainbiking sind Beispiele dafür. Dieser Perspektivwechsel hat weitreichende praktische Konsequenzen dafür wie Tauschprozesse, Märkte und Kunden betrachtet werden und welche Aufgaben sich daraus für das Management ergeben.

Um die Besonderheiten von Dienstleistungen zu verdeutlichen, sind zwei neue **Wertschöpfungsmodelle** besser geeignet als die übliche Wertkette: 1. der Wertshop und 2. das Wertnetz:

1. **Wertshop**: Bei einer Dienstleistung wie einem Trainingscamp geht es um ein Problem (die erwünschte Leistungssteigerung), das nicht linear, sondern wiederholt, kreisförmig über mehrere Stufen verlaufend und nur zusammen mit dem Konsumenten (externer Faktor, Co-Creation) gelöst werden kann (s. Abb. 6.6).
2. **Wertnetz**: Für die Verdeutlichung von Besonderheiten des Zuschauersports ist das Wertnetz geeignet (s. Abb. 6.7). Ein Fußballspiel bildet z. B. eine Plattform, die verschiedene Nachfrager und Anbieter zusammenführt: Clubs, Zuschauer sowie Medien, Werber, Sponsoren und Politiker.

6.5 Wiederholungsfragen

- Was sind die konstitutiven Merkmale von Dienstleistungen?
- Welche Probleme erwachsen aus den Besonderheiten von Dienstleistungen und bilateral personenbezogenen Dienstleistungen, und wie kann man sie lösen?
- Welche Produkttransformationen bzw. -substitutionen kann man beobachten, die dazu dienen, die Probleme professioneller, personell erstellter Dienstleistungen zu umgehen?
- Wie unterscheidet sich die Service-Dominant von der Goods-Dominant Logic? Welchen Nutzen bringt diese neue Perspektive für das Sportmanagement?
- Was sind Wertschöpfungskonfigurationen? Unterscheiden Sie verschiedene Typen und nennen Sie Beispiele aus dem Sport.

Literatur

Becker, G. S. (1965). A theory of the allocation of time. *The Economic Journal, 75*(299), 493–517.
Benner, G. (1992). *Risk Management im professionellen Sport.* Bergisch Gladbach: EUL.
Corsten, H., & Gössinger, R. (2007). *Dienstleistungsmanagement* (5. Aufl). Wiesbaden: Gabler.
Dietl, H. (2011). Besonderheiten des Sports – Was rechtfertigt eine „eigene Ökonomik"? In E. Emrich, C. Pierdzioch, & M.-P. Büch (Hrsg.), *Europäische Sportmodelle: Gemeinsamkeiten und Differenzen in international vergleichender Perspektive* (S. 17–36). Schorndorf: Hofmann.
Engelhardt, W. H., Kleinaltenkamp, M., & Reckenfelderbäumer, M. (1992). *Dienstleistungen als Absatzobjekt. Arbeitsbericht Nr. 52 des Instituts für Unternehmensführung und Unternehmensforschung an der Ruhr-Universität Bochum.* Bochum: Inst. für Unternehmensführung und Unternehmensforschung.
Engelhardt, W. H., Kleinaltenkamp, M., & Reckenfelderbäumer, M. (1993). Leistungsbündel als Absatzobjekte. *Zeitschrift für betriebswirtschaftliche Forschung, 45*(5), 395–426.
Fourastié, J. (1954). *Die große Hoffnung des 20. Jahrhunderts.* Köln: Bund-Verlag.
Haller, S. (2005). *Dienstleistungsmanagement. Grundlagen – Konzepte – Instrumente* (3. Aufl.). Wiesbaden: Gabler.
Hilke, W. (1989). Grundprobleme und Entwicklungstendenzen des Dienstleistungs-Marketings. In W. Hilke (Hrsg.), *Dienstleistungs-Marketing.* (S. 5–44). Wiesbaden: Gabler.
Hornby, N. (1997). *Fever Pitch. Ballfieber. Die Geschichte eines Fans.* Köln: Kiepenheuer & Witsch.
Jensen, M., & Meckling, W. (1976). Theory of the firm. Managerial behavior, agency costs and ownership structure. *Journal of Financial Economics, 3*(4), 305–360.
Kotler, P., & Bliemer, F. (1992). *Marketing-Management. Analyse, Planung, Umsetzung und Steuerung* (7. Aufl.). Stuttgart: Schäffer-Poeschel.
Maleri, R. (1997). *Grundzüge der Dienstleistungsproduktion* (4. Aufl.). Berlin: Springer.
Meffert, H., & Bruhn, M. (2009). *Dienstleistungsmarketing. Grundlagen – Konzepte – Methoden* (6. Aufl). Wiesbaden: Gabler.
Meyer, B., & Ahlert, G. (2000). *Die ökonomischen Perspektiven des Sports. Eine empirische Analyse für die Bundesrepublik Deutschland* (Schriftenreihe des Bundesinstituts für Sportwissenschaft, Bd. 100). Schorndorf: Hofmann.
Niebel, T. (2010). *Der Dienstleistungssektor in Deutschland. Abgrenzung und empirische Evidenz ZEW-Dokumentation, No. 10–01.* http://nbn-resolving.de/urn:nbn:de:bsz:180-madoc-31513. Zugegriffen: 12. Jan. 2014.

Pawlowski, T., & Breuer, C. (2012). *Die finanzpolitische Bedeutung des Sports in Deutschland*. Wiesbaden: Springer Gabler.
Pawlowski, T., Breuer, C., Wicker, P., & Poupaux, S. (2009). Travel time spending behavior in recreational sports: An econometric approach with management implications. *European Sport Management Quarterly, 9*(3), 215–242.
Picot, A., Dietl, H., & Franck, E. (1999). *Organisation. Eine ökonomische Perspektive* (5., aktualisierte und überarb. Auflage). Stuttgart: Schäffer-Poeschel.
Porter, M. E. (1985). *Wettbewerbsstrategie. Methoden zur Analyse von Branchen und Konkurrenten*. Frankfurt a. M.: Campus.
Preuß, H., Alfs, C., & Ahlert, G. (2012). *Sport als Wirtschaftsbranche. Der Sportkonsum privater Haushalte in Deutschland*. Wiesbaden: Springer Gabler.
Stabell, C. B., & Fjeldstad, O. D. (1998). Configuring value for competitive advantage: On chains, shops, and networks. *Strategic Management Journal, 19*(5), 413–437.
Thieme, L. (2011). *Zur Konstitution des Sportmanagements als Betriebswirtschaftslehre des Sports. Entwicklung eines Forschungsprogramms*. Berlin: epuli.
Vargo, S. L., & Lusch, R. F. (2004). Evolving to a new dominant logic for marketing. *Journal of Marketing, 68*(1), 1–17.
Weber, W., Schnieder, C., Kortlüke, N., & Horak, B. (1995). *Die wirtschaftliche Bedeutung des Sports*. Schorndorf: Hofmann.
Woratschek, H. (2004). Kooperenz im Sportmanagement. Eine Konsequenz der Wertschöpfungslogik von Sportwettbewerben und Ligen. In K. Zieschang, H. Woratschek & K. Beier (Hrsg.), *Kooperenz im Sportmanagement* (S. 9–29). Schorndorf: Hofmann.
Woratschek, H., & Schafmeister, G. (2005). Ist das Management von Sportbetrieben ein besonderes Business? Eine Analyse der Besonderheiten in der Wertschöpfung von Sportbetrieben. In W. Brehm, P. Heermann, & H. Woratschek (Hrsg.), *Sportökonomie. Das Bayreuther Konzept in zehn exemplarischen Lektionen* (S. 29–49). Bayreuth: Sportökonomie Uni Bayreuth e. V.
Woratschek, H., Horbel, C., & Popp, B. (2014). The sport value framework – A new fundamental logic for analyses in sport management. *European Sport Management Quarterly, 14*(1), 6–24.

Weiterführende Literatur

Vargo, S. L., & Lusch, R. F. (2004). Evolving to a new dominant logic for marketing. *Journal of Marketing, 68*(1), 1–17.
Woratschek, H., & Beier, K. (2001). Sportmarketing. In D. Tscheulin & B. Helmig (Hrsg.), *Branchenspezifisches Marketing, Grundlagen – Besonderheiten – Gemeinsamkeiten* (S. 205–235). Wiesbaden: Gabler.
Woratschek, H., & Schafmeister, G. (2005). Ist das Management von Sportbetrieben ein besonderes Business? Eine Analyse der Besonderheiten in der Wertschöpfung von Sportbetrieben. In W. Brehm, P. Heermann, & H. Woratschek (Hrsg.), *Sportökonomie. Das Bayreuther Konzept in zehn exemplarischen Lektionen* (S. 29–49). Bayreuth: Sportökonomie Uni Bayreuth e. V.
Woratschek, H., Horbel, C., & Popp, B. (2014). The sport value framework - a new fundamental logic for analyses in sport management. *European Sport Management Quarterly, 14*(1), 6–24.

Besonderheiten des Marketings im Sport 7

Im dritten Teil des Lehrbuches soll exemplarisch aufgezeigt werden, welche Konsequenzen die zuvor aufgezeigten Besonderheiten für die Ausgestaltung verschiedener Managementfunktionen haben. Auch hier liegt also der Schwerpunkt weniger auf den allgemeingültigen Aspekten der Betriebswirtschafts- und Managementlehre und deren Übertragung auf den Sport, weil dies bereits relativ gut durch andere Veröffentlichungen abgedeckt ist, sondern auf der systematischen Berücksichtigung der Besonderheiten. Hierfür wurden exemplarisch vier Aufgabenfelder des Managements ausgewählt: Marketing (Kap. 7), Personalwirtschaft (Kap. 8), Partizipatives Management (Kap. 9) und Qualitätsmanagement (Kap. 10).

Marketing bezeichnet einen Aufgabenbereich in der Betriebsführung von Unternehmen und Organisationen, dessen Präsenz im Sport historisch betrachtet relativ jungen Datums ist. Wenngleich die Entwicklung in den einzelnen Segmenten der Sportbranche sehr unterschiedlich verlief, so handelt es sich – abgesehen vom Branchensegment der Sportartikelindustrie – um ein Aufgabenfeld, das (zumindest in Deutschland und Europa) bis weit in die 70er und 80er Jahre des letzten Jahrhunderts hinein für die große Mehrzahl der Sportbetriebe keine oder allenfalls eine untergeordnete Bedeutung besaß. In den folgenden Jahrzehnten gewann es im Gefolge der bereits beschriebenen Kommerzialisierungs- und Professionalisierungsprozesse im Sport (s. Kap. 3.4) und des Wachstums und Strukturwandels vieler Sportorganisationen allerdings mehr und mehr an Bedeutung. Die Entdeckung des Sports als wirtschaftliches Interessensobjekt brachte zum einen neue, marktorientiert agierende Betriebstypen hervor (z. B. kommerzielle Sportanbieter, Sportmarketing-Agenturen) und führte andererseits zu einer schrittweisen Transformation von Vereinen, insbesondere der in populären, zuschauerträchtigen Spitzensportarten engagierten, zu gewerblichen Unternehmen der Unterhaltungsindustrie (s. Kap. 3.5).

Marketing zählt heute in allen Bereichen des For-Profit-Sportsektors und des (semi-) professionell organisierten Spitzensports unbestritten zum zentralen Kern betrieblicher Führungsaufgaben und gilt als zentraler Faktor des wirtschaftlichen und sportlichen Erfolgs (Riedmüller 2011). Doch auch in einer rasch steigenden Zahl von Sportbetrieben des Non-Profit-Sektors ist das Thema „Marketing" heute präsent, wenngleich – abhängig vom Typ und der Größe der Organisation und ihrem Selbstverständnis – in ganz unterschiedlichen Ausprägungen: als Gegenstand von Diskussionen auf Mitarbeiter- und Vorstandsebene, als Ausbildungsangebot von Sportverbänden, als Auswahlkriterium bei der Besetzung von ehren- und hauptamtlichen Führungspositionen, als singuläre Maßnahmen, Initiativen und Projekte (z. B. Aktionen zur Werbung von Mitgliedern oder der Sponsorengewinnung) oder als (mehr oder weniger) etabliertes, dauerhaftes Aufgabenfeld der Vereins- bzw. Verbandsführung.

Mit der Frage nach der Bedeutung von Marketing in und für Sportorganisationen verbinden sich überaus kontroverse Vorstellungen und Auseinandersetzungen. Während in der von Ökonomen dominierten Literatur zum Sportmarketing praktisch durchgängig die Position vertreten wird, dass Sportbetriebe ganz gleich welchen Typs nur durch eine konsequente Marketingorientierung im Führungshandeln ihre betrieblichen Ziele erreichen und den Bestand der Organisation sichern können, Marketing bisweilen gar als einer Art Zauberformel und „neues Wundermittel für den Sport" (so der Titel eines Beitrags von Freyer 1988) für die Lösung vieler Probleme propagiert wird, sehen andere im ihm den sinnfälligen Ausdruck und zentrale Ursache für die negativen Folgen einer (Über-)Kommerzialisierung des Sports und dem Verrat und Ausverkauf seiner originären Ziele, Ideale und Werte.

Ziel dieses Kapitels soll es sein, einige Einblicke in die Aufgaben des Marketings in Sportbetrieben als betriebliche Teilfunktion zu geben. Dies wird – dem Konzept des Buches folgend – in einer spezifischen Perspektive geschehen. Ausgangs- und Bezugspunkt sollen die an anderer Stelle bereits vorgestellten Besonderheiten des Sports sein, die in diesem Kapitel in der Perspektive des Marketings erneut aufgegriffen und im Hinblick auf ihre Konsequenzen für ausgewählte Aufgabenfelder des strategischen und operativen Marketings von Sportbetrieben betrachtet werden. Allerdings ist es schon aus Platzgründen nicht möglich, alle Facetten und Aufgaben des überaus umfangreichen Fach- und Aufgabengebiets des Sportmarketings vollständig und differenziert darzustellen. Hierzu muss auf die inzwischen recht große Zahl von Lehrbüchern und Sammelbänden zum Sportmarketing verwiesen werden (z. B. Hermanns und Riedmüller 2008; Nufer und Bühler 2011; Freyer 2011; Pitts und Stotlar 2007; Beech und Chadwick 2007; Shank 2009; Fullerton 2010; Mullin et al. 2007; Shilbury et al. 2009; Schwarz et al. 2013).

Das Kapitel ist wie folgt gegliedert: Zunächst werden einige begriffliche und konzeptionelle Grundlagen des Marketings und des Sportmarketings vorgestellt, wobei die Frage nach möglichen konstitutiven Merkmalen und Besonderheiten des Sportmarketings im Mittelpunkt der Betrachtung steht (Kap. 7.1). Die folgenden Kapitel beschäftigen sich schwerpunktmäßig mit Aufgaben der strategischen Planung. Nach einer Analyse des betrieblichen Status Quo (Situationsanalyse Kap. 7.2) werden die beiden zentralen Aufgabenfelder der Zielbestimmung und Strategieentwicklung in Sportbetrieben behandelt (Kap. 7.3). Aus sachlogischen Gründen (Anknüpfung an Kap. 6, Dienstleistungen) wird aus dem die vier Aufgabenfelder der Produkt-, Preis-. Distributions- und Kommunikationspolitik umfassenden Teil der operativen Marketingplanung die Produktpolitik herausgegriffen und exemplarisch vertiefend behandelt (Kap. 7.4). Das Kapitel endet mit einer Zusammenfassung (Kap. 7.5).

Am Ende des Kapitels soll der Leser gelernt haben:

- Wie lässt sich das Fach- und Aufgabengebiet des Marketings und des Sportmarketings definitorisch fassen und von anderen betrieblichen Funktionen abgrenzen?
- Welche Auswirkungen haben a) die institutionellen, produkt- und produktionstechnischen sowie die nachfrageseitigen Besonderheiten von Sport und b) Trends und Entwicklungen im Umfeld von Sportorganisationen auf den Stellenwert von Marketing im Sport allgemein und dessen spezifisches Anforderungs- und Aufgabenprofil?
- Welche Aufgaben beinhalten die strategische Marketingplanung und die operative Planung im Bereich der Produktpolitik in Sportbetrieben?
- Auf welche Tatbestände und Besonderheiten ist bei der Anwendung und Ausgestaltung dieser Instrumente zu achten?
- Welche Chancen und Perspektiven, aber auch welche Probleme, Grenzen und Risiken sind mit dem Einsatz von Marketinginstrumenten im Sport verbunden?

7.1 Grundlagen des Sportmarketings

In einem ersten Punkt soll geklärt werden, 1. was unter Marketing zu verstehen ist und welche Ursachen für seine zunehmende Bedeutung in Wirtschaft und Sport verantwortlich sind, 2. in wieweit und in welcher Form Sportmarketing als Spezielles Marketing definiert und konzipiert werden kann und 3. welche Aufgaben mit der Erstellung von (Sport-)Marketing-Plänen verbunden sind.

7.1.1 Marketing: begrifflich-konzeptionelle Ansätze und Bedeutung

Keine andere Teildisziplin der Betriebswirtschaftslehre durchlief in den letzten Jahrzehnten einen ähnlich rasanten Aufschwung wie das Marketing. Das damit verbundene Fach- und Aufgabengebiet hat dabei nicht nur in seiner Bedeutung permanent zugenommen, sondern sich auch in seinem Selbstverständnis, also in der Auffassung dessen, welche Ziele, Ansprüche und Aufgaben mit Marketing verbunden sind, permanent gewandelt und erweitert. Während das Marketing i. S. einer „Absatzwirtschaftslehre" bis weit in die 70er Jahre hinein mit den Aufgaben der Werbung, des Vertriebs und Verkaufs von Produkten und Dienstleistungen gleichgesetzt wurde, erweiterte sich dieses Grundverständnis in den folgenden Jahrzehnten sukzessive zunächst in Richtung auf alle Arten von Aufgaben, die mit einer effizienten und bedürfnisgerechten Gestaltung von Austauschprozessen zwischen privatwirtschaftlichen Unternehmen als Anbieter spezifischer Leistungen und Privatpersonen bzw. -haushalten als Nachfrager auf Märkten zu tun haben. Dem folgte später ein nochmals erweitertes Verständnis, wonach sich Marketing auf alle relevanten Aufgaben der Gestaltung von System-Umwelt-Beziehungen bezieht, soweit diese für die

Erreichung von Zielen einer Organisation (gleich welchen Typs) und der Sicherung ihres Bestands relevant sind.[1]

Aktuell „konkurrieren" in der Literatur drei verschiedene Auffassungen bzw. Interpretationen des Marketings:

- Der **markt- und umfeldorientierte Ansatz**: Marketing wird hier als ein Denkansatz und Aufgabenfeld konzipiert, bei dem Organisationen als Leistungsanbieter mit Hilfe verschiedener Instrumente und Methoden versuchen, Austauschprozesse mit ihren jeweiligen Markt- und Umweltpartnern (Kunden, Lieferanten, Geldgeber, Händler, Konkurrenten etc.) zu initiieren, zu optimieren und zu verstetigen, um auf diesem Wege jene Ressourcen zu generieren, die notwendig sind, um die Ziele einer Organisation zu erreichen und ihren Fortbestand zu sichern. Zu prominenten Vertretern dieses Ansatzes zählen z. B. Meffert et al. (2012) und Bruhn (2012).
- Der **generische Ansatz**: Marketing wird hier – noch abstrakter formuliert – als eine universelle Sozialtechnik zu Beeinflussung von Kommunikations- und Austauschpartnern jedweder Art konzipiert, bei der es darum geht, andere von der Richtigkeit und Angemessenheit der eigenen Meinungen, Ansichten, Leistungsangebote, Preisforderungen etc. zu überzeugen (Kotler und Bliemel 2005)
- Der **Problemlösungsansatz**: An die Stelle des über viele Jahrzehnte als konstitutives Element des Marketings angesehene Merkmal des Tauschs von anbieterseitig produzierten und bereit gestellten Gütern und Dienstleistungen gegen das Geld von Nachfragern steht bei diesem Ansatz die Frage nach den Voraussetzungen einer erfolgreichen Bedürfnisbefriedigung bzw. Problemlösung im Vordergrund. So wird von Vertretern des Service-Dominant-Logic-Ansatzes (Vargo und Lusch 2004) (s. Kap. 6.3) und des Solution-Selling-Ansatzes (Ahlert et al. 2008) der Kern des Marketings in einer erfolgreich eingeleiteten und abgeschlossenen Ko-Produktion bzw. Ko-Kreation von Gebrauchswerten gesehen. Das Konzept einer Unterscheidung von (eher) aktiven, weil produzierenden Anbietern und (eher) passiven, weil konsumierenden Nachfragern wird verworfen. An seine Stelle tritt die Überlegung, dass die zu bewältigende Herausforderung darin besteht, von beiden Seiten arbeitsteilig erbrachte Beiträge (Fachwissen, Arbeitsleistungen) im Sinne einer gemeinsamen, nutzenstiftenden Wertschöpfung und Problemlösung zusammenzuführen. Im Fokus stehen also nicht das Produkt oder die Dienstleistung an sich und ihr Tausch gegen Geld, sondern deren nutzenstiftende Wirkung im Zuge ihres Gebrauchs bzw. Inanspruchnahme.

Für die Entwicklung des Fachgebiets der letzten zwei Jahrzehnte maßgeblich bestimmend war und ist nach wie vor der erste Ansatz. Während der generische Ansatz in seiner Abstraktheit leerformelhafte Züge annimmt (jede Form der Kommunikation zwischen Menschen wäre dieser Auffassung nach „Marketing", weil direkt oder indirekt verhaltensbeein-

---

[1] Zu den Entwicklungsphasen des begrifflichen Verständnisses von Marketing vgl. Meffert et al. (2012, S. 3 ff.).

flussend) ist beim Problemlösungsansatz – zumindest bislang – noch ungeklärt, ob sich mit ihm tatsächlich ein „Paradigmenwechsel" in den Marketingwissenschaften und der Marketinglehre ankündigt. Momentan handelt es sich mehr um eine Denkrichtung und eine spezifische Betrachtungsweise als ein theoretisch geschlossenes Konzept. Über die durch ihn ausgelösten, fruchtbaren Anstöße für marketingtheoretische Diskussionen hinaus liefert der Ansatz bislang allerdings noch kaum verifizierte Erkenntnisgewinne aus der Forschung[2], geschweige denn ein kodifiziertes Wissen für die Marketinglehre.

Für den **markt- und umfeldorientierten Ansatzes** im Marketing sind folgende weitere Merkmale bestimmend, die in einer Vielzahl von Definitionen des Begriffs und konzeptionellen Vorschlägen auftauchen und die sich zumeist nur in Nuancen unterscheiden (Meffert et al. 2012, S. 18 ff. und S. 889 ff.):

- In funktionaler Hinsicht umfasst das Aufgabenspektrum des Marketings heute neben den traditionellen Aufgaben der Werbung, des Vertriebs und Verkaufs (Kommunikations- und Distributionspolitik) auch vorgelagerte Funktionsbereiche, insbesondere der Marktforschung, der Strategieentwicklung, des Produktmanagements und der Preispolitik. Dem liegt die Erkenntnis zugrunde, dass der bloße Einsatz von bewährten Werbe-, Vertriebs- und Verkaufstechniken im Anschluss an vorab produzierte Güter mit erheblichen Risiken und Ineffizienzen verbunden ist. Als erfolgversprechender wird angesehen, den gesamten Prozess der Leistungserstellung von Anbeginn an den Erfordernissen des Marktes, d. h. den Bedürfnissen, Wünschen und Interessen der aktuellen und potentiellen Kunden auszurichten.
- Eng damit verknüpft ist das Merkmal bzw. die Forderung nach einer konsequenten Kundenorientierung, da – dem Modell des rationalen Wahlhandelns und dem Gratifikationsprinzip folgend – sich Nachfrager aus einer Vielzahl von Angeboten verschiedener Anbieter für diejenige Alternative entscheiden, von der sie sich den höchsten Netto-Nutzen versprechen (s. Kap. 1.3). Und nur über einen tatsächlich realisierten Tauschakt fließen dem Anbieter letztendlich jene Ressourcen (in aller Regel in Form von Geld) zu, die dieser zur Deckung der Kosten und für die Realisierung weiterer monetärer (z. B. Gewinn-, Umsatzmaximierung, Steigerung des Marktanteils) oder sonstiger Betriebsziele benötigt.
- Daraus wiederum wird das Postulat abgeleitet, dass dem Marketing im Kontext der verschiedenen Aufgabenfelder der Betriebsführung ein Führungsanspruch zukommt. Es sollte als Leitbild des Managements dienen und als Denkhaltung auch Teil der Unternehmenskultur sein, das Denken und Handeln aller Mitarbeiter quer durch alle Funktionsbereiche hinweg prägen und durchdringen.

---

[2] Erste Versuche, die Fruchtbarkeit des Ansatzes für die empirische Sportmarketingforschung zu prüfen, stellen die Arbeiten von Durchholz (2012) und Drengner (2013) dar. Darüber hinaus erschien 2014 eine von Woratschek, Horbel und Popp herausgegebene Sonderausgabe (No. 1) der Zeitschrift European Sport Management Quarterly zum Thema „Value Co-Creation in Sport".

- Aufgrund zunehmender Probleme und steigender Kosten bei der Neukundengewinnung auf gesättigten Märkten wird heute als weiteres Merkmal, Ziel und Indikator für erfolgreiches, modernes Marketing der Aufbau und Erhalt möglichst langfristiger Beziehungen zu Kunden angesehen (Relationship-Marketing und Qualitätsmanagement, s. Kap. 10).
- Mit der Forderung nach einem „umfeldorientierten" Marketing wird darauf Bezug genommen, dass nicht nur die Beziehungen zu den Leistungsnehmern bzw. Kunden auf Märkten zu gestalten sondern auch die Ansprüche von und Bezüge zu vielen weiteren relevanten Ziel- und Anspruchsgruppen (Stakeholder) eines Betriebs zu berücksichtigen sind (Lieferanten, Geldgeber, Händler, Staat, Politik und Gesellschaft bzw. Öffentlichkeit allgemein).
- Modernes und erfolgreiches Marketing ist des Weiteren durch eine zunehmende Integration und Berücksichtigung von nicht-kommerziellen Zielen und Ansprüchen gekennzeichnet („Deepening"). Damit verbunden ist die notwendige Positionierung eines Betriebs bezüglich der Themen „Umwelt", „Nachhaltigkeit", „Unternehmens- bzw. Marketingethik" und „gesellschaftliche Verantwortung" (Corporate Social Responsibility)
- Letztendlich versteht sich modernes Marketing als ein Universalkonzept für jedweden Betriebstyp („Broadening"), also auch Non-Profit-Organisationen (Parteien, Kirchen, Gewerkschaften, Vereine, Verbände) (s. Kap. 3) und staatliche Einrichtungen (Theater, Museen, Ämter) (s. Kap. 4).

Die Ursachen der wachsenden Bedeutung des Marketings sowie der stetigen Ausweitung seines Aufgaben- und Anspruchsspektrums liegen in den sich wandelnden, verschärften Rahmenbedingungen für Betriebe, die zwar abhängig von den jeweiligen Gegebenheiten in verschiedenen Branchen, Märkten, Zeitpunkten, Betriebstypen, Ländern und Regionen sehr unterschiedliche Facetten und Ausprägungen aufweisen, in ihrer Entwicklung aber offenkundig vor allem in eine Richtung zu weisen scheinen: nämlich einer kontinuierlich zunehmenden Komplexität, Dynamik und Intensität des Wettbewerbs zwischen einer steigenden Zahl von (For- und Non-Profit-)Anbietern, die mit ihren Angeboten auf zumeist gesättigten Märkten agieren. Ein wachsendes (übergroßes) Waren- und Dienstleistungsangebot trifft auf ein prinzipiell limitiertes Nachfragepotential, Verkäufermärkte wandeln sich zu Käufermärkten. Dies bedeutet: Nachfrager (Privathaushalte und Betriebe) stehen einer steigenden Zahl von Angeboten und Verwendungsalternativen ihres prinzipiell begrenzten Budgets an Zeit und Geld gegenüber und entscheiden mit ihrer Wahl über den wirtschaftlichen Erfolg bzw. Misserfolg von leistungsanbietenden Betrieben.

Der Übergang von Verkäufer- zu Käufermärkten gilt als die „take-off"-Phase des modernen Marketings. Auch für die Sportbranche lassen sich einige Wegmarken und Eckpunkte nennen, die diesen Übergang beschreiben:

- Kommerzialisierung und Professionalisierung des Spitzensports: Als Vorreiter und Motor der Entwicklung fungierte der zuschauer- und medienträchtige Spitzensport. Wichtige Wegmarken bildeten dabei die schrittweise Legalisierung des Berufssports, der Ab-

7.1 Grundlagen des Sportmarketings

bau von Werbeverboten und Werbebeschränkungen für Sportler, Mannschaften und Sportveranstalter durch die Verbände sowie die Akzeptanz von Werbung im Umfeld von Sportveranstaltungen seitens der Medien. Zusätzlichen Schub erfuhr dieser Prozess mit der Einführung des Privatfernsehens in Deutschland ab 1984, durch den nun verschiedene Sender um die Übertragungsrechte für attraktive Sportveranstaltungen konkurrierten und die Zahl der Sportübertragungen als quotenträchtiges Medienangebot deutlich zunahm, was wiederum deren Attraktivität für Sponsoren weiter steigerte. Sportmarketing entwickelte sich so zunächst in der Form eines Übergangs von der Sportwerbung zu einem systematischen Sponsoring im Bereich des (semi-)professionell betriebenen Spitzensports (vgl. Bruhn 2010).

- Verlust des Angebotsmonopols der Vereine und Verbände: Was Sport ist, wann, wo, wie und zu welchem Zweck man ihn auszuüben hat, lag bis Ende der 70er Jahre in der Deutungshoheit und fast ausschließlichen Zuständigkeit von Vereinen und Verbänden. Wer Sport treiben wollte, tat dies in der Regel im Verein zu den dort vorgefundenen Bedingungen. Mit dem „Fitness-Boom" entwickelte sich in den 80er Jahren zunächst in den Großstädten ein neuer Markt für kommerzielle Sportanbieter, die Gelegenheiten zum aktiven Sporttreiben auf gewerblich-beruflicher Grundlage anboten. Aus innovationsfreudigen, subkulturellen Szenen gingen – häufig in Verbindung mit gerätetechnischen Innovationen – neue Varianten von traditionellen oder ganz neue Sportarten (z. B. Paragliding, Surfen, Mountainbiking, Inline-Skating, Jogging, Klettern) und neue Sportformen (Freizeit-, Gesundheits-, Abenteuer-, Trendsport) hervor, mit denen ebenfalls neue Märkte für Geräte und Ausrüstung, Sport-Infrastruktur, Anleitung und Training entstanden, die aber nicht an eine dauerhafte Mitgliedschaft in einer Sportorganisation gebunden waren.
- Tendenzen der Marksättigung: Da von dem allgemeinen „Sport-Boom" bis weit in die 90er Jahre hinein fast alle Sportanbietertypen und Angebotsformen von Sport (mehr oder minder stark) profitierten, erzeugte der verstärkte Wettbewerbsdruck infolge hoher Marktwachstumsraten zunächst keinen allzu hohen Handlungsbedarf. Aktuelle Daten zum Sportinteresse, dem Sportengagement und den Konsumausgaben der Bevölkerung für Sport und Freizeit, der Mitgliederentwicklung in Sportvereinen und der gewerblichen Sportbranche können jedoch als Indizien einer zunehmenden Marktsättigung gewertet werden:
  - So nahm die Zahl der Mitgliedschaften im selbstorganisierten Sport den Bestandserhebungen des DOSB zufolge im Jahr 2013 zwar nochmals geringfügig (um 0,78 %) auf 27,99 Mio. zu. Zugleich hatten aber ca. die Hälfte der 62 nationalen Sportfachverbände bzw. die durch diese repräsentierten Sportarten auf Vereinsebene Mitgliedschaftsverluste zu verzeichnen (DOSB Bestandserhebungen 2013).
  - Auch der in den vergangenen zwei Jahrzehnten stark expandierte Markt für kommerzielle Sportangebote stößt zunehmend an Wachstumsgrenzen. So kennzeichnet die Fitnessbranche zwar nach wie vor ein Marktwachstum, allerdings nur bezogen auf die Zahl der Mitglieder (2010: 6,0 Mio. – 2012: 6,2 Mio.) und die Zahl der Anlagen (2010: 6.054 – 2012: 6.222). Der Branchenumsatz stagniert dagegen bei rd.

3,825 Mrd. Euro, was auf einen deutlich verschärften Preiswettbewerb zurückzuführen ist, von dem vor allem die Low-Budget-Studios im Discount-Segment profitierten (DSSV 2013).
– Auch die seit einigen Jahren boomende Fußball-Bundesliga darf nicht darüber hinwegtäuschen, dass im Bereich des Spitzen- und Zuschauersports die Situation dadurch gekennzeichnet ist, das im Windschatten des extrem dominanten und wirtschaftlich erfolgreichen Fußball-Business mit großem Abstand die Top-Ligen in den drei Sportarten Eishockey, Basketball und Handball (mehr oder minder erfolgreich) sich einen harten „Dreikampf" um die Gunst von Zuschauer, Sponsoren und Medien liefern (Deloitte 2013) und die meisten anderen Sportarten in diesem Wettbewerb um Aufmerksamkeit von Zuschauern und Medien und das Interesse von Sponsoren zu den „Verlierern" zählen.
- An die Stelle des in den 80er und 90er Jahren noch dominierenden Verteilungswettbewerbs um neue, wachsende Märkte im Sport ist mehr und mehr ein Verdrängungswettbewerb in etablierten Märkten des Sports getreten. Der Konkurrenzdruck hat dabei sowohl a) betriebstypintern (also den Vereinen, den kommerziellen Anbietern, den Sportveranstaltern untereinander), b) zwischen den verschiedenen Sportbetriebstypen und Sportarten, als auch c) zwischen Sport- und sonstigen Anbietern des Freizeit-, Unterhaltungs- und Gesundheitssektors stark zugenommen.
- Steigende Kosten der Spitzensportproduktion und zunehmende Probleme der Ressourcenmobilisierung: Insbesondere der selbstorganisierte Sport (Vereine und Verbände) steht zugleich in einem zunehmenden Wettbewerb um Ressourcen zur Finanzierung und Aufrechterhaltung des Sportbetriebs. Die gestiegenen Kosten des (semi-)professionellen Leistungssports, von Sportveranstaltungen, der Nutzung und des Unterhalts von Sportstätten, für hauptamtlich beschäftigtes Personal etc. einerseits und stagnierende bzw. sinkende Einnahmen aus den traditionellen Quellen der Subventionierung von Sport andererseits (staatliche und kommunale Sportförderung, Spenden) führen Sportorganisationen in einen verschärften Wettbewerb um knappe Ressourcen. Konkurriert wird nicht mehr nur um Mitglieder, Kunden und Zuschauer, sondern zunehmend auch um Hallenzeiten, Zuschüsse, Sponsoren, Spenden, Medienpräsenz, Übertragungsrechte etc. Hinzu kommen Probleme der Sportvereine in der Rekrutierung und Bindung ehrenamtlicher Mitarbeiter.[3]
- Wandel des Sport- und Freizeitverhaltens: Weitere Gründe für eine zunehmende Nachfragedominanz im Sport sind in Veränderungen des Sport- und Freizeitverhaltens zu suchen. Mit der gestiegenen Zahl von sportiven Angebotsformen und -inhalten verfügen Sportinteressierte heute mehr denn je über die Möglichkeit der Wahl und des Wechsels gemäß ihrer individuellen Präferenzen. Folgen davon sind eine nachlassende

---

[3] In wieweit diese sich nicht nur in der Wahrnehmung der Vereine, sondern auch in einem faktisch sinkenden ehrenamtlichen Engagement in Sportvereinen niederschlagen ist empirisch z. Zt. umstritten. Die Daten von Braun (2011) und Breuer (2013a) scheinen dies zu belegen, wohingegen Emrich et al. (2013) mit Hinweis auf Anthes (2009) und Schlesinger und Nagel (2011) dem widersprechen.

Bindungsbereitschaft an eine bestimmte Sportart bzw. eine bestimmte Sportorganisation und gestiegene Ansprüche an die Qualität des Angebots. Ansprüche, Motive und Erwartungen erfahren zudem im Zuge allgemeiner gesellschaftlicher Individualisierungsprozesse, einer zunehmenden Erlebnisorientierung, eines veränderten Körper- und Gesundheitsbewusstseins und der Nutzung von Sport als Lifestyle-Attribut eine zunehmend individuelle Ausprägung.

In dieser Situation werden vom Marketing gemäß dem Anspruch und Selbstverständnis des Fachgebiets „Problemlösungen" erwartet. In einer Situation zunehmender Dynamik, Unsicherheit und Komplexität von Markt- und Umfeldbedingungen soll Marketing helfen, die Ziele eines Sportbetriebs zu erreichen und seinen Fortbestand zu sichern.

Ganz entgegen der fortschreitenden konzeptionellen Auffächerung und Ausdehnung des Marketingbegriffs weist die „Marketinglehre" bezüglich ihrer „Allgemeinen Grundlagen" allerdings die gleiche perspektivische Verengung auf, wie sie bereits für die „Allgemeine Betriebswirtschaftslehre" konstatiert wurde: Im Mittelpunkt steht die Frage einer erfolgreichen Vermarktung von (groß-)industriell erzeugten Gebrauchs- und Verbrauchsgütern an Endverbraucher bzw. Privathaushalte in Form eines marktvermittelten Tausches gegen Geld.

Die Dynamik der Entwicklung des Marketings als Fach- und Lehrgebiet, die offenkundig hohe praktische Bedeutung des Marketings in Betrieben und die jeweils unterschiedlichen, spezifischen Rahmenbedingungen und Strukturbesonderheiten in verschiedenen Märkten und Branchen führten in den letzten Jahrzehnten zur Ausbildung einer kaum noch überschaubaren Zahl von „Bindestrich-Varianten" des Marketings, die von „A" (wie z. B. Affiliate Marketing, Ambient Marketing) bis „Z" (wie z. B. Zulieferer-Marketing) reicht. Neben einem Markt für z. T. kurzlebige „Marketing-Moden" (momentan hoch im Kurs stehen z. B. „Content-Marketing", „Sensation Marketing", „Social Media Marketing", „Guerilla-Marketing") und die (etwas irritierende) Verwendung des Marketingbegriffs für einzelne Instrumente (z. B. Event-Marketing, Online-Marketing) und Ziele (z. B. Nachhaltigkeitsmarketing, Relationship-Marketing) entstanden in den letzten Jahren auch einige Ansätze, die als fachwissenschaftlich legitimiert und etabliert i. S. eigener Forschungsrichtungen, Lehrstühle, Fachzeitschriften, Tagungen etc. gelten, weil sie institutionelle Besonderheiten einer Branche bzw. eines Produkt- oder Organisationstyps in den Blick nehmen und eine hohe wirtschaftliche Bedeutsamkeit besitzen. Hierzu zählen insbesondere das Dienstleistungsmarketing, das Handelsmarketing und das Industriegüter- bzw. Business-to-Business-Marketing.

7.1.2 Begriffliche und konzeptionelle Grundlagen des Sport-Marketings

Der Status und die Eigenständigkeit eines **„Sport-Marketings"** als eigenständiger Marketingansatzes gelten in diesem Zusammenhang trotz einer inzwischen hohen Zahl publizierter Forschungsergebnisse zu einzelnen Fragestellungen, eigener Zeitschriften und

Lehrbücher und seiner Integration als fester Bestandteil von Ausbildungs- und Studiengängen des Sportmanagements nach wie vor als umstritten. Indikatoren hierfür sind, dass man den Begriff „Sport-Marketing" in den gängigen Lexika der Marketingbegriffe nach wie vor vergeblich sucht und renommierte Vertreter des Fachs sich in jüngster Zeit zwar vermehrt mit Teilproblemen des Sport-Marketings beschäftigt haben, aber nur sehr selten zur Frage des Status und möglicher konzeptionellen Grundlagen des Fachgebiets äußern (eine Ausnahme hiervon ist z. B. Woratschek und Beier 2001).

Die Ursachen hierfür sind auf zwei Ebenen angesiedelt: zum einen in einer grundsätzlichen Ablehnung bzw. Skepsis gegenüber Begründungsversuchen eines eigenständigen Sport-Marketings, zum anderen in einer mangelnden Kohärenz (und damit Überzeugungskraft) der bislang vorliegenden Definitionsversuche. Im ersten Fall wird argumentiert, dass Sport über keine originären, institutionellen Merkmale und Besonderheiten verfügt, mit denen es sich hinreichend präzise von anderen Produkttypen und Konsumgütern abgrenzen lässt. Damit eng verknüpft ist das Argument der (zu) großen Heterogenität sowohl der Erscheinungsformen von Sport (im Hinblick auf die Formen seines Konsums, den Motiven und Interessen der involvierten Personen, der Palette von Gütern und Dienstleistungen, den organisatorischen Kontexten etc.) als auch der existierenden Verbindungen von Marketing und Sport, wodurch es extrem schwer fällt, einen Kern an Gemeinsamkeiten zu benennen.

Dies spiegelt sich dann auch in den verschiedenen Definitions- und Begründungversuchen von Sport-Marketing wider, die sich in drei Gruppen einteilen lassen, wobei die ersten beiden die zwei grundsätzlich unterschiedlichen Sichtweisen auf Sport-Marketing erkennen lassen. Beispiel für die erste Kategorie ist die Definition von Kaser und Oelkers, die feststellen:

> „Sport marketing means using sports to market products." (Kaser und Oelkers 2008, S. 12)

Die Besonderheit von Sport-Marketing wird dieser Definition nach darin gesehen, das (zumeist) sportfremde Unternehmen mit Hilfe von Sport ihre Produkte erfolgreich vermarkten. Sport dient also lediglich als Mittel zum Zweck, als eine Art „Trägermedium" oder „Vermarktungshilfe" für andere Produkte, die nichts mit Sport zu tun haben müssen. Nun steht hinter dieser Definition in der Tat eine ausgesprochen wichtige Vermarktungsform von Sport, die besser unter dem Begriff „Sport-Sponsoring" bekannt ist und die allein in Deutschland einen Markt mit einem Jahresumsatz von fast drei Mrd. Euro repräsentiert (Oediger 2012). Sportmarketing wird hier aus der Sicht von (mehr oder weniger) sportfernen Unternehmen definiert, für die der Sport mit seinen vielfältigen Möglichkeiten, sich als Sponsor zu engagieren, ein wichtiges Instrument ihrer Kommunikationspolitik darstellt. Für Sportbetriebe wiederum ist Sponsoring Teil des überaus wichtigen Beschaffungsmarketings in Form der Vermarktung eines Sekundärprodukts, nämlich dem Verkauf von Rechten zu Nutzung des Primärprodukts Sport zu Werbezwecken. Ein ganz anderer Denkansatz liegt dagegen dem folgenden Definitionsvorschlag zu Grunde:

7.1 Grundlagen des Sportmarketings

> „Sport marketing is the process of designing and implementing activities for the production, pricing, promotion, and distribution of a sport product to satisfy the needs or desires of consumers and to achieve the company's objectives." (Pitts und Stotlar 2007, S. 12)

Im Gegensatz zu der ersten Definition wird hier Sport-Marketing aus der Sicht von sportanbietenden Betrieben definiert. Es geht (genauso wie in allen anderen Branchen) darum, mit Hilfe des Werkzeugkastens des Marketings die originären, sportbezogenen Produkte und Dienstleistungen erfolgreich zu vermarkten. Durch einen aufeinander abgestimmten Einsatz von Instrumenten der Produkt-, Preis-, Distributions- und Kommunikationspolitik sollen die sportbezogenen Bedürfnisse, Wünsche und Interessen der Nachfrager befriedigt und damit die Organisationsziele erreicht werden.

Die meisten Definitionsvorschläge sind von dem Bemühen geprägt, diese beiden Sichtweisen miteinander zu verbinden: nämlich eines *Marketings mit und durch Sport* i. S. seiner instrumentellen Nutzung für andere Produkte sowie eines *Marketings von und für Sport* i. S. einer Generierung und Vermarktung von sportbezogenen Gütern und Dienstleistungen. Beispielhaft hierfür ist der Definitionsvorschlag von Mullin et al. (2007, S. 11):

> „Sport marketing consists of all activities designed to meet the needs and wants of sport consumers through exchange processes. Sport marketing has developed two major thrusts: the marketing of sport products and services directly to consumers of sport, and the marketing of other consumer and industrial products through the use of sport promotions."

Fullerton und Merz (2008) schlagen zur weiteren Systematisierung und einer möglichst vollständigen kategorialen Verortung von Erscheinungsformen des Sport-Marketings ein Vier-Felder-Schema mit zwei Dimensionen vor. Neben der Frage, ob Sport selbst (also alle sportbezogenen Produkte und Dienstleistungen) oder Nicht-Sport-Produkte mit Hilfe von Sport vermarktet werden sollen, halten sie den Aspekt für zentral, ob die jeweiligen Akteure innerhalb und außerhalb der Sportbranche autonom oder kooperativ bzw. integrativ agieren (s. Abb. 7.1).

Feld I repräsentiert demnach eine Variante des Sport-Marketings, bei der Unternehmen im Rahmen der Vermarktung ihrer **Nicht-Sport-Produkte** in ihrem Marketing-Mix in vielfältiger Form Sportbezüge herstellen, aber keinen Kontakt oder eine Form der Kooperation mit Akteuren des Sports pflegen, also z. B. Fernsehspots im Umfeld von Sportsendungen buchen, in ihrer Werbung auf Bilder und Motive des Sports zurück greifen, Sonderrabatte aus Anlass von Sportgroßereignissen gewähren, mit sportbezogenen Zusatzangeboten (z. B. Live-Übertragungen von Sportwettkämpfen in Gaststätten, Fitnessgeräten im Keller eines Hotels) ihre Primärleistung aufwerten oder im Rahmen ihres Event-Marketings auf Sport zurück greifen (z. B. durch die Organisation eines Kleinfeldfußballturniers oder eines Show-Wettkampfs). Die größte Aufmerksamkeit seitens der Wissenschaft genießen in den letzten Jahren die vielfältigen Formen und Möglichkeiten des sog. Ambush-Marketings, derer sich Unternehmen insbesondere im Umfeld von Sportgroßveranstaltungen bedienen. Dabei versuchen Unternehmen den Anschein einer bestehenden offiziellen Sponsorenschaft zu erwecken, obwohl sie keine vertraglich legitimierten

	Vermarktung von Nicht-Sport-Produkten mit Hilfe von Sport	Vermarktung von Güter und Dienstleistungen des Sports
autonom	I	II
kooperativ	III	IV

Abb. 7.1 Die vier Felder des Sport-Marketings (eigene Darstellung in Anlehnung an Fullerton und Merz 2008, S. 97)

Vermarktungsrechte besitzen, und auf diese Weise als „Trittbrettfahrer" vom Image einer Sportveranstaltung profitieren (Nufer 2010).

Feld II repräsentiert die vielfältigen, autonomen Aktivitäten von **Sportbetrieben** bei der Vermarktung ihrer Leistungen im Rahmen des „traditionellen" Marketing-Mix`. Beispiele hierfür wären: Verkauf von Eintrittskarten für eine Sportveranstaltung, Regeländerungen in einer Sportart zur Steigerung ihrer Attraktivität für Zuschauer und Medien durch einen Sportfachverband, die Einführung eines Onlinevertriebs von einem Sportartikelhersteller, die neu gestaltete Beitragsstruktur in einem Sportverein, eine Werbekampagne für Vereinssport durch den DOSB, die Entwicklung und Markteinführung eines neues Sportgeräts durch einen Sportgerätehersteller, ein „Tag der Offenen Tür" einer kommerziellen Sportanlage, der Verkauf von Medienrechten durch einen Sportveranstalter, etc. Dem thematischen Fokus des Buches folgend werden die weiteren Ausführungen sich vor allem auf dieses Aktionsfeld des Sport-Marketings beziehen, da es um die Frage nach den Folgen der Besonderheiten des Produkts „Sport" und von Sportbetrieben für seine bzw. ihre Vermarktung geht.

Feld III repräsentiert alle Formen des Sport-Sponsorings, bei denen Akteure des Sports (Verbände, Vereine, Sportveranstalter, Anlagenbetreiber, bekannte Sportler) eine längerfristige, vertragliche Bindung und Kooperation mit Unternehmen anderer Branchen eingehen und als Trägermedium von Werbebotschaften für deren Nicht-Sport-Produkte fungieren. Dies kann in Form des Erwerbs von Namensrechten (z. B. BEKO Basketball Bundesliga, Allianz Arena, BMW Open), von Werberechten auf Banden, Trikots, etc. (z. B. Bayern München und TELEKOM; Schalke 04 und GAZPROM), der Werbung mit bekannten Persönlichkeiten des Sports oder von Lizenzrechten für die Nutzung von Sportmarken geschehen.

Feld IV steht für alle Varianten des Sport-Marketings, bei denen Hersteller von sportbezogenen Produkten zugleich als Sportsponsoren (z. T. auch als Ausrüster) auftreten, also

7.1 Grundlagen des Sportmarketings

z. B. ADIDAS als Sponsor der FIFA Fußball Weltmeisterschaft und des Deutschen Fußballbundes, NIKE als Sponsor von Lionel Messi, PUMA als Sponsor von Arsenal London.

Zu ergänzen wären diese Handlungsfelder des Sport-Marketings um weiter fortgeschrittene Stufen der Integration und Verflechtung von privatwirtschaftlichen Unternehmen und Akteuren des Sportsystems über die rein kommunikative Nutzung von Sport hinaus in Richtung auf den Sport selbst, also etwa in Form von Investments in Sportbetriebe (z. B. die Minderheitsbeteiligungen von ADIDAS und AUDI an der FC Bayern München AG, das finanzielle und strategische Engagement von Konzernen in „Werkclubs" (VfL Wolfsburg und Bayer Leverkusen) oder die Beteiligung von Firmen an Ligawettbewerben und Rennserien mit eigenen Teams (z. B. RB Leipzig (Red Bull), Firmenteams im Motor- und Radsport).

Eine erste Besonderheit des Sport-Marketings resultiert also aus dem Tatbestand, dass (vor allem größere und im Leistungssport engagierte) Sportbetriebe sich im Unterschied zu den Betrieben anderer Branchen nur zu einem Bruchteil aus den Erlösen für die von ihnen erbrachten Primärleistungen, z. B. in Form des Verkaufs von Eintrittskarten für Sportveranstaltungen oder den Mitgliedsbeiträgen, finanzieren können. Zentrale Aufgabe des Marketings ist deshalb die Beschaffung zusätzlicher Ressourcen durch die Vermarktung von Sekundärleistungen, insbesondere des Verkaufs von Werberechten an Unternehmen (Sponsoring), (eher selten) von Übertragungsrechten an Medien, dem Verkauf von Merchandisingartikel und sonstigen wirtschaftlichen Tätigkeiten (z. B. Gastronomie, Tombola), aber auch der Einwerbung von Spenden und Zuschüssen.

Der Versuch, für ein eigenständiges Sport-Marketing konstitutive Merkmale zu benennen, steht vor ähnlichen Problemen, wie sie bereits für die Sportbetriebslehre allgemein benannt wurden, die allerdings eben gerade deshalb auch wiederum zu seinen Besonderheiten gehören. Hierzu zählen insbesondere die Heterogenitäts- und Komplexitätsproblematik (Schubert 2009).

Die Heterogenitätsproblematik von Sport stellt sich auf drei Ebenen:

a) auf der Ebene der vielen verschiedenen Produkte bzw. Produktgruppen, die für sportliche Zwecke benötigt bzw. eingesetzt werden (Sportinfrastruktur, Sportgeräte, -schuhe, -kleidung, Zubehör, Training, Spiel, Wettkampf, Ligaspielbetrieb, Sportveranstaltung, Regelwerke, Informationen, Rechte);
b) auf der Ebene der Konfiguration und Kombination verschiedener materieller und immaterieller Teilleistungen zu einem „Verbundprodukt Sport", das uns dann in den mannigfaltigen Erscheinungsformen des Sports gegenübertritt (ca. 200 verschiedene Sportarten, die Formen des passiven Sportkonsums (als Zuschauer vor Ort oder Medienkonsument) und des aktiven Sporttreibens (in den Varianten des Berufs-, Leistungs-, Breiten-, Freizeit-, Abenteuer-, Spaß- und Gesundheitssports), und
c) auf der Ebene unterschiedlicher Ausübungs- und Angebotsformen (unorganisiert vs. organisiert) und Betriebstypen, wobei hier die Unterscheidung in For-Profit-Betriebe des Sports (Sportstättenbau, Sportartikelhersteller, Sportfachhändler, gewerbliche Sportveranstalter, spezielle Sport-Dienstleister (z. B. Agenturen, Wettbüros, Sport-

Medienbetriebe) und gewerbliche Sportanbieter) und Non-Profit-Betriebe des Sports (Vereine, Verbände, Staat) zentral ist.

Die damit eng verbundene Komplexitätsproblematik resultiert aus:

a) der Erstellung des „Verbundprodukts Sport" in der Form eines Produktionsverbunds unterschiedlicher Akteure (Einzelpersonen, Gruppen, Non- und For-Profit-Betriebe), die z. T. gleichzeitig konkurrieren und kooperieren (z. B. als Mitglieder einer Mannschaft, als Teams einer Liga, als Vereine eines Verbandes);
b) der besonderen Rolle von Leistungsnehmern bzw. Konsumenten des Sports als Co-Produzenten, und
c) den sich daraus ergebenden multiplen Stakeholder-Beziehungen.

Die Vielfalt und Komplexität der Leistungs- und Akteursbeziehungen stellt eine zweite zentrale Besonderheit des Sport-Marketings dar. So steht etwa ein breit aufgestellter, größerer Sportverein vor der Aufgabe, seinen verschiedenen Mitgliedergruppen (Kinder, Jugendliche, Erwachsene, Senioren, Männer, Frauen, Leistungs-, Freizeit-, Gesundheitssportler, Passive) ein attraktives Sport-, Bewegungs- und Freizeitprogramm anzubieten, in der Kinder- und Jugendarbeit eine gute Nachwuchsarbeit und Talentförderung sicherzustellen und dabei auch die Interessen von Eltern mit zu berücksichtigen, für Zuschauer möglichst attraktive Wettkämpfe zu organisieren, in sportlicher Hinsicht mit den an Turnieren und im Ligabetrieb beteiligten Mannschaften und Sportlern möglichst erfolgreich zu sein, für ehrenamtliche Mitarbeiter attraktive Engagement- und für bezahlte Mitarbeiter oder Sportler gute Arbeits- und Verdienstmöglichkeiten bereit zu stellen, Sponsoren eine interessante Plattform für ihre Werbebotschaften anzubieten, Medien mit den gewünschten Informationen zu versorgen, den identitätsstiftenden, imagefördernden und sozial-integrativen Erwartungen von Kommune und Politik gerecht zu werden, sich mit Anbietern und Erbringern spezieller Dienstleistungen (Agenturen, Lieferanten, Pächter etc.) zu arrangieren und mit anderen Vereinen und Verbänden des Sportsystems zu kooperieren.

Angesichts der Vielzahl von Ziel- und Anspruchsgruppen, die gemäß ihrer je eigenen Interessen teilweise sehr unterschiedliche Ansprüche und Erwartungen an die Leistungen von Sportbetrieben stellen, kennzeichnet Sportbetriebe ein relativ hohes Konflikt- und Gefährdungspotential. Eine spezielle Aufgabe und Anforderung an das strategische Marketing ist deshalb eine Klärung der Frage, auf welchen Teilmärkten, welche Arten von Leistungen für wen, d. h. für welche Zielgruppen und zu welchen Bedingungen angeboten werden sollen.

Dabei muss von einem stark erweiterten Begriff des „Kunden" ausgegangen werden, da es neben Leistungsnehmern, die die Primärleistungen eines Sportbetriebs in Anspruch nehmen (direkte Kunden), weitere „Kundengruppen" gibt, mit denen Sportbetriebe in

7.1 Grundlagen des Sportmarketings

Leistungsbeziehungen stehen. In Anlehnung an Helmig und Boenigk (2012) können unterscheiden werden:

- direkte Kunden, die a) das primäre Leistungsangebot in Anspruch nehmen als Mitglieder (sportaktives Mitglied) oder als Nicht-Mitglieder (Kursteilnehmer, Zuschauer) oder b) Sekundärleistungen erwerben (Werbe-, Lizenz-, Medienrechte durch Privatbetriebe);
- interne Kunden, die als ehrenamtliche aktive Mitglieder ihre Zeit und Arbeitskraft der Organisation „spenden" und damit einen erheblichen Beitrag zur Realisierung ihrer Ziele leisten;
- indirekte Kunden: hierbei handelt es sich um externe Personen oder Organisationen, die entweder an der Leistungserstellung mitbeteiligt sind (z. B. Mithilfe von Eltern in der Kinder- und Jugendarbeit) oder von der Arbeit und den Erfolgen eines Sportbetriebs, d. h. deren externen Effekten profitieren (Eltern, Gemeinde, Region, Medien, Öffentlichkeit, Unternehmen der „Anschlussökonomie" des Sports, wie z. B. Wettbüros, Sportfachhandel, Gastronomie);
- „Spender" von Geld- und Sachleistungen (kostengünstige Bereitstellung von Sportstätten durch die Gemeinde, Sicherheitsdienste des Ordnungsamtes und der Polizei bei Sportveranstaltungen, Geldspenden von Privatpersonen und Betrieben etc.).

Als komplexitätssteigernd erweist sich bei dieser Gemengelage, dass einzelne Personen und Betriebe im Sport nicht selten in Mehrfachrollen involviert sind (z. B. als sportaktiver Ehrenamtlicher, als geldspendende Eltern, als Mäzen und Vorstandsmitglied) und die Übergänge zwischen diesen Rollen fließend sind.

Weitere Spezifika eines Sport-Marketings lassen sich aus der besonderen Stellung und Bedeutung von Non-Profit-Organisationen im Sport ableiten (s. Kap. 3). Dabei ist zunächst festzuhalten, dass Marketing für Vereine und Verbände grundsätzlich nicht die gleiche grundlegende und überlebenswichtige Bedeutsamkeit besitzt, wie dies für gewerbliche Unternehmen gilt. Sportvereine realisieren ihre Ziele und sichern ihren Bestand nicht (oder zumindest nicht primär) über eine Orientierung und fortlaufende Anpassung an den sportbezogenen Bedürfnissen und Wünschen potentieller Kunden auf Märkten und sonstiger Anspruchsgruppen. Sie basieren vielmehr auf einem kooperativen Zusammenschluss von Mitgliedern, die ihre gemeinsamen Interessen realisieren. Im Gegensatz etwa zu sozial-karitativen Organisationen erbringen sie zudem auch keine Leistung für bedürftige Dritte (Fremdleistungs-Vereinigung), sondern nur (oder zumindest primär) für ihre Mitglieder (Eigenleistungs-Vereinigung), welche die dafür notwendigen Ressourcen in Form von Zeit und Geld bereitstellen. Richtschnur des Führens und Entscheidens sind deshalb in der Regel weniger die Sportinteressen externer, faktischer oder potentieller Kunden- und Anspruchsgruppen, sondern die direkten, internen „Kunden", d. h. die Mitglieder und Mitarbeiter.

Für die Befriedigung derer Bedürfnisse und Interessen verfügen Vereine des Weiteren grundsätzlich über zwei funktionale Äquivalente zu den Instrumenten des Marketings:

a) ein hoher Deckungsgrad von Zielen der Organisation und den individuellen Bedürfnissen und Interessen ist für den Eintritt und Verbleib als Mitglied in einen Verein konstitutiv. Während Kundenorientierung in gewerblichen Betrieben lediglich Mittel zum Zweck ist und es vor allem um das richtige Maß geht („so viel wie unbedingt nötig"), ist Mitgliederorientierung in Vereinen Selbstzweck und unabdingbare Voraussetzung für die Mitgliedschaft und die Bereitschaft, Beiträge zu zahlen bzw. Geld zu Spenden und sich evtl. ehrenamtlich zu engagieren; b) zum anderen verfügen Vereinsmitglieder (zumindest formal) über umfangreiche Partizipations- und Mitbestimmungsrechte, über die sichergestellt werden kann, dass sich die Organisationsziele nicht oder zumindest nicht allzu weit von dem Mitgliederinteressen entfernen. In dem Maße, indem Mitglieder NPO-Sportbetriebe allerdings nur als Dienstleistungsanbieter wahrnehmen und ausschließlich als „Kunde" nutzen und sich an demokratischen Meinungs- und Willensbildungsprozessen nicht beteiligen, gewinnt das Instrumentarium des Marketings an Bedeutung.

Welche Bedeutung das Marketing in einem NPO-Sportbetrieb besitzt hängt des Weiteren auf das Engste vom Grad seiner Marktorientierung ab. Mit „Marktorientierung" ist gemeint, ob und in wieweit Sportbetriebe Märkte von potentiellen Mitgliedern bzw. Kunden sowie Konkurrenten als Bezugs- und Zielobjekt ihres Selbstverständnisses und ihrer Betriebsführung betrachten. Sportvereine begreifen sich häufig nicht oder allenfalls eingeschränkt als „Marktanbieter". Sie orientieren sich idealtypisch in erster Linie an ihren Mitgliedern (s. Kap. 3). Sie sehen sich mehrheitlich weder in einer direkten, wirtschaftlichen Konkurrenz zu Fitness-Studios oder anderen Sport- und Freizeitanbietern, noch zu anderen Sportvereinen. Insbesondere andere Sportvereine werden – auch bei einem gleichen Angebot für die gleichen Zielgruppen – häufig nicht als wirtschaftliche, sondern allenfalls als sportliche Konkurrenten wahrgenommen. Als Gründe hierfür können genannt werden: a) die gemeinsame Mitgliedschaft in dem von gemeinsamen Zielen und Werten getragenen „Solidarsystem Sport" und den entsprechenden Verbänden, b) die notwendige Kooperation mit anderen Vereinen, um sportliche Wettbewerbe auszutragen und – zumindest teilweise – c) die (partielle) Monopolstellung von Vereinen auf lokalen Märkten.

Hinzu kommt, dass für NPO-Sportbetriebe kein so hoher Druck bzw. Zwang zu einer Marktorientierung besteht wie für FPO-Betriebe. Sportvereine können (zumindest bis zu einer kritischen, existenzgefährdenden Untergrenze) auch recht gut mit sinkenden Mitgliederzahlen und Einnahmen leben. Auf den Popularitätsverlust einer Sportart, den langsamen Niedergang der Jugendarbeit, eine sinkende Zahl von am Ligaspielbetrieb teilnehmenden Mannschaften oder die drohende Überalterung des Vereins kann (!) der Verein mit einer Marktöffnung und dem Entwurf und der Umsetzung eines Marketingplans reagieren, er muss es aber nicht und wird es auch nicht um jeden Preis tun. Während also z. B. ein Wirtschaftsunternehmen auf sinkende Absatzzahlen mit einer Erweiterung oder Umstellung seines Produktprogramms reagiert, um seinen Bestand zu sichern, ist es eher unwahrscheinlich, dass ein Ruder- oder Tennisverein aufgrund sinkender Mitgliederzahlen beschließt, eine Fitness-, Basketball- oder Fußballabteilung zu gründen, da dies wohl dem Selbstverständnis und Bezugspunkt der Identifikation (z. B. eine bestimmte Sportart) grundlegend widerspricht.

7.1 Grundlagen des Sportmarketings

Marketing stellt also für Non-Profit-Betriebe des Sports eine organisationspolitische Option, aber keine grundsätzliche Notwendigkeit dar und setzt eine (zumindest partielle) Marktöffnung und Marktorientierung voraus. Damit einher geht dann die Akzeptanz entsprechender Handlungsprinzipien, die (wahrscheinlich gegen Widerstände) erst durchgesetzt werden müssen: das Austausch-, Effizienz- und Wettbewerbsprinzip sowie Instrumente und Methoden der rationalen Betriebsführung (Helmig und Michalski 2007).

Auf Produktebene resultieren Besonderheiten des Sports aus dem Tatbestand, dass er von vielen Sportbetrieben als eine Dienstleistung angeboten wird. Auf die Besonderheiten dieses Gütertyps wurde in Kap. 6 eingegangen. Neben den allgemeinen Besonderheiten sind hier die sportspezifischen Ausprägungen von Sport-Dienstleistungen für das Marketing von besonderer Bedeutung. Hierzu zählen insbesondere (Schubert 2009):

- die hohen Grade der Unsicherheit und Enttäuschungsanfälligkeit: Sport ist in besonderer Art und Weise mit positiven (z. B. unerwarteter Sieg) und negativen (z. B. Verletzung) Überraschungen, nicht erfüllten Erwartungen (z. B. Gewichtsreduktion, spannendes Spiel) und Misserfolgserfahrungen (Niederlage) verbunden, die bisweilen sogar eher die Regel als die Ausnahme bilden;
- eine notwendigerweise sehr weitreichende und umfassende Integration des Sportkonsumenten in den Prozess der Leistungserstellung, die einer (zumindest partiellen) Aufhebung der Rollen des Produzenten und Konsumenten gleichkommt;
- eine besondere Bedeutung des Leistungserlebnisses im Sport im Unterschied zur Dominanz des Leistungsergebnisses in vielen anderen Dienstleistungsbranchen (z. B. einer medizinischen Behandlung, einer Rechtsberatung oder dem Besuch einer Bildungseinrichtung).

Zugleich begegnet uns Sport als eine hochgradig standardisierte, streng regulierte und durchnormierte Dienstleistung. Dies gilt insbesondere für den Kanon aller wettkampfmäßig betriebenen Sportarten, die nach einem weltweit einheitlichen Regelwerk betrieben werden. Auf der Ebene einer rein produktbezogenen Betrachtung ist es also völlig gleichgültig, in welchem Verein ich Fußball, Volleyball oder Tischtennis spiele, denn das Spiel „an sich" läuft aufgrund eines umfangreichen, detaillierten Norm- und Regelwerkes, welche die Abmessungen von Geräten, Toren, Netzen, Spielfeldern, Böden, Bällen etc. sowie die Muster der Ausübung durch eine bestimmte Spieldauer, Mannschaftsstärke, Zählweise, Regelverstöße und Sanktionen genau festlegen, überall ungefähr gleich ab. Einerseits sind diese strengen Regularien unabdingbar notwendig, um Wettkämpfe und Leistungsvergleiche unter den Bedingungen gleicher Startchancen organisieren zu können; zum anderen scheiden damit hinsichtlich des Kernprodukts „Sport" zentrale Optionen des Marketings im Bereich der Produktpolitik – nämlich Produktinnovation und -variation – zumindest auf einzelbetrieblicher Ebene von vornherein aus.

Für das Marketing von Sportbetrieben bedeutsam sind folgende weitere Besonderheiten des Konsums von Sport:

- Es handelt sich um eine Freizeitdienstleistung. Dies bedeutet zum einen, dass sie nur zu bestimmten Zeitpunkten und in bestimmten Zeiträumen nachgefragt wird bzw. konsumiert werden kann, nämlich innerhalb jener (mehr oder minder knapp bemessener) Zeitfenster tatsächlich frei verfügbarer Zeit (Feierabend, Wochenende, Urlaub). Damit eng verbunden ist zum anderen der „Nachrangcharakter" von Sport in der Hierarchie von Bedürfnissen und Zeitverwendungsmustern. Zeit für Sport ist in aller Regel nur in soweit und dann vorhanden und wird entsprechend nachgefragt, als alle anderen mit Beruf und Erwerbsarbeit verbundenen Verpflichtungen und sonstigen lebensnotwendigen „Reproduktionsarbeiten" (Haushaltsführung, Kindererziehung etc.) erfüllt sind. So verfügt dem Freizeitmonitor 2013 nach ein Bundesbürger (ab 14 J.) wochentags über einen durchschnittlichen Umfang an frei verfügbarer Zeit von 3 h und 49 min (Reinhardt 2013). Sport konkurriert dort mit einer großen Zahl weiterer außerhäuslich-aktiven und passiv-rekreativen Freizeitbeschäftigungen (Fernsehen, Computer etc.). Da Sportanbieter im Gegensatz zu anderen professionellen Dienstleistungsanbietern den Zeitpunkt und die Dauer der Inanspruchnahme den Nachfragern nicht vorschreiben können (im Gegensatz z. B. zu einem Arzt- oder Gerichtstermin) bedeutet dies, dass die zeitliche Lage und Dauer von Sportangeboten besonders wichtige Erfolgsfaktoren darstellen.
- Sportkonsum begegnet uns in vielerlei Konsumformen. Dennoch besitzt er für viele den Charakter einer sog. „serious leisure activity" (Stebbins 2007). Dies bedeutet: im Unterschied zu „casual leisure acitivities" (z. B. einem Restaurant-, Museums-, Theater-, Kinobesuch, Shoppen gehen, Ausflüge) wird Sport von vielen „ernsthaft", regelmäßig, ziel-, ergebnis- und leistungsorientiert betrieben. Sport weist dabei viele Parallelen zu anderen regelmäßig betriebenen Hobbies, wie etwa „Theater spielen", „im Chor singen" oder „Musizieren" auf. In Form eines (mehr oder weniger) intensiven und regelmäßigen Trainings wird versucht, die körperlich-motorischen Fertigkeiten (Kraft, Schnelligkeit, Beweglichkeit etc.) und Handlungstechniken in einer Sportart, das Zusammenspiel in einer Mannschaft oder die körperliche Fitness zu verbessern oder zumindest zu erhalten, den Erfolg und den Leistungsstand durch Leistungsvergleiche und Messungen zu überprüfen, Korrekturen vorzunehmen und evtl. zusätzliche Fachkenntnisse zu erwerben. Sportkonsum erscheint in dieser Perspektive nicht nur als Konsumgut, sondern auch als Investitionsgut. Investiert wird in den Aufbau eines Konsumkapitals, um zunächst bestimmte Bedürfnisse überhaupt befriedigen zu können (z. B. Erlernen von Golf, Tennis, Segeln). Hier wird teilweise das 1. Gossensche Gesetz des sinkenden Grenzertrages auf den Kopf gestellt, weil jede weitere Sportstunde nicht weniger, sondern umso mehr Spaß macht, je besser man eine Sportart beherrscht (s. Kap. 2.2). Dem sportimmanenten Steigerungsimperativ folgend („schneller, höher, weiter") entsteht häufig ein Bedürfnis „nach mehr", indem das Anspruchsniveau steigt. Sport ist so in der Lage, selbstinduzierte Effekte der Nachfragesteigerung zu erzeugen, die aufgrund fehlender natürlicher Sättigungsgrenzen lediglich durch die beschränkt zu Verfügung stehenden Ressourcen „Zeit" und „Geld" begrenzt werden.
- Viele Formen des Sport- und Freizeitkonsums haben einen ausgeprägt hedonistischen Charakter. Dies bedeutet, der Versorgungsaspekt, d. h. die instumentell-funktionale

7.1 Grundlagen des Sportmarketings

Seite der Nachfrage nach Sport (als ein Mittel für einen bestimmten Zweck) wird sehr stark überlagert oder tritt sogar völlig in der Hintergrund zugunsten eines freudvollen, genussreichen, spaß- und vergnügungsorientierten, gegenwartsbezogenen Erlebens. So zählen insbesondere im Bereich des Zuschauersports das Erleben des besondere Flairs und der speziellen Atmosphäre während eines sportlichen Wettbewerbs zu den zentralen Motiven des Veranstaltungsbesuchs und repräsentieren damit einen zentralen Kern des Produkts (Uhrich 2008). Auch in den unterschiedlichen räumlichen und organisatorischen Kontexten des aktiven Sporttreibens spielen, ob alleine in den eigenen vier Wänden, mit einem Freundeskreis im Stadtpark, mit der Mannschaft in der Halle oder in der Trainingsgruppe im Fitness-Studio, umgebungsbedingte „Wohlfühlfaktoren" eine wichtige Rolle.

- Eng damit zusammen hängen Eigenschaften von Sport, die ihm den Charakter eines „high-involvement-Produkts" verleihen. Er fordert und fördert ein relativ hohes Maß an Ich-Beteiligung auf emotionaler, kognitiver und handlungsaktiver Ebene. Sport repräsentiert einen Daseinsbereich, der in einem hohen Maße Emotionen weckt, Gefühle der Freude, des Glücks, aber auch der Enttäuschung, der Trauer und Wut auslöst, und – im Gegensatz zu den meisten anderen Lebensbereichen – viele Freiräume bietet, diese in einer extrovertierten Art und Weise auszuleben, wie dies etwa in Form des Jubelns, Schreiens, Pfeifens, Singens und (gelegentlichen) Weinens von Zuschauern zum Ausdruck kommt. Er hält vielfältige Möglichkeiten der außeralltäglichen (Selbst-)Erfahrung bereit (z. B. Gewinn eines Matches, erfolgreiche Teilnahme an einem Marathon, Meisterung einer gefährlichen Situation, Fahrt zu einem Auswärtsspiel, Vereinsfeier), die phasenweise transzendenten Charakter in Form von „Peak-Experiences" und eines Flow-Erlebens (Jackson und Kimiecik 2008) annehmen können und von denen eine große Bindewirkung und ein hohes Identifikationspotential ausgeht.[4]
- Verstärkt wird dies durch den Tatbestand, dass es sich bei Sport um eine Form des sozialen Konsums handelt (s. Kap. 2.2). Sport wird in aller Regel entweder gemeinsam mit anderen, also in Gruppen oder zumindest unter der gleichzeitigen Anwesenheit anderer in einem (halb-)öffentlichen Raum konsumiert. (Ausnahmen wären der „einsame" Sportzuschauer zu Hause vor dem Fernseher oder der Fitness-Sportler auf seinem Home-Trainer.) Dies bedeutet, dass folgende Kriterien und Merkmale wichtige Bestimmungsgründe für die Wahl eines bestimmten Sportangebots bzw. Sportanbieters sind, diese z. T. sogar ein Teil des Produkts „Sport" selbst darstellen:
  - Merkmale des sozial-räumlichen Umfelds des Sporttreibens: Welche Merkmale kennzeichnen einen Sportraum (Gelände, Platz, Halle, Stadion) im Hinblick auf

---

[4] Die Verbindung der Elemente des notwendigen Aufbaus von Konsumkapital (Sport als „serious leisure activity") sowie des hedonistischen und high-involvement-Charakters von Sport dürften zentrale Ursachen dafür sein, dass Sport heute auch als ein „prädestiniertes Suchtfeld" (Bette und Gugutzer 2012, S. 123) gilt. Da die Gefahr, dass Sport zur Sucht wird, mit der zeitlichen Intensität der Sportausübung ansteigt, sind Sportler in zeitintensiven Ausdauersportarten (insbesondere Triathlon) besonders gefährdet (Ziemainz et al. 2013).

dessen Struktur, Ausdehnung, Fassungsvermögen etc.? Wie viele und welche Personen(gruppen) verfügen über eine Zugangsberechtigung und werden (wahrscheinlich) kommen? In welcher Dichte und Struktur verteilen und bewegen sich diese in diesem Raum? Aus welchen Motiven und in welcher Funktion nehmen sie an dem Geschehen teil? Mit welchem Verhalten dieser Personen ist zu rechnen?
- Gruppennachfrage: Besteht die Möglichkeit, ein Sportangebot gemeinsam mit Freunden, Kollegen, Familienmitgliedern etc. wahrzunehmen?
- Sportimmanente Kontakte: Welche Gelegenheiten oder Notwendigkeiten bestehen, in Kontakt mit anderen, bekannten und bislang unbekannten Personen zu treten und mit ihnen zu kooperieren? In welcher Rolle findet dies statt, z. B. als Kursteilnehmer, Mannschaftmitglied, Spielpartner oder Wettkampfgegner? Wie nahe komme ich dabei den anderen bzw. diese mir?
- Weitergehende soziale Kontakte: In wieweit bieten sich Gelegenheiten über den Sport hinausreichende, soziale Kontakte zu knüpfen und zu pflegen (Menschen kennen lernen, geselliges Zusammensein, freundschaftliche Beziehungen knüpfen und pflegen) und in wieweit wird dies erwartet?
• Ungeachtet des ausgeprägten Charakters von Sport als „serious leisure activitiy" weisen viele Indizien darauf hin, dass Sport auch zunehmend im Sinne einer „casual leisure activity" genutzt und durch ein sog. „variety seeking" bzw. „sensation seeking" gekennzeichnet ist. Dies äußert sich in der nachlassenden Bindung an bestimmten Sportarten und Sportanbieter, eine steigende Zahl von Spaß-, Fun- und Abenteuersportarten und kurzlebiger „Sportmoden", bei denen es um den erlebnisreichen, kurzfristigen „Thrill" (z. B. Bungee Jumping, Rafting), das Ausprobieren von neuen Sportarten oder den einmaligen oder gelegentlichen Besuch einer Spitzensportveranstaltung als singuläres Event (ähnlich einem Theater-, Restaurant- oder Konzertbesuch) geht und das Bedürfnis nach Abwechslung im Vordergrund steht.
• Die meisten (Sport-)Dienstleistungen sind untrennbar mit dem jeweiligen Personal verbunden, das den anbieterseitigen Leistungsinput bereitstellt, den Prozess der Leistungserstellung maßgeblich mitgestaltet und einen großen Einfluss auf das Leistungsergebnis und damit die Zufriedenheit der Mitglieder bzw. Kunden hat (s. Kap. 6.1). Insofern ist es konsequent, wenn die Personalpolitik als wichtiges und eigenständiges Handlungsfeld des Dienstleistungs- und Sport-Marketings betrachtet wird (s. Kap. 8).
• Zuletzt ist auf den Tatbestand zu verweisen, dass institutionelle Arrangements der Leistungserbringung von Sport – zumindest teilweise – relativ leicht substituierbar sind. Auch wenn die markt- und geldvermittelte Bereitstellung von Sportdienstleistungen an Bedeutung stark zugenommen hat, so besteht dennoch auch häufig die Alternative der individuellen oder gemeinschaftlichen Selbstorganisation des Sports als Alternative. Während sich beim Kauf eines Autos oder einer ärztlichen Behandlung die Frage des „make or buy" nicht stellt, besteht für den Sportler häufig auch die Möglichkeit, alleine joggen zu gehen, mit Freunden im Park Fußball zu spielen oder einen Verein zu gründen, also auf Marktangebote zu verzichten und dennoch das Produkt „Sport" für sich nutzen zu können.

7.1.3 Sport-Marketing als Aufgabe und Prozess des Managements

In wieweit es sich bei Marketing in Sportbetrieben heute bereits um ein fest verankertes Aufgabenfeld der Betriebsführung und zentrale Managementfunktion handelt ist eine empirische Frage und dürfte insbesondere stark vom Branchensegment, dem Geschäftsfeld bzw. der Art des Leistungsangebots, dem Typ und der Größe des Betriebs, vom Professionalisierungsgrad, dem wahrgenommenen Wettbewerbsdruck und insbesondere dem Grad der Marktöffnung bzw. Marktorientierung abhängen. Für den selbstorganisierten Sport wird ein über mehrere Jahrzehnte sich vollziehender, langsamer Prozess konstatiert, der sich in folgende Phasen einteilen lässt:

Phase I (bis ca. 1980) lässt sich als Phase der traditionellen Sportverwaltung beschreiben. In ihr ging es vornehmlich um die Frage der Organisation eines reibungslosen Sportbetriebs und einer anforderungs- und leistungsgerechten Verteilung vorhandener Ressourcen. Die Managementaufgaben beschränkten sich im Wesentlichen auf die Lösung von organisatorischen Problemen des Sportbetriebs und der Konfliktbewältigung bzw. -regulierung bei der Verteilung von Ressourcen.

Phase II (1980–2000): Steigende Kosten und sich abzeichnende Grenzen der Mittelzuflüsse aus traditionellen Quellen (staatliche Zuschüsse, Mitgliedsbeiträge) führten zu verstärkten Aktivitäten im Bereich des Beschaffungsmarketings, d. h. des Sponsorings und Fundraisings.

Phase III (2000– heute) ist gekennzeichnet durch verstärkte Bemühungen um ein umfassendes Marketing, das immer mehr auch Fragen und Themen der Erstellung eines nachfragegerechten Leistungsangebots einschließt.

Für den Planungsprozess im Sport-Marketing wird dabei der für das Allgemeine Marketing gültige und der Allgemeinen Managementlehre entlehnte, hierarchische Planungsansatz empfohlen, der eine fünfstufige Abfolge von Arbeitsschritten umfasst (s. Kap. 1.5):

Stufe 1: Grundlage realistischer Pläne und rational fundierter Entscheidungen bildet ein ausreichendes Wissen über die Ausgangssituation. Um die vorhandenen Potentiale, Ressourcen und Handlungsmöglichkeiten und die Konsequenzen zukünftiger Entscheidungen besser abschätzen zu können ist deshalb zunächst eine **Situationsanalyse** erforderlich. Sie beinhaltet zum eine **Betriebsanalyse**, bei der alle organisationsinternen Ressourcen, Gegebenheiten und Probleme auf den Prüfstand kommen. Es gilt dabei alle Teilbereiche des Betriebs zu durchforsten und im Hinblick auf mögliche Stärken und Potentiale einerseits sowie Schwächen und Probleme andererseits zu bewerten. Die Situationsanalyse umfasst zum anderen eine **Markt- und Umfeldanalyse**. Diese beinhaltet einerseits eine detaillierte Betrachtung der Strukturen, Gegebenheiten und Trends im unmittelbaren Umfeld des Betriebs, dem „relevanten Markt". Andererseits gilt es in erweiterter Perspektive die sozial-strukturellen, wirtschaftlichen, politisch-rechtlichen und technologischen Entwicklungen auf gesamtgesellschaftlicher Ebene in den Blick zu nehmen. Bei der Markt- und Umfeldanalyse geht es primär darum, die mit bestimmten Gegebenheiten und Entwicklungen verbundenen Chancen und Risiken zu identifizieren, um Chancen entsprechend zu nutzen und auf Risiken frühzeitig reagieren zu können.

Stufe 2: Auf die Situationsanalyse folgt die **strategische Marketingplanung**. Sie umfasst eine intensive Diskussion und gegebenenfalls Revision und Neuausrichtung des Zielsystems eines Betriebs. Es gilt die Frage zu beantworten: „Wo wollen wir hin?". Dies impliziert u. U. ganz grundsätzliche Debatten und Entscheidungen über das Selbstverständnis, die Philosophie und Kultur einer Organisation (z. B. „Sehen wir uns und unsere Zukunft eher im Spitzen- und Leistungssport oder im Breiten-, Freizeit- und Gesundheitssport?") und die angestrebten mittel- und längerfristigen Ziele (z. B. „Aufstieg in die 3. Liga innerhalb der nächsten fünf Jahre"). Zur strategischen Planung gehören des Weiteren Grundsatzentscheidungen über die strategische Vorgehensweise bei der Realisierung dieser Ziele (z. B. „Sollen die sportlichen Leistungsziele primär über Investitionen in die eigene Nachwuchsarbeit oder über den Einkauf fertig ausgebildeter Spieler realisiert werden?") und Entscheidungen über das für Marketingzwecke bereitgestellte Budget.

Stufe 3: Die Umsetzung von Zielen und Strategien erfolgt dann im Rahmen der **operativen Planung** bzw. des instrumentellen Marketings. Dabei sind Entscheidungen über den Einsatz und die Ausgestaltung einer Vielzahl von Instrumenten und Methoden notwendig, die dem klassischen Marketingansatz folgend in vier „Werkzeugkästen" (die „4 P's des Marketings") unterteilt werden: a) die Produkt- und Leistungspolitik (product), b) die Preispolitik (price), c) die Distributionspolitik (place) und d) die Kommunikationspolitik (promotion). Im Rahmen des Dienstleistungsmarketings wird verschiedentlich für eine Erweiterung um drei weitere „P's" plädiert, nämlich e) der Ausstattungspolitik (physical facilites), f) der Personalpolitik (personnel) und g) der Prozesspolitik (process). Die Autoren folgen jedoch der von Meffert und Bruhn (2009) vertretenen Ansicht, dass dies für Bereich der Personalpolitik aus den oben genannten Gründen sinnvoll erscheint, wohingegen die Prozess- und Ausstattungspolitik auch als Facetten bzw. Dimensionen der Angebots- und Leistungspolitik betrachtet werden können. Ein weiterer Bestandteil des strategischen Marketings ist die Budgetplanung.

Stufe 4: Auf die Planungs- folgt die **Implementierungs- und Realisierungsphase**, in der Marketingpläne konkret umgesetzt werden. Wichtig dabei ist u. a. eine hohe Flexibilität hinsichtlich notwendiger Anpassungsmaßnahmen und Korrekturen im Falle des Auftretens von nicht vorhersehbaren Problemen und Abweichungen von Planungsvorgaben.

Stufe 5: Dem schließt sich das **Marketing-Controlling** an. Dabei geht es zum einen darum, in Form eines Soll-Ist-Vergleichs zu prüfen, ob und in welchem Umfang die intendierten Ziele und erreichten Ergebnisse übereinstimmen. Neben einer ergebnisorientierten ex-post-Kontrolle kann ein Controlling auch in Form einer Prozesskontrolle stattfinden. Bei ihr geht es darum, die Arbeit in den einzelnen Phasen der Entwicklung und Umsetzung einer Marketingkonzeption zu überwachen und bei Bedarf frühzeitig nachzusteuern. Das Controlling liefert zudem wichtige Daten für die erste Phase eines Neustarts des Marketingmanagementprozesses.

Marketing beinhaltet das fortlaufende Treffen von Entscheidungen. Bei Non-Profit-Betrieben sind diese nicht selten mit langwierigen Diskussionsprozessen auf verschiedenen Ebenen (Mitgliederversammlungen, Abteilungs-, Vereins-, Verbandsvorstände, Ausschüsse und Gremien) verbunden (s. Kap. 3). Dies dürfte umso mehr der Fall sein, als insbesondere bei strategischen Entscheidungen, die das Ausmaß und die Richtung einer zunehmenden Marktorientierung betreffen, zugleich Fragen des Selbstverständnisses eines Sportbetriebs berührt werden. Dabei ist zu berücksichtigen, dass für die Frage der Annahme oder Ablehnung von Marketingplänen und -projekten in NPO-Sportbetrieben dem demokratischen Prinzip folgend nicht unbedingt die besseren Sach- und Fachargumente sondern letztendlich die Mehrheitsverhältnisse in den entsprechenden Gremien entscheidend sind.

Aus der Dominanz kleinbetrieblicher Organisationsformen im Sport resultiert des Weiteren der Tatbestand, dass für Entwicklung und Umsetzung von Marketingplänen in den meisten Sportbetrieben zumeist nur relativ kleine Budgets zu Verfügung stehen (s. Kap. 4). Sport-Marketing ist als Marketing von und für Sportbetriebe für die meisten von ihnen in der Regel eine Form des „**Low-Budget-Marketing**". Dieser Tatbestand gerät angesichts der gerade im Sport anzutreffenden, global agierenden Großunternehmen, die in ihrem Profil deutliche Züge von reinen Marketing-Unternehmen aufweisen (Nike, Adidas, Puma, Red Bull) oder die als Großsponsoren Millionenbeträge in den Sport als Werbeträger investieren, allzu leicht aus dem Blick. Allerdings wird dieser Tatbestand auch in der Sport-Marketing-Literatur kaum berücksichtigt. Dort wird das wiederum an Großbetrieben orientierte, umfangreiche Instrumentarium des Allgemeinen Marketings auf Sportbetriebe übertragen, ohne zu berücksichtigen, dass der Einsatz vieler, vor allem teurer Instrumente (z. B. eigene Marktforschung, Produktinnovation, große Werbekampagnen) aufgrund restriktiver, kleiner Budgets gar nicht oder allenfalls in Form stark reduzierter „Light-Versionen" möglich ist.

Im Folgenden werden drei Phasen des Marketingmanagementprozesses, die Situationsanalyse, die strategische Marketingplanung und die Produktpolitik als eines von vier Aufgabenfeldern der operativen Marketingplanung vorgestellt. Dabei werden die damit jeweils verbundenen Ziele und Aufgaben und einige ausgewählte Instrumente vorgestellt. Die Auswahl orientiert sich an den Kriterien ihrer Relevanz für Sportbetriebe und den damit verbundenen, produkt-, organisations- und branchenspezifischen, besonderen Anforderungen und Merkmalen.

7.2 Situationsanalyse

7.2.1 Grundprobleme und Formen der Informationsbeschaffung

Die Basis rational fundierter Pläne und Entscheidungen ist die Verfügung über einen ausreichenden Stand an Informationen über die Ausgangssituation. Dabei geht es 1) zunächst darum, den grundsätzlichen Bedarf an Informationen in quantitativer (wie viele?) und qualitativer Hinsicht (welche?) festzulegen, 2) vorhandene bzw. prinzipiell beschaffbare Informationen hinsichtlich ihrer sach- und problembezogenen Qualität und Nützlichkeit, aber unter dem ökonomischen Aspekt des Verhältnisses von Informationsnutzen und Informations(beschaffungs)kosten zu beurteilen und 3) (damit eng zusammenhängend) mögliche Formen und Quellen der Informationsbeschaffung zu vergleichen und festzulegen.

1. Der Art und Menge gewünschter Informationen sind grundsätzlich aus den Anlässen und Problemen (einschließlich vermuteter Ursachen) sowie den Zielen eines Vorhabens abzuleiten. Gleichwohl ist der genaue Informationsbedarf im Detail schwer zu bestimmen, da der Wert einer einzelnen Information im Hinblick auf ihre zukünftige Bedeutung vorab nur schwer abzuschätzen ist. Für die Erstellung eines Marketingplans bezieht sich – wie bereits kurz skizziert – der Informationsbedarf zum einen auf Kenntnisse über die betriebsinternen Sachverhalte und Gegebenheiten (Strukturen, Ressourcen, Potentiale, Probleme) und über die Strukturen, Gegebenheiten und Entwicklungen im unmittelbaren, näheren (Markt- bzw. Mikro-)Umfeld und im Weiteren, mittelbaren (Makro-)Umfeld des Betriebs.

Sportbetriebe stehen dabei vor dem Dilemma, dass sie angesichts der skizzierten multiplen Stakeholder-Beziehungen, des Kontakts, der Kooperation und des Leistungsaustauschs mit vielen verschiedenen Akteuren innerhalb und außerhalb der Organisation und der Dynamik der Entwicklung in vielen Teilmärkten des Sports für ihre Marketingplanung eigentlich sehr viele Informationen benötigen. Als Kleinbetriebe verfügen sie aber zumeist über keine größeren Mittel, um eine aufwändige Betriebs- und Umfeldanalyse betreiben zu können. Sie können in der Regel weder auf ein ausdifferenziertes, innerbetriebliches Berichtssystem noch über ein Marktnachrichten-System zurückgreifen, das fortlaufend und zeitnah Informationen zum „Stand der Dinge" über Entwicklungen im Umfeld des Sportbetriebs in aufbereiteter Form bereitstellt.

Umso wichtiger ist es deshalb, zunächst die Frage zu klären, welche Daten und Informationen überhaupt benötigt werden. Hilfreich ist dabei eine Einteilung in:

- Muss-Informationen, die man auf jeden Fall benötigt und sich besorgen sollte;
- Soll-Informationen, die ebenfalls beschafft werden sollten, wenn der Aufwand nicht allzu groß ist; und
- Kann-Informationen, die mit berücksichtigt werden können, man aber nicht unbedingt benötigt.

2. Qualitative Kriterien der Bewertung von Daten und Informationen sind (Berekoven et al. 2009):

- ihre **Nützlichkeit und Wirtschaftlichkeit**: Welchen Beitrag leistet eine Information zur Lösung eines Problems unter Berücksichtigung von Informationsnutzen und Beschaffungskosten? Hier besteht das grundsätzliche Problem, dass die Ertragswirkung von Informationen im Voraus kaum zu bestimmen ist. Ihr Wert ist erst mit großer zeitlicher Verzögerung sichtbar und zudem davon abhängig, das auf nachgeordneter Ebene im

Hinblick auf die Festlegung von Zielen, Strategien und Maßnahmen dann auch die richtigen Schlussfolgerungen und Entscheidungen getroffen wurden;
- ihre **Vollständigkeit:** dies ist zwar wünschenswert, aber in den meisten Fällen (grundsätzlich oder aus Kostengründen) nicht realisierbar. Man begnügt sich mit den mit vertretbarem Aufwand beschaffbaren und schon vorhandenen Informationen;
- ihre **Aktualität:** Informationen sind in aller Regel umso wertvoller, je neuer sie sind. Auf Märkten mit einer hohen Veränderungsdynamik stellen aktuelle Daten einen entscheidenden Wettbewerbsvorteil und Erfolgsfaktor dar. Eine fortlaufende Beschaffung jeweils aktueller Informationen in relativ kurzen Zeitabständen ist jedoch ebenfalls mit relativ hohen Beschaffungskosten verbunden.
- ihr **Wahrheitsgehalt**: Aufgrund der Vielzahl möglicher Fehlerquellen bei Datenerhebungen und oft fehlender bzw. unzureichender Kenntnisse über die methodische Vorgehensweise ist der Wahrheitsgehalt von Daten und Informationen oft nicht überprüfbar. Daten und Informationen sind klassische Vertrauensgüter.

Es ist zu vermuten, dass die bzgl. dieser Kriterien angerissenen Problemdimensionen in Sportbetrieben in einer stärker ausgeprägten Form auftreten als in Betrieben anderer Branchen. So ist etwa für Vereine ein geringerer Formalisierungsgrad typisch, d. h. es bestehen nicht so umfangreiche Regeln und Vorschriften zur Dokumentation von Entscheidungen, Arbeitsabläufen und -ergebnissen wie in Betrieben des privatwirtschaftlichen Sektors (s. Kap. 3). Was, wann, wie, durch wen und mit welchem Erfolg erledigt wurde ist – zumindest in schriftlich-objektivierter Form – nicht immer und leicht nachvollziehbar und überprüfbar. Betriebsinternes Wissen und Informationen liegen u. U. mehr in den Köpfen von bestimmten Personen als in Aktenordnern und auf Servern und Festplatten bereit, sind damit nicht unmittelbar für andere verfügbar und entsprechend stark subjektiv gefärbt.

3. Für die Beschaffung von Informationen stehen grundsätzlich zwei mögliche Vorgehensweisen zu Verfügung: im Rahmen von **Primärforschung** werden bislang nicht vorliegende Daten zu den interessierenden Sachverhalten in Form eigener Erhebungen ermittelt. Diese Vorgehensweise ermöglicht die Beschaffung hoch aktueller und (zumeist) verlässlicher Daten, die exakt auf den Informationsbedarf eines Betriebs zugeschnitten sind, aber mit relativ hohen Kosten verbunden ist. Die meisten Sportbetriebe sind aufgrund ihrer begrenzten Ressourcen nicht oder allenfalls in einem sehr begrenzten Umfang in der Lage Primärerhebungen (z. B. in Form kleiner Kunden-, Mitglieder- oder Mitarbeiterbefragungen) durchzuführen. Dies ist insofern problematisch, als regelmäßige Informationen zu den (zumeist heterogenen, z. T. auch stark fluktuierenden) Motiven, Interessen und Ansprüchen von Mitgliedern, Kunden oder Zuschauern, sowie deren Zufriedenheit mit den wahrgenommenen Angeboten eine besonders wichtige Grundlage für die nachfragegerechte Angebotsgestaltung und das Qualitätsmanagement sind. Sportvereine können sich nicht mehr darauf verlassen, dass das funktionale Äquivalent zum forschungsbasierten Mitgliedermarketing, nämlich der Widerspruch, d. h. der Artikulation von Kritik und Verbesserungsvorschlägen auf Versammlungen, genutzt wird.

So sind Sportbetriebe in hohem Maße auf die deutlich kostengünstigere Alternative der **Sekundärforschung** (desk research) angewiesen. Hierbei wird auf bereits vorliegende Daten zurückgegriffen, die der Betrieb selbst oder andere Organisationen für ähnliche oder andere Zwecke erhoben haben. Dieses Material wird nochmals („sekundär") gesammelt, geordnet, aufbereitet und unter den interessierenden Fragestellungen ausgewertet. Insbesondere im Bereich der Betriebsanalyse verfügen Sportbetriebe in der Regel über eine größere Zahl an Quellen mit Bestands- und Veränderungsdaten zu den vorhandenen Strukturen und Ressourcen. Typische Informationsquellen in dem Zusammenhang sind: Kunden- bzw. Mitgliederdatenbank, Absatz-, Umsatzzahlen und Partizipationsraten (zu Zuschauerzahlen, Teilnehmerzahlen an Kursen, Training, Wettkämpfen in den verschiedenen Sportarten bzw. Abteilungen, Mitgliedsbeiträge, Ticketeinnahmen, etc.), Investitions- und Haushaltspläne, Kontenstände, Sitzungsprotokolle, Verträge, Schriftverkehr, Rechenschaftsberichte etc., kurz: alle vorhandenen, schriftlichen Unterlagen zu betriebsinternen Sachverhalten und Vorgängen. Auf dieser Informationsgrundlage lassen sich Kennzahlensysteme entwickeln, die für Zwecke des Controllings und einer schnellen und kostengünstigen Situationsanalyse genutzt werden können (Haas 2006; Graumann und Thieme 2010).

Für die **Markt- und Umfeldanalyse** stellt sich das eben skizzierte Problem in noch verschärfter Form. Die Kosten einer eigenständigen Untersuchung zu Strukturen und Trends in den Markt- und Umfeldbedingungen übersteigen in aller Regel die finanziellen Möglichkeiten der meisten Sportbetriebe. Auch hier müssen sie ersatzweise mit Sekundärquellen vorlieb nehmen. Hierzu zählen:

- amtliche Statistiken zur Wirtschafts- und Bevölkerungsstruktur und -entwicklung von Städten und Gemeinden, Regionen, aus denen insbesondere Hinweise auf das Markt- bzw. Nachfragepotential gewonnen werden können;
- verbandliche Statistiken, z. B. von Stadt-, Kreis-, Landessportbünden und Fachsportverbänden;
- Ergebnisse der Marktforschung und der wissenschaftlichen Forschung zu Fragen der Sportmarkt- und Sportbranchenentwicklung, die – z. T. im Auftrag von Verbänden, teilweise selbstinitiiert – von wissenschaftlichen Instituten, Unternehmen der (Sport-)Marktforschung oder Unternehmensberatungsgesellschaften durchgeführt werden;
- Fachzeitschriften (z. B. SPONSORs) und Verbandspublikationen (z. B. Zeitschriften, Newsletter von Sportverbänden);
- weiteres zugängliches Schriftmaterial: Werbebroschüren, Geschäftsberichte, Pressemitteilungen, Messekataloge, Jahrbücher, Festschriften etc.;
- Internet und Datenbanken;
- Aufbau und Nutzung von Kontakten und Netzwerken (Kongressen, Tagungen, Branchentreffs, Sportveranstaltungen etc.).

Für die mittelständisch und kleinbetrieblich geprägten Branchen besonders bedeutsam sind a) Studien, die von verschiedenen Branchen- und Fachverbänden initiiert, finanziert und zumeist von wissenschaftlichen oder Marktforschungsinstituten durchgeführt werden und b) Studien, die von Banken, Unternehmensberatungsgesellschaften und Marktforschungsinstituten auf eigene Rechnung erstellt und als Verlagsprodukt allen Interessenten kostenlos oder gegen Bezahlung bereit gestellt werden („multi-client-studies"). Beispiele hierfür sind der in zweijährigem Abstand erscheinende Sportentwicklungsbericht des DOSB (Breuer 2013a) mit Sonderauswertungen für einzelne Fachverbände bzw. Sportarten (Breuer 2013b), Studien zum Sportkonsum (z. B. Preuß et al. 2012), die jährlich erscheinenden Reports zur Entwicklung des deutschen und europäischen Fußballmarktes der Deutschen Fußball Liga (DFL 2013) und der Unternehmensberatungsgesellschaften Deloitte & Touche und Ernst & Young, Marktstudien zu verschiedenen Produktkategorien der Sportartikelindustrie (z. B. die Studie „Markt-Monitor Outdoor 2013" der BBE-Handelsberatungsgesellschaft), die jährlich erscheinenden „Eckdaten der Fitnesswirtschaft" des Deutschen Sportstudio Verbands (DSSV). Für die auf lokalen und regionalen Märkten agierenden Sportbetriebe dürften des Weiteren insbesondere die in den letzten Jahren von vielen Städten und Kreisen in Auftrag gegebenen Studien zur kommunalen Sportentwicklungsplanung von Interesse sein, in denen häufig umfangreiche Erhebungen zu den Angebots- und Nachfragestrukturen des Sports in einer bestimmten Stadt oder Region durchgeführt wurden.

7.2.2 Betriebsanalyse

Ziel der Betriebsanalyse ist eine Identifikation und Bewertung aller organisationsspezifischen Gegebenheiten und Potentiale. Auf der Basis einer Beschreibung des aktuellen Status sollen der Aktionsspielraum und die Handlungsmöglichkeiten eines Betriebs ausgelotet werden. Hierfür ist es notwendig, die erfolgsrelevanten Ressourcen zu identifizieren und diese im Hinblick auf ihre Stärken und Schwächen zu bewerten.

Im Falle von Sportdienstleistungsbetrieben geht es dabei um eine Bestandsaufnahme zu allen Dimensionen des Leistungspotentials, der Leistungsprozesse und der Leistungsergebnisse sowie der für ihre Erstellung notwendigen materiellen und immateriellen Ressourcen. Im Bereich der Potentialfaktoren sind neben den materialen Aspekten (Sportstätten, Geräte, etc.) vor allem Aspekte der Mitarbeitermotivation und -qualifikation wichtig. Die Erhebung differenzierter Daten hierzu stößt in Vereinen jedoch an enge Grenzen, da ehrenamtliche Mitarbeiter dazu neigen, etwa eine Überprüfung der Qualität ihrer Arbeit durch Beobachtungen und Befragungen als unangemessene Kontrolle und Vertrauensbruch zu interpretieren und dies zu kontraproduktiven Effekten (Demotivation) führen kann (s. Kap. 8).

Für Sportdienstleistungsbetriebe sind des Weiteren Daten und Informationen zur Häufigkeit, Regelmäßigkeit, Dauer und der zeitlichen Lage der Wahrnehmung von Leistungsangeboten wichtig. Informationen zur Nutzung und Auslastung bereitgestellter Kapazitäten sind für eine nachfragegerechte und kosteneffiziente Angebotsplanung zentral. Ebenfalls überaus bedeutsam – wenngleich sehr viel schwerer bzw. aufwändiger zu ermitteln

– sind (repräsentative) Daten zu den Interessen und Motiven des Eintritts und der Teilnahme bzw. der Wahrnehmung des Leistungsangebots als Kunde, Mitglied, Sporttreibender oder Zuschauer und deren Zufriedenheit.

In Abb. 7.2 werden die typischen Gegenstandsbereiche der betrieblichen Analyse eines Sportvereins und einige damit verbundene, beispielhafte Fragen und Tatbestände benannt, zu denen Informationen notwendig bzw. wünschenswert sind.

Für die anschließende Bewertung der gesammelten Informationen bietet sich die Stärken-Schwächen-Analyse an. Hierbei wird jeder einzelne betriebsinterner Tatbestand bzw. jede Ressource daraufhin beurteilt, wie gut oder schlecht der Betrieb aufgestellt ist bzw. erfolgreich oder nicht erfolgreich war. Die damit verbundenen Probleme und Herausforderungen liegen zum einen in der Festlegung, welche Personen (in welchen Funktionen und mit welchen Qualifikationen) eine solche Beurteilung vornehmen sollen. Der Rückgriff auf qualifiziertes, externes Personal (z. B. einer Beratungsgesellschaft) bietet zwar viele Vorteile, vor allem hinsichtlich von Kompetenz und Neutralität, und ist gängige Praxis in vielen größeren Betrieben, aber wieder mit relativ hohen Kosten verbunden. Zum anderen ist zu klären, anhand welcher Bezugspunkte und Referenzgrößen entschieden werden soll, ob eine Organisation in dieser oder jener Hinsicht gut, durchschnittlich oder schlecht aufgestellt ist. Als Orientierungsmaßstab können herangezogen werden:

- Daten und Informationen über branchentypische Durchschnittswerte: Wenn also z. B. bekannt ist, dass die Mitgliederzahlen in den Vereinen eines Tennislandesverbandes seit Jahren kontinuierlich sinken, dann ist eine gleichbleibende Mitgliederzahl in einem Tennisverein bereits als Erfolg bzw. Stärke zu werten. Wenn eine Studie zur Fitnesswirtschaft ermittelt, dass die durchschnittliche Umsatzrentabilität von Fitnessanlagen bei (nur) 0,98 % liegt (Creditreform 2011), dann ist eine Rentabilitätsquote von 0,6 % als eine Schwäche bzw. Problem zu betrachten.
- Daten und Informationen aus Benchmark-Analysen: Hierbei werden ausgewählte Teilbereiche des eigenen Betriebs mit denen bestimmter anderer Betriebe verglichen, und zwar jenen, die in der Branche oder für die jeweiligen Teilbereiche als führend gelten, denen eine gewisse Vorbildfunktion zugeschrieben wird und die i. S. eines „best practice"-Beispiels genutzt werden können. Anhand der Vergleichsgrößen und Richtwerte des Branchenführers lassen sich dann eigene Schwächen („Leistungslücken") leichter und präziser identifizieren (Meffert et al. 2012).

Die Grenzen beider Vorgehensweisen dürften insbesondere in der teilweise schwierigen Zugänglichkeit zu bzw. Beschaffung von entsprechenden Daten und Informationen liegen.

Um anschließend entscheiden zu können, ob aus identifizierten Problemen und Schwächen auch tatsächlich ein unmittelbarer Handlungsbedarf erwächst, empfiehlt es sich, die wichtigsten Merkmale bzw. Ressourcen zusätzlich noch darauf hin zu bewerten, ob diese von (eher) großer oder (eher) nachrangiger Wichtigkeit für den Erfolg der Organisation und die Erreichung ihrer Ziele sind. Hieraus ergibt sich die folgende Matrix (s. Abb. 7.3) der Ressourcenbewertung, aus der dann je nach Leistungsausprägung und Erfolgswichtig-

7.2 Situationsanalyse

Gegenstandsbereiche der Vereinsanalyse:	Einzelne Tatbestände und Fragen (Beispiele):
Mitgliederstruktur und -entwicklung	– Entwicklung der Mitgliederzahl insgesamt und differenziert nach Abteilungen, Sportarten und Mitgliedergruppen; – Zahl der Ein-und Austritte; Fluktuation – Zusammensetzung der Mitgliedschaft nach Alter, Geschlecht, aktiv / passiv, Anteile an Leistungs-, Breiten- , Freizeit-, Gesundheitssportler; ethnische Zugehörigkeit; Wohnort; Familienmitgliedschaften etc. – mögliche Ursachen für Veränderungen
Mitgliederverhalten	– Häufigkeit und Regelmäßigkeit der der Teilnahme an verschiedenen Leistungsangeboten (Training, Wettkampf, Zusatzangebote) – Partizipation auf Versammlungen – Engagementbereitschaft bzw. -quote
Wünsche, Interessen und Zufriedenheit der Mitglieder	– Erhebung von Daten zur Zufriedenheit der Mitglieder mit dem Angebot, dem Personal, den Sportstätten, der Vereinsführung etc. – Beschwerdeanalyse – Analyse der Gründe für Austritte – Erhebung von Verbesserungsvorschlägen
Zuschauerstruktur und –verhalten	– Zahl, Entwicklung und Zusammensetzung der Zuschauerschaft bei Sportveranstaltungen – Verhaltensaspekte (Aufenthaltsdauer, Kaufverhalten (Gastronomie, Merchandising) etc.) - Zufriedenheit
Sportstättenanalyse	– Art und Zahl der genutzten Sportstätten – Auslastungsgrad (Über-/Unterversorgung) – qualitativer Zustand der Sportstätten; Modernisierungs-/ Renovierungsbedarf – zusätzliche, alternative Nutzungsmöglichkeiten /Erweiterungspotential
Angebotsanalyse	– angebotene Sportarten, Kursprogramme, differenziert nach Zielgruppen und Leistungsniveaus – sportliche und sonstige Zusatzangebote (Gastronomie, Vereinsfeiern) – Ermittlung von Indikatoren zu deren Qualität und Akzeptanz – Partizipationsraten/Teilnehmerzahlen – leistungssportliche Erfolge
Finanzanalyse	– Höhe, Struktur und Veränderungen auf der Einnahme- und Ausgabenseite – Zusammensetzung der verschiedenen Einnahmequellen und Ausgabenarten – Rücklagen und Investitionsbedarf – Kostenstellen- und Kostenträgerrechnung (Welche Sportarten, Angebote, Leistungen für bestimmte Mitgliedergruppen kosten wie viel und in welcher Relation stehen diese zu den dort generierten Einnahmen?)
Mitarbeiteranalyse	– Zusammensetzung des Personals nach Status (haupt-/ehrenamtlich) und Anstellung (Vollzeit, Teilzeit, Honorarkraft) – Personalfluktuation – Motivation, Zufriedenheit und Engagement des Personals – Qualifikation des Personals – Weiterbildungsbedarf und –interesse des Personals
Organisationsstrukturen und Ablaufprozesse	– Entscheidungsabläufe, Koordination, Qualität der Zusammenarbeit – Stellen- und Funktionsbeschreibungen, Zuständigkeiten – Risikomanagement – Qualitätsmanagement
Marketingkonzept	– vorhanden? erfolgreich umgesetzt? Wenn nicht: Gründe? – klares Leitbild, Zielstruktur, strategisches Konzept vorhanden? – Gestaltung der Preise / Beiträge – Gestaltung von Werbung, PR, Internetauftritt etc.

Abb. 7.2 Gegenstandsbereiche und Fragen im Rahmen einer Vereinsanalyse (Beispiele)

		Leistungsausprägung in der Ressource/ dem Merkmal XY	
		groß/stark	gering/schwach
Erfolgswichtigkeit	hoch	„weiter gute Arbeit leisten!"	„Mängel beseitigen/ Anstrengungen verstärken!"
	gering	„Vorsicht vor übertriebenem Einsatz!"	„Verbesserung/ Mängelbeseitigung nicht dringend erforderlich!"

Abb. 7.3 Matrix zur Ressourcenbewertung im Rahmen einer Betriebsanalyse

keit erste Schlussfolgerungen für Prioritäten in der strategischen und operativen Planung abgeleitet werden können.

7.2.3 Markt- und Umfeldanalyse

Bei der Markt- und Umfeldanalyse richtet sich der Blick nach außen. Gesammelt werden Daten und Informationen zu allen strukturellen Gegebenheiten, Rahmenbedingungen sowie Trends und Entwicklungen, die für den Sportbetrieb unmittelbar und mittelbar relevant sind und auf die Sportbetriebe in aller Regel keinen oder nur eine sehr geringen Einfluss haben.[5]

Unmittelbar bedeutsam sind zunächst die Rahmenbedingungen und Entwicklungen in der Mikroumwelt bzw. dem näherem Umfeld eines Sportbetriebs, die auch als „Markt" bzw. „Marktumfeld" bezeichnet werden. Beschrieben wird damit das gesamte Feld von relevanten Akteuren in dem Sinne, als mit ihnen ein Sportbetrieb aktuell in Austausch- und Leistungsbeziehungen steht oder prinzipiell stehen könnte und deren Zahl, Struktur, Strategien und Handlungsweisen einen direkten Einfluss auf die Chancen und Entwicklungsperspektiven eines Sportbetriebs haben.

Aus den bereits skizzierten, multiplen Stakeholder-Beziehungen vieler Sportbetriebe resultiert das Problem, dass sie sich in überaus komplexen Markt- und Umfeldstrukturen

---

[5] Dies gilt nicht bzw. nur eingeschränkt für Sportverbände, deren explizites Ziel u. a. die stellvertretende Interessensvertretung ihrer Mitgliedsorganisationen nach außen, insbesondere in den staatlich-politischen Raum hinein, ist und die in der Form des Lobbyismus mehr oder minder erfolgreich versuchen, Einfluss auf die für Sportbetriebe wichtigen Rahmenbedingungen (z. B. Spitzensportförderung, Sportstättenbau, Steuergesetzgebung) zu nehmen. Die in dieser Hinsicht „marktmächtigsten" und einflussreichen Sportverbände dürften zweifelsohne das IOC und die FIFA sein, die Ländern und Städten, die sich um die Ausrichtung von Olympischen Spielen und Fußball-Weltmeisterschaften bewerben, die von ihnen gewünschten Rahmenbedingungen bzgl. der Kostenübernahme, Infrastrukturleistungen, steuerlicher Behandlung von Überschüssen etc. in umfangreichen Anforderungskatalogen quasi diktieren können.

bewegen, deren genaue Abgrenzung bisweilen sehr große Schwierigkeiten bereitet. Dieses Problem stellt sich bereits auf der Ebene ganz unterschiedlicher Marktformen: Sportbetriebe agieren als Anbieter sowohl auf stark regulierten bzw. geschlossenen (z. B. als Team in einem Ligaspielbetrieb oder Ligaverband) als auch auf freien Märkten (z. B. mit Gesundheitssportangeboten). Sie sind auf verschiedenen Beschaffungsmärkten als Nachfrager (staatliche Zuschüsse, private Spenden und Sponsoringgelder) und auf verschiedenen Absatzmärkten als Anbieter (von Veranstaltungen, Wettkämpfen, Sportprogrammen) aktiv, agieren auf Arbeitsmarkt-, Finanz-, Sachgüter- und Dienstleistungsmärkten und pflegen mit einigen Konkurrenten kooperative Beziehungen in vertikaler und horizontaler Richtung, die z. T. freiwilliger Natur, teilweise für die Erstellung des Produkts (sportlicher Wettkampf) konstitutiv sind. Hinzu kommen Leistungsbeziehungen zu Akteuren, die nicht marktvermittelt sondern durch staatlich-politische Entscheidungen und bürokratische Verwaltungsakte zustande kommen, wie z. B. die Gewährung von Zuschüssen oder die Zuteilung von Nutzungszeiten einer kommunale Sportanlage.

Unabhängig davon ist es dennoch sinnvoll und notwendig, für eine Marktanalyse und die spätere strategische Planung relevante Teilmärkte in ihrer Größe und Abgrenzung bestimmen zu können. Als qualitative Abgrenzungskriterien dienen dabei:

- die **sachlich-inhaltliche** Marktabgrenzung: auf welchen Produktmärkten werden Leistungen angeboten oder sollen zukünftig evtl. angeboten werden? Dies können Märkte für Sachgüter (Sportanlagen, Sportartikel und -geräte), Dienstleistungen (Sportarten, Training, Wettkampf, etc.) und Rechte (Sponsoring, Catering, Berichterstattung) sein.
- die **zielgruppenbezogene** Marktabgrenzung: Für wen werden diese Leistungen angeboten? Hierbei sind für Sportbetriebe neben den verschiedenen Zielgruppen privater Haushalte und Endverbraucher (Kinder, Jugendliche, Senioren, Frauen, Anfänger, etc.) auch andere Betriebe, also Business-Kunden von großer Bedeutung (Händler, Agenturen, werbetreibende Wirtschaft, Medienbetriebe).
- die **räumlich-geographische** Marktabgrenzung: In welchem Zielgebiet bzw. Einzugsbereich werden die Leistungen angeboten (Stadtteil, Stadt, Kreis/Region, landesweit, international)? Eine räumlich-geographische Gebietsabgrenzung ist dabei für alle standortgebundenen Sport-Dienstleistungsbetriebe in höchstem Maße relevant, da die Leistungserstellung einen zeitlich und räumlich synchronen Kontakt zwischen Leistungsanbieter und –nachfrager voraussetzt.
- die **zeitliche** Marktabgrenzung: Handelt es sich um ein durchgehendes, kontinuierliches Angebot oder ist es auf bestimmte Zeiträume (Abendstunden, Wochenende, Sommer, Winter) oder bestimmte Zeitpunkte (Turnier, Endkampf, Renntag, etc.) begrenzt, wie dies bei Sportveranstaltungen der Fall ist? Auch hier ist die Evidenz für Sportbetriebe unmittelbar ersichtlich, da die Mehrzahl erbrachter Sport-Dienstleistungen diskreter Natur sind, d. h. einen starken Zeitraum- und Zeitpunktbezug aufweisen.

Für den nach diesen Kriterien qualitativ abgegrenzten, relevanten Markt (bzw. einzelne Teilmärkte) muss dann versucht werden, diesen (bzw. diese) auch in quantitativer Hinsicht zu bestimmen bzw. grob abzuschätzen. Von besonderem Interesse sind dabei:

- das (häufig nur schwer abzuschätzende) **Marktpotential** als die Gesamtheit möglicher Absatzmengen in einem Markt (also etwa die Zahl bzw. der Anteil der an Seniorensportangeboten interessierten Menschen über 60 Jahre im Einzugsbereich eines Sportvereins). Abschätzungen zum Marktpotential sind extrem schwierig, da sie auf vielen Annahmen zu relevanten Einflussfaktoren und Prognosen zu deren Veränderung beruhen (Bevölkerungsentwicklung, Innovationen, Stabilität von Präferenzen, Siedlungspolitik etc.);
- das (etwas leichter zu ermittelnde) **Marktvolumen** als die Gesamtheit der aktuell tatsächlich abgesetzten Menge an Leistungen in einem Markt (also die Zahl bzw. der Anteil von an Seniorensportprogrammen teilnehmenden Personen über 60 Jahre bei allen Anbietern im Einzugsbereich eines Sportvereins). Aus dem Verhältnis von Marktpotenzial und Marktvolumen lässt sich die Marktausschöpfungsrate ermitteln;
- der **Marktanteil** als Verhältnis von Absatz- zu Marktvolumen, d. h. bezogen auf das Beispiel: die Zahl bzw. der Anteil von Seniorensportlern im eigenen Verein im Verhältnis zur Zahl an Seniorensportlern bei allen Anbietern im Einzugsbereich.

Zur Marktanalyse gehört des Weiteren eine **Konkurrenzanalyse.** Das primäre Interesse gilt dabei den direkten Konkurrenten, die auf dem gleichen Markt die gleiche Leistung für die gleiche Zielgruppe anbieten und die im Hinblick auf etwaige Differenzen in Bezug auf Qualität, Preis, Werbestrategien, Image etc. zu untersuchen sind. Allerdings ist im Fall von Sport genau zu prüfen, ob hier tatsächlich ein Konkurrenzverhältnis i. S. eines Wettbewerbs um Kunden vorliegt, da insbesondere im Vereins- und Zuschauersport ein mehr oder weniger großer Teil von Sportnachfragern in seinen Präferenzen stark gebunden ist und diese die gleichen Leistungen verschiedener Anbieter nicht als substitutiv, d. h. austauschbar ansehen. So dürfte z. B. der Aufstieg von Fortuna Köln in die 3. Liga wohl kaum zu Zuschauerrückgängen beim 1. FC Köln sondern eher zu einer besseren Ausschöpfung des Marktpotentials für Zuschauersport im Großraum Köln führen.

Dennoch wurde bereits eingangs des Kapitels darauf hingewiesen, dass Leistungen von Sportbetrieben zunehmend auch in substitutiver Beziehung stehen. Die Bindung an bestimmte Betriebe und Leistungsangebote nimmt ab, nicht zuletzt aus Gründen einer zunehmenden Zahl attraktiver Angebotsalternativen. Eine umfassende Konkurrenzanalyse hat deshalb mögliche Wettbewerber auf drei Ebenen zu berücksichtigen:

- die direkt-unmittelbare Konkurrenz in Form von Sportanbietern mit gleichen oder ähnlichen Leistungsangeboten;
- die direkt-mittelbare Konkurrenz in Form von Sportanbietern mit anderen Leistungsangeboten (andere Sportarten);
- die mittelbare Konkurrenz in Form anderer Freizeit-, Erlebnis- und Unterhaltungsanbieter.

Ziel und Aufgabe des Marketings von Sportbetrieben gleich welchen Typs ist es, vor diesem Hintergrund insbesondere gegenüber anderen Sportanbietern komparative Wettbe-

7.2 Situationsanalyse

werbsvorteile zu erzielen. D.h. es muss eine hinreichend große Anzahl von Kunden und Stakeholder geben, die das Leistungsangebot und Problemlösungs-know-how einer Organisation als einzigartig oder zumindest gegenüber anderen überlegen und damit nicht austauschbar wahrnimmt (Helmig und Boenigk 2012). Dies setzt neben einer Analyse der eigenen Stärken (Betriebsanalyse) im Rahmen der Analyse des Marktes bzw. Mikroumfeldes die Sammlung weiterer Daten und Informationen voraus, und zwar zu folgenden Sachverhalten:

- Welche sportbezogenen Bedürfnisse und Interessen haben **potentielle** Kunden, also mögliche Mitglieder, Sporttreibende, Besucher, Zuschauer, Sponsoren? Welche Vorstellung, Wünsche und Ansprüche haben diese bzgl. konkreter Leistungsangebote? Wie beurteilen sie das Leistungsangebot, das Preis-Leistungs-Verhältnis, das Image etc. des eigenen Sportbetriebs im Vergleich zur Konkurrenz?
- Welche Bedeutung haben und welche Art von Beziehungen bestehen zu den sonstigen, externen Stakeholder-Gruppen (z. B. Eltern, Spendern, Politik und Verwaltung, Schulen, Medien, Verband etc.)? Wie beurteilen diese den Status, das Image, das Leistungsangebot etc. des eigenen Sportbetriebs im Vergleich zur Konkurrenz?

Bei der Analyse des **(Makro-)Umfelds** des Sportbetriebs geht es um die Sammlung und Bewertung von Informationen zu allen Gegebenheiten und Veränderungen des weiteren Umfelds, welche die Organisation in direkter oder indirekter Weise betreffen bzw. sich auf sie auswirken. Dies können Gegebenheiten oder Entwicklungen sein:

- auf staatlich-politischer Ebene: Für Sportbetriebe unmittelbar bedeutsam sind in dem Zusammenhang z. B. Entscheidungen über Art und Umfang der Sportförderung in Form von direkten, finanziellen Zuschüssen (Spitzensportförderung) oder Investitionen in den Sportstättenbau, die Einführung von Sportstättennutzungsgebühren, die steuerliche Behandlung von Sportbetrieben, Lärmschutzverordnungen, aber auch Entscheidungen in anderen Politikfeldern, z. B. der Bildungspolitik (Einführung des Ganztagsschulbetriebs, G 8, Abschaffung des Zivildienstes);
- auf wissenschaftlich-technologischer Ebene (z. B. neue Erkenntnisse in der Sportmedizin, den Trainingswissenschaften, neue Entwicklungen im Bereich der Informations- und Kommunikationstechnologien, insbesondere Internet, Neue Soziale Medien);
- auf ökonomischer und ökologischer Ebene (z. B. konjunkturelle Lage, Einkommensentwicklung, Nachhaltigkeit, „Sport und Umwelt"-Problematik, inbes. bei Natursportarten) und
- sozialstruktureller und sozio-kultureller Ebene (z. B. soziale Ungleichheit, Veränderung der Altersstruktur der Bevölkerung, Wertewandel, Gesundheitsbewusstsein, Erlebnisorientierung).

Auch hier sollen im Folgenden mögliche Aspekte und Fragen einer Markt- und Umfeldanalyse an dem Beispiel eines Vereins verdeutlicht werden (s. Abb. 7.4):

Gegenstandsbereiche der Markt und Umfeldanalyse:	Einzelne Tatbestände und Fragen (Beispiele):
Struktur und Entwicklung des Nachfragepotentials	– Größe und Siedlungsstruktur des Einzugsgebiets/umliegende Stadtteile / Region (Einwohnerzahl, Einwohner pro qkm, Verteilung von Wohn-, Gewerbe-, gemischte Gebiete) – Entwicklung und sozialstrukturelle Zusammensetzung der Bevölkerung im Einzugsgebiet (nach Alter, beruflicher Status und Schichtzugehörigkeit, Ausländeranteil, Wohn- und Einkommensverhältnissen, Beschäftigungsquote, Haushaltstyp, etc.) – Sportinteressen und Sportpartizipation verschiedener Bevölkerungsgruppen (Sportarten, Organisationsform etc.)
Struktur und Entwicklung der Konkurrenz	– Anzahl, Typ, Angebotsprofil, Marktstellung, Pläne der wichtigsten direkten Konkurrenten (andere Vereine im gleichen Einzugsgebiet) und der indirekten Konkurrenten (andere Freizeitanbieter)
staatlich-politisches Umfeld	– kommunale/staatliche Sportstättenpolitik und Sportförderpolitik – Schulpolitik (z. B. Konsequenzen der Einführung von Ganztagsschulen) – Gesundheitspolitik (z. B. Förderung des Gesundheitssport durch Krankenkassen) – Förderung des Spitzensports; Co-Finanzierung von Sportveranstaltungen – Gesetze und Verordnungen zu Steuerprivilegien (Gemeinnützigkeit), Besteuerung von Aufwandsentschädigungen, Honorare für Übungsleiter, Nutzungsentgelte für Sportstätten, etc.
Infrastruktur und Technologie	– kommunaler Sportstättenbau und Verkehrswegeplanung – Angebot an nicht- anlagengebundenen Sportgelegenheiten (Straßen, Radwege, Seen, Wälder, Parks, freie Spielflächen etc.) – Entwicklung von Sporttechnologien (z. B. Kunstrasenplätze, Indoorhallen für Beach-, Kletter-, Skisport) – Nutzungsmöglichkeiten neuer Medien
ökonomisches Umfeld	– Größe und Struktur des Marktes potentieller Sponsoren – Fördermöglichkeiten durch Spender, Mäzene, Verband etc. – Auswirkungen der aktuellen Finanz- und Wirtschaftskrise auf die Sportnachfrage und die Beziehungen zu anderen Partnern
sozialstrukturelles und sozio-kulturelles Umfeld	– Veränderungen der Altersstruktur; Rückgang an Kindern und Jugendlichen, starke Zunahme des Anteils alter Menschen – Veränderungen von Familien- und Haushaltsstrukturen (z.B. Singlehaushalte) – Veränderungen im Verhältnis von Arbeit und Freizeit (z.B. zunehmende Flexibilisierung von Arbeitszeiten) – Probleme zunehmender sozialer Ungleichheit, Integration ethnischer Minderheiten etc. – wachsendes Gesundheitsbewusstsein; Erlebnisorientierung
Umfeld des Sportsystems	– Politik der Sportverbände (DOSB, Landessportbünde, Fachsportverbände) – Veränderungen in den Teilnahmebedingungen, Austragungsmodi, Sanktionen bei Regelverstößen etc. von sportlichen Wettbewerben – Beratungs-, Qualifizierungs- und Förderleistungen von Sportverbänden

Abb. 7.4 Gegenstandsbereiche einer Markt- und Umfeldanalyse (Beispiele)

Auch bei der Umfeldanalyse folgt auf die Sammlung von Informationen eine anschließende Bewertung. Das bekannteste Verfahren hierzu ist die sog. **Chancen-Risiko-Analyse**. Hierbei geht es darum, alle relevanten Markt- und Umfeldbedingungen (und eventuellen Veränderungen bzw. Trends) auf die damit verbundenen Konsequenzen für die eigene Organisation hin zu bewerten. Insbesondere geht es um eine möglichst qualifizierte Einschätzung der sich aus ihnen ergebenden Chancen und Potentiale einerseits und Risiken und Gefährdungen andererseits.

7.2 Situationsanalyse

		Ausmaß der Attraktivität einer Chance/ Ausmaß des Gefährdungspotentials eines Risikos	
		hoch	gering
Erfolgswahrscheinlichket / Eintrittswahrscheinlichkiet	hoch	– Chance: auf jeden Fall nutzen und investieren! – Risiko: Diskussion der möglicher Folgen und präventiver Maßnahmen hat höchste Priorität!	– Chance: sollte genutzt werden, wenn die Kosten nicht zu hoch sind! – Risiko: kann in Kauf genommen bzw. verkraftet werden!
	gering	– Chance: prüfen, ob die Voraussetzungen verbessert werden können, um Chance nutzen zu können! – Risiko: prüfen, ob das Gefährdungspotential reduziert werden kann!	– Chance: Investitionen in die Nutzung dieser Chance scheinen eher wenig sinnvoll bzw. rentabel! – Risiko: kann vernachlässigt werden!

Abb. 7.5 Chancen-/Risiko-Potential-Matrix

Einzelne Chancen und Risiken können weiter danach differenziert bewertet werden a) wie attraktiv bzw. lukrativ eine Chance und wie hoch das Gefährdungspotential eines Risikos ist und b) wie hoch die Wahrscheinlichkeit des Erfolgs bei einer Chancennutzung und wie hoch die Eintrittswahrscheinlichkeit eines Risikos ist (s. Abb. 7.5).

Eine weitere Möglichkeit, Informationen zu verdichten, zu synthetisieren und mögliche Strategieempfehlungen daraus abzuleiten, ist die sog. **SWOT-Analyse**, bei der Ergebnisse aus der internen Stärken-Schwächen-Analyse (strength und weaknesses) und der externen Chancen-Risiko-Analyse (opportunities und threats) zusammengeführt werden.

Das etwaige Ergebnis einer SWOT-Analyse für unseren Beispiel-Verein könnte wie folgt aussehen (Abb. 7.6):

Grundprobleme der Markt- und Umfeldanalyse stellen sich für Sportbetriebe auf zwei Ebenen:

- Wie bereits skizziert, sind die meisten Sportbetriebe aufgrund ihrer strukturellen Verfassung kaum in der Lage, in einem nennenswerten Umfang Primärforschung zu betreiben. Dies gilt für eigenständige Erhebungen im Rahmen einer Markt- und Umfeldanalyse umso mehr, als diese (z. B. eine Bevölkerungsbefragung) zumeist deutlich aufwändiger und teurer sind als im Rahmen einer Betriebsanalyse (z. B. eine Mitgliederbefragung).
- Zum anderen sind mit der Verarbeitung und Interpretation der Daten etwa im Rahmen einer SWOT-Analyse erhebliche Probleme verbunden. So ist etwa das Urteil, ob mit einer bestimmten Entwicklung im Umfeld eines Sportbetriebs ein Risiko oder eine

	Chancen vorhanden	Risiken vorhanden
Stärken vorhanden	– zunehmende Nachfrage nach Fitness- und Gesundheitssport – steigender Anteil von Senioren im Einzugsbereich des Vereins – Gut ausgebildete Übungsleiter und Trainer – noch freie Hallenkapazitäten ⇨ *„eigene Stärken ausspielen, um diese Chancen zu nutzen!"*	– Aufstieg der Damenmannschaft in die 1. Volleyball- Bundesliga – gute Nachwuchsarbeit, Talentförderung – 40 % höhere Kosten – begrenztes Zuschauerinteresse – große Probleme der Sponsorengewinnung ⇨ *„Risiken sehr sorgfältig bewerten, und nur wenn nicht zu hoch, Chancen nutzen"*
Schwächen vorhanden	– Angebot zur Übernahme der Trägerschaft einer von Schließung bedrohten, kommunalen Sportstätte – Nachfrage nach zusätzlichen qualitativ hochwertigen Angeboten vorhanden – fehlendes Personal und Kompetenzen im Sportanlagenmanagement – noch fehlendes Finanzierungs- und Nutzungskonzept ⇨ *„Schwächen beseitigen (wenn nicht zu teuer), um Chancen zu nutzen!"*	– zunehmende Verbreitung des Ganztagsunterrichts an Schulen – rückläufige Mitgliederzahlen und Teilnahmen an Training und Wettkämpfen im Kinder- und Jugendbereich – fehlendes Konzept und Personal für ein Kooperationsangebot ⇨ *„Schwächen beseitigen (wenn nicht zu teuer), um das Risiko zu reduzieren oder vielleicht eine Chance daraus zu machen!"*

Abb. 7.6 Beispiel einer SWOT-Analyse für einen Sportverein

Chance verbunden ist, keineswegs eindeutig. So sehen sich dem aktuellen Sportentwicklungsbericht des DOSB zufolge bei der Frage, ob die Einführung des achtjährigen Gymnasiums und des Ganztagsschulbetriebs eine Chance oder ein Risiko für Sportvereine darstellt nur 20 % in der Lage, für ihren Verein hierzu ein eindeutiges Votum abzugeben. Über 1/3 der Vereine sehen für sich in beiden Entwicklungen sowohl eine Chance als auch ein Risiko gleichermaßen (Abb. 7.7).

Neben der Stärken-Schwächen- und Chancen-Risiken Analyse (SWOT-Analyse) werden in der Marketingliteratur eine Reihe weiterer strategischer Planungs- und Analysekonzepte diskutiert. Hierzu gehören insbesondere die Portfolioanalysen, die Lebenszyklusanalysen und die Positionierungsanalysen (Meffert et al. 2012; Homburg 2013). Alle diese Methoden weisen je eigene Ziele, Vorgehensweisen, Potentiale sowie Vor- und Nachteile auf und führen – bei sorgfältiger Anwendung – zu instruktiven Erkenntnissen für die Marketingplanung. Allerdings setzt ihre in mehrere Arbeitsschritte gegliederte Anwendung wiederum erhebliche Investitionen in die Ermittlung entsprechender Daten sowie ein entsprechendes Know-how voraus, wozu in der Regel nur größere bzw. entsprechend finanzkräftige Sportbetriebe in der Lage sind.

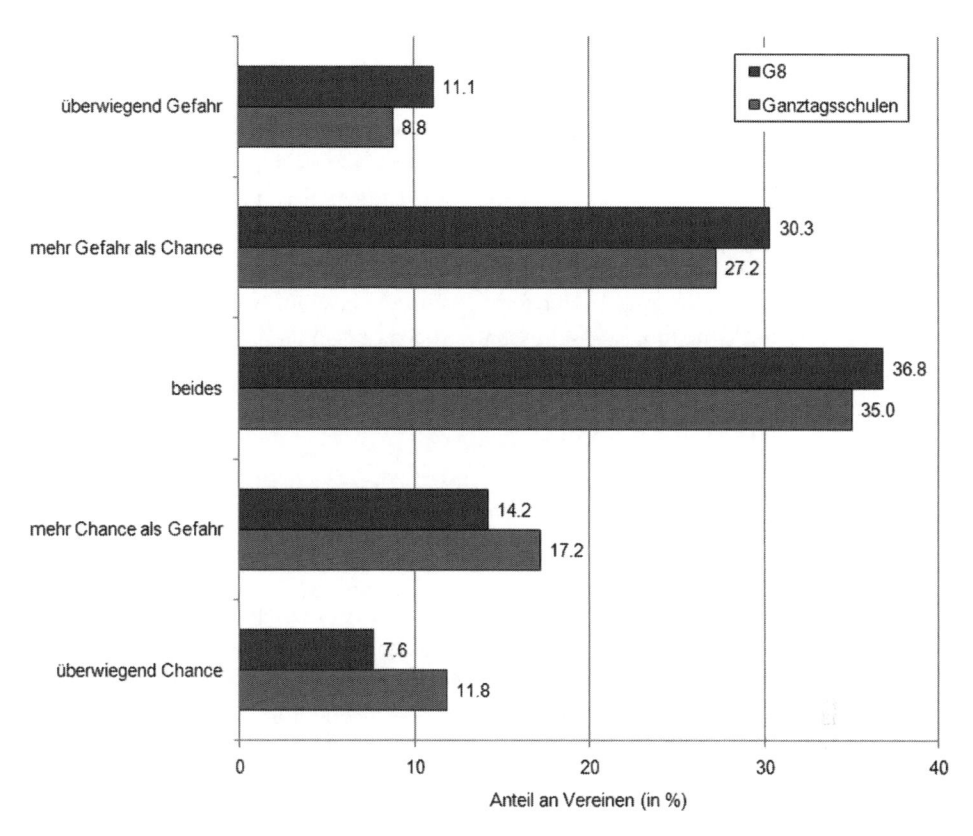

Abb. 7.7 Einschätzung der Sportvereine zu den Auswirkungen der Einführung des achtjährigen Gymnasiums (G 8) und von Ganztagsschulen. (Breuer 2013a, S. 25)

7.3 Strategische Planung im Sport-Marketing

Bei der strategischen Marketingplanung geht es darum, einen längerfristig angelegten Handlungsrahmen abzustecken, der zum einen Entscheidungen darüber beinhaltet, welche grundlegenden **Ziele** verfolgt werden und zum anderen, welche **Strategien**, d. h. welche grundlegenden Wege der Zielerreichung, beschritten werden sollen. Entscheidungen über Ziele und Strategien fungieren dabei gewissermaßen als „Leitplanken" für alle nachfolgenden Entscheidungen auf der operativen Ebene, d. h. der Umsetzung von Zielen und Strategien in einzelne Maßnahmen (Becker 2012). Sie dienen a) als Richtschnur für die Steuerung und Lenkung eines Sportbetriebs auf der Leitungsebene (Führungsfunktion), b) als Bindeglied zwischen den Ressourcen und Potentialen eines Betriebs und den strukturellen Gegebenheiten, Entwicklungen und Chancen des Marktes und Umfelds eines Sportbetriebs (Orientierungsfunktion), c) der strategischen Positionierung im Wettbewerb, d. h. der Abgrenzung gegenüber der Konkurrenz (Profilierungsfunktion), d) der Motivierung der Mitarbeiter (Motivationsfunktion) und e) als Prüfkriterium für Zustandsbeschreibungen und Erfolgsmessungen durch Soll-Ist-Vergleiche (Kontrollfunktion).

7.3.1 Besonderheiten des Zielsystems von Sportbetrieben

Da jedwede Organisation im Kern ein Mittel zu einem Zweck verkörpert, steht an oberster und erster Stelle der strategischen Planung die Ziel- und Zweckbestimmung. Dabei sind die folgenden Fragen zu klären bzw. Aufgaben zu bewältigen. Es gilt zu entscheiden 1. welche Ziele verfolgt werden sollen, 2. in welcher Art von Beziehung diese Ziele zueinander stehen und 3. wie Ziele bzw. der Zielerreichungsgrad gemessen werden soll.

1. Jede Organisation verfolgt in der Regel mehrere Ziele auf unterschiedlichen Ebenen (Gesamtbetrieb, Abteilungen, Mannschaft), die zudem einen ganz unterschiedlichen Abstraktions- bzw. Allgemeinheitsgrad aufweisen. Die prinzipiell unbegrenzte Zahl möglicher Ziele von Sportbetrieben können in folgende vier Basiskategorien von Zielen eingeteilt werden:

a) **Ökonomische Ziele**: Steigerung von Einnahmen, Umsatz, Gewinn, Kostendeckung, Marktanteil, Liquidität, Rentabilität, bessere Auslastung von Kapazitäten, Kostensenkung etc;
b) **Psychologische Ziele**: Steigerung der Zufriedenheit der internen (Mitglieder und Mitarbeiter) und der externen Kunden und Stakeholder (z. B. Zuschauer, Sponsoren), des Images in der Bevölkerung, Verbesserung der Kunden-/Stakeholder-Bindung, mehr bzw. bessere Kommunikation, soziale Kontakte und Geselligkeit, etc;
c) **Soziale bzw. gemeinwohlorientierte Ziele:** Beiträge zur bzw. Verbesserung von sozialer Integration, Gesundheitsförderung, Jugendarbeit, Partizipationsmöglichkeiten, Nachhaltigkeit, „Sport für Alle" etc;
d) **Sportliche Ziele:** breites Sportangebot, Trainings- und Wettkampfbetrieb, Fair Play, Talentförderung, leistungssportliche Erfolge (Aufstieg, Finalteilnahme, Qualifizierung für Play-Offs, internationale Wettbewerbe, etc.).

Sowohl diese vier Basiskategorien von Zielen als auch die sehr große Zahl möglicher Einzelziele haben in verschiedenen Typen von Sportbetrieben eine ganz unterschiedliche Bedeutung, stehen in einem unterschiedlichen Verhältnis zueinander, aber teilweise auch in sehr komplexen Wechselbeziehungen untereinander. Eine erste Aufgabe der strategischen Marketingplanung ist es deshalb, die aktuell verfolgten bzw. angestrebten Ziele zunächst in eine sinnvolle Ordnung zu bringen. Dies beinhaltet insbesondere den Entwurf eines konsistenten, hierarchisch aufgebauten Zielsystems. An der Spitze einer solchen Zielpyramide stehen ganz allgemeine, zumeist in einem Leitbild formulierte Gedanken zum Selbstverständnis eines Betriebs, worin er also seinen Generalauftrag (business mission) und seine Daseinsberechtigung sieht und an welchen Grundwerten er sein Handeln ausrichtet. Dem folgen daraus abgeleitete, allgemeine, übergeordnete Betriebsziele, die dann stufenweise auf Geschäftsfeld-, Bereichs- und Abteilungsziele und schließlich auf (noch zahlreichere) Handlungs- und Instrumentalziele heruntergebrochen und konkretisiert werden.

Dabei treten bei Sportbetrieben folgende Besonderheiten und Probleme auf:

a) Während For-Profit-Betriebe in erster Linie ökonomische Ziele verfolgen, die Zielkategorien b) – d) als Mittel zum Zweck nur den Status von Unter- bzw. Teilzielen haben, kommt es bei NPO-Sportbetrieben zu einer Umkehr der Zielprioritäten (s. Kap. 3). Insbesondere soziale und sportliche Ziele stehen im Vordergrund.[6]

b) Viele allgemeine Grundsätze von Sportbetrieben sind Ausfluss ethischer Grundprinzipien des Sports. Diese sind in vielen Sportarten durch ein entsprechendes Regelwerk zum Verhalten innerhalb und außerhalb des Spielfeldes festgeschrieben und werden bei Regelverstößen entsprechend sanktioniert. Daraus ergeben sich gewisse Selbstbeschränkungen hinsichtlich davon abweichender Ziele, etwa im Hinblick auf eine stärkere ökonomische Vermarktung von Sport. Ringer- und Turnvereinen ist es nicht erlaubt, ihre Wettkämpfe im Stile von Wrestling-Veranstaltungen oder artistischer Zirkusdarbietungen zu inszenieren, wenngleich dies (wahrscheinlich) zu einem größeren Zuschauer- und Medieninteresse führen würde.

c) Bezugspunkt des Selbstverständnisses und Grundauftrags bildet für viele NPO-Sportbetriebe eine ganz bestimmte Sportart oder wenige Sportarten („Wir sind ein *Fußball*verein", „Wir sind ein *Tennis- und Hockey*-Club") und weniger die Erfüllung sport-, bewegungs- und freizeitbezogener Ansprüche und Bedürfnisse der Bevölkerung. Dies schränkt den marketingpolitischen, insbesondere den produktpolitischen Handlungsspielraum entsprechend ein. Hier sind (zumeist größere) Mehrsparten-Vereine und FPO-Betriebe, die sich nur an ganz allgemeinen Ausprägungen und Varianten von Sport (Fitness- und Gesundheitssport, Freizeitsport, Breitensport) und den entsprechenden Bedürfnissen und Interessen potentieller Kunden orientieren, deutlich flexibler.

d) In Non-Profit-Sportbetrieben ist die Ausformulierung von konsistenten, hierarchisch aufgebauten Zielsystemen mit großen Problemen und Unsicherheiten verbunden. Zum einen sind die in der Satzung und – falls vorhanden – Leitbildern niedergelegten Ziele und Werte in der Regel so allgemein formuliert („Förderung des Sports", „Jugendarbeit", „Gemeinnützigkeit", „Sport für Alle", „Fairplay und Toleranz", „humaner Leistungssport" etc.), dass sich daraus nicht unmittelbar konkrete Betriebs- und Handlungsziele ableiten lassen. So ist z. B. offen, ob „Sport für Alle" auf der nächsten Zielebene bedeutet, möglichst viele verschiedene Sportarten anzubieten, eine oder wenige Sportarten für möglichst viele verschiedene Zielgruppen oder das vorhandene Sportangebot möglichst preisgünstig anzubieten. Zum anderen ist bisweilen auch unklar, ob ein konkretes Handlungsziel auf der unteren Ebene überhaupt ein Mittel bzw. ein Teil- oder Zwischenziel ist, ein übergeordnetes Betriebsziel zu erreichen und den satzungsgemäßen Vereinszweck zu erfüllen. So sind „Steigerung der Mitgliederzahl", „mehr sportliche Erfolge", „Steigerung der Einnahmen" leicht messbare (und deshalb beliebte) Zielkate-

---

[6] Strittig ist allerdings die bereits an anderer Stelle diskutierte Frage, ob im Bereich des kommerzialisierten und professionalisierten Spitzensports nicht ebenfalls sportliche Leistungsziele gegenüber ökonomischen Zielen den Vorrang haben und es – trotz ihrer privatwirtschaftlichen Rechtsform – dort auch primär um eine Maximierung des sportlichen Erfolgs (unter Vermeidung der Insolvenz) geht.

gorien in Sportbetrieben, sie geben aber noch keine Auskunft darüber, in wieweit sie in einer konsistenten Beziehung zu übergeordneten Zielen stehen bzw. einen relevanten Beitrag zu einer besseren Zweckerfüllung des Vereins leisten. „Denn ein Sportverein mit vielen Mitgliedern erfüllt seinen Zweck nicht automatisch besser als ein Verein mit wenigen Mitgliedern." (Thiel und Meier 2004, S. 110)

2. Neben der (bisweilen sehr schwierigen) Klärung von Zielbedingtheiten, d. h. der Ziel-Mittel-Beziehungen in vertikaler Perspektive, sind des Weiteren die Wechselbeziehungen zwischen Zielen in horizontaler Perspektive zu klären. Verschiedene Ziele können dabei in einer a) komplementären, sich wechselseitig ergänzenden bzw. verstärkenden, b) in einer konfliktionären oder c) in einer neutralen Beziehung zueinander stehen. So liegt auf der Hand, dass etwa die Ziele „bessere Talentförderung/Nachwuchsarbeit" und „mehr leistungssportliche Erfolge" in einer komplementären Beziehung zueinander stehen, da mit der Realisierung des ersten Ziels die Wahrscheinlichkeit steigt, dass auch das zweite Ziel erreicht wird. Für die meisten Sportbetriebe typisch ist jedoch, dass sie von Zielkonflikten gleichsam „chronisch infiziert" sind, diese mehr die Regel als die Ausnahme darstellen (gleichwohl sich vielleicht nur selten in offener, manifester Form äußern und mehr durch eine dauerhafte Latenz gekennzeichnet sind). Ursachen hierfür sind:

a) Die Rückbindung von Organisationzielen an Mitgliederinteressen: Bereits auf der Ebene interner Anspruchsgruppen wächst mit zunehmender Größe und Heterogenität des Kreises der Mitglieder die Gefahr von Zielkonflikten aufgrund unterschiedlicher Interessen einzelner Mitgliedergruppen (Mannschaften, Abteilungen). Klassisch sind hier etwa die Konflikte um die Zielprioritäten in der Förderung des (teuren und nur von wenigen betriebenen) Leistungs- und Spitzensports im Gegensatz zum (von der Mehrzahl der Mitglieder betriebenen) Breiten- und Freizeitsport. Auch Ziel- und Interessenskonflikte zwischen verschiedenen Sportarten bzw. Abteilungen sind oft an der Tagesordnung.[7]
b) Ein weiteres Konfliktpotential resultiert aus den z. T. sehr heterogenen Interessen weiterer Kunden- und Anspruchsgruppen. In dem durch die permanente Suche nach weiteren Möglichkeiten der Steigerung von Einnahmen getriebenen Spitzensport prallen z. B. fast zwangsläufig die (zumindest partiell) disparaten Interessen von Investoren (Mäzene, Anteilseigner), verschiedenen Zuschauergruppen (Fans, Familien, Business-Kunden, Fernsehzuschauer), Medien (Free-, Pay-TV), Sponsoren, Politik und Öffentlichkeit, einzelnen Clubs und der Liga bzw. des Verbands aufeinander und führen zu

---

[7] Ebenfalls wiederum vereinstypisch ist, dass solche Konflikte oft nicht als Zielkonflikte erkannt und ausgetragen werden sondern als Konflikte und Diskussionen über die Kriterien der Verteilung von Ressourcen (Geld, Hallenzeiten etc.). Wird keine Lösung bzw. Kompromiss gefunden, kann dies zum Austritt von ganzen Mannschaften, Gruppen oder Abteilungen (bzw. Teilen davon) führen, die dann eventuell einen neuen Verein gründen oder sich einem anderen Verein anschließen.

7.3 Strategische Planung im Sport-Marketing

Diskussionen über Zielprioritäten auf Club- und Verbandsebene.[8] Mit ihnen wird die ganz grundsätzliche, das Selbstverständnis berührende Frage aufgeworfen, wessen Interessen der Sportbetrieb primär dient bzw. dienen soll, eine Frage, die von Fan- und Mitgliedergruppen in Form von medienwirksamen Protestaktionen in Stadien oder auf Mitgliedersammlungen und den Medien (häufig unter der Überschrift „Wem gehört der Sport?") immer wieder mal aufgeworfen wird.

c. Die Art der Beziehung von Zielen in Sportbetrieben ist bisweilen auch empirisch schwer zu bestimmen, weil sie wechseln kann. Verdeutlichen lässt sich dies am Zusammenhang von sportlichen und wirtschaftlichen Zielen. Sie stehen zunächst – dem Wertschöpfungskreislauf des professionellen Zuschauersports folgend (Dietl 2011) – in einer komplementären, sich wechselseitig bedingenden und verstärkenden Beziehung. Sportliche Erfolge ziehen ein steigendes Zuschauerinteresse, dieses wiederum ein steigendes Sponsoren- und Medieninteresse nach sich, die gemeinsam zu steigenden Einnahmen führen, die dann wieder in die Verbesserung der Qualität der Mannschaft investiert werden können und die Chancen auf noch größeren sportlichen Erfolg erhöhen. Ab einem bestimmten Punkt geht diese Zielkomplementarität allerdings in einen Zielkonflikt über. Zusätzliche Investitionen in den sportlichen Erfolg (z. B. den Kauf eines weiteren Starspielers) führen aufgrund eines abnehmenden Grenznutzens und des positionalen Wettbewerbs um das knappe Gut „Meisterschaft" oder „Teilnahme an einem internationalen Wettbewerb" zu keiner Verbesserung der Erfolgschancen mehr (s. Problem der Hyperaktivität in Kap. 2.4.2). Die daran geknüpften Hoffnungen auf einen „return on investment" bleiben unerfüllt und steigende Schulden gefährden die wirtschaftliche Existenz. Es liegt also in der Beziehung zwischen sportlichen und wirtschaftlichen Zielen ein gemischtes Interdependenzverhältnis vor (Keller 2008). Über die Frage, an welchem Punkt der Übergang von einem komplementären zu einem konfliktionären Verhältnis beider Ziele liegt, lässt sich in der Praxis allerdings trefflich streiten.

d) Hinzu kommen Zielkonflikte, die aus der im ersten Punkt beschriebenen Unbestimmtheit allgemeiner Ziele von Sportbetrieben resultieren, aus denen eine stringente Ableitung von nachgeordneten Zielen oft schwer fällt.

3. Neben der Klärung von Zielbeziehungen und Zielprioritäten ist für die Marketingplanung eine Operationalisierung der Ziele erforderlich bzw. wünschenswert, d. h. die Angabe möglichst konkreter und messbarer Kriterien und Leistungsvorgaben. Diese Spezifikationen sind notwendig, um geeignete Strategien und Maßnahmen auswählen und Handlungs- und Zeitpläne entwickeln zu können, sowie über Kriterien zu verfügen, anhand

---

[8] Beispiel hierfür ist die kontrovers geführte Diskussion (FAZ vom 19.2.14: „Da kollabiert das System") zu den Konsequenzen eines weiteren Vordringens von konzerngestützten, finanzstarken „Retorten-Clubs" ohne Tradition und größere Fanbasis (Wolfsburg, Leverkusen, Hoffenheim, Leipzig) in der 1. und 2. Liga des deutschen Profi-Fußballs, welche die Traditionsclubs verdrängen und das Vermarktungspotential dieser Vereine wie der Liga insgesamt (z. B. hinsichtlich von Sponsoring- und Medienrechten) negativ beeinträchtigen.

derer zu einem späteren Zeitpunkt eine Kontrolle durchgeführt werden kann, ob diese Ziele auch erreicht wurden.

Diese Vorgaben sollten sich nach Möglichkeit beziehen auf a) den Zielinhalt (was soll erreicht werden?), b) das angestrebte Ausmaß (Steigerung/Verbesserung um wie viel?), c) das Segment bzw. den Geltungsbereich des Ziels (für welche Zielgruppe, Abteilung, Mannschaft etc.?) und d) den Zielzeitpunkt (bis wann soll das Ziel erreicht werden?) So könnte z. B. eine operationale Definition des Ziels „Verbesserung des sportlichen Erfolgs" lauten: „Gewinn der Meisterschaft und Aufstieg mit der ersten Handballmannschaft der Männer in die 2. Handball-Bundesliga bis spätestens in drei Jahren."

Eine operationale Definition von Zielen in Sportbetrieben steht allerdings vor dem Problem, dass viele Ziele und Nutzendimensionen der Wertschöpfung auf einer intra-individuellen, physisch-psychischen Ebene liegen (Erlebnis, Zufriedenheit, Atmosphäre, emotionale Anregung, Spannung, Unterhaltung, Fitness, sportliche Fähigkeiten und Fertigkeiten, etc.) oder sich aus der kommunikativen und sozialen Verflechtung der Beteiligten ergeben (s. Ko-Kreation in Kap. 6.3). Dementsprechend ist es für viele Ziele ausgesprochen schwer, einfache, d. h. unmittelbar sicht- und messbare oder mit wenig Aufwand ermittelbare Ziel- und Richtgrößen zu benennen. Dies führt dazu, dass häufig auf leicht ermittelbare „harte Fakten" aus Haushalts- und Jahresbilanzen, Mitgliederstatistiken und Ergebnistabellen als Ersatzindikatoren zurückgegriffen wird. Damit ist zum einen die Gefahr der Über- bzw. Fehlinterpretation verbunden, wenn also etwa eine steigende Zahl von Teilnehmern auf Mitgliederversammlungen und Festen als Indikatoren für eine Verbesserung der Bindung und Zufriedenheit der Mitglieder gewertet werden. Zum anderen besteht die Gefahr einer Zielverschiebung. Steigende Mitgliederzahlen oder wachsende Überschüsse in der Vereinskasse werden dann als Gradmesser für erfolgreiche Arbeit betrachtet. Da nicht klar ist, welchem übergeordneten Ziel bzw. Zweck diese dienen und aus übergeordneten Zielen sich oft kaum operational definierbare Teilziele ableiten lassen, besteht die Gefahr, dass diese zu Selbstzwecken werden.

Trotz aller Probleme ist es für die weiteren Schritte der Marketingplanung notwendig, in Sportbetrieben in Form einer intensiven Zieldiskussion die Frage zu klären, was die grundlegenden organisationspolitischen Ziele und Leitlinien sind und welchen Zielen man sich zukünftig widmen will. Weitere wichtige Prüfkriterien hierfür sind ihr Realitätsbezug und ihre Akzeptanz. Ziele müssen zum einen machbar und realisierbar sein. Hinweise darauf liefern die Ergebnisse der Betriebs- und der Markt- und Umfeldanalyse. Ziele dürfen weder die vorhandenen Ressourcen überstrapazieren, noch an fehlenden Voraussetzungen und Widrigkeiten der Markt- und Umfeldbedingungen scheitern. Zum anderen sollten sie im Kreis der internen Kundengruppen (Mitarbeiter und Mitglieder) konsens- bzw. mehrheitsfähig sein.

7.3.2 Strategische Optionen der Marktbearbeitung bei Sportbetrieben

Mit Hilfe von Strategien werden Routen der Zielrealisierung festgelegt. In Form von Grundsatzentscheidungen zur weiteren Vorgehensweise werden Handlungspläne entwickelt, die eine längerfristige Bindewirkung haben, d. h. kurzfristig nicht (zumindest nicht ohne Folgekosten) revidierbar sind. Mit der Wahl von bestimmten Strategien werden auch bereits Vorentscheidungen über die Auswahl und Ausgestaltung von Maßnahmen und Instrumenten auf operativer Ebene getroffen. An einem Beispiel verdeutlicht: Für das Ziel der Überbrückung einer größeren räumlichen Distanz von A nach B ist zunächst die strategische Grundsatzentscheidung zu treffen, ob die Distanz auf dem Land-, See- oder Luftweg (bzw. einer Kombination) bewältigt werden soll. Nach der Entscheidung für eine strategische Option sind dann auf der operativen Ebene die Verkehrsmittel auszuwählen, bei der Entscheidung für den Landweg also die Frage, ob das Auto, der Bus, die Bahn, ein Moped oder das Fahrrad oder eine Kombination aus verschiedenen Verkehrsmitteln benutzt werden soll.

Typisch für Sportbetriebe ist zunächst, dass wichtige strategische Vorentscheidungen häufig schon auf der Ebene von Zielen, also der Definition der Leitbildes, allgemeiner Grundsätze und Oberziele der Organisation getroffen wurden. Dies betrifft etwa Entscheidungen bzgl. des Geschäftsfelds bzw. der Marktwahl (Anbieter auf dem Sportlermarkt und/oder Zuschauermarkt) und der angebotenen Sportart oder des Sportartentyps.

Dennoch gewinnt die strategische Positionierung auch im Sport zunehmend an Bedeutung. Insbesondere aufgrund der Austauschbarkeit und Gleichförmigkeit des Angebots im Bereich der regelgeleiteten, etablierten Sportarten (Tennis, Fußball, Handball, Volleyball, Tischtennis, etc.), aber auch des Fitness-Sports (Gerätetraining) und des zunehmenden Wettbewerbsdrucks steigt die Notwendigkeit, sich strategisch zu positionieren, d. h. deutlich zu machen, worin sich ein Tennisverein oder ein Fitness-Studio in seinem Profil von den anderen Tennisvereinen oder Fitness-Studios im gleichen Einzugsgebiet unterscheidet.

Für die große Zahl an Strategiealternativen wurden in der Literatur zum Allgemeinen Marketing (Becker 2012) und zum Dienstleistungsmarketing (Meffert und Bruhn 2009) unterschiedliche Systematisierungsvorschläge entwickelt. Grundlegend ist dabei zunächst die Unterscheidung zwischen **Geschäftsfeldstrategien** und **marktteilnehmergerichteten Strategien**. Bei der ersten Gruppe von Strategien geht es um eine zielkonforme Positionierung im Markt hinsichtlich des Leistungsangebots, bei der zweite Gruppe hinsichtlich der Nachfrager bzw. Stakeholder. Aus beiden Strategiegruppen werden im Folgenden nur jene vorgestellt, die für Sportbetriebe in soweit von besonderer Bedeutung sind als mit ihnen spezifische Chancen, Restriktionen oder Anforderungen verbunden sind.

1. **Marktfeldstrategien**

Mit Marktfeldstrategien werden ganz grundsätzlich Wachstumsziele (z. B. Wachstum an Mitgliedern, an Umsatz etc.) verfolgt. Auf strategischer Ebene stellt sich die Frage nach

	Gegenwärtige Märkte	Neue Märkte
Gegenwärtige Produkte und Leistungen	1. Marktdurchdringung	2. Marktentwicklung
Neue Produkte und Leistungen	3. Produktentwicklung	4. Diversifikation

Abb. 7.8 Produkt-Markt-Matrix nach Ansoff (1966)

der Art und Weise ihrer Realisierung. Dafür stehen der Produkt-Markt-Matrix von Ansoff (1966) folgend vier Optionen zu Verfügung (Abb. 7.8):

- Bei der **Marktdurchdringungsstrategie** geht es darum, für ein bereits existierendes Leistungsangebot in den bisherigen Märkten eine zusätzliche Nachfrage zu erzeugen, indem etwa das noch vorhandene Marktpotential besser ausgeschöpft wird oder man versucht, Kunden von der Konkurrenz abzuwerben. Dies kann zum einen bedeuten, dass für ein bestehendes Angebot aufgrund noch freier Kapazitäten (z. B. durch eine Werbekampagne oder Rabattaktionen) versucht wird, zusätzliche Besucher bzw. Teilnehmer zu gewinnen. Es kann aber auch das Angebot selbst ausgedehnt werden (z. B. durch längere Öffnungszeiten, zusätzliche Kurse und Trainingsgruppen). Sportbetriebe müssen bei dieser Strategie Kosten-Nutzen-Überlegungen in zwei Richtungen anstellen: Einerseits gilt es die Frage zu beantworten, welche (positiven, negativen oder neutralen) Auswirkungen eine steigende Zahl von Nutzern eines Club-Gutes (s. Kap. 2.1.3), also z. B. 30 statt bisher 15 Teilnehmerinnen eines Aerobic-Kurses, auf die Nutzenfunktion und die Qualität hat. Wann schlägt Nicht-Rivalität im Konsum in Rivalität um bzw. werden positive Interaktionseffekte innerhalb von Gruppen durch negative überlagert? Zum anderen stehen Sportbetriebe häufig vor dem Problem, dass sie ihre Angebote aufgrund deren Bindung an die spezifischen, infrastrukturellen Voraussetzungen (Hallen, Plätze, Stadien) und der damit verbundenen starren, engen Kapazitätsgrenzen nicht beliebig bzw. ohne Weiteres ausdehnen können, auch wenn eine entsprechende Nachfrage vorhanden ist.

Auch im Wettkampf- und Zuschauersport sind einer Strategie des „more of the same" sehr enge Grenzen gesetzt sind. Der Reiz sportlicher Wettbewerbe beruht ganz wesentlich auf der künstlichen Begrenzung bzw. Verknappung des Angebots von Spieltagen, Turnieren und Meisterschaften. Diese sind schon aufgrund der erforderlichen Regenerationszeit des wichtigsten Inputfaktors, nämlich der Spieler bzw. Sportler, nicht beliebig vermehrbar. Außerdem können entsprechende Entscheidungen (z. B. Erhöhung der Zahl der Mannschaften und damit der Spieltage in einer Liga, Einführung von Play-Offs) gar nicht auf einzelbetrieblicher Ebene getroffen werden, sondern nur im kooperativen Verbund. Auch den Bemühungen, für ein bestehendes Angebot Kunden von der Konkurrenz abzuwerben sind aufgrund der sport- und dienstleistungstypischen, überdurchschnittlichen hohen Bindungsbereitschaft enge Grenzen gesetzt. Die Neigung und Bereitschaft von Mitgliedern eines Fußballvereins zu einem Nachbarverein zu wechseln, weil dieser seine monatlichen Beiträge um 20 % gesenkt hat, dürfte eher gering sein.

- Im Falle einer **Marktentwicklungsstrategie** wird versucht, die Wachstumsziele über eine Erschließung neuer Märkte und Marktsegmente zu realisieren. Eine von vielen Sportbetrieben bzw. -betriebstypen in den letzten Jahren erfolgreich praktizierte Wachstumsstrategie ist die Differenzierung bzw. Anpassung eines bestehenden Angebots an die unterschiedlichen Bedürfnisse, Motive, Ansprüche und motorisch-physiologischen Voraussetzungen verschiedener neuer Zielgruppen (Anfänger, Senioren, Frauen, Familien, Hospitality-Kunden, etc.). Eine andere Variante stellt die geographische Markterweiterung dar, d. h. die regionale, nationale oder internationale Ausdehnung eines Angebots. Hierbei ergeben sich für Sport-Dienstleistungsbetriebe des For-Profit- und des Non-Profit-Sektors zwei verschiedene Besonderheiten. Während Sachgüterproduzenten (Sportartikelhersteller) für eine geographische Markterweiterung lediglich ihr Vertriebsnetz ausbauen und die Zahl der Verkaufsstellen erhöhen müssen, erfordern die Besonderheiten der Dienstleistungsproduktion bei For-Profit-Sportbetrieben eine Multiplikation von Betriebsstätten in Form der Filialisierung oder des Franchisings, wie dies etwa in der Fitnessbranche seit einige Jahren zu beobachten ist. NPO-Sportbetriebe besitzen diese Möglichkeit allerdings nicht, da sie in produktionswirtschaftlicher Hinsicht an einen bestimmten Standort und in absatzwirtschaftlicher Hinsicht an ein mehr oder weniger eng begrenztes Gebiet um diesen Standort herum gebunden sind (Vereine) oder schon per definitionem einer Gebietsbeschränkung unterliegen (Verbände). Der ausgeprägte Standort- oder Gebietsbezug ist zudem Teil ihrer Identität und in aller Regel Teil des Namens (Schalke 04, 1. FC Köln, Fußballverband Mittelrhein, Deutscher Volleyballverband etc.). Dennoch haben auch und gerade im professionellen Wettkampf- und Zuschauersport geographische Marktentwicklungsstrategien von Ligen und einzelnen Clubs inzwischen eine hohe Bedeutung. Unabdingbare Voraussetzung hierfür ist allerdings eine entsprechende mediale Präsenz in Form einer Berichterstattung über bzw. einer Übertragung von Sportwettkämpfen und Spielbegegnungen im Fernsehen, Radio und Internet. Durch sie werden Zeitpunkt und Ort der Leistungserstellung (Stadion) und des (medialen) Konsums entkoppelt und dadurch eine drastische Erweiterung des Marktpotentials von einer lokal-regionalen Ebene auf die nationale – und wie die erfolgreichen Bemühungen um die Auslandsvermarktung nationaler Top-Ligen und Top-Clubs des europäischen Fußballs zeigen – auch auf die internationale Ebene ermöglicht.
- Bei der **Produktentwicklungsstrategie** geht es darum, ein Nachfragewachstum in den angestammten Märkten durch das Angebot neuer Leistungen zu generieren, z. B. durch die Aufnahme zusätzlicher Sportarten bzw. -angebote oder anderer Zusatzleistungen, etwa Massage, Solarium, Sportartikelverkauf, Unterhaltungsprogramm, Informationsangebot. Originäre Innovationen i.S. von Marktneuheiten sind dabei eher selten. Häufig

werden in Form einer „me-too-Strategie" erfolgreiche Angebote anderer übernommen oder vorhandene Leistungsangebote modifiziert, ergänzt und erweitert.
- Bei der **Diversifikationsstrategie** wird das Ziel verfolgt, Wachstum in Form von neuen Produkten in neuen Märkten bzw. für neue Zielgruppen zu generieren. Dies kann in einer horizontalen, vertikalen oder lateralen Variante erfolgen. Bei einer horizontalen Diversifikation werden neue Leistungen auf der gleichen Stufe der Wertschöpfungskette angeboten. Dies ist der Fall, wenn z. B. ein Sportverein erstmalig spezielle Seniorensportangebote einführt oder ein Stadionbetreiber im Zuge der Modernisierung und Erweiterung Logen-Plätze und Business-Seats für Geschäfts- bzw. Hospitality-Kunden einbaut. Im Falle einer vertikalen Diversifikation werden neue Leistungen angeboten, die in der Wertschöpfungskette dem aktuellen Leistungsangebot vorgelagert (Rückwärtsintegration) oder nachgelagert (Vorwärtsintegration) sind. Beispiele einer Rückwärtsintegration wären z. B., wenn ein Bundesliga-Club ein Fußballinternat oder ein Tennisverein auf seiner Clubanlage ein Tennisfachgeschäft eröffnet. Das Angebot von Einsteigerkursen im Umgang mit einem neuen Sportgerät durch einen Gerätehersteller, die Produktion neuer Medienformate (z. B. Fan-TV) durch einen Profisport-Club oder der Verkauf von Sponsoringrechten an Unternehmen sind typische Formen einer Vorwärtsintegration, also der Vermarktung von Leistungen auf einer nachfolgende Stufe der Wertschöpfung an neue Kundengruppen. Laterale Diversifikation bedeutet, dass neue Produkte auf neuen Märkten angeboten werden, die in keiner Beziehung zu den derzeitigen Geschäftsfeldern stehen (z. B. ein Fitness-Studio eröffnet einen Copy-Shop oder ein Reisebüro).

Das letzte, etwas sonderbar erscheinende Beispiel verdeutlicht eine mögliche Besonderheit der Diversifikationsstrategien von Sportanbietern: Während es in anderen Branchen durchaus üblich ist, dass eine Firma unterschiedliche Produkte und Leistungen für verschiedene Märkte bereit stellt (so bietet ALDI z. B. auch Reisen und Mobilfunkleistungen an), scheinen Sportbetriebe bezüglich ihrer Wachstumsstrategien stärker an ihr originäres Geschäftsfeld bzw. ihre Kernkompetenzen gekoppelt zu sein. Indizien hierfür wären etwa der von 2000–2008 dauernde, vergebliche Versuch von Borussia Dortmund mit GOOOL eine eigene Marke im Bereich von Sport- und Freizeitbekleidung zu etablieren oder die ebenfalls gescheiterten Bemühungen des ADIDAS-Konzerns mit der Marke SLVR eine reine Modebekleidungssparte aufzubauen.

2. Marktabdeckungsstrategien

Hierbei steht die Frage im Vordergrund, welcher Grad der Abdeckung des relevanten Marktes angestrebt wird. Die Optionen bewegen sich dabei zwischen den Polen einer Nischen- und einer Gesamtmarktstrategie. Dazwischen gibt es viele Variationsmöglichkeiten, die sich entlang von zwei Dimensionen abbilden lassen, nämlich dem Grad der Produktspezialisierung und dem Grad der Markt- bzw. Zielgruppenspezialisierung. Ist beides hoch, wird eine **Nischenstrategie** verfolgt. Beispiele wären etwa ein Basketballverein für

Rollstuhlfahrer, ein Fitness-Studio für Frauen oder ein kleiner Reiseanbieter für extreme Hochgebirgstouren. Ein im Sport sehr häufig anzutreffender Fall von **Produktspezialisierung** stellen die sog. Ein-Sparten-Vereine dar, also z. B. Fußball-, Schwimm-, Tennisvereine, die eine Sportart für verschiedene Mitgliedergruppen und Leistungsklassen anbieten (Kinder, Jugendliche, Erwachsene, Senioren, Männer, Frauen, Leistungs- und Freizeitsportler). Im Falle einer **Marktspezialisierung** erfolgt dagegen ein breites Angebot für eine spezielle Zielgruppe, also z. B. ein Eventveranstalter, der für Business-Kunden eine breite Palette von sportbezogenen Incentive- und Teambuilding-Maßnahmen anbietet. In Richtung auf eine **Gesamtmarktabdeckung** bewegen sich Großsportvereine mit dem Angebot einer großen Zahl vor Sportarten und Kursen unterschiedlichster Ausrichtung für breite Bevölkerungsschichten einer Stadt bzw. Region oder Sportartikelkonzerne mit einem Universalangebot an Sportbekleidung und Sportschuhen. Markterweiterungen sind im Sport häufiger anzutreffen als Produkterweiterungen, weil die Aufnahme z. B. neuer Sportarten und Leistungsangebote in der Regel mit höheren Kosten verbunden ist (Investitionen in neue Geräte, Anlagen, Personal) und weniger Synergieeffekte genutzt werden können als im Falle einer Markterweiterung, bei der es mit weniger aufwändigen Modifikationen eines bestehenden Angebots möglich ist, neue Zielgruppen zu gewinnen.

3. **Wettbewerbsvorteilsstrategien**

Bei dieser Gruppe von Strategien liegt der Fokus auf der Frage, wie es gelingen kann gegenüber konkurrierenden Anbietern, die mit einem gleichen oder ähnlichen Angebot auf den gleichen Märkten aktiv sind, sich durchzusetzen bzw. sich einen Vorteil zu verschaffen. Worauf beruht die sog. „unique selling proposition", also das Alleinstellungsmerkmal gegenüber allen anderen Anbietern? Grundsätzlich bestehen folgende Ansatzpunkte, um sich erfolgreich im Wettbewerb zu positionieren:

- **Qualitätsstrategie:** Angestrebt wird eine Qualitätsführerschaft im Markt. Die zentralen Ansatzpunkte und Voraussetzungen für eine Positionierung durch eine überlegene Leistungsqualität im Fall von Sport und insbesondere Sportdienstleistungen sind a) ein besonders gut ausgebildetes Personal, b) ein hoher Einrichtungs- und Ausstattungskomfort der Sport-Infrastruktur, c) eine perfekte Organisation des Leistungserstellungsprozesses und d) eine stark individualisierte, d. h. auf die persönlichen Bedürfnisse eines Kunden abgestimmte Leistungsanpassung. Zentrale Grundlage der Umsetzung der Qualitätsstrategie bildet wiederum e) ein entsprechend gutes Qualitätsmanagement (s. Kap. 10). For-Profit-Organisationen des Sports besitzen aufgrund ihres höheren Professionalisierungsgrads hier deutlich mehr und bessere Optionen als ehrenamtlich geprägte Non-Profit-Sportbetriebe.
- **Kostenvorteilsstrategie:** Im Gegensatz zur Qualitätsstrategie wird hier über eine besonders attraktive, günstige Preisgestaltung eine Positionierung im Wettbewerb ange-

strebt. Wichtige Ansatzpunkte und Voraussetzungen für den Erfolg sind dabei a) die Beschränkung des Leistungsniveaus im Angebot auf eine tolerierte oder vorgeschriebene Mindestqualität, b) die Nutzung von Kostenvorteilen aufgrund von Größeneffekten, Erfahrungsvorsprüngen oder (für Sport wichtig) des preisgünstigen Zugangs zu Ressourcen (Ehrenamtliche, Spenden, Zuschüsse), c) das Angebot von hoch standardisierten Leistungen, d) der weitgehende Verzicht auf Zusatzleistungen und die Beschränkung auf den Leistungskern und e) ein reduzierter Personaleinsatz. (Näheres dazu in Kap. 7.4.1)

Die Qualitäts- und Kostenvorteilsstrategie schließen sich insofern aus, als eine hohe Qualität auch nur zu einem höheren Preis (aufgrund der höheren Kosten) zu haben ist. Dies gilt allerdings nur für den Fall, dass mit den beiden Strategien jeweils unterschiedliche Marktschichten bearbeitet werden, also in dem einen Fall die Schicht der „Preiskäufer" und in dem anderen die Schicht der „Qualitätskäufer" bearbeitet werden soll. Innerhalb einer Marktschicht und an den Grenzübergängen von einer Schicht zur anderen sind Fragen der Qualität und der Höhe des Preises dagegen nicht voneinander zu trennen, da Konsumenten ein Angebot (unter anderem) nach dem wahrgenommenen Preis-Leistungs-Verhältnis beurteilen, d. h. bei gleicher Qualität entscheidet der günstigere Preis und umgekehrt. Ein gutes Beispiel hierfür sind die Entwicklungen auf dem Markt für Fitnessanlagen. Dort haben sich mit Discount-, Mittelpreis- und Premium-Studios in den letzten Jahren drei Marktsegmente herausgebildet. Dabei wird ein harter Wettbewerb um das beste Preis-Leistung-Verhältnis innerhalb dieser Segmente geführt, aber auch um Kunden aus dem jeweils benachbarten Segment mit der Folge, dass die Studios im Mittelpreis-Segment dem höchsten Wettbewerbsdruck ausgesetzt sind.

- **Programmbreitenstrategie:** In diesem Fall erfolgt eine Positionierung über eine besonders starke Differenzierung im Leistungsangebot nach den Prinzipien „für jeden etwas" und „Alles unter einem Dach", wie dies etwa bei großen multi-funktionalen Sportcentern oder großen Mehr-Sparten-Vereinen der Fall ist. Voraussetzungen sind eine entsprechende Mindestgröße und die dafür notwendigen Kapazitäten und Ressourcen. Ein sehr breites Angebot eignet sich gut, a) für die Bindung von Mitgliedern bzw. Kunden mit einer Neigung zum „variety-seeking", da diese nun innerhalb einer Organisation zwischen verschiedenen Angeboten wechseln können, b) um vorhandene Kapazitäten besser auszulasten und c) um die Risiken von Nachfrage- und Erlösschwankungen ein Stück weit auszugleichen.

- **Innovationsstrategie:** Ansatzpunkte einer Profilierung im Wettbewerb bilden hier die Entwicklung neuer Produkte bzw. Angebote oder die schnelle Aufnahme von Trends aus dem Sportmarkt. Die Entwicklung völlig neuer Leistungsangebote durch eine Sportorganisation kommt relativ selten vor. Innovationen haben zumeist den Charakter von Leistungsmodifikationen bzw. -variationen oder neuartigen Leistungsbündelungen (z. B. ein kombiniertes Angebot von Talentförderung und Hausaufgabenhilfe, Fitnesstraining mit Ernährungsberatung, Verkauf von Inline-Skates mit Einführungskurs). Die frühzeitige Identifikation von entsprechenden Bedürfnissen und Interessen bietet hier eine gute Chance, sich mit neuen Angeboten bzw. Angebotskombinationen von der Konkurrenz abzusetzen. Gleichwohl ist zu bedenken, dass eine dauerhafte Sicherung von exklusiven Vermarktungschancen kaum möglich ist, da auf Dienstleistungsinnovationen kein patentrechtlicher Schutz erworben werden kann. Erfolgreiche Innovationen werden schnell von anderen Anbietern kopiert. Außerdem wirkt das weltweit gültige, extrem engmaschige Norm- und Regelsystem in den etablierten, wettkampfmäßig betriebenen Sportarten als Innovationsbremse. Änderungen z. B. in den Abmessungen von Flächen, Toren, Netzen, Bällen, der Materialien und Konfigurationen von Sportgeräten, der Regeln bzgl. Spieldauer, Pausen, Zählweise, Sanktionen bei Regelverstößen etc. sind auf einzelbetrieblicher Ebene gar nicht oder allenfalls in Form eines „Freizeit- und Spaßsports" möglich.

- **Markierungsstrategie**: Grundlage des Wettbewerbsvorteils bildet hier eine konsequente Markenpolitik. Ziele sind der Aufbau und die Pflege eines möglichst einzigartigen, positiven Markenimages, das präferenzbildend wirkt. Eine erfolgreiche Markenpolitik ist eng mit der Qualitätsstrategie verknüpft. Auf die besonderen Probleme des Markenmanagements im Sport wird in Kap. 7.4.4 näher eingegangen.

4. **Konkurrenzorientierte Strategien**

Hierbei handelt es sich um Grundsatzentscheidungen und Leitlinien bzgl. des Verhaltens gegenüber anderen Wettbewerbern im Markt. Dabei stellt sich für viele Sportanbieter zunächst die grundlegende Frage, ob und wenn ja, in welcher Hinsicht, andere Sportanbieter überhaupt als „Konkurrenten" zu betrachten sind. Zu berücksichtigen sind folgende Besonderheiten, auf die bereits an anderer Stelle ausführlich eingegangen wurde: a) Alle Sportanbieter, die sportliche Wettkämpfe für ihre Mitglieder oder Zuschauer organisieren, sind gezwungen, mit ihren Konkurrenten auch zu kooperieren; Konkurrenten sind also zugleich auch Kooperationspartner, und zwar in sportlicher und wirtschaftlicher Hinsicht; b) Es widerspricht dem Wertesystem (Solidarität, Fair Play, Gemeinschaft) und den organisatorischen Grundprinzipien (Einheit des Sports, „Ein-Verbands-Prinzip", hierarchisch-monopolistischer Verbandsaufbau) des Vereins- und Verbandssystems, sich als „Konkurrenten" zu betrachten, wenngleich dies de facto häufig der Fall ist; c) für Sportvereine als ausschließlich oder zumindest primär an den Mitgliederinteressen orientierte Sozialsysteme sind Entwicklungen im Marktumfeld, wozu auch das Verhalten der Konkurrenz gehört, von keiner oder allenfalls nachrangiger Bedeutung, zumindest solange der Vereinsbetrieb zur Zufriedenheit der meisten Mitglieder und Mitarbeiter funktioniert.

Eine weitere Besonderheit ergibt sich aus der unterschiedlichen Rechtsform verschiedener Sportbetriebe, die zu Problemen der Wettbewerbsverzerrung bzw. eines ungleichen Wettbewerbs bei gleichen Leistungsangeboten führen. Wenn der Deutsche Alpenverein z. B. vermehrt Kletterhallen betreibt oder Großsportvereine ein Fitness-Studio eröffnen ist dies insofern kritisch zu betrachten, als diese die entsprechenden Leistungen aufgrund ihrer staatlichen Subventionierung zu deutlich günstigeren Konditionen anbieten können als gewerbliche Anbieter (s. Kap. 3.3.9).[9]

Ungeachtet dieser Besonderheiten können sich aufgrund der Dynamik des Marktgeschehens allerdings immer weniger Sportbetriebe – gleich welchen Typs – ein völlig „wettbewerbsignorantes" Verhalten leisten. Folgende Strategien im Umgang mit Mitbewerbern sind denkbar:

- **Ausweichstrategie:** Ein erhöhter Wettbewerbsdruck wird versucht abzumildern, indem man Konkurrenten (partiell) ausweicht, etwa durch neue, innovative Angebote, die Erschließung neuer Zielgruppen oder die Errichtung von Marktzugangsbarrieren (z. B. Sicherung einer exklusiven Nutzung von Sportstätten).
- **Anpassungsstrategie:** Erfolgreiche Konzepte, Strategien, Angebote etc. von Konkurrenten werden einfach übernommen, nach dem Motto „lieber gut kopiert als schlecht innoviert" („me-too-Strategie"). Diese Strategie verfolgen etwa größere Mehr-Sparten-Vereine, die häufig die im gewerblichen Sektor erfolgreichen Varianten des Fitness-Sports in ihr Angebotsprogramm aufnehmen (z. B. Aerobic, Pilates, Zumba, Gerätetraining).
- **Konfliktstrategie:** Mitbewerber werden ganz gezielt angegriffen, um ihnen Kunden bzw. Mitglieder bzw. Marktanteile abzunehmen. So findet z. B. unter der in vielen Großstadtregionen stark gestiegenen Zahl von Golfanlagen zur Zeit ein harter Verdrängungswettbewerb statt, der (bei einem in etwa gleichen Leistungsangebot) über den Preis ausgetragen wird.
- **Kooperationsstrategie:** Hierbei geht es insbesondere um die Frage von optionalen Kooperationsmöglichkeiten über die strukturell notwendigen Kooperationen im Rahmen der Organisation von Wettbewerben, des Ligaspielbetriebs etc. hinaus. Unterschieden werden können dabei bilaterale Kooperationen, also die Zusammenarbeit zwischen zwei Sportorganisationen und multi-laterale Kooperationen, also der Zusammenarbeit von mehreren Anbietern einer Region oder des gleichen Typs. Das Spektrum der Felder, Formen und der Intensität der Zusammenarbeit ist dabei sehr groß. Es reicht von gelegentlichen Treffen von Vorständen zum Meinungsaustausch, der gemeinsamen Nutzung von Sportstätten und Personal (Übungsleiter-Pool) über die Bildung von Trainingsgemeinschaften und gemeinsamen Wettkampfteams oder gemeinsamen Werbekampagnen und Sportveranstaltungen bis hin zu einer möglichen Fusion von zwei Sportbetrieben.

Es ist zu vermuten, dass im Bereich der optionalen Kooperationsmöglichkeiten zwischen Sportbetrieben viele brachliegende Potentiale liegen. Die häufig sehr ausgeprägte, über

---

[9] Diese seit Jahren von gewerblichen Sportanbietern beklagte Praxis wird – den jüngsten Verlautbarungen des Deutschen Sportstudio Verbandes (DSSV e. V.) und des neu gegründeten Bundesverbandes Gesundheitsstudios Deutschland (BVGSD e. V.) folgend – in Zukunft wohl vermehrt Gerichte auf deutscher und europäischer Ebene beschäftigen.

den sportlichen Wettbewerb weit hinausgehende und stark emotional gefärbte Rivalität zwischen benachbarten Vereinen be- oder verhindert oft mögliche Kooperationen, die in ökonomischer Hinsicht durchaus sinnvoll wären (z. B. in den Bereichen des Sponsoring- und Sportanlagenmanagements, des Geschäftsstellenbetriebs und der Nachwuchsarbeit).

7.4 Besonderheiten der Produktpolitik in Sportbetrieben

Auf der Basis von grundlegenden Entscheidungen über die Ziele und der strategischen Vorgehensweise bei ihrer Verwirklichung erfolgt auf der operativen Ebene die Planung des kombinierten Einsatzes verschiedener Marketinginstrumente. Diese werden – der klassischen Marketinglehre folgend – unterteilt in produkt-, preis-, distributions- und kommunikationspolitische Maßnahmen. Die folgenden Ausführungen beschränken sich allerdings auf einen der vier „Werkzeugkästen" des operativen Marketings, nämlich die Produktpolitik. Dieser umfasst alle Leistungen, die sich auf eine markt- und bedürfnisgerechte Gestaltung der einzelnen Leistungen und des gesamten Leistungsprogramms eines Sportbetriebs beziehen. Die speziellen produktpolitischen Herausforderungen und Fragen für Sportbetriebe lauten dabei: 1. Mit welchem Produktportfolio und welchen Leistungsbündeln wird versucht, den teilweise sehr heterogenen und fluktuierenden Sportinteressen der Nachfrageseite gerecht werden? 2. Welche produktpolitischen Konsequenzen resultieren a) aus dem Problem der „Enttäuschungsanfälligkeit" von Sport, d. h. der relativ großen Unsicherheit bzgl. der Qualität der Kernleistung „Sport" und b) den geringen produktpolitischen Gestaltungsmöglichkeiten im Bereich streng normierter und regelgeleiteter Sportarten und Wettbewerbe? 3. Welche speziellen Anforderungen und Gestaltungsmöglichkeiten bestehen bei Sportdienstleistungen hinsichtlich der notwendigen „Integration des externen Faktors", d. h. der aktiven Mitarbeit des Leistungsnehmers (als des Sportlers oder Zuschauers) bei der Leistungserstellung, die als Personen und mit ihren Aktionen und Interaktionen Teil des Produkts sind?

7.4.1 Festlegung des Leistungsprogramms

Jeder Sportanbieter muss sich Gedanken über eine möglichst attraktive und rentable (bzw. zumindest kostendeckende) Gestaltung seines Leistungsprogramms machen. Hierbei sind auf drei Ebenen Entscheidungen zu treffen: a) Art und Umfang der Kernleistungen, b) Art und Umfang der Zusatzleistungen, c) Art und Umfang der Bündelung von Leistungen.

a) **Kernleistungen:** Sie umfassen alle produktpolitischen Entscheidungen auf der Ebene eines sportbezogenen Angebots bzw. Leistungsprogramms, also die Entscheidungen, darüber
- welche Sportarten und Bewegungsangebote (Fußball, Handball, Aerobic, Klettern etc.),
- in welcher Form (als Kurs, Übungs-, Trainingsangebot, als Wettkampfsport, als Sportveranstaltung für Zuschauer),

- auf welchem Leistungsniveau (Freizeit-, Amateur-, Profisport),
- für welche Zielgruppen (Kinder, Jugendliche, Senioren, Frauen, alle etc.) und
- mit welcher zentralen Zielrichtung bzw. Nutzenerwartung (Leistungssteigerung, Wettkampfteilnahme, sportlicher Erfolg, Spaß, Gesundheit, Unterhaltung)

angeboten werden. Mit diesen fünf Dimensionen der Ausgestaltung der Kernleistung eröffnen sich für Sportbetriebe prinzipiell überaus reichhaltige Möglichkeiten der Leistungsvariation und der Leistungsdifferenzierung. Bei der **Leistungsvariation** werden Teileigenschaften eines Sportangebots verändert oder verbessert (zusätzliche Trainingseinheiten, neue Geräte, längere Öffnungszeiten, An- oder Abmeldung von Mannschaften zu Wettbewerben bzw. zum Ligaspielbetrieb etc.). Bei der **Leistungsdifferenzierung** geht es um die Erweiterung bzw. Aufteilung eines bestehenden Angebots in verschiedene Angebotsvarianten, die sich an den spezifischen Bedürfnissen, Ansprüchen und Fertigkeiten verschiedener Zielgruppen orientieren, also z. B. Fitnesskurse für Hausfrauen, Manager, Übergewichtige, Tennistraining für Anfänger, Fortgeschrittene, Turnierspieler, Fußballspiel für Kinder, Jugendliche, Erwachsene, verschiedene Platzkategorien im Stadion für Fans, Familien, Dauerkarteninhaber, Hospitality-Kunden. Angebotsdifferenzierungen spielen im Sport traditionell eine besonders große Rolle, nicht nur, weil es sich um einen „Stoff" handelt, der sich sehr gut differenzieren lässt, sondern Differenzierungen gleichsam in der „Natur der Sache" liegen, sich quasi von selbst ergeben. Die Vielzahl an Sportarten und Bewegungsformen, die alters- und geschlechtsbedingten Unterschiede in den motorischen und leistungsphysiologischen Voraussetzungen und der unterschiedliche Trainings- und Leistungsstand von Anfängern und Fortgeschrittenen ziehen quasi automatisch entsprechende Differenzierungen im Angebot nach sich bzw. machen diese erforderlich. Hinzu kommt die den Sport-Boom der letzten Jahrzehnte begleitende, zunehmende Ausdifferenzierung und Heterogenisierung von Teilnahmemotiven am Sport (Gesundheit, Spaß, Aussehen, Leistung, Geselligkeit, Körpererfahrung, Ästhetik etc.), die weitere Differenzierungsoptionen eröffnen.

Leistungsdifferenzierungen bieten Sportbetrieben damit prinzipiell sehr gute Chancen neue Marktnischen und Marktsegmente zu erschließen und sich auf diese Weise gegenüber Wettbewerbern abzugrenzen und zu profilieren. Allerdings steigen mit einer wachsenden Zahl unterschiedlicher Angebote auch die Komplexitätskosten (der Koordination, der Kommunikation etc.). Zu vermeiden ist insbesondere ein ziel- und planloses Wachstum durch die Aufnahme immer neuer Angebote ohne ein strategisches Gesamtkonzept, wie dies bisweilen bei größeren Sportvereinen zu beobachten ist. In diesem Fall droht die Entstehung eines konturlosen „Gemischtwarenladens" in Sachen Sport, der kein klares Profil mehr aufweist und längerfristig an Attraktivität einbüßt.

b) **Zusatzleistungen**: Aufgrund der sporttypischen Problematik der Qualitätsunsicherheit und Enttäuschungsanfälligkeit der Kernleistung sind Zusatzleistungen für Sportbetriebe besonders bedeutsam (vgl. Schubert 2009). Im Kern geht es darum, die risikobehaftete Kernleistung „Sport" gewissermaßen zu ummanteln und dick einzupacken, und zwar mit Leistungen, bei denen der Erstellungsprozess besser planbar und die hinsichtlich ihres

7.4 Besonderheiten der Produktpolitik in Sportbetrieben

Nutzwerts bzw. den Grad der Erwartungserfüllung bei Zuschauern, Kunden oder Mitgliedern besser abschätzbar und vorhersehbar sind. Sie erfüllen damit eine gewisse kompensatorische Funktion für Erwartungsenttäuschungen im Bereich der Kernleistung (Niederlage als Sportler bzw. der eigenen Mannschaft, schlechtes, langweiliges Spiel, keine Leistungsverbesserung oder Gewichtsabnahme trotz intensiven Trainings, Verletzung, Streit).

Für Veranstalter im Bereich des professionellen Zuschauersports ist heute ein attraktives Rahmenprogramm rund um den sportlichen Wettkampf mit Entertainment, Musik, Gewinnspielen, prominenten Gästen, Verkaufsständen, gastronomisches Angebot, ein hoher Sitzplatz- und Stadionkomfort etc. genauso wichtig wie das Angebot von Fanartikeln, Autogrammstunden, exklusive Informationen über Spieler, Mannschaft und Verein durch Stadionzeitung, Homepage und Soziale Medien. Das Gleiche gilt für kommerzielle Sportanbieter, wie z. B. Fitness-Studios mit ihren Zusatzangeboten im Bereich der Körperpflege und Entspannung durch Sauna, Solarium, Ruheraum, Massage, Gastronomie und Bar. Auch die Erfolgsgeschichte des Organisationstypus „Sportverein" beruht ganz wesentlich darauf, dass dieser immer schon mehr war als nur Anbieter von Sport. Das „Vereinsleben" beinhaltet neben dem Sporttreiben vielfältige Möglichkeiten des Kontakts und der Geselligkeit der informellen Art (Vereinsheim) oder als festes Angebot (Vereinsfeiern, Ausflüge, etc.).

Die Zusatzleistungen lassen sich klassifizieren (Meffert und Bruhn 2009) nach

- obligatorische Zusatzleistungen, die eine hohe Affinität zur Kernleistung aufweisen und als eine Art „Muss-Leistung" zum Standardleistungsprogramm gehören (z. B. Möglichkeit zum Umkleiden und Duschen vor bzw. nach dem Sport, Lautsprecherdurchsagen in einem Stadion zu den Zwischenständen und Endergebnissen anderer Spielbegegnungen; schneller und bequemer Ticketerwerb im Vorverkauf, etc.);
- unmittelbar, fakultative Zusatzleistungen mit einer mittleren Affinität zur Kernleistung, die keine „Pflichtleistung" darstellen, aber die Attraktivität des Gesamtangebots eines Sportbetriebs deutlich erhöhen („Soll-Services") (z. B. gastronomisches Angebot, Sportgerätekauf, -verleih und -service in einem Tennis oder Golf-Club, Videoleinwände, auf denen wichtige Spielszenen wiederholt werden);
- mittelbar, fakultative Zusatzleistungen, die in keinem direkten Zusammenhang zur Kernleistung stehen, aber einen Zusatznutzen stiften und die emotionale Bindung an den Anbieter erhöhen (z. B. Ausflüge, Weihnachtsfeier, Fernsehübertragung eines Länderspiels auf Großbildleinwand im Vereinsheim, Eintrittskarte ist zugleich Ticket für den öffentlichen Nahverkehr, Angebot einer Hausaufgabenhilfe im Sportverein).

Aufgrund der großen Vielfalt an Möglichkeiten, Kernleistungen durch entsprechende Zusatzleistungen aufzuwerten, bestehen hier prinzipiell sehr gut Möglichkeiten der Positionierung und Profilierung im Wettbewerb. In verschiedenen Dienstleistungsbranchen (z. B. Hotellerie, Gastronomie, Luftverkehr, Mobilfunk, Bankenwesen, Einzelhandel) ist seit mehreren Jahren allerdings zu beobachten, dass vor allem Unternehmen erfolgreich sind, die eine genau gegenläufige Strategie verfolgen, nämlich den weitgehenden Verzicht auf das Angebot von Zusatzleistungen und eine Beschränkung auf die Kernleistung, die dann zu einem erheblich günstigeren Preis angeboten werden kann (Meyer und Blümelhuber 1998). In der Sportbranche wird dieses sog. „no-frills"-Konzept (kein „Schnick-Schnack", keine „Kinkerlitzchen") u. a. von einigen Betreibern von Fitness-Studio-Ketten (z. B. McFit, Kieser Training) praktiziert. Angesichts des Problems der „Enttäuschungsanfälligkeit" der Kernleistung etwa in Form nicht erfüllter Erwartungen an spür- und sichtbaren Ergebnissen eines Fitness-Trainings ist allerdings zu vermuten, dass diese Strategie von dem Folgeproblem deutlich höherer Fluktuationsraten begleitet wird, ihr Erfolg damit sehr stark von einer dauerhaft erfolgreichen, fortlaufenden Neukundengewinnung abhängt.

c) **Leistungsbündelung**: Ein weiteres, zentrales Entscheidungsproblem für Sportanbieter ist die Frage, ob und welche Kern- und Zusatzleistungen nur im Verbund, d. h. als Leistungsbündel bzw. Leistungspaket zu einem Pauschalpreis angeboten werden bzw. ob und welche Leistungen nur einzeln gebucht bzw. erworben werden können. Für die meisten Sportbetriebe des Non- und For-Profit-Sektors gilt allgemein, dass mit einer Eintrittskarte oder dem Mitgliedsbeitrag in einem Verein oder Fitness-Studio alle Elemente der Kernleistung und die obligatorischen Zusatzleistungen abgedeckt sind. Für alle anderen, sonstigen Zusatzleistungen muss gesondert gezahlt werden.

Dennoch bestehen bei genauerer Betrachtung hier zwischen verschiedenen Anbietern z. T. erhebliche Unterschiede, die zur Profilierung im Wettbewerb genutzt werden können. Beispiele für erweiterte Leistungsbündel wären: Die Eintrittskarte, die auch zur kostenlosen bzw. -günstigeren Nutzung eines Parkhauses oder als Ticket im öffentlichen Nahverkehr genutzt werden kann und mit der man noch an einem Gewinnspiel in der Halbzeitpause teilnimmt, die Mitgliedskarte, die auch zu einem kostenlosen Saunabesuch berechtigt und mit der man auch Rabatte für Einkäufe in einem bestimmten Sportfachgeschäft erhält, die Ski-Reise, bei der im Pauschalpreis nicht nur Reise, Unterkunft, Verpflegung und Skikurs, sondern auch Skiverleih, Liftkarte und kostenloser Hallenbadbesuch verbunden sind.

Die Bündelung von Leistungen hat aus der Sicht von Kunden oder Mitgliedern den Vorteil eines geringeren Zeit- und Koordinationsaufwandes („all inclusive"), da nicht für jede Einzelleistung eine gesonderte Kaufentscheidung getroffen und gezahlt werden muss. Dem stehen allerdings die Nachteile einer erschwerten Vergleichbarkeit von Marktangeboten und eines höheren Preises, mit dem u. U. Teilleistungen bezahlt werden, die man gar nicht in Anspruch nimmt, gegenüber. Aus Anbietersicht bieten attraktive Leistungsbündel gute Möglichkeiten der Kundenbindung, bereiten aber teilweise große Probleme einer genauen Kosten-Nutzen-Rechnung für einzelne Leistungen.

7.4.2 Die Integration des externen Faktors

Ein weiterer wichtiger Ansatzpunkt zur Gestaltung des Leistungsangebots ist die Frage, in welcher Art und Weise und in welcher Intensität Leistungsnehmer im Sport in den Leistungserstellungsprozess mit einbezogen werden müssen (bzw. können) und welche

7.4 Besonderheiten der Produktpolitik in Sportbetrieben

anbieterseitigen Optionen und Gestaltungsmöglichkeiten hier bestehen. Die besondere Bedeutung dieses produktpolitischen Handlungsfelds ergibt sich aus den folgenden **Besonderheiten** sportbezogener Dienstleistungen:

a) Sie sind durch einen überdurchschnittlich hohen Grad an Integrativität gekennzeichnet. Sportnachfrager sind in den Leistungserstellungsprozess als Co-Produzent in kognitiver, emotionaler und handlungsaktiver Hinsicht relativ stark eingebunden.
b) Die erforderlichen Integrationsleistungen beziehen sich dabei nicht nur auf einzelne Personen, sondern auch auf kleinere oder größere Kollektive (Gruppen, Mannschaften, Zuschauer).
c) Dabei sind nicht nur die Business-to-Consumer-Beziehungen, sondern auch und gerade die Consumer-to-Consumer-Beziehungen besonders wichtig. Sportzuschauer oder aktiv Sporttreibende begegnen sich in einem gemeinsamen sozialen Raum und stehen als Person und/oder Teil einer Gruppe auch untereinander in wechselseitigen Beziehungen und Kontakten. Für viele Sportdienstleistungen (insbesondere bei Mannschaftssportarten und bei Wettkämpfen) ist dabei eine gelingende, wechselseitige Kommunikation und Handlungskoordination unter den Sportnachfragern konstitutiv, da sonst gar kein Trainingsabend, Freundschaftsspiel oder sportlicher Wettkampf zustande kommen würde.
d) Zugleich wird die rein funktionale Seite einer integrativen Leistungserstellung im Sport durch das physiologische und emotional-expressive Erleben derselben mehr oder weniger stark überlagert und geprägt. Erlebnisintensive, spannungsreiche, inspirierende und spaßmachende Aspekte der speziellen Atmosphäre, der Stimmung, des Flairs und Ambientes, der Kommunikation und der Körpererfahrung repräsentieren wichtige Motive des Sportkonsums und haben einen zentralen Einfluss auf die Beurteilung eines Anbieters und der erlebten Produktqualität. Für deren „Produktion" und den damit verbundenen, nutzenstiftenden Wirkungen können Anbieter die Rahmenbedingungen schaffen und stimulierende Impulse setzen. Letztendlich erstellt werden sie allerdings von den Nachfragern selbst, sei es in Form einer bloßen gemeinsamen Anwesenheit oder bestimmten Formen der sozialen Kommunikation und des gemeinschaftlichen Handelns.

Im Folgenden kann nur auf wenige Einzelaspekte dieser sehr vielschichtigen Problematik hingewiesen werden:

1. Erfolgreiche Kundenintegration setzt auf der Ebene des einzelnen Kunden und in rein funktionaler Hinsicht zunächst die Ermittlung des „Integrationspotentials" voraus, also ein Wissen über die Leistungsfähigkeiten (Gesundheitszustand, Fitness, sportartspezifische Vorkenntnisse und Fertigkeiten), die Motive, Ziele und Erwartungen, sowie die Leistungsbereitschaften (zeitlicher Umfang, Regelmäßigkeit, Häufigkeit und Intensität des Trainings) voraus. Eine darauf basierende, vollumfängliche Anpassung des Angebots an individuell unterschiedlich ausgeprägte Ziele, Motive und Voraussetzungen ist

im Sport allerdings eher selten und begegnet uns nur in der individualisierten Form von „One-to-One-Angeboten" wie z. B. Einzeltraining im Spitzensport, Personal Training, Einzelunterricht durch einen Skilehrer. Der „Normalfall" ist eher ein (primär) sportartenbedingtes (Mannschaftssport, Rückschlagspiele), wettkampfbedingtes (Spiel, Turnier etc.), kosten- und effizienzbedingtes (z. B. Gruppentraining, Gymnastikkurs) oder leistungstypbedingtes (Zuschauersport) Angebot für mehr oder minder große Gruppen. Die Gruppenbildung erfolgt dabei neben der sachlogischen Differenzierung nach Sportarten typischerweise nach dem Kriterium der internen Homogenität und der externen Heterogenität von Integrationspotentialen, also von Gemeinsamkeiten und Unterschieden in den Leistungsvoraussetzungen (Physis, Vorkenntnisse, Leistungsniveau) und Leistungsbereitschaften (Motive, Interessen, Ziele). Entsprechend erfolgt eine Gruppenbildung häufig nach den Kriterien Leistungsstand (Anfänger, Fortgeschrittene), Geschlecht, Alters-, Gewichtsklassen, dominantes Motiv bzw. Ziel (Spaß, Gewichtsreduzierung, Wettkampfvorbereitung, etc.).

2. Unabhängig davon stellen sich für Sportbetriebe allerdings weitere integrationspolitische Aufgaben und Fragen, die etwas zu tun haben mit dem Einfluss bzw. den Folgewirkungen a) der Größe und Dichte von Gruppen, b) der sozial-strukturellen Zusammensetzung von Gruppen, c) von Beziehungen und Prozessen innerhalb von Gruppen und d) von Beziehungen und Prozessen zwischen Gruppen im Sport.[10]

a) Größe und Dichte von Gruppen: Die Frage der anzustrebenden bzw. optimalen Gruppengröße hängt eng zusammen mit der Art des Angebots (aktives Sporttreiben oder Zuschauersport) und den daraus ableitbaren Erfordernissen, den räumlichen Gegebenheiten, den (individuell durchaus unterschiedlichen) Vorstellungen zur gewünschten bzw. akzeptierten Zahl gleichzeitig Anwesender und der räumlich-körperlichen Nähe bzw. Distanz zu anderen Sportkunden. Erforderliche Mindestgrößen von Gruppen ergeben sich zum einen aus der Regelstruktur von Sportarten (z. B. mindestens 11 Spieler plus x Reservespieler für eine Fußballmannschaft). Zum anderen werden sie durch Raumtypen (Halle, Gelände, Gewässer, Platz, Stadion etc.), Raumgrößen und Raumarrangements bestimmt, die – abhängig von ihrer Größe, Struktur und der erwünschten bzw. tolerierten sozialen Dichte – ein sehr unterschiedliches, maximales (bzw. aus Sicherheitsgründen zulässiges) Fassungsvermögen aufweisen. Im Fall von Zuschauersport besteht Konsens, dass eine möglichst hohe Zahl von Zuschauern bzw. ein möglichst vollbesetztes Stadion oder Halle erwünscht und eine relativ große räumliche Dichte bzw. Nähe zu anderen akzeptiert wird, und sich beides zusammen positiv stimulierend auf den Erlebniswert und die Qualitätswahrnehmung eines Spieltagbesuchs auswirkt. Damit gewinnt die möglichst vollständige Auslastung von Hallen- und Stadionkapazitäten im Zuschauersport Priorität gegenüber anderen Zielen, wie z. B. eine Maximierung der Einnahmen aus Ticketverkäufen. Zu diesem Zweck werden etwa Tickets für wenig attraktive Spiele bisweilen mit großen Preis-

---

[10] Für den Bereich des Zuschauersports wurden hierzu in jüngster Zeit einige interessante Studien vorgelegt, u. a. von Uhrich (2008), Chatrath (2010) und Durchholz (2012).

nachlässen verkauft oder großzügig bemessene Freikartenkontingente verteilt. Bei Spielbegegnungen in überdimensionierten Sportanlagen oder bei zu geringer Ticketnachfrage ist es zudem üblich, bestimmte Zuschauerränge und -sektoren zu schließen, denn 15.000 gemeinsam in einem Block sitzende Zuschauer wirken sich in einem 80.000 Zuschauer fassenden Stadions bekanntermaßen positiver auf das Konsumerlebnis aus, als wenn diese über das gesamte Stadion verteilt sind.

Die Steuerung von Gruppengrößen im Bereich des aktiven Sporttreibens erfolgt zum einen über die Festlegung von Mindest- und Höchstgrenzen an Teilnehmern an Kursen, Trainingsgruppen, Mannschaften, Turnieren etc. Größere Probleme bereitet dagegen die Mengensteuerung im Falle eines freien Zugangs von Mitgliedern oder Besuchern etwa einer Tennis- oder Golfanlage, eines Fitness-Studios oder eines Hallenbads, weil es hier zu den (freizeit-)typischen Folgeproblemen kurzfristiger Überfüllungen kommen kann (Wartezeiten und -schlangen, keine Möglichkeit der Nutzung des Angebots trotz Zugangsberechtigung, Gedränge, etc.). Marketingtechnische (Gegen-)Maßnahmen sind in diesem Fall etwa die Einführung von Buchungs- und Reservierungssystemen, Vorabinformationen zum erwarteten Besucheraufkommen und wahrscheinlicher Wartezeiten, die Ausweitung von Kapazitäten oder Versuche der Verlagerung der Nachfrage durch zeitraumabhängige Preisdifferenzierungen (Vormittag-, Nachmittag-, Abend-, Wochenendtarife; Vor-, Haupt-, Nachsaisonpreise).

b) Sozialstrukturelle Zusammensetzung von Gruppen: Die Frage der Gruppenzusammensetzung hat im Sport eine weit über die bereits angesprochene funktionale Seite hinausgehende Bedeutung. Bereits die bloße Anwesenheit anderer und deren Wahrnehmung in einem gemeinsam genutzten Raum oder Areal haben in der Regel positive oder negative Auswirkungen auf das emotionale Konsumerlebnis. So wurde etwa festgestellt, dass jüngere Besucher einer Fitness-Anlage sich bei gleichzeitiger Anwesenheit älterer Menschen deutlich unwohler fühlen als im Falle einer altershomogenen Besucherstruktur (Thakor et al. 2008). Die durch andere Personen, deren Erscheinung und Verhalten, ausgelösten Effekte auf das eigene Konsumerlebnis hängen u. a. davon ab, ob diese Personen einer positiv oder negativ bewerteten Referenzgruppe angehören. Positiv bewertet werden in der Regel Gruppen, denen man selbst angehört (gleiche Alters-, Geschlechts-, Statusgruppe, Fan, Vereinsmitglied, etc.) oder gerne angehören würde, weil deren Mitglieder Merkmale aufweisen, über die man selbst nicht verfügt aber für erstrebenswert hält (z. B. sportlicher oder beruflicher Erfolg, Status, Prestige, Bekanntheit). Gegenüber Personen negativ bewerteter Referenzgruppen, denen man nicht angehört und mit denen man auch am liebsten nichts oder so wenig wie möglich zu tun haben möchte, besteht dagegen ein Distanzierungs- und Abgrenzungsbedürfnis. Damit korrelieren mögliche positive Anziehungs- oder negative Abstoßungseffekte zwischen einzelnen Personen und Gruppen aufgrund ihrer Erscheinung (körperliche Mermale, wie Geschlecht, Alter, Aussehen, Statur, Größe, sowie Kleidung, Frisur, Schmuck etc.) und ihrem Verhalten (Gestik, Mimik, Auftreten, Manieren, Lautstärke, etc.).

Vor diesem Hintergrund stellt sich für Anbieter von Dienstleistungen des sozialen Konsums die Aufgabe eines Kompatibilitätsmanagements. Martin und Pranter (1989, S. 7) verstehen darunter „… a process of first attracting homogenous consumers to the service environment, then actively managing both the physical environment and customer-to-customer encounters in such a way as to enhance satisfying encounters and minimize dissatisfying encounters." Es geht also darum, durch die Bildung möglichst homogener Gruppen und einer anspruchsgerechten Gestaltung des tangiblen Leistungsumfelds dafür zu sorgen, positive Interaktionseffekte zwischen den Gruppenmitgliedern zu stimuieren und negative zu verhindern. Sofern für verschiedene, (partiell) inkompatible Gruppen Leistungen angeboten werden, ist eine räumliche und/oder zeitliche Trennung des Angebots zu empfehlen. So spielt etwa die räumlich-soziale Segregation der Besucher von Sportveranstaltungen heute eine große Rolle. Neben der (schon aus Sicherheitsgründen) erfolgenden Zuweisung getrennter und möglichst weit entfernter Blöcke für die Fans der Heim- und Gästemannschaft werden Zonen für Familien, Business-Seats und Logen für VIPs und Business-Kunden, für Dauerkarteninhaber etc. mit einem entsprechend qualitativ differenzierten Sitz- oder Stehplatzangebot eingerichtet. In gewerblichen Sportanlagen können Kurse für verschiedene Kundengruppen zu verschiedenen Zeiten angeboten werden (z. B. spezielle Kursen für Senioren oder Übergewichtige) oder bestimmte Angebote räumlich voneinander getrennt werden (z. B. eine Sauna oder Geräteraum nur für Frauen).

Kompatibilitätsmanagement im Sport bedeutet allerdings auch, organisationspolitische Ziele und individuelle Bedürfnisse des sozialen Kontaktes mit Angehörigen *anderer* sozialen Gruppierungen zu berücksichtigen, wobei hierbei vielfältige Spannungen, Probleme und Konflikte auftreten können. So repräsentieren etwa Fragen der Inklusionspolitik und des Diversity Managements vor dem Hintergrund des Leitbilds „Sport für Alle" mit sozial-integrativem Anspruch einerseits zentrale Aufgaben des Vereins- und Verbandssystems. Deren praktische Umsetzung auf einzelbetrieblicher Ebene steht andererseits jedoch vor dem Problem, dass Vereine als freiwillige Zusammenschlüsse von „Gleichgesinnten" (bisweilen auch „Gleichgestellten") zu Prozessen der „sozialen Schließung" neigen. Diversity Management hätte vor diesen Hintergrund die Aufgabe, Trainer, Übungsleiter, das Führungspersonal und die Mitglieder von einer Politik der sozialen Öffnung und der Förderung von Vielfalt zu überzeugen und zugleich dysfunktionale Folgepobleme (z. B. eine Zerstörung der Motivation zum ehrenamtlichen Engagement) zu vermeiden (Rulofs 2011).

Gewerbliche Sportanbieter orientieren sich in ihrem Kompatibilitätsmanagement demgegenüber an ihren kommerziellen Zielen und Interessen. So achten etwa Fitness-Studio-Besitzer (ähnlich wie Betreiber von Discotheken) auf das „richtige" Mischungsverhältnis von Männern und Frauen. Dies kann zum (zeitweisen) Ausschluss bzw. der Verhinderung des Zutritts von Kunden führen, die einer Gruppe angehören, für welche die Höchstgrenze vorher festgelegter Quoten bereits erreicht ist oder diese Gruppe ganz generell nicht erwünscht ist. Verhindert werden soll in Form eines „De-Marketings" (Blömeke 2009), dass aufgrund des Zugangs von (in welcher Hinsicht auch immer) als „problematisch" angesehenen, wenigen oder wenig profitablen Neukunden eine größere Zahl von (profitablen) Bestandskunden den Betrieb verlässt. Mit dieser Form der Diskriminierung von Personen

7.4 Besonderheiten der Produktpolitik in Sportbetrieben

aufgrund ihrer Zugehörigkeit zu einer bestimmten Gruppe sind allerdings auch häufig Konflikte und juristische Auseinandersetzungen verbunden.[11]

c) Beziehungen und Prozesse innerhalb von Gruppen: Intensive kommunikative und handlungsaktive Beziehungen innerhalb von Gruppen sind für alle jene Sportarten unmittelbar konstitutiv, die nur als Team bzw. Mannschaft ausgeübt werden können und die in Form eines regelmäßigen, gemeinsamen Trainings (ganz ähnlich einem Orchester) versuchen, die kooperativ erbrachte Mannschaftsleistung fortlaufend zu verbessern und diese im gemeinsamen Spiel bzw. Wettkampf möglichst perfekt umzusetzen. Dabei ist sowohl das Zustandekommen einer Teamleistung auf einem bestimmten Leistungsniveau als auch deren erfolgreiche Umsetzung im Wettbewerb in einem hohen Maße prekär, der sportliche Erfolg höchst ungewiss. In Verbindung mit den multiplen, teaminternen und -externen Anspruchs- und Erwartungshaltungen führt dies dazu, dass soziale Beziehungen in Sportteams in hohem Maße konfliktanfällig sind. Auch kleinere Konflikte können aufgrund ihrer häufig hohen affektiven Aufladung eine Eigendynamik entwickeln und schnell eskalieren. Produktpolitisch bedeutsam sind in dieser Situation zum einen die Fähigkeiten eines Teams zur kommunikativen Selbstabstimmung auf und außerhalb des Spielfeldes, zum anderen die Arbeit von Trainern (und evtl. anderer Schlüsselpersonen) als Regulatoren und Mediatoren von Konflikten (Thiel 2002; Thiel und Ribler 2009).

Im Zuschauersport hängt der Erlebniswert eines Spieltagbesuchs entscheidend von der Art, Intensität und Häufigkeit gleichgerichteter Aktivitäten auf den Rängen ab (Klatschen, Jubeln, Pfeifen, La-Ola-Welle, Gesänge etc.). Sie werden entweder von einzelnen Zuschauergruppen, insbesondere den Fangruppen in Form eigener Choreographien und Inszenierungstechniken teilweise autonom geplant und vorbereitet, erfolgen als spontane, kollektive Reaktion auf Schlüsselereignisse (z. B. Torschrei, Pfeifkonzert nach problematischer Schiedsrichterentscheidung) oder verbreiten sich über den Weg der „sozialen Ansteckung" von kleinen Gruppen ausgehend auf weitere Zuschauergruppen und evtl. auf das gesamte Stadion (Anfeuerungsrufe, La-Ola-Welle).

Allerdings wird im professionellen Zuschauersport heute auch anbieterseitig mit einer Vielzahl von Maßnahmen versucht, das Level der Aktivierung des Publikums zu steigern und kollektive Aktivitäten auszulösen. Mit Elementen der Dramatisierung und Emotionalisierung wird versucht, einen Spannungsbogen aufzubauen und eine entsprechend stimulierende Atmosphäre zu erzeugen. Typische Elemente eines solchen Spannungsaufbaus sind: Vorabinformationen zur Bedeutung eines Spiels, letzte Informationen zur Mannschaftsaufstellung, Bilder aus der Mannschaftskabine auf Videoleinwand, Auflauf

---

[11] So erstritt ein Mann, der von einem Fitnessstudiobetreiber als Neukunde mit dem Argument einer bestehenden Frauenquote abgelehnt wurde, vor Gericht ein Schmerzensgeld in Höhe von € 50,00. (Amtsgericht Hagen: (Az.: 140 C 26/08). Das Landgericht Bremen (Az.: 42 C 1105/10) entschied demgegenüber, dass es Fitnessstudiobetreibern erlaubt ist, in ihren Räumlichkeiten ein Kopftuchverbot auszusprechen. Die entsprechende Klage einer Frau wegen Diskriminierung wurde abgewiesen. Des Weiteren werden Fitness-Studiobetreiber immer wieder mit dem Vorwurf des Rassismus (Ablehnung von Personen mit ausländischem Namen oder dunkler Hautfarbe) und der Diskriminierung von Minderheiten (z. B. Behinderte) konfrontiert.

der Mannschaften, Namensnennung der Spieler, große Uhr mit gut sichtbarer Restspielzeit, Wiederholung von Spielszenen, Aufforderung des Stadionsprechers zur Unterstützung der eigenen Mannschaft, Informationen zu den Spielständen in anderen Stadien etc. Emotional aufgeladen werden diese Input-Informationen durch starke akustische (Musik, Fanfaren, Jingles, Ansagen in großer Lautstärke) und visuelle Reize (grelles Licht, Spots, Feuerwerk). Hinzu kommen taktile, gustatorische und thermale Reize (Sitzplatzkomfort, Stadion-, Hallentemperatur, Gerüche, gastronomisches Angebot). In Form der für das moderne Event-Marketing typischen, multi-sensualen Aktivierung wird versucht, das Publikum zu mobilisieren, in das Geschehen aktiv mit einzubinden und dadurch positive Erlebnisgehalte zu vermitteln (Schmid 2006).

d) Beziehungen und Prozesse zwischen Gruppen: Ebenfalls sporttypisch sind integrationspolitische Aufgaben im Rahmen der Produktpolitik, die sich auf zeitgleich anwesende, **verschiedene** Gruppen beziehen, die entweder gleiche oder unterschiedliche Beiträge zu Leistungserstellung beisteuern. Klassischer Fall ist auch hier wiederum der Zuschauersport als Unterhaltungsdienstleistung, die zum einen die zeitgleiche Anwesenheit und Kooperation von gegnerischen Mannschaften und eine gleichzeitige Integration von verschiedenen Zuschauergruppen voraussetzt. Auf Sportlerebene dienen insbesondere Werte des Sports (Fair Play, Solidarität), umfangreiche Regelwerke zum Ablauf von Wettkämpfen und die Arbeit von Schiedsrichtern dazu, Chancengleichheit zu wahren, einseitige Benachteiligungen z. B. von Gastspielern und -mannschaften zu verhindern und im Leistungserstellungsprozess auftretende Konflikte zu regulieren. Bezogen auf die Zuschauer ergeben sich in Abhängigkeit vom Spielverlauf, dem Verhalten der Mannschaften und dem Verhalten einzelner Zuschauergruppen überaus komplexe Wechselwirkungen zwischen den verschiedenen Gruppen, die hinsichtlich der integrativen Leistungserstellung mit positiven oder negativen Folgen verbunden sein können. Positive Effekte wären etwa die Steigerung der Leistungsbereitschaft der Teams aufgrund von Anfeuerungsrufen, oder der von den pro-aktiven Unterstützungsleistungen der Fans für die eigene Mannschaft ausgehende Beitrag zur Gesamtatmosphäre, von der auch andere Zuschauergruppen profitieren, obwohl diese dazu weniger oder – wie etwa das zahlungskräftige Publikum auf den teuren Plätzen – zumeist gar nichts beitragen. Zu den Wechselwirkungen mit negativen Effekten zählen die vielfältigen, problematischen Begleiterscheinungen von Zuschauersport: Fehlverhalten, Proteste und Krawalle einzelner Zuschauergruppen (z. B. Zünden von Bengalos, Werfen von Gegenständen auf das Spielfeld, spektakuläre Protestaktionen gegen die Mannschaft oder den Vorstand, Stürmen des Spielfelds) oder gewalttätige Auseinandersetzungen zwischen rivalisierenden Fangruppen. Die fortwährende, kontrovers geführte Diskussion um die Fragen, ob im Einzelfall überhaupt ein Problem vorliegt, wer ursächlich dafür verantwortlich ist und wie damit umzugehen ist (strengere Kontrollen, Stadionverbote etc.) im Rahmen von Vorstandssitzungen, „Runden Tischen", Fanprojekten und -konferenzen etc. zeigen die bestehenden Dilemmata und Grenzen einer integrativen Leistungspolitik, die ganz offenkundig den verschiedenen Anspruchsgruppen nicht gleichermaßen gerecht werden kann.

7.4 Besonderheiten der Produktpolitik in Sportbetrieben

3. Während auf der Ebene der Sportausübung Art und Umfang der Leistungsintegration sich in einem hohen Maße aus den Regeln und Erfordernissen einer Sportart ergeben, bestehen bei der Gestaltung des gesamten Leistungspaketes eines Anbieters größere Spielräume. Hier kann – analog zu anderen Dienstleistungsbranchen – zwischen Externalisierungs- und Internalisierungsstrategien unterschieden werden (Meffert und Bruhn 2009). Damit wird die Frage der Arbeitsteilung zwischen Leistungsanbietern und -nachfragern aufgeworfen.

Externalisierung bedeutet eine Strategie der Auslagerung bzw. Übertragung von Teilleistungen an den Kunden, der damit in seiner Rolle als Co-Produzent stärker gefordert ist. Der Vereinssport ist ein typisches Beispiel für ein Sportangebot mit vergleichsweise hohem Externalisierungsgrad, da es zum Strukturprinzip und Selbstverständnis von Vereinen gehört, dass die Mitglieder durch tatkräftige Mithilfe an der Erstellung der Leistung mitwirken. Der Auf- und Abbau von Geräten, die Instandsetzung und Pflege von vereinseigenen Anlagen, die Organisation von Sportveranstaltungen, Ausschank, Fahrdienste etc. werden in Vereinen typischerweise von Mitgliedern in der Form eines nicht-amtsgebundenen Freiwilligendienstes übernommen. Doch auch gewerbliche Anbieter können entscheiden, ob sie z. B. Sportgeräte, Handtücher, Verpflegung mit anbieten oder diese von Kunden selbst mitgebracht werden müssen, ob der Kunde durch anwesendes Personal individuell informiert und angeleitet wird oder er sich diese Information durch das Lesen von Tafeln, Broschüren etc. selbst beschaffen muss, eine Cafeteria mit Bedienung oder Selbstbedienung betrieben wird. Der zentrale Vorteil einer Externalisierung, also einer Auslagerung von Arbeiten an den Kunden, ist, dass die Dienstleistung aufgrund reduzierter Kosten deutlich preisgünstiger angeboten werden kann. Der entscheidende Nachteil ist der Verlust an Kontrolle über die Qualität von Leistungsprozessen und -ergebnissen, die zu Unzufriedenheit bei den Kunden und Imageschäden führen können. Eine erfolgreiche Externalisierung setzt deshalb voraus, dass vorher geprüft wird, ob der Kunde bzw. das Mitglied überhaupt gewillt und in der Lage ist, bestimmte Teilaufgaben zu übernehmen.

Mit einer Internalisierungsstrategie wird der umgekehrte Weg beschritten. Dem Sportkunden wird ein möglichst umfassender Service geboten, der ihn von selbst zu erbringenden Eigenleistungen weitgehend entlastet (z. B. reservierte Parkplätze vor der Tür, Schlägerservice, Handtuchservice, installierte Seifenspender und Haartrockner im Nassbereich, gastronomisches Angebot mit Bedienung, Laden-, Lese-, Fernsehecke). Eine Strategie der Internalisierung bedeutet also de facto eine Ausweitung des Dienstleistungsangebots mit den Chancen auf eine bessere Kundenbindung (infolge des engeren Kontakts), besseren Möglichkeiten der Qualitätskontrolle sowie die Aussicht auf höhere Umsätze und Gewinne, da sie schon aufgrund einer anderen Kostenstruktur deutlich höhere Preise impliziert.

4. Angesichts des Problems der „Kostenkrankheit" von personenbezogenen und personalintensiven Dienstleistungen gewann eine weitere produktpolitische Option auch im Sport in den letzten Jahren zunehmend an Bedeutung: und zwar die Automatisierung von Teilleistungen, d. h. deren Übertragung an Maschinen und technische Geräte. Bei-

spiele für die Automatisierung von Teilleistungsprozessen im Sport sind automatisierte Bestell-, Buchungs- und Zahlungssysteme (z. B. für Eintrittskarten; E-Payment-Systeme in Stadien, Abbuchung von Mitgliedsbeiträgen), automatisierte Zugangskontrollsysteme (z. B. Drehkreuze, Chips, Magnetkarten in Schwimmbädern) oder die elektronische Leistungsdiagnostik und Trainingssteuerung bei Fitness-Geräten. Die Vorteile einer Automatisierung von Teilleistungen sind: die Einsparung von Personalkosten und eine effizientere und schnellere Erledigung von bestimmten Aufgaben (z. B. der Kontaktaufnahme zu Gruppen, der Abbuchung von Beiträgen), eine mögliche Erbringung von Teilleistungen außerhalb von Öffnungszeiten (z. B. Ticketkauf) oder höhere Erlöse durch beschleunigte Abwicklungszeiten (wie dies etwa auf Sportveranstaltungen der Fall ist, auf denen nur sehr kurze Zeiträume (vor Spielbeginn, Halbzeitpause, nach Spielende) für den Verkauf von Essen und Getränken zur Verfügung stehen). Die Nachteile liegen neben den teilweise hohen Investitionskosten in entsprechende Systeme und möglichen Akzeptanzbarrieren und Berührungsängste gegenüber neuen Technologien vor allem in der Anonymisierung und Reduzierung des persönlichen Kontakts zwischen den Leistungsanbietern und -nachfragern und den damit einhergehenden negativen Auswirkungen auf die Kundenbindung.

7.4.3 Zeitpolitische Entscheidungen im Sport

Sportkonsum stellt eine spezifische Form der Verwendung von Zeit dar und zählt zu jenen Aktivitäten, die normalerweise in der Freizeit – oder genauer: der frei verfügbaren Zeit – ausgeübt werden (s. Kap. 2.2). Da der Konsum von Sport mit den beruflichen und häuslich-familialen Verpflichtungen sowie anderer Freizeitbeschäftigungen synchronisiert werden muss, ist davon auszugehen, dass der Zeitpunkt bzw. die zeitliche Lage eines Sportangebots im Tages-, Wochen- oder Jahresrhythmus und die einzukalkulierende Zeitdauer für seine Inanspruchnahme (neben der Art und Qualität des Angebots und dem Preis) enorm wichtige Kriterien für sportbezogene Konsumentscheidungen von Privathaushalten sind. Sportbetriebe werden dabei hinsichtlich der zeitlichen Gestaltung ihres Angebots mit vier Entwicklungen bzw. Tatbeständen auf der Nachfrageseite von Sport konfrontiert:

1. Zunehmende Individualisierung von Arbeitszeit-, Konsumzeit- und Freizeitmustern: Verlängerte Ladenöffnungs- und Maschinenlaufzeiten, die zunehmende Verbreitung von Nacht- bzw. Wechselschichten sowie Wochenendarbeit und erhöhte zeitliche und räumliche Mobilitätsanforderungen führten in den letzten Jahren zu einer zunehmenden Auflösung des für die große Mehrheit der Erwerbstätigen geltenden, kollektiven Rhythmus von Arbeitszeit und Freizeit mit einem Arbeitsbeginn zwischen 6.00 und 9.00 Uhr morgens, einem Arbeitsende zwischen 16.00 und 19.00 Uhr abends und einem freien Wochenende. Dies hat zur Folge, dass für den Einzelnen die Summe an frei verfügbarer Zeit sich zwar kaum verändert hat, die Summe an gemeinsam verfüg-

und nutzbarer Freizeit (mit der Familie, mit Freunden, im Verein) zurückgegangen ist (Rinderspacher und Herrmann-Stojanov 2006).
2. Wachsende Zeitnot: Es gehört zu den Paradoxien moderner Gesellschaften, dass mit steigendem Wohlstand und einem wachsenden Waren- und Dienstleistungsangebot ein Gut immer knapper wird, nämlich Zeit, um alle das, was man sich prinzipiell leisten könnte oder schon hat, auch tatsächlich zu nutzen (Linder 1973). Eine Konsequenz ist das in vielen empirischen Studien der Zeitforschung belegte Phänomen des wachsenden Gefühls von Zeitnot (trotz objektiv gleichbleibender oder zunehmender Freizeit) und der daraus resultierenden Neigung, auch die frei verfügbare Zeit zunehmend zu „bewirtschaften". Dies bedeutet: alternative Angebote und Muster der Zeitverwendung werden vermehrt im Hinblick darauf miteinander verglichen, welche Zeitkosten mit ihnen verbunden und in welcher Relation diese zu dem erwarteten bzw. erlebten Nutzwert stehen.
3. Der Nutzwert des Konsums von Sport- und Freizeitdienstleistungen setzt sich dabei aus zwei Faktoren zusammen: a) dem Zeiterleben während der Leistungserstellung selbst, also der Frage, ob der mit dem Konsum von Sport verbrauchten Zeit (Zeitkosten) auch ein Zeitnutzen gegenüber steht und in welchem Verhältnis beide stehen, und b) den mit dem Zeitverbrauch verbundenen Resultaten und Effekten, von denen der Sportkonsument sich erhofft, möglichst lange und dauerhaft im Anschluss daran profitieren zu können. Für Sport war und ist – wie für viele anderen Freizeitaktivitäten auch – ein mehr oder weniger stark ausgeprägter Prozessnutzen charakteristisch, d. h. es handelt sich (auch, primär oder ausschließlich) um eine "Zeitvertreibs-Dienstleistung" im Gegensatz etwa zu einer Arztbehandlung, einer Rechtsberatung oder dem Besuch einer Fahrschule oder eines Sprachkurses, bei denen primär das Leistungsergebnis (Heilung, Rechtssicherheit, Führerschein, Fremdsprachenkenntnisse) im Vordergrund stehen. Gleichwohl beruht die Karriere des Sports in den letzten Jahrzehnten auch auf seiner zunehmenden Instrumentalisierung, seine Indienstnahme für vielfältige, außerhalb des Sports liegende Zwecke (Kraft, Fitness, Gesundheit, Aussehen, Körpergewicht, Kontakte, Prestige). Damit erhält eine andere Form des Zeitkalküls Einzug in den Sport. Nicht nur der zu zahlende Preis sondern auch die Zeitkosten werden in einer Gesamtbetrachtung den Leistungsergebnissen gegenüber gestellt und dann ein Urteil gefällt, ob sich „die Sache gelohnt hat" bzw. weiter verfolgt wird.
4. Die mit Sportkonsum verbundenen Zeitkosten bzw. der Zeitverbrauch umfassen sehr viel mehr als die reine Transaktions- bzw. Kontaktzeit in der Phase der Leistungserstellung (Spiel, Training, Kurs etc.). Hinzu kommen a) Transferzeiten (Hin- und Rückfahrt zwischen Wohn- und Sportstätte), b) Rüst- und Abwicklungszeiten vor Ort (z. B. (Geräteaufbau, Umkleiden und Duschen, sportspezifische Kommunikation und Small Talk), c) Zeiten der Vor- und Nachbereitung zu Hause (z. B. Lagerung, Wartung, Pflege von Geräten und Kleidung) und d) schwer kalkulierbare, zusätzliche Zeitkosten etwa in Form von Wartezeiten (z. B. durch Staus, Warteschlange, Überfüllung), Spielunterbrechungen oder Spielzeitverlängerungen.

Zeitpolitische Entscheidungen von Sportbetrieben beziehen sich auf zwei zentrale Tatbestände: zum einen auf die zeitliche Struktur eines Sportangebots (Zeitpunkt, Lage und Dauer) und zum anderen auf das Zeiterleben in der Phase des Kundenkontakts bzw. der Leistungserstellung.[12] Sie stehen dabei in einem konfliktträchtigen Spannungsfeld zwischen betriebs- und sportspezifischen Besonderheiten und der Anpassung an die zeitlichen Präferenzen unterschiedlicher Stakeholder-Gruppen und verfügen über verschiedene zeitpolitischen Optionen. Diese komplexe Problematik soll im Folgenden am Beispiel von drei Angebots- bzw. Anbietertypen von Sport kurz skizziert werden: a) dem Wettkampf- und professionellen Zuschauersport, b) dem vereinsmäßig organisierten Amateur- und Breitensport sowie c) dem gewerblich organisierten Fitness-Sport.

a) Wettkampf- und Zuschauersport: Die Zeitstruktur und das Zeiterleben von wettkampfmäßig betriebenen Sportarten sind sehr stark an ein „Zeitregime des Sports" gebunden, das in Form von Regelstrukturen einzelner Sportarten (Spieldauer, Pausen, etc.) und damit verbundener Veranstaltungsformate (Dauer, Wettkampfmodi) überbetrieblich institutionalisiert ist. Diesbezügliche Gestaltungsmöglichkeiten bestehen demzufolge nur auf der übergeordneter Ebene von Ligaorganisationen und nationalen und internationalen Fach- und Spitzenverbänden. Dabei sind in zeitpolitischer Hinsicht zwei Handlungsfelder besonders wichtig: zum einen die Regelstruktur für Sportarten und Wettkampf- und Veranstaltungsformate, zum anderen die konkrete Terminplanung für Wettkämpfe (Saison, Meisterschaften, Spieltage, Startzeiten, etc.). In Bezug auf das erste Handlungsfeld lassen sich viele Beispiele dafür finden, wie Spitzenverbände in den letzten Jahren versuchten, durch zeitpolitische Maßnahmen die Attraktivität ihrer Sportart zu erhöhen und damit die Vermarktungschancen zu verbessern. Durch Änderungen in den Spiel- und Wettkampfregeln (z. B. der Zählweise, der erforderlichen Punkt- und Satzzahl für einen Sieg, der Spieldauer, der Startreihenfolge, dem Austragungsmodus des Wettbewerbs) wird versucht, zum einen die Spieldauer zu begrenzen und berechenbarer zu machen, zum anderen die Qualität des Zeiterlebens (mehr Spannung, schnelleres Spiel, Vermeidung von Leerlauf) zu erhöhen und dadurch die Attraktivität von Wettkampfveranstaltungen zu steigern. Dabei können allerdings die Interessen und Vorstellungen verschiedener Stakeholder in Bezug auf „attraktive" Zeitstrukturen durchaus stark voneinander abweichen. So sind z. B. Fernsehanstalten im Gegensatz zu den Zuschauern sehr stark an ausreichenden Pausen und Spielunterbrechungen für die Sendung von Werbespots, möglichst exakt prognostizierbare Längen von Spielen und Wettkämpfen und Wettkampfterminen zur „Prime Time" des Fernsehkonsums interessiert.

Diese Diskrepanzen werden bei dem zweiten Handlungsfeld, der Terminplanung für Wettkämpfe, noch deutlicher. Zeitpläne im Wettkampf- und Zuschauersport sollten sich an den Zeitressourcen und Zeitinteressen von verschiedenen Stakeholder-Gruppen (Spieler, Mannschaften, Zuschauer vor Ort, Medien, Sponsoren, Vereine, Verbände) orientieren. Zugleich gilt es sog. „Kannibalisierungseffekte", d. h. den Verlust von Zuschauern

---

[12] Zu den verschiedenen Implikationen und marketingrelevanten Gestaltungsoptionen von Zeitpolitik in Dienstleistungsbetrieben allgemein siehe Schäffer (2003).

aufgrund mehrerer, zeitgleicher Angebote, nach Möglichkeit zu vermeiden. Dies führt im Vorfeld entsprechender Entscheidungen oder nach ihrer Bekanntgabe nicht selten zu sehr kontrovers geführten Debatten. Zu verweisen ist etwa auf die ebenfalls von Vermarktungsinteressen geleiteten Entscheidungen zu einer zunehmenden Aufsplitterung von Spieltagen und Anstoßzeiten in Profi-Ligen, der zunehmenden Belegung des Sonntags durch den Profi-Sport auf Kosten des Amateursports, der mangelnden Regenerationszeit für Sportler aufgrund eines zu dichten Terminkalenders, einer geplanten Fußballweltmeisterschaft in einem Wüstenstaat zur Sommerzeit, zu frühmorgendlichen Startterminen von Wettbewerben im Rahmen der Olympischen Spiele, die durch die Interessen der Rechteinhaber an einer Live-Übertragung zur „Prime Time" in den wichtigen Fernsehmärkten bestimmt werden, etc.

Unabhängig davon existieren allerdings auch auf einzelbetrieblicher Ebene einige Möglichkeiten, den Zeitverbrauch und das Zeiterleben beim Besuch von Sportveranstaltungen zu beeinflussen. Dabei geht es insbesondere darum, die erforderliche Zeit vor und nach dem Spiel mit geringem Zeitnutzen zu minimieren bzw. zu optimieren. Dazu gehören insbesondere Maßnahmen, die die Vorbereitungs-, Transfer- und Wartezeiten reduzieren z. B. durch einen schnellen und problemlosen Ticketerwerb, gute Verkehrsanbindung, spezielle Verkehrsregelungen für die An- und Abreise, ausreichende Transportkapazitäten, sportstättennahe Parkplätze, ausreichendes Personal bei der Einlasskontrolle, etc. Während des Aufenthalts in einer Sportarena geht es darum, die (gefühlte) Wartezeit vor Spielbeginn oder in der Pause zu verkürzen, indem mit Musik, Informationen, Unterhaltungs-/Pausenprogramm etc. für Kurzweil gesorgt wird.

b) Zeitpolitik im Sportverein: Sportvereine repräsentieren eine Organisationsform von Sport, die sehr gut mit der traditionellen gesellschaftlichen Zeitordnung, d. h. dem kollektiven Wechsel von Arbeits- bzw. Ausbildungszeit und Freizeit harmoniert. Ihre Arbeit beginnt dann, wenn die Sportreibenden und Ehrenamtlichen Zeit haben, gemeinsam Sport zu treiben, nämlich am späteren Nachmittag, abends und am Wochenende. Aus diesem Grund stellt sie die zunehmende Individualisierung von Arbeitszeitverhältnissen vor eine Reihe von Problemen: Im Bereich der Mannschaftssportarten wachsen die Probleme, eine genügende Anzahl von Spielern zusammen zu bekommen, die an einem gemeinsamen, regelmäßigen Trainings- und Spielbetrieb teilnehmen können. Ein zeitlich flexibleres Angebot von Sportkursen und -programmen über den Tag verteilt stellt für die meisten Vereine keine Option dar, da sie keine eigenen Sportanlagen besitzen und die von ihnen genutzten kommunalen Sportanlagen tagsüber in der Regel für den Schulsport benötigt werden. Zudem stellt sich das Problem der zeitlich begrenzten Verfügbarkeit von ehrenamtlichen Mitarbeitern. Unabhängig davon repräsentiert der Vereinssport allerdings nach wie vor die klassische Form der Zeitnutzung und des Zeiterlebens im Sport. Das gegenwartsbezogene Erleben des gemeinsamen Sporttreibens und der meist enge, kommunikative Kontakt mit einer größeren Zahl von Personen über den Sport hinaus führt dazu, dass zumindest ein Teil der Mitglieder bisweilen die Zeit „vergisst" und nicht danach fragt, welchem über den Sport und das Zusammensein mit anderen hinausgehenden Zweck dies dient.

c) Zeitpolitik gewerblicher Sportanbieter: Ein ganz zentraler Wettbewerbsvorteil und Erfolgsfaktor gewerblicher Sportanbieter ist ein Angebotskonzept, dass den zeitlichen Restriktionen und Anforderungen der modernen Arbeitswelt und den damit verbundenen Folgen für die Freizeit vieler Menschen stark entgegen kommt. Es werden ganz überwiegend nur Individualsportarten oder Rückschlagspiele angeboten, die deutlich geringere Erfordernisse der zeitlichen Koordination stellen. Die zeitlich unbegrenzte Verfügung über die Sportanlage ermöglichen zudem lange und variable Öffnungszeiten sowie zeitlich flexible Kursangebote für Personen und Gruppen mit Tagesfreizeit.

Eine weitere Besonderheit in der Zeitpolitik gewerblicher Sportanbieter, insbesondere im Bereich des Fitness-Sports, ergibt sich aus dem ganz überwiegend instrumentellen Verständnis von Sport. Er fungiert primär als Mittel zum Zweck, als Instrument für andere, insbesondere körper-, fitness- und gesundheitsbezogene Ziele. Sport wandelt sich damit von einer „Zeitvertreibs-Dienstleistung" zu einer „Problemlösungs-Dienstleistung." Nicht mehr das Leistungserlebnis, sondern das Leistungsergebnis steht im Mittelpunkt. In diesem Fall wird die mit der Sportausübung verbrachte Zeit vorrangig unter dem Aspekt des Zeitverbrauchs und der Zeitkosten bewertet und u. U. mit zeitsparenden Substitutionsgütern verglichen (z. B. eine Diät, eine Schönheitsoperation, pharmazeutische und kosmetische Angebote). Demensprechend ist die Steigerung von Zeiteffizienz ein zentraler Motor der Produktentwicklung und des Angebotskonzepts im modernen Fitness-Sport. Zentrales Leitbild der Geräteentwicklung, der ständig neuen Variationen von „Body-Workouts" und der Trainingsgestaltung („High Intensity Training") ist: mehr Erfolg, d. h. mehr Kraft, Beweglichkeit, Kondition, weniger Gewicht, besseres Aussehen, Fitness etc. in kürzerer Zeit.

Unabhängig von der grundsätzlichen Ausrichtung eines Sportangebots bzw. Sportanbieters ist es allerdings wichtig festzuhalten, dass die zeitbezogenen Nutzenerwartungen im Sport sehr heterogen sind. Ein hartes Fitnesstraining mag dem primären Ziel dienen, mehr Kraft zu bekommen. Dies schließt jedoch nicht aus, dass einige darin auch einen spaßmachenden Zeitvertreib sehen. Auch der Besuch von Sportveranstaltungen dient heute einem Teil der Zuschauer nicht nur dem Zeitvertreib sondern auch anderen Zwecken (Pflege von Freundschaften, Geschäftskontakten etc.). Selbst die achtstündige Fahrt zu einem Auswärtsspiel ist für die einen ein (schweres) Zeitopfer, von dem man hofft, dass es durch ein schönes Spiel bzw. einen Sieg der eigenen Mannschaft aufgewogen wird, für die anderen ein erlebnisreiches Wochenendabenteuer mit Freunden und vielleicht sogar wichtiger als das Spiel selbst.

Für Sportanbieter ist es zunächst wichtig, Daten und Informationen zu den Zielen und Motiven des Sporttreibens oder Veranstaltungsbesuchs und den damit eng verbundenen, zeitbezogenen Erwartungshaltungen zu sammeln. Dominieren eher prozess- und erlebnisorientierte Nutzenerwartungen (Sport als Zeitvertreib) oder eher ziel- und ergebnisorientierte Nutzenerwartungen (Sport als Mittel zum Zweck) oder eine Mischung aus beidem? Darauf basierend lassen sich eventuell zielgruppenspezifische „Zeitsparangebote" (z. B. Personal Trainer, Einzeltraining, Parkplatzreservierung) und „Zeiterlebnisangebote" (z. B. Fanfest, Gewinnspiel, Torwandschießen, Kinderhüpfburg) konzipieren.

7.4.4 Besonderheiten des Markenmanagements in Sportbetrieben

Ausdruck einer fortschreitenden Professionalisierung des Marketings im Sport ist die vermehrte Beschäftigung von Marketingwissenschaftlern und -praktikern mit Fragen und Aspekten des Markenmanagements im Sport (für einen zusammenfassenden Überblick vgl. Preuß et al. 2014). Markenführung gilt als eine Art „Königsdisziplin" des Marketing-Managements. Mit der erfolgreichen Etablierung und Führung einer Marke gelingt es Unternehmen – wie die Beispiele vieler starker Markennamen (Nivea, Coca-Cola, Uhu, Persil, Nutella, Mercedes, Lufthansa, Nike, Aldi, etc.) belegen – sich dem Wettbewerb homogener Produkte ein Stück weit zu entziehen und damit dauerhaft ökonomische Wettbewerbsvorteile zu sichern. Sie beeinflussen in hohem Maße die Qualitätswahrnehmung und Präferenzbildung von Kunden sowie deren Bindungs- und Zahlungsbereitschaft. Die besondere Bedeutung der Markenpolitik für Sportbetriebe resultiert aus der Austauschbarkeit normierter Produkte und Dienstleistungen im Sport, der Enttäuschungsanfälligkeit der Kernleistungen und der allgemein zunehmenden Notwendigkeit sich im Wettbewerb mit anderen Sport- und Freizeitanbietern zu profilieren und zu positionieren. Eine erfolgreiche Markenpolitik kann dazu beitragen, den stets ungewissen sportlichen Erfolg vom wirtschaftlichen Erfolg (zumindest partiell) zu entkoppeln (Schade 2012).

Damit ist zugleich bereits eine zentrale Besonderheit bzw. besondere Herausforderung des Markenmanagements in Sportbetrieben benannt: Während Marken in anderen Branchen als Symbol für eine konstant gleichbleibende Qualität und ein bestimmtes Qualitätsniveau stehen und Marken damit Konsumenten in Kaufentscheidungssituationen von komplexen Risikoüberlegungen entlasten, kann im Sport ein solches Qualitätsversprechen nicht abgegeben werden. Die Qualität des Dienstleistungskerns von Sport (das gemeinsame Sporttreiben mit anderen oder die Teilnahme an einem sportlichen Wettkampf als Zuschauer) wird von zu vielen unabwägbaren Faktoren beeinflusst (Tagesform, Dynamik des Spielverlaufs, Glück und Zufälle, Spielweise und Engagement des Gegners, Witterung, Stimmung in der Mannschaft und auf den Rängen, Verhalten anderer Mitglieder- oder Besucher(gruppen) etc.).

Marken begegnen uns im Sport in vielerlei Erscheinungsformen: als Sachgütermarken der Sportartikelindustrie und einer entsprechenden Markierung von Sportgeräten, Sportbekleidung und anderen Ausrüstungsgegenständen (z. B. Adidas, Puma, Jack Wolfskin), als Vereins- oder Profi-Team-Marken (FC Bayern München, VfL Gummersbach, Kölner Haie), als Verbandsmarken (z. B. IOC, FIFA, DFB, DOSB), als Sportveranstaltungsmarken (Olympische Spiele, US Open, Wimbledon, Tour de France etc.) oder Veranstaltungsserien bzw. Ligen (Fußball Bundesliga, Formel 1, Deutsche Tourenwagen Meisterschaft (DTM)) oder von prominenten Sportlern, die als Person zu einer Marke aufgebaut und vermarktet werden (z. B. David Beckham, James LeBron, Roger Federer).

Die folgenden knappen Ausführungen zu der überaus komplexen Thematik des Markenmanagements im Sport beschränken sich auf vier Punkte: zunächst sollen anhand des Konzepts der identitätsorientierten Markenführung a) einige zentralen Dimensionen des Markenbegriffs und „Stellschrauben" für die Herausbildung einer Marke dargestellt werden. Anschließend wird für den Sportbetriebstyp Verein b) die Frage erörtert, ob und inwieweit er Merkmale und Eigenschaften einer Marke bzw. markenbegünstigende Faktoren aufweist, vor welchen c) besonderen Problemen und Herausforderungen das Markenmanagement von Vereinen steht und d) welche Konsequenzen daraus für strategische Ansatzpunkte einer Markenpolitik resultieren.

a) Was sind Marken und was ist unter einer identitätsorientierten Markenführung zu verstehen? In der viele Jahrzehnte währenden Diskussion zum Markenbegriff haben sich in den letzten Jahren insbesondere Definitionsansätze durchgesetzt, welche die Art bzw. das Ergebnis ihrer Wirkung beim Konsumenten in den Vordergrund stellen. Danach handelt es sich bei einer Marke um ein „ …. in der Psyche des Konsumenten und sonstiger Bezugsgruppen fest verankertes, unverwechselbares Vorstellungsbild von einem Produkt oder einer Dienstleistung" (Meffert et al. 2002, S. 6). Mit diesem Vorstellungsbild ist ein eigenständiger, nutzenstiftender und präferenzbildender Effekt verbunden, d. h. das Angebot einer bestimmen Marke wird bei der Kaufentscheidung bevorzugt, obwohl es viele andere, in funktional-qualitativer Hinsicht prinzipiell gleichwertige Produkte oder Dienstleistungen gibt (Burmann et al. 2003). Über Marken werden ganz spezifische Vorstellungsbilder von einem Leistungsangebot geschaffen, die die Unterscheidbarkeit von Gütern erhöhen, die sich auf das Wissen und Informationen über besondere Produkteigenschaften beziehen, die mit bestimmten Gefühlen und Assoziationen (Markenimages) verbunden sind und die sich zu bestimmten (positiven oder negativen) Einstellungen und Verhaltensabsichten verdichten.

Dem Konzept der identitätsorientierten Markenführung folgend (Burmann und Meffert 2005) verkörpert eine Marke allerdings nicht nur das Markenbild, das sich Kunden von einer Marke machen. Vielmehr ist zwischen einer Innen- und einer Außenperspektive zu unterscheiden. Die Innenperspektive beschreibt das Selbstbild einer Marke bzw. die Markenidentität aus der Sicht des Betriebs. Dieses umfasst alle Einstellungen, Werte, Attribute und Verhaltensweisen, welche die Führung und die Mitarbeiter einer Organisation mit ihrer Marke verbunden wissen wollen. Bezugspunkte bzw. typische Dimensionen dieses Selbstbildes von einer Marke als etwas Besonderes und Einzigartiges sind gemeinsam geteilte Vorstellungen über die eigene Herkunft, der eigenen Kompetenzen, besondere Werte, Ziele und Visionen, die Art und Weise des Auftretens nach Außen und Besonderheiten des Leistungsangebots. Die Außenperspektive stellt das Markenimage dar, also das Bild, das sich externe Zielgruppen (Kunden, Lieferanten, Geschäftspartner, die Bevölkerung allgemein) von einer Marke machen. Aufgrund von Informationen und Erfahrungen werden Marken bestimmte Merkmale und Attribute zugeschrieben, mit denen sich wiederum bestimmten Assoziationen und Wertungen bezüglich des Nutzwertes der Marke verbinden. Die Akteure begegnen sich dann zum einen als Anbieter, die ein bestimmtes Markenversprechen in Verbindung mit einem bestimmten Markenauftritt und Markenverhalten abgeben, und zum anderen als Nachfrager bzw. Stakeholder-Gruppen, die Marken ist einer spezifischen Weise erleben und mit ihnen ein bestimmtes Bild bzw. Image und darauf bezogene Erwartungshaltungen verknüpfen. Erfolgreiches Markenmanagement besteht dann demnach in der Kunst, eine betriebsinterne Markenidentität

7.4 Besonderheiten der Produktpolitik in Sportbetrieben

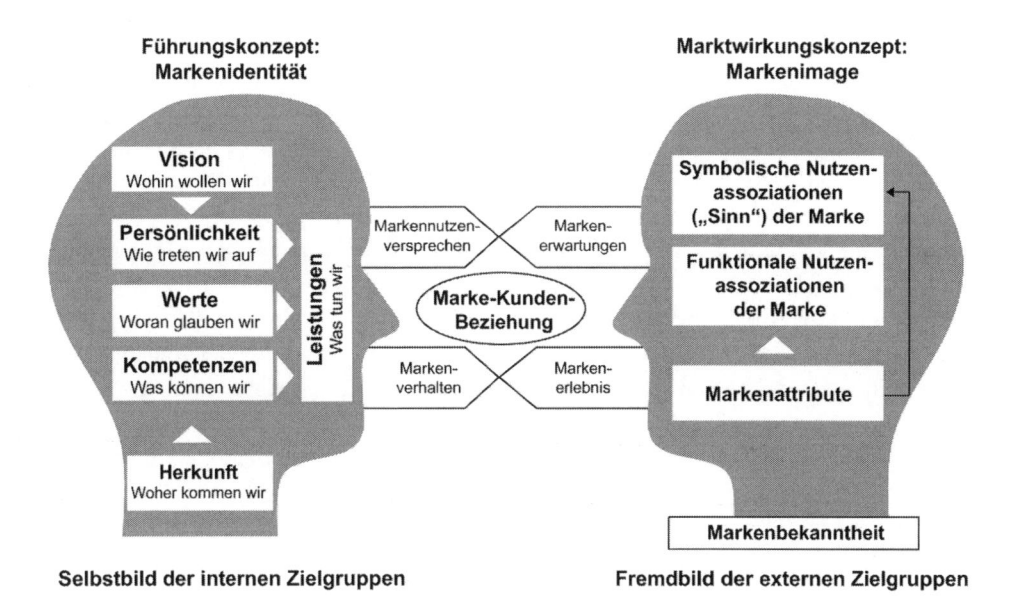

Abb. 7.9 Grundkonzept der identitätsbasierten Markenführung. (Burmann und Blinda 2006, S. 7)

und ein externes Markenimage aufzubauen und dafür zu sorgen, dass zwischen beiden ein möglichst hoher Deckungsgrad besteht. Die Zusammenhänge sind in der Abbildung 7.9 nochmals dargestellt.

b) In welchem Verhältnis stehen nun der Sportbetriebstyp Verein und Marke? Entgegen dem gängigen Diktum der Literatur zum Markenmanagement, wonach dem Aufbau von Marken überaus komplexe Planungsprozesse zugrunde liegen, die ein Höchstmaß an professioneller Handlungskompetenz erfordern (und entsprechend viel Geld investiert werden muss), finden sich im Vereinssport viele Elemente des identitätsorientierten Markenkonzepts in einer Ausprägung wieder, die zu der Aussage berechtigen, von Vereinen als „Quasi-Marken" zu sprechen. Insbesondere in Bezug auf das Selbstbild werden viele Anforderungen und Kriterien einer Markenidentität von Vereinen in fast schon idealer Weise erfüllt. Für Vereine sind Aspekte des Standorts, die Herkunft und der Geschichte („Woher kommen wir?") von geradezu konstitutiver, identitätsstiftender Bedeutung. Ortsbezeichnungen, z. T. auch das Gründungsjahr sind häufig Bestandteil von Vereinsnamen. Um die genauen Umstände der Gründung des Vereins, historische Schlüsselereignisse, wichtige Etappen der Vereinsentwicklung und verdiente Persönlichkeiten ranken sich viele Geschichten, Mythen und Anekdoten (das „Jahrhundertspiel", Aufstieg, Titelgewinn, etc.), die in der internen Kommunikation eine große Rolle spielen. Die Markenpersönlichkeit („Wie treten wir auf?") von Vereinen spiegelt sich zudem in einer überaus reichhaltigen Symbolkultur wider, wie dem Logo bzw. Wappen des Vereins, Maskottchen, Lieder und Ritualen, die nach innen identitätsstiftend wirken und nach außen demonstrativ eingesetzt werden, um die Zugehörigkeit zu einer Gemeinschaft Gleichgesinnter auszudrücken und sich von Nachbarvereinen und Ligakonkurrenten scharf abzugrenzen. Auch in Bezug auf

Leistungen, Kompetenzen und Erfolge („Was können wir?") bestehen durch spezifische Angebots- und Leistungsprofile in einzelnen Sportarten und insbesondere leistungssportliche Erfolge Ansatzpunkte der Identitätsbildung.

Bezüglich des Markenimages, also des Fremdbildes bei externen Zielgruppen, ist zunächst zu konstatieren, das insbesondere ältere und größere und im Leistungssport engagierte Vereine zumeist einen recht hohen Bekanntheitsgrad aufweisen, der allerdings – sofern, der Verein nicht im medial präsenten Spitzensport vertreten ist – auf einen lokal oder regional begrenzten Einzugsbereich begrenzt bleibt. Darüber hinaus verkörpern Vereine mit ihrer Arbeit und insbesondere ihren Erfolgen typische Kristallisationspunkte lokaler Identität, wodurch ihnen – zumindest vom sportinteressierten Teil der Bevölkerung – ein relativ hohes Maß an Aufmerksamkeit zuteil wird. In welchem Umfang und in welche Richtung dabei Sachinformationen mit wertenden Attributen und Assoziationen verknüpft werden und sich zu einem Markenbild verdichten hängt stark von der gelebten und erlebten Nähe zu einem Verein in der Rolle als Fan, Mitglied, Zuschauer oder bloßen Zeitungsleser und der Medienberichterstattung ab. Allerdings ist davon auszugehen, dass (im Durchschnitt betrachtet) Vereinen ein höheres Maß an Loyalität und Bindungsbereitschaft – ganz gleich, ob in der Rolle des Sympathisanten, Fans oder Mitglieds – entgegen gebracht wird als gegenüber Marken kommerzieller Unternehmen.

Mit der Bezeichnung des Vereins als „Quasi-Marke" wird allerdings auf den zentralen Tatbestand verwiesen, dass der Markencharakter von Vereinen nicht das Ergebnis eines rational geplanten, professionellen Markenmanagements ist. Er ist vielmehr eher eine unbeabsichtigte Nebenfolge der konstitutiven Prinzipien der Vereinsbildung und des High-Involvement-Charakters von Sport. Der markenähnliche Charakter von Vereinen ergibt sich quasi „naturwüchsig" und ungeplant aus Prozessen der Gruppenbildung und Gruppenidentifikation, der Abgrenzung zu anderen Vereinen, mit denen man im sportlichen Wettbewerb steht, der hohen Bedeutung des Standorts und eines Marktumfelds, in dem Vereine häufig eine monopolähnliche Stellung einnehmen und der tendenziell hohen Bindungsbereitschaft und Loyalität von Mitgliedern, Zuschauern und der Bevölkerung. Auch ist eine eindeutige Trennung von internen und externen Zielgruppen nicht immer möglich, da die Mitglieder eines Vereins eine Zwitterstellung bzw. Mehrfachrollen einnehmen (können): sie sind Produzenten des Leistungsangebots und der Markenidentität und zugleich Konsumenten derselben.

Wenn (größere) Vereine im Zuge der Professionalisierung ihrer Führungsebene nun proaktiv Markenpolitik betreiben wollen, sind damit einige typische Besonderheiten, Problemen und Herausforderungen verbunden, auf die mit den folgenden vier Punkten hingewiesen werden soll:

1. Heterogenitätsproblematik: Vereine bieten häufig verschiedene Primär- und Sekundärleistungen für unterschiedliche interne und externe Zielgruppen an: für unterschiedliche sportaktive Mitgliedergruppen ein breites Sportangebot in verschiedenen Sportarten auf unterschiedlichen Leistungsniveaus und mit verschiedener Grundausrichtung (Nachwuchsarbeit, Leistungs-, Freizeit-, Gesundheitssport), für Zuschauer Sportwettkämpfe als Unterhaltungsangebot, für Sponsoren Werbemöglichkeiten, für

Lizenznehmer und bezahlte Sportler Verdienstmöglichkeiten, für Medien Informationsleistungen, etc. Dies erschwert den Aufbau und die Pflege eines konsistenten, von möglichst vielen Gruppen geteilten Markenimages. Jede Stakeholder-Gruppe ist über (teilweise) andere Interessen, Leistungsbezüge sowie Erlebnisse und Erfahrungen mit dem Verein verbunden, wodurch die mit ihm verknüpften Attribute und Assoziationen stark voneinander abweichen können. Hinzu kommt, dass es durch den sportlichen Wettbewerb und die starke Identifikation mit dem eigenen Verein bzw. Team bei Vereinsmarken zu emotional stark aufgeladenen Imagepolarisierungen kommen kann, d. h. dem positiven Image eines Vereins bei den eigenen Fans, den Mitgliedern und in der Region steht ein von Gleichgültigkeit bis ausgeprägter Antipathie gekennzeichnetes Image dieses Vereins bei den Mitgliedern und Anhängern anderer Vereine in anderen Regionen gegenüber.[13]

2. Planungs- und Steuerungsproblematik: Eine konsequente Markenpolitik in Unternehmen beruht im Innenverhältnis auf einem normativen System von Regeln in Bezug auf Fragen des Corporate Designs und des Corporate Behaviors mit hohem Verpflichtungscharakter und Sanktionspotential (z. B. im Hinblick auf Kommunikationsstil, Auftreten, Kleiderordnung, Verwendung von Logos und Zeichen). Vereine besitzen im Gegensatz dazu in Bezug auf ein markenkonformes Auftreten und Verhalten ihrer Mitglieder und ehrenamtlichen Mitarbeitern nicht über vergleichbare Kontroll-, Weisungs- und Sanktionsmöglichkeiten. Zwar ist bei vorliegender Identifikation mit einem Verein die Bereitschaft vorhanden, dies nach innen und außen zu dokumentieren, aber eben nur auf freiwilliger Basis. Mit Koordinations- und Steuerungsproblemen ist auch auf übergeordneter Ebene zu rechnen, wenn ein größerer Verein aus mehreren Abteilungen besteht. Diese führen nicht selten ein stark ausgeprägtes Eigenleben, sehen sich teilweise eher als eine Art „Verein im Verein" und agieren entsprechend autonom. Ebenfalls nur sehr eingeschränkte Zugriffs- und Steuerungsmöglichkeiten bestehen in Bezug auf die externe Markenkommunikation. Gründe hierfür sind: 1. die im Vergleich zu privatwirtschaftlichen Betrieben zumeist deutlich geringeren Budgets für kommunikationspolitische Maßnahmen z. B. in Form von Werbung; 2. eine Berichterstattung in den Medien, in der Sportnachrichten zwar einen breiten Raum einnehmen und die damit einen wichtigen und zudem kostenlosen Beitrag zur Steigerung der Markenbekanntheit leisten, die aber in der Auswahl der Inhalte (mit einer nahezu ausschließlichen Berichterstattung über den Leistungs- und Spitzensport) und ihren Kommentaren und Wertungen prinzipiell unabhängig sind; 3. die verschiedenen Stakeholder-Gruppen (Mitglieder, Fans, Zuschauer, Sponsoren, Bevölkerung allgemein), die zwar wichtige Träger und Multiplikatoren eines bestimmten Vereinsimages sind, deren Funktion jedoch weit darüber hinaus geht. Mit der starken Präsenz von Sport in der Alltagskommunikation (der Diskussion über die Ereignisse des zurückliegenden Wochenendes, personalpolitische Ent-

---

[13] Im Fall der 1. Fußball-Bundesliga trifft dies insbesondere auf die Clubs von Schalke 04 und Bayern München, sowie die beiden mit dem Negativ-Image des „Retorten-Clubs" belegten Teams von 1899 Hoffenheim und VfL Wolfsburg zu.

scheidungen in der Vereinsführung etc.) und ihrem Verhalten innerhalb und außerhalb des Vereins bzw. einer Halle oder Stadions sind sie zugleich kreative Schöpfer und Präger dieses Markenbildes. So hat das (Fehl-)Verhalten von einzelnen Mitgliedergruppen, Fans, wichtigen Einzelpersonen oder kooperierenden Betrieben (Sportler, Funktionäre, Sponsoren und Lizenznehmer) unmittelbare Auswirkungen auf das Markenimage eines Vereins, ohne das dieser über größere Kontrollmöglichkeiten verfügt.

3. Qualitätssicherungsproblematik: Auf die fehlenden Möglichkeiten, im Wettkampfsport Qualitätsversprechen abgeben zu können, wurde bereits mehrfach verwiesen. Qualitätsunsicherheiten ergeben sich jedoch auch aufgrund der für die Erstellung personenbezogener Dienstleistungen erforderlichen Integration des externen Faktors, d. h. der Bereitschaft und die Fähigkeit des Leistungsnehmers seine Aufgaben als Co-Produzent zu übernehmen. Damit sind immer mehr oder weniger große Unsicherheiten verbunden. Ein weiteres Problem stellt die große Heterogenität der Qualifikationen im Mitarbeiterbereich von Sportvereinen dar, von denen viele ehrenamtlich aktiv sind.

4. Markenstrategie- und Markierungsproblematik: Eine wichtige Besonderheit ist, dass uns im Sport die visuelle Botschaft und Präsenz einer Vereinsmarke nicht wie in anderen Branchen singulär und exklusiv gegenübertritt, sondern in aller Regel in der Form eines Co- bzw. Multi-Brandings. Im Rahmen eines sportlichen Wettbewerbs ist zunächst mindestens ein weiterer Vereins- bzw. Markenname präsent, nämlich der des Gegners. Hinzu kommt in Abhängigkeit vom Leistungsniveau, dem Finanzbedarf, dem Zuschauerinteresse und der medialen Reichweite eine mehr oder weniger große Zahl an Sponsoren, die den Sport als Plattform für ihre Markenbotschaften nutzen. Die durch das zeitgleiche Auftreten einer Vielzahl von Marken erzeugte Gemengelage von Markenkonkurrenzen erfährt in Spitzensport-Teams mitunter eine nochmalige Steigerung dadurch, dass dort Sportler agieren, die selbst Markenstatus haben und damit eigene Verwertungsinteressen verfolgen. Hierbei sind komplexe Prozesse eines wechselseitigen, positiven oder negativen Imagetransfers zwischen Sportler-, Vereins- und Firmenmarken zu berücksichtigen. Imagetransfers finden z. B. nicht nur – wie in der Sponsoringliteratur ausführlich thematisiert – vom Gesponserten zum Sponsor, also vom Sport auf eine Produktmarke, sondern auch in umgekehrte Richtung statt.

Dienstleistungsbetriebe stehen zudem vor einer besonderen markenpolitischen Herausforderung: Einerseits ist für sie der Aufbau einer starken Marke besonders wichtig, denn Dienstleistungen weisen aufgrund ihrer Intangibilität einen hohen Anteil von Erfahrungs- und Vertrauenseigenschaften auf und gehen mit einem erhöhten subjektiven Kaufrisiko einher. In dieser Situation kommt einer Marke in besonderem Maße die Funktion eines Vertrauensankers und Qualitätssurrogats zu (Benkenstein und Uhrich 2008). Andererseits haben Dienstleistungsbetriebe aber besondere Probleme der Markierung, denn Dienstleistungen sind im Gegensatz zu Sachgütern nicht markierbar, physisch nicht präsent und flüchtig, nach der Beendigung des Anbieter-Kunden-Kontakts der Gefahr des Vergessens ausgesetzt. Zudem können für Dienstleistungen kaum exklusive Patent- und Markenschutzrechte erworben werden. Dies bedeutet, dass

7.4 Besonderheiten der Produktpolitik in Sportbetrieben

Dienstleistungsinnovationen der Gefahr ausgesetzt sind, relativ schnell und leicht imitiert zu werden.
5. Welche markenpolitische Strategien und Optionen sind vor diesem Hintergrund für Sportbetriebe besonders bedeutsam?
    - Die Heterogenität der Leistungen sowie die Probleme der Markierung einzelner Leistungen führen dazu, dass Dienstleistungsmarken von Sportbetrieben in der Regel als Dachmarken geführt werden, es also das Bestreben ist, aus dem Firmen- bzw. Vereinsname einen Markenname zu machen.
    - Da für die Kernleistung keine Konstanz in der Leistungsqualität und dem Leistungsniveau garantiert werden kann, müssen Sportbetriebe umso mehr auf ein hohes Maß an Qualität in Bezug auf alle Vor-, Rand- und Zusatzleistungen achten (also z. B. Ticketing, Parkleitsystem, Gastronomie, Rahmenprogramm, Informationsangebot durch Stadionzeitung, Großbildleinwände, Homepage, Einlasskontrolle, Komfort der Sportstätte, Verhalten und Erscheinungsbild des Personals, etc.) (vgl. Schilhaneck 2008).
    - Aufgrund der fehlenden Möglichkeiten Dienstleistungen zu markieren muss bei der Visualisierung und Materialisierung des Markenzeichens auf Surrogate ausgewichen werden. Dies sind zum einen die material-gegenständlichen Elemente bzw. die Potentialfaktoren der Leistungserstellung. Logo und Name des Vereins bzw. Unternehmens finden sich dementsprechend auf den Innen- und Außenflächen von Gebäuden, Räumen, auf Fahnen, Eintrittskarten, Spielertrikots, Sportgeräten, Ausrüstungsgegenständen etc. bis hin zum Briefpapier. Allerdings besteht insbesondere im Bereich des professionellen Sports auf alle diesen Flächen häufig ein recht großes Gedränge bzw. Platznot, da sie auch von den Sponsoren für ihre Markenbotschaften genutzt werden. Zudem haben Sportvereine, die kommunale Sportstätten nutzen, oft nur sehr eingeschränkte oder gar keine Möglichkeiten diese zu markieren. Von markenpolitisch immens wichtiger Bedeutung ist deshalb die Arbeit mit Merchandisingartikel. Sie repräsentieren ein Geschäftsfeld, mit dem zusätzliche Einnahmen generiert werden, erfüllen aber zugleich die Funktion eines zentralen Instruments der Kommunikations- und Markenpolitik von Sportbetrieben. (Rohlmann 2011) Neben der Fanausstattung für den Spieltagbesuch (Mütze, Schal, Trikots etc.) erfüllt insbesondere das große Arsenal der mit dem Vereinsemblem gelabelten Produkte des täglichen Bedarfs die Funktion einer dauerhaften Präsenz der Marke im Alltag. Besitzer und Nutzer von Merchandisingartikel drücken damit ihre emotionale Verbundenheit mit einem Verein aus und fungieren zugleich als kostenlose Markenbotschafter.
    - Ziel der Markenpolitik von Sportbetrieben ist weniger eine bestimmte Produktqualität zu gewährleisten, als vielmehr eine möglichst einzigartige Erlebniswelt zu errichten. Mit allen Beteiligten (insbesondere natürlich Sportlern, aber auch den Fans, Mitgliedern, Sponsoren) soll ein möglichst hohes Unterhaltungs- und Identifikationspotential aufgebaut werden. Besonders bedeutsam sind dabei „Schlüsselpersonen", wie z. B. bekannte Sportlerpersönlichkeiten, die zu dieser Erlebniswelt nicht

nur durch ihre sportlichen Leistungen beitragen, sondern auch durch verschiedene Formen der emotionalen Selbstinszenierung in den Medien. Sie wecken mit ihrem Aussehen, ihrer Ausstrahlung, ihrer Kleidung, ihrer Frisur, ihren verbalen Äußerungen in Interviews, ihren Fehlern und Schwächen, und den Einblicken, die sie in ihr Privatleben gewähren, das Interesse und die Aufmerksamkeit des Publikums, die – sofern diese Personen nicht für kontraproduktive Negativschlagzeilen sorgen – dann wiederum das Interesse, die Aufmerksamkeit und das Image eines Sportbetriebs positiv beeinflussen (Schierl 2005). Zugleich ist es erforderlich, dass der Sportbetrieb auch mit allen anderen relevanten Stakeholder-Gruppen (insbesondere den Fans und Mitgliedern), die wesentliche Beiträge zu dem Gesamterlebnis liefern, in einem permanenten, kommunikativen Austausch z. B. durch Kontakte und Besuche von Fan-Clubs, Autogrammstunden von Spielern, Diskussionen in Online-Foren und den Neuen Sozialen Medien steht.

7.5 Zusammenfassung

Sport-Marketing wurde als ein – wenngleich nicht mehr ganz neues, so doch noch relativ junges -Aufgabenfeld von Sportbetrieben vorgestellt, bei dem es im Kern um die Initiierung, Optimierung und Verstetigung der Austausch- und Leistungsbeziehungen zwischen dem Betrieb und seinen verschiedenen Stakeholder-Gruppen geht, über die alle jene Ressourcen mobilisiert und dauerhaft gesichert werden sollen, die notwendig sind, um den Bestand einer Organisation zu sichern und ihre Ziele zu erreichen. Wenngleich als Ursachen und treibende Kräfte für die steile Karriere des Marketings im Sport vielfältige, branchenspezifische Facetten der Sportentwicklung benannt werden können (Kommerzialisierung, Professionalisierung, Medialisierung, Differenzierung und Technisierung des Sports), so führen sie im Ergebnis dennoch dazu, dass Sportbetriebe gleich welchen Typs heute zunehmend unter ganz ähnlichen Rahmenbedingungen agieren, wie sie für Betriebe in anderen Märkten und Branchen schon seit längerem gelten: ein zunehmender bzw. verschärfter Wettbewerbsdruck angesichts einer stark gestiegenen Zahl von Sportanbietern und –angeboten, die um das prinzipiell begrenzte Budget an Zeit und Geld einer Sportnachfrage konkurrieren. Wenngleich die verschiedenen Branchen und Teilmärkte des Sports durch sehr heterogene Entwicklungsrichtungen gekennzeichnet sind (Wachstum, Stagnation, Rezession) legen viele Indizien den Schluss nahe, dass der Sportmarkt insgesamt sich im Übergang von der Wachstums- in eine Sättigungsphase zu befinden scheint.

Im Anschluss an verschiedene Interpretationen des modernen Marketingverständnisses wurden Entwicklungslinien und Varianten der noch nicht abgeschlossenen Diskussion zu den begrifflichen und konzeptionellen Grundlagen von Sport-Marketing als Forschungs- und Lehrgebiet vorgestellt. Zentral dabei ist zunächst die Unterscheidung zwischen einer Vermarktung *des Sports*, also aller mit Sport direkt oder indirekt verbundenen Sachgüter und Dienstleistungen, und einer Vermarktung *mit Sport*, bei der die Nutzung von Sport mit oder ohne den Erwerb entsprechender Rechte für Zwecke der Marken- und Unternehmenskommunikation von Betrieben aus (zumeist) anderen Branchen im Mittelpunkt

7.5 Zusammenfassung

steht. Daneben wurde auf eine Reihe weiterer Besonderheiten der Angebots-, Markt- und Nachfragestrukturen im Sport verwiesen, aus denen sich spezifische Anforderungen an das Marketingmanagement in bestimmten Marktsegmenten bzw. Betriebstypen des Sports ableiten lassen:

- das häufig aus einem komplexen Produktionsverbund unterschiedlicher, in konkurrierender und/oder kooperierender Beziehung stehender Akteure (Individuen, Gruppen, Non- und For-Profit-Betriebe) hervorgehende Verbundprodukt „Sport",
- komplexe Marktbeziehungen aufgrund des gleichzeitigen Angebots ganz unterschiedlicher Leistungen für heterogene Nachfragergruppen (Sporttreibende, passive Mitglieder, Eltern, Zuschauer, Sponsoren, Öffentlichkeit etc.), von denen viele nicht nur als zahlende Käufer bzw. „passive" Konsumenten, sondern als Co-Produzent in vielerlei Hinsicht handlungsaktiv und produktiv in den Leistungserstellungsprozess eingebunden sind,
- die Relativität der Bedeutung des Marketings als Aufgabenfeld in NPO-Betrieben des Sports, die in hohem Maße vom Grad der Markt- und Außenorientierung und den organisationspolitischen Zielen und dem Selbstverständnis eines entsprechenden Sportbetriebs abhängt,
- die dienstleistungs- und sporttypischen hohen Grade der Unsicherheit und der Enttäuschungsanfälligkeit im Hinblick auf die an Sport geknüpften Qualitäts- und Nutzenerwartungen,
- die häufig nur sehr begrenzten Ressourcen und Budgets, die den meisten Non- und For-Profit-Sportbetrieben aufgrund ihrer kleinbetrieblichen Struktur für Marketingzwecke zu Verfügung stehen,
- die Implikationen des Konsums von Sport a) als einer „serious leisure activity", wodurch Sport über die Akkumulation von Wissen und die Perfektionierung von Handlungstechniken zugleich Merkmale eines Investitionsguts aufweist und Konsumkapital aufgebaut wird, b) als eine relativ stark mit Emotionen aufgeladene, erlebnisintensive Freizeitbeschäftigung mit hohem Involvement-Potential und c) als eine Form des sozialen Konsums, deren Nutzwert in hohem Maße von der zeit- und ortsgleichen Kommunikation und Kooperation oder zumindest der Anwesenheit anderer Personen und Gruppen abhängt oder zumindest stark beeinflusst wird.

Aus der auf dem allgemeinen Modell des Managementprozesses basierenden Abfolge von Arbeitsschritten in der Erstellung einer Marketingkonzeption wurden anschließend exemplarisch drei Aufgabenfelder (Situationsanalyse, strategische Marketingplanung und Produktpolitik) ausgewählt, anhand derer einige marketingpraktische Konsequenzen dieser Besonderheiten im Hinblick auf den daraus resultierenden Optionen, Restriktionen und möglichen Folgeproblemen für Sportbetriebe verdeutlicht werden sollten.

Grundlage jeder Marketingplanung bildet eine möglichst umfassende und vollständige Ist-Analyse des Status Quo eines Betriebs. Zentrale Aufgaben einer **Situationsanalyse** sind dabei die Bestandsaufnahme und Bewertung aller wichtigen betriebsinternen Ressourcen und Sachverhalte (Strukturen, Prozesse und Potentiale) in den Bereichen des Angebots, der

Infrastruktur, der internen und externen Stakeholder (Personal und allen Kundengruppen i. w. S.), der Finanzen und der Organisations- und Entscheidungsstrukturen, sowie der strukturellen Gegebenheiten und Entwicklungen im unmittelbar relevanten, sozialräumlich abzugrenzenden Marktumfeld (insbesondere dem Nachfragepotential und der Konkurrenz) und dem erweiterten Makroumfeld (Gesellschaft, Technologie, Wirtschaft, Kultur, Sportsystem). Besondere Probleme und Herausforderungen ergeben sich dabei für Sportbetriebe insbesondere auf der Ebene der Gewinnung vollständiger, aktueller und valider Daten und Informationen, da sie budgetbedingt in der Regel nicht in der Lage sind, in größerem Umfang eigene Erhebungen (Primärforschung) durchzuführen, deshalb auf Formen des kostengünstigeren „desk research", also der sekundären Auswertung von bereits vorhandenem, in schriftlicher Form vorliegendem Informationsmaterial angewiesen sind, dieses aber in NPO-Sportbetrieben insbesondere bezüglich der betriebsinternen Sachverhalte häufig strukturbedingte Schwächen und Lücken aufweist.

Als kostengünstiges (und deshalb häufig eingesetztes) Verfahren der Interpretation und Bewertung gesammelter Informationen wurden die betriebsbezogene Stärken-Schwächen-Analyse, die markt- bzw. umfeldbezogene Chancen-Risiko-Analyse und die Weiterverarbeitung daraus hervorgehender Ergebnisse in Form einer SWOT-Analyse vorgestellt. Wenngleich qualifizierte Urteile, ob es sich bei einem bestimmten Sachverhalt um eine Stärke oder Schwäche handelt oder mit ihm Chancen oder Risiken verbunden sind, nicht immer eindeutig zu treffen sind, liefern entsprechende Analysen wichtige strategische Planungsgrundlagen. Mit ihnen lässt sich der Möglichkeitsraum sinnvoll erscheinender, strategischer Handlungsalternativen eingrenzen und die Diskussion über Prioritäten und Entscheidungen in den nachfolgenden Aufgabenfeldern kanalisieren.

Die beiden zentralen Aufgaben der **strategischen Marketingplanung** umfassen zum einen die Festlegung von Zielen, die idealerweise in ein konsistentes, aufeinander aufbauendes, pyramidales Zielsystems eingegliedert sein sollten und zum anderen die Wahl von Strategien der Zielrealisierung.

Besonderheiten und Herausforderungen in der **Zielplanung** von (NPO-)Sportbetrieben ergeben sich

- aus der besonderen Bedeutung von sportlichen, sozialen und gemeinwohlorientierten Zielen in (NPO-)Sportbetrieben, gegenüber denen ökonomische Ziele als bloßes Mittel zum Zweck in den Hintergrund treten und einen anderen Charakter haben (Kostendeckungsprinzip),
- aus der Selbstbindung von (NPO-)Sportbetrieben an ethische Grundprinzipien des Sports und daraus abgeleiteten Norm- und Regelsysteme des Sportsystems, sowie u. U. an bestimmte Sportarten,
- aus den mitunter beträchtlichen Problemen, mehrstufige und konsistente Zielsysteme zu entwickeln, da viele allgemeine Ziele und Werte des Sports (z. B. Förderung des Sport, Jugendarbeit, humaner Leistungssport) deutungsoffen und interpretationsbedürftig sind und sich aus ihnen keine konkreten, organisationspolitischen Handlungsziele und Strategien ableiten lassen,

- aus der daraus resultierenden Gefahr dauerhafter Zielkonflikte, die durch die heterogenen Interessenslagen verschiedener interner Mitglieder- und externer Anspruchsgruppen und nicht immer eindeutig bestimmbarer Beziehungen zwischen verschiedenen Zielen sowie Zielen und Mitteln zusätzlich befeuert werden.

Strategien wurden als Wege bzw. Stoßrichtungen der Zielrealisierung beschrieben. Die Strategiewahl richtet sich zum einen stark an den vorgängigen Entscheidungen über die jeweils angestrebten Ziele aus, hat dabei aber auch viele sportspezifische Besonderheiten zu berücksichtigen. So wurde aufgezeigt, dass sich Wachstumsziele (mehr Zuschauer, Mitglieder, Umsatz etc.) von Sportbetrieben relativ gut durch Diversifikationsstrategien, also einem zusätzlichen Angebot von neuen bzw. modifizierten Leistungen für alte oder neue Zielgruppen realisieren lassen, eine „einfache" inhaltliche oder geographische Ausdehnung eines bestehenden Angebots aber nicht immer möglich ist, da entweder die Schaffung neuer Kapazitäten zunächst größere Investitionen in neue Standorte und Infrastruktur erfordert, Sportbetriebe bisweilen aber auch gar keine oder nur eine eingeschränkte Wahl bezüglich ihres Standorts, des Angebotsumfangs und der für sie relevanten Märkte besitzen. So werden etwa die Wachstumsmöglichkeiten eines professionellen Sportclubs grundsätzlich durch die strukturellen Gegebenheiten an dessen jeweiligem Produktionsstandort (Größe des Stadions und des Einzugsgebiets) und ein durch die Art und Struktur des sportlichen Wettbewerbs bzw. Ligaspielbetriebs (Zahl von Spielbegegnungen, die Gegner etc.) streng limitiertes Angebot begrenzt.

Bei der Positionierung und Profilierung im Wettbewerb (Wettbewerbsvorteilsstrategien) verfügen Sportbetriebe über ähnliche Optionen und Ansatzpunkte, wie Dienstleistungsbetriebe in anderen Branchen: ein qualitativ besonders hochwertiges, ein preislich besonders günstiges oder ein inhaltlich besonders vielfältiges Angebot. Einer Profilierung von Sportbetrieben über fortlaufende Innovationen sind dagegen eher enge Grenzen gesetzt, da die Ausübung vieler Sportarten auf einem überbetrieblichen, häufig weltweit geltenden, einheitlichen Norm- und Regelwerk basieren und (im Unterschied zu technischmaterialen Sachgütern) auf Dienstleistungsinnovationen – abgesehen von Markenschutzrechten – keine Rechte auf eine zeitlich befristete, exklusive Verwertung in Form eines Patentschutzes erworben werden können.

Von starken Ambivalenzen geprägt ist das strategische Verhalten vieler Sportbetriebe gegenüber der Konkurrenz. Insbesondere für NPO-Sportbetriebe sind viele wirtschaftliche Konkurrenten zugleich Kooperationspartner, ohne die ein wesentlicher Teil ihres Angebots – Ligaspielbetrieb, Wettkämpfe, Turniere – gar nicht erstellt werden könnte. Die Akteure sind zudem über Verbandsstrukturen in ein gemeinsames Werte- und Solidarsystem eingebunden. Während für diese deshalb eher Strategien der Anpassung und der Kooperation typisch sind, bisweilen auch – vor allem bei Kleinvereinen – ein wettbewerbsignorierendes Verhalten zu beobachten ist, agieren Sportbetriebe des gewerblichen Sektors in deutlich höherem Maße unter den Bedingungen des „freien Spiel der Kräfte" auf Märkten. Strategien des Angriffs bzw. Konflikts mit dem Ziel der Verdrängung von

Konkurrenten aus dem Markt oder des Ausweichens in Nischenmärkte mit geringerem Wettbewerbsdruck stellen deshalb für diese wichtige Optionen dar.

Abschließend wurde das Beispiel der **Produktpolitik** als Teil der operativen Marketingplanung herausgegriffen, um auch hier der Frage nachzugehen, welche Konsequenzen sich aus den Strukturbesonderheiten des Sports für die Optionen und Gestaltungsparameter dieses Aufgabenfeldes ergeben. Im Rahmen der Festlegung des Leistungsprogramms wurde zunächst auf die besonders hohe Bedeutung von Zusatzleistungen in Sportbetrieben hingewiesen, da in Bezug auf viele Kernleistungen von Sportbetrieben keine Versprechen bzgl. eines bestimmten Niveaus und der Konstanz von Leistungsqualitäten und -ergebnissen abgegeben werden können. Zudem wurde Sport als ein Leistungsangebot vorgestellt, das auf einzelbetrieblicher Ebene zwar nur wenige Spielräume für "echte" Innovationen bietet, dafür allerdings besonders vielfältige Ansätze und Möglichkeiten der Differenzierung (nach Sportarten, Leistungsniveaus, alters- und geschlechtsspezifische Zielgruppen, Teilnahmemotive) und der Variation und Modifikation i. S. von Leistungsverbesserungen bietet. Ebenfalls relativ breite Gestaltungsmöglichkeiten bestehen hinsichtlich der Frage, welche und wie viele Leistungen einzeln oder im Paket als Leistungsbündel angeboten werden.

Besonders bedeutsame Gestaltungsparameter im Bereich der Produktpolitik ergeben sich für Sportbetriebe aus dem Tatbestand, dass es sich (zumeist) um Formen des **Gruppenkonsums** handelt und der Konsument als Co-Produzent an der Leistungserstellung mitwirkt. Dabei geht es zum einen um die Frage der Arbeitsteilung zwischen Leistungsanbieter und –nachfrager bei der Leistungserstellung. Im Rahmen einer Internalisierungsstrategie können entweder viele Teilleistungen anbieterseitig bereitgestellt (z. B. Buchung, Anreise, Sportgeräte, -bekleidung, Verpflegung) oder auf dem Weg einer Externalisierung an den Leistungsnehmer delegiert werden. Für bestimmte Teilleistungen bestehen heute auch zunehmende Möglichkeiten der Automatisierung (Telefonauskunft, elektronische Buchungs- und Kontrollsysteme).

Zum anderen stehen Sportbetriebe in besonderer Weise vor dem Problem bzw. der Aufgabe der Steuerung der Größe und Zusammensetzung von Gruppen und von Gruppenprozessen, da diese einen wichtigen Teil des Produkts „Sport" repräsentieren und die Qualitätwahrnehmung und -beurteilung in hohem Maße beeinflussen. Sportbetriebe bewegen sich dabei in einem Spannungsfeld von sportartabhängigen, institutionellen Vorgaben und ökonomischen Erfordernissen (z. B. notwendige Mindestgrößen von Kader, Mannschaften und Trainingsgruppen), den infra-strukturellen Gegebenheiten von Sportstätten, sowie den (partiell) unterschiedlichen Vorstellungen von Leistungsanbietern (Führungspersonal, Trainer) und einzelnen Nachfrager(gruppen) über die minimale, optimale oder noch tolerierte, maximale Größe von Gruppen, dem Grad ihrer homogenen bzw. heterogenen Zusammensetzung und der Art und Intensität des kommunikativen Kontakts. Zu den wichtigsten Kriterien und Gestaltungsparametern im Kontext eines notwendigen **Kompatibilitätsmanagements** gehören dabei

- die Bildung von eher homogenen Gruppen in sportlich-funktionaler Hinsicht mit entsprechenden Differenzierungen nach Alters-, Geschlechts- und Leistungsgruppen,
- die Förderung oder Tolerierung einer „maßvollen" Heterogenität, soweit keine negativen Interaktionseffekte durch inkompatible Personen und Gruppen auftreten,
- die Steuerung von Gruppengrößen und -zusammensetzungen über „intelligente" Zeit- und Raumarrangements, mit denen positive emotionale Gruppenerlebnisse gefördert und negative vermieden oder zumindest reduziert werden können,
- auf den Gebieten der Moderation und Konfliktbewältigung entsprechend qualifiziertes Personal, insbesondere in den Aufgabenfeldern der Sportpraxis (Trainer, Übungsleiter) und anderen sportbetrieblichen Konsumformen mit hoher sozialer Dichte (Zuschauersport, Vereinsfeiern, Versammlungen),
- Maßnahmen der Stimulierung und Aktivierung von Gruppenprozessen seitens des Leistungsanbieters durch multiple Reize, die den emotionalen Wert bzw. Nutzen gruppenbezogener Erlebnisse im Sport steigern.

Als weiteres produktpolitisches Handlungsfeld von Sportbetrieben wurde die **Zeitpolitik** vorgestellt. Die zeitliche Lage, Dauer und Häufigkeit von Sportangeboten sowie das Zeiterleben während des Sportkonsums repräsentieren für Sportbetriebe als Freizeitdienstleister heute zentrale Erfolgsfaktoren, da die mit Sport verbundenen Zeitkosten im Gefolge eines Gefühls der zunehmenden Zeitknappheit und der vielfältigen Instrumentalisierungen des Sports im Entscheidungskalkül von Sportkonsumenten mehr und mehr an Bedeutung gewinnen. Folgende Besonderheiten sind dabei zu berücksichtigen:

- Sportbetriebe besitzen auf die Zeitstruktur eines Teils ihrer Angebote (inbesondere im Bereich des Leistungs- und Wettkampfsports) keinen oder allenfalls einen geringen Einfluss, da diese in die Zuständigkeit übergeordneter Organisationseinheiten des Sportsystems (insbesondere der Fachverbände bzw. Veranstalter) fällt.
- Hinter Entscheidungen zu der zeitlichen Lage und Dauer von Sportangeboten (inbesondere im Bereich des Wettkampfs- und Zuschauersports) verbergen sich häufig große Interessensdivergenzen und Konflikte bzgl. der Zeitwünsche und -vorstellungen verschiedener Anspruchsgruppen (Sportler, Zuschauer, Medien, Sponsoren, Verbände, Veranstalter), zwischen denen es zu vermitteln gilt.
- Als Freizeitanbieter geht es für Sportbetriebe (nicht zuletzt auch aufgrund der Unsicherheiten bzgl. des Leistungsergebnisses) insbesondere darum, für eine hohe Qualität des Zeiterlebens während des Sportkonsums zu sorgen, d. h. das Aufkommen von Leerlauf, Langeweile, Wartezeiten etc. möglichst zu vermeiden.
- Während für den Vereins- und Zuschauersport davon ausgegangen werden kann, dass für die Mitglieder bzw. Kunden mehrheitlich das Zeiterleben bzw. der Prozessnutzen im Vordergrund steht (und damit dem Zeitverbrauch als Kostenfaktor ein Zeitnutzen gegenübersteht) dominiert im Bereich des überwiegend instrumentell motivierten, modernen Fitnesssports der Ergebnisnutzen als Qualitätsmaßstab, wodurch Zeiteffizienz

zu einem zentralen Leitbild der Technikentwicklung und Angebotsgestaltung (mehr Erfolg in kürzerer Zeit) wird.

In einem letzten Punkt wurde auf einige Besonderheiten des **Markenmanagements** von Sportbetrieben hingewiesen. Den verschiedenen Dimensionen des identitätsorientierten Markenkonzepts folgend wurde zunächst versucht zu begründen, warum Sportvereine als „Quasi-Marken" betrachtet werden können. Sie weisen in vielerlei Hinsicht oft Alleinstellungsmerkmale im Hinblick auf ihre Herkunft, ihrem Charakter, ihre Leistungen und Kompetenzen und ihrem Image auf, die denen starker bzw. bekannter Marken des gewerblichen Sektors sehr ähneln, obwohl diese in der Regel nicht auf einem in sich geschlossenen Markenführungskonzept und einer expliziten Markenpolitik beruhen.

Professionell betriebene Markenpolitik steht in (NPO-)Sportbetrieben demgegenüber vor eine Reihe besonderer Probleme und Herausforderungen:

- Marken symbolisieren u. a. ein bestimmtes Qualitätsniveau und Qualitätskonstanz, also zwei Eigenschaften bzw. Versprechen, die im Sport besonders schwer zu realisieren sind.
- Das Angebot von häufig sehr heterogenen Leistungen für heterogene Zielgruppen und die durch Rivalität und Polarität gekennzeichneten, emotional aufgeladenen Präferenzen für (oder gegen) einen Sportbetrieb erschweren den Aufbau und Pflege eines konsistenten Markenimages.
- Ebenso verfügen (insbesondere NPO-)Sportbetriebe nur über begrenzte Kontroll- und Steuerungsmöglichkeiten von Mitgliedern, Sportlern, Mitarbeitern, Fans und Medienvertreter, die mit ihrem Verhalten und ihrer Kommunikation jedoch das Markenbild eines Sportbetriebs in hohem Maße prägen und verbreiten.
- Neben dem für Dienstleistungen typischen Markierungsproblem eines immateriellen Produkt(kerns) bestehen für Sportbetriebe zudem häufig nur sehr begrenzte Möglichkeiten, eine exklusive Markenkommunikation zu betreiben, da sie häufig als Plattform für die Präsentation vieler weiterer Markenbotschaften von Sponsoren dienen.

Für ein erfolgreich betriebenes Markenmanagement von Sportbetrieben bedeutet dies, dass a) Aspekte des Qualitätsmanagements auch und gerade für alle Formen von Zusatzleistungen, b) eine Visualisierung und Materialisierung der Marke insbesondere über das Angebot von Merchandisingartikel, c) einige die Marke repräsentierende, medienaffine Schlüsselpersonen mit hohem Identifikationspotential und d) ein intensiver Dialog zu allen relevanten Stakeholder-Gruppen einen besonderen Stellenwert besitzen.

7.6 Wiederholungsfragen

- Welche Tatbestände und Entwicklungen können als Ursachen für die wachsende Bedeutung von Marketing als Aufgabenfeld in Sportbetrieben benannt werden?

- Welche marketingrelevanten Besonderheiten kennzeichnet das Produktportfolio von Sportbetrieben?
- Welche Konsequenzen ergeben sich für den Status des Marketings und die Marketingplanung aus dem Tatbestand, dass es sich bei Sportvereinen und -verbänden um Non-Profit-Betriebe handelt?
- Warum und in welcher Hinsicht kann Sport als eine Form des „sozialen Konsums" bezeichnet werden, und welche Konsequenzen ergeben sich daraus für die Marketingplanung?
- Welche Teilaufgaben bzw. Gegenstandsbereiche sind mit einer Markt- und Umfeldanalyse von Sportbetrieben verbunden?
- Welche Besonderheiten kennzeichnet die Zielstruktur von Sportbetrieben, und welche möglichen Folgeprobleme resultieren daraus bei der Zielplanung?
- Welche Gemeinsamkeiten und Unterschiede kennzeichnen eine Marktdurchdringungs- und eine Marktentwicklungsstrategie?
- Welche Aufgaben und Probleme stellen sich für Sportbetriebe im Rahmen eines „Kompatibilitätsmanagements", und welche Methoden bzw. Lösungsansätze stehen hierfür zu Verfügung?
- Worin bestehen die besonderen Herausforderungen und Probleme der Markenführung und des Markenmanagements von bzw. in Sportbetrieben?

Literatur

Ahlert, D., von Wangenheim, F., Kawohl, J., & Zimmer, M. (2008). *The concept of solution selling: Theoretical considerations and methods* (Projektbericht Nr. 3). Münster: MCM – Marketing Centrum Münster.

Ansoff, H. I. (1966). *Management-Strategie*. München: Moderne Industrie.

Anthes, F. (2009). *Strukturelle Entwicklungen von Sportvereinen. Eine empirische Analyse im Sportbund Pfalz*. Göttingen: Cuvillier.

Beech, J., & Chadwick, S. (Hrsg.). (2007). *The marketing of sport*. Harlow: Prentice Hall.

Becker, J. (2012). *Marketing-Konzeption* (10. Aufl.). München: Vahlen.

Benkenstein, M., & Uhrich, S. (2008). Konzeption und Determinanten des Markencommitment in Dienstleistungsbeziehungen. In M. Bruhn & B. Stauss (Hrsg.), *Dienstleistungsmarken. Forum Dienstleistungsmanagement* (S. 37–55). Wiesbaden: Gabler.

Berekoven, L., Eckert, W., & Ellenrieder, P. (2009). *Marktforschung. Methodische Grundlagen und praktische Anwendung* (12. Aufl.). Wiesbaden: Gabler.

Bette, K.-H., & Gugutzer, R. (2012). Sport als Sucht. Zur Soziologie einer stoffungebundenen Abhängigkeit. *Sport und Gesellschaft, 9*(2), 107–130.

Blömeke, E. (2009). Selektives Demarketing. Management von unprofitablen Kunden. *Schmalenbachs Zeitschrift für betriebswirtschaftliche Forschung, 61*(7), 804–835.

Braun, S. (2011). *Ehrenamtliches und freiwilliges Engagement im Sport. Sportbezogene Sonderauswertung der Freiwilligensurveys 1999, 2004 und 2009*. Köln: Strauß.

Braun, S. (Hrsg.). (2013). *Der Deutsche Olympische Sportbund in der Zivilgesellschaft. Eine sozialwissenschaftliche Analyse zur sportbezogenen Engagementpolitik*. Wiesbaden: Springer.

Breuer, C. (Hrsg.). (2013a). *Sportentwicklungsbericht 2011/12*. Köln: Strauß.

Breuer, C. (Hrsg.). (2013b). *Sportverbände, Sportvereine und ausgewählte Sportarten. Weiterführende Analysen der Sportentwicklungsberichte*. Köln: Strauß.

Bruhn, M. (2010). *Sponsoring. Systematische Planung und integrativer Einsatz* (5. Aufl.). Wiesbaden: Gabler.

Bruhn, M. (2012). *Marketing – Grundlagen für Studium und Praxis* (11. Aufl.). Wiesbaden: Gabler.

Burmann, C., & Blinda, L. (2006). *Markenführungskompetenzen. Handlungspotenziale einer identitätsbasierten Markenführung. Arbeitspapier Nr. 40 des Lehrstuhls für innovatives Markenmanagement*. Bremen: Universität Bremen.

Burmann, C., & Meffert, H. (2005). Theoretisches Grundkonzept der identitätsorientierten Markenführung. In H. Meffert, C. Burmann, & M. Koers (Hrsg.)., *Markenmanagement. Identitätsorientierte Markenführung und praktische Umsetzung* (2. Aufl., S. 37–72). Wiesbaden: Gabler.

Burmann, C., Blinda, L., & Nitschke, A. (2003). *Konzeptionelle Grundlagen des identitätsbasierten Markenmanagements. Arbeitspapier Nr. 1 des Lehrstuhls für innovatives Markenmanagement*. Bremen: Universität Bremen.

Chatrath, S. (2010). *Marketingrelevante Probleme im Gruppenkonsum. Eine ökonomische Analyse, Ansatzpunkte für deren Lösung und eine empirische Untersuchung am Beispiel eines Spiels der Fußballbundesliga*. Berlin: Freie Universität Berlin.

Creditreform (2011). *Branchenreport 2011. Grundsätzliche und finanzspezifische Entwicklungen der Fitnessbranche in Deutschland*. Neuss: Creditreform.

Deloitte & Touche Wirtschaftsprüfungsgesellschaft GmbH. (Hrsg.). (2013). *Finanzreport deutscher Profisportligen. Kreatives Wachstum*. Düsseldorf: Deloitte & Touche.

DFL Deutsche Fußball Liga (Hrsg.). (2013). *Bundesliga Report 2013*. Frankfurt a. M.: DFL.

Dietl, H. M. (2011). Besonderheiten des Sports – Was rechtfertigt eine „eigene Ökonomik"? In Emrich, E., Pierdzioch, C., Büch, M. (Hrsg.). *Europäische Sportmodelle – Gemeinsamkeiten und Differenzen in international vergleichender Perspektive.* (S. 17–36). Schorndorf: Hofmann

DOSB Deutscher Olympischer Sportbund (Hrsg.). (2013). *Bestanderhebung 2013*. http://www.dosb.de/de/service/download-center/statistiken. Zugegriffen: 3. Feb. 2014.

Drengner, J. (2013). *Markenkommunikation mit Sport. Wirkungsmodell für die Markenführung aus Sicht der Service-Dominant Logic*. Wiesbaden: Springer Gabler.

DSSV Arbeitgeberverband Deutscher Fitness- und Gesundheitsanlagen (Hrsg.). (2013). *Eckdaten Fitnesswirtschaft 2013*. Hamburg: DSSV.

Durchholz, C. (2012). *Ko-Kreation von Werten im Dienstleistungsmanagement. Eine empirische Analyse des Einflusses anderer Personen bei Sportevents*. Wiesbaden: Gabler Springer.

Emrich, E., Pierdzioch, C. & Balter, J. (2013). Motive ehrenamtlichen Engagements im Fußball. Eine sozio-ökonomische Analyse und das Problem sozialer Erwünschtheit. In H. Kempf, S. Nagel, & H. Dietl (Hrsg.), *Im Schatten der Sportwirtschaft* (S. 127–148). Schorndorf: Hofmann.

Freyer, W. (1988). Sport-Marketing. Ein neues Wundermittel für den Sport. *Olympische Jugend,* (11), 4–7.

Freyer, W. (2011). *Sport-Marketing. Modernes Marketing-Management für die Sportwirtschaft* (4. neu bearb. Auflage). Berlin: Erich Schmidt.

Fullerton, S. (2010). *Sports marketing* (2. Aufl.). New York: McGraw-Hill.

Fullerton, S., & Merz, G. R. (2008). The four domains of sports marketing. A conceptual framework. *Sport Marketing Quarterly, 17*(2), 90–108.

Graumann, M., & Thieme, L. (2010). *Controlling im Sport*. Berlin: Erich Schmidt.

Haas, O. (2006). *Controlling in Fußballunternehmen. Management und Wirtschaft in Sportvereinen* (2. Aufl.). Berlin: Erich Schmidt.

Heinemann, K., & Schubert, M. (1995). Wer zahlt was für wen wofür? Befunde zu den Kosten des Vereinssports und ihrer Verteilung. *Sportwissenschaft, 25*(1), 75–89.

Helmig, B., & Boenigk, S. (2012). *Nonprofit management*. München: Vahlen.

Helmig, B., & Michalski, S. (2007). Wie viel Markt braucht eine Nonprofit-Organisation? *Die Unternehmung, 61*(4), 309–324.

Hermanns, A., & Riedmüller, F. (Hrsg.). (2008). *Management-Handbuch Sport-Marketing* (2. Aufl.). München: Vahlen.

Homburg, C. (2013). *Marketingmanagement. Strategie. Instrumente. Umsetzung. Unternehmensführung* (4. überarb. u. erw. Auflage). Wiesbaden: Springer Gabler.

Hovemann, G., & Schubert, M. (2007). Zur Struktur und den Beziehungen von Zeit und Geld als Ressourcen in Sportvereinen. Ergebnisse einer empirischen Untersuchung. In H.-D. Horch, C. Breuer, G. Hovemann, S. Kaiser, & V. Römisch (Hrsg.), *Qualitätsmanagement im Sport. Beiträge des 5. Deutschen Sportökonomie-Kongresses* (S. 117–132). Köln: Institut für Sportökonomie und Sportmanagement.

Jackson, S. A., & Kimiecik, J. C. (2008). The flow perspective of optimal experience in sport and physical activity. In T. S. Horn (Hrsg.), *Advances in sport psychology* (3. Aufl., S. 377–399). Champaign Ill.: Human Kinetics.

Kaser, K., & Oelker, D. B. (2008). *Sports and Entertainment Marketing* (3. Aufl.). Natorp: Thompson Higher Education.

Keller, C. (2008). Strategisches Management im Sport. In G. Nufer & A. Bühler (Hrsg.), *Management im Sport. Betriebswirtschaftliche Grundlagen und Anwendungen der modernen Sportökonomie* (2. neu bearb. u. erw. Auflage). Berlin: Erich Schmidt.

Kotler, P., & Bliemel, F. (2005). *Marketing-Management. Analyse, Planung und Verwirklichung* (11. Aufl.). Stuttgart: Schäffer-Poeschel.

Linder, S. B. (1973). *Warum wir keine Zeit mehr haben. Das Linder-Axiom*. Frankfurt a. M.: Syndikat.

Martin, C. L., & Pranter, C. A. (1989). Compatibility management: Customer-to-customer relationships in service environments. *Journal of Services Marketing, 3*(3), 5–15.

Meffert, H. & Bruhn, M. (2009). Dienstleistungsmarketing. Grundlagen - Konzepte - Methoden. (6. Aufl.). Wiesbaden: Gabler.

Meffert, H., & Burmann, C. (2005). Wandel in der Markenführung. Vom instrumentellen zur identitätsorientierten Markenverständnis. In H. Meffert, C. Burmann, & M. Koers (Hrsg.), *Markenmanagement. Identitätsorientierte Markenführung und praktische Umsetzung* (2. Aufl.). Wiesbaden: Gabler.

Meffert, H., Burmann, C., & Koers, M. (2002). Stellenwert und Gegenstand des Markenmanagement. In H. Meffert, C. Burmann, & M. Koers (Hrsg.), *Markenmanagement* (S. 3–16). Wiesbaden: Springer Gabler.

Meffert, H., Burmann, C., & Kirchgeorg, M. (2012). *Marketing. Grundlagen marktorientierter Unternehmensführung* (11., überarb. u. erw. Auflage). Wiesbaden: Gabler.

Meyer, A., & Blümelhuber, C. (1998). No Frills. Oder wenn auch für Dienstleister gilt: Less is more. In A. Meyer (Hrsg.), *Handbuch Dienstleistungs-Marketing* (S. 736–750). Stuttgart: Schäffer-Poeschel.

Mullin, B. J., Hardy, S., & Sutton, W. A. (2007). *Sport marketing* (3. Aufl.). Champaign Ill.: Human Kinetics.

Nufer, G. (2010). *Ambush Marketing im Sport. Grundlagen. Strategien. Wirkungen*. Berlin: Erich Schmidt.

Nufer, G., & Bühler, A. (Hrsg.). (2011). *Marketing im Sport. Grundlagen, Trends und internationale Perspektiven des modernen Sportmarketing* (2. völlig neu bearb. und erw. Auflage). Berlin: Erich Schmidt.

Oediger, F. (2012). Sponsoringmarkt wächst. *SPONSORS*, Heft 4.

Pitts, B., & Stotlar, D. K. (2007). *Fundamentals of Sport Marketing*. (3. Aufl.). Morgantown: Fitness Information Technology.

Preuß, H., Alfs, C., & Ahlert, G. (2012). *Sport als Wirtschaftsbranche. Der Sportkonsum privater Haushalte in Deutschland*. Wiesbaden: Springer Gabler.

Preuß, H., Huber, F., Schunk, H., & Könecke, T. (Hrsg.). (2014). *Marken und Sport. Aktuelle Aspekte der Markenführung im Sport und mit Sport*. Wiesbaden: Springer Gabler.

Reinhardt, U. (2013). *Freizeit-Monitor 2013. Stiftung für Zukunftsfragen*. Berlin: epubli.

Rinderspacher, J. P., & Herrmann-Stojanov, I. (2006). *Schöne Zeiten. 45 Betrachtungen über den Umgang mit der Zeit*. Bonn: Dietz.

Rohlmann, P. (2011). Merchandising im Sport. In G. Nufer & A. Bühler (Hrsg.)., *Marketing im Sport. Grundlagen, Trends und internationale Perspektiven des modernen Sportmarketing* (2. Aufl., S. 175–206). Berlin: Erich Schmidt.

Rulofs, B. (2011). Diversity Management. Perspektiven und konzeptionelle Ansätze für den Umgang mit Vielfalt im organisierten Sport. In S. Braun & T. Nobis (Hrsg.), *Migration, Integration und Sport. Zivilgesellschaft vor Ort* (S. 83–98). Wiesbaden: VS-Verlag.

Schade, M. (2012). *Identitätsbasierte Markenführung professioneller Sportvereine*. Wiesbaden: Springer Gabler.

Schäffer, S. M. (2003). *Die Zeitverwendung von Konsumenten. Implikationen für das Dienstleistungsmarketing*. Wiesbaden: DUV.

Schierl, T. (2005). Sport und Marke. Einige Überlegungen zur Markierung von Sportlern und Sportvereinen. In H.-D. Horch, G. Hovemann, S. Kaiser, & K. Viebahn (Hrsg.), *Perspektiven des Sportmarketing. Besonderheiten. Herausforderungen. Tendenzen* (S. 249–262). Köln: Institut für Sportökonomie und Sportmanagement.

Schilhaneck, M. (2008). *Zielorientiertes Management von Fußballunternehmen. Konzepte und Begründungen für ein erfolgreiches Marken- und Kundenbindungsmanagement*. Wiesbaden: Gabler.

Schlesinger, T., & Nagel, S. (2011). „Freiwilliges Engagement im Sportverein ist Ehrensache!". Ein Modell zur Analyse der Mitarbeitsentscheidung in Sportvereinen. *Sport und Gesellschaft, 8*(1), 3–27.

Schmid, U. (2006). *Event-Management im Spitzen-Wettkampfsport. Entwicklungen, Ziele und Organisationsprinzipien*. Hamburg: Dr. Kovac.

Schubert, M. (2009). Sport-Marketing – einige Überegungen zu den konstitutiven Grundlagen eines neuen Forschungs- und Aufgabenfeldes. In C. Breuer & A. Thiel (Hrsg.), *Handbuch Sportmanagement* (2. Aufl., 247–264). Schorndorf: Hofmann.

Schwarz, E. C., Hunter, J. D., & Lafleur, A. (2013). *Advanced theory and practice in sport marketing* (2. Aufl.). London: Routledge.

Shank, M. D. (2009). *Sport marketing. A strategic perspective* (4. Aufl.). New Jersey: Pearson Prentice Hall.

Shilbury, D., Westerbeek, H., Quick, S., & Funk, D. (2009). *Strategic sport marketing* (3. Aufl.). Sydney: Allen & Unwin.

Stebbins, R. A. (2007). *Serious leisure: A perspective for our time*. New Brunswick: Transaction.

Thakor, M. V., Suri, R., & Saleh, K. (2008). Effects of service settings and other consumer's age on the service perceptions of young consumers. *Journal of Retailing, 84*(2), 137–149.

Thiel, A. (2002). *Konflikte in Sportspielmannschaften des Spitzensports. Entstehung und Management*. Schorndorf: Hofmann.

Thiel, A., & Meier, H. (2004). Überleben durch Abwehr – Zur Lernfähigkeit des Sportvereins. *Sport und Gesellschaft, 1*(2), 103–124.

Thiel, A., & Ribler, A. (2009). Mediation und Konflikteskalationen in Sportorganisationen. In C. Breuer & A. Thiel (Hrsg.), *Handbuch Sportmanagement* (2. Aufl., S. 55–68). Schorndorf: Hofmann.

Uhrich, S. (2008). *Stadionatmosphäre als verhaltenswissenschaftliches Konstrukt im Sportmarketing*. Wiesbaden: Gabler.

Vargo, S. L., & Lusch, R. F. (2004). Evolving to a new dominant logic for marketing. *Journal of Marketing, 68*(1), 1–17.

Woratschek, H., & Beier, K. (2001). Sportmarketing. In D. Tscheulin & B. Helmig, *(Hrsg.), Branchenspezifisches Marketing. Grundlagen – Besonderheiten – Gemeinsamkeiten* (S. 205–235). Wiesbaden: Gabler.

Woratschek, H., Horbel, D., & Popp, B. (Hrsg.). (2014). *Value co-creation in sport management* (European Sport Management Quarterly Vol 14(1). London: Routledge.

Ziemainz, H., Stoll, O., Drescher, A., Erath, R., Schipfer, M., & Zeulner, B. (2013). Die Gefährdung zur Sportsucht in Ausdauersportarten. *Deutsche Zeitschrift für Sportmedizin, 64*(2), 57–64.

Weiterführende Literatur

Adjouri, N., & Stastny, P. (2006). *Sport-Branding – Mit Sport-Sponsoring zum Markenerfolg*. Wiesbaden: Gabler.

Bruhn, M. (2011). *Marketing für Nonprofit-Organisationen. Grundlagen – Konzepte – Instrumente* (2. akt. u. überarb. Auflage). Stuttgart: Kohlhammer.

Daumann, F. & Langer, M. (2003). Vermarktung von Sportleistung und Sportveranstaltung. In J. Fritzweiler (Hrsg.), *Sport-Marketing und Recht* (S. 1–31). Basel: Helbing & Lichtenhahn.

Herrmanns, A., & Riedmüller, F. (Hrsg.). (2008). *Management-Handbuch Sport-Marketing* (2. Aufl.). München: Franz Vahlen.

Riedmüller, F. (2011). *Professionelle Vermarktung von Sportvereinen*. Berlin: Erich Schmidt.

Welling, M. (2005). Markenführung im professionellen Ligasport. In H. Meffert, C. Burmann, & M. Koers (Hrsg.), *Markenmanagement – Identitätsorientierte Markenführung und praktische Umsetzung* (2. Aufl.). Wiesbaden: Gabler.

Besonderheiten einer Personalwirtschaft von Freiwilligenarbeitern

8

Im Zentrum dieses Kapitels sollen die Besonderheiten einer Personalwirtschaft für Freiwilligenarbeiter in Sportvereinen stehen. Diese Besonderheiten können jedoch wiederum nur vor dem Hintergrund eines Vergleichs mit den allgemeingültigen Aussagen der Personalwirtschaftslehre und den Vorgehensweisen in großen Industriebetrieben herausgearbeitet werden. Die Personalwirtschaft (Personalwesen, Human Ressource Management) ist eine spezielle funktionale Betriebswirtschaftslehre mit großen interdisziplinär verhaltenswissenschaftlich ausgerichteten Anteilen.[1] Sie beschäftigt sich mit der Frage, wie die richtigen Mitarbeiter, zur richtigen Zeit, am richtigen Ort, wirtschaftlich bereitgestellt, eingesetzt und gesichert werden können. Zu diesem Zweck entwickelt sie Instrumente und Methoden. Die Frage ist nun, inwieweit die allgemeinen Erkenntnisse der Personalwirtschaft auf den Sport übertragen werden können. Dies hängt davon ab, inwieweit Produkte, Organisationen, institutionelle Regelungen und Personal dem in der „allgemeinen Betriebswirtschaftslehre" vor allem betrachteten Fall der Produktion von Sachgütern in großen Unternehmen mit bezahlten Mitarbeitern für externe Kunden auf Märkten entsprechen. Je mehr dies – wie z. B. in der Sportartikelindustrie – der Fall ist, desto eher kann auf allgemeine Lehrbücher verwiesen werden (z. B. Hentze und Kammel 2001). Im Sport gibt es jedoch – wie bisher gezeigt wurde – viele Besonderheiten. Eine bedeutende Besonderheit ist die Freiwilligenarbeit (volunteering). Diese Sammelbezeichnung umfasst unterschiedliche Ausmaße und Formen der Mitarbeit, die freiwillig und ohne Bezahlung erfolgen.

---

[1] Daneben hat sich eine reine Personalökonomik entwickelt (Lazear 1995). Sie beschäftigt sich auf der Basis der ökonomischen Theorie z. B. mit dem Zusammenhang von Lohn und Leistung. Bezogen auf den Sport handelt es sich z. B. darum wie Vertragslaufzeiten, der Anteil von Leistungsprämien am Einkommen von Spielern oder die Verteilung der Einkommen in einer Fußballmannschaft die sportliche Leistung beeinflussen (Frick und Prinz 2005). Speziell für den Sport relevant ist auch die Ökonomie von Superstars und Tournaments. Bei letzteren orientiert sich der Lohn nicht am Wertgrenzprodukt, sondern – typisch für sportliche Wettkämpfe – an den relativen Differenzen der Leistungen. Relativ kleine Unterschiede in der Leistung können dadurch zu großen Gehaltsunterschieden führen.

Neben denen, die ein Amt bekleiden, gibt es viele, die ohne Amt, z. B. bei Sportveranstaltungen, mithelfen und „Ehre" ist nur ein möglicher Anreiz dazu. Deshalb bevorzugen wir den weiteren Begriff „Freiwilligenarbeiter" (volunteer) gegenüber dem des „ehrenamtlichen Mitarbeiters". Freiwilligenarbeit ist die wichtigste Ressource der Sportvereine. Nach Schubert et al. (2007) beträgt bereits der geschätzte Wert der Freiwilligenarbeit, die an ein Amt gebunden ist, etwa das doppelte der Mitgliedsbeiträge. Die Gewinnung qualifizierter Freiwilligenarbeiter wird von den Vorständen neben der Beschaffung finanzieller Ressourcen regelmäßig als größtes Managementproblem der Sportvereine bezeichnet. Daher sollen sich die folgenden Überlegungen mit Freiwilligenarbeitern in Vereinen[2] beschäftigen. Strenggenommen darf man hier nicht mehr von Personalwirtschaft reden, denn der Begriff „Personal" bezieht sich auf abhängig Beschäftigte, die gegen Entgelt eine Arbeitsleistung erbringen. Ein alternativer Begriff wäre, wie Wadsack (2004) vorgeschlagen hat, „Mitarbeitermanagement".

In Deutschland haben sich in den letzten Jahrzehnten viele Autoren mit Freiwilligenarbeitern bzw. Ehrenamtlichen in Sportvereinen (z. B. Heinemann 1988) und ihrer Motivation (z. B. Flatau 2009; Schlesinger und Nagel 2011) beschäftigt. Jedoch finden sich nur wenige Beiträge, die dies explizit unter einer personalwirtschaftlichen Perspektive tun. Horch (1987, 2005) arbeitet „Personalwirtschaftliche Aspekte ehrenamtlicher Mitarbeiter" heraus. Wadsack (1992) hat sich vor und nach seiner Dissertation, in der er eine anreizbeitrags-theoretische Fundierung für ein „Attraktives Ehrenamt" legte, am häufigsten zu diesem Thema geäußert (z. B. auch 2004). Allgemein zum Nonprofit-Management sind die Handbücher aus den Universitäten Fribourg (z. B. Schwarz 1992) und Wien (Badelt 2002) interessant. Einen umfassenden Versuch zu einer theoretischen Systematisierung einer Personalwirtschaft für Ehrenamtliche bietet Wehling (1993). Aus der englischsprachigen Literatur sei z. B. auf Chelladurai (1999) sowie Cuskelly und Auld (1999) verwiesen. Letztere haben auch den praxisorientierten Leitfaden „Recruiting Volunteers" der Australian Sports Commission mit vielen Checklisten verfasst (www.ausport.gov.au). Im Folgenden wird auf Argumente und Formulierungen aus Horch (1987) sowie Horch (2005) zurückgegriffen.

In diesem Kapitel sollen jeweils einleitend die allgemeinen Problemstellungen und Lösungsvorschläge der Personalwirtschaft vorgestellt werden, wie sie am ehesten in großen Unternehmen umgesetzt werden, um dann vor diesem Hintergrund die speziellen Besonderheiten einer Personalwirtschaft für Freiwilligenarbeiter in Sportvereinen herauszuarbeiten. Die Problemstellungen sind grundsätzlich ähnlich. Die Praxis sieht jedoch sehr unterschiedlich aus und die Problemlösungen müssen teilweise auch andersartig ausfallen. Die Besonderheiten ergeben sich z. B. aus unterschiedlichen Verfahren, wie der Wahl statt einer Anstellung von Amtsinhabern. Vor allem resultieren sie daraus, dass die Anreize für die Freiwilligenarbeit zu einem großen Teil direkt aus den Zielen, der Arbeit und der Gruppe erwachsen müssen, weil indirekte Anreize, wie Bezahlung und Zwang, nicht zur

---

[2] Für Verbände (s. Winkler und Karhausen 1985) oder für Sportgroßveranstaltungen (z. B. Preuß 1999) stellt sich das Problem in modifizierter Form.

Verfügung stehen. Insgesamt wird sich dabei erstens zeigen, dass die Personalwirtschaft der Freiwilligenarbeiter in Sportvereinen nicht so durchrationalisiert ist wie die allgemeine Personalwirtschaft in großen Unternehmen. Daraus ergeben sich einerseits Nachteile, die zu einem nicht unerheblichen Teil durch eine rationalere Vorgehensweise behoben werden könnten. Andererseits hängen diese Unterschiede aber mit allgemeinen Besonderheiten von Sportvereinen und Freiwilligenarbeit zusammen und haben daher positive Funktionen für die Bewahrung dieser Besonderheiten.

Die Gliederung orientiert sich an acht zentralen Fragenkomplexen der Personalwirtschaft: 1. Welche Ziele hat die Personalwirtschaft, und wie kann sie organisiert werden? 2. Wie kann der Bedarf an Personal ermittelt werden? 3. Wie kann Personal gewonnen, 4. ausgewählt und eingeordnet, 5. motiviert und eingebunden, 6. ausgebildet und sozialisiert, 7. kontrolliert und bewertet und 8. entlassen werden (Marr und Stitzel 1979)? Abschließend wird 9. die unterschiedliche Art, auf der idealtypisch die Anpassung von Individuum und Organisation in Sportvereinen im Vergleich zu großen Industriebetrieben erfolgt, zusammengefasst. Anknüpfend an dieses Kapitel wird im folgenden Kap. 9 zum Thema „Partizipatives Management" aufgezeigt, dass diese Besonderheiten auch für das Management von Unternehmen von Interesse sein können.

Am Ende soll der Leser gelernt haben:

- Mit welchen Fragestellungen beschäftigt sich die Personalwirtschaft?
- Welche Besonderheiten weist eine Personalwirtschaft für Freiwilligenarbeiter auf?
- Was besagt die Anreiz-Beitrags-Theorie, und warum und wie muss sie für Freiwilligenarbeiter modifiziert werden?
- Welche individuellen Nutzen- und Kostenaspekte sind mit der Freiwilligenarbeit verbunden, und wie kann ihre Kenntnis praktisch genutzt werden?
- Welche unterschiedlichen Wege der Anpassung von Individuum und Organisation gibt es, und wie unterscheidet sich hierbei ein Sportverein idealtypisch von einem großen Unternehmen?

8.1 Ziele und Organisation

Das klassische Ziel der Personalwirtschaft ist Kostenminimierung. Nach dem neueren Verständnis im Sinne eines Human Ressource Managements geht es jedoch um Investitionen in Humankapital, also nicht um Kostenminimierung, sondern um Nutzenmaximierung. In großen Unternehmen sind die Aufgaben der Personalwirtschaft ausdifferenziert an spezifische Stellen und Abteilungen und/oder gehören zu den Führungsaufgaben des Managements (s. Abb. 8.1).

In Vereinen kann das Ziel nicht Kostenminimierung heißen, weil Kosten im engeren Sinne von Gehältern bei Freiwilligenarbeit ja nicht anfallen. Das Ziel ist daher auf jeden Fall Nutzenmaximierung. Die Personalwirtschaft ist in Sportvereinen – wie auch in Kleinbetrieben – typischerweise nicht ausdifferenziert. Sie gehört hier zu den allgemeinen, aber

Aufgaben einer Personalwirtschaft	Mitarbeiter eines Unternehmens	Freiwilligenarbeiter im Verein
1. Organisation und Ziele	Träger: - ausdifferenzierte Stelle oder Abteilung (Personalabteilung) - Führungsfunktion Ziel: Kostenminimierung	Träger: - Personalwesen selten ausdifferenziert - informelle Aufgabe der Führung - meist eher traditional als rational geregelt, daher viel Spielraum für Verbesserungen Ziel: Nutzenmaximierung
2. Bedarfsplanung	- Ermittlung des Arbeitskräftebedarfs für bestimmte Aufgaben - Vergleich des Soll-Zustandes mit dem Ist-Zustand - Prognose über die zukünftige Entwicklung - Zusammenfassung der Aufgaben zu Rollen - Personaldatenbank, Arbeitsplatzbeschreibungen, Anforderungsanalysen	- traditionale Festlegung - und geringere Differenzierung der Positionen - Trägerspezialisierung: nach vorhandenem Personal, Logik auf den Kopf gestellt Funktion: Motivation, Einbindung
3. Beschaffung	Kreis an geeigneten Bewerbern beschaffen - aktiv oder passiv - intern oder extern	- beschränkt auf internen Kreis der Mitglieder - beginnt daher bei der Art der Gewinnung neuer Mitglieder - informelle Führungsaufgabe, wenig formalisierte Instrumente - kleiner Kreis potentieller Kandidaten: geringe Mitarbeitsbereitschaft, Abbruch der Suche, sobald ein Kandidat gefunden ist Funktion: - Interessenidentität - Demokratie

Abb. 8.1 Besonderheiten einer Personalwirtschaft für Freiwilligenarbeiter in Sportvereinen – Teil 1

eher nur informellen Aufgaben der Führung. Das Management von Freiwilligenarbeitern erfolgt eher traditional, ungeplant als rational. Ob überhaupt Personalmanagement nötig ist, hängt von der konkreten Problemlage eines Vereins ab (Wadsack 2004). In Analogie zu Webers (1972) Kriterien der direkten Demokratie kann man sagen, dass Freiwilligenarbeit umso einfacher funktioniert, je jünger und je kleiner die Organisation ist, je homogener die Interessen und die Fähigkeiten der Mitglieder sind und je weniger Fachwissen verlangt wird. Es kann vermutet werden, dass es für viele Vereine immer weniger ausreicht, Freiwilligenarbeiter auf traditionellem Wege – sozusagen beiläufig – zu gewinnen, sondern dass dies rational organisiert werden sollte. Hierbei kann man Vieles aus der allgemeinen Managementlehre lernen, ohne dass diese Rationalisierung identisch mit Verberuflichung und Kommerzialisierung sein muss. Nonprofit-Organisationen und Freiwilligenarbeit haben vielmehr eine eigene Rationalität, die beachtet werden muss, wenn man sie nicht zerstören will (Horch 1995). Wadsack (2004) schlägt z. B. vor, auch in Sportvereinen die Aufgabe des Mitarbeitermanagements teilweise einem speziellen Vorstandsmitglied zuzuordnen. Er soll aber diese Aufgaben nicht alleine übernehmen, sondern andere Mitarbeiter aus Vorstand und Abteilungen unterstützen und beraten.

8.2 Personalbedarfsplanung

Der erste Schritt einer Personalwirtschaft gilt der Ermittlung des quantitativen, qualitativen, zeitlichen und örtlichen Arbeitskräftebedarfs, dem Vergleich dieses Soll-Zustandes mit dem Ist-Zustand und dem Versuch, Prognosen über die zukünftige Entwicklung dieser beiden Größen zu erstellen. Dazu müssen eine Personaldatenbank mit einerseits den Kompetenzen der Mitarbeiter sowie andererseits den Arbeitsplatzbeschreibungen und Anforderungsanalysen erstellt und diese miteinander verglichen werden. Entsteht eine Unter- oder Überdeckung, so muss geplant werden, wie diese beseitigt werden kann. Außerdem muss entschieden werden, wie die anfallenden Aufgaben zu Rollen und Subsystemen zusammengefasst werden können (s. Abb. 8.1).

Eine solche rationale Planung des Personalbedarfs ist für Sportvereine eher untypisch. Der Kern der ehrenamtlichen Positionen steht meist traditional fest. Viele Positionen, wie Beisitzer, sind nicht funktional ausdifferenziert. Eine weitgehende Differenzierung scheitert an der geringen Mitarbeitsbereitschaft und daran, dass die Mitarbeit nicht auf Dauer kalkulierbar sowie die Fähigkeiten und Kenntnisse von Freiwilligenarbeitern eher generell als speziell sind (Mayntz 1963). Zudem würde eine extreme Arbeitszergliederung auch demotivierend wirken. Wadsack (1992) unterteilt die gewünschten Beiträge der Freiwilligenarbeiter, also die Art des Bedarfs, abstrakt in direkte und indirekte. Letzteres sind solche, die über ihre Beziehungen eingeworben werden können, wie die Nutzung beruflicher Ressourcen (Computer, Kopierer, Sekretärin). Bei den direkten Beiträgen unterscheidet er weiter nach quantitativen und qualitativen. Quantitativ geht es um die verfügbare Zeit der Freiwilligenarbeiter und ihre Platzierung im Tagesablauf bzw. das Ausmaß, in dem sie frei darüber verfügen können (ihre Disponibilität). Qualitativ geht es um die gewünschten Kompetenzen: Fach-, Methoden-, Sozial- und strategische Kompetenzen. Die wichtigste Besonderheit der Bedarfsplanung in Vereinen ist, dass man häufig geradezu eine Umkehrung der Logik der Personalwirtschaft feststellen kann. Positionen werden nicht nach dem Bedarf, sondern nach dem quantitativen und qualitativen Angebot an Arbeitskräften gebildet oder personalisiert ausgestaltet. Das gilt vor allem für Beisitzer-Positionen, weniger für die standardmäßig festgelegten Aufgaben, wie Schriftführer oder Schatzmeister. Die Zahl der Beisitzer kann erweitert werden, wenn sich mehr Mitglieder interessiert zeigen mitzuarbeiten. Geser (1980) spricht hier von Trägerspezialisierung. Ämter und Aufgaben erfüllen in freiwilligen Vereinigungen nämlich nicht nur die Funktion, die Arbeiten zu verteilen und ihre Erfüllung zu sichern, sondern haben gleichzeitig Einbindungs- und Motivationsfunktionen. Solange durch die Vergrößerung des Vorstands nicht die Arbeitsfähigkeit und Integrationskraft der Gruppe gefährdet wird, ist dies eine sinnvolle Vorgehensweise, weil hierdurch Mitglieder eingebunden und die gegenwärtigen Aufgaben auf mehr Personen verteilt werden können sowie für zukünftige Aufgaben ein Arbeitskräftepotential gesichert werden kann. In freiwilligen Vereinigungen muss zudem geklärt werden, wie die anfallenden Arbeiten auf die verschiedenen Personaltypen (ehrenamtliche, nebenamtliche, hauptamtliche) verteilt werden sollen. Dazu müssen die Vor- und Nachteile der Freiwilligenarbeit für die Organisation im Vergleich zur bezahlten abgewogen werden (s. Kap. 3.4.2).

8.3 Personalbeschaffung

Die Beschaffung eines Kreises an geeigneten Kandidaten für zu besetzende Stellen wird in der Soziologie in Anlehnung an das Militär als Rekrutierung bezeichnet. Es handelt sich nicht um einen einseitigen, sondern um einen wechselseitigen Prozess der Anziehung und Auswahl zwischen Organisation und Individuum. Je nachdem, ob die Initiative von der Organisation ausgeht oder nicht, spricht man von aktiver (Selektion) oder passiver Rekrutierung (Selbstselektion). Je nachdem, ob sich dieser Kreis auf vorhandenes Personal oder Externe bezieht, spricht man von interner bzw. externer Beschaffung. Zur aktiven externen Beschaffung dienen verschiedene Instrumente, wie Anzeigen, Beauftragung oder Nutzung von Agenturen, allgemeine Öffentlichkeitsarbeit oder informelle Gespräche (s. Abb. 8.1).

Es ist ein zentrales Charakteristikum von Vereinen, dass bei der Besetzung von Ehrenämtern nur interne Beschaffung erlaubt ist.[3] Das gehört zur Logik demokratischer Selbstverwaltung. Dadurch wird einerseits zwar der Kreis der potentiellen Mitarbeiter erheblich eingeschränkt, andererseits wird aber gesichert, dass die Mitarbeiter weitgehend mit den Zielen der Vereinigung übereinstimmen und bereits bekannt und meistens auch erprobt sind (Wadsack 1990). Die Rekrutierung von Freiwilligenarbeitern beginnt daher bereits bei der Rekrutierung neuer Mitglieder. Entscheidend dürfte sein, ob hier auf Qualität geachtet und ob Freiwilligenarbeit zu den Mitgliedschaftserwartungen oder gar -pflichten gehört. Je mehr bei der Mitgliederrekrutierung nur auf Quantität geachtet wird, desto größer wird der Kreis der rein an der Dienstleistung Orientierten sein, die kaum für eine Mitarbeit zu gewinnen sind (Mayntz 1959). Zu den informellen Aufgaben der Vereinsführung gehört es, die Mitarbeitsbereitschaft der Mitglieder zu beobachten, zu testen und zu fördern, Mitarbeitsmotive und -hemmnisse zu kennen. Die Rekrutierung erfolgt (zu 2/3) mündlich durch persönliche Ansprache oder beruht (zu 1/3) auf Eigeninitiative der Kandidaten (passive Rekrutierung, Selbstselektion) (Braun 2011). Eine zentrale Erfassung der Mitarbeitsbereitschaft könnte durch eine Mitgliederbefragung erfolgen. Eine formale Zusammenfassung und Zentralisierung der Informationen über Mitarbeitsbereitschaft und -fähigkeiten in sogenannten Förderkarteien wie in Unternehmen (Wöhe 2005) bzw. einer entsprechend geführte Mitgliederkartei (Wadsack 1990) wird sich wegen des damit verbundenen Aufwandes jedoch nur selten realisieren lassen. Der Kreis potentieller Bewerber für ein Amt wird so auf der Vereinsebene typischerweise sowohl von der Angebots- als

---

[3] Per Satzung ist i. d. R. die Mitgliedschaft Voraussetzung für die Übernahme eines Amt in einem Sportverein. Das kann in der Realität unterlaufen werden, dadurch dass jemand, der aus anderen Zusammenhängen bekannt ist, kurz vorher Mitglied wird und direkt danach in ein Amt gewählt wird. Neuerdings versuchen allerdings „Freiwilligenarbeitsagenturen", Vereinsfremde für die Mitarbeit zu gewinnen.

auch der Nachfrageseite begrenzt. Von der Angebotsseite wird der Kreis begrenzt durch die geringe Mitarbeitsbereitschaft, von der Nachfrageseite – falls es keine innervereinliche „Opposition" gibt – dadurch, dass die Suche, um den Aufwand zu minimieren und Konflikte zu vermeiden, oft abgebrochen wird, sobald ein Kandidat gefunden ist.

8.4 Personalauswahl und -einsatz

Die Personalauswahl stellt den Kern des Rekrutierungsprozesses dar. Hier werden die Bewerber geprüft und ihre Qualitäten mit den Anforderungen der zu besetzenden Stelle verglichen. Dabei ist es wichtig, sowohl Leistungsfähigkeit als auch Leistungswillen, sowohl technisch-organisationale (Kenntnisse, Fähigkeiten) als auch sozialnormative (Werte, Einstellungen, Verhalten) Ansprüche zu berücksichtigen (Türk 1981). Folgende Methoden werden hierfür eingesetzt: Bewerbungsschreiben, Tests, Assessment-Center, Bewerbungsgespräche. Hierbei gilt es, vielfältige Mess- und Prognoseprobleme zu beachten. Wie viel Sorgfalt hierbei angewandt wird, hängt von der Dauer der Beschäftigung und der Höhe der Arbeitsplatzanforderungen und der Bezahlung ab. Von der Personalauswahl kann der Personaleinsatz unterschieden werden, bei dem es darum geht, dem ausgewählten Personal entsprechend seinen Fähigkeiten und dem Bedarf bestimmte Aufgaben zu zuweisen. Die Personaleinführung dient dazu, die Neuen mit den Anforderungen der Arbeit sowie der Organisationsstruktur und -kultur vertraut zu machen. Dazu dienen Einarbeitung durch Vorgänger und Mentoren, häufige Rückmeldung durch Vorgesetzte oder Trainee-Programme (s. Abb. 8.2).

Im Gegensatz dazu beruht die Auswahl speziell von Freiwilligenarbeitern für ein Vorstandsamt, also von Ehrenamtlichen im engeren Sinne, erstens formal auf einem anderen Verfahren, nämlich einer demokratischen Wahl, und verläuft zweitens generell für Freiwilligenarbeiter informell, weniger rational, typischerweise in einem Prozess über mehrere Phasen der Bewährung und Vorauswahl und orientiert sich drittens nicht nur an fachlichen Kriterien. Ehrenamtliche werden nicht vom Vorstand oder Beauftragten angestellt bzw. berufen, sondern von der Mitgliederversammlung demokratisch gewählt, alleine dadurch kommen andere als rein fachliche Kriterien ins Spiel. Die Rekrutierung in freiwilligen Vereinigungen besteht nicht aus einem einzelnen Akt, sondern stellt einen Prozess dar (Winkler 1981) und ähnelt der internen Beschaffung und Auswahl und nicht der externen.[4] Dabei kann man folgende Phasen unterscheiden: a) Rekrutierung des Mitglieds, b) Ansprache und Gewinnung zur gelegentlichen Mitarbeit ohne Amt, c) Vorauswahl, Ansprache und Überzeugung zur Kandidatur, d) Vorbereitung der Wahl und e) Wahl. Die Mitarbeitsbereitschaft und die Fähigkeiten eines potentiellen Amtsträgers können bereits durch die Mitarbeit bei kleinen Aufgaben überprüft werden. Im Vorfeld einer Wahl be-

---

[4] Auch Unternehmen setzen gerne auf interne Rekrutierung, engagieren Personen, die sie z. B. über ein Praktikum kennen gelernt haben, statt sich auf schriftliche Unterlagen und auf Bewerbungsverfahren zu stützen.

Aufgaben einer Personalwirtschaft	Mitarbeiter eines Unternehmens	Freiwilligenarbeiter im Verein
4. Auswahl und Zuordnung	Auswahl: - Bewerber prüfen: Qualitäten mit den Anforderungen vergleichen - Leistungsfähigkeit und -willen - technisch und sozialnormativ Einsatz: - Zuordnung - Einführung, Mentoren	Auswahl: - demokratische Wahl statt Einstellung - Auswahlprozess: Mitgliedschaft, gelegentliche Mitarbeit, Vorauswahl, Wahlvorbereitung, Wahl - Kooptation, nur ein Kandidat - andere als fachliche Kriterien: Bekanntheit und Bewährung, sonstige Ressourcen, Beziehungen - Kooptation Einsatz, Zuordnung: - Karrierelaufbahn, Stallgeruch Funktion: - Sozialisation ist funktionales Äquivalent zur Selektion
5. Einbindung und Anreize	Theorie: Anreiz-Beitragstheorie: - Arbeitsleid (Beitrag) muss durch Anreize kompensiert werden - um so ausgeglichener, je freiwilliger Gestaltungsvorschläge: - Geld: Lohn, Prämien - Arbeitsplatzsicherheit (Zwangselement: Angst vor Arbeitslosigkeit) - Arbeitsinhalte - Aufstiegsmöglichkeiten - usw.	Theoriemodifizierungen: 1. Einbindungsprozess: Sozialisation, Identität 2. andere Entscheidungstypen: Interessenvereinigung, traditionell, habituell, wertrational 3. Beitrag ist Anreiz (Arbeitsfreud) 4. andere, direkte Anreize: - Ziel, Güter (primär) - Arbeit: Selbstbestätigung; Humankapital; Macht - Gruppe, symbolische Anreize: Dank, Vertrauen, Anerkennung, Achtung, Gemeinschaft; Sozialkapital; Ehrungen 5. Vieles ist selbstverständlich, wirkt unbewusst, stammt nicht von der Vereinsführung, ist Erfahrungsgut Gestaltungsvorschläge: - Nutzen erhöhen - Kosten senken - Einbindungsprozess fördern (zu Details s. Abb. 8.6, 8.7 und 8.8)

Abb. 8.2 Besonderheiten einer Personalwirtschaft für Freiwilligenarbeiter in Sportvereinen – Teil 2

ginnt dann die Vorauswahl der möglichen Kandidaten durch den Vorstand und sonstige formal dafür vorgesehene Gremien, wie Wahlausschüsse, oder durch interessierte Mitgliederkreise, z. B. oppositionelle Gruppierungen. In dieser Phase der Vorauswahl können möglicherweise fachliche Kriterien eher als bei der offiziellen Wahl zur Geltung kommen (Winkler 1981). Die potentiellen Kandidaten werden angesprochen und typischerweise hauptsächlich über die Vorzüge der zu besetzenden Stelle informiert. Die Angesprochenen können dann entscheiden, ob sie interessiert sind. Diese Selbstselektion findet hier also nach der Vorselektion durch die Vereinigung statt (Wadsack 1992). In Unternehmen ist dies umgekehrt der Fall. Der Einzelne entscheidet, ob er sich bewirbt. Dann findet die Vorauswahl durch das Unternehmen statt. Häufig sind im Verein dann jene, die nicht

8.4 Personalauswahl und -einsatz

Nein-Sagen können, die „Dummen". Nicht-Nein-Sagen-Können darf aber nicht nur als ein Ausdruck von Charakterschwäche angesehen werden, sondern ist auch ein Zeichen für Solidarität mit dem Verein. Die Wahlentscheidung selbst stellt letztlich nur den formellen Schlussakt des Rekrutierungsprozesses dar. Die in der Vorauswahl getroffene Entscheidung muss hier von den Mitgliedern legitimiert werden. Typischerweise haben die Mitglieder nur bei der Besetzung von höheren Ämtern oder im Zuge vereinspolitischer Auseinandersetzungen eine echte Wahl zwischen mehreren Alternativen. Normalerweise beginnt die Suche nach neuen Kandidaten erst, wenn eine Position frei geworden ist. Da diese Suche meist von den anderen Amtsmitgliedern vorgenommen wird, handelt es sich bei der Rekrutierung in freiwilligen Vereinigungen oft um eine Kooptation. Dies hat den Nachteil, dass viele willige und fähige Kandidaten nie angesprochen werden und dass die Entscheidungsstruktur oligarchisch wird, hat aber den Vorteil, die Homogenität des Vorstandes und Stabilität der Vorstandsarbeit zu sichern. Fachqualifikation ist nur eins von vielen Kriterien, das die Vorauswahl und Wahl von Kandidaten in Vereinen leitet. Andere beziehen sich auf die zentralen Besonderheiten freiwilliger Vereinigungen:

1. Interessenidentität: Die Übereinstimmung mit den Grundzielen stellt das wichtigste Kriterium dar.
2. Ressourcenproblem: Typisch für ehrenamtliche Mitarbeit ist, dass hier nicht nur die Qualität, sondern auch die Quantität der einzubringenden Arbeit abgeschätzt werden muss, weil diese in hohem Maße freiwillig ist. Umfang, Lage und Flexibilität der Freizeit des Kandidaten sind daher ein wichtiges Kriterium. Daneben ist es interessant, welche weiteren eigenen Ressourcen der Kandidat in die Arbeit der Vereinigung einbringen kann (Auto, Schreibkräfte), und zu welchen fremden Ressourcen er Zugang hat (Beziehungen).
3. Demokratie: Wenn es Fraktionierungen in der Vereinigung gibt, gilt es, die eigenen und befreundeten Fraktionen zu unterstützen. Der Kandidat sollte Fähigkeiten mitbringen, die im demokratischen Entscheidungsprozess gebraucht werden, wie Überzeugungskraft, persönliche Autorität, Konfliktfähigkeit und Integrationskraft.
4. Ehrenamt: Die Amtsträger müssen an den nicht-monetären und überwiegend direkten Anreizen der Organisation und Position interessiert und bereit sein, hierfür Zeit zu opfern.
5. Allgemeine Strukturbesonderheiten: Die Struktur freiwilliger Vereinigungen ist normalerweise vergleichsweise wenig formalisiert und standardisiert. Die Rollenträger müssen also mit unklaren Erwartungen fertig werden, improvisieren können und in der Lage und daran interessiert sein, diese Handlungsspielräume zu nutzen. Da an die Stelle von formalen Regeln informale treten, ist es wichtig, die Systemgeschichte zu kennen, d. h. die Entwicklung der Organisation von Anfang an oder in den letzten Jahren miterlebt und mitgeformt zu haben, um entscheiden zu können, was wie möglich ist und was nicht.
6. Rekrutierungsbesonderheiten: Da nicht in dem Ausmaße wie in Unternehmen rationale Rekrutierungsverfahren eingesetzt werden, müssen die Mitglieder zu Ersatzkriterien

greifen, um das Besetzungsrisiko zu minimieren (Winkler 1981), hierzu gehören: Bildung, Beruf, Reputation, Schichtzugehörigkeit und verbale Fähigkeiten, aber vor allem Bekanntheit in der Vereinigung und Bewährung in anderen Aufgaben und Ämtern.

Die Personalzuordnung findet meist in einem Prozess mit der Personalauswahl statt. Nur bei den undifferenzierten Beisitzerpositionen kann im Nachhinein eine interne Verteilung der Aufgaben vorgenommen werden. Man kann allerdings auch die gesamte Karriere eines Ehrenamtlichen beim Durchlaufen verschiedener Ämter als Personalzuordnungsprozess betrachten. Bewerber um höhere Ämter müssen „Stallgeruch" aufweisen, sich an der Basis bewährt haben. Als funktionales Äquivalent für die wenig rational ausgestalteten Selektionsverfahren, vertrauen freiwillige Vereinigungen auf entsprechend lang dauernde Sozialisationsprozesse. Ein Nachteil dieses Verfahrens bei Vereinen ist, dass dadurch ein in modernen Gesellschaften immer größer werdender Kreis von qualifizierten Personen der Zugang zu höheren Vereinigungsämtern erschwert wird, nämlich all jenen, die z. B. aus beruflichen Gründen zu erhöhter regionaler Mobilität neigen bzw. dazu gezwungen sind. Quereinsteiger findet man nur selten. Bei der Personalauswahl und -zuordnung gibt es noch erhebliches Rationalisierungspotential, wünschenswert wären schriftliche Formulierungen der Aufgaben und Anforderungen, eine stärkere Orientierung an fachlichen Kriterien bei der Auswahl sowie institutionalisierte Hilfen bei der Einarbeitung. Potentielle Nachfolger einzuarbeiten, kann sich aber als nutzlos herausstellen, weil nicht sicher ist, ob sie überhaupt gewählt werden.

8.5 Personaleinbindung und -anreize

Im Kern geht es in der Personalwirtschaft darum, durch welche Anreize Mitarbeiter a) gewonnen, b) gehalten und c) zur Leistung motiviert werden können (Katz 1975).[5] Als Einbindung bezeichnet man jenen Prozess und dessen Ergebnis, durch den die Individuen mit ihren Motiven und Problemen relativ dauerhaft mit dem sozialen System Organisation, seinem Zweck und seinen Funktionsproblemen verbunden werden (Türk 1978; Kanter 1968). Während sich Beschaffung und Auswahl mit dem Eintritt beschäftigt, geht es hier um die Frage des Verbleibs. Anreiz-Beitrags- (Barnard 1970; March und Simon 1976) und Nutzentheorie bilden die zentralen theoretischen Ansätze zur Erklärung und den Ausgangspunkt der Gestaltungsvorschläge für die Praxis. Demnach müssen Organisationen im Austausch gegen die „Beiträge" ihrer Mitglieder Anreize produzieren. Dabei geht man davon aus, dass Menschen so handeln, als ob sie die Handlungsalternative wählen, von der sie die höchste Belohnung (abzüglich der Kosten) mit der höchsten Wahrscheinlichkeit

---

[5] Empirisch hat sich gezeigt, dass die Entscheidung, Freiwilligenarbeit zu leisten, mit anderen Einflussfaktoren zusammenhängt als die Entscheidung wie viel Zeit dafür aufgewendet wird (Downward et al. 2009). Ähnlich wie beim Sporttreiben hängt letzteres, aber nicht ersteres, von der verfügbaren Freizeit ab.

erwarten. Die Bilanz von Beiträgen und Anreizen ist umso ausgeglichener, je freiwilliger die Mitarbeit ist. Über die Angst vor Arbeitslosigkeit kommt ein Zwangselement ins Spiel. In Unternehmen geht es in erster Linie um monetäre Anreize, aber auch um Arbeitsinhalte und -zeit (Dauer und Souveränität), Aufstiegsmöglichkeiten, die Art der Personalführung sowie die Arbeitsplatzsicherheit.

Aufgrund der Problematik, die sich durch die Freiwilligkeit der Mitarbeit ergibt, ist das Thema für Vereine von noch zentralerer Bedeutung als allgemein. Schlesinger und Nagel (2011) forderten daher, das gesamte Management von Sportvereinen als „Management by Motivation" zu verstehen. Daher ist es sinnvoll, dieses Thema etwas ausführlicher zu behandeln. 1. Es geht darum, mit welcher Theorie, die Einbindung erklärt werden kann. Dazu muss die Anreiz-Beitrags-Theorie wegen der Besonderheiten erheblich modifiziert werden. 2. Sollen einige neuere empirische Ergebnisse zur Art der Motivation von Freiwilligenarbeitern in Sportvereinen betrachtet werden. 3. Es wird dann praxisorientiert überlegt, wie vor diesem Hintergrund der Nutzen der Freiwilligenarbeit erhöht, die Kosten verringert oder die Einbindung der Mitglieder gefördert werden können.

8.5.1 Theorie

Um die Einbindung von Freiwilligenarbeiter zu verstehen, ist es sinnvoll, die Anreiz-Beitrags-Theorie in mehrerer Hinsicht zu modifizieren und zu ergänzen (s. Abb. 8.2). 1. Es handelt sich nicht um punktuelle Tauschakte, sondern um Einbindungsprozesse, die über einen Zeitraum stattfinden. 2. Andere Handlungstypen als der übliche ökonomische Tausch von Geld gegen Arbeitskraft spielen eine Rolle. 3. Der Beitrag kann gerade im Falle der Freiwilligenarbeit gleichzeitig der Anreiz sein. 4. Es geht ja überwiegend um andersartige Anreize als Geld und Zwang. 5. Viele Anreize sind selbstverständlich oder wirken unbewusst, können nicht von der Vereinigungsführung produziert werden. Zudem handelt es sich um Erfahrungsgüter, deren Nutzen nur schwer kommuniziert werden kann, sondern erlebt werden muss. Wie typisch für die Offenheit der Nutzentheorie können alle diese Besonderheiten zwar auch in die ökonomische Wahltheorie integriert werden, aber um den Preis der „Verwischung" auch für die Praxis wichtiger Unterschiede.[6]

---

[6] Flatau (2009) sowie Schlesinger und Nagel (2011) haben entsprechend unterschiedliche formalisierte Theorieentwürfe vorgelegt. Flatau argumentiert auf der Basis der Nutzentheorie, weil sie eine einfache Erklärung ermöglicht. Selbst unbewusste traditionale und habituelle Entscheidungen können ja durch die „Als-ob-Variante" der Theorie (s. Kap. 1.3.2) eingeschlossen werden. Schlesinger und Nagel schlagen hingegen vor, Essers Frametheorie (1996) zu verwenden. Dabei kann durch eine vorrangige Einordnung der Situation (Framing) als eine solidarische Interessenvereinigung die Mitarbeit selbstverständlich, unreflektiert beibehalten werden. Ein Kalkül über Nutzen und Kosten findet statt, entweder wenn diese Sichtweise nicht geteilt wird, also der Verein eher als Dienstleistungs-Unternehmen eingeordnet wird, oder die Einordnung als Interessenvereinigung in Frage gestellt wird, z. B. durch mangelndes Engagement der anderen Mitglieder. Die Theorie wird damit realitätsnäher aber auch komplizierter.

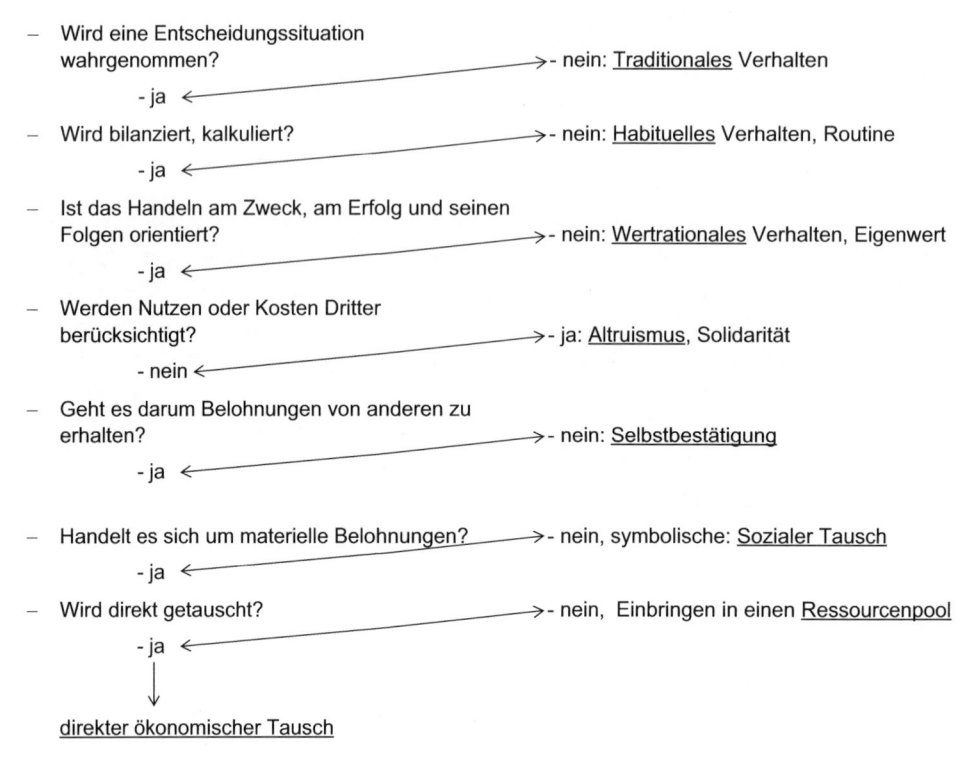

- Wird eine Entscheidungssituation
  wahrgenommen? → - nein: Traditionales Verhalten
  - ja ←
- Wird bilanziert, kalkuliert? → - nein: Habituelles Verhalten, Routine
  - ja ←
- Ist das Handeln am Zweck, am Erfolg und seinen
  Folgen orientiert? → - nein: Wertrationales Verhalten, Eigenwert
  - ja ←
- Werden Nutzen oder Kosten Dritter
  berücksichtigt? → - ja: Altruismus, Solidarität
  - nein ←
- Geht es darum Belohnungen von anderen zu
  erhalten? → - nein: Selbstbestätigung
  - ja ←
- Handelt es sich um materielle Belohnungen? → - nein, symbolische: Sozialer Tausch
  - ja ←
- Wird direkt getauscht? → - nein, Einbringen in einen Ressourcenpool
  - ja ←
  ↓
  direkter ökonomischer Tausch

Abb. 8.3 Typen sozialen Handelns nach Horch (1987, S. 131)

1. **Einbindung:** Im soziologischen Einbindungskonzept sind die verhaltenstheoretischen Ansätze zum Entscheidungsverhalten, zu Tausch und Lernen in andere handlungstheoretische, vor allem interaktionistische Ansätze zum Thema Einbindung (commitment), Sozialisation, Identität und Karriere eingebunden (Becker 1960/1961; Kanter 1968). Dabei wird die Verbindung von Individuum und Organisation u. a. nicht als eine einmalige punktuelle Entscheidung, sondern als ein Prozess über Zeit angesehen, der auch Eigendynamik entfalten kann und bei dem Rückkopplungsprozesse wichtig werden. Handeln hat zudem für das Individuum nicht nur Motivations- sondern auch Identitätsfunktion (Türk 1976). Individuen können ihre Handlungen und ihre Identität nicht laufend nach kurzfristigen Nutzenkalkülen verändern.
2. **Handlungstypen:** Anhand von sieben Fragen, die sich aus dem nutzentheoretischen Modell ergeben, kann man acht Typen sozialen Handelns unterscheiden (Abb. 8.3). Der direkte ökonomische Tausch Geld gegen Arbeit, den man normalerweise vor Augen hat, stellt nur einen dieser Typen dar. Wenn gar keine Entscheidungssituation wahrgenommen wird, kann man von a) traditionalem Handeln sprechen, wenn nicht bilanziert, nicht kalkuliert wird von b) habituellem. Wenn das Handeln nicht am Zweck, am Erfolg und seinen Konsequenzen orientiert ist, geht es um seinen Eigenwert, um c) wertrationales Handeln. Wenn Nutzen für Andere berücksichtigt wird, kann man

von d) Altruismus sprechen. Wenn es nicht darum geht, Belohnungen von anderen zu erlangen (bzw. Bestrafungen zu entgehen), sondern von sich selbst, handelt es sich um e) Selbstbestätigung. Wenn es nicht um materielle Belohnungen geht, sondern um symbolische, handelt es sich um f) sozialen Tausch (s. ausführlicher dazu Kap. 8.5.3 Pkt. c). Wenn nicht direkt getauscht, sondern Ressourcen zusammengelegt werden, geht es um g) eine Vereinigung von Interessen. Erst wenn direkt getauscht wird, handelt es sich um h) den Normalfall des ökonomischen Tauschs. Für die Einbindung von Freiwilligenarbeitern dürften sechs andere von größerer Bedeutung sein. Erstens geht es um andersartige Mechanismen, wie a) traditionales Verhalten, b) habituelles Verhalten und die für Vereine konstitutive g) Interessenvereinigung, zweitens um andersartige Anreize, wie c) Werte, d) Altruismus, e) Selbstbestätigung und f) symbolische Anreize.

3. **Arbeitsfreude:** Anders als die Anreiz-Beitrags-Theorie annimmt, muss vielfach gar nicht das Arbeitsleid (der Beitrag) der prinzipiell als arbeitsunwillig angenommenen Menschen durch andersartige Anreize kompensiert werden, sondern die Arbeit bietet in sich Anreize („Arbeitsfreude").

4. **Andersartige Anreize:** Da Bezahlung als Anreiz weitgehend ausfällt, stellt sich die Frage, welche anderen Anreize benötigt werden und wie sie erzeugt werden können. Dies ist das zentrale Problem der Personalwirtschaft für Freiwilligenarbeiter. In der Realität ist hier alles möglich, selbst materielle Anreize (Ehrenentgelt, Aufwandsentschädigung, sonstige wirtschaftliche Vorteile) und indirekte Zwangselemente aus anderen Lebensbezügen (Beruf, Religion, Politik) können eine Rolle spielen.[7] Verschiedene Autoren haben versucht, alle möglichen Motive zu systematisieren.[8] Noch zentraler dürfte jedoch die Beantwortung der Frage sein, welche dieser Anreize in der Realität von besonderer Bedeutung sind und wie sich diese von den typischen Anreizen von Unternehmen unterscheiden. Nach Schafer und Klongan (1974) handelt es sich: a) weniger um materielle, denn symbolische Belohnungen, die b) weniger von der Organisation, als von den anderen Mitgliedern stammen oder aus der Befriedigung von Selbstwertgefühlen des Handelnden erwachsen, sie richten sich c) weniger an Rollen als an konkrete Individuen und sie wirken d) auch unbewusst. Wichtige Anreize der Freiwilligenarbeit werden nicht, wie Geld und Zwang indirekt hinzugefügt, sondern erwachsen direkt aus dem besonderen Charakter dieser Arbeit selbst: aus den Zielen, der Arbeit und der Gruppe.

5. **Unbewusstheit:** Dabei können gerade die selbstverständlichen und unbewussten Anreize die stärksten sein. Viele dieser Anreize können nicht im eigentlichen Sinne

---

[7] So war es z. B. selbstverständlich, dass sich Kaplane in der Zentrumspartei (Vorgängerin der CDU) oder Gewerkschaftssekretäre in der SPD engagierten.

[8] s. Knoke (1990): utilitaristisch, affektiv, normativ; Badelt (1985): altruistisch, Eigenwert, Tausch; Braun (2003): individueller Nutzen, Sinngebung und Befriedigung, Zugehörigkeit zu einer Gemeinschaft, Bürgerschaftlichkeit; Emrich et al. (2013) unterscheiden nach den Dimensionen: altruistisch – egoistisch, intrinsisch – extrinsisch und immaterielle – materiell; zu Gesamtkatalogen s. Horch (1983) oder Wadsack (1992).

von der Organisation produziert werden. Kultur und Struktur der Vereinigung bilden jedoch den Rahmen, sie können die Entfaltung solcher Anreize begünstigen oder erschweren. Zudem handelt es sich um Erfahrungsgüter, deren Nutzen nur schwer abstrakt kommuniziert werden kann, sondern erlebt werden muss.

8.5.2 Empirische Ergebnisse

Im Folgenden werden die Ergebnisse zwei aktueller Studien vorgestellt, welche die Motive bzw. Anreize von Freiwilligenarbeitern im Sport untersucht haben. Dabei muss man bedenken, dass die jeweilige theoretische Perspektive der Autoren bestimmt, welche Auswahlmöglichkeiten den Befragten angeboten wurden.

1. **Emrich et al.** (2013) interviewten im Jahr 2011 Ehrenamtliche aus dem Südwestdeutschen Fußballverband mit Hilfe einer standardisierten Online-Befragung. Sie unterscheiden vor allem zwischen intrinsischer und extrinsischer Motivation. Die Befragten konnten achtzehn Statements zu verschiedenen Motiven auf einer Skala von 1 (stimme gar nicht zu) bis 5 (stimme voll zu) beurteilen (s. Abb. 8.4). Dabei stellte sich heraus, dass Freiwilligenarbeiter weniger durch äußerliche Belohnungen, seien es materieller Art, wie den Erwerb von Human- (Platz 10) oder Sozialkapital (Platz 18), oder immaterieller Art, wie Reputation (Plätze 14, 15, 16, 17), motiviert sind, sondern vor allem durch verinnerlichte Selbstbelohnungen: einerseits durch die Verfolgung altruistischer Ziele (Plätze 1, 3, 4, 5, 7), andererseits durch die (egoistische) Befriedigung, die aus der Tätigkeit (Plätze 2, 8, 9) oder der Gruppe (Platz 6) erwächst. Wenn man nicht nach den eigenen Motiven, sondern nach den vermuteten Motiven der Anderen fragt, um damit den Einfluss der sozialen Erwünschtheit auf die eigene Selbstdarstellung auszuschließen, werden die extrinsischen Motive als relativ bedeutender eingeschätzt, bleiben aber mit Ausnahme des Erwerbs von Humankapital unterhalb des Mittelwertes der Skala von 3.
2. **Braun** (2011) hat die die Ergebnisse der repräsentativen Bevölkerungsumfrage der Freiwilligensurveys aus den Jahren 1999, 2004 und 2009 sportbezogen ausgewertet. Regelmäßig konnten bei diesen Studien die Interviewten auf einer Skala von 1 (unwichtig) bis 5 (außerordentlich wichtig) ihre Erwartungen an die Freiwilligenarbeit bewerten (s. Abb. 8.5). Dabei kann man die Anreize auf den Plätzen 3 (Gemeinwohl) und 4 (altruistisches Helfen) dem Ziel der Vereinigung zuordnen. Die Anreize auf den Plätzen 1 (Spaß an der Tätigkeit), 5 (Kenntnisse erweitern, d. h. Humankapital bilden) und 6 (Eigenverantwortung) erwachsen aus der Tätigkeit selbst und die Anreize auf den Plätzen 2 (sympathische Menschen) und 7 (Anerkennung) aus der Gruppe der Mitarbeiter. Im Jahr 2009 wurden die Interviewten auch direkt nach ihren Gründen, d. h. Motiven befragt. Fünf Statements konnten sie „voll und ganz", „teilweise" oder „überhaupt nicht" zustimmen. Überwiegend „voll und ganz" wurde nur den Statements „mit andere Menschen zusammenkommen" und „Gesellschaft im Kleine mitgestalten" zugestimmt, die

Reihenfolge	Antwortkategorie	Selbstzuweisung		Fremdzuweisung		Differenz
		Mittelwert	Anzahl	Mittelwert	Anzahl	
1.	um den Verein zu stärken	4.19	450	4.02	385	0.17
2.	um dadurch Spaß zu haben	3.98	447	3.96	381	0.02
3.	um den Fußballsport voranzubringen	3.93	451	3.75	380	0.18
4.	um anderen Menschen zu helfen	3.79	446	3.66	378	0.13
5.	um mit anderen Menschen sportliche Erfolge zu erringen	3.77	448	3.92	380	-0.15
6.	um mit anderen Menschen zusammenzukommen	3.76	453	3.79	382	-0.03
7.	um die Gesellschaft zumindest im Kleinen mitzugestalten	3.74	448	3.77	383	-0.03
8.	um einen Ausgleich vom Alltag zu schaffen	3.41	446	3.45	380	-0.04
9.	um Freizeit sinnvoll zu nutzen	3.35	448	3.56	378	-0.21
10.	weil sich für die Aufgabe sonst niemand im Verein findet	3.05	450	3.01	379	0.04
11.	um Qualifikationen zu erwerben die im Leben wichtig sind	2.72	442	3.28	379	-0.56
12.	um die eigenen Interessen zu vertreten	2.42	446	2.85	383	-0.43
13.	um dort Mitgliedern der eigenen Familie Sport zu ermöglichen	2.42	445	2.97	382	-0.55
14.	um Ansehen/Einfluss in dem Verein zu gewinnen	1.99	445	2.84	379	-0.85
15.	um Ansehen/Einfluss außerhalb des Verein zu gewinnen	1.94	440	2.58	379	-0.64
16.	um Aufmerksamkeit innerhalb des Vereins zu erhalten	1.85	442	2.99	381	-1.14
17.	um Aufmerksamkeit außerhalb des Vereins zu erhalten	1.79	443	2.70	381	-0.91
18.	um beruflich voranzukommen	1.49	440	2.14	383	-0.65

Abb. 8.4 Motive ehrenamtlichen Engagements in der Selbst- und Fremdzuschreibung nach Emrich et al. (2013, S. 142)

Reihenfolge	Persönliche Erwartungen, dass…	1999 (N=1.378)	2004 (N=1.338)	2009 (N=1.600)
1.	diese Tätigkeit Spaß macht	4,5	4,5	4,5
2.	man mit sympathischen Menschen zusammenkommt	4,3	4,2	4,1
3.	man etwas für das Gemeinwohl tun kann	4,0	4,0	3,8
4.	man damit anderen Menschen helfen kann	3,9	4,0	4,0
5.	man damit eigene Kenntnisse und Erfahrungen erweitern kann	3,8	3,7	3,6
6.	man eigene Verantwortung und Entscheidungsmöglichkeiten hat	3,5	3,5	3,5
7.	man für die Tätigkeit auch Anerkennung bekommt	3,4	3,4	3,1
8.	man eigene Interessen vertreten kann	2,8	2,8	2,9

Abb. 8.5 Erwartungen an die Freiwilligenarbeit nach Braun (2011, S. 43)

wieder im Sinne der intrinsischen Gruppen- bzw. Zielorientierung interpretiert werden können. Mindestens „teilweise" zugestimmt wurde den eher extrinsischen Motiven „Qualifikationen erwerben" und „Ansehen und Einfluss gewinnen". Ersteres kann wieder interpretiert werden als Humankapital, das durch die Tätigkeit erworben werden soll. Letzteres Statement kann jedoch Verschiedenes bedeuten: Anerkennung aus der Gruppe, darüberhinausgehende Reputation (Ehre) und Einfluss in den Entscheidungsprozessen des Vereins. Das extrinsische Motiv „um beruflich voranzukommen" wird abgelehnt.

8.5.3 Gestaltungsvorschläge

Nach den theoretischen Überlegungen gibt es drei Wege mehr Freiwilligenarbeiter einzubinden: 1. den Nutzen erhöhen, 2. die Kosten senken und 3. den Einbindungsprozess fördern. Letzteres wird in Kap. 8.6 unter dem Thema Personalsozialisation behandelt.

1. **Nutzen:** Im Folgenden soll auf die direkten Anreize eingegangen werden, also solche die a) aus den Zielen, b) der Arbeit und c) der Gruppe erwachsen. d) Eines der wenigen indirekten Anreize sind Ehrungen (s. Abb. 8.6).
    a) Der primäre Anreiz ist idealtypisch das Ziel des Vereins (Wilson 1969) und seine damit zusammenhängenden Güter. Menschen werden sich nicht beliebig für irgendwelche Vereine engagieren. Für manche ist Mitarbeit daher gemäß der Logik der

8.5 Personaleinbindung und -anreize

Nutzen	Gestaltungsvorschläge
I. Primärer Anreiz	
a) Ziele	- Formulierung: vages Ziel = großer Kreis; klares Ziel = hohe Einbindungskraft - Interessenidentität Selektion und Sozialisation der Mitglieder Mitbestimmungs- und Mitwirkungsmöglichkeiten - Bezug der Arbeit zum Ziel
- Güter	--- Problem: Kollektivgut - attraktives Leistungsangebot Klubgüter: zweckrationale Motive öffentliche Güter: wertrationale Motive
II. Sekundäre, selektive Anreize	
b) Arbeit - Arbeitsfreude, Identität	- Handlungs- und Interpretationsspielräume - geringe Formalisierung, Spezialisierung, Standardisierung, Zentralisierung - neuartige Aufgaben, z.B. EDV, Sponsoring, Freiwilligenmanagement - Passung zur Persönlichkeit - besonderen Situationen: Gründung, Krisen, Ausscheiden prägender Personen --- Problem: Effizienzverlust
- Humankapital	- informale oder formale Ausbildungsangebote
- Macht	- Amtszeitbegrenzung, Rotation --- Dilemma: Positionsgut, Einfluss ist knappes Gut - Dezentralisierung - Delegation - Konzentration auf Wesentliches, AG-Modell: Ehrenamtliche als Aufsichtsrat des hauptamtlichen Vorstandes
c) Gruppe - Anerkennung, Gemeinschaft	- Kleingruppeneffekte, sozialer Tausch - hohe Interaktionsdichte - geringe Mitgliederzahl - Homogenität der Mitglieder - Dezentralisierung
- Sozialkapital Netzwerke, Reputation	- Selektion interessanter Mitarbeiter, Mitglieder
d) Ehrungen, Ämter	--- Dilemma: Positionsgut - keine Inflation von Ehrungen - abgestuftes Programm - Titel - Auszeichnungen - Öffentlichkeitswirksamkeit - Ämter an sich --- Vorsicht vor Leuten, die sich nach Ämtern drängen

Abb. 8.6 Gestaltungsvorschläge zur Erhöhung des Nutzens der Freiwilligenarbeit

Interessenvereinigung und/oder traditional oder habituell selbstverständlich.[9] Das Ziel ist der bewusste, legitime und kommunizierbare Grund für die Mitgliedschaft und die Mitarbeit (ebenda). Dabei können Klub- und private Güter oder öffentliche und kollektive Güter, zweck- oder wertrationales Handeln, egoistische oder altruistische Motive im Vordergrund stehen. Falls zu viele Mitglieder sich wie Trittbrettfahrer verhielten, wäre die Produktion dieser Güter gefährdet. Während durch vage formulierte weitgefasste Ziele, wie Sport fördern, ein größerer Kreis von Individuen angesprochen werden kann, entfalten klar formulierte eng gefasste Ziele, wie Fußballspielen, eine größere Einbindungsstärke. Wichtigste Voraussetzung für die Wirkung des Ziels als Anreiz ist das Ausmaß der Identität zwischen den Zielen des Vereins und den Interessen der Mitarbeiter. Einerseits kommt es hier also auf die Mitbestimmungs- und Mitwirkungsmöglichkeiten an, über die sie die Ziele der Vereinigung beeinflussen können. Andererseits kann die Organisation durch Selektion und Sozialisation, die Motive der Mitglieder an die Ziele der Organisation anpassen. Wichtig ist, dass die Arbeit einen sinnhaften Bezug zur Zielerreichung hat, dass der Einzelne überblicken kann, welche Wirkung sein persönlicher Einsatz hat. Daher kann die Arbeit nicht so spezialisiert wie in einer Bürokratie und nicht so zerstückelt wie an einem Fließband sein. Die Erreichung des Ziels ist jedoch ein Kollektivgut, von dem auch die Trittbrettfahrer profitieren, so dass bloße Appelle häufig nicht reichen, sondern sekundäre selektive Anreize hinzutreten müssen, also solche von denen nur jener, der mitarbeitet, profitiert.

b) Freiwilligenarbeit hat einen Eigenwert. Nutzen erwächst nicht nur aus dem Ergebnis der Arbeit, sondern aus der Tätigkeit (Arbeitsfreude) an sich (Badelt 1985). Menschen können ihre Identität in solchen Arbeiten entwickeln, die Handlungs- und Interpretationsspielräume enthalten. Die Identifikation mit der Arbeit hängt von der Aufgabenautonomie und dem Grad der Selbstbestimmung über Ziel, Mittel und Zeitverwendung sowie von Unterstützung und Feedback ab, das man erhält (Schlesinger und Nagel 2011). Solche Aufgaben ergeben sich umso eher, je weniger formalisiert, spezialisiert, standardisiert und zentralisiert die Struktur der Vereinigung ist (s. Kap. 3.3.7). Das Dilemma ist, dass damit Effizienzverluste im Vergleich zu bürokratischen Strukturen verbunden sind. Um Freiwilligenarbeiter zu motivieren, müssen Vereine dies möglicherweise in Kauf nehmen.[10] Nach der Verdrängungstheorie (Frey 1997) wird intrinsische Motivation durch materielle Belohnungen verbundenen mit Kontrollen verdrängt, wenn man sich z. B. für etwas engagieren will, dabei aber laufend misstrauisch überwacht oder durch eine Vielzahl von Vorschriften aufgehalten wird. Die Entwicklung von Ich-Identität ist jedoch nicht alleine von struk-

---

[9] Häufig hört man: "Ich will etwas an die nächste Generation zurückgeben, was ich in meiner Jugend mitbekommen habe."

[10] s. Thieme (2013) zu Effizienzverzicht durch Ehrenamt oder Downward et al. (2009, S. 173): „The outcome may be, then, that (…) increased inefficiency in supply (…), is a price worth paying for overall higher participation levels."

turellen Determinanten, sondern auch von der Persönlichkeit des Individuums und von der Situation abhängig. Wenig strukturierte Arbeit kann auch als überfordernd empfunden werden. Besondere Handlungsspielräume ergeben sich in besonderen Situationen: bei der Gründung der Vereinigung, in Krisensituationen und beim Ausscheiden prägender Personen (Chinoy 1950). Zudem kann man hier Fähigkeiten und Kenntnisse erwerben, die überall von Nutzen sein können (Humankapital), wie Sitzungen leiten, Veranstaltungen organisieren, Reden halten, Mehrheiten gewinnen. Diese werden informal durch Zuschauen und Anleitung erworben. Möglich sind aber auch formale Bildungsangebote. Sie können als Anreiz wirken, aber wegen des Aufwandes und wenn sie zur Pflicht werden auch abschreckend wirken. Ein weiterer wichtiger Anreiz ist Macht, d. h. Einfluss auf die Entscheidungen der Vereinigung (Hoffmann 1972; Tannenbaum 1961/1962). Diejenigen, die daran interessiert sind, bewerben sich um die Stimmen der anderen, machen die Arbeit und werden dafür gewählt und mit Entscheidungsspielräumen und Einflusschancen belohnt (Perrow 1970).[11] Das problematische an diesem Anreiz ist jedoch, dass Einfluss knapp ist. Je mehr Personen an einem Entscheidungsprozess teilnehmen, desto geringer ist der Einfluss jedes einzelnen, desto weniger lohnt sich also eine intensive Mitarbeit aus diesem Grund. Daher neigen die Einflussreichen dazu, ihre Position abzusichern und neue Mitarbeiter nur so lange zu fördern, wie diese „Wasserträger" kein entscheidendes Mitspracherecht verlangen. Formal könnte man versuchen, dem durch Amtszeitbegrenzungen, Rotation bei der Besetzung von Ämtern und Begrenzung von Ämterhäufungen entgegen zu wirken. Damit wird die Wirkung dieser Anreize zwar verbreitert, aber gleichzeitig verflacht. Einen Ausweg bietet die Eröffnung neuer Einflussfelder durch Dezentralisierung (Naschold 1972) oder Delegation. Zudem wird vorgeschlagen, dass sich die Ehrenamtlichen im Verhältnis zu den Hauptamtlichen – im Sinne einer Aufgabentrennung von Aufsichtsrat und Vorstand – statt sich mit Nebensächlichem zu beschäftigen, auf die grundlegenden Fragen der Zielsetzung und Kontrolle konzentrieren sollten (das sog. AG = Aktiengesellschafts-Modell).

c) Symbolische Anreize (sozialer Tausch) unterscheiden sich ihrem Charakter nach ganz wesentlich von materiellen Anreizen. Sie sind nicht in Geld umrechenbar, nicht übertragbar, nicht teilbar, hängen von der Persönlichkeit des Gebers ab und wirken auch unbewusst (Knoke 1981; Blau 1964). Dank, Vertrauen, Anerkennung, Achtung, Rang und Gemeinschaft sind solche Interaktions- und Gruppeneinbindungsformen. Sie verlangen unmittelbare, dichte und dauerhafte Beziehungen mit persönlichem, diffusem und expressivem Charakter. Strukturelle Voraussetzungen dazu sind hohe Interaktionsdichte, geringe Mitgliederzahl und Homogenität der Mitglieder. Generell kann man sagen, dass es kleineren Vereinen besser gelingt, Frei-

---

[11] Achtung und Rang entstehen im sozialen Tausch zwischen Individuen, wenn ein Leistungsgleichgewicht anders nicht mehr zu erreichen ist (Blau 1964; Homans 1968). Weede (1986) vertritt entsprechend die These, dass Kollektivgüter nur um den Preis der Bereitstellung von Positionsgütern erzeugt werden.

willigenarbeit zu mobilisieren, weil hier sowohl besondere Gruppenanreize entstehen, als auch Drückebergerei schneller entdeckt wird (Olson 1968). Größere Vereine können sich diese Erkenntnis, durch Dezentralisierung zu Nutze machen. Aus der Gruppe und dem Verein ergeben sich vielfältige direkte und indirekte Beziehungen (sog. „weak ties": Granovetter 1983). Durch die Mitarbeit kann Ansehen erworben werden. Beides, Netzwerke und Reputation kann auch außerhalb des Vereins nützlich sein (Sozialkapital).

d) Von der aus einer Kleingruppe erwachsenen Anerkennung müssen die formalen Ehrungen, Auszeichnungen (awards) unterschieden werden (Frey und Neckermann 2006). Die Bedeutung des Begriffs „Ehrenamt" hat sich gewandelt. Früher bezeichnete „Ehre" etwas, was die Kandidaten – die Honoratioren des Ortes, wie Pastoren, Lehrer, Ärzte – mitbrachten.[12] Heute versteht man darunter jedoch – im Sinne von Prestige – einen Anreiz, den das Amt verschafft. Als äußere Anreize in diesem Sinne verstanden, sind Ehrungen eins der wenigen Anreize, die durch formale Mechanismen, wie Titel, Orden, Auszeichnungen relativ unabhängig (indirekt) von den konkreten Zielen und Strukturen der Vereinigung von der Organisation und deren Führung erzeugt werden können. Diese Wirkung wird potenziert, wenn das Image des Vereins oder der Freiwilligenarbeit insgesamt in der Öffentlichkeit hoch ist und die Ehrung öffentlich gemacht wird, z. B. in der regionalen Zeitung. Auch ohne besondere Benennung stellen Ämter für sich ein wichtiges Anreizmittel dar. Besonders neue Mitglieder mit einer gewissen Engagementbereitschaft sind durch ein Amt zu kontinuierlicher Mitarbeit zu motivieren. Dabei ist das Prestige von Ämtern und Ehrungen allerdings umso höher, je schärfer die Rekrutierungskriterien und je höher die Konkurrenz um die Besetzung ist. Es darf zu keiner Inflation von Auszeichnungen kommen. Dieser prinzipiellen Knappheit von Positionsgütern kann durch ein abgestuftes Programm von Ämtern und Auszeichnungen begegnet werden.

2. **Kosten:** Komplementär zur Strategie, den Nutzen der Freiwilligenarbeit zu erhöhen, besteht die Möglichkeit, die Kosten zu senken (s. Abb. 8.7). Hierbei kann man drei Kostenaspekte unterscheiden: a) Beiträge, b) entgangene Alternativen (Opportunitätskosten) und c) negative Folgen.

a) Das Problem der zeitlichen Ansprüche liegt in deren Ausmaß sowie in der Lage Flexibilität und vor allem in der Offenheit der Ansprüche. Wer einmal ein Amt übernommen hat, ist verantwortlich für die Erledigung vieler nicht vorhersehbarer Kleinigkeiten. Dieser zeitliche Kostenfaktor könnte verringert werden, indem man den Arbeitseinsatz der ehrenamtlichen Mitarbeiter zeitlich begrenzt, die Aufgaben genauer beschreibt, sie auf mehr Schultern verteilt, an bezahlte Mitarbeiter

---

[12] Nach Simmel (1968) erwächst sie aus Gruppen und wirkt als verinnerlichter Anreiz zur Befolgung äußerer Ansprüche. Im Unterschied dazu erwirkt „Recht" äußere Zwecke durch äußere Mittel und „Sittlichkeit" innere Zwecke durch innere Mittel. So verstanden, hat sie ähnlich wie Solidarität und Tradition idealtypisch eine konstitutive Bedeutung für das Funktionieren von Vereinen (Geser 1983). Mit dieser Art „Ehre" ist eine Verpflichtung verbunden, sich zu engagieren.

8.5 Personaleinbindung und -anreize

Kosten	Gestaltungsvorschläge
a) Beiträge - Ausmaß, Lage, Disponibilität, Offenheit der Ansprüche	„Neues Ehrenamt": - Aufgaben qualitativ genauer beschreiben - Arbeitseinsatz quantitativ oder zeitlich begrenzen - Arbeit auf mehr Schultern verteilen - Arbeit an Hauptamtliche delegieren --- Problem: Einbindungsmechanismen und Selbstentfaltungsmöglichkeiten werden geschwächt, z.B. zeitliche Segregation eingeschränkt (Abschneiden von Alternativen)
b) Opportunitätskosten	- konkurrierende Freizeitinteressen mit ansprechen - den Ehepartner für eine Mitarbeit gewinnen
c) negative Folgen	- Balance zwischen Kleingruppen- und Organisationscharakter finden

Abb. 8.7 Gestaltungsvorschläge zur Reduzierung der Kosten der Freiwilligenarbeit

delegiert und technische Hilfsmittel einbezieht (Pearce 1980; Wadsack 1992). So wird von einigen Wissenschaftlern (Rauschenbach 1996; Lenk 1966) angenommen, dass Menschen heutzutage weniger bereit sind, sich langfristig an ein Amt zu binden, sondern eher dazu begrenzte Aufgaben zu übernehmen. Man spricht hier von der sog. „Neuen Ehrenamtlichkeit". Das problematische ist hierbei jedoch, dass von solchen Maßnahmen die Einbindungsmechanismen (s. folgendes Unterkapitel zur „zeitlichen Segregation") und die Selbstentfaltungsmöglichkeiten in der Arbeit geschwächt werden können.

b) Die Opportunitätskosten des durch diese Freizeittätigkeit entgangenen Einkommens scheinen, anders als die einfache Nutzentheorie vermuten lässt, keine entscheidende Rolle zu spielen. Denn sonst müssten die Ämter von Geringverdienern und Arbeitslosen besetzt werden.[13] Die Verwendung von Zeit für die Freiwilligenarbeit steht aber nicht nur in Konkurrenz zum Beruf, sondern auch zu anderen Freizeittätigkeiten und der Familie. Eine Reduzierung der Arbeitszeiten und eine Förderung der Freiwilligenarbeit durch den Arbeitgeber liegen außerhalb der Einflussmöglichkeiten des Vereins. Bezogen auf Freizeit und Familie könnte die Verbindung mit anderen Interessen hilfreich sein, z. B. wenn es gelingt, auch den Ehepartner für eine Mitarbeit zu gewinnen oder sonstige Freizeitinteressen, wie Reisen, mit anzusprechen.

c) Aus den Besonderheiten der Organisationsstruktur (s. Kap. 3.3.7) erwachsen besondere Anreize, hieraus ergeben sich aber auch vielfältige Kosten für Individuum und Organisation, die zuvor mit Schlagworten wie „rohe Eier", Ambivalenz, Chaos oder Knatsch charakterisiert wurden. Ehrenamtliche Mitarbeiter haben kraft ihres Amtes nur wenig Autorität. Aus den engen und vielfältigen Kontakten können sich persönlich gefärbte Reibereien ergeben. Die Vereinigung soll einerseits ein bisschen wie eine Familie sein, andererseits aber auch möglichst effizient arbeiten. Es ist nicht einfach, hier eine Balance zu finden.

---

[13] Sportökonomen interpretieren im Sinne der Neuen Haushaltsökonomie Freiwilligenarbeit daher als Investition in Sozial- und Humankapital (Downward et al. 2009). Wie die empirische Ergebnisse gezeigt haben, trifft dies aber auch nicht den intrinsischen Kern der Motivation.

8.6 Personalsozialisation und -entwicklung

Durch Personalsozialisation bzw. -entwicklung sollen Kenntnisse und Fähigkeiten sowie Werte und Einstellungen des Personals an die Bedürfnisse der Organisation – besonders auch im Hinblick auf mögliche zukünftige Aufgaben – angepasst werden. Dazu dienen Berufsausbildungs- und Weiterbildungsmaßnahmen, Training-on- und off-the-job und eine Laufbahnplanung (s. Abb. 8.8).

In Vereinen findet dies seltener formal geplant statt. Hier gibt es viel Spielraum für Verbesserungen, wenngleich die Ungewissheit des Ausgangs von Wahlen der Planbarkeit auch Grenzen setzt. Vergleichbar sind die Ausbildungssysteme der Verbände mit Abschlüssen auf verschiedenen Ebenen, wie Trainer- und Vereinsmanagerscheine. Aufgrund der typischerweise schwachen Selektionsmechanismen sind interne Sozialisationsprozesse für Vereine von noch größerer Bedeutung als in Unternehmen. In soziologischen Theorien zu Themen wie Einbindung, Sozialisation, Identität und Karriere wird die Verbindung von Individuum und Organisation nicht als eine einmalige punktuelle Entscheidung, sondern als ein Prozess über Zeit angesehen, der auch Eigendynamik entfalten kann und bei dem Rückkopplungsprozesse – also Auswirkungen auf die Präferenzen – wichtig werden.

Es sind typischerweise kleine Entscheidungen, mit denen die Einbindung beginnt. Man erklärt sich bereit mitzuhelfen und ohne dass man sich versieht, hat man ein Amt und drei Vereinstermine pro Woche. Durch Anhäufung selbstgewählter, kleiner häufig sogar unbewusster Einzelentscheidungen verfängt sich der neue Mitarbeiter immer mehr in ein Netz von Fremd- und vor allem auch Selbstverpflichtungen (Becker 1960/1961). Er hat sich vor sich selbst und vor den anderen in einer bestimmten Weise dargestellt, z. B. als derjenige, der immer ansprechbar ist und auf den Verlass ist, und diese Identität kann nicht beliebig und kurzfristig verändert werden. In diesem internen Sozialisationsprozess werden zu einem großen Teil jene Motive und Werte erst gestiftet, auf deren Grundlage eine festere Einbindung erfolgen kann (Klein 1912; Homans 1968). Je mehr der Einzelne in die Vereinigungsarbeit hineinwächst, desto mehr lernt er sie schätzen (Erfahrungsgut; Nutzensteigerung), desto größer werden seine Fähigkeiten (Kostensenkung), desto größer werden aber auch die Ansprüche, die an ihn gestellt werden. Mit zunehmender Beanspruchung durch die Vereinigung sinken Zeit und Energie, die für andere Freizeittätigkeiten übrigbleiben. Für diejenigen, die für die Vereinigung leben, wird somit der Verein immer mehr zu ihrem Leben. Dieser Mechanismus der zeitlichen Segregation (des Abschneidens von Alternativen) ist möglicherweise der wichtigste bei der Einbindung der Vereinselite (Etzioni 1975).[14]

---

[14] Überraschenderweise erweist sich so die häufig beklagte geringe Mitarbeitsbereitschaft durch diese zeitliche Segregation, wie auch durch Knappheit von Positionsgütern wie Macht und Prestige, als funktional für die Organisation, weil sie eine Voraussetzung für die intensive Einbindung der Aktiven ist. Die damit verbundene Überlastung kann aber auch zu abrupten totalen Mitarbeitsabbrüchen führen.

8.6 Personalsozialisation und -Entwicklung

Aufgaben einer Personalwirtschaft	Mitarbeiter eines Unternehmens	Freiwilligenarbeiter im Verein
6. Sozialisation und Entwicklung	Vermittlung von - Kenntnissen und Fähigkeiten - Werten und Einstellungen - im Hinblick auf zukünftige Aufgaben - Berufsausbildung - Weiterbildung - Training on the job, off the job - Laufbahnplanung	- Trainer- und Vereinsmanagerscheine **Theorien:** (s. Ergänzungen zur Anreiz-Beitragstheorie) - Einbindung, Sozialisation, Identität, Karriere - Zeitaspekt, Eigendynamik, Feedbackmechanismen - Nutzen erfahren (Erfahrungsgut), - Fähigkeiten erwerben (Humankapital) - zeitliche Segregation (Alternativen abschneiden) --- Problem: Ansprüche steigen, Überlastung **Gestaltungsvorschläge: Einbindung fördern** - Selektion - Sozialisation --- Gefahr durch Folgeprobleme der Transformationen: Kommerzialisierung, Professionalisierung, Oligarchisierung, Bürokratisierung, Verdrängung intrinsischer Motivation a) Dezentralisierung, Kleingruppen: - verschaffen besondere Belohnungen - üben höhere Kontrolle aus - entwickeln höhere Sozialisationskraft b) neue Mitglieder ansprechen, die noch unsicher über die Mitgliedschaftsanforderungen sind, Interessenvereinigung vorleben c) Mitarbeitsmöglichkeiten schaffen: abgestuftes Programm von Mitarbeitsmöglichkeiten schaffen, welche das Mitglied schrittweise zur Mitarbeit heranzieht

Abb. 8.8 Besonderheiten einer Personalwirtschaft für Freiwilligenarbeiter in Sportvereinen – Teil 3 – und Gestaltungs-vorschläge

Hohe Sozialisationskraft entwickeln vor allem Kleingruppen, weil sie über die oben angesprochenen symbolischen Anreize verfügen. Am meisten zu beeinflussen sind neue Mitglieder, die noch unsicher über die in der Vereinigung herrschenden Mitgliedschaftsanforderungen sind. Ihnen müsste verdeutlicht und vorgelebt werden, dass Freiwilligenarbeit notwendig und selbstverständlich ist, und dass sie dazu geeignet wären. Deshalb kommt es weiter darauf an, ein in seinen quantitativen und qualitativen Anforderungen abgestuftes Programm von sinnvollen und erfolgversprechenden Mitarbeitsmöglichkeiten zu schaffen, um so die Mitglieder schrittweise zur Mitarbeit heranzuziehen. Es sind diese Einbindungsmechanismen, die vor allem durch die zuvor angesprochenen Folgeprobleme der Transformationstendenzen der Kommerzialisierung, Professionalisierung, Oligarchisierung und auch Bürokratisierung bedroht sind (s. Kap. 3.4). Wenn die Solidargemeinschaft „Verein" nicht mehr vorgelebt wird, kann sie auch nicht weitergegeben werden.

8.7 Personalkontrolle

Die strukturellen Mechanismen, welche die Mitglieder eines sozialen Systems dazu bringen, die geltenden Erwartungen zu erfüllen, werden als soziale Kontrolle bezeichnet (s. Abb. 8.9).[15] Soziale Kontrolle kann unterteilt werden in vororganisationale Sozialisation (z. B. Berufsausbildung), organisationale Potentialkontrolle (Personalselektion und -sozialisation, s. o.) und organisationale Handlungskontrolle (Türk 1981). Im Folgenden geht es um Letzteres. Diese Handlungskontrolle kann unpersönlich, z. B. durch Technik oder Regeln und Anreizsysteme sowie persönlich durch Vorgesetzte und Spezialisten (Fachleute für Arbeitszeitermittlung) oder Gleichgestellte und Untergebene erfolgen (ebd.). Es geht um das Verhältnis von Beiträgen und Anreizen und betrifft damit das dritte Motivationsproblem, die Leistungsmotivation. Angestrebt werden die Senkung der Personalkosten, der Fluktuation und der Fehlzeiten sowie die Steigerung der Arbeitsproduktivität. Als Anreize werden verschiedene Lohnformen eingesetzt, wie Zeit-, Akkord-, Prämien- und Beteiligungslohn, aber z. B. in den USA mehr als in Deutschland auch Ehrungen, wie zum Mitarbeiter des Jahres. Da Kontrollen ja im Management generell dazu dienen, rechtzeitig Kurskorrekturen vorzunehmen, gehören zur Kontrolle das Feedback zu den Mitarbeitern und gegebenenfalls Angebote zur Leistungsverbesserung (s. Personalentwicklung).

Da es – anders als bei bezahlten Arbeiten – bei Freiwilligenarbeitern keine vertraglichen Regeln und keine Entlohnung gibt, kommt es auf Vertrauen (Flatau 2009) und andersartige Anreize (s. o.) an. Überwachung findet kaum statt. Dazu mangelt es an Ressourcen. Sie würde auch als Misstrauen empfunden werden (ebd.) und könnten intrinsische Motivation verdrängen. Die wichtigsten Kontrollmechanismen in Vereinen haben typischerweise internalisierten und informellen Charakter. Je mehr das Verhalten der Mitarbeiter durch Zielidentifikation und sonstige innere Anreize motiviert ist, desto mehr erübrigt sich auch eine externe Kontrolle (Mayntz 1963). Mitgliedschafts-, Teilnahme- (Arbeit annehmen) und Leistungsmotivation sind in Vereinen typischerweise anders getrennt als in Unternehmen. Der Bruch liegt nicht wie dort zwischen Teilnahme- und Leistungsmotivation, sondern – wegen der meist geringen Mitgliedschaftsanforderungen – zwischen Mitgliedschafts- und Teilnahmemotivation. Wenn sich ein Mitglied freiwillig entschließt an der Arbeit teilzunehmen, dann kann man vergleichsweise eher davon ausgehen, dass es auch genügend motiviert ist, sich einzusetzen und nicht nur das unbedingt Notwendige zu leisten. Der wichtigste Mechanismus zur Beeinflussung der internen Motivation der Mitarbeiter, über den freiwillige Vereinigungen verfügen, ist Sozialisation. Der bedeu-

---

[15] Davon zu unterscheiden ist die hier nicht angesprochene Kontrolle des gesamten personalwirtschaftlichen Managementprozesses.

8.7 Personalkontrolle

Aufgaben einer Personalwirtschaft	Mitarbeiter eines Unternehmens	Freiwilligenarbeiter im Verein
7. Kontrolle	Bruch zwischen Teilnahme- (Arbeit annehmen) und Leistungsmotivation	Bruch zwischen Mitgliedschafts- und Teilnahmemotivation
	externe Kontrolle	kaum formale, externe Kontrollen wegen Ressourcenmangel weil demotivierend: Misstrauen, Verdrängung
		Internalisierung (Sozialisation)
	unpersönliche Kontrolle: - Technik - Regeln und Anreize Lohnformen: Zeit-, Akkord-, Prämien-, Beteiligungslohn Ehrungen	- keine vertraglichen Regeln - Ehrungen
	persönliche Kontrolle: - zentral: durch Vorgesetzte oder Spezialisten - horizontal: durch Gleichgestellte und Untergebene	- horizontal: gegenseitig (Achtung) abhängig von Gruppengröße: Delegation und Dezentralisation
	Feedback: schriftlich mündlich Hilfen zur Leistungsverbesserung (s. Personalentwicklung)	- durch Mitglieder: Wahl, Abwahl, Nicht-Wiederwahl, Opposition Widerspruch: Beschwerdesystem Abwanderung, Austritt, Neugründung
8. Freisetzung	Teilweise: - Arbeitszeitverkürzung - Versetzung	- Verbot von Ämterhäufungen - Wegloben
	Vollständig: - natürlicher Abgang: Pensionierung, Tod - freiwilliges Ausscheiden (ggfs. mit Abfindungen) - Entlassung	- Begrenzung der Amtsdauer, Rotation - Ehrenämter - Nicht-Wiederwahl, Abwahl, Ausschluss

Abb. 8.9 Besonderheiten einer Personalwirtschaft für Freiwilligenarbeiter in Sportvereinen – Teil 4

tendste externe Kontrollmechanismus von Vereinen beruht auf Gegenseitigkeit und ist informeller Natur. Er erwächst aus der Interaktion und der Gruppe. Die Handelnden werden direkt von den Interaktionspartnern mit Achtung belohnt bzw. Verachtung gestraft. Mit wachsender Gruppengröße steigt jedoch die Wahrscheinlichkeit, dass Regelverstöße unbemerkt und unsanktioniert bleiben. Nur eine Föderation kleiner Gruppen ist in der Lage, die Wirksamkeit der Mechanismen gegenseitiger Kontrolle zu nutzen (Olson 1968). Hier empfehlen sich also wieder Delegation und Dezentralisierung. Der zentrale formale Kontrollmechanismus ist die Wahl. Da es jedoch den Mitgliedern häufig außer an den Kriterien auch an der Information und den Alternativen mangelt, ist er in der Regel recht schwach. Durch innervereinliche Opposition wird dieser Mechanismus gestärkt.

8.8 Personalfreisetzung

Analog zum Problem der Gewinnung von Personal gibt es das Problem, wie man sich von Personal, das nicht geeignet oder zu teuer ist oder nicht mehr benötigt wird, wieder trennen kann (s. Abb. 8.9). Bei der sog. „Personalfreisetzung" können folgende Alternativen unterschieden werden: Arbeitszeitverkürzung, Versetzung, natürlicher Abgang (Tod, Pensionierung), freiwilliges Ausscheiden und Entlassung.

Es ist bereits ein Charakteristikum von Vereinen, dass dieses Problem kaum gesehen wird. Denn erstens stellt es sich wegen der geringen Mitarbeitsbereitschaft selten, und zweitens ist es aufgrund der besonderen Einbindungsmechanismen schwierig, Mitarbeiter einfach zu entlassen, nur weil eine bessere Alternative zur Verfügung steht. Die formalen Möglichkeiten dazu sind: Nicht-Wiederwahl, Abwahl und Ausschluss. Solches Verhalten würde aber im Normalfall nicht nur von den Betroffenen, sondern auch von den anderen Mitgliedern als undankbar empfunden, und damit einen wichtigen Einbindungsmechanismus beeinträchtigen. Anders als in einem Wirtschaftsbetrieb kann ein ehrenamtlicher Mitarbeiter in einer freiwilligen Vereinigung nämlich darauf rechnen, dass vergangene Verdienste auch in Zukunft noch Gewicht haben. Dies hat viele dysfunktionale Konsequenzen für die Vereinigung. Fehlbesetzungen können nur mit Schwierigkeiten korrigiert werden. Es ergeben sich große Aufstiegsbarrieren für jüngere Mitarbeiter. Die Wahl als zentraler Rückkopplungsmechanismus zwischen Beitrag und Anreiz wird entwertet. Aber auch eine Begrenzung der Amtsdauer, das Verbot von Ämterhäufungen und das Rotationsprinzip als institutionelle Gegenmittel – wie es Schwarz (1992) vorschlägt – beeinträchtigt viele Mitarbeitsanreize, so dass als relativ unproblematische Lösungen nur die Schaffung spezifischer Ehrenämter oder das Wegloben auf Verbandsämter übrigbleiben.

8.9 Adaptation von Individuum und Organisation

Grundsätzlich geht es um das Problem der Adaptation (Anpassung) von Individuum und Organisation. Wie kann man Individuen mit ihren persönlichen Interessen und Problemen dauerhaft in Organisationen mit ihren Zielen und Systemproblemen einbinden. Hier gibt es logisch sechs verschiedene Möglichkeiten. Von diesen sind einige idealtypisch vergleichsweise wichtiger für Freiwilligenarbeiter in Vereinen als für Angestellte in großen Unternehmen (s. unterstrichene Begriffe in Abb. 8.10). „Vergleichsweise" meint, dass es zwar überall Mischungen gibt, dass aber bestimmte Mechanismen relativ, verglichen mit Angestellten, für Freiwilligenarbeiter typischer sind.

1. Die erste Frage ist: Wer passt sich an wen an: das Individuum an die Organisation oder die Organisation an das Individuum? Auch in Vereinen muss sich das Individuum an die Organisation anpassen. Je kleiner aber der Verein oder die Gruppe der Freiwilligenarbeiter ist, desto mehr muss sich die Art der Zusammenarbeit auch nach den Interessen der Freiwilligenarbeiter richten.

8.9 Adaptation von Individuum und Organisation

```
                    Adaption von Organisation und Individuum
                                    |
            ┌───────────────────────┴───────────────────────┐
    Anpassung der                                    Anpassung des
    Organisation                                       Individuums
            |                                               |
    äußerliche Anpassung                            innerliche Anpassung
            |                                               |
    ┌───────┴───────┐                               ┌───────┴───────┐
 Kontrolle      Sanktionen                     Sozialisation     Selektion
    |               |                               |               |
 ┌──┴──┐         ┌──┴──┐                       ┌────┴────┐     ┌────┴────┐
zentrale gegenseitige negative positive     durch Individuum  durch Organisation
```

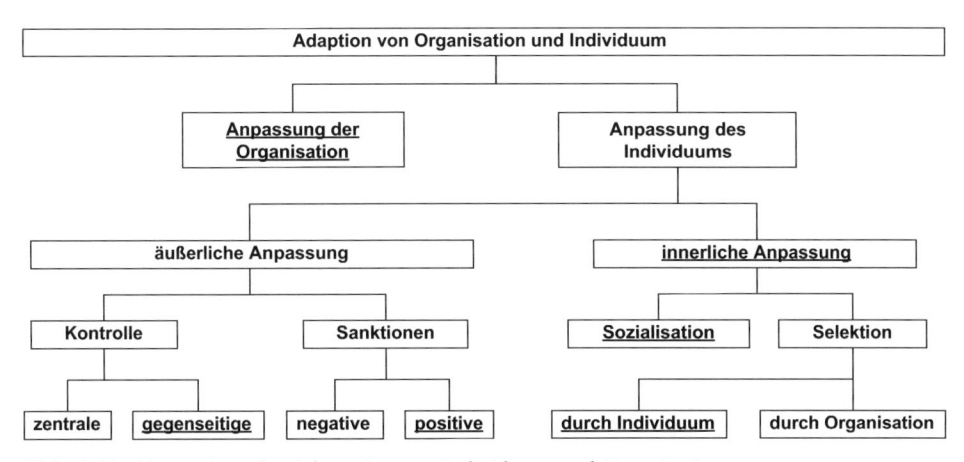

Abb. 8.10 Alternativen der Adaptation von Individuum und Organisation

2. Wenn das Individuum sich an die Organisation anpassen muss, dann gibt es wieder zwei grundsätzliche Möglichkeiten: die Anpassung kann aus äußerer (extrinsisch) oder innerer Veranlassung (intrinsisch) erfolgen. Während große Unternehmen stark auf äußerliche Anpassung setzen, ist für Vereine die innerliche Anpassung vergleichsweise typischer. Äußere Anpassung wird erreicht durch Sanktionen (bzw. Anreize) und Kontrollen.
3. Bei den Sanktionen kann man positive und negative unterscheiden. In Unternehmen spielt je nach Lage auf dem Arbeitsmarkt die Angst vor der negativen Sanktion der Entlassung eine große Rolle, bei Freiwilligenarbeitern überwiegen die positiven und zudem nichtmonetären Sanktionen.
4. Die Kontrolle kann prinzipiell vertikal durch Vorgesetzte oder horizontal durch die anderen Mitarbeiter erfolgen. Letzteres ist relativ bedeutender in Vereinen, ersteres in großen Unternehmen.
5. Wie schafft man es, nicht bloß äußerlich, sondern innerlich motivierte Mitarbeiter zu gewinnen? Dazu gibt es wieder prinzipiell zwei Möglichkeiten: Selektion oder Sozialisation. Entweder ich suche sie mir so aus oder ich versuche, sie so zu sozialisieren. Vereine haben – wie gezeigt wurde – vergleichsweise weniger Möglichkeiten zur Selektion, müssen die Personen akzeptieren, die sich anbieten. Hier hat Sozialisation eine höhere Bedeutung. Man schaut, wer schon lange dabei ist und sich bewährt hat.
6. Wenn selektiert wird, gibt es wiederum zwei Alternativen. Wer wählt wen aus: die Organisation den Mitarbeiter oder der Mitarbeiter die Organisation (Selbstselektion)? Normalerweise spielt beides zusammen. Aber in Vereinen sind es typischerweise eher die Individuen, die sich dafür entscheiden, in welchen Verein sie eintreten und ob sie Freiwilligenarbeit leisten wollen, während in großen Unternehmen doch mehr die Organisation auswählt.

8.10 Zusammenfassung

Die Personalwirtschaft ist eine spezielle Betriebswirtschaftslehre mit großen verhaltenswissenschaftlich ausgerichteten Anteilen. Sie beschäftigt sich mit der Frage, wie die richtigen Mitarbeiter, zur richtigen Zeit, am richtigen Ort, wirtschaftlich bereitgestellt, eingesetzt und gesichert werden können. Die Frage ist nun, inwieweit die allgemeinen Erkenntnisse der Personalwirtschaft auf den Sport übertragen werden können. Eine zentrale Besonderheit von Sportvereinen ist die Freiwilligenarbeit. Sie ist die wichtigste Ressource der Sportvereine. Im Kapitel werden jeweils einleitend die allgemeinen Problemstellungen und Lösungsvorschläge der Personalwirtschaft vorgestellt, wie sie am ehesten in großen Unternehmen umgesetzt werden, um dann vor diesem Hintergrund die speziellen Besonderheiten einer Personalwirtschaft für Freiwilligenarbeiter in Sportvereinen herauszuarbeiten. Insgesamt zeigt sich dabei einerseits, dass die Personalwirtschaft der Freiwilligenarbeiter in Sportvereinen nicht so durchrationalisiert ist wie in großen Unternehmen. Daraus ergeben sich Nachteile, die durch eine rationalere Vorgehensweise behoben werden könnten. Andererseits hängen diese Unterschiede aber mit allgemeinen Besonderheiten von Sportvereinen und Freiwilligenarbeit zusammen und haben daher positive Funktionen für die Bewahrung dieser Besonderheiten. Die Gliederung orientiert sich an acht zentralen **Fragenkomplexen der Personalwirtschaft**.

1. **Ziele und Organisation**: Das klassische Ziel der Personalwirtschaft ist Kostenminimierung. Nach neuerem Verständnis geht es jedoch um Nutzenmaximierung, nämlich Investitionen in Humankapital. In großen Unternehmen sind die Aufgaben der Personalwirtschaft ausdifferenziert an spezifische Stellen und Abteilungen und/oder gehören zu den Führungsaufgaben des Managements (s. Abb. 8.1). Die Personalwirtschaft ist in Sportvereinen typischerweise nicht ausdifferenziert. Sie gehört hier zu den allgemeinen, aber eher nur informellen Aufgaben der Führung. Der Umgang mit Freiwilligenarbeitern erfolgt eher traditional, ungeplant als rational.
2. **Personalbedarfsplanung**: Der erste Schritt einer Personalwirtschaft gilt der Ermittlung des quantitativen, qualitativen, zeitlichen und örtlichen Arbeitskräftebedarfs (s. Abb. 8.1). Eine solche rationale Planung des Personalbedarfs ist für Sportvereine eher untypisch. Die wichtigste Besonderheit ist, dass man häufig geradezu eine Umkehr der Logik der Personalwirtschaft feststellen kann. Positionen werden nicht nach dem Bedarf, sondern nach dem quantitativen und qualitativen Angebot an Arbeitskräften gebildet (Trägerspezialisierung). Ämter und Aufgaben erfüllen in freiwilligen Vereinigungen nicht nur die Funktion, die Arbeiten zu verteilen und ihre Erfüllung zu sichern, sondern haben gleichzeitig Einbindungsfunktionen.
3. **Personalbeschaffung**: Die Beschaffung eines Kreises an geeigneten Kandidaten für zu besetzende Stellen wird in der Soziologie in Anlehnung an das Militär als Rekrutierung bezeichnet. Je nachdem, ob sich dieser Kreis auf vorhandenes Personal oder Externe bezieht, spricht man von interner bzw. externer Beschaffung (s. Abb. 8.1). Es ist ein zentrales Charakteristikum von Vereinen, dass bei der Besetzung von Ehrenämtern

nur interne Beschaffung erlaubt ist. Die Rekrutierung von Freiwilligenarbeit beginnt daher bereits bei der Rekrutierung neuer Mitglieder. Der Kreis potentieller Bewerber für ein Amt wird typischerweise sowohl von der Angebots- als auch der Nachfrageseite begrenzt. Von der Angebotsseite wird der Kreis begrenzt durch die häufig geringe Mitarbeitsbereitschaft, von der Nachfrageseite dadurch, dass die Suche, um den Aufwand zu minimieren und Konflikte zu vermeiden, oft abgebrochen wird, sobald ein Kandidat gefunden ist.

4. **Personalauswahl und -einsatz**: Die Personalauswahl stellt den Kern des Rekrutierungsprozesses dar. Hier werden die Bewerber geprüft und ihre Qualitäten mit den Anforderungen der zu besetzenden Stelle verglichen. Von der Personalauswahl kann der Personaleinsatz unterschieden werden, bei dem es darum geht, dem ausgewählten Personal bestimmte Aufgaben zu zuweisen (s. Abb. 8.2). Im Gegensatz dazu beruht die Auswahl speziell von Freiwilligenarbeitern für ein Vorstandsamt, also von Ehrenamtlichen im engeren Sinne, erstens formal auf einem anderen Verfahren, nämlich einer demokratischen Wahl, und verläuft zweitens generell für Freiwilligenarbeiter informell weniger rational, typischerweise in einem Prozess über mehrere Phasen der Bewährung und Vorauswahl und orientiert sich drittens nicht nur an fachlichen, sondern an weiteren Kriterien, die mit den Besonderheiten freiwilliger Vereinigungen zusammenhängen. Man kann die gesamte Karriere eines Ehrenamtlichen beim Durchlaufen verschiedener Ämter als Personalzuordnungsprozess betrachten. Bewerber um höhere Ämter müssen Stallgeruch aufweisen, sich an der Basis bewährt haben. Als funktionales Äquivalent für die wenig rational ausgestalteten Selektionsverfahren, vertrauen freiwillige Vereinigungen auf entsprechend lang dauernde Sozialisationsprozesse.

5. **Personaleinbindung und -anreize**: Im Kern geht es in der Personalwirtschaft darum, durch welche Anreize Mitarbeiter gewonnen, gehalten und zur Leistung motiviert werden können. Als Einbindung bezeichnet man jenen Prozess und dessen Ergebnis, durch den die Individuen mit ihren Motiven und Problemen relativ dauerhaft mit dem sozialen System Organisation und seinem Zweck und seinen Funktionsproblemen verbunden werden (s. Abb. 8.2). Aufgrund der Problematik, die sich durch die Freiwilligkeit der Mitarbeit ergibt, ist das Thema für Vereine von noch zentralerer Bedeutung als allgemein. Wegen der Besonderheiten freiwilliger Vereinigungen muss dazu die übliche Anreiz-Beitrags-Theorie erheblich modifiziert werden. a) Es handelt sich nicht um punktuelle Tauschakte, sondern um Einbindungsprozesse, die über einen Zeitraum stattfinden. b) Andere Handlungstypen als der übliche ökonomische Tausch von Geld gegen Arbeitskraft spielen eine Rolle (s. Abb. 8.3). c) Der Beitrag kann gerade im Falle der Freiwilligenarbeit gleichzeitig der Anreiz sein. d) Es geht ja überwiegend um andersartige Anreize als Geld und Zwang. Wichtige Anreize erwachsen direkt aus dem besonderen Charakter dieser Arbeit selbst: aus den Zielen, der Arbeit und der Gruppe (s. Abb. 8.2). e) Viele dieser Anreize sind selbstverständlich oder wirken unbewusst und können nicht von der Vereinigungsführung produziert werden. Wie typisch für die Nutzentheorie kann zwar vieles integriert werden, aber um den Preis der Verwischung auch für die Praxis wichtiger Unterschiede. Nach den theoretischen Überlegun-

gen gibt es drei Wege mehr Freiwilligenarbeiter einzubinden: i) den Nutzen erhöhen (s. Abb. 8.6), ii) die Kosten senken (s. Abb. 8.7) und iii) den Einbindungsprozess fördern (s. Pkt. 6).

6. **Personalsozialisation und -entwicklung**: Durch Personalsozialisation bzw. -entwicklung sollen Kenntnisse und Fähigkeiten sowie Werte und Einstellungen des Personals an die Bedürfnisse der Organisation – besonders auch im Hinblick auf mögliche zukünftige Aufgaben – angepasst werden (s. Abb. 8.8). In Vereinen findet dies seltener formal geplant statt. Vergleichbar sind die Lizenzsysteme der Verbände mit Abschlüssen auf verschiedenen Ebenen, wie Trainer- und Vereinsmanagerscheine. Aufgrund der typischerweise schwachen Selektionsmechanismen sind interne Sozialisationsprozesse für Vereine von noch größerer Bedeutung als in Unternehmen. Wenn die Solidargemeinschaft Verein nicht mehr vorgelebt wird, kann sie auch nicht weitergegeben werden.
7. **Personalkontrolle**: Die strukturellen Mechanismen, welche die Mitglieder eines sozialen Systems dazu bringen, die geltenden Erwartungen zu erfüllen, werden als soziale Kontrolle bezeichnet. Es geht um das Verhältnis von Beiträgen und Anreizen und betrifft damit das dritte Motivationsproblem, die Leistungsmotivation (s. Abb. 8.9). Da es – anders als bei bezahlten Arbeiten – keine vertraglichen Regeln und keine Entlohnung gibt, kommt es im Verein auf Vertrauen (Flatau 2009) und andersartige Anreize (s. o.) an. Überwachung findet kaum statt. Dazu mangelt es an Ressourcen. Sie würde aber auch als Misstrauen empfunden werden und könnte intrinsische Motivation verdrängen. Die wichtigsten Kontrollmechanismen in Vereinen haben typischerweise internalisierten und informellen Charakter, funktionieren aber umso weniger, je größer die Gruppe ist.
8. **Personalfreisetzung**: Analog zum Problem der Gewinnung von Personal gibt es das Problem, wie man sich von Personal, das nicht geeignet ist oder nicht mehr benötigt wird, wieder trennen kann (s. Abb. 8.9). Es ist bereits ein Charakteristikum von Vereinen, dass dieses Problem kaum gesehen wird. Denn erstens stellt es sich wegen der geringen Mitarbeitsbereitschaft selten, und zweitens ist es aufgrund der besonderen Einbindungsmechanismen schwierig, Mitarbeiter einfach zu entlassen. Eine relativ unproblematische Lösung ist die Schaffung von speziellen Ehrenämtern, wie das eines Ehrenvorsitzenden.

Grundsätzlich geht es um das Problem der **Adaptation von Individuum und Organisation**. Hierzu gibt es verschiedene logische Möglichkeiten. Von diesen sind einige idealtypisch vergleichsweise (!) wichtiger für Freiwilligenarbeiter in Vereinen als für Angestellte in großen Unternehmen (s. unterstrichene Begriffe in Abb. 8.10): Anpassung der Organisation an das Individuum, innerliche Anpassung, positive, nichtmonetäre Sanktionen, horizontale Kontrolle, Selbstselektion und Sozialisation.

8.11 Wiederholungsfragen

1. Mit welchen zentralen Fragestellungen beschäftigt sich die Personalwirtschaft? Illustrieren Sie diese jeweils mit Besonderheiten einer Personalwirtschaft für Freiwilligenarbeiter.
2. Was besagt die Anreiz-Beitrags-Theorie? Warum und wie muss sie für Freiwilligenarbeiter modifiziert werden?
3. Welche wichtigen individuellen Nutzen- und Kostenaspekte der Freiwilligenarbeit gibt es, und wie könnte ein Sportverein aus deren Kenntnis praktischen Nutzen ziehen?
4. Warum können kleine Sportvereine leichter Freiwilligenarbeiter gewinnen als große? Wie kann man sich diese Erkenntnis zu Nutze machen?
5. Wie können Individuum und Organisation aneinander angepasst werden? Wie unterscheidet sich hierbei idealtypisch ein großes Unternehmen von einem Verein?

Literatur

Badelt, C. (1985). *Politische Ökonomie der Freiwilligenarbeit. Theoretische Grundlegung und Anwendung in der Sozialpolitik*. Frankfurt a. M.: Campus.
Badelt, C. (Hrsg.). (2002). *Handbuch der Nonprofit-Organisation. Strukturen und Management*. Stuttgart: Schäffer-Peschel.
Barnard, C. I. (1970). *Die Führung großer Organisationen*. Essen: Girardet.
Becker H. S. (1960/1961). Notes on the concept of commitment. *American Journal of Sociology, 66*(1) 32–40.
Blau, P. M. (1964). *Exchange and power in social life*. New York: Wiley.
Blau, P. M. (1968). Social exchange. In D. L. Sills (Hrsg.), *International encyclopedia of the social sciences* (Bd. 16, S. 362–379). New York: Macmillan & Free Press.
Braun, S. (2003). Leistungserstellung in freiwilligen Vereinigungen. Über „Gemeinschaftsarbeit" und die „Krise des Ehrenamtes". In J. Baur & S. Braun (Hrsg.), *Integrationsleistungen von Sportvereinen als Freiwilligenorganisation* (S. 191–241). Aachen: Meyer & Meyer.
Braun, S. (2011). *Ehrenamtliches und freiwilliges Engagement im Sport. Sportbezogene Sonderauswertung der Freiwilligensurveys von 1999, 2004 und 2009*. Köln: Strauß.
Chelladurai, P. (1999). *Human resource management in sport and recreation*. Champaign: Human Kinetics.
Chinoy, E. (1950). Local union leadership. In A. Gouldner (Hrsg.), *Studies in leadership. Leadership an democratic action* (S. 157–173). New York: Harper & Brother.
Cuskelly, G., & Auld, C. J. (1999). People management. The key to business success. In L. Trenberth & C. Collins (Hrsg.), *Sport business management in New Zealand* (S. 164–183). Palmerston North: Dunmore Press.
Downward, P., Dawson, A., & Dejonghe, T. (2009). *Sports economics: Theory, evidence and policy*. London: Routledge.
Emrich, E., Pierdzioch, C., & Balter, J. (2013). Motive ehrenamtlichen Engagements im Fußball. Eine sozio-ökonomische Analyse und das Problem sozialer Erwünschtheit. In H. Kempf, S. Nagel & H. Dietl (Hrsg.), *Im Schatten der Sportwirtschaft* (S. 129–148). Schorndorf: Hofmann.
Etzioni, A. (1975). *A comparative analysis of complex organizations. On power, involvement and their correlates*. New York: Free Press.

Flatau, J. (2009). Zum Zusammenhang von Sozialisation und ehrenamtlicher Mitarbeit in Sportvereinen – Erste Überlegungen unter Anwendung der Rational-Choice-Theorie. *Sport und Gesellschaft, 6*(3), 258–281.

Frey, B. S. (1997). *Markt und Motivation. Wie ökonomische Anreize die (Arbeits-) Moral verdrängen.* München: Vahlen.

Frey, B. S., & Neckermann, S. (2006). Auszeichnungen. Ein Vernachlässigter Anreiz. *Perspektiven der Wirtschaftspolitik, 7*(2), 1–14.

Frick, B., & Prinz, J. (2005). *Spielerallokation und Spielerentlohnung im professionellen Team-Sport. Betriebswirtschaftliche Analysen und Empfehlungen für das Vereinsmanagement.* Köln: Strauß.

Geser, H. (1980). Kleine Sozialsysteme: Strukturmerkmale und Leistungskapazitäten – Versuch einer theoretischen Integration. *Kölner Zeitschrift für Soziologie und Sozialpsychologie, 32*(2), 205–239.

Geser, H. (1983). *Strukturformen und Funktionsleistungen sozialer Systeme. Ein soziologisches Paradigma.* Opladen: Westdeutscher Verlag.

Granovetter, M. S. (1973,). The Strength of Weak Ties. *American Journal of Sociology,* 78(6), 1360–1380.

Heinemann, K. (1988). Zum Problem ehrenamtlicher und hauptamtlicher Mitarbeiter in Vereinen. In H. Digel (Hrsg.), *Sport im Verein und Verband* (S. 123–137). Schorndorf: Hofmann.

Hentze, J., & Kammel, A. (2001). *Personalwirtschaftslehre.* Stuttgart: UTB.

Hoffmann, L. (1972). Management und Gemeinde. In J. Wössner (Hrsg.), *Religion im Umbruch* (S. 369–394). Stuttgart: Enke.

Homanns, G. C. (1968). *Theorie der sozialen Gruppe* (3. Aufl.). Köln: Westdeutscher Verlag.

Horch, H.-D. (1983). *Strukturbesonderheiten freiwilliger Vereinigungen. Analyse und Untersuchung einer alternativen Form menschlichen Zusammenarbeitens.* Frankfurt a. M.: Campus.

Horch, H.-D. (1987). Personalwirtschaftliche Aspekte ehrenamtlicher Mitarbeit. In K. Heinemann (Hrsg.), *Betriebswirtschaftliche Grundlagen des Sportvereins* (S. 121-141). Schorndorf: Hofmann.

Horch, H.-D. (1995). Selbstzerstörungsprozesse freiwilliger Vereinigungen. Latente Dysfunktionen organisationeller Transformationen. In T. Rauschenbach, C. Sachße, & T. Olk (Hrsg.), *Von der Wertgemeinschaft zum Dienstleistungsunternehmen. Wohlfahrts- und Jugendverbände im Umbruch* (S. 280–296). Frankfurt a. M.: Suhrkamp.

Horch, H.-D. (2005). Personalwirtschaft in Sportorganisationen. In C. Breuer & A. Thiel (Hrsg.), *Handbuch Sportmanagement* (S. 80–93). Schorndorf: Hofmann.

Kanter, R. M. (1968). Commitment and social organization. A study of commitment mechanisms in utopian communities. *American Sociological Review, 33*(4), 499–517.

Katz, D. (1975). Die motivationale Grundlage organisationalen Verhaltens. In K. H. Türk (Hrsg.), *Organisationstheorie* (S. 193–214). Hamburg: Hoffmann und Campe.

Klein, F. (1912). *Das Organisationswesen der Gegenwart. Ein Grundriß.* Berlin: Vahlen.

Knoke, D. (1981). Commitment and detachment in voluntary associations. *American Sociological Review, 46*(2), 141–158.

Knoke, D. (1990). *Organizing for collective action. The political economies of associations.* New York: Aldine de Gruyter.

Lazear, E. P. (1995). *Personnel economics.* Cambridge: MIT Press.

Lenk, H. (1966). Total or partial engagement? Changes regarding the personal ties with the sport club. *International Review of Sport Sociology, 1*(1), 85–107.

March, J. G., & Simon, H. A. (1976). *Organisation und Individuum. Menschliches Verhalten in Organisationen.* Wiesbaden: Gabler.

Marr, R., & Stitzel, M. (1979). *Personalwirtschaft. Ein Konfliktorientierter Ansatz.* München: Verlag Moderne Industrie.

Mayntz, R. (1959). *Parteigruppen in der Großstadt. Untersuchungen in einem Berliner Kreisverband der CDU.* Köln: Westdeutscher Verlag.

Mayntz, R. (1963). *Soziologie der Organisation.* Reinbek: Rowohlt.

Naschold, F. (1972). *Organisation und Demokratie. Untersuchungen und Demokratisierungspotential in komplexen Organisationen*. Stuttgart: Kohlhammer.
Olson, M. Jr. (1968). *Die Logik des kollektiven Handelns. Kollektivgüter und die Theorie der Gruppe*. Tübingen: J.C.B. Mohr.
Pearce, J. L. (1980). Apathy or self interest. The volunteer's avoidance of leadership roles. *Journal of Voluntary Action Research, 9,* 85–94.
Perrow, C. (1970). Members as resources in voluntary organizations. In W. R. Rosengren & M. C. Lefton (Hrsg.), *Organizations and clients. Essays in the sociology of service* (S. 93-116). Columbus: Charles E. Merril.
Preuß, H. (1999). *Ökonomische Implikationen der Ausrichtung Olympischer Spiele von München 1972 bis Atlanta 1996*. Kassel: Agon Sportverlag.
Rauschenbach, T. (1996). Ehrenamtliches Engagement im Sportverein. Anmerkungen zum strukturellen und normativen Wandel des Ehrenamtes. In D.H. Jütting & M. Jochinke (Hrsg.) *Standpunkte und Perspektiven zur Ehrenamtlichkeit im Sport* (S. 64–72). Münster: LIT.
Schafer, R., & Klonglan, J. (1974). Application of the rule of distributive justice in a normative organization. *Pacific Sociological Review, 17*(2), 199–213.
Schlesinger, T., & Nagel, S. (2011). „Freiwilliges Engagement im Sportverein ist Ehrensache!" - Ein Modell zur Analyse der Mitarbeitsentscheidungen in Sportvereinen. *Sport und Gesellschaft, 8*(1), 3–27.
Schubert M., Horch H.-D., & Hovemann, G. (2007). Ehrenamtliches Engagement im Sportverein. In C. Breuer (Hrsg.), *Sportentwicklungsbericht für Deutschland* (S. 196–225). Köln: Strauß.
Schwarz, P. (1992). *Management in Nonprofit Organisationen. Eine Führungs-, Organisations- und Planungslehre*. Bern: Haupt.
Simmel, G. (1968). *Soziologie. Untersuchungen über die Formen der Vergesellschaftung* (5. Aufl.). Berlin: Duncker & Humblot.
Tannenbaum, A. S. (1961). Control and effectiveness in a voluntary organization. *American Journal of Sociology, 67,* 33–46.
Thieme, L. (2012). Effizienzverzicht durch Ehrenamt. Ist die Absorption von Hauptamtlichkeit in Sportvereinen funktional?. *Sport und Gesellschaft 9*(2), 161 – 192.
Türk, K. (1976). *Grundlagen einer Pathologie der Organisation*. Stuttgart: Enke.
Türk, K. (1978). *Soziologie der Organisation. Eine Einführung*. Stuttgart: Enke.
Türk, K. (1981). *Personalführung und soziale Kontrolle*. Stuttgart: Enke.
Wadsack, R. (1990). MitarbeiterInnen-Management im Sport. eine Übersicht. In B. Bothe & R. Wadsack (Hrsg.), *MitarbeiterInnen-Management. Momentaufnahmen* (S. 17–38). Witten: Verlag am Steinberg Gerd May.
Wadsack, R. (1992). *Attraktives Ehrenamt. Motivation ehrenamtlicher Mitarbeiter in Sportvereinen*. Witten: Verlag am Steinberg Gerd May.
Wadsack, R. (2004). Mitarbeitermanagement. In A. Krüger & A. Dreyer (Hrsg.), *Sportmanagement* (S. 113–140). München: Oldenbourg.
Weber, M. (1972). *Wirtschaft und Gesellschaft* (5. revid. Aufl.). Tübingen: Mohr.
Weede, E. (1986). *Konfliktforschung. Einführung und Überblick*. Opladen: Westdeutscher Verlag.
Wehling, M. (1993). *Personalmanagement für unbezahlte Arbeitskräfte*. Bergisch Gladbach: Eul.
Wilson, J. Q. (1969). The rewards of the amateur. In A. Etzioni (Hrsg.), *A sociological reader on complex organizations* (S. 254–262). New York: Holt, Rinehart and Winston.
Winkler, J. (1981). Ehrenamtliche Funktionsträger in Sportverbänden. In T. Kutsch & G. Wiswede (Hrsg.), *Sport und Gesellschaft. Die Kehrseite der Medaille* (S. 29–41). Königstein: Hain.
Winkler, J., & Karhausen, R. (1985). *Verbände im Sport: Eine empirische Analyse des Deutschen Sportbundes und ausgewählter Mitgliedsorganisationen*. Schorndorf: Hofmann.
Wöhe, G. (2005). *Einführung in die Allgemeine Betriebswirtschaftslehre* (22. neubearb. Aufl.). München: Vahlen.

Weiterführende Literatur

Badelt, C. (1985). *Politische Ökonomie der Freiwilligenarbeit. Theoretische Grundlegung und Anwendung in der Sozialpolitik* (S. 40–79). Frankfurt a. M.: Campus.

Flatau, J. (2009). Zum Zusammenhang von Sozialisation und ehrenamtlicher Mitarbeit in Sportvereinen – Erste Überlegungen unter Anwendung der Rational-Choice-Theorie. *Sport und Gesellschaft, 6*(3), 259–282.

Schwarz, P. (1992). *Management in Nonprofit Organisationen. Eine Führungs-, Organisations- und Planungslehre* (S. 521–606). Bern: Haupt.

Wadsack, R. (1992). *Attraktives Ehrenamt. Motivation ehrenamtlicher Mitarbeiter in Sportvereinen* (S. 91–108). Witten: Verlag am Steinberg Gerd May.

Links

http://www.ausport.gov.au/participating/volunteers/resources: Recruiting and Retaining Volunteers (9.12.2013)

9 Partizipatives Management: Was Unternehmen von Sportvereinen lernen können

Soweit wurde argumentiert, dass Vereine viel aus der allgemeinen Betriebswirtschafts- und Managementlehre lernen können, dass man dabei aber die Besonderheiten dieses Organisationstyps beachten muss. Nun soll noch ein Schritt weitergegangen und aufgezeigt werden, dass die Sportbetriebslehre ausgehend von den Besonderheiten des Sports auch eigenständige Beiträge zur allgemeinen Theorie leisten können, und Unternehmen unter Umständen auch etwas von Vereinen lernen können. Damit werden die Besonderheiten von Vereinen noch einmal auch für jene Leser dieses Lehrbuches interessant, die nicht in Vereinen arbeiten bzw. arbeiten wollen. Dies soll im Folgenden am obigen Beispiel der Problematik der Einbindung von Mitarbeitern aufgezeigt werden.

Einbindung ist ein zentrales Problem jedes Unternehmens. Als Einbindung bezeichnet man jenen Prozess und dessen Ergebnis, durch den die Individuen mit ihren Motiven und Problemen relativ dauerhaft mit dem sozialen System Organisation und seinem Zweck und seinen Funktionsproblemen verbunden werden (Türk 1978; Kanter 1968). Das Problem ist, dass Arbeitsverträge unvollständige Verträge sind. Sie beinhalten ein Arbeitsversprechen, aber anders als Werkverträge keine konkrete Arbeitsleistung. Es droht Drückebergerei, die sog. innere Emigration der Mitarbeiter, die nur Dienst nach Vorschrift leisten. Nach dem Resource-Based-View-of-the-Firm gehört das Personal heutzutage zu den wenigen verbliebenen schwer nachahmbaren Quellen, die einen dauerhaften Wettbewerbsvorteil versprechen (Pfeffer 1994).[1] Diese Erkenntnis hat zum Paradigmenwechsel von der Personalverwaltung zum Human Resource Management sowie vom bürokratischen Befehlssystem zum partizipativen Management (Lawler 1989) beigetragen.

Partizipativ heißt, dass die Mitarbeiter an der Entscheidungsfindung in der Organisation beteiligt werden, um ihr Wissen für die Organisation nutzen zu können und ihre intrinsische Motivation zu stärken. Personal wird nicht mehr als bloßer Kostenfaktor angesehen,

---

[1] Technologien sind heute schnell zu kopieren, freie Märkte schützen nicht mehr vor Konkurrenz, alle haben Zugang zu internationalen Finanzmärkten, je spezieller die Produkte sein müssen, desto weniger nutzen Größenvorteile.

den es zu minimieren gilt, sondern als zentraler Vermögensbestandteil einer Organisation, in den investiert werden sollte. Arbeitnehmer werden statt als Problem-Macher als Problem-Löser gesehen. In diesem Sinne formulierte 1994 der angesehene deutsche Spitzenmanager Reitzle (damals: BMW, danach: Linde) sinngemäß:[2] Es reicht nicht mehr, die großen Strategen an der Spitze eines Unternehmens zu haben, deren Pläne von bloß äußerlich motivierten Untergebenen ausgeführt werden, sondern es kommt immer mehr darauf an, Organisationen zu schaffen, die die Kreativität möglichst vieler Mitarbeiter nutzen. Aus Mit-Arbeitern sollen Mit-Unternehmer werden. Unternehmen sollen in Wertschöpfungs-Gemeinschaften verwandelt werden.

Schon seit langem und mit wachsender empirischer Evidenz weist eine Minderheit von Ökonomen gegenüber dem ökonomischen Mainstream darauf hin, dass Menschen nicht nur durch Druck und materielle Anreize zur Arbeit zu bewegen sind, sondern auch intrinsisch motiviert sind zu arbeiten und ihnen das Wohlergehen anderer und ihre Anerkennung wichtig ist (Frey und Osterloh 2012).[3] Vereine sind bezogen auf diese Frage – wenn auch notgedrungen und weitgehend unreflektiert – „Experten", weil sie die Einbindung von Freiwilligenarbeitern ohne Angst vor Arbeitslosigkeit und ohne Bezahlung erreichen müssen. Dieser Vorteil von Nonprofit-Organisationen fiel auch dem Managementwissenschaftler Drucker auf, er schrieb (1989 in „What business can learn from Nonprofits", S. 88): „in the most crucial area the motivation and productivity of knowledge workers they are truly pioneers, working out policies and practices that business will have to learn tomorrow." Von zentraler Bedeutung ist dabei, dass die Motive der Mitarbeiter nicht bloß gegeben sind, sondern dass das organisatorische Umfeld mitbeeinflusst, welche Motive sich entfalten können.

Ein Auslöser für diese Managementrevolution war die japanische Firma. Dies ist an sich bemerkenswert, denn sie wurde jahrzehntelang von Ökonomen als traditionell und rückständig angesehen. Das änderte sich erst, als ihr Erfolg in den 70iger und 80iger Jahren des vorigen Jahrhunderts nicht mehr zu übersehen war. Und das gilt auch heute noch in einer Zeit, in der die japanische Wirtschaft eine Krisenphase durchläuft. Denn im Kern gelten diese besonderen Strukturen in Japan noch heute (Schonberger 2007) und wurden in den 1980igern und 90igern von anderen Firmen zumindest teilweise weltweit kopiert. Ausgangspunkt der folgenden Argumentation sind eine Reihe verblüffender Ähnlichkeiten zwischen japanischer Firma und Verein. Vereine sind uns kulturell wesentlich näher als die japanische Firma. Also: Warum in die Ferne schweifen? Dazu soll nun folgenden Detailfragen nachgegangen werden: 1. Wo liegen die Ähnlichkeiten zwischen der japanischen Firma und dem deutschen Verein? 2. Was kann man aus der Vereinsforschung lernen? 3. Warum und unter welchen Bedingungen gilt das? 4. Wo liegen die Grenzen einer solchen

---

[2] in dreiseitigen von der Deutschen Bank finanzierten Anzeigen in überregionalen deutschen Tageszeitungen im Zuge ihrer Imagekampagne zum Thema „Arbeit der Zukunft – Zukunft der Arbeit".

[3] Ausgangspunkt war die Human-Relations-Bewegung, deren Perspektive von McGregor (1960) zum Menschenbild der sog. Theorie Y im Vergleich zur klassischen Theorie X zusammengefasst wurde. Partizipatives Management (Lawler 1989), lernende Organisationen (Kochem und Useem 1992), Verdrängungstheorie (Frey 1997) sind einige weitere theoretische Ansätze in dieser Tradition.

Abb. 9.1 Japanische versus amerikanische Firma (Ouchi und Jaeger 1978, S. 308)

Type A (American)	Type J (Japanese)
– Short–term employment	– Lifetime employment
– Individual decision-making	– Consensual decision-making
– Individual responsibility	– Collective responsibility
– Rapid evaluation & promotion	– Slow evaluation & promotion
– Explicit, formalized control	– Implicit, informal control
– Specialized career path	– Non-specialized career path
– Segmented concern	– Holistic concern

Übertragbarkeit von Erkenntnissen? Im Folgenden kann auf Argumente und Formulierungen aus Horch (1997) zurückgegriffen werden.

Am Ende soll der Leser gelernt haben:

- Wo liegen die Ähnlichkeiten zwischen der japanischen Firma und dem deutschen Verein?
- Was können For-Profit- von Nonprofit-Organisationen lernen?
- Warum und unter welchen Bedingungen gilt das?

9.1 Die Japanische Firma und der Verein

Der Begriff „die japanische Firma" steht für die großen japanischen Industriebetriebe, wie Toyota, nicht für kleine Zulieferer oder für die Dienstleistungsbranche. Dore (1973) zeigt auf, dass Japaner Betriebe eher als eine Gemeinschaft von Personen denn als Eigentum von Aktienbesitzern ansehen. Der entscheidende Vorteil des japanischen „Welfare Corporatism" ist die hohe Motivation und das große Engagement der Arbeiter, die zu einer hohen Qualität der Produkte führt. Nach Ouchi und Jaeger (1978) gibt es folgende Besonderheiten der japanischen im Vergleich zur amerikanischen Firma (s. Abb. 9.1): 1. lebenslange statt kurzfristige Beschäftigung, 2. konsensuale statt individuelle Entscheidungen, 3. kollektive statt individuelle Verantwortung, 4. langsame statt schnelle Bewertung und Karriere, 5. informale statt formale Kontrolle, 6. nichtspezialisierte Karriere und generelle Fähigkeiten statt spezialisierter Karriere und Fähigkeiten und 7. holistische Orientierung am ganzen Menschen statt nur an der Arbeitsrolle.

Vor dem Hintergrund der obigen Überlegungen über die Einbindung von Freiwilligenarbeitern in Vereinen (s. Kap. 8) fällt auf, dass in Vereinen ähnliche Einbindungsmechanismen wirken wie in der japanische Firma (s. Abb. 9.2). Für Vereine gilt: 1. Zwangsmittel stehen nicht zur Verfügung. 2. Ebenso ist Bezahlung nur begrenzt möglich. 3. Der primäre Anreiz ist die Identifikation mit dem gemeinsamen Ziel. 4. Weitere sekundäre, selektive Anreize erwachsen aus der Einbindung in eine Gruppe, wie Anerkennung, Gemeinschaft und gegenseitige Verpflichtung. 5. Es kommen Selbstentfaltungsmöglichkeiten in der Arbeit hinzu sowie 6. der Einfluss, den die Ehrenamtlichen, auf die Entscheidungen haben. 7. Es spielen interne Sozialisationsprozesse eine bedeutende Rolle gekoppelt mit 8. der informellen, gegenseitigen Kontrolle in den Kleingruppen.

Freiwillige Vereinigung	Japanische Firma	Schattenseiten
1. Kein Zwangsmittel	keine Angst vor Arbeitslosigkeit	Personalfreisetzung
2. Kaum Bezahlung	Gehaltsanreize vergleichsweise (USA) weniger wichtig	nicht-monetäre Anreize reichen nicht
3. Zielidentifikation	Identifikation mit Organisation	Drückebergerei, Inflexibilität
4. Einbindung in Gruppe	Arbeitsgruppe	Organisationsstruktur doppelt belastet, Vermischung von Sachlichem und Persönlichem
5. Selbstentfaltung	Generalisierung	Verselbständigung, geringe Spezialisierung, Stress
6. Einfluss	kollektive, konsensuale Entscheidungen	Entscheidungskosten, Anreiz unabhängig von Beitrag, Einfluss ist knapp
7. Interne Sozialisation	interne Sozialisation	mangelnde Heterogenität
8. Informelle, gegenseitige Kontrolle	informelle, gegenseitige Kontrolle	Kontrollversagen

Abb. 9.2 Einbindungsmechanismen von japanischer Firma und Verein und ihre Schattenseiten

In der japanische Firma wirken – wenn auch nicht dieselben, so doch – erstaunlich ähnliche Einbindungsmechanismen: 1. Durch die Sicherheit des Arbeitsplatzes entfällt die Angst vor Arbeitslosigkeit als Disziplinierungsmittel. 2. Es gibt Gehaltsanreize. Diese spielen aber – verglichen mit den USA – eine untergeordnete Rolle. Das verdeutlichen die geringeren Gehaltsdifferenzen. 3. Zentral ist die u. a. durch die Selektion und die Dauermitgliedschaft geförderte Identifikation mit der Organisation. 4. Ein zentraler Kontroll- und Sanktionierungsmechanismus ist die Einbindung des ganzen Menschen in die Arbeitsgruppen. 5. Generalisierte Fähigkeiten fördern ebenfalls die Identifikation mit der Organisation, eröffnen Selbstentfaltungsmöglichkeiten und erleichtern Kooperation. Nach dem Studium werden die neuen Mitarbeiter ausgewählt und durchlaufen erst einmal alle Abteilungen, um das gesamte Unternehmen kennen zu lernen. Zentral ist die relativ fortgeschrittene Aufhebung der Trennung zwischen Hand- und Kopfarbeit. Managementaufgaben werden auf alle verteilt (partizipatives Management). 6. Der konsensuale Führungsstil kostet zwar Zeit, verhindert jedoch Entfremdung und spart dadurch Kontroll- und Koordinationskosten. 7. Auch die japanische Firma setzt auf interne Sozialisation, auf Verinnerlichung von Werten. Dadurch verliert äußere Kontrolle an Bedeutung. 8. Diese verinnerlichte Kontrolle wird ergänzt durch eine gegenseitige, informelle Kontrolle.

9.2 Schattenseiten: Was kann man aus der Vereinsforschung lernen?

Aus der Vereinsforschung kann man nun aber – wie zum Thema Vereinsversagen und -transformationen gezeigt wurde (s. Kap. 3.4) – nicht nur etwas über die Stärken dieser Art von Einbindungsmechanismen lernen, sondern auch über ihre vielfältigen, schwerwiegenden Schattenseiten. Diese standen in der Vergangenheit mehr im Scheinwerferlicht der Forschung (s. Abb. 9.2):[4] 1. Mit Dauerarbeitsplätzen ist das Problem verbunden, wie man ineffiziente Mitarbeiter wieder loswird?[5] 2. Nichtmonetäre Anreize reichen oft nicht aus. 3. Das Ziel einer Organisation ist ein typisches Kollektivgut, d. h. auch Drückeberger profitieren von seiner Erreichung. Hinzu kommt, dass zielmotivierte Mitarbeiter unflexibel auf Zieländerungen reagieren, die sie nicht mittragen. 4. Wenn die Organisationsstruktur gleichzeitig der Arbeitsverteilung und der Motivation dienen soll, wird sie doppelt belastet. Mit der möglichen Folge, dass das Gruppenleben Vorrang vor der Arbeit bekommt oder dass laufend Sachliches und Persönliches vermischt werden. 5. So kann auch Selbstentfaltung zum Selbstzweck werden. Bei einer Generalisierung von Fähigkeiten verzichtet man naturgemäß auf Vorteile der Arbeitsteilung. Generalisierung kann zudem mit viel Stress durch Überlastung, Ambivalenz und Rollenkonflikten verbundenen sein. 6. Bekannt ist, dass demokratische Entscheidungen hohe Kosten verursachen. Problematisch ist weiter, dass nach dem demokratischen Prinzip „one man one vote", Einfluss formal unabhängig vom eigenen Leistungsbeitrag ist. Zudem ist Einfluss knapp. Zu verdünnt, motiviert er kaum. Einflussreiche tendieren daher dazu, andere abzublocken, sobald sie mehr sein wollen als bloße „Wasserträger". 7. Langandauernde interne Sozialisationsprozesse erhöhen zwar die Homogenität der Mitarbeiter und erleichtern damit die Kooperation, aber auch Heterogenität kann befruchtend wirken. Außenseiter und Quereinsteiger können neue Perspektiven eröffnen. 8. In Organisationen, die auf Vertrauen setzen, ist Kontrolle häufig zu schwach ausgeprägt. Sie wird als Misstrauen empfunden.

9.3 Ursachen der Übertragbarkeit dieser Organisationsmodelle

Die besonderen Einbindungsmechanismen freiwilliger Vereinigungen stellen also ein zweischneidiges Schwert dar. Es ist mit Organisationen wie mit Menschen: die größten Stärken sind häufig gleichzeitig die größten Schwächen. Man kann häufig nicht alles Gute auf einmal haben. Ökonomen sprechen von Trade-Off-Beziehungen, d. h. wenn man mehr von dem einen Guten will, muss man es gegen weniger von dem anderen Guten eintauschen. 1. Wie kann man erklären unter welchen Bedingungen die Stärken die Schwächen überwiegen, und 2. welche Entwicklungstendenzen der Wirtschaft führen dazu, dass die besonderen Einbindungsmechanismen von Vereinen bzw. der japanischen Firma an Bedeutung gewinnen?

---

[4] Sie wurden von namhaften Sozial- und Wirtschaftswissenschaftlern herausgearbeitet, die sich mit den Problemen von Vereinen, von Genossenschaften und Arbeiterselbstverwaltungen beschäftigt haben, wie Weber (1911), Michels (1912), Webb und Webb (1906) sowie Alchian und Demsetz (1973).

[5] siehe das Witzimage vom Beamten

9.3.1 Erklärung

Zur Beantwortung der ersten Fragen muss man etwas weiter ausholen und mit der grundlegenderen Frage beginnen: Warum gibt es überhaupt Betriebe, also Zusammenschlüsse von Produzenten (Williamson 1975: „hierarchies" mit Befehl und Gehorsam)? Warum wird die Produktion nicht alleine marktwirtschaftlich über eine Vielzahl von Tausch- und Werkverträgen geregelt (Williamson: markets)? Dies ist eine Frage, die sich Ökonomen erstaunlicherweise erst sehr spät, nämlich in den dreißiger Jahren gestellt haben. Als Erklärungen für dieses Marktversagen werden im Anschluss an Coases (1937) Theorie der Firma und Williamsons (1975) Institutional-Choice-Theorie unter anderem (Größenvorteile, Marktmacht, Agency Costs, Transaktionskosten) folgende beiden genannt: 1. Es besteht die Gefahr des betrügerischen Ausnutzens asymmetrischer, d. h. zwischen den Tauschpartnern ungleich verteilter, Informationen. 2. Es gibt positive externe Effekte einer Teamarbeit, die sich darin äußern, dass aus der Arbeit eines Teams mehr herauskommt als die Summe der Einzelbeiträge. Unter solchen Umständen sind Zusammenschlüsse von Produzenten, also Betriebe, Tauschverträgen überlegen.

In Betrieben entsteht aber nun das Problem der Unvollständigkeit des Arbeitsvertrages, das Kollektivgutproblem, so dass auch Drückeberger von der Arbeit der anderen profitieren. Dieses Problem wird, so lautet die geläufige Meinung aus Alchian und Demsetz (1973) Eigentumsrechtetheorie, in erwerbswirtschaftlichen Betrieben dadurch gelöst, dass die Eigentümer (Manager) die Aufgabe und die Rechte der Kontrolle und Sanktionierung der Arbeitnehmer übernehmen und dafür mit dem Gewinn belohnt werden. 1992 hat nun Miller in seinem Buch über „Managerial Dilemmas" darauf hingewiesen, dass diese Argumentationskette nicht schlüssig ist. Denn zentrale Kontrolle und individuelle Sanktionen können Drückebergerei nur verhindern, wenn es keine asymmetrischen Informationen und keine Teamexternalitäten gibt. Denn zentrale Kontrolle und individuelle Belohnung wird ja gerade unmöglich, wenn die Kontrollierten mehr von ihrer Arbeit verstehen als die Kontrolleure[6] und wenn aus dem Teamerfolg nicht auf den individuellen Beitrag der Teammitglieder geschlossen werden kann.

Manager und Arbeitnehmer befinden sich nach Miller hingegen in einer Art „Gefangenendilemma":[7] Kurzfristig rational mag es für die Manager sein, Belohnungen nicht effizi-

---

[6] Durch Leistungsbezahlung hat man versucht, werkvertragsähnliche Elemente in den Arbeitsvertrag zu integrieren. Letztere haben jedoch den Nachteil, dass häufig nicht alle nützlichen Verhaltensweisen generell und vor allem im Vorhinein bekannt oder messbar sind, so dass Mitarbeiter aufgrund ihres impliziten Wissens diese manipulieren können und intrinsische Motivation verdrängt werden kann (Frey und Osteroh 2011: „Stop tying pay to performance. It doesn't work"). Wie die Finanzkrise gezeigt hat, gehen Manager, die alleine monetär motiviert sind, hohe Risiken ein, die die Existenz des ganzen Unternehmens gefährden können.

[7] Das sog. „Gefangenendilemma" ist das gebräuchliche Beispiel aus der Spieltheorie dafür, wie sich unter bestimmten Bedingungen aus individuell rationalem Verhalten kollektiv, also für alle Beteiligten, ungünstige Ergebnisse ergeben können.

ent zu verteilen, sondern in die eigene Tasche fließen zu lassen, und für die Arbeitnehmer, ihre intimen Kenntnisse (implizites Wissen, tacit knowledge) über Rationalisierungsmöglichkeiten und Qualitätsverbesserungen nicht preiszugeben. Beide könnten profitieren, wenn sie sich vertrauen und kooperieren würden. Wie Axelrods (1984) spieltheoretische Überlegungen gezeigt haben, gibt es für dieses Dilemma keine automatische Lösung, wohl aber eine mögliche: Kooperation wird umso wahrscheinlicher 1. je mehr beide Partner von einer Fortdauer der Beziehung ausgehen können und 2. je ausgeglichener die Macht der Partner ist, sich gegenseitig nutzen bzw. schaden zu können. Miller vergleicht das Verhältnis von Managern und Arbeitnehmern mit dem zwischen einem absolutistischen Herrscher und dem Bürgertum. Erst als die Bürger Rechte bekamen, die sie gegen willkürliche Eingriffe des Königs schützten („tying the kings hand"), konnte sich die Eigeninitiative des Bürgertums entfalten, Handel und Wandel zum Vorteil aller Beteiligten aufblühen. Um nun die Angst des schwächeren Partners (Arbeitnehmer), betrogen zu werden, zu reduzieren, müssten seine Mitgliedschaftsrechte vergrößert werden. Nur bei sicheren und genügend großen Mitgliedschaftsrechten kann sich eine Identifikation mit der Organisation entwickeln und können zeitliche, sachliche und soziale Investitionen in die Organisation erwartet werden. Wer jeden Tag damit rechnen muss, entlassen zu werden oder auch damit beschäftigt ist, eine besser bezahlte Arbeit zu finden, von dem kann man kaum erwarten, dass er sich heute noch Gedanken um die Zukunft der Firma macht.

Im Lichte dieses theoretischen Ansatzes können also die Einbindungsbesonderheiten der Vereine und der japanischen Firma verstanden werden als strukturelle und kulturelle Bedingungen, die helfen, das Managementdilemma zu lösen. In diesem Sinne kann man sagen, dass Unternehmen mehr wie Vereine werden sollten: freiwilliger in dem Sinne, dass die Mitarbeiter nicht durch Angst vor Entlassung, sondern durch Identifikation mit der Organisation motiviert werden, vereinigungsmäßiger in dem Sinne, dass Mitgliedschaftsrechte gleichmäßiger verteilt werden, durch z. B. partizipatives Management und Gewinnbeteiligung. Kurzfristig mag es für Manager rational sein, den Konkurrenzdruck einfach nach unten an die Mitarbeiter und nach außen an die Zulieferer weiterzugeben, langfristig kann er damit aber die Basis für eine freiwillige kreative Kooperation zerstören und damit die zentralen Voraussetzungen für das Bestehen im Wettbewerb von morgen.

Nach der obigen Analyse ist das Managementdilemma umso ausgeprägter, je mehr die Produktion durch asymmetrische Informationen und Teamexternalitäten gekennzeichnet ist. Je weniger dies der Fall ist, desto besser funktionieren auch Tausch- und Werkverträge, desto besser kann Arbeit ausgelagert werden, d. h. bedarf es gar keiner Betriebe mit Arbeitsverträgen. In diesem Sinne beobachten wir ja auch eine zunehmende Auslagerung von Aufgaben an Subunternehmen. Je mehr die beiden Voraussetzungen aber zutreffen, desto nötiger werden die Einbindungsbesonderheiten freiwilliger Vereinigungen.

9.3.2 Entwicklungstendenzen

Es gibt nun zweitens Anhaltspunkte dafür, dass diese Bedingungen in modernen Wirtschaften immer häufiger zutreffen. Dies hängt zusammen mit Veränderungen der Umwelt, der Produkte und der Produktion. 1. Die Umwelt vieler Betriebe wird immer komplexer und dynamischer. Märkte wandeln sich von Verkäufer- zu Käufermärkten. 2. Innovation, Flexibilität und Qualität werden immer wichtiger. Es werden immer mehr differenzierte Spezialprodukte und personenbezogene Dienstleistungen statt standardisierter Massengüter nachgefragt. 3. Die Produktionstechnik ist immer mehr gekennzeichnet durch Automation mit teuren Mehrzweckmaschinen. Unqualifizierte Tätigkeiten werden dadurch überflüssig und der Handlungsspielraum und damit die Verantwortung der Arbeitnehmer vergrößern sich.

9.4 Grenzen der Übertragbarkeit

Ökonomen, die den Erfolg der japanischen Firma bezweifeln, verweisen auf die seit zwanzig Jahren andauernde Krise der japanischen Wirtschaft. Diese hat aber vermutlich überwiegend makroökonomische Gründe. Jedoch auch wenn man sich die Entwicklung des deutschen Arbeitsmarktes ansieht, zeigen sich eher gegenläufige Tendenzen: Kurzzeitverträge, stagnierende Löhne, Zeitarbeit, Outsourcing an Subsubunternehmen bis hin zur Scheinselbständigkeit. Wenn denn die japanische Unternehmenskultur so erfolgreich ist, warum wird sie dann nicht – ganz oder auch nur teilweise[8] – häufiger angewandt? Laut Pfeffer (1994) gibt es dafür vier Gründe: 1. Es geht um Macht nicht um Profit. 2. Das falsche Menschenbild der Ökonomik wird zur Self-Fullfilling-Prophecy.[9] 3. Wandel braucht Zeit. Deshalb ist ja die Unternehmenskultur nur schwer zu kopieren. 4. Die Maßnahmen wirken nur in Kombination (Pfeffer und Veiga 1999). Arbeitsplatzsicherheit verlangt eine sorgfältige Rekrutierung und vergleichsweise hohe Löhne in Abhängigkeit vom Erfolg der Organisation. Selbstgesteuerte Teams, partizipatives Management und Dezentralisierung setzen eine intensive Personalentwicklung sowie eine Reduktion von innerbetrieblichen Statusdifferenzen voraus und umgekehrt nützt intensive Aus- und Weiterbildung dem Unternehmen nur, wenn die Löhne so hoch sind, dass die Mitarbeiter nicht abwandern und wenn die erlernten Fähigkeiten auch in selbstgesteuerten Teams eingesetzt werden können. Pfeffers Gründe muss man sicher um den zentralen Punkt ergänzen, dass ein nachhaltiger Umgang mit Personal umso weniger nötig ist, je größer – national oder auch weltweit – das Angebot an entsprechend qualifizierten Arbeitskräften ist.

Die Übertragung von Organisationsmodellen aus anderen Lebensbereichen, ob aus Japan (interkulturell) oder aus Sportvereinen (interinstitutionell), stößt natürlich an Grenzen. Es gibt nicht die alleinseligmachende Organisationsform (Mintzberg 1989). Man

---

[8] Zwischen einem lebenslangen Beschäftigungsverhältnis und „Heuern und Feuern" ist z. B. noch viel Platz für Zwischenlösungen. Ouchi und Jaeger (1978) fanden solche in erfolgreichen US-Firmen. Diese Hybridform nannten sie Theorie Z.

[9] Wenn man z. B. bei Menschen, die für ihre Arbeit leben, eine Stechuhr einführt, werden sie enttäuscht über dieses Misstrauen tatsächlich auf die Uhr schauen und nur noch das Nötigste tun, müssen also kontrolliert und durch monetäre Leistungsanreize motiviert werden.

kann voneinander lernen, muss aber die Besonderheiten der jeweiligen Aufgabenstellung und Rahmenbedingungen beachten. Die Grenzen der Übertragung von Organisationsmodellen liegen dort, wo zusätzliche, neue Stärken mit dem Verlust zentraler, alter Stärken erkauft werden müssten. 1. Unternehmen sind keine Vereine. Bei ihnen steht die Gewinnorientierung bei Strafe des Bankrotts im Vordergrund. 2. Deutsche Sportvereine gehören sicherlich nicht zu den vorbildlichen Nonprofit-Organisationen, die Drucker (1989) vor Augen hatte. Das Problem dieser traditionellen Organisationen ist aber nicht nur, dass sie zu wenig über ihre Schwächen wissen, sondern auch, dass sie sich ihrer Stärken nicht bewusst sind. Für Sportverbände und -vereine heißt dies, dass sie aufpassen müssen, dass ihnen nicht von Unternehmensberatern, die nichts über freiwillige Vereinigungen wissen, unpassende Ideen und Konzepte der Managementlehre vorgeschlagen werden. Professionalisierung ist nötig, aber richtig, d. h. mit Profis, die auch etwas über die Organisationsbesonderheiten freiwilliger Vereinigungen, ihre Schwächen, aber auch ihre Stärken wissen. 3. Deutschland ist nicht Japan und nicht die USA. Japan ist noch vergleichsweise stärker traditionell geprägt durch eine feudalistische, gemeinschaftsorientierte Kultur von Reisbauern.[10] Die Einbindung in die japanische Firma muss eher als umfassend (vgl. Goffman 1961 zu totalen Institutionen) denn als freiwillig bezeichnet werden, ohne klare Trennung von Beruf und Privatleben. Die deutsche Wirtschafts- und Unternehmenskultur in der Industrie hat ihre eigenen Schwächen aber auch Stärken: wie traditionell relativ dauerhafte Arbeitsverträge, die handwerkliche und Ingenieurtradition, das duale Berufsausbildungssystem sowie starke, kooperative Gewerkschaften und die Mitbestimmung.

9.5 Zusammenfassung

Die Sportbetriebslehre kann ausgehend von den Besonderheiten des Sports auch eigenständige Beiträge zur allgemeinen Theorie leisten, d. h. Unternehmen können unter Umständen auch etwas von Vereinen lernen. Dies wurde am Beispiel der Problematik der Einbindung von Mitarbeitern aufgezeigt. Nach dem Resource-Based-View-of-the-Firm gehört das Personal heutzutage zu den wenigen verbliebenen schwer nachahmbaren Quellen, die einen dauerhaften Wettbewerbsvorteil versprechen. Diese Erkenntnis hat zum den Paradigmenwechsel von der Personalverwaltung zum Human-Resource-Management sowie vom bürokratischen Befehlsmodel zum partizipativen Management beigetragen. Partizipativ heißt, dass die Mitarbeiter an der Entscheidungsfindung in der Organisation beteiligt werden, um ihr Wissen für die Organisation nutzen zu können und ihre intrinsische Motivation zu stärken. Ein Auslöser für diese Managementrevolution war der wirtschaftliche Erfolg der japanischen Firmen. Vor dem Hintergrund der obigen Überlegungen über die Einbindung von Freiwilligenarbeitern in Vereinen (s. Kap. 8) fällt auf, dass in Vereinen wenn auch nicht dieselben aber ähnliche Einbindungsmechanismen wirken wie in der

---

[10] Reisanbau verlangt wegen der Wasserbewirtschaftung deutlich mehr Kooperation als Getreideanbau.

japanische Firma (s. Abb. 9.2). Vereine sind bezogen auf diese Frage – wenn auch notgedrungen und weitgehend unreflektiert – „Experten", weil sie die Einbindung von Freiwilligenarbeitern ohne Angst vor Arbeitslosigkeit und ohne monetäre Anreize erreichen müssen. Aus der Vereinsforschung kann man nun aber – wie zum Thema Vereinsversagen gezeigt wurde (s. Kap. 3.4) – nicht nur etwas über die Stärken dieser Art von Einbindungsmechanismen lernen, sondern auch über ihre vielfältigen, schwerwiegenden Schattenseiten. Die besonderen Einbindungsmechanismen freiwilliger Vereinigungen stellen also ein zweischneidiges Schwert dar. Wie kann man erklären unter welchen Bedingungen die Stärken die Schwächen überwiegen, und welche Entwicklungstendenzen der Wirtschaft dafür sprechen, dass die besonderen Einbindungsmechanismen von Vereinen bzw. der japanischen Firma an Bedeutung gewinnen?

Manager und Arbeitnehmer befinden sich nach Miller (1992) in einer Art „Gefangenendilemma": Kurzfristig rational mag es für die Manager sein, Belohnungen nicht effizient zu verteilen, sondern in die eigene Tasche fließen zu lassen, und für die Arbeitnehmer, ihre intimen Kenntnisse über Rationalisierungsmöglichkeiten und Qualitätsverbesserungen nicht preiszugeben. Beide könnten profitieren, wenn sie sich vertrauen und kooperieren würden. Die Einbindungsbesonderheiten der Vereine und der japanischen Firma können als strukturelle und kulturelle Bedingungen verstanden werden, die das Managementdilemma lösen. In diesem Sinne kann man sagen, dass Unternehmen mehr wie Vereine werden sollten: freiwilliger in dem Sinne, dass die Mitarbeit nicht durch Angst vor Entlassung, sondern durch Identifikation mit der Organisation motiviert wird, vereinigungsmäßiger in dem Sinne, dass Mitgliedschaftsrechte gleichmäßiger verteilt werden, durch z. B. partizipatives Management und Gewinnbeteiligung. Nach der obigen Analyse ist das Managementdilemma umso ausgeprägter, je mehr die Produktion durch asymmetrische Informationen und Teamexternalitäten gekennzeichnet ist. Je weniger dies der Fall ist, desto besser kann Arbeit ausgelagert werden, d. h. bedarf es gar keiner Betriebe mit Arbeitsverträgen. Es gibt Anhaltspunkte dafür, dass diese Bedingungen jedoch in modernen Wirtschaften immer häufiger zutreffen.

Allerdings muss man sich fragen, warum partizipatives Management dann nicht häufiger angewandt wird. Laut Pfeffer (1994) gibt es dafür vier Gründe: 1. Es geht um Macht nicht um Profit. 2. Das falsche Menschenbild der Ökonomik wird zur Self-Fullfilling-Prophecy. 3. Wandel braucht Zeit. Deshalb ist ja die Unternehmenskultur nur schwer zu kopieren. 4. Die Maßnahmen wirken nur in Kombination (Pfeffer und Veiga 1999). Diese Gründe müssen sicher um den zentralen Punkt ergänzt werden, dass ein nachhaltiger Umgang mit Personal umso weniger nötig ist, je größer das Angebot an entsprechend qualifizierten Arbeitskräften ist.

9.6 Wiederholungsfragen

- Wo liegen Ähnlichkeiten zwischen der japanischen Firma und dem deutschen Verein?
- Was können For-Profit- von Nonprofit-Organisationen lernen?
- Warum und unter welchen Bedingungen gilt das?

Literatur

Alchian, A., & Demsetz, H. (1973). The property rights paradigm. *Journal of Economic History, 33*(1), 16–27.
Axelrod, R. (1984). *The evolution of cooperation.* New York: Basic Books.
Coase, R. H. (1937). The nature of the firm. *Economica, New Series, 4*(16), 386–405.
Dore, R. (1973). *British factory – japanese factory. The origins of diversity in industrial relations.* Berkeley: University of California Press.
Drucker, P. (1989). What business can learn from nonprofits. *Harvard Business Review, 67*(4) 88–93.
Frey, B. S. (1997). *Markt und Motivation. Wie ökonomische Anreize die (Arbeits-) Moral verdrängen.* München: Vahlen.
Frey, B. S., & Osterloh, M. (2012). Stop tying pay to performance. The evidence is overwhelming: It doesn't work. *Harvard Business Review,* 1403–1404 (January-February 2012).
Goffman, E. (1961). *Asyle. Über die soziale Situation psychiatrischer Patienten und anderer Insassen.* Frankfurt a. M.: Suhrkamp.
Horch, H.-D. (1997). Der deutsche Verein und die japanische Firma. Was For-Profit-Organisationen von Nonprofit-Organisationen lernen können. In R. Schauer, H. K. Anheier, & E.-B. Blümle (Hrsg.), *Der Nonprofit Sektor im Aufwind. Zur wachsenden Bedeutung von Nonprofit-Organisationen auf nationaler und internationaler Ebene* (S. 213–232). Linz: Trauner.
Kanter, R. M. (1968). Commitment and social organization. A study of commitment mechanisms in Utopian communities. *American Sociological Review, 33,* 499–517.
Kochan, T. A., & Useem, M. (Hrsg.) (1992). *Transforming organizations.* New York: Oxford University Press.
Lawler, E. E. III. (1989). Participative management in the United States: Three classics revisited. In C. J. Lammers & G. Szell (Hrsg.), *International handbook of participation in organizations. Volume I: Organizational democracy taking stock* (S. 91–97). Oxford: Oxford University Press.
McGregor, D. (1960). *The human side of enterprise.* New York: McGraw-Hill.
Michels, R. (1912). *Zur Soziologie des Parteienwesens in der modernen Demokratie.* Stuttgart: Kröner.
Miller, G. J. (1992). *Managerial Dilemmas. The political economy of hierarchy.* Cambridge: Cambridge University Press.
Mintzberg, H. (1989). *Mintzberg on management. Inside our strange world of organizations.* New York: The Free Press.
Ouchi, W. G., & Jaeger, A. M. (1978). Type Z organization. Stability in the midst of mobility. *Academy of Management Review, 3*(2), 305–314.
Pfeffer, J. (1994). *Competitive andvantage through people. Unleashing the power of the work force.* Boston: Harvard Business School Press.
Pfeffer, J., & Veiga, J. F. (1999). Putting people first for organizational success. *Academy of Management Executive, 13*(2), 37–48.
Reitzle, W. (15.11.1994). Neue Rhein Zeitung.
Schonberger, R. J. (2007). Japanese production management: An evolution-with mixed success. *Journal of Operations Management, 25*(2), 403–419.
Türk, K. (1978). *Soziologie der Organisation. Eine Einführung.* Stuttgart: Enke.
Webb, S., & Webb, B. (1906). *Theorie und Praxis der englischen Gewerkvereine.* Stuttgart: Dietz Nachf.
Weber, M. (1911). Geschäftsbericht. In D. Gesellschaft für Soziologie, Reden und Vorträge von G. Simmel, F. Tönnies, M. Weber, W. Sombart, A. Ploetz, E. Troeltsch, E. Gothein, A. Voigt, H. Kantorowicz und Debatten (Hrsg.), *Verhandlungen des ersten deutschen Soziologentages vom 19.-22. Oktober 1910 in Frankfurt am Main* (S. 36–62). Tübingen: Mohr.
Williamson, O. E. (1975). *Markets and hierarchies: Analysis and antitrust implications. A study in the economics of internal organization.* New York: Free Press.

Weiterführende Literatur

Drucker, P. (1989). What business can learn from nonprofits. *Harvard Business Review, 67*(4), 88–93.
Lawler, E. E. III. (1989). Participative management in the United States: Three classics revisited. In C. J. Lammers & G. Szell (Hrsg.), *International handbook of participation in organizations. Volume I: Organizational democracy taking stock* (S. 91–97). Oxford: Oxford University Press.
Miller, G. J. (1992). *Managerial Dilemmas. The political economy of hierarchy*. Cambridge: Cambridge University Press.
Ouchi, W. G., & Jaeger, A. M. (1978). Type Z organization. Stability in the midst of mobility. *Academy of Management Review, 3*(2), 305–314.
Pfeffer, J., & Veiga, J. F. (1999). Putting people first for organizational success. *Academy of Management Executive, 13*(2), 37–48.

Besonderheiten des Qualitätsmanagements im Sport

10

Nach dem in den siebziger Jahren des vorigen Jahrhunderts einsetzenden Erfolg der japanischen Industrie unternehmen (s. Kap. 9) stellte man u. a. fest, dass diese sich auf die kontinuierliche Verbesserung der Qualität fokussiert hatten, während ihre amerikanische Konkurrenz weiterhin auf Kostensenkung baute. „Quality first" so lautet die Unternehmensphilosophie, die von den amerikanischen Wissenschaftlern Deming und Juran bereits während des zweiten Weltkrieges in der Kriegsproduktion in den USA umgesetzt worden war. Qualität wird definiert als „Vermögen einer Gesamtheit von Merkmalen eines Produktes, Systems oder Prozesses zur Erfüllung von Forderungen von Kunden und anderen interessierten Parteien" (DIN EN ISO 9000:2000, zit. nach Kaminske und Brauer 2003, S. 23).

Mit einer hohen Qualität wird vor allem das nachgelagerte Ziel der Kundenzufriedenheit angestrebt. Sie wird definiert als das Ergebnis eines psychischen Vergleichsprozesses zwischen der wahrgenommenen Produktrealität und den Erwartungen an dieses Produkt (Lingenfelder und Schneider 1991). Durch das Qualitätsmanagement des gesamten Produktionsprozesses sollen neben der Sicherstellung einer bestimmten Qualität gleichzeitig die Kosten gesenkt werden. Dabei arbeitet das Modell des Total Quality Managements (TQM) zwar mit Formalisierung, also Verregelung und Verschriftlichung, aber anders als ältere Methoden, wie der Taylorismus, nicht mit Zentralisierung und Spezialisierung. Ein zentrales Prinzip der internationalen Normen für den Aufbau eines Qualitätsmanagement (ISO 9001:2008) ist daher, dass durch partizipatives Management (Empowerment) alle Mitarbeiter eingebunden werden (s. Kap. 9). Ebenfalls aus der japanischen Firma bekannt sind weitere Prinzipien, wie Kundenorientierung, kontinuierlicher Verbesserungsprozess und gegengenseitig vertrauensvolle Zusammenarbeit mit Zulieferern. Durch den Wandel von Verkäufer- zu Käufermärkten erwies sich dies in vielen Wirtschaftsfeldern als erfolgreiche Methode, die daher seitdem weltweit kopiert wurde. Der Erfolg speziell bei Dienstleistungen wird durch die sog. Service-Value-Chain (Dienstleistungs-Wertschöpfungskette, s. Abb. 10.1) erklärt (Heskett et al. 1997). Qualität führt zu Kundenzufriedenheit, dies zu Kundenbindung und die resultiert in wirtschaftlichem Erfolg durch Wiederverkäufe

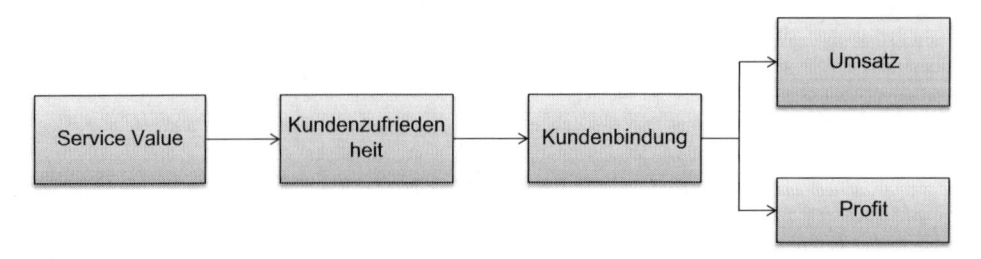

Abb. 10.1 Service-Value-Chain

und Weiterempfehlungen, aber auch Kostenreduzierung, bspw. im Marketing (Hadwich 2003). Qualität ist somit ein Früherkennungsindikator für Profit (Woratschek und Schafmeister 2007).

Im Vergleich zu anderen Branchen ist Qualitätsmanagement im Sport sowohl in der Praxis als auch und vor allem in der Theorie noch ein relativ junges Thema. Erste Veröffentlichungen stammen aus den Jahren 1995 (Kim und Kim) bzw. 1996 (Bezold). Breuer und Erdtel (2005) und Hänsel (2005) zitieren zehn Jahre später zehn deutschsprachige Veröffentlichungen, Robinson (2006) 26 englischsprachige. Viele neuere Beiträge zum Thema sind versammelt im gleichnamigen von Horch et al. (2007) herausgegebenen Kongressband. Die Beiträge beschäftigen sich vor allem einerseits mit Strukturen und Prozessen, die das Qualitätsmanagement in Sportorganisationen verbessern sollen, andererseits mit der Bewertung von Dienstleistungsqualität aus der Sicht der Kunden. Überwiegend geht es dabei jedoch um die Übertragung allgemeiner Modelle und kaum darum, systematisch Besonderheiten des Sports herauszuarbeiten.[1] In den letzten Jahren sind Studien zum Qualitätsmanagement bei spezifischen Dienstleistungen (Gesundheitssport, sportpsychologische Betreuung, Ausbildung, Trainertätigkeit) bzw. in spezifischen Organisationen hinzugekommen, z.B. veröffentlichten Daumann und Römmelt (2013) eine Untersuchung zum Qualitätsmanagement in Bundessportfachverbänden.

Als heuristisches Hilfsmittel zur Entdeckung von Besonderheiten des Qualitätsmanagements im Sport haben wir eine Matrix aus einigen zentralen Aspekten des Qualitätsmanagements und den Sportbesonderheiten der Nachfrage- und Angebotsseite gebildet (s. Kap. 2).[2] In den Spalten stehen Aspekte des Qualitätsmanagements: 1. die Bedeutung des Qualitätsmanagements, 2. die Art des Qualitätsbegriffs sowie 3. die Art des Qualitätsmanagements, unterteilt nach dem der externen und internen Produktionsfaktoren. In den Zeilen stehen Sport-Besonderheiten: 1. Besonderheiten der Produkte und der Nachfrage (s. Abb. 10.2) sowie 2. der Betriebe und des Angebots (s. Abb. 10.3). Die Besonderheiten der Produkte und der Nachfrage sind weiter unterteilt in solche von Dienstleistungen, ins-

---

[1] Eine Ausnahme bilden Breuer und Erdtel (2005) sowie speziell das Thema Besonderheiten des Qualitätsmanagements von Sport-Dienstleistungen, s. hierzu z. B. Chelladurai (2006) oder Woratschek (z. B. 1998).

[2] Diesen Weg kann man generell als Einstieg zur Identifizierung von Konsequenzen des Sports für einen Bereich der Betriebswirtschaftslehre beschreiten.

Besonderheiten der Produkte und der Nachfrage	Bedeutung des Qualitätsmanagements, Qualitätsphilosophie:	Art des Qualitätsbegriffs und der Qualitätsmessung	Qualitätsmanagement	
			externe Faktoren	interne Faktoren
1. Dienstleistungen		subjektiver, kundenbezogener Qualitätsbegriff		
Immaterialität des Ergebnisses		schwieriger, subjektiver	Individualität hoch	
Kontraktgut, Leistungsversprechen, Verkauf vor Produktion		Erfahrungsgüter, Unsicherheit, Bedeutung von Reputation		
Externer Faktor			Integration	
2. Bilateral personenbezogene Dienstleistungen			Konsument ist Mitproduzent, Integrativität hoch: Selektion, Sozialisation, Konsumkapital nötig	Personal ist Teil des Produktes: Selektion, Sozialisation
Zeitkosten Zeitverwendungsangebot		relative Qualität: Verhältnis Zeitkosten zu Leistung		
3. Professionelle Dienstleistung s. Gesundheit s. sportl. Leistung		- objektive oder absolute Qualität - Vertrauensgüter - Fachleute: Qualität durch Qualifikation		Gesundheitswissenschaftler: profess. Bürokratie, mögl. Dysfunktionen externer Kontrolle
4. Sonstige Produkteigenschaften				
Rekorde		absolute Qualität		Trainingswissenschaftler
Wettkämpfe		relative Qualität, Hyperaktivität		
5. Nachfrage				
Unsicherheitshypothese: Nachfrager wollen Unsicherheit des Wettkampfes		Ausgeglichenheit als Qualitätsmerkmal, nur Randprodukte beeinflussbar		
Emotionalität, Fans wollen Siege			Emotionsmanagement Stimmung vom Tonband, durch Schauspieler	
Nicht beeinflussbare Faktoren: Wetter usw.				geringe Planbarkeit
Sozialer Konsum			interaktive Integrativität, Kundenkompatibilität	
Clubgut		Qualität der anderen Mitglieder, Nachfrage nach Mitgliedercharakteristika	Selektion: z.B. gezielter Einsatz von Qualitätsmängel im De-Marketing	
Sport-Moden		Marktforschung wichtig		
Variety Seeker	variety first	Zufriedenheit ohne Bindung		

Abb. 10.2 Qualitätsbesonderheiten von Produkt und Nachfrage

Besonderheiten Betrieb und Angebot	Bedeutung des Qualitätsmanagements, Qualitäts-Philosophie	Art des Qualitätsbegriffs und der und Qualitätsmessung	Qualitätsmanagement externe Faktoren	Qualitätsmanagement interne Faktoren
1. NPO				
Bedarfswirtschaft	Qualität wichtiger	keine entgeltlichen Austauschprozesse		Profit als Anreiz fehlt
viele Stakeholder, komplexe Leistungsbündel		kein Shareholder-Value, viele verschiedene, auch widersprüchliche Anspruchsgruppen, Relationship-Marketing		
speziell Staat als Stakeholder	Quality or cost first?	Legitimationswissen: Beweis gesellschaftlicher Funktionen		
2. Selbsthilfevereinigung				
Interessen-Vereinigung statt Interessen-Tausch, Mitglied ist Miteigentümer			Vorteile (+) und Nachteile (-): + Internalisierung des externen Faktors + geringe Informationsasymmetrie + nicht nur Abwanderung und Widerspruch, auch Mitbestimmung und Mitarbeit (empowerment) + Loyalität als Voraussetzung - wenig Einfluss auf interne Faktoren, Anreizproblem - Amateurismus - geringe Sanktionierbarkeit - traditionale Strukturverfestigungen	
Mitglied ist Konsument und Produzent		- Kernwiderspruch: Qualität des Produktes oder Qualität der Arbeit - Qualitäts-Erwartungen ans Ehrenamt begrenzt		
Preis niedrig		Preis kein Qualitätssignal		
Amateurismus: typischerweise eher unprofessionell		Qualitätsbewusstsein schaffen, Standards setzen		versus Ehrenamt, Selbstzerstörung?
3. Kleinbetrieb				
Kosten	Mangel an Ressourcen, Nutzen des Qualitätsmanagement zu langfristig		Kundennähe	- geringe Ausdifferenzierung von System und Person, - geringe Mitarbeiterzahl: hohe Interaktions- und Partizipationmöglichkeit (Empowerment)
Dysfunktionen				Nachteile einer Überformalisierung
4. Kooperationen				
Anbieternetzwerke				verlangt Kooperation mit Mitproduzenten
Kooperenz		z.B. Ausgeglichenheit als Qualität		Kooperation mit Konkurrenten

Abb. 10.3 Qualitätsbesonderheiten von Betrieb und Angebot

besondere bilateral personenbezogenen sowie auch professionellen Dienstleistungen und sonstige Produkt- und Nachfragebesonderheiten. Die Besonderheiten der Betriebe und des Angebots sind unterteilt in Besonderheiten von Nonprofit-Organisationen, insbesondere von Selbsthilfevereinigungen und von Kleinbetrieben sowie Kooperationen. Aus dieser Aufzählung kann man bereits erschließen, in welchen Bereichen kaum Besonderheiten vorliegen, nämlich bei Sachgütern und in For-Profit-Organisationen. Bei der Füllung dieser Matrix kommen eine Menge vereinzelter Aspekte zusammen. Die wichtigsten davon wurden zu vier Komplexen zusammengefasst, auf die im Folgenden eingegangen wird: 1. Mehrperspektivität der Beurteilung, 2. Unsicherheiten bei Dienstleistungen, 3. Integration des externen Faktors in Selbsthilfevereinigungen, 4. Kosten und Dysfunktionen des Qualitätsmanagements in Kleinbetrieben. Im Folgenden kann auf Argumente und Formulierungen aus Horch und Breuer (2007) zurückgegriffen werden.

Am Ende soll der Leser gelernt haben:

- Was kann man unter Mehrperspektivität des Qualitätsbegriffes im Sport verstehen?
- Welche Auswirkungen auf das Qualitätsmanagement hat die Tatsache, dass es sich bei Sportprodukten häufig um bilateral personenbezogene oder professionelle Dienstleistungen handelt?
- Welche Besonderheiten für das Qualitätsmanagement ergeben sich für Sportvereine?
- Welche Bedeutung haben Kosten und Dysfunktionen des Qualitätsmanagements für Kleinbetrieben und Vereine?

10.1 Mehrperspektivität

Unter dem Begriff „Mehrperspektivität" kann man zusammenfassen, dass im Sport Qualitätsbegriffe und Ansprüche verschiedener Art neben, mit und auch gegeneinander zum Tragen kommen, und zwar in drei Dimensionen:[3] 1. aufgrund der Unterschiede zwischen verschiedenen Feldern der Sportwirtschaft, wie Freizeit-, Leistungs- und Gesundheitssport, 2. aufgrund des Zusammenwirkens mehrerer Anbieter selbst bei der Ermöglichung des Konsums nur einer Art des Sporttreibens oder -zuschauens und 3. aufgrund der Erwartungen vieler verschiedener Anspruchsgruppen, denen sich selbst einzelne Anbieter gegenüber gestellt sehen.

1. **Heterogenität der Felder:** Die Sportwirtschaft ist in sich sehr heterogen. In vielen Feldern steht wie zur Beurteilung von Dienstleistungen üblich ein subjektiver, kundenbezogener Qualitätsbegriff im Vordergrund. In zentralen Sportbereichen hingegen unterliegen die Leistungen einem objektiven und sogar absoluten Qualitätsbegriff. Letzteres gilt z. B. im Leistungssport, wenn es um Rekorde geht. Bei Wettkämpfen zählt hingegen die relative Leistung. Man muss schneller laufen als der Konkurrent. Volkswirtschaftlich gesehen entsteht dabei das Problem der sog. Hyperaktivität (Akerlof

---

[3] Diesen Aspekt verdanken wir Christoph Breuer.

1976), d. h. eines Ressourcen verschwendenden Rüstungswettlaufs. Wenn ein Gegner sich verbessert, müssen alle anderen versuchen nachzuziehen. Die Qualität des Wettkampfs wird dadurch für die Zuschauer aber nicht unbedingt gleichermaßen erhöht. Waren olympische Wettkämpfe vor vierzig Jahren weniger spannend, weil langsamer gelaufen oder kürzer gesprungen wurde? Im Bereich des Gesundheitssports entscheidet häufig letztlich nicht der Kunde über die Qualität der Kernleistung, sondern Fachleute, z. B. Mediziner. In solchen professionellen Organisationen wird Qualität in erster Linie nicht durch Management, sondern durch Qualifikation gewährleistet. Wenn man intrinsisch motivierte Fachleute mit extrinsischen Anreizen und/oder externen Kontrollen eines Qualitätsmanagements zu steuern versucht, besteht sogar die Gefahr von Zielverschiebungen, d. h. Qualitätsverschlechterungen, falls nur eine Auswahl von leicht zu kontrollierenden und quantifizierenden Ergebnissen gemessen wird, andere zentrale Leistungen jedoch nicht bewertet werden können (s. Picot et al. 1999; s. Verdrängungstheorie: Frey 1997).
2. **Kooperation:** Qualitätsmanagement im Sport wird weiter dadurch erschwert, dass zur Ausübung einer Sportart, ebenso wie zum Zuschauen bei einem Sportwettkampf typischerweise Leistungen mehrerer Anbieter nötig sind. In beiden Fällen handelt es sich um zusammengesetzte Nachfragen (Gratton und Taylor 2000) nach Geräten, Kleidung, Anlagen, Training, Mitspielern bzw. Heimmannschaft, Gegner, Ligenwettkampfsystem, Stadionkomfort, Verpflegung, Sicherheit. Erst diese Leistungen zusammen ergeben die Gesamtqualität. Ein Sportverein mag noch so gut sein, wenn man in einer maroden Schulsporthalle spielen muss, wird der Sportgenuss beeinträchtigt. Verschiedene um den Gesamterlös konkurrierende Produzenten müssen zur Erstellung kooperieren (Kooperenz, assoziative Konkurrenz, s. Kap. 2.1.4 und 2.4.2). Besonders deutlich wird dies im Wettkampfsport. Die Sportler, die Clubs, die Liga, der Verband, die Medien, die Sponsoren, die Werbewirtschaft gehören dazu, und das national wie international. Auch Qualitätsmanagement verlangt daher eine Kooperation der verschiedenen Produzenten. Wenn z. B. auf europäischer Ebene nichts für die Ausgeglichenheit einer Liga getan wird, sind nationale Maßnahmen weniger wirkungsvoll.
3. **Stakeholder:** Selbst wenn man sich nur einen Anbieter anschaut, kann sich eine Mehrperspektivität ergeben, und zwar dann wenn Sportbetriebe komplexe Leistungsbündel (Heinemann 1995) für verschiedene Anspruchsgruppen bereitstellen.[4] Bruhn (2005) hebt die Bedeutung des Relationship-Marketings hervor. Übertragen auf unser Thema heißt das: Es geht nicht nur um die Qualität der Dienstleistungen, sondern auch um die Beziehungen. Besonders deutlich wird dies, wenn es um die Sicherung von staatlichen Subventionen und Privilegien des Sports geht. Die Stakeholder können nicht nur verschiedene, sondern zum Teil widersprüchliche Erwartungen an die Leistung und deren Qualität haben. Die Amateurspieler auf dem Platz wollen Spaß am Spiel haben, die Fans Siege sehen, die Spender die Jugendarbeit unterstützen, die Sponsoren Medienaufmerksamkeit erreichen, der Staat die Gesundheit fördern. Gegenüber dem Staat muss die Qualität letztlich durch den Beweis der Erfüllung gesamtgesellschaftlicher Funktionen erbracht werden.

---

[4] Woratschek und Horbel (2004) sprechen ähnlich von mehrfach zu vermarktenden Diensten.

10.2 Unsicherheiten

Die Lehrbücher der allgemeinen Betriebswirtschaftslehre beschäftigen sich fast ausschließlich mit der Produktion von Sachgütern. Im Sport geht es jedoch 1. häufig um Dienstleistungen verschiedenster Art (s. Kap. 6). Mit der Bereitstellung von Dienstleistungen sind Unsicherheiten für Nachfrager und Anbieter verbunden, die das Qualitätsmanagement erschweren. Das gilt 2. noch einmal verstärkt für bilateral personenbezogene Dienstleistungen. Hinzu kommen 3. weitere sportbezogene Probleme.

1. **Dienstleistungen:** Dienstleistungen können erst mit Hilfe externer Faktoren erstellt werden und sind idealtypisch immateriell bzw. keine Güter, die man vor dem Kauf beurteilen kann (Suchgüter), sondern bloße Leistungsversprechen (Kontraktgüter bzw. Erfahrungs- und Vertrauensgüter). Ersteres, der externe Faktor, macht für den Anbieter die Erzeugung und zweiteres für den Nachfrager eine Beurteilung ihrer Qualität im Vergleich zu Sachgütern schwieriger und subjektiver. Die Konsumfähigkeiten des Kunden (s. Kap. 2.2) bestimmen maßgeblich darüber mit, welche Qualität die Dienstleistung erreichen kann. Ein Sportschuh ist leichter zu beurteilen als eine Trainingsstunde. Qualitätsmanagement dient hier dem Aufbau von Reputation.
2. **Bilateral personenbezogene Dienstleistungen:** Diese Besonderheiten kommen im Sport häufig noch verstärkt zum Tragen, nämlich falls es sich um bilateral personenbezogene Dienstleistungen handelt. Bilateral personenbezogen meint: Es handelt sich um von Personen (nicht von Maschinen) an Personen (nicht an Sachen) erbrachte Leistungen. Das hat erstens zur Konsequenz, dass anders als bei einem Sportschuh der Produzent Teil des Produktes ist. Uns gefällt das Badmintontraining von Person A, nicht jedoch das ansonsten gleichartige von Person B, während es uns nicht interessiert, welche Person den Sportschuh hergestellt hat. Zweitens, ist die Integration des externen Faktors hier von besonders großer Bedeutung (hohe Integrativität). Mit externem Faktor ist gemeint, dass der Konsument Mit-Produzent ist, aber anders als interne Produktionsfaktoren, wie Mitarbeiter, nicht den Anordnungen des Eigentümers gehorchen muss. Wenn die Spieler nicht mitarbeiten können oder wollen, kann der beste Trainer nichts bewirken. Der Dienstleister kann versuchen die Qualität dadurch zu steigern, dass er über Selektion und Sozialisation auf die Kunden einwirkt. Der Trainer wählt die Spieler aus und versucht, sie zur Mitarbeit zu befähigen und zu motivieren.[5] Um letzteres zu erreichen, muss er auf individuelle Wünsche und Probleme eingehen (hohe Individualität). Vor allem für den Sporttreibenden (in geringerem Ausmaß jedoch auch für den Sportzuschauer) entstehen damit nicht nur finanzielle, sondern auch erhebliche Zeit-Kosten, die er beim Preis-Leistungsvergleich einkalkuliert, die also die Qualität mitbestimmen. Zeitmangel, nicht Geldmangel ist der am häufigsten genannte Grund für Nicht-Sporttreiben.

---

[5] Dabei ist der Anbieter von im Vorfeld anderswo aufgebautem Konsumkapital des Nachfragers abhängig. Ohne die z. B. im Schul- oder Vereinssport aufgebaute Bewegungskompetenz gibt es keine Anschlussmöglichkeiten für spätere höherwertige sportpraktische Dienstleistungen.

3. **Weitere Probleme:** Eine zentrale wenn auch empirisch umstrittene These der Sportökonomie ist die Unsicherheitshypothese (s. Kap. 2.1.4). Sie besagt, dass Zuschauer – anders als bei anderen Gütern – eine bestimmte Art von Unsicherheit, nämlich die über Verlauf und vor allem das Ergebnis des Wettkampfs ausdrücklich wünschen. Das Kollektivgut Spannung (Ausgeglichenheit des Wettkampfs) kann wegen der Konkurrenzsituation zwischen den Sportanbietern, falls diese an sportlichen Siegen interessiert sind, nicht individuell, sondern nur in Kooperation gesichert werden, z. B. durch Umverteilung von Fernsehgeldern (s. Kap. 2.4.2). Da das Ergebnis des Wettkampfes nicht garantiert werden kann, gewinnt daher für den einzelnen Anbieter die Gestaltung der Qualität von Randprodukten, wie Stadionkomfort und Rahmenprogramm, an Bedeutung. Neben dieser vom Kunden gewünschten Unsicherheit erschwert eine Reihe von weiteren Unsicherheiten das Management der Qualität des Zuschauens, aber auch des aktiven Sports, wie das Wetter und Verletzungen. Sowohl beim aktiven als auch beim passiven Sport handelt es sich des Weiteren oft um sozialen Konsum, der nicht allein, sondern mit anderen zusammen nachgefragt oder erlebt wird. In diesen Fällen ist nicht nur die Interaktion des Anbieters mit dem Kunden wichtig, sondern auch die zwischen den Kunden wie in einer Sportmannschaft oder zwischen den Fans im Stadion. So schaffen es Zuschauer auch immer wieder sich bei schlechten Sportereignissen unabhängig davon selbst zu unterhalten. Wegen der Unsicherheit dieser interaktiven Integrativität gehen Veranstalter nach amerikanischem Vorbild zunehmend dazu über, Stimmung vom Tonband und durch Schauspieler, sprich durch Maskottchen und Cheer-Leader, erzeugen zu lassen. Auch im aktiven Sport wird die Qualität eines Clubs nicht zuletzt durch die anderen Mitglieder bestimmt. Diese Qualität kann durch Selektion erzeugt werden, u. a. geradezu durch gezielt eingesetzte Qualitätsmängel, d. h. durch eine bewusst schlechte Bedienung unerwünschter Kunden (De-Marketing). Für die Anbieter ergibt sich eine weitere Unsicherheit durch das hohe Tempo des Wandels der Sport-Moden. Qualitätsmanagement muss dann zuallererst Marktforschung sein. Dies gilt vor allem, wenn man es mit sog. Variety Seekern (Abwechslung Suchenden) zu tun hat. Die wandern nämlich selbst dann ab, wenn die Qualität stimmt.

10.3 Nonprofit-Organisationen und die Integration des externen Faktors

Mit der Standardausfertigung der ökonomischen Brille sieht man überall gewinnorientierte Eigentümer, Kunden und entgeltliche Tauschprozesse, die bestimmen, welche Qualität verlangt und produziert wird. Für Nonprofit-Organisationen trifft dies idealtypisch alles jedoch nicht zu (s. Kap. 3). Es besteht ein zentraler Unterschied im Endzweck der Organisation und damit bei der Beantwortung der Frage, wozu Qualität geschaffen werden soll. Das Ziel der Value-Chain ist hier nicht der Profit, sondern bereits die Bindung der Mitglieder. Es geht nicht um die Interessen erwerbsorientierter Eigentümer, sondern um bedarfswirtschaftliche Ziele. Den Mitgliedern eines Sportvereins geht es z. B. darum, das gemeinsame Sporttreiben zu organisieren oder sportliche Erfolge zu erringen. Von dieser bedarfswirtschaftlichen Orientierung her müssten Nonprofit-Organisationen einerseits von der Sache her eigentlich mehr an Qualität interessiert sein als kommerzielle Anbieter, die sie nur als Mittel zum Zweck benutzen. Andererseits fehlt in Nonprofit-Organisationen jedoch auch ein mächtiger Anreiz zu effektivem und effizientem Handeln, nämlich der Profit. Das alles gilt noch einmal verstärkt für den in der Nonprofit-Literatur im Vergleich zu Wirtschaftsverbänden und Wohlfahrtsorganisationen kaum berücksichtigten Sonderfall von Selbsthilfevereinigungen (Horch 1992).

In Selbsthilfevereinigungen, wie Sportvereinen, werden keine Kollektivgüter für Gruppen, wie Tarifabschlüsse, sondern private Güter (Club-Güter) für Individuen, aber nicht für Andere (wie bei Wohlfahrtsverbänden), sondern von den Mitgliedern (Freiwilligenarbeit) und für die Mitglieder selbst bereitgestellt. Vereinigungs-Mitglieder tauschen nichts, sondern vereinigen Ressourcen, Geld und Zeit (Poolfinanzierung), um so besser ihre gemeinsamen Ziele erreichen zu können. Sie sind idealtypisch keine Kunden, sondern zuallererst Mit-Eigentümer, Produzenten und Konsumenten zugleich; und das nicht nur im Sinne von „Mit-Produzenten" wie generell bei personenbezogenen Dienstleistungen. Damit ist der externe Faktor, der Konsument, nicht länger extern, sondern intern. Er ist über Miteigentümerschaft, Demokratie und Ehrenamt strukturell internalisiert (Parsons 1970). Damit werden Informationsasymmetrien vermindert, im Grenzfall, wenn jemand für sich selbst eine Leistung erstellt, bis auf null. Andererseits wird damit auf die Vorteile der Arbeitsteilung und Professionalisierung verzichtet. Dadurch dass die Mitarbeiter aber nicht bezahlt werden, ist jedoch der Einfluss der Organisation selbst auf die internen Produktionsfaktoren eingeschränkt. Da sie nicht ihren Lebensunterhalt aus der Tätigkeit bestreiten, fruchten selbst Entlassungsdrohungen, d. h. Amtsenthebungsdrohungen, nur wenig.

Der Kernwiderspruch ist der, dass das Mitglied in seiner Rolle als Konsument andere Ansprüche an die Organisation hat, als in seiner Rolle als Produzent. Zum einen geht es (nur) um die Qualität des Produktes, zum anderen (auch) um die Qualität der Arbeit. Denn sie ist ein zentraler Anreiz für die Freiwilligenarbeit (s. Kap. 8.5). Hieraus ergeben sich manche traditionalen Strukturverfestigungen, die die Einführung von neuen Managementmethoden erschweren. Weitere Qualitätsprobleme ergeben sich aus der Laienarbeit. Die Erwartungen an die Qualität der Laienarbeit sind typischerweise reduziert. Immer wieder beobachtet man, dass selbst in ihrem Berufsleben höchst professionell Handelnde, im Ehrenamt in eine andere, entspannte Arbeitswelt wechseln.[6] Auf Grund des Kernwiderspruches zwischen Qualität der Arbeit und Qualität der Produkte muss überlegt werden, unter welchen Umständen es überhaupt sinnvoll ist, die Erwartungen an die Ergebnisse ehrenamtlicher Arbeit zu erhöhen.[7] Optimal wäre es natürlich, wenn es gelingen könnte,

---

[6] Da viele Freiwilligenarbeiter in Sportvereinen aus der Mittelschicht stammen, sind die Opportunitätskosten, gemessen als entgangenes Einkommen, relativ hoch, vielleicht höher als die Kosten für eine entsprechend bezahlte Tätigkeit.

[7] „The outcome may be, then, that (…) increased inefficiency in supply (…), is a price worth paying for overall higher participation levels" (Downward et al. 2009, S. 173).

die Qualität der Dienstleistung zu einem Anreiz für die Arbeit der Ehrenamtlichen zu machen.[8]

Ein weiteres Problem von Sportvereinen ist, dass der Preis nicht als Qualitätssignal benutzt werden kann, weil er durch staatliche Subventionen und Steuerprivilegien, ehrenamtliche Arbeit, Spender und interne Umverteilungen niedrig gehalten wird. Daher könnte es aus diesem Grund für Sportvereine jedoch auch geradezu darauf ankommen, bei Mitgliedern, Freiwilligenarbeitern und potentiellen Mitgliedern erst einmal ein Qualitätsbewusstsein zu erzeugen. Sportvereine sollten sich aber nicht nur dieser Probleme, sondern auch ihrer strukturellen Stärken gegenüber kommerziellen Anbietern bewusst sein. Soweit wie veränderte Umweltbedingungen es erlauben, sollten sie versuchen diese Stärken zu nutzen und zu erhalten bzw. wiederzubeleben und sie nicht selber unbewusst zerstören (Horch 1995), indem sie ihre Mitglieder wie Kunden und nicht wie Miteigentümer behandeln. Denn Vereinsmitglieder verfügen über mehr Mechanismen, die Organisation zu beeinflussen als Kunden und spiegelbildlich der Verein damit über mehr Feedbackmechanismen, Qualitätsmängel zu erkennen. Vereinsmitglieder können nicht nur zur Konkurrenz wechseln und im Nachhinein Beschwerden vorbringen (Abwanderung und Widerspruch: Hirschmann 1974), sondern darüber hinaus über Demokratie und Mitarbeit die Qualität von Leistungen direkt bei der Entstehung beeinflussen. Typischerweise verfügen Sportvereinsmitglieder zudem über eine hohe Loyalität, d. h. man wird nicht nur für eine begrenzte Zeit, sondern dauerhaft Mitglied. Bindung ist dann anders als bei der normalen Service-Value-Chain (Woratschek und Horbel 2004) nicht nur das Ergebnis von Kundenzufriedenheit, sondern auch ihre Voraussetzung. Denn sie führt im Idealfall dazu, dass Mitglieder nicht kommentarlos zur Konkurrenz abwandern, sondern sich äußern und engagieren.[9]

10.4 Kosten und Dysfunktionen

Die Lehrbücher der allgemeinen Betriebswirtschaftslehre beschäftigen sich implizit mit Großbetrieben. Die meisten Sportbetriebe sind jedoch klein (s. Kap. 5). Kleinbetriebe haben einerseits viele Nachteile, die sich zusammengefasst aus dem Mangel an Ressourcen und der daraus folgenden geringen Ausdifferenzierung von System und Person, d. h. einer hohen Abhängigkeit von konkreten Personen und einer geringen Formalisierung und Spezialisierung, ergeben (Geser 1980). Das begrenzt die Möglichkeiten rationalen Manage-

---

[8] Kundenzufriedenheit ist definiert als das Ergebnis eines Vergleichsprozesses zwischen Erwartungen und wahrgenommener Leistungsqualität. Sie kann also nicht nur durch Produkt-, sondern auch durch Erwartungsmanagement beeinflusst werden (Robinson 2006).

[9] Im Idealfall engagieren sie sich analog dem Kennedy-Spruch „Don't ask what your country can do for you, ask what you can do for your country". In der Realität kann sich dies aber schnell ins Gegenteil verkehren, so dass aktive Mitglieder mit ihrer Kritik zurückhalten, weil sie befürchten, dass es sonst heißt: „Kannst Du das nicht machen?" (s. zum Problem der Kollektivgüter Kap. 2.1.1).

ments jeder Art. Andererseits gilt jedoch auch „small is beautiful". Die Vorteile kleiner Organisationen ergeben sich vor allem aus der aus der geringen Mitarbeiterzahl resultierenden hohen Interaktionsdichte. Daraus ergeben sich u. a. kurze Kommunikationswege, flache Hierarchien und hohe Partizipationsmöglichkeiten (partizipatives Management, s. Kap. 9), Flexibilität und nicht zuletzt Kundennähe. Immer wieder erstaunlich ist es, dass in vielen praxisorientierten Managementleitfäden nur über den Nutzen, nicht aber über die Kosten rationalen Managements gesprochen wird. Man sollte also versuchen das Nutzenpotential vorweg abzuschätzen, um einen Anhaltspunkt für die maximalen Ausgaben für das Qualitätsmanagement zu haben (Woratschek und Schafmeister 2007).

Vor allem für Kleinbetriebe sind die Kosten oft zu hoch und der Nutzen zu fern. Denn erst einmal muss ins Qualitätsmanagement investiert werden. Wenn bei begrenzten Mitteln, für ihre Planung, Implementation und Kontrolle Ressourcen aus dem Produktionsprozess abgezogen werden müssen, ergibt sich jedoch logischerweise erst einmal eine Produktverschlechterung. Bis der Nutzen der Formalisierung eintritt, kann der Kleinbetrieb schon in Konkurs gegangen sein. Selbst langfristig dürfen die Qualitätsgesamtkosten die Qualitätsgesamterlöse nicht übersteigen (Woratschek 2002). Daher kann aus Sicht der Sportbetriebslehre durchaus auch ein mittleres Qualitätsniveau optimal sein. Außerdem hat die mit dem Qualitätsmanagement einhergehende Formalisierung, d. h. Regulierung und Verschriftlichung, bekanntermaßen nicht nur Vorteile, sondern auch Dysfunktionen, wie Zielverschiebung, Inflexibilität, Demotivation, die einkalkuliert werden müssen. Hinzu kommen bei Vereinen, die bereits zuvor angesprochenen Selbstzerstörungstendenzen (Horch 1995).

Im Sport hat man es allerdings nur sehr selten mit Problemen einer solchen Überformalisierung, sondern typischerweise – vor allem im Vereinsbereich – eher mit Problemen einer Unterformalisierung zu tun. Hier gibt es also noch viel Spielraum für die fruchtbare Übertragung von allgemeinen Methoden des Managements generell und speziell des Qualitätsmanagements.

Zusammenfassend kann man festhalten: Es gibt in wichtigen Bereichen der Sportwirtschaft Besonderheiten, die Auswirkungen auf das Qualitätsmanagement haben. Diese Punkte betreffen jedoch überwiegend das „Wie" nicht das „Ob" des Qualitätsmanagements. Unsere Überlegungen zu den Besonderheiten des Qualitätsmanagements machen jedoch deutlich, dass Sport mehr als die bloße Übertragung allgemeiner Konzepte sondern maßgeschneiderte Modelle verlangt.

10.5 Zusammenfassung

Nach dem in den siebziger Jahren des vorigen Jahrhunderts einsetzenden Erfolg der japanischen Industrie stellte man u. a. fest, dass diese sich auf die kontinuierliche Verbesserung der Qualität fokussiert hatten. Dabei arbeitet das Modell des Total Quality Managements (TQM) zwar mit Formalisierung, also Verregelung und Verschriftlichung, aber anders als ältere Methoden, wie der Taylorismus, nicht mit Zentralisierung und Spezialisierung. Ein zentrales Prinzip des Internationalen Standards für Qualitätsmanagement ist hingegen, dass durch partizipatives Management alle Mitarbeiter eingebunden werden (s. Kap. 9). Der Erfolg speziell bei Dienstleistungen wird durch die sog. Service-Profit-Chain erklärt. Qualität führt demnach zu Kundenzufriedenheit, dies zu Kundenbindung und die schließlich zu wirtschaftlichem Erfolg durch Wiederverkäufe, Weiterempfehlungen und reduzierte Kosten. Im Vergleich zu anderen Branchen ist Qualitätsmanagement im Sport noch ein relativ junges Thema. In der wissenschaftlichen Literatur geht es überwiegend um die Übertragung allgemeiner Modelle. In diesem Kapitel beschäftigen wir uns im Gegensatz dazu wiederum damit, Besonderheiten des Sports herauszuarbeiten. Wir können dabei an Vieles anknüpfen, was in den vorangegangenen Kapiteln erörtert wurde.

Unter dem Begriff **Mehrperspektivität** kann man zusammenfassen, dass im Sport Qualitätsbegriffe und Ansprüche verschiedener Art neben-, mit- und auch gegeneinander zum Tragen kommen, und zwar in drei Dimensionen: 1. aufgrund der Unterschiede zwischen verschiedenen Feldern der Sportwirtschaft, wie Freizeit-, Leistungs- und Gesundheitssport, 2. aufgrund des Zusammenwirkens mehrerer Anbieter selbst bei der Ermöglichung des Konsums nur einer Art des Sporttreibens oder -zuschauens und 3. aufgrund der Erwartungen vieler verschiedener Anspruchsgruppen, denen sich selbst einzelne Anbieter gegenüber gestellt sehen. Teilweise gelten neben dem üblichen subjektiven kundenbezogenen Qualitätsbegriff, objektive Kriterien, wie im Wettkampfsport oder professionelle Kriterien wie im Gesundheitssport.

Mit der Bereitstellung von **Dienstleistungen** (s. Kap. 6) sind Unsicherheiten für Nachfrager und Anbieter verbunden. Das gilt noch einmal verstärkt für bilateral personenbezogene Dienstleistungen. Hinzu kommen weitere sportbezogene Unsicherheiten. Das erschwert für den Anbieter die Erzeugung und für den Nachfrager eine Beurteilung der Qualität. Bei professionellen Dienstleistungen wird Qualität in erster Linie nicht durch Management, sondern durch Qualifikation gewährleistet. Das Kollektivgut Spannung (Ausgeglichenheit des Wettkampfs) kann nicht individuell, sondern nur in Kooperation gesichert werden. Da das Ergebnis des Wettkampfes nicht garantiert werden kann, gewinnt die Qualität von Randprodukten, wie Stadionkomfort und Rahmenprogramm an Bedeutung. Sowohl beim aktiven als auch beim passiven Sport handelt es sich oft um sozialen Konsum, der nicht allein, sondern mit anderen zusammen nachgefragt oder erlebt wird. In diesen Fällen ist nicht nur die Interaktion des Anbieters mit dem Kunden wichtig, sondern auch die zwischen den Mitgliedern eines Clubs oder den Fans im Stadion.

Von ihrer bedarfswirtschaftlichen Orientierung her müssten **Nonprofit-Organisationen** einerseits von der Sache her eigentlich mehr an Qualität interessiert sein als kommerzielle Anbieter, die sie nur als Mittel zum Zweck benutzen. Andererseits fehlt in Nonprofit-Organisationen jedoch auch ein mächtiger Anreiz zu effektivem und effizientem Handeln, nämlich der Profit. Das alles gilt noch einmal verstärkt für Selbsthilfevereinigungen. Hier ist der Konsument nicht extern, sondern intern. Der externe Faktor ist über Miteigentümerschaft, Demokratie und Ehrenamt strukturell internalisiert. Der Kernwiderspruch ist der, dass das Mitglied in seiner Rolle als Konsument jedoch andere Ansprüche an die Organisation hat, als in seiner Rolle als Produzent. Zum einen geht es (nur) um die Qualität des Produktes, zum anderen (auch) um die Qualität der Arbeit. Denn sie ist ein zentraler

Anreiz für die Freiwilligenarbeit (s. Kap. 8.5). Typischerweise verfügen Sportvereinsmitglieder zudem über eine hohe Loyalität, d. h. man wird nicht nur für eine begrenzte Zeit, sondern dauerhaft Mitglied. Bindung ist dann anders als bei der normalen Service-Value-Chain nicht nur das Ergebnis von Kundenzufriedenheit, sondern auch ihre Voraussetzung. Denn sie führt im Idealfall dazu, dass Mitglieder nicht kommentarlos zur Konkurrenz abwandern, sondern sich äußern und engagieren.

Vor allem für **Kleinbetriebe** sind die Kosten rationalen Managements oft zu hoch und der Nutzen zu fern. Denn erst einmal muss ins Qualitätsmanagement investiert werden. Wenn bei begrenzten Mitteln, für ihre Planung, Implementation und Kontrolle Ressourcen aus dem Produktionsprozess abgezogen werden müssen, ergibt sich jedoch logischerweise erst einmal eine Produktverschlechterung. Außerdem hat Formalisierung, d. h. Regulierung und Verschriftlichung nicht nur Vorteile, sondern auch Dysfunktionen – vor allem für Vereine – (s. Kap. 3.4), wie Zielverschiebung, Inflexibilität, Demotivation, die einkalkuliert werden müssen.

10.6 Wiederholungsfragen

- Was kann man unter Mehrperspektivität des Qualitätsbegriffes im Sport verstehen?
- Welche Auswirkungen auf das Qualitätsmanagement hat die Tatsache, dass es sich bei Sportprodukten häufig um bilateral personenbezogenen Dienstleistungen handelt?
- Welche Besonderheiten für das Qualitätsmanagement ergeben sich für Vereine?
- Welche Bedeutung haben Kosten und Dysfunktionen des Qualitätsmanagements für Kleinbetriebe und Vereine?

Literatur

Akerlof, G. A. (1976). The economics of caste and the rat race and other woeful Tales. *Quarterly Journal of Economics, 90*(4), 599–617.

Bezold, T. (1996). *Zur Messung der Dienstleistungsqualität. Eine theoretische und empirische Studie zur Methodenentwicklung unter besonderer Berücksichtigung des ereignisorientierten Ansatzes.* Frankfurt a. M.: Lang.

Breuer, C., & Erdtel, M. (2005). Qualitätsmanagement in Sportorganisationen. In C. Breuer & A. Thiel (Hrsg.), *Handbuch Sportmanagement* (S. 164–179). Schorndorf: Hofmann.

Bruhn, M. (2005). *Marketing für Nonprofit-Organisationen. Grundlagen – Konzepte – Instrumente.* Stuttgart: Kohlhammer.

Chelladurai, P. (2006). *Human resource management in sport and recreation.* Champaign: Human Kinetics.

Daumann, F., & Römmelt, B. (2013). *Qualitätsmanagement im Bundessportfachverband. Qualitätsrelevante Stakeholder in Bundessportfachverbänden – Eine qualitative Studie als Basis für die Implementierung eines Qualitätsmanagementsystems.* Köln: Strauß.

Downward, P., Dawson, A., & Dejonghe, T. (2009). *Sports economics: Theory, evidence and policy.* London: Routledge.

Frey, B. S. (1997). *Markt und Motivation. Wie ökonomische Anreize die (Arbeits-) Moral verdrängen.* München: Vahlen.

Geser, H. (1980). Kleine Sozialsysteme: Strukturmerkmale und Leistungskapazitäten – Versuch einer theoretischen Integration. *Kölner Zeitschrift für Soziologie und Sozialpsychologie, 32*(2), 205–239.

Gratton, C., & Taylor, P. (2000). *Economics of sport and recreation.* London: Taylor and Francis.

Hadwich, K. (2003). *Beziehungsqualität im Relationship Marketing. Konzeption und empirische Analyse eines Wirkungsmodells.* Wiesbaden: Gabler.

Hänsel, F. (2005). Kundenzufriedenheit. In C. Breuer & A. Thiel (Hrsg.), *Handbuch Sportmanagement* (S. 343–362). Schorndorf: Hofmann.

Heinemann, K. (1995). *Einführung in die Ökonomie des Sports. Ein Handbuch.* Schorndorf: Hofmann.

Heskett, J. L., Sasser, W. E., & Schlesinger, L. A. (1997). *The service profit chain. How leading companies link profit and growth to loyalty, satisfaction, and value.* New York: The Free Press.

Hirschmann, A. O. (1974). *Abwanderung und Widerspruch. Reaktionen auf Leistungsabfall bei Unternehmungen, Organisationen und Staaten.* Tübingen: Mohr.

Horch, H.-D. (1992). *Geld, Macht und Engagement in freiwilligen Vereinigungen. Grundlagen einer Wirtschaftssoziologie von Non-Profit-Organisationen.* Berlin: Duncker und Humblot.

Horch, H.-D. (1995). Selbstzerstörungsprozesse freiwilliger Vereinigungen. Latente Dysfunktionen organisationeller Transformationen. In T. Rauschenbach, C. Sachße, & T. Olk (Hrsg.), *Von der Wertgemeinschaft zum Dienstleistungsunternehmen. Wohlfahrts- und Jugendverbände im Umbruch* (S. 280–296). Frankfurt a. M.: Suhrkamp.

Horch, H. D., & Breuer, C. (2007). Besonderheiten des Qualitätsmanagements im Sport. In H.-D. Horch, C. Breuer, G. Hovemann, S. Kaiser, & V. Römisch (Hrsg.), *Qualitätsmanagement im Sport* (S. 107–116). Köln: Institut für Sportökonomie und Sportmanagement.

Horch, H.-D., Breuer, C., Hovemann, G., Kaiser, S., & Römisch, V. (Hrsg.). (2007). *Qualitätsmanagement im Sport.* Köln: Institut für Sportökonomie und Sportmanagement.

Kaminske, G. F., & Brauer, J.-P. (2003). *Qualitätsmanagement von A bis Z: Erläuterungen moderner Begriffe des Qualitätsmanagements* (4. aktual. u. erg. Auflage). München: Hanser.

Kim, D., & Kim, S. (1995). QUESC: An instrument for assessing the service quality of sport centres in Korea. *Journal of Sport Management, 9*(2), 208–220.

Lingenfelder, M., & Schneider, W. (1991). Die Zufriedenheit von Kunden-Ein Marketingziel? *Marktforschung & Management, 35*(1), 29–34.

Parsons, T. (1970). How are clients integrated into service organizations? In W. R. Rosengren & M. Lefton, (Hrsg.), *Organizations and clients. Essays in the sociology of service* (S. 1–156). Columbus: Bell & Howell.

Picot, A., Dietl, H., & Franck, E. (1999). *Organisation. Eine ökonomische Perspektive* (5., aktualisierte und überarb. Aufl.). Stuttgart: Schäffer-Poeschel.

Robinson, L. (2006). Customer expectations of sport organisations. *European Sport Management Quarterly, 6*(1), 67–84.

Woratschek, H. (1998). Sportdienstleistungen aus ökonomischer Sicht. *Sportwissenschaft, 28*(3–4), 344–357.

Woratschek, H. (2002). Dienstleistungsqualität und Sport im Tourismus. In A. Dreyer (Hrsg.), *Tourismus und Sport* (S. 27–54). Wiesbaden: DUV.

Woratschek, H., & Horbel, C. (2004). Management der Dienstleistungsqualität im Sportsponsoring. In A. Krüger & A. Dreyer (Hrsg.), *Sportmanagement. Eine themenbezogenen Einführung* (S. 274–288). München: Oldenbourg.

Woratschek, H., & Schafmeister, G. (2007). Qualitätsmessung im Sport: Marktorientiertes Controlling als Erfolgskonzept. In H.-D. Horch, C. Breuer, G. Hovemann, S. Kaiser, & V. Römisch (Hrsg.), *Qualitätsmanagement im Sport* (S. 349–359). Köln: Institut für Sportökonomie und Sportmanagement.

Weiterführende Literatur

Horch, H.-D., Breuer, C., Hovemann, G., Kaiser, S., & Römisch, V. (Hrsg.) (2007). *Qualitätsmanagement im Sport*. Köln: Institut für Sportökonomie und Sportmanagement.

Woratschek, H. (1999). Dienstleistungsqualität im Sport. In H.-D. Horch, J. Heydel, & A. Sierau (Hrsg.), *Professionalisierung im Sportmanagement* (S. 196–219), Aachen: Meyer & Meyer.

Sachverzeichnis

A
Ablauforganisation, 29
Abwanderung, 120, 183
Adaptation, 344
Adverse selection, 218
Aktivierung, 291
Allmendegut, 69
Allokation, 9
Altruismus, 331
Ambivalenz, 122, 199
Ambush-Marketing, 243
Angebot, inverses, 87
Angebotsfunktion, 192
Angebotstheorie, 81
Anpassung
   extrinsische, 345
   intrinsische, 345
Anreiz-Beitrags-Theorie, 328, 329
Anreize, 8, 10
   direkte, 331, 334
   indirekte, 331
   primäre, 334
   sekundäre selektive, 336
Anreizmangel, 169, 170
Arbeitsvertrag, 353
Arnaut-Report der EU, 96
Aufbauorganisation, 29
Ausgeglichenheit, 97
Ausschlussprinzip, 66

B
Bedarfswirtschaftlichkeit, 18, 117, 164, 183
Benchmark-Analyse, 260
Bereitstellung, 209
Beschaffungsmarketing, 242, 253
Besonderheiten, 63
   der Güter, 65
   der Kosten, 87
   der Nachfrage, 72
   der Organisationsstruktur, 121, 339
   des Sportangebots, 83
   des Teamsports, 82
Betrieb, 18
Betriebsanalyse, 259
Betriebsgrößen, 193, 198
Betriebstyp, 18, 82
Betriebswirtschaftslehre
   allgemeine, 22
   funktionale, 22, 23
   sektorale, 22
   spezielle, 22
bilateral personenbezogene Dienstleistung, 371
Broadening, 238
Buchführung
   doppelte, 166
   einfache, 166
Bürger, 166
Bürokratie, 167
Bürokratiekritik, 172

C
Casual leisure acitivity, 252
Chancen-Risiko-Analyse, 266
Clubgut, 69, 84, 117
Co-Branding, 304
co-creation, 223
Co-Creation, 83, 86
Commissioner, 95

D

Deepening, 238
De-Marketing, 290
Demokratie, 118, 120, 167, 184
Determinanten der indirekten Nachfrage, 72
Dezentralisierung, 121
Dienstleistung, 25, 88, 118, 207, 209, 371
    bilateral personenbezogene, 214
    einfache, 214
    personell erbrachte, 214
    personenbezogene, 214
    professionelle, 214, 222
    sachbezogene, 214
Dienstleistungsökonomie, 208
Distribution, 9, 123
Distributionsmängel, 92
Diversifikationsstrategie, 278
Draft, 94
Drückebergerei, 67, 353, 358

E

Effektivität, 117, 183
Effizienz, 89, 90, 117, 182
Ehre, 338
Ehrenamtlichkeit, neue, 339
Eigentumsrechte-Theorie, 183, 358
Eigentumsverdünnung, 169
Einbindung, 129, 328, 330, 353
Einfluss, 337
Einkommen, 72, 79
Einnahmeteilung, 94
Emotionen, 76
Entscheidungsrollen, 30
Enttäuschungsanfälligkeit, 249
Equity, 123, 165, 183
Erfahrungsgut, 80, 210, 217, 218, 332
Erwerbswirtschaftlichkeit, 18, 117
Ethik, 12, 13
Externalisierung, 220, 222, 293
Externalitäten, 68, 91, 94, 118, 210

F

Faktormarkt, 72, 81
Firma, japanische, 354, 355
Flow, 76
Folgeproblem, 126
Formalisierung, 122, 167, 199
Freiwilligenarbeit, 119, 121, 183, 203, 319

Freiwilligkeit, 118
Freizeitdienstleistung, 250
Freizeitökonomie, 74
Führung, 29
Funktion, konjunkturpolitische, 192

G

Gefangenendilemma, 358
Geschäftsfeldstrategien, 275
Gesellschaftsvertrag, 116
Gesetz
    des sinkenden Grenznutzens, 1. Gossensches Gesetz, 71, 77
    fallender Grenzerträge, 82, 97
Goods-Dominat Logic, 223
Grenzkosten, 82
Größennachteile, 82
Größenvorteile, 82, 88
Gruppengröße, 288
Gruppenkonflikte, 291
Gruppenkonsum, 251
Gruppenzusammensetzung, 289
Gut
    meritorisches, 68, 92, 118, 164
    öffentliches, 66, 84, 91, 118, 164
    privates, 65, 84
    quasi-öffentliches, 69, 185
    superiores (Luxusgut), 79
Gütermarkt, 72, 81

H

Handeln
    habituelles, 330
    traditionales, 330
    wertrationales, 330
Hauptfunktionen, 23
Haushaltsökonomie, neue, 73, 223
Heterogenitätsproblematik, 245, 302
Hidden action/information, 218
Hidden characteristics, 218
Hidden intention, 218
Hold up, 218
Homogenität der Güter, 81
Homo Oeconomicus, 8
Humankapital, 75, 119, 337
Human Resource Management, 321, 353
Hyperaktivität, 86, 94, 369

Sachverzeichnis

I
Idealtypisch, 65, 110, 207
Identität, 76
Immaterialität, 212, 219
Individualität, 212, 213, 219, 220
Information, asymmetrische, 11, 92, 170, 217
Informationsbedarf, 256
Informationsbewertung, 256
Informationsmangel, 92, 169
Informationsökonomik, 217
Informationsrollen, 30
Inspektionsgut, 210
Institutional-Choice-Theorie, 125
Institutionen, 11, 93
    des Teamsports, 71
Institutionenökonomik, neue, 11, 20, 43, 92, 217
Institutionenwahltheorie, 180
Integration des externen Faktors, 220
Integrativität, 211, 213, 219
Integrität des Wettkampfes, 87, 95
Interaktion, hohe, 203
Interaktionsverfestigung, 122, 199
interaktive Integrativität, 372
Interessenvereinigung, 115
Internalisierung, 293
Intrinsisch, 331
Invarianzthese, 97
Investitionsgut, 84

K
Kameralistik, 166, 171
Kartell, 90, 91
Käufermarkt, 238
Kleinbetrieb, 87, 191, 222, 374
Ko-Kreation, 216
Kollektivgut, 67, 91, 95, 118, 119, 135, 182, 372
Kommerzialisierung, 96, 127, 137, 138, 238
Kommodifizierung, 138
Kompatibilitätsmanagement, 288
Komplementärgut, 72, 77
Komplexitätsproblematik, 246
Konkurrenzanalyse, 264
Konsumgut, 84
Konsumkapital, 75, 79, 80, 211, 250
Konsum, sozialer, 72, 251
Kontraktgut, 210, 217
Kooperenz, 70, 82, 94
Kooptation, 327

Korporation, 115
Kosten
    Besonderheiten, 87
    fixe, 78, 87
    variable, 78
Kundenintegration, 287
Kundenorientierung, 237
Kundenzufriedenheit, 365

L
Leistungsbündelung, 286
Leistungsdifferenzierung, 284
Leistungsprogramm, 283
Leistungsprozess, 210
Leistungsvariation, 284
Low-Budget-Marketing, 255
Loyalität, 120

M
Makroökonomie, 14
Management, 27
    partizipatives, 353
Managementfunktionen, 28, 30
Managementlehre, 28
Managementrollen, 28, 30
Manager, 27
Managerial Dilemmas, 358
Mangel an Ressourcen, 203
Markenführung, identitätsorientierte, 299
Markenidentität, 300
Markenimage, 300
Markenmanagement, 299
Marketing-Controlling, 254
Marketingplanung
    operative, 254
    strategische, 254, 269
Markierungsproblematik, 304
Marksättigung, 239
Markt, 88, 182
Marktabdeckungsstrategien, 278
Marktabgrenzung, 263
Marktanalyse, 262
Marktanteil, 264
Marktdurchdringungsstrategie, 276
Marktentwicklungsstrategie, 277
Marktfeldstrategien, 275
Marktformen, 89

Marktorientierung, 248
Marktpotential, 264
Marktversagen, 67, 91, 111, 112, 169, 184, 217
Marktvolumen, 264
Materialisierung, 305
Median voter, 111
Merchandising, 305
Mesoökonomie, 14
Mikroökonomie, 14
Mitgliedsbeiträge, 118
Monokratie, 120
Monopol, 90, 91
    natürliches, 91, 94
Moral hazard, 218
Motivation
    extrinsische, 332
    intrinsische, 332

N
Nachfrage
    inverse, 77
    unelastische, 77
Nachfragetheorie, 71
Neokorporatismus, 113
Neue Politische Ökonomie, 167
New Institutionalism in Organizational
    Analysis, 125
New Public Management, 173
Non-distribution constraint, 116
Nonprofit-Organisation, 111, 116, 203, 372
Nutzen-Kosten-Analyse, 166
Nutzenmaximierung, 85
Nutzentheorie, 328

O
Ökonomie, neoklassische, 7
Ökonomik
    normative, 89
    positive, 89
Oligarchisierung, 134
Oligopol, 91
Opportunismus, 8, 171, 218
Opportunitätskosten, 8, 74, 339
Organisation, 120
    genossenschaftliche, 95
Organisationskultur, 29
Organisationsstruktur, 29

P
Pareto-Optimalität, 89
Partikularismus, 129
Paternalismus, 135
Personalauswahl, 325
Personalbedarfsplanung, 323
Personalbeschaffung, 324
Personaleinführung, 325
Personaleinsatz, 325
Personalentwicklung, 340
Personalfreisetzung, 344
Personalisierung, 122, 199
Personalkontrolle, 29, 342
Personalökonomik, 43
Personalsozialisation, 340
Personalwirtschaft, 319, 320
Planungsfunktion, 29
Plattform, 226
Politisierung, 131
Polypol
    heterogenes, 90
    homogenes, 89
Polyvalenz
    kulturelle, 200
    personale, 200
    soziale, 200
    technologische, 200
Positionsgut, 77, 135
Potentialphase, 209
Präferenzen, 8, 72, 79
    persönliche, 81
Preis, 72, 77, 182
    zusammengesetzter, 78
Primärforschung, 257
Prinzipal-Agenten-Theorie, 169, 217
Privatisierung, 173
Produktentwicklungsstrategie, 277
Produktpolitik, 283
Produktverbund, 83, 216
Professionalisierung, 131, 145, 238
Profit, 81, 85, 182
Public-Choice-Theorie, 169, 173

Q
Qualität, 365
Qualitätssicherungsproblematik, 304
Quasi-Marke, 301
Querfunktionen, 23

R

Rationalität
  begrenzte, 10
  subjektive, 10
Regulierungen des Profiteamsports, 93
Rekrutierung, 324
Relationship-Marketing, 370
Reputation, 219
Reservierungsklausel, 86, 97
Resource-Based-View-of-the-Firm, 353
Restriktionen, 8, 10, 72
Rivalität im Konsum, 66
Rollenidentität, 114, 127
Rollen, interpersonelle, 30

S

Salary cap, 95, 97
Screening, 218
Sekundärforschung, 258
Selbsthilfevereinigung, 373
Selektion, 29, 345
Self-Fullfilling-Prophecy, 360
Sensation seeking, 252
Serious leisure activity, 250
Service-Dominant Logic, 223
Service-Value-Chain, 365
SEU-Modell, 10
Siegmaximierung, 85
Signaling, 218
Situationsanalyse, 253, 255
Solidarität, 123
sozialer Konsum, 372
Sozialisation, 29, 345
Sozialkapital, 119, 124, 338
Spezialisierung, 122, 167, 199
Spitzenzeiten, 75, 219
Sport, 3
Sportanbieter, kommerzielle, 239
Sportausübung
  expressive, 74, 78, 215, 222
  instrumentelle, 74, 78, 215, 222
Sportbetriebslehre, 2
Sportbetriebswirtschaftslehre, 2
Sportgüter, 5
Sportkonsum, 249
Sportmanagement, 2
Sportmarketing, 241
Sportmarketingagentur, 201
Sportökonomie, 2

Sportökonomik, 2
Sports Administration, 2
Sportsponsoring, 202, 242
Sportverwaltung
  kommunale, 177
Staatsversagen, 111, 169, 184
Stakeholder, 370
Standardisierung, 122, 167, 199
Stärken-Schwächen-Analyse, 260
Stellung, intermediäre, 122
Steuern, 166
Steuerrecht, 123
Steuerungsmodell, neues, 173
Steuerungsproblematik, 303
Stimulation Seeking Behavior, 76
Strategie, 29
  konkurrenzorientierte, 281
Struktur
  formale, 120
  informale, 120
Subsidiaritätsprinzip, 113, 125
Substitutionsgut, 72, 78
Suchgut, 217, 218
SWOT-Analyse, 267
Systeme, kleine, 198

T

Tätigkeitsanreize, 336
Tausch, sozialer, 331, 337
Theorie
  der Firma, 81
Third-Party Government, 113
Total Quality Managements, 365
Trade-Off, 117, 126, 183, 357
Trägerspezialisierung, 323
Transaktionskosten, 11, 92
Transfersystem, 94, 95
Transferzahlung, 86
Transformation, 111, 222
Trittbrettfahrerverhalten, 66, 119

U

Überfüllung, 69
Umfeldanalyse, 262, 265
Umverteilung, 97
Uno-Actu-Prinzip, 210, 220
Unsicherheit, 70, 84, 87, 94, 215
Unsicherheitshypothese, 26, 97, 372

Unsichtbare Hand, 88, 182
Unsichtbarer Fuß, 92
Unternehmen, 18, 82, 182
Unternehmer, sozialer, 112, 202

V

Value Co-Creation, 223
Variety-Seeking, 76, 80, 252, 372
Veblen-Effekt, 77
Verberuflichung, 131, 147
Verderblichkeit, 209, 219
Verdrängung, 13, 336
Verdrängungswettbewerb, 240
Verein, 216
Vereinigung, 331, 336
Vereinigungsversagen, 111, 124, 184, 356
Verhaltensökonomie, 12
Verhaltensunsicherheit, 209, 217
Verkäufermarkt, 238
Versagensmodell, 21
Verteilungswettbewerb, 240
Vertragsversagen, 92, 112
Vertrauensgut, 210, 217, 218
Visualisierung, 305

W

Wahlen, 167, 169, 183
Wahlhandlungstheorie, 8
Wertgrenzprodukt, 82, 87
Wertnetz, 83, 86, 226
Wertschöpfung, 15, 82, 223, 225
Wertschöpfungskette, 225
Wertschöpfungsmodell der Sportwirtschaft, 15
Wertshop, 225
Wettbewerb, 91
    vollkommener, 10, 88, 183
Wettbewerbsvorteilsstrategien, 279
Widerspruch, 120, 183
Wirtschaftlichkeitsprinzip, 8
Wirtschaftsordnungsfunktion, 192
Wirtschaftssystem, 9, 82, 182
Wissenschaft, 2
Wissen, tazites, 194
Work-Activity-Forschung, 30

Z

Zeit, 74
    und Geld, 74
Zeiterleben, 295
Zeitkosten, 295
Zeitnot, 295
Zeitpolitik, 294
Zeitsouveränität, 75
Zeitverbrauch, 295
Zentralisierung, 121, 167
Zentralvermarktung, 95
Zielanreiz, 334
Zielbeziehungen, 272
Zielkonflikte, 272
Zieltypen, 270
Zielverschiebung, 274
Zusatzleistungen, 284
Zuschauersport, 292

Druck: KN Digital Printforce GmbH · Schockenriedstraße 37 · 70565 Stuttgart